INSTITUTION OF THE CHRISTIAN RELIGION

1536년 초판

기독교 강요

🔘 **독자 여러분들께 알립니다!**
'CH북스'는 기존 '크리스천다이제스트'의 영문명 앞 2글자와
도서를 의미하는 '북스'를 결합한 출판사의 새로운 이름입니다.

세계기독교고전 14

기독교 강요 - 1536년 초판

3판 1쇄 발행 2016년 5월 2일
3판 5쇄 발행 2024년 2월 23일

지은이 장 칼뱅
옮긴이 양낙흥
발행인 박명곤   **CEO** 박지성   **CFO** 김영은
기획편집1팀 채대광, 김준원, 이승미, 이상지
기획편집2팀 박일귀, 이은빈, 강민형, 이지은
디자인팀 구경표, 구혜민, 임지선
마케팅팀 임우열, 김은지, 이호, 최고은

펴낸곳 CH북스
출판등록 제406-1999-000038호
전화 070-4917-2074   **팩스** 0303-3444-2136
주소 서울시 강서구 마곡중앙6로 40, 장흥빌딩 10층
홈페이지 www.hdjisung.com   **이메일** support@hdjisung.com
제작처 영신사

ⓒ CH북스 2016

세계
기독교
고전

14

INSTITUTION OF THE CHRISTIAN RELIGION

1536년 초판

기독교 강요

존 칼빈 | 양낙홍 옮김

CH북스
크리스천
다이제스트

세계 기독교 고전을 발행하면서

한국에 기독교가 전해진 지 벌써 100년이 넘었습니다. 그동안 수많은 기독교 서적들이 간행되어 한국의 교회와 성도들에게 많은 공헌을 해 왔습니다. 그러나 기독교 역사 100년을 넘어선 우리의 교회와 성도들에게 더 큰 영적 성숙과 진정한 신앙을 심어주기 위해서는 가치있는 기독교 서적들이 많이 나와야 한다고 생각합니다. 그리하여 영혼의 양식이 될 수 있는 훌륭한 기독교 서적들이 모든 성도들의 가정뿐만 아니라 믿지 아니하는 가정에도 흘러 넘쳐야만 합니다.

믿는 성도들은 신앙의 성장과 영적 유익을 위해서 끊임없이 좋은 신앙 서적들을 읽고 명상해야 하며, 친구와 이웃 사람들의 구원을 위하여 신앙 서적 선물하기를 즐기고 읽도록 권해야 할 것입니다. 이것은 하나님의 백성으로서 살기 원하는 사람은 누구나 마땅히 해야 할 의무라고도 하겠습니다.

존 웨슬리는 "성도들이 책을 읽지 않는다면 은총의 사업은 한 세대도 못 가서 사라져 버릴 것이다. 책을 읽는 그리스도인만이 진리를 아는 그리스도인이다"라고 말했습니다. 우리는 이제 한국에서 최초로 세계의 기독교 고전들을 총망라하여 한국의 교회와 성도들에게 소개하고자 합니다. 전세계의 기독교 고전은 모든 기독교인들에게 영원한 보물이며, 신앙의 성숙과 영혼의 구원을 위하여 이보다 더 귀한 것은 없을 것입니다.

이러한 취지로 어언 2천여 년의 세월이 지나는 동안 세계 각국에서 저술된 가장 뛰어난 신앙의 글과 영속적 가치가 있는 위대한 신앙의 글만을 모아서 세계 기독교 고전 전집으로 편찬하고자 합니다.

우리는 이 세계 기독교 고전 전집을 알차고, 품위있게 제작하여 오늘날 한국의 교회와 성도들에게 제공하고 후손들에게도 물려줄 기획을 하고 있습니다. 우리는 다시 한번 다니엘 웹스터가 한 말을 깊이 생각해 보아야 할 것입니다.

"만약 신앙 서적들이 우리나라 대중들에게 광범위하게 유포되지 않고, 사람들이 신앙적으로 되지 않는다면, 우리나라가 어떤 나라가 될지 걱정스럽다 … 만약 진리가 확산되지 않는다면, 오류가 지배할 것이요, 하나님과 그의 말씀이 전파되고 인정받지 못한다면, 마귀와 그의 궤계가 우세할 것이요, 복음의 서적들이 모든 집에 들어가지 못한다면, 타락하고 음란한 서적들이 거기에 있을 것이요, 우리나라에서 복음의 능력이 나타나지 못한다면, 혼란과 무질서와 부패와 어둠이 끝없이 지배할 것이다."

독자들의 성원과 지도 편달을 바라마지 않습니다.

크리스천다이제스트
발행인 박명곤

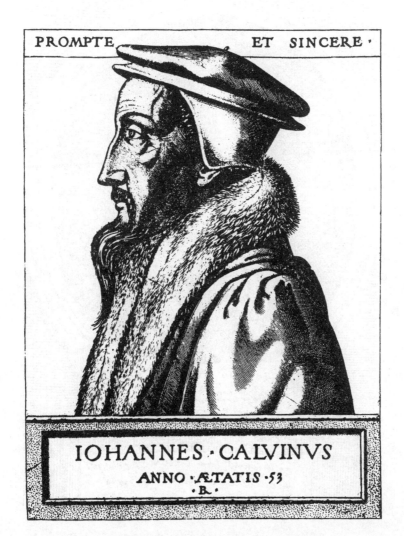

PROMPTE ET SINCERE·

IOHANNES·CALVINVS
ANNO·ÆTATIS·53
·B·

1564년 5월 23일 제네바의 칼빈(판화)

CHRISTIA

NAE RELIGIONIS INSTI-
tutio, totam ferè pietatis summa, & quic
quid est in doctrina salutis cognitu ne-
cessarium, complectens : omnibus pie-
tatis studiosis lectu dignissi-
mum opus, ac re
cens edi-
tum.

PRAEFATIO AD CHRI
stianissimum REGEM FRANCIAE, qua
hic ei liber pro confessione fidei
offertur.

IOANNE CALVINO
Noxiodunensi autore.

BASILEAE,
M. D. XXXVI.

1536년 라틴어판 초판 원본 속표지

INSTITUTION
OF THE CHRISTIAN RELIGION
Embracing almost the whole sum of
piety, & whatever is necessary to know
the doctrine of salvation: A work
most worthy to be read by
all persons zealous for
piety, and recently
published.

PREFACE to the most Christian KING OF FRANCE,
*whereas this book is offered to him
as a confession of faith.*

J O H N   C A L V I N
of Noyon, Author.

A T   B A S E L

M.D. XXXVI.

Translated and Annotated By
FORD LEWIS BATTLES
Professor of Church History and History of Doctrine
Pittsburgh Theological Seminary

JOHN KNOX PRESS
ATLANTA
영어판 기독교강요 초판 속표지

영어판 기독교 강요 초판 속표지

IOANNES CALVINUS NATUS NOVIODUNI PICARDORUM

x Iulij A° 1509, et denatus Genevæ xxvii May A° 1564, ibidemque sepultus.

Calvinum efficax semrong modestia virum,
Hoc cultu menibus fonerat vefa fua,
Ipfa à quo potuit virtutem fofcere victus,
Roma tuus terror maximus ille fuit,

Siet hier een filler Luch, gen forch begaufde Geeft.
Vol igtenfchap en quaft de ore van Genev's,
Wiens vlught gen een fchrick voor Romen is geweeft,
En daer verheven Stoel deed waggelen en beven,

Iohannes Calvinus is geboren tot Noyon in Picardyen den 10 Iuly 1509, en is inde Heere ontflapen tot Geneven den 27 May 1564 ende aldaer begraven.

Portrait hollandais.

1650년 Visscher에 의해서 제작된 「기독교 강요를 읽고 있는 요한 칼빈」.

원동판에서 인쇄된 최초의 작품으로 유일본이다.

IEAN CALVIN, DE NOYON
EN PICARDIE, PASTEVR DE L'E-
GLISE DE GENEVE.

I. CALVIN.

칼빈의 초상(목판화)

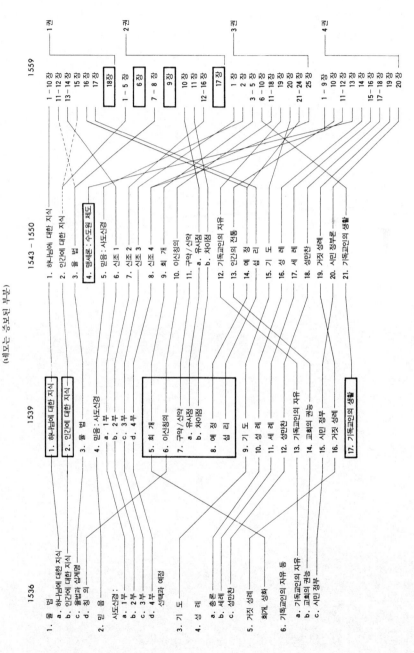

기독교 강요의 변화와 증보
(네모는 증보된 부분)

† 차례

머리말 포드 루이스 배틀스 ·· 19

서 론 포드 루이스 배틀스 ·· 21

Ⅰ. 1536년판 강요가 나오기까지(1532 – 1535) / 21

Ⅱ. 기독교 강요 초판(1536) / 34

헌사 – 프랑스 프랑수아 왕에게 ································ 45

1. 이 책이 쓰여진 배경 / 45

2. 박해받는 복음주의자들을 위한 탄원 / 47

3. 대적자들의 비난에 대한 논박 – 새로운 것, 불확실한 것이라는
   주장에 대한 – 과 기적들의 가치 / 52

4. 교부들이 종교개혁의 가르침에 반대한다는 부당한 주장들 / 55

5. 진리에 반대되는 관습에의 호소 / 58

6. 교회의 본질에 관한 오류들 / 60

7. 개혁 교리 때문에 야기되었다는 소란들 / 63

8. 왕은 거짓고소에 근거하여 행동하는 것을 조심하소서 : 무죄한
   자들은 하나님의 판단을 기다립니다 / 66

제1장 율법 – 십계명 해설 포함 ······························ 69

A. 하나님에 대한 지식(1) / 69

B. 인간에 대한 지식(2-3) / 70

C. 율 법(4) / 71

D. 그리스도 안에 있는 하나님의 사랑(5-6) / 73

E. 십계명 강해(7-23) / 75
  서 문(7-8) / 75
  제1 계명(9) / 76
  제2 계명(10-11) / 77
  제3 계명(12) / 80
  제4 계명(13-16) / 82
  제5 계명(17) / 86
  제6 계명(18) / 87
  제7 계명(19) / 87
  제8 계명(20) / 88
  제9 계명(21) / 89
  제10 계명(22-23) / 89
F. 요약(24-25) / 92
G. 칭의(26-32) / 94
H. 율법의 용도(33) / 104
I. 칭의(계속)(34-38) / 106

제2장 믿음 - 사도신경 해설 포함 115
A. 믿음과 한 하나님에 대한 믿음(1-9) / 115
B. 사도신경 해설(10-34) / 127
  첫째부분(10) / 127
  둘째부분(11-19) / 128
  셋째부분(20) / 141
  넷째부분(21-34) / 142
C. 믿음, 소망, 사랑(35) / 154

제3장 기도 - 주기도문 해설 포함 158
A. 일반적 의미의 기도(1-13) / 158
B. 주기도문 해설(14-30) / 172
  서론(14-16) / 172
  첫째 간구(17) / 176

　　　　둘째 간구(18-19) / 177
　　　　셋째 간구(20-21) / 178
　　　　넷째 간구(22-24) / 180
　　　　다섯째 간구(25-26) / 182
　　　　여섯째 간구(27-30) / 184
　　C. 기도의 실제(31-33) / 187

제4장 성례 192
　A. 일반적 의미의 성례(1-10) / 192
　B. 세례(11-23) / 205
　C. 성만찬(24-52) / 219
　D. 성례의 집행(53) / 253

제5장 거짓 성례 256
　　서론(1) / 256
　A. 견진례(2-10) / 257
　B. 고해(11-44) / 266
　C. (세칭) 종부성사(45-48) / 312
　D. 성직의 계급 – 신품성사(49-67) / 316
　E. 혼인성사(68-70) / 335

제6장 기독교인의 자유, 교회의 권세, 그리고 정치 조직 340
　A. 기독교인의 자유(1-13) / 340
　B. 교회의 권세(14-34) / 354
　C. 세상 정치(35-56) / 392

머리말

포드 루이스 배틀스

기독교고고전총서(Library of Christian Classics - The Westminster Press)가 기획단계에 있을 때, 기독교 강요 최종판이 아닌 초판(1536년)을 번역해야 한다는 제안이 있었다. 여태 한 번도 영어로 번역된 적이 없는 1536년 라틴어 초판은 칼빈의 사상을 지루한 논쟁이 없이 간결하게 잘 나타내고 있다는 점이 지적되었다. 이 제안은 여러 장점을 가지고 있음에도 결국 최종판을 다시 번역하는 것으로 결정이 났다. 이는 칼빈이 최종판을 후세에 남길 그의 사상의 권위있는 형태로 간주했기 때문이었다. 1559년판 서문에 칼빈은 이렇게 말한다 : " … 나는 이 작품이 이와 같은 형태로 배열되기 전에는 결코 만족하지 못했다."

기독교 강요 초판(라틴어)은 1536년 봄, 출판업자 플라터와 라시우스(Platter and Lasius)에 의해 스위스 바젤에서 출판되었다. 1536년판은 또한 종교개혁전집 제29권(Corpus Reformatorum, Cavini Opera, vol. 1)으로 W. Baum, E. Cunitz 와 E. Reuss에 의해 편집되어 두 번째로 간행되었다(1853년, Braunschweig). 또 세 번째로 P. Barth와 W. Niesel이 편집한 칼빈선집(Joannis Calvini Opera Selecta) 제 1 권으로 간행되었다(1926년, 뮌헨).

1559년 최종판은 여러 번, 여러 나라 말로 번역이 되었으나, 1536년 초판은 스페인어로 두 번, 독일어로 한 번 번역되었다(1975년에 영어로, 최근 1980년대에 남아프리카어로 번역되었음). 그리고 1536년판이 거의 변함없이 1539년 라틴어판에 들어갔으며, 그것이 불어로 번역되어 1541년에 간행되었다.

이 초판의 영역은 본인이 존 맥네일(John T. McNeill)과 함께 공역한 기독교 강요 최종판이 계기가 되어 시작하게 되었다. 1967–68년에 나는 피츠버그 신학교에서 「젊은 칼빈」 강좌를 개설하였다. 칼빈의 관용론 주석과 그의 당시 편지들 등이 학생들을 위해 영어로 준비되어 있었다. 또한 파리국립도서관에 있는 기독교 강요 라틴어본과 나의 영역원고를 대조해서 프린트하여 사용했다.

특별히 Peter Barth와 Wilhelm Niesel이 편집한 칼빈선집과 1541년판 불어 기독교 강요의 도움을 많이 받았다.

나의 의도는 전문적인 학자들보다는 일반적인 모든 신도들의 수중에 들어가서 칼빈의 유명한 신학적 업적의 가장 원형을 이해할 수 있기를 바라는 것이다.

서론

포드 루이스 배틀스

I. 1536년 판 강요가 나오기까지(1532-35)

A. 기독교 강요 초판의 전주곡

1. 프랑스 복음주의자들의 딜레마

기독교 강요가 쓰이게 된 이면에는 프랑수아 1세라는 수수께끼 같은 인물이 버티고 서 있다. 존 칼빈이 프랑수아 1 세의 진노에 처음으로 직접 맞닥뜨리게 된 것은 1533년 11월 1일 '모든 성인들의 날' (All Saints' Day) 이후였다. 그 날 파리에서는 니콜라스 콥(Nicolas Cop)의 파리대학 총장 취임이 있었다. 그때 그가 행한 연설은 사실상 마태복음 5:1-12 에 관한 강해설교였다. 칼빈이 그 설교를 작성했는가 혹은 최소한 그것에 일익을 담당했는가 하는 것은 아직도 학자들 사이에 논란이 되고 있는 문제이다. 칼빈이 당국자들에 의해 그 설교문 작성에 가담했다는 혐의를 받았다는 사실은 그가 갑자기 파리에서 도망해 버렸다는 사실로 미루어 짐작할 수 있다.

콥의 연설 말미쯤에 다음과 같은 복음에의 초청이 나타난다 :

> 그는 이렇게 말씀하십니다. "나를 인하여 너희를 욕하고 핍박하고 거짓으로 너희를 거슬러 모든 악한 말을 할 때에는 너희에게 복이 있다" (마 5:11). 그렇다면 왜 우리는 그 진리를 담대히 말하지 않고 감춥니까? 하나님보다 사람들을 기쁘게 하는 것이 옳습니까? 몸은 죽이되 영혼은 능히 죽이지 못하는 자들을 두려워하는 것이 옳습니까? 모든 사람의 죄를 위하여 죽으시고 피흘려 우리를 영원한 죽음과 사탄의 결박으로부터

자유케 하신 그분의 이름 때문에 가장 미미한 고난을 받는 것조차도 꺼려하는 인간의 배은망덕함이여! 세상과 사악한 자들은 신자들의 마음에 복음으로 순수하고 진지하게 침투하려고 하는 자들을 이단, 미혹케하는 자들, 악한 말을 하는 자들, 그리고 사기꾼이라고 불러 왔습니다 … 그러나 환난 가운데서 하나님께 감사하면서 이 모든 것을 태연히 견디는 자들은 복있는 자들입니다. 그분은 말씀하십니다. "기뻐하라 하늘에서 너희 상이 큼이니라."

이러한 연설에 대한 반응은 즉각적이었다. 콥과 칼빈은 파리에서 도망쳤다. 12월 10일 프랑수아는 이처럼 선동적인 메시지의 장본인들인 이단 종파를 어떻게 체포하여 처벌할 것인가에 관한 교서를 파리 의회로 보냈다. 프랑수아는 콥 사건을 특별히 언급하고 있다 :

충성스러운 친구들이여! … 우리는 우리의 사랑하는 도시, 파리, 우리 왕국의 수도에서 일어난 사건에 의해 심히 불쾌하고 심기가 불편합니다. 우리 왕국의 최고의 대학에는 저 저주받을 루터파 이단들이 득실거리고 있습니다. 우리는 있는 힘을 다하여 그것이 더 이상 확산되는 것을 막기 위하여 모든 대책을 강구해야 하겠습니다. 모든 다른 사람들에 대한 본보기로서 유감스러운 처벌이 행해졌음을 우리는 알고 있습니다.

이 짧은 서론에서 칼빈이 프랑수아 1세에게 호소하는 글을 쓰게 된 배경이 되는 정치적 사건들과 교회와 국가 관계의 그 복잡한 역사를 상술하는 것은 불가능할 것이다. 단지 우리는 그 배경과 정치적 주역들의 성격을 대충 훑어볼 수 있을 뿐이다.

프랑수아 1세는 자신의 통치 기간 전체에 걸쳐 계속적인 공격을 당한 군주였다. 그는 자기 왕국의 보전을 위해 우유부단하고도 일관성 없는 방식으로 투쟁했다. 몇 안되는 자신의 통치 기반들 가운데 하나인 교회 체제에 대한 저항이 자신의 왕국 한가운데에서 점증하게 되었을 때 그와 그의 중요한 종교 자문관들은 그것을 선동으로 간주했다. 황제로 선출되지 못하는 바람에

좌절하고, 세 번씩이나 이탈리아 원정에 실패하고(그 중 한 번은 로마시를 야만적으로 약탈하기까지 했다), 자신의 첫 번째 라이벌인 카를 황제에 의해 한동안 마드리드에 투옥당하기도 하고, 끊임없는 침략의 위협에 시달리고, 자신의 영토 일부를 잃어버리기도 하는 동안 프랑수아 1세는 정말 처절한 정도로 도움을 필요로 했다.

바로 그 때문에 그는 한편으로 자국 내에서는 "루터 잔당들"을 적극적으로 박해하면서 또 한편으로는 1534년 1월에 독일의 프로테스탄트 군주들과 평화조약을 체결하기까지 했던 것이다. 바로 그 때문에 1515년 레오 10세와 종교 협약을 체결했으며 1533년 마르세유에서 클레멘트 7세와 협상하게 되었던 것이다. 또한 그 때문에 그는 한때 자신과 카를 황제 사이의 결투에 의해 제국의 분쟁을 종식시키고자 제안하기까지 했으며 자신의 기독교 대적들에 대항하여 술탄과 동맹을 맺기까지 했던 것이다. 프랑수아 1세의 통치는 전반적으로 우유부단하고 불확실한 것이었다. 그렇다면 그의 종교정책이라고 해서 어떻게 자신의 성격을 반영하지 않을 수 있었겠는가?

프랑스의 복음주의자들이 다루어야 했던 사람은 이처럼 불안정한 군주였다. 프랑스 왕의 집요한 외교활동이 절정에 달했던 것은 1534년이었다. 1월에 프랑수아와 독일 프로테스탄트 군주들 사이에 은밀한 조약이 체결된 후 5월과 8월 사이에는 독일 및 스위스 신학자들과 교회의 재연합에 관한 협상이 있었다. 프랑수아의 수행원인 기욤 뒤 벨라이(Guillaume du Bellay)가 협상했던 외국의 프로테스탄트 교도들 중에서 프랑스 왕의 거짓된 평화 제의에 의해 좀체 마음을 움직이지 않은 것은 스위스 개신교도들이었다. 종교개혁은 이미 스위스 도시들 전역에 확산되었다. 취리히에서 시작하여 베른과 바젤 및 독일계 스위스의 다른 도시들로 전파되었고 드디어는 서부에 있는 불어권 지역에까지 파급되었다. 비록 아직 제네바까지는 이르지 않았지만 말이다. 많은 프랑스 개신교도들은 고국에서의 죽음의 위협을 피하여 스위스로 가서 거기서 피난처를 찾았다.

이제 화체설의 발전 과정을 간단히 살펴 보자. 화체설은 사실상 그리스도께서 성찬에 실제로, 육체적으로 느껴지게 임재하신다는 것을 철학적으로 설명하려는 시도이다. 화체설은 1215년 제4차 라테란 공의회(Lateran

Council)에서 최초로 공인되었다. 그것은 중세 교회, 특별히 프랑스 교회에 위협이 되고 있던 알비파들(Albigensians)의 반(反)성직, 반(反)성례 교리들에 대항하기 위해 공식 채택되었다. 이것을 신학적으로 정리하는 데는 두 세대 이상의 기간이 소요되었는데 그것이 공식화된 것은 토마스 아퀴나스의 두 대전(*Summae*)에서였다.

미사와 그것에 수반되는 사제들의 기적은 서방에 있어 모든 중세 교회 체제의 기둥이 되었다. 임재설(Concomitance : 가톨릭에서, 한 가지 요소의 성찬만 받더라도 그리스도의 살과 피를 받은 것이라는 내용. 이 교리를 확립하기 위해 평신도들에게 잔을 주지 않았다 – 역자주)의 교리에 따라 평신도들로부터 성찬 시에 잔을 박탈하게 되자 교회와 국가의 미묘한 역학 관계가 유지되기 위해서는 그것이 어떠한 도전도 받지 않고 견고히 서 있어야만 했다. 그리하여 그것의 성경적 타탕성과 그것에 수반되는 측면들 — 일곱 가지의 성례제도, 면죄부, 공덕사상, 성인들의 기도 등등 — 에 대해 의심을 품게 되면 교회와 국가에 의해 벌 떼 같은 공격을 받게 되었다.

14세기 말 화체설에 대항한 위클리프의 용감한 반대 운동은 당시 교황권이 약화되고 분열된 상태에 있었음에도 불구하고 단호한 저지를 받았다. 심지어 성만찬을 개혁하려는 후스의 온건한 노력조차도 정죄를 받아 후스는 1415년 콘스탄스에서 화형당해야 했던 것이다.

1517년 루터의 논문들이 이 성역을 문제 삼게 되었을 때, 그리고 1520년에 그가 「교회의 바빌론 유수」를 통해 중세의 교회 체제에 결정적인 일격을 날렸을 때, 억압적이고 비성경적인 교회의 중심 교리에 대한 비평들이 봇물처럼 터져 나오기 시작했다. 그러나 루터는 자신의 비판에 있어 상당히 온건했다. 그것은 그의 동반자인 스위스의 쯔빙글리에게 있어서와 마찬가지였다. 그들의 견해는 벽보의 선언문에 부분적으로 나타나 있다.

우리가 여기서 말하고자 하는 요점은 개혁파들이 수행했던 가장 필요하고 가장 위험한 비판 행동은 미사에 대해 문제를 제기한 점이라는 것이다. 이 인기있는 문서가 급속도로 유포되는 중에 그것의 저자들은 당장 여러 곳으로부터 반격을 받게 되었다. 이를테면 로베르 세노 같은 소르본느의 신학자는 루터주의가 프랑스에 나타난 이후 줄곧 그것을 진압하려고 애를 썼다(그러나 그것은 헛수고에 불과했다). 둘째로, 고위직에 있는 가톨릭 인본주의자들 — 기욤 뷔데와 야코포 사돌레토 같은 — 은 왕과 함께 경고의 깃발을 쳐들었다. 왕은 자신의 정치적 계획에 대한 심각한 위험과 종교적 시민적 질서와 종교적 평화를 위한 자신의 계획에 대한 위협을 느끼게 되었다. 마지막으로, 민중들은 미신적인 전통적 신념에서였든지 혹은 교회의 개혁에 흥미가 있어서였든지 그것에 반응을 보였다.

2. 칼빈의 세네카 주석(1532) – 프랑수아 1세에게 보낸 최초의 변증서인가?

칼빈이 복음적 그리스도인으로 중생한 것은 프랑스 역사가 이처럼 소용돌이치고 있던 때였다. 이제 우리는 그의 처음 행적을 살펴보기로 하자. 1532년 4월에 그는 최초의 저서를 출간했는데 그것은 「세네카 주석」(The Commentary on Seneca's De Clementia)이었다. 여기서 우리는 그것을 그의 종교적 순례의 첫 번째 발걸음으로 간주할 것이다. 이 인본주의자 주석과 그리스도인 칼빈의 관계에 관해 쓰인 글들이 많이 있는데, 어떤 사람들은 자신있게 그것을 그의 신앙과 관련시켰고, 또 어떤 사람들은 사실상 거기에는 종교적인 언급은 없다고 주장한다.

이 문제를 다루는 데 있어 한 가지 난점은, 칼빈의 신학적 견해가 절대 변하지 않았으며 그가 1559년의 「기독교 강요」 최종판에서 기록한 내용은 그의 전 생애에 걸쳐 구별없이 적용된다는 오래묵은 인식이다. 그러나 그것은 사실이 아니다. 그의 신앙을 표현한 문헌들 전반에 걸쳐 커다란 일관성이 있는 것은 사실이지만 동시에 그의 사상들 가운데 많은 부분이 변화되고 재고되고 개조되었다. 그의 「강요」의 주요한 다섯 개 개정판들을 잠시만 비교해보더라도 그 사실을 알 수 있을 것이다.

그리하여 대부분의 학자들은 직접적으로 혹은 본능적으로, 성숙한 그리스도인이 되었을 때의 칼빈을 회심하기 전의 칼빈, 즉 세네카 주석을 썼을 때의 칼빈과 비교해 왔다. 그러나 만일 우리가 1536년판 강요에 우리의 주의를 집중시켜서 그것의 빛 속에서 세네카 주석을 고찰한다면 색다른 면모가 선을 보이기 시작한다. 「강요」는 프랑수아 1세에게 보내는 저 유명한 편지로

시작되는데 그것은 칼빈이 프랑스에 있는 개혁주의 동포들을 대신해서 1535
년의 격랑기에 왕에게 보낸 유창한 호소문이다. 전체적으로 볼 때 이 편지와
그 뒤에 나오는 신학 논문, 특별히 마지막 장은 프랑수아에게 그리스도인 군
주의 모델을 제시하는 것이라 할 수 있다.

"관원들을 위한 거울," "그리스도인 군주를 위한 교훈" 등을 위한 이러한
연구는 16세기에 가장 흔했던 문학 장르들 가운데 하나였다. 사실 르네상스
시대의 인문주의자들 치고 자신들의 학자적 탁월성과 정치적 혜안을 군주들
에게 과시하려고 시도하지 않은 사람은 거의 없었다. 프랑수아 1세에게는 기
욤 뷔데(Guillaume Bude)가 있었고, 필립에게는 에라스무스가 있었다. 한편
으로는 국내의 혁명적 기운들과 타국과의 전쟁으로 인한 정치적 혼란의 위
협이 있었고, 또 다른 한편으로는 겁을 집어먹은 통치자들의 억압적 폭정의
위협이 있었기 때문에 민감하고 온건한 사람들은 정치적 처신의 모델을 찾
기 위해 고대의 문헌들을 샅샅이 뒤지게 되었다.

로마 제국 역사를 통해 네로보다 더 악한 폭군은 없었지만 그가 황제로 즉
위할 때에 즈음하여 그보다 더 훌륭한 정치적 · 도덕적 교훈들을 소유했던
황제도 없었다. 칼빈이 인문주의자들 사이에 한 자리를 차지하기 위해서 뿐
아니라 또한 어쩌면 프랑수아 1세에 올바른 통치 방법을 제시하기 위해 옛날
스토아 학자들 가운데 네로의 자문역을 담당했던 사람의 저술에 손을 대 보
려 했다는 것은 있을 법한 일이 아니겠는가? 최소한 이미 상당한 윤리적 민
감성을 소유했던 명목적 그리스도인으로서 아마도 칼빈은 자신의 온건하고
도 박식한 작은 주석이 왕의 주의를 끌게 될지 모른다고 생각했을 수도 있
다.

3. 칼빈의 신학적 순례의 첫 단계

우리는 이미 칼빈의 세네카 주석에는 뚜렷이 종교적인 교훈이 별로 없다
는 사실을 살펴보았다. 그러므로 이 초기의 저서를 가지고서 칼빈의 회심을
논하는 것은 심히 어려운 작업이 될 것이다. 우리는 이 주제를 취급하는 것
이 심히 주저된다. 왜냐하면 이 주제는 많은 위대한 학자들을 곤혹하게 한

문제이면서도 아직까지 이렇다할 해답을 얻지 못한 문제이기 때문이다. 이 점에 관한 칼빈 자신의 침묵, 그 자신의 저술들 속에 직접적인 자료들이 빈곤하다는 사실, 그리고 그의 생애 가운데 이 결정적 시기에 있어 그의 행적에 관해 우리가 가진 정보들 속에 있는 신비한 차이들로 인하여 그의 회심 일자를 정확히 계산하는 것은 불가능한 일이다.

존 맥네일(John T. Mcneill)은 아마도 그것이 1534년 4월 5일과 1534년 5월 4일 사이에 일어났을 것이라고 추정한다. 그것은 칼빈이 자신에게 주어지던 성직록(benefice)을 포기하기 위해 피카르디(Picardy)에 있는 노용(Noyon)의 고향으로 돌아왔을 때였다. 그것은 상당히 설득력있는 추측이다. 그러나 가장 최근의 학자인 카노치(Canoczy)는 그보다 더 늦은 연대를 주장한다. 다행히도 연대 추정은 우리의 목적을 위해 그다지 중요하지 않다. 그의 회심의 내용과 구조가 중요할 따름이다. 그 점에 대해서는 우리가 견고한 기반 위에 서 있다고 나는 생각한다.

우리가 그의 회심에 관한 우리 지식의 원천들을 공식적으로 검토하기 전에 그의 세네카 주석 속에 있는 종교적 내용을 살펴보기로 하자. 근본적으로, 그가 회심하기 직전에 세 가지의 종교적 질문이 이 젊은이에게 관심이 있었던 것 같다. 첫째는, 이교와 기독교 사이의 차이점, 더 광범위하게 말한다면, 미신과 진정한 종교의 차이점이다. 둘째는, 인간 영혼의 기원과 성격이다. 셋째는, 하나님의 통치와 인간의 통치에 관한 질문, 다른 말로 하면 하나님의 섭리적 틀 속에서 인간 권위의 위치는 무엇인가 하는 것이다.

B. 칼빈의 회심의 내용과 성격에 관한 고찰

1. 문헌에 나타난 그의 회심

칼빈은 어디서 자기 자신의 회심에 대해 언급하고 있는가? 다소 후대에 속하는 것이지만 그러나 가장 주요한 저술들 가운데 하나인 그의 시편 주석에서 아주 간단하면서도 직접적으로 자신의 회심에 대해 언급하고 있다. 또 1539년에 하나님의 심판대 앞에 있는 복음주의적 평신도들을 설명하면서 자신의 회심을 간접적으로 언급하고 있다. 그것은 추기경 사돌레토(Sadolet)가

제네바 시를 향해 진정한 교회의 품으로 돌아오라는 호소를 한 것에 대한 칼빈의 유창한 반론 속에 나타나 있다.

추기경 사돌레토는 제네바 시민들에게 향한 자신의 호소를 통해 하나님의 심판대 앞에 있는 극적인 장면을 묘사했는데 거기서 한 충성스러운 가톨릭 교도는 자신의 마지막 신앙고백을 하는 반면, 한 프로테스탄트 교도는 헛되이 마지막 호소를 하고 있다. 칼빈은 그것을 교묘하게 역전시킨다. 사돌레토에 의해 묘사된 분리주의자들의 입장에서 그는 자신을 회심 후에 오류에 대항해 투쟁하는 성직자로 적절히 묘사하고 있다. 이상이 칼빈의 회심에 관한 자료로 흔히 인용되는 두 개의 문헌이다.

나는 여기에다 내가 "칼빈 신앙의 핵심"이라 부르는 것을 첨가시키고 싶다. 그것은 1536년판 강요의 제1장 처음 몇 페이지에 포함되어 있다. 또한 아마도 「피에르 로베르의 신약에 대한 서문」을 전체적으로 첨가할 수 있을지 모르겠다.

기독교 역사에 기록된 많은 위대한 회심들 속에는 그 체험의 "계기가 된" 어떤 특별한 성구가 있다. 그처럼 권능있는 본문들의 긴 목록을 열거할 필요 없이 루터에게 그러한 작용을 했던 로마서 1장 17절만 생각해도 충분할 것이다. "의인은 믿음으로 살리라"는 구절이 바로 그것이다. 그러나 칼빈에게는 그처럼 분명한 기록이 없다. 어떤 특정 구절이 칼빈을 그처럼 움직였는가 어떤가를 논하는 것은 아마도 어리석은 일일 것이다. 루터에게 있어서와 마찬가지로 그에게 있어서도 바울의 로마서가 그의 기독교 신앙을 형성하고 이해하는데 있어 가장 중요한 책이었다.

그럼에도 불구하고 사람들은 그의 신앙에 결정적인 역할을 했던 한 구절이나 혹은 최소한 한 본문을 뽑아내고 싶은 유혹을 받는다. 물론 로마서 1장이 그러한 것이라고 말할 수 있다. 그 중에서도 특별히 롬 1:18-25를 지적할 수 있을 것이다. 그 중에서도 한 구절만 뽑으라고 한다면 나는 롬 1: 18을 제시하겠다. "하나님을 알되 하나님으로 영화롭게도 아니하고 감사치도 아니하고 오히려 그 생각이 허망하여지고 미련한 마음이 어두워졌나니"라는 것이다.

왜냐고? 칼빈의 경건의 중심되는 면모는 하나님과 인간에 대한 중심되는 지식이다. 그것은 1536년판에 처음으로 언급되었지만 1559년에는 그것이 그의 사상의 조직 원리가 되다시피 했다. 하나님에 대한 지식을 요약하여 칼빈은 하나님의 탁월성 혹은 능력들(virtutes Dei)을 열거하는데 그것은 너무나 역동적인 것이어서 속성이라고 부를 수 없는 것이다. 1536년판 「강요」의 1장 서두에 나타난 이 목록은 「로마서 주석」(1540) 1장 21절에 나타난 것들과 거의 동일하다. 로마서에 있는 동일한 본문은 칼빈의 「추기경 사돌레토에 대한 답변」(1539) 속에서도 암시되어 있다.

그때 그는 하나님의 심판대 앞에서 자신의 진정한 신앙 고백을 제시함으로써 사돌레토가 자신의 편지 속에서 칼빈의 고백이라고 모함했던 그 거짓 고백을 대체하고자 했던 것이다. 칼빈은 그가 반발했던 그 거짓 신앙에 관하여 언급하고 있다. "사람들은 … 실로 그분을 유일하신 하나님으로 부르지만 그들은 당신께서 당신의 위엄에 합당한 것이라고 주장하셨던 그 영광을 다른 것들에게 돌리면서 그렇게 하고 있습니다. 그들은 자신들을 위해 자기들이 경배하는 성인들만큼이나 많은 신들을 상상했습니다." 요약하면, 하나님을 영화롭게 하고 그분께 감사하는 것에 대한 강조야말로 칼빈의 경건에 있어서 중심되는 주제들인 것이다.

칼빈의 회심을 가능하게 한 성경적 근거를 좀 더 광범위하게 살펴보자. 루터에게 있어서와 마찬가지로 칼빈에게 있어서도 그의 신앙의 비결을 지탱해 준 것은 시편과 로마서의 주옥 같은 글들이다. 루터가 쓴 최초의 주석은 시편에 관한 것이었으며 그의 두 번째 주석은 로마서에 관한 것이었다. 그것은 1517년의 체험이 있기 수년 전에 쓰여진 것들이지만 그 체험의 준비 단계 역할을 했다고 볼 수 있다.

칼빈이 쓴 최초의 주석은 로마서 주석이었다. 사실상 「기독교 강요」 그 자체가 로마서 주석을 확대한 것으로 생각될 수 있다. 그의 시편 주석은 그보다 훨씬 뒤에 쓴 것이지만 그것은 가장 뚜렷이 개인적인 주석이다(때로는 다윗의 입을 빌려 자기 자신의 영적 상태를 표현하기도 한다). 또한 우리가 살펴본 바와 같이 소문에서 칼빈의 회심에 대한 명백한 언급을 하고 있는 유일한 문헌이기도 하다. 동시에, 통계적으로 말하자면, 단순한 양이 종교적 작품에 있어 어떤 의미를 가지건 간에, 로마서와 시편은 「강요」 속에서 가장 많이 인용되고 있는 성경이기도 하다.

라틴어 최종판에서 로마서는 최소한 598번, 시편은 580번 인용되고 있다. 그리하여, 칼빈이 시편을 "영혼의 모든 부분을 해부한 것"으로 표현할 때 우리는 그가 시편에 얼마나 높은 지위를 부여하고 있는지를 알 수 있다. 그는 시편을 개혁교회의 찬송가로 삼고 있다.

루이 구마(Louis Goumaz)는 「강요」의 신학을 그의 주석들의 해석과 상호 관련시키는 틀을 제시하면서 칼빈의 회심에 있어서의 성경의 결정적 역할을 다음과 같이 요약하고 있다:

> "성경은 칼빈의 회심을 위한 도구였다 … 그 속에서 자신의 종교적 성품을 형성한 양식과 그의 인문주의적이고 법률적 정신에 공감되는 문서를 발견했다."

2. 신학적으로 재조명해 본 그의 회심 - 구원의 역사

부처와 파렐의 격려를 얻은 칼빈의 사촌 피에르 로베르는 1535년 2월 12일에 신약 성경을 불어로 번역하는 작업을 끝마쳤고 1535년 6월 4일에 뇌샤텔에서 그것을 출판했다. 칼빈은 그 책을 위한 두 개의 서문을 써 달라는 부탁을 받았는데 하나는 라틴어로, 하나는 불어로 된 서문이었다. 우리가 그의 회심 체험에 대한 신학적 재조명의 초고라 부르는 것은 불어로 된 서문이다. 1535년 1월 경에 칼빈은 바젤에 있었기 때문에 가장 늦게 잡더라도 그 서문은 그 해 초로 연대를 잡아야만 한다. 그때 그는 모든 정력을 「기독교 강요」 초판을 저술하거나 완성하는 데 쏟고 있었다(그것은 1535년 8월 23일에 완성되어 1536년 3월에 출판되었다).

신약에 대한 서문은 인간의 역사에 대한 바울-아우구스티누스의 요약을 간결하게 표현하고 있다. 하나님의 형상을 따른 인간의 창조 … 양심(이방인들)과 율법(이스라엘)을 통한 하나님의 계속적인 자비 … 계속적인 배도 … 구주의 오심 … 복음의 부르심이 그것이다. 이 서문은 왕들과 관원들과 주교들과 목사들에 대한 호소로 끝을 맺는다. 그들이 복음의 올바른 전파와 교회의 건전성을 지지하라는 호소인 것이다.

우리의 관점에서 보면, 칼빈의 회심에 대한 신학적 재조명으로서 이 짧은 논문의 중심되는 부분은 우리가 "복음의 요청"이라 이름붙인 부분이다. 칼빈의 사고 방식에 있어 근본적인 변화, 즉 그를 이끌어 철학자들의 지혜에 대한 추구를 포기하도록 만든 그 통찰은 인간의 타락이 차지한 결정적 위치임은 의심의 여지가 없다. 인간의 지혜를 찬양하고 영혼에 대해 명상하는 철학자들이 이해할 수 없는 타락(강요 I. 15. 8)은 연약한 인간의 지혜가 그리스도의 신적인 지혜와 구별되는 지점이다.

칼빈은 다른 곳에서 후자를 그리스도의 철학(Philosophia Christi)이라 불렀다. 그리스도인들에게 기쁨을 주어 핍박의 한가운데에서도 기쁨으로 주님을 섬기게 하는 것은 바로 이보다 높은 지혜에 대한 추구이다. 예수 그리스도 안에 구약의 모든 위대한 인물들의 표상이 수렴된다. "우리가 생각하거나 바라는 모든 것, 우리가 표현한 모든 것은 예수 그리스도 안에서 발견된다. 모든 성경은 우리를 불러 그분에 대한 지식을 갖게 한다."

이처럼 복음을 읽음으로 칼빈은 개인적 체험으로부터 모든 구원의 역사를 묵상하는 데로 나아간다. 그것은 모두 이 간단한 서문, 즉 자신의 회심에 대한 칼빈의 최초의 신학적 반성 속에 포함되어 있다. 칼빈이 왜 인문주의자로서의 경력을 포기했는가 하는 데 대한 이유를 자기 자신의 말로 들어보자.

> 그리하여 진정한 경건에 대한
> 약간의 지식과 감각을
> 가지게 된 이후,
> 나는 갑자기 진보에의
> 커다란 욕망으로
> 불붙게 되었다.
> 그리하여 비록 내가 다른 공부들을
> 전적으로 버리지는 않았으나
> 그래도 훨씬 느슨한 태도로

그것들에 임하게 되었다.
(칼빈의 경건, p. 8)

칼빈의 회심 체험에 대한 신학적 재조명의 "제2탄"은 1535년 상반기 중에 불과 몇 주 혹은 몇 달 간격으로 제1탄을 뒤따라 나왔다. 우리는 이미 그것을 "칼빈 신앙의 핵심"이라고 언급한 바 있다. 그것은 1536년판 「강요」 제1장의 처음 아홉 페이지에 나타나 있다. 그것은 「신약에 대한 서문」과 동일한 기반 위에 서 있지만 그 강조점에 있어 덜 성경적인 첫 번째 문서보다 훨씬 더 신학적이다. 그것은 하나님과 사람에 대한 "두 종류의 지식들"로 시작되어 율법 — 성문이든 불문이든 — 으로 옮겨 갔다가 "다른 길", 즉 그리스도로 결론을 맺는다.

칼빈의 회심을 요약함에 있어 그 후의 모든 칼빈주의를 위해 중요한 구절이 있다.

내가 나 자신을 살펴보거나
혹은 내 눈을 당신에게로
향할 때마다 …

인간 정신의 이 두 가지 움직임은 하나님과 인간에 대한 대조적인 지식, 오직 성육하신 하나님의 아들만이 연결할 수 있는 거룩하신 하나님과 타락한 죄인 사이의 간격을 일깨워 준다. 칼빈은 자신의 회심을 통해 그 사실을 깊이 깨닫고 율법에 관한 자신의 비평을 담은 장의 처음 몇 페이지에서 그것을 집중된 형태로 표현하고자 했던 것이다.

그 후에 출간된 「강요」의 개정판들은 이러한 사상들이 증보될 강요의 전체에 확산되어 일종의 중심 원리가 되고 있음을 보여준다. 그러나 여기, 오직 여기에 칼빈의 종교적 체험에 대한 일관성 있는 신학적 요약 속에 그것들이 서 있는 것이다.

하나님에 대한 지식이란 무엇인가? 하나님은 무한히 지혜로우시며 의로우시며, 선하시며, 자비로우시며, 진실하시며, 능하시며, 살아계시는 분이다.

모든 것이 그분의 영광을 위해 창조되었다. 그분은 의로우신 재판장이시다. 그는 인자하시며 온유하시다.

우리 자신에 대한 지식이란 무엇인가? 우리 모두의 조상인 아담은 모든 덕을 가지고서 하나님의 형상으로 창조되었다. 그가 타락하여 죄에 빠짐으로 그 형상은 지워지고 말소되었다. 그는 모든 덕을 박탈당하고 대신에 그것에 상응하는 악들을 가지게 되었다. 아담에게서 태어난 우리 모두는 하나님에 대해 무지하며 하나님으로부터 떨어져 있어 그의 뜻을 행하기에 무력하며 영원한 죽음을 받기에 합당하다.

이러한 막다른 골목에서 자비로우신 아버지는 율법을 가져다 주신다. 기록되지 않은 율법을 양심에 주시고 다음에는 기록된 율법을 주신다. 우리가 우리 자신의 진정한 상태를 알게 하기 위해 하나님께서는 우리의 마음에 우리가 그분에게 빚지고 있는 것에 대한 증인을 주셨다. 그것은 양심인데 마음에 새겨진 율법인 것이다. 그러나 우리는 여전히 자기 사랑에 의해 눈이 가리워 있기 때문에 하나님께서는 우리에게 완전한 의에 이르는 법을 가르쳐 주시기 위해 기록된 율법을 주셨다. 그러나 우리가 율법의 요구를 이루지 못하는고로 우리는 여전히 영원한 죽음의 저주를 받아 마땅하다.

이와 같은 두 번째 막다른 골목에서 하나님은 자신의 무한한 자비로 또 다른 길을 제시하신다. 절망 속에서 우리는 또 다른 영역에서 도움을 찾아야만 한다. 그리스도 안에서 하나님은 우리에게 우리가 우리 힘으로 얻을 수 없는 선물들을 주신다. 그러나 우리는 그분의 선물을 받기 위해 참되고 살아있는 믿음으로 그리스도를 붙잡아야만 한다. 그분을 통해서만 아버지 안에 있는 영원한 축복에 이르는 길을 발견할 수 있는 것이다.

이러한 요약은 칼빈의 신선한 성경 연구의 결과일 뿐 아니라 또한 자신의 생생한 체험을 통한 신앙의 산물이기도 하다. 여기에 헌신의 생애를 통해 그리스도와 그의 교회에 바쳐진 깊은 신앙의 고백이 있으며, 또한 여기에 칼빈의 「기독교 강요」와 주석과 설교와 종교개혁을 위한 다방면의 활동들의 원천이 있는 것이다.

II. 기독교 강요 초판(1536년)

A. 교리문답서인가 혹은 변증서인가?

1. 원래의 의도는 교리문답서

칼빈이 회심한 후 새로운 성경연구에 착수했을 때 즉시 그가 직면한 임무는 참된 신앙을 갈구하는 자들을 지도해야 하는 것이었다. 참교리를 추구하는 자들이 별반 경험없는 자신에게로 모여들자, 그는 "하나님께서는 어느 곳에서도 나를 조용히 있도록 두지 않으신다"고 결론지었다.

프랑스에서 행한 그의 초기 설교에 대해서는 자료의 불충분 때문에 일목요연하게 파악할 수 없으나, 그의 마음이 훌륭한 교리문답서를 작성해야 할 필요성에 쏠려 있었음은 틀림없다. 그래서 그는 1535년과 1536년 초기 사이 바젤에서의 짧은 체류 기간에 자신의 신학적 연구의 첫 결실을 저술했다. 책의 긴 부제가 그 내력을 나타내 준다: "기독교 강요, 구원론을 이해하는데 필수적인 제반 사항과 경건의 개요를 거의 망라하였다. 경건에 열심이 있는 사람들은 모두 일독할 가치가 충분한 저서이다 … ."

칼빈이 고안한 교리문답서 중 어느 만큼을 문서화했는가에 관해서는 학자들 사이에 일치된 견해가 없으며, 또 이 문제는 여기서의 당면문제가 아니다.

프랑스의 개혁주의적 전통에서 교리문답서 저술가는 칼빈 이전에는 드물었다. 루터의 책을 번역한 것 외에 불어로 된 것으로는 기욤 파렐(Guillaume Farel)과 프랑수아 랑베르(Francis Lambert)의 개요서들이 있었다. 파렐의 저서는 바젤의 개혁주의자 오이콜람파디우스(Oecolampadius)의 권유로 1525년 바젤에서 처음 발행된 후 인쇄를 거듭했다. 두 번째인 랑베르의 책은 1529년에 저술되었다.

그러나 파렐의 저서가 불어판 개혁신앙 문답서의 효시이며, 칼빈의 신학적 입장이나 관심을 동일하게 내포하고 있음에도 불구하고, 칼빈의 저작은 문체나 구성이나 내용 어느 것에서도 파렐의 것과 유사한 점이 없다.

칼빈은 프랑수아 1세에게 보내는 서한의 첫머리에서 자신의 저술 의도를 분명하게 밝힌 바 있다.

　오로지 본인의 목적은 종교적 열정을 지닌 사람들이 참된 경건에 이르
도록 하기 위한 확실한 기본원리를 전달하는 것입니다 … 간단하고 초
보적인 교리의 형태로 …

이것이 칼빈이 교리문답서를 만들려던 의도였다. 그가 박해받는 프랑스의
개신교도들을 위하여 외국의 공감을 불러일으키려고 당시 공용어인 라틴어
로 썼기는 했으나, 분명히 동포들에게 적합하도록 불어판을 속간할 작정이
었다. 현존하는 기독교 강요의 첫 불어판은 1541년에 출판되었다. 이것은
1539년의 라틴어 제2판을 번역한 것으로서, 제네바에서의 목회 경험을 살려
서 저술한 질의·응답식의 교리문답서였다.

2. 기독교 강요가 변증서로 되다

그러나 간단한 교리문답서를 만들려던 계획은 뜻대로 될 수 없었다. 이 의
도를 변경시킨 학살사건의 중심에는 매우 기독교적인 프랑스 왕 프랑수아 1
세가 있었기 때문이다
종교개혁 시기에는 기존의 교회 내에서 정화운동을 하려는 온건한 노력에
서부터 사회의 전 구조를 공격하는 급진적인 시도에 이르기까지 다양한 운
동이 분출되었다. 그러나 온건과 과격을 엄밀히 분류하기란 사실상 어려움
에도 불구하고, 프랑수아 1세는 당시 프랑스에서 발흥하고 있었던 모든 혁신
적인 경향이 국가와 교회를 위협하는 이단적인 것이라고 단정하는 소르본느
대학측의 견해에 동의했다. 이단을 숙청함으로써 자국 내에 거주하는 독일
인 개신교도들에 대한 처리 문제로 외교상의 난처함에 봉착하더라도, 정책
적으로 모든 문제를 국가의 안전과 연관된 문제로 상정하고, 프랑스의 복음
주의자들과 외국의 복음주의자들을 격리시키고자 했다.
이런 방안의 지지자들은 프랑스의 모든 복음주의자들을 재세례파로 몰아
부치거나, 무식한 오합지졸로 보았다. 또는 그들의 운동을 국가의 내적 질서

에 대항하는 무정부적 행동과 반란으로 정죄했는데, 이 관점은 프랑수아 1세가 독일 개신교도 군주에게 보낸 각서에 잘 나타나 있다. 프랑스 개신교도들은 독일 개신교도들과는 달리 재세례파와 똑같아서 선동적인 사람들이라는 것이었다. 이 각서는 독일인들의 염려나 불안을 진정시키기보다는, 프랑스의 온전한 복음주의자들로 하여금 급진적 개혁가들로부터 신학적 · 정치적으로 자진 이탈하여 여타의 동료들과 구분되도록 만들었다.

그러면 진정한 복음주의자들은 더 급진적인 복음주의자들과는 다르다는 것을 어떻게 증명할 수 있는가라는 의문에 대한 칼빈은 두 가지 형태로 응답하였다. 먼저 그는 1534-5년에 써서 1542년에 출간한 「영혼수면설」(Psychopannychia)에서 가장 위험스런 국면의 신학적 문제를 다루었다. 그런 다음에 더욱 포괄적인 저술 작업을 하여 1536년에 「기독교 강요」를 펴냈다. 이 두 저서를 차례로 살펴보자.

칼빈은 자신의 첫 신학적 논문인 「영혼수면설」의 주제로서, 죽음으로 인해 야기되는 영혼과 육체의 문제를 택했다. 당시 프랑스에서는, 죽음과 마지막 부활 사이에 영혼은 잠들어 있거나 죽는다고 하는 교리의 신봉자들이 많았다. 따라서 칼빈은 이 잘못된 교리로부터 동포 신자들을 보호하기 위하여, 또 프랑스의 진정한 복음주의자들은 이 이단적 관념을 받아들이지 않았다는 사실을 가톨릭교도들에게 확증시키기 위하여 이 교리를 반박할 필요가 있다고 생각했음이 분명하다.

'죽은 자를 위한 기도'와 같은 가톨릭 교리를 거부하는 것이 압제적인 면죄부 제도를 극복하는 열쇠이듯이, 영혼불멸설을 표방하는 것은 영혼사멸설을 주장하는 광신적 경향으로부터 복음주의자들을 구별짓는 필수요건이었다. 그리고 칼빈은 영혼은 바로 하나님의 형상이라는 사실을 이 영혼불멸 교리의 신학적 전제로 삼았다. 하나님께서 항존하시듯이, 그 형상인 영혼 역시 잠시라도 소멸되지 않는다는 것이다.

「영혼수면설」 자체는 몇 단계를 거쳐서 저술되었다. 초고는 1534년 오를레앙에서 익명의 친구에게 헌정한다는 서문을 담고 있다. 이 서문에서, 그는 자신의 글이 교회의 통일성과 사랑을 교란시킨다는 오해를 받게 될 것임을 내다보고, 그리스도 안에서만 통일이 있으며, 사랑을 유지하는 관건은 신앙을 신성하고 순전하게 보존하는 것이라고 설명했다. 그 해에 그는 초고를 복사하여 스트라스부르에 있는 개혁주의자 볼프강 카피토(Wolfgang Capito)에게 보내어 출판 여부를 문의했다. 1534년 말에 칼빈에게 보낸 답장에서 카피토는, 종교분쟁이 들끓고 있는 때인 만큼 이 논문은 접어두고 건설적인 성경 주석을 쓰는 것이 더 바람직하겠다고 제안했다. 칼빈은 「영혼수면설」에 대한 카피토의 충고를 받아들였다(기독교 강요를 완성한 후 1535년 바젤에서 이 논문을 개정하기는 했지만).

그러나 칼빈은 자신과 동포들이 프랑스의 정치 질서를 파괴하고자 했다는 비난에 대해서는 가만히 있을 수 없었다. 그래서 서문인 프랑스 왕에게 보내는 헌사에서, 원래는 교리문답서를 작성할 의도였음을 시사한 후, 그는 제2의 목적을 추가하게 된 까닭을 직접적이고도 열정적으로 피력했다. 여기에서 그는 사악한 무리들의 횡포에 직면하여 그들에게 건전한 교리의 본질을 가르쳐 교훈하고자 한다고 밝혔다. 시편 주석에서도 더욱 날카로운 어조로 동일한 내용을 서술했다.

그러므로 칼빈으로 하여금 그 유명한 기독교 강요를 쓰게 한 동기는 두 가지였다. 즉 신앙의 형제들을 위한 교리문답서의 필요성과 박해를 중단하도록 하기 위해 형제들의 실상을 왕에게 탄원해 알려야 하는 필요성이 그것이다. 그리고 후자의 목적 때문에 칼빈은 이중의 신학적 대응자세를 취했다. 제도화된 로마 가톨릭을 거부함과 동시에 극단적 분파를 배제하는 것이었다. 그리하여 칼빈의 향후 신학의 행로가 결정되었다. 그것은 극좌와 극우 사이의 중도를 견지하는 것으로서, 현명한 절충이 아니라 독자적인 성경 연구에 근거한 확신이었다. 이후 그의 신학체계상의 발전은 이 초기의 경향을 확대하고 완성해가는 것이었다.

B. 프랑스 왕에게 드리는 헌사

1. 기독교 변증들 가운데 하나

기독교가 그 초창기에 로마의 박해와 유대인의 배척 그리고 이단의 위협에 부딪혔을 때, 교부들은 기독교를 위한 변증서들을 저술하여서 신학에 창조적 자극을 주었다. 또한 변증가들은 로마의 국가종교에 대한 기독교의 불복종은 정치적 반동심이나 전복의지가 아니라 종교적 특색일 뿐이라는 사실을 입증하여야 했다. 그리고 기독교를 고대 철학의 모조품이라고 하는 비방에 대해서는 기독교가 오히려 후대에 파생된 이교들의 원형임을 증명했다.

칼빈 역시 초대교회시대의 변증가들처럼, 변증적 노력으로써 실제로 신앙을 새롭게 종합하였다. 자신이 체계화한 신앙을 신종(新種)이라고 하는 소르본느 대학 신학자들의 악평에 대하여 그는 이것이 진정한 사도적 메시지이며, 그들의 신학이야말로 말기적 변종이라고 주장했다. 프랑스 복음주의자들은 군주정체를 전복하고자 획책한다고 하는 트집에 대해서는 복음주의의 정치적 충절을 확인시켜 주었다. 그러므로 프랑수아 1세에게 보내는 서한은 유스티누스와 테르툴리아누스, 오리게네스, 그리고 유세비우스의 변증서들과 나란히 둘 수 있는 것이다.

2. 헌사의 내용

서한의 구성을 살펴보자. 칼빈이 처음에는 단락을 나누지 않았으나, 1559년판에 따라서 여덟 부분으로 나눌 수 있다.

(1) "본서를 쓰게 된 배경"으로서, 두 가지의 저술 목적을 기술한 후, 왕의 관심을 촉구한다.

(2) 박해받는 복음주의자들을 위하여 탄원한다.

(3) 가톨릭교도들이 개혁신앙을 비난하는 네 가지 — 새로운 것, 미지의 것, 불확실한 것, 기적에 의해 확증되지 않은 것 — 반론에 대해 논박한다.

(4) 교부들이 개혁주의의 교리를 지지하지 않는다는 주장에 대해, 오히려 가톨릭과 교부들 사이에 있는 일련의 대조사항들을 날카롭게 제시한다.

(5) 교회론에 대한 가톨릭의 오류들을 열거하고, 교회의 본질을 논증한다.

(6) 그러면 교회는 어디서 발견되는가? 가톨릭교회가 자기들만이 참 교회라고 주장하는데 반해, 칼빈은 순수한 설교와 합법적 성례의 바울적 표지를 주장한다.

(7) 복음전파로 인해 소란과 변혁이 일어났다고 하는 주장에 대해 답변한

다.

(8) 마지막으로, 칼빈은 자신의 호소가 실제로 왕에게 전달되거나 왕을 움직일 가능성을 재어 본다.

기독교 강요의 맨 끝에서도 세상의 군주에게 복종하는 것이 반드시 하나님께 대한 불순종이 되는 것은 아니라고 했다. "우리는 사람에게보다는 하나님께 순종해야 한다"는 이것이 기독교 강요의 "정치적 뼈대"이다. 요컨대, 본서는 서로 대립되는 종교적 두 경향들, 즉 복음주의 신앙과 로마 가톨릭의 교리 및 관례 사이의 긴장, 그리고 복음주의자들과 극단주의자들 사이의 긴장 가운데서 형성되었다. 이제 1536년판에 실린 여섯 장들을 살펴보자.

C. 교리문답식 장들(1-5장)의 분석

중세 말기의 문답식 문헌의 관례에 따라서 칼빈도 기독교 강요를 십계명(1장), 사도신경(2장), 주기도문(3장), 성례(4장)의 순서로 구성하여 설명했다. 여기에 가톨릭의 미사에 대한 논박을 추가하고(4장 끝부분), 소위 다섯 가지라는 "거짓 성례"를 부정했다(5장). 마지막 장에서는 기독교인의 자유, 교회의 권능, 그리고 정치적 권력에 관한 논문들을 실었다.

1장 : 율법에 관하여. 십계명을 해설하는 것부터 시작한다. 제3 · 4 · 5 · 10 계명은 적용하거나 실례를 들어서 더 충분히 논의하고, 나머지 계명들은 간략하게 의역하고 있다. 결론부에서는 율법의 효과와 칭의문제로 연결시킨다.

2장 : 믿음에 관하여. 이 장은 후속판들에서는 주로 빠졌는데, 믿음의 본질과 삼위일체에 관한 신학 논문, 사도신경의 해설, 그리고 믿음 · 소망 · 사랑의 관계에 관한 부분으로 짜여졌다. 로마 가톨릭교도들과 재세례파와 반(反)삼위일체론자들에 대한 강한 대비가 장 전체에 걸쳐 있다.

3장 : 기도에 관하여. 이 장은 마틴 부처(Martrn Bucer)의 「복음서 주석」, (1530)에 크게 힘입은 것으로 밝혀졌다. 전체의 대조 중에서 두드러진 것은 유일한 중보자이신 그리스도와 수다한 인간 중재자 사이의 대조이다. 전반적으로는 가톨릭 예배의 허구와 복음주의 예배의 순수성 사이에 있는 일반적인 대조점들이 다루어졌다.

4장 : 성례에 관하여. 이 장은 네 단락으로 나누어져 있다. 첫 세 단락은 1559년판의 성례장의 순서(4. 14-18)와 대개 일치한다. 먼저 성례를 개괄적으로 다루고, 세례와 성찬, 그리고 결론부로서 두 가지 주님의 성례의 집행을 짤막하게 논의한다.

성례 전반에 대한 칼빈의 입장은 츠빙글리와 가톨릭의 견해 중간에 위치한다고 할 수 있다. 그는 성례를 믿음의 증서에 찍힌 "봉인들"이라고, 또 하나님께서 인간의 박약한 이해력을 고려하셔서 조정하신 것이라고 강조하였다.

세례에 관해서는 재세례파와 도나투스파적인 주장 및 가톨릭의 견해를 모두 반박하고 있다. 간단히 말하자면, 세례는 "사람들 앞에서 우리의 신앙을 고백하는 상징이며 표지"라고 하는 츠빙글리식의 견해를 암시하고 있다.

한편 성찬에 관한 논의에서는 뚜렷한 특징을 보인다. 첫째로, 그것은 성찬에 대해 그때까지 있었던 무수한 논점들을 섭렵하여 나름대로 소화했음을 보여준다. 둘째로는, 미해결의 문제들을 오랫동안 토론해 온 것처럼 곧바로 논쟁에 들어간다. 셋째로, 칼빈은 다양한 분파들을 잘 알고 있으므로, 별도의 더 충분한 신학적 논쟁을 앞질러간다.

성찬에 대한 기존의 두 이견들이 잘못된 것이라고 그는 생각한다. 성례의 존엄성을 지나치게 찬양하면 미신에 빠지기 쉬우며, 반대로 성례의 가치와 유익을 냉랭하고 시시하게 다루면 성례를 경멸하게 된다. 칼빈이 여기서 주장하는 바는, 성찬에 대한 논쟁을 야기시킨 주 원인은 사람들이 잘못된 관점으로 의문을 품은데 있다는 것이다. "어떻게 우리가 그리스도의 몸을 먹는가?"라고 할 것이 아니라, "어떻게 그리스도의 몸이 우리의 것으로 되는가?"라고 물었어야 했다.

그는 미사숭배를 거부하며, 또한 완전한 자에게만 치리를 허용하는 재세례파나, 가톨릭식의 고해한 자에게만 주는 성찬 또한 거부한다. 그리고 츠빙글리의 합리적인 축소론(the rationalistic reductionism)에는 반대하지만, 실제적 현현과는 달리 영화롭게 된 몸의 축약이라는 의견에는 찬성한다. 칼빈은 천상과 지상 사이에 있는 무한한 심연을 기이하게 연결한 이 하나님의 능력의 편재를 "마치" 육체적 현현인 것"처럼" 받아들인다. 성례는 단순히 믿음과는 별개인 표적도 아니며, 성례 자체가 믿음의 역사를 하는 것도 아니다. 믿음과 성례는 협력한다. 이러한 논거는 칼빈 당대나 이전의 신학적 주장과는 차이가 있는데, 그 차이의 근저에는 신학과 기독론상의 상이점이 내포되어 있다.

칼빈은 신자에게 유익이 되지 않는 어떤 신학적 견해나 예배의 관례를 거부하는 강한 목회적 성향을 지녔기 때문에, 마지막에는 올바른 성례의 집행에 관해 논의한다. 성례 신학과 관례상의 정오(正誤)를 가리는 시금석은 성경의 권위인 것이다.

5장 : 다섯 가지 거짓 성례에 관하여. 이 장은 후속판들에서도 거의 전부 수록되었다. 물론 가톨릭교회의 잘못된 성례론과 의식들을 비판하는데 주력한다. 시행 중인 각 "성사"의 전거를 조사한 후, 그것의 실제 내력과 올바른 지침을 가르쳐 준다. 견진례와 종부성사, 혼인성사에 관해서는 간략하게 논의하고, 고해성사와 신품성사는 길게 다룬다. 이 장과 6장의 중간부인 교회의 권능 편에서 칼빈은 중세 교회 체계의 토대를 핵심적으로 상세하게 논파한다.

D. 6장 : 프랑수아 1세에게 보내는 서한의 결론인가?

1. 개괄적인 고찰

프랑수아 1세에 대한 헌사와 1536년의 기독교 강요의 최종장을 비교해 보면, 이 장이 왕에 대한 탄원의 사실상의 결론임을 알 수 있다. 1-5장은 칼빈의 원래의 의도대로 근본적으로 교리문답서이나, 세 단락으로 구성된 6장은 특별히 왕에 대한 호소와 관련된 것이다.

첫 단락인 '기독교인의 자유' 에서는, 이 자유가 세속적 영역이 아닌 영적 영역에 속한 것임을 성경의 근거를 들어서 설명한다. 둘째, '교회의 권능' 부분에서 칼빈은, 인간이 고안한 교회법과 관습은 이 자유를 침해하므로 거부하며, 또 가톨릭의 제도가 세속 권력의 일부분까지 탈취하였다는 사실을 왕에게 논증해 보이고자 한다. 교회를 다스리시는 그리스도와 자기 영내를 다스리는 세상 군주라는 두 왕이 있는 것이다. 세상의 권세와 관련된 세 번째 부분인 '세상 정치'에서는, 복음주의자들의 정치적 충성, 그리고 재세례파의 잘못된 견해에 대한 복음주의자들의 전적인 거부를 왕에게 확신시키며, 궁극적인 영적 결정권은 하나님의 손에 있다는 사실을 일깨운다.

6장에서 칼빈은 특히 프랑수아 왕에게 복음주의를 정당화시키기 위해, 또 소르본느 대학 신학자들의 악영향으로부터 왕을 분리시키기 위해 그들의 신학을 반박한다.

2. 세부적인 내용

A. 기독교인의 자유

자유의 문제는 6장의 중심적 주제라고도 할 수 있다. 전장에 걸쳐서 칼빈은 법률조항을 계속 늘려가는 것과 법은 모두 거부하는 것 사이의 중도적 방향을 취하고 있다. 그리고 교회의 불법적인 규제에 묶이지 않음과 동시에 무질서한 방종으로 치닫지도 않는 영적 자유를 변론한다.

기독교인의 자유는 세 가지를 의미한다. 법으로부터의 자유, 법의 강제가 아니더라도 자발적으로 복종하는 양심의 자유, 그리고 "아무래도 좋은 것들"에 대해 처신할 수 있는 자유이다. 이러한 자유는 연약한 형제나 이웃을 손상시키지 않도록 절제하며 사용해야 하고, 무엇보다 하나님을 노엽게 해서는 안 된다. 칼빈은 인습으로부터의 자유를 언급하는 가운데서 영적 통치와 세속적 정치적인 통치를 구분하였고, 이로써 '기독교인의 자유' 부분은 두 왕국에 대한 논의의 서론격이 되는 셈이다.

B. 교회의 권세

교회의 규율에 대한 칼빈의 관점은 그것을 전면적으로 부정하는 급진적 재세례파나 무조건 수용하는 가톨릭교도들의 관점과는 다르다. 그러나 이 단락에서 그는 주로 가톨릭의 주장에 대해 성경적·역사적 반증들을 제시하면서 반박한다.

C. 세상 정치

본서의 마지막 주제인 '세상 정치'에서는 재세례파를 훨씬 더 현저하게 다룬다. 이 종결부를 보면, 칼빈은 프랑스의 충성스런 복음주의자들의 신앙이 어떤 것이며, 또 군주로서 직무상 처신하는 방법을 프랑스 왕에게 가르치고 있음을 확연히 알 수 있다. 그는 먼저 세상 정치의 필요성을 논의한다.

이미 언급하였던 영혼과 육체에 관한 재세례파의 오류는 정치적 함의도 지닌다. 영혼과 육체와 유아세례의 구별, 그리고 영적 영역과 정치적 영역의 구별은 모두 동일한 의미를 내포하고 있다. 따라서 칼빈이 참신앙을 확립하고 보호하는 것이 세속 권위의 역할이라고 했을때, 이는 모든 통치체제를 거부하는 재세례파와 또 이 역할을 횡령하는 가톨릭을 의식하고 기술한 것이었다. 그러나 칼빈 자신이나 제네바 시(市)의 문제에 있어서나 그는 정교하게 교회와 정부의 균형을 유지시켰음을 우리는 인정해야 한다.

세상 정치를 다루는 둘째 항은 '관원'과 '법률'과 '백성'의 세 부분으로 나뉘어진다.

그가 관원들을 지칭하여 "신 같은" 지배자들이라고 한 것을 보면 놀라운 일이지만, 한편으로 관원에 대해 고도의 수준을 요구하고 있다. 그에게 "통치하는 권위는 하나님 앞에서 가장 성스런 소명이며, 죽을 수밖에 없는 인간들의 소명 가운데서도 가장 영예로운 것이다." 기독교의 교리와 경건에 이반하여 이 거룩한 일꾼을 대적하는 혁명분자들은 바로 하나님을 대적하는 것이다. 칼빈은 재세례파의 잘못된 성경의 유추 및 적용을 분석하면서, 관원과 법률과 백성의 상호작용을 구별하는 근본원리를 설명하는 것으로 뒷부분을 할당한다.

관원의 임무는 공공의 안전과 평화를 유지하는 것이다. 이 임무 수행을 위해 합법적인 사형 판결을 내릴 수도 있다. 이것은 하나님의 심판을 대행하는 것이기 때문이다.

정부가 올바르게 지도하려면, 과도하게 엄격하지도 않으며 관대함을 과장하지도 않아야 한다. 왕은 분노나 탐욕을 조절해야 하는데, 국고는 "대개가 바로 백성들의 피"이기 때문이다.

세상 정치와 법률 편에는 「세네카 주석」(*Seneca Commentary*)의 내용과 유사한 것이 많다. 이것은 칼빈이 이 주제들에 대한 정통적 견해를 복음주의 적 견지에서 재정립하고 있음을 보여준다.

법률 편에서는 먼저 일부의 과장된 견해를 논박한 후, 그 대안으로서 유명 한 구분을 제시한다. 도덕법과 의식법, 그리고 재판법의 세 층이다. 도덕법 은 자연법과 양심의 법을 천명한 것이며, 의식법은 1장, 5장, 6장 2 부에서 이 미 다루었기 때문에, 재판법을 주로 설명한다. 공정이 모든 법률의 목표요 한계이다.

최후의 주제는 백성인데, 관원과 법률은 이들을 위해 존재하는 것이다. 고 린도교인들의 지나친 소송욕과 재세례파의 재판 경시의 두 극단적 예를 든 후, 하나님께서 주신 관원과 법정을 보복하기 위해서가 아니라 정의를 위하 여 공정하고 적절하게 사용하라고 권면한다.

기독교 강요의 말미에서 칼빈은 신민이 군주에게 어떻게 복종해야 하는가 의 문제를 언급한다. 여기서 그는 프랑수아 1세와 자기 동포들에게 동시에 말하고 있다. 관원은 하나님의 대리인이므로, 그가 어떠하든지 그에게 복종 해야 한다. 사악하거나 압제하는 지배자에 대해서는 하나님께서 적절한 때 에 보복하신다. 그러나 결국 칼빈은 프랑수아 1세와 박해받고 있는 복음주의 자들에게 진정한 왕은 오직 한 분뿐임을 상기시킨다. 지배자에 대한 복종 때 문에 하나님께 불복종하게 되는 경우라면, 그때 "우리는 마땅히 사람에게 보 다는 하나님께 복종해야 한다." 책의 마지막 몇 줄은 헌사의 종결부를 재 반 향시키고 증폭시키고 있다.

헌사

지극히 위대하시고 지극히 영명하시며 지극히
기독교적인 프랑스의 왕 프랑수아 폐하에게 존 칼빈은
주 안에서 평강과 문안을 드립니다.

1. 이 책이 쓰여진 배경

지극히 영광스런 왕이시여, 제가 처음 이 저술에 손을 댔을 때 폐하에게
바쳐질 어떤 것을 쓴다는 것은 꿈도 꾸지 않던 일이었습니다. 저의 목적은
단지 어떤 기초적인 사실들을 전달함으로 그것에 의해 종교에 열심을 가진
사람들이 참된 경건에 도달하게 하는 것이었습니다. 그리고 저는 특별히 우
리 프랑스 사람들을 위하여 이 일에 착수하였는데 그들 중 상당수는 제가 보
기에 그리스도에 굶주리고 목마른 사람들이었습니다. 그리스도에 대해 약간
의 지식이라도 가지고 있는 자는 극소수에 불과했던 것입니다. 이 책 자체도
그것이 나의 의도였다는 것을 증거하는데 그 이유는 이 책이 단순하고도 초
보적인 가르침의 형태로 기록되었기 때문입니다.

그러나 어떤 사악한 사람들의 격노가 폐하의 영토에서 너무나 멀리 파급
되었기 때문에 건전한 교리가 발 붙일 장소가 없게 되었습니다. 결과적으로
만일 내가 가르치기에 착수한 자들에게 교훈을 주고 동시에 폐하 앞에 신앙
을 고백할 수 있다면 그것은 가치 있는 일이 될 것이라고 생각되었습니다.
이것으로부터 폐하는 오늘날 칼과 불로써 폐하의 영토를 교란시키는 저 미
친 사람들이 불 같은 성화로 반대하고 있는 교리의 속성을 알 수 있을 것입
니다. 그리고 정말 저는 그들이 투옥, 추방, 재산 몰수, 그리고 화형에 처해야

하며 육지와 바다에서 박멸해야 한다고 부르짖는 바로 그 교리의 대부분을 신봉하고 있다는 것을 주저없이 고백하는 바입니다.

정말이지 저는 그들이 우리의 명분을 폐하에게 가능한 한 혐오스러운 것으로 만들기 위해 어떤 끔찍한 보고들로써 폐하의 귀와 마음을 가득 채웠는지 알고 있습니다. 그러나 폐하의 자비하심에 합당하게, 만일 단순히 고발하는 것만으로 충분하다면 말로나 행위로나 무죄한 자가 남아 있지 못하리라는 사실을 폐하는 고려해야만 할 것입니다.

어떤 사람이 증오심을 불러일으키기 위하여 이 교리, 즉 제가 지금 폐하께 말씀드리려 하고 있는 내용이 오래 전부터 모든 계층의 표결에 의하여 정죄되었으며 많은 법정의 판결에 의하여 폐기 처분된 것처럼 가장한다 합시다. 그것은 분명히 부분적으로 그것이 대적들의 맹종과 힘에 의해 격렬한 배척을 받아 왔으며, 부분적으로 그들의 허위, 트집, 중상에 의해 날치기로 또한 음흉하게 억압을 받아 왔다는 것을 말할 뿐인 것입니다. 한번 들어보지도 않고 이 교리에 대하여 피비린내 나는 선고를 내리는 것은 순전한 폭력인 것입니다. 부당하게도 그것을 반역과 악행으로 고발하는 것은 사기인 것입니다.

지극히 존귀한 왕이시여, 아무도 우리가 이러한 것들에 대하여 터무니없는 불평을 하고 있다고 생각지 않게 하기 위해 얼마나 많은 중상모략들이 매일 폐하 앞에 고해지고 있는지 폐하는 증언하실 수 있을 것입니다. 마치 이교리가 모든 질서와 시민의 정부를 전복하고 평화를 깨뜨리고 모든 법률을 폐기하고 모든 신분과 재산을 박탈하려는, 한 마디로, 모든 것을 뒤집어버리려는 것 외에 어떤 다른 목적도 갖고 있지 않은 것 같습니다. 그러나 아직도 폐하는 고발의 극히 적은 일부분만을 듣고 있을 뿐입니다. 백성들 사이에서는 끔찍한 소문들이 널리 유포되고 있습니다. 만일 그러한 소문들이 사실이라면 그 교리와 그것을 만든 자들은 수천 번 화형과 십자가형을 당해 마땅하다고 세상은 판단할 것입니다.

이처럼 지극히 사악한 비난들이 믿어지고 있는 때에 그 교리에 대한 일반의 증오심이 일고 있는 것이 어찌 이상한 일이겠습니까? 모든 계층의 사람들이 협력해서 우리와 우리의 교리를 정죄하려는 음모를 꾸미고 있는 것은 바로 그 때문입니다. 재판석에 앉아 있는 사람들은 이러한 감정에 사로잡혀서 자기들이 집에서 가져온 편견들을 판결로서 선고하고 있는 것입니다. 그리고 그들은, 자기 자신의 고백에 의해서나 혹은 확실한 증언에 의해 유죄 판결을 받지 않은 사람을 처벌하지 않는다면 자기들의 직무를 완전히 유기한 것이라고 생각합니다. 그러나 무슨 죄에 대해서 입니까? 이 정죄된 교리에 대해서라고 그들은 말합니다. 그러나 무슨 권리로 그것이 정죄되었습니까? 이제 그들의 변호의 핵심은 바로 이 교리를 부인하는 것이 아니고 그것이 진실이라고 지지하는 것입니다. 여기서는 심지어 속삭일 수 있는 권리조차도 박탈당하는 것입니다.

2. 박해받는 복음주의자들을 위한 탄원

이러한 이유로 인해, 무적의 왕이시여, 저는 정당하게 폐하께 이 송사를 충분히 심리해 주시기를 청원하는 바입니다. 이 송사는 지금까지 적법한 절차 없이, 사법적 엄숙함보다는 폭력적인 열기에 의해 취급되어 왔던 것입니다. 그리고 제가 여기서 개인적인 변호를 함으로써 무사히 조국으로 돌아갈 준비를 하고 있는 것으로 생각하지 마십시오. 비록 제가 저의 조국을 지극히 사랑하는 인지상정을 갖고 있기는 하지만 지금과 같은 상황 속에서는 추방되어 있는 것이 크게 유감스럽지는 않습니다. 오히려 저는 모든 신자들의 공통된 주장, 즉 그리스도 자신의 주장을 기꺼이 붙들고자 합니다. 이 주장은 현재 폐하의 왕국에서 완전히 짓밟히고 철저하게 버림받은 상태에 놓여 있는데 그것은 폐하의 승인에 의한 것이라기보다는 어떤 바리새인들의 폭정에 의한 것입니다.

그러나 여기서 우리의 주장이 수난을 받고 있다는 그러한 일이 어떻게 일어나게 되었는가를 말하고자 하는 것은 아닙니다. 왜냐하면 불경건한 사람들이 지금까지 크게 득세를 해서 그리스도의 진리가 추방되고 흩어져서, 비록 소멸까지는 되지 않았다 할지라도 여전히 가려져 있고 묻혀져 있으며 빛을 보지 못하고 있기 때문입니다. 가련한 교회는 잔인한 살육에 의해 피폐되거나 혹은 추방을 당해 유배 중에 있거나 혹은 협박과 공갈에 압도당하여 감히 입도 열지 못하고 있는 형편입니다. 그럼에도 불구하고 불경건한 자들은 광분해서 이미 기울어 가고 있는 벽을 강타하고 그들이 악착같이 추구하고 있는 박멸 운동을 계속하고 있습니다.

한편 아무도 그러한 광분에 대항하여 교회를 지키고자 나서는 사람은 없습니다. 그러나 진리를 열렬히 사랑하는 것처럼 보이고 싶어하는 사람들은 무지한 자들의 오류와 경솔을 용서해 주어야 한다고 느끼고 있습니다. 왜냐하면 소위 온건한 사람들은 그들이 알고 있는 오류와 경솔을 하나님의 가장 확실한 진리라 부르고 있으며 배우지 못한 사람들을, 그리스도께서 하늘의 지혜의 신비를 부여해 주시지 못할 만큼 야비한 자들은 아니라고 부르고 있기 때문입니다. 그들은 그처럼 복음을 부끄러워하고 있는 것입니다.

그렇다면, 지극히 현명한 왕이시여, 그처럼 정당한 변론에 대해 당신의 귀나 마음을 닫아버리지 않는 것이 폐하를 위하는 일이 될 것입니다. 특별히 아주 중요한 문제들, 하나님의 영광이 어떻게 땅 위에서 안전하게 보존될 수 있을 것인가, 하나님의 진리가 어떻게 그 영예로운 지위를 유지할 수 있을 것인가, 그리스도의 왕국이 어떻게 우리 가운데서 온전하게 유지될 것인가 하는 문제들이 걸려 있을 때에는 말입니다. 실로 이 문제는 폐하가 듣고 인지할 가치가 있는 것이며 폐하의 왕관의 영광에 어울리는 일입니다. 정말이지 이러한 생각이 진정한 왕을 만드는 것입니다. 즉 자신의 왕국을 통치하는 데 있어 자신을 하나님의 종으로 인식하는 것 말입니다(롬 13 : 3).

만일 자기의 왕국을 통치하는데 있어 하나님의 영광을 위해 봉사하지 않는 왕이 있다면 그는 왕의 법도를 행하고 있는 것이 아니라 산적 행위를 하고 있는 것입니다. 더구나 자기 왕국이 하나님의 홀, 즉 그의 거룩한 말씀에 의해 통치되고 있지 않는데도 그것이 지속적으로 번영하기를 바라는 자는 스스로 속고 있는 자입니다. 왜냐하면 "예언이 없으면 백성이 흩어진다"(잠 29:18, 한글 성경에는 '묵시가 없으면 백성이 방자히 행한다' 로 번역되어 있음 : 역자주)고 선포하는 하늘의 음성은 거짓말일 수 없기 때문입니다. 또한 우리의 비천함에 대한 경멸이 당신으로 하여금 이러한 노력을 단념하도록 만들어서는 안될 것입니다.

정말이지 우리는 우리가 얼마나 천하고 낮은 미미한 존재들인가를 잘 알고 있습니다. 하나님 앞에서 우리는 물론 비참한 죄인입니다. 사람이 보기에

도 우리는 세상의 더러운 것과 만물의 찌끼(고전 4 : 13 참조)이거나 혹은 이
름 붙일 수 있는 그 어떤 것보다도 더 천한 것들입니다. 그리하여 하나님 앞
에서 우리에게는 그의 자비 외에 자랑할 아무것도 남아 있지 않으며(고후 10
: 17-18) 그것에 의해 우리는 영원한 구원의 소망을 얻게 되었습니다. 우리
자신의 공로는 전혀 없이 말입니다(딛 3:5 참조). 그리고 사람들 앞에서 우리
가 자랑할 것이라고는 우리의 연약함 뿐인데(고후 11:30; 12:5, 9 참조) 그들
에게 있어서는 단지 고갯짓으로 그것을 인정하는 것조차도 커다란 불명예가
되는 것입니다.

그러나 우리의 교리는 기가 꺽임이 없이 세상의 모든 영광과 능력들 위에
우뚝 솟아야만 합니다. 왜냐하면 그것은 우리에게서 난 것이 아니요 살아계
신 하나님과 그의 그리스도에게서 난 것이기 때문입니다. 하나님께서는 그
를 왕으로 삼으셔서 "바다에서 바다까지 그리고 강들로부터 땅 끝까지 다스
리게" 하셨기 때문입니다(시 72:8; 71:7, 불가타 역). 그리하여 그는 그 철과
놋 같은 힘으로, 그 금은 같은 광채로 전 세계를 쳐서 그 입의 막대기로 마치
토기를 부스러뜨리듯 하는 것입니다. 선지자들이 그의 통치의 장엄함에 관
해 예언했던 것처럼 말입니다(단 2:32-35; 사 11:4; 시 2:9 종합). 사실 우리
의 대적들은 우리가 거짓되이 하나님의 말씀을 핑계삼아 사악하게도 그것을
더럽힌다고 소리칩니다. 폐하께서 소유하신 분별력을 발휘해서 우리의 고백
을 읽어 보시면 그것이 얼마나 악의에 찬 무고이며 파렴치한 말들인지를 판
단하실 수 있을 것입니다.

그러나 우리는 여기서 폐하의 열심과 주의를 끌기 위해, 혹은 최소한 폐하
께서 우리의 고백을 읽을 수 있는 길을 준비하기 위해 어떤 것을 말씀드려야
만 하겠습니다. 바울이, 모든 예언은 믿음의 분수대로 해야 한다고 말했을
때(롬 12:6), 그는 성경의 모든 해석을 시험하는 아주 명백한 규칙을 제시한
것입니다. 이제 만일 우리의 해석이 이 믿음의 규칙에 의해 평가된다면 승리
는 우리의 것입니다. 왜냐하면 하나님이 입혀 주시는 옷을 입기 위해 우리는
미덕이 전혀 없는 벌거숭이이며, 하나님에 의해 채움을 얻기 위해 우리에게
는 아무 선한 것이 없으며, 그분에 의해 자유를 얻기 위해 우리는 죄의 종들
이며, 그분에 의해 비췸을 얻기 위해 눈먼 자이며, 그분에 의해 교정을 받기

위해 절름발이이며, 그분에 의해 지탱되기 위해 약한 자라는 것을 시인하는 것이야말로 우리의 믿음에 가장 잘 부합되는 것이기 때문입니다.

우리 자신에게서 모든 영광돌릴 기회를 제거하여 그분 홀로 영광스럽게 부각되며 우리는 그분 안에서 영화로워하는 것보다 믿음에 더 잘 부합되는 일이 어디 있겠습니까(고전 1:31; 고후 10:17 참조)? 우리가 이러한 것들이나 이와 유사한 것들을 말하면 우리의 대적들은 참견을 하면서 불평하기를, 이런 식으로 우리가 자연의 맹목적인 빛과 가상의 준비들과 자유 의지와 영원한 구원을 받을 만한 공로가 있는 행위들, 심지어 그들의 적선을 통한 구원까지도 부인한다는 것입니다. 왜냐하면 그들은 모든 찬송과 영광, 덕, 의, 그리고 지혜가 하나님에게만 있어야 한다는 사실을 참을 수 없기 때문입니다.

하지만 우리는 어떤 사람이 생수의 샘물을 너무 많이 마셨다고 책망들었다는 이야기를 읽어본 적이 없습니다(요 4:14). 오히려 "자신들을 위하여 웅덩이를 팠는데 물을 저장할 수 없는 터진 웅덩이를 판" 사람들이 심하게 책망받았다는 이야기를 읽고 있는 것입니다(렘 2:13). 뿐만 아니라, 그리스도께서 형제요 구속자로 인식되는 곳에서 하나님이 구속해 주시는 아버지가 되심을 확신하는 것보다도 더 믿음에 가깝고 좋은 것이 어디 있겠습니까?

우리를 향한 말할 수 없는 사랑으로 "자기 아들을 아끼지 아니하시고 우리 모든 사람을 위하여 내어 주신"(롬 8:32) 그분으로부터 모든 행복하고 성공적인 것을 자신있게 기대하는 것보다 더 좋고 믿음에 가까운 것이 어디 있겠습니까? 그리스도를 묵상하면서 아버지께서 주신 구원과 영생을 기대하며 그러한 보화가 감추어져 있는 그분 안에 쉬는 것보다 더 좋고 신앙에 더 가까운 것이 어디 있겠습니까?

그렇게 말하면 그들은 우리를 공격하면서 소리치기를, 그러한 확실한 신뢰는 교만과 자만을 피할 수 없다고 합니다. 그러나 우리가 우리 자신에게 있는 어떤 것도 자랑하지 말아야 하는 것처럼 하나님이 주신 모든 것을 자랑해야만 합니다. 또한 우리는 주 안에서 자랑하는 법을 배우는 것 외에는 허세를 극복할 방법을 갖고 있지 않습니다(고후 10:17; 고전 1:31; 렘 9:23-24 참조).

더 무슨 말이 필요하겠습니까? 지극히 높으신 왕이시여, 우리의 주장을 전

체적으로 간단히 검토해 보시고 만일 "우리가 수고하고 힘쓰는 것은 우리 소
망을 살아계신 하나님께 두기"(딤전 4:10) 때문이며, 우리는 "유일하신 참 하
나님과 그가 보내신 예수 그리스도를 아는 것이 영생"(요 17:3)임을 믿기 때
문이라는 사실을 폐하께서 분명히 발견하실 수 없거든 우리를 사악한자들
가운데서도 가장 사악한 자들로 여기십시오.

이러한 소망이 있기 때문에 우리 중에 어떤 사람들은 쇠사슬에 묶이기도
하고, 어떤 사람들은 곤장을 맞기도 하고, 어떤 사람들은 조롱을 당하면서
끌려 다니기도 하고, 어떤 사람들은 추방을 당하기도 하고, 어떤 사람들은
야만적인 고문을 당하기도 하고, 어떤 사람들은 도망을 다녀야만 하기도 했
습니다. 우리 모두는 가난에 찌들리고 무서운 저주를 받고 중상모략을 받기
도 하고, 가장 치욕스러운 취급을 받기도 했습니다.

이제 우리의 대적들을 보십시오(나는 사제들을 두고 말하고 있습니다. 그
들의 지시와 의도에 따라 나머지 사람들은 우리를 향해 적대적인 행위를 일
삼고 있습니다). 그리고 저와 함께 잠시 동안 어떠한 열심이 그들을 움직이
고 있는지 생각해 봅시다. 그들은 자신들과 다른 사람들로 하여금 진정한 종
교를 등한히 하고 멸시하도록 즉각 허용합니다. 그런데 그것은 성경에서 전
수되어 내려오는 것이며 모든 사람 가운데서 인정받는 자리를 차지했어야만
하는 것입니다.

그들은 어떤 사람이 무슨 신념을 견지하고 있느냐 하는 것에 대해서나 하
나님과 그리스도에 대해서 어떤 신념을 갖고 있지 않은가 하는 것에 대해서
는 손톱만큼도 관심이 없습니다. 단지 그가 (그들이 일컫는 바) 맹목적 신앙
으로 자기의 마음을 교회의 판단에 맡기기만 한다면 말입니다. 명백한 불경
에 의해 더럽혀진 하나님의 영광을 보는 것도 그들에게는 별로 고통이 되지
않습니다. 교황청의 수위성과 거룩한 어머니 되시는 교회의 권위에 대항하
여 손가락을 드는 자만 없다면 말입니다.

왜 그들은 미사, 연옥, 성지 순례 따위의 시시한 문제들을 위해서 그토록
모질고 독하게 투쟁하는 것입니까? 아주 분명한 신앙이 없이는 그러한 것들
속에 참된 경건은 있을 수 없다는 것을 부인하면서 말입니다. 그들은 하나님
의 말씀으로부터 그 어떤 것도 증명하지 못하고 있는 것입니다. 왜입니까?

"저희 신은 배요"(빌 3:19) 저희 부엌이 저희 종교이기 때문입니다. 만일 이러한 것들이 제거된다면 그들은 자기들이 그리스도인이 아니요 심지어 사람도 아니라고 믿을 것입니다. 왜냐하면 어떤 사람들은 배가 터지도록 먹는 반면 또 어떤 사람들은 겨우 부스러기만을 씹고 있다 할지라도 역시 그들 모두는 한 솥의 밥을 먹고 있으며 그 솥은 그러한 연료가 없으면 단지 식을 뿐 아니라 점점 얼어 붙을 수밖에 없기 때문입니다. 결과적으로 자기 배에 가장 깊은 관심을 가진 자가 자기 신앙을 위한 가장 열성적인 옹호자가 되고 있는 것입니다. 요컨대 모든 사람이 한 가지 목표를 향해 진력하고 있습니다. 그것은 자기들의 지배권을 보존하거나 혹은 자기 배를 채우는 것입니다. 진지한 열심을 조금이라도 보이는 사람은 하나도 없는 것입니다.

3. 대적자들의 비난에 대한 논박 – 새로운 것, 불확실한 것이라는 주장에 대한 – 과 기적들의 가치

그럼에도 불구하고 그들은 우리의 교리를 공격하기를 그치지 아니하고 비난하며 거기에 온갖 이름을 붙여 명예를 훼손함으로써 그것이 증오와 의심의 대상이 되게 합니다. 그들은 그것을 "새롭고" 또 "최근에 생성된" 것으로 부릅니다. 그들은 그것을 "의심스럽고 불확실한" 것으로 비난합니다. 그들은 그것이 무슨 기적에 의해 뒷받침되는가를 묻습니다. 그들은 그것이 그토록 많은 거룩한 교구들의 동의와 아주 오래된 전통에 대항하여 전통을 부정해 버리는 것이 과연 옳은 일인가고 묻습니다.

그들은 그것이 교회에 대항해서 전쟁을 수행하는 것이므로 그것이 종파분리의 죄를 범하는 것임을 인정하든지 아니면 도무지 그런 소리를 들어보지 못했던 수 세기 동안 교회가 죽어 있었던 것인지 둘 중에 하나를 인정하라고 우리를 몰아칩니다. 드디어 그들은 많은 말을 할 필요가 없다고 단언합니다. 그것은 열매에 의해서 정체를 파악할 수 있기 때문이라는 것입니다. 그것이 여러 종파들과 아주 많은 불온한 소란들과 커다란 무질서를 낳았다고 본다는 것입니다. 실로 그들이 속기 잘하고 무지한 대중들 앞에서 버림받는 주장을 매도하기란 극히 쉬운 일입니다. 그러나 만일 우리도 말할 기회를 얻게 된다면 방종하고도 낯 두껍게 거리낌 없이 쏟아 붓는 이 비난들은 사라지고 말 것입니다.

먼저, 그것을 "새로운" 것이라 부름으로써 그들은 하나님께 큰 잘못을 범하고 있습니다. 왜냐하면 하나님의 거룩한 말씀은 새로운 것이라는 비난을 받을 성질의 것이 아니기 때문입니다. 사실 나는 그것이 그들에게는 새롭다는 것을 전혀 의심하지 않습니다. 왜냐하면 그들에게는 그리스도도 그의 복음도 다 새로운 것이기 때문입니다. 그러나 "예수는 우리가 범죄한 것 때문에 내줌이 되고 또한 우리를 의롭다 하시기 위하여 살아나셨느니라"(롬 4:25)는 바울의 설교가 고대의 것임을 아는 사람은 우리에게서 아무 새로운 것을 발견하지 못할 것입니다.

그것이 알려지지 않은채 오랫동안 파묻혀 있었던 것은 인간의 불경건 때문입니다. 이제 하나님의 선하심에 의해 우리가 그것을 되찾았으므로 그것이 오랜 역사를 가진 것이라는 주장이 마땅히 인정되어야 합니다.

동일한 무지가 그들로 하여금 그것을 의심스럽고 불확실한 것으로 보도록 만들고 있습니다. 바로 이것이 주께서 자기의 선지자를 통해 탄식하신 것입니다. "소는 그 임자를 알고 나귀는 그 주인의 구유를 알건마는 이스라엘은 알지 못하고 나의 백성은 깨닫지 못하는도다 하셨도다"(사 1:3).

그러나 아무리 그들이 그것의 불확실성을 조롱할지라도 만일 그들이 그들 자신의 피로써, 또한 그들 자신의 생명의 대가로 그들의 교리를 인쳐야 한다면 그것이 그들에게 얼마나 엄청난 의미를 지니는 것인지를 알 수 있을 것입니다. 우리의 확신은 정반대의 것입니다. 그것은 죽음의 공포나 심지어 하나님의 심판대까지도 두려워하지 않는 것입니다.

그들은 우리에게 기적을 요구함으로써 부정직한 행동을 하고 있습니다. 왜냐하면 우리는 어떤 새로운 복음을 날조하고 있는 것이 아니라 예수 그리스도와 그의 제자들이 행하신 모든 기적들이 확정해 주고 있는 진리의 복음을 견지하고 있기 때문입니다. 그러나 우리와 비교할 때 그들은 이상한 능력을 가진 자들입니다. 심지어 오늘날까지도 그들은 계속되는 기적에 의해 자기들의 신앙을 확정할 수 있다는 것입니다. 대신에 그들은 그렇지 않았더라면 평온했을 마음을 동요시킬 수 있는 기적을 끝까지 주장합니다. 그들은 그처럼 어리석고 우스꽝스러우며 허망하고 거짓된 것입니다. 그럼에도 불구하고 설령 그것들이 경이로운 것이라 할지라도 하나님의 진리를 대항하는 것이 되어서는 안됩니다. 왜냐하면 하나님의 성호는 기적에 의해서든지 혹은 사물들의 자연적 질서에 의해서든지 항상 그리고 모든 곳에서 거룩히 여김을 받아야 하기 때문입니다.

또한 우리는 사탄도 자기의 기적을 가지고 있다는 것을 기억하는 것이 좋습니다. 비록 그것이 진정한 권능이라기보다는 사기에 불과하지만 단순하고 교육받지 못한 사람들을 미혹하기에는 안성맞춤의 것입니다(살후 2:9-10 참조). 마술사와 요술쟁이들은 항상 기적으로 유명했습니다. 우상숭배도 놀라운 기적들 때문에 더욱 조장되어 왔습니다. 그러나 이것들이 우리들에게 마술사들이나 요술쟁이들의 미신을 재가해 주지는 않습니다.

옛날의 도나투스주의자들은 이러한 기적들로 단순한 대중들의 마음을 사로잡았습니다. 즉, 그들도 기적에는 능했던 것입니다. 그러므로 우리는 이제 아우구스티누스가 그때 도나투스주의자들에게 대답했던 것처럼 우리 대적들에게 대답합니다. 거짓 표적과 기사를 가진 거짓 선지자들이 할 수만 있으면 택하신 자들까지 미혹하러 올 것임을 주께서 예언하신 것은 우리로 하여금 이러한 기적 행하는 자들을 경계하게 하기 위함이었다는 것입니다(마 24:24). 그리고 바울은 적그리스도의 통치가 "모든 능력과 표적과 거짓 기적들"과 함께 있을 것이라고 경고했습니다(살후 2:9). 그러나 그들은 말하기를, 이 기적들은 우상이나 마술사나 혹은 거짓 선지자들에 의해서 이루어진 것이 아니고 성인들에 의해서 이루어졌다 합니다. 마치 우리가 "자신을 광명의 천사로 가장하는" 것이 사탄의 궤계임을 모르기나 하는 것처럼 말입니다(고후 11:14).

옛날 이집트인들은 예레미야를 경배했습니다. 예레미야는 그때 이집트에 장사되어 있었는데 그들은 그에게 제사도 드리고 신적 영광을 돌렸던 것입니다. 그들은 우상숭배의 목적을 위해 하나님의 거룩한 선지자를 오용한 것이 아닙니까? 그럼에도 불구하고 그들은 그처럼 그의 무덤을 숭배함으로써 뱀에게 물려도 고침을 받을 수 있다고 생각했던 것입니다. 진리의 사랑을 받지 않는 자들에게 "미혹의 역사를 그들에게 보내사 거짓 것을 믿게"(살후

2:11) 하는 것이 지금까지 항상, 그리고 앞으로도 아주 공정한 하나님의 심판이라는 것 외에 우리가 달리 무슨 말을 하겠습니까?

그런데 우리에게도 기적이 전혀 없지는 않은데 그것은 아주 확실하고 조롱거리가 되지 않는 것입니다. 반대로 우리의 대적들이 자신들을 뒷받침하기 위해 가리키는 "기적들"은 순전한 사탄의 미혹입니다. 왜냐하면 그것들은 사람들로 하여금 하나님에 대한 참된 예배로부터 허망한 데로 이끌어 가기 때문입니다(신 13:2 이하).

4. 교부들이 종교개혁의 가르침에 반대한다는 부당한 주장들

게다가 그들은 부당하게도 고대의 교부들이 우리를 반대한다고 주장합니다(나는 좀 더 나았던 교회시대의 고대 저술가들을 두고 말하고 있습니다). 마치 그들이 그들 자신의 불경건에 대한 지지자들이라도 되는 것처럼 말입니다. 만일 교부적 권위에 의해 승부가 결정된다면 승리는 우리편에 있습니다. 이 교부들은 현명하고 우수한 글들을 많이 썼습니다. 그럼에도 불구하고 사람들에게 흔히 일어나는 일들이 어떤 경우에는 그들에게도 일어났습니다. 왜냐하면 소위 경건하다고 하는 그들의 후손들이 지혜와 판단력과 정신력을 총동원하여 교부들의 결함과 오류들만을 숭배하고 있기 때문입니다. 이 교부들이 썼던 훌륭한 글들을 이들은 이해하지 못하거나 잘못 설명하거나 혹은 왜곡시킵니다. 그들의 유일한 관심은 황금 가운데에서 쓰레기를 모으는 것이라 할 수 있을 것입니다.

그러면서도 그들은 우리를 교부들의 대적이요 교부들을 멸시하는 자라고 몰아치고 있습니다. 그러나 우리는 교부들을 멸시하지 않습니다. 사실은, 만일 그것이 우리의 현재 목적이라면, 나는 전혀 힘들이지 않고 오늘날 우리가 말하고 있는 대부분이 교부들의 사상과 일치한다는 것을 입증할 수 있을 것입니다.

우리는 만물이 우리의 것이며(고전 3:21-22), 우리를 섬겨야 하며, 우리를 주관할 수 없으며(눅 22:24-25), 우리는 모든 일에 예외없이 순종해야 하는(골 3:20 참조) 그리스도 한 분에게 속해 있다(고전 3:23)는 것을 항상 기억할 수 있을 정도로 교부들의 저술에 정통해 있습니다. 이러한 구별을 준수하지 않는 자는 종교에 있어 어떤 확실한 것도 가지지 못할 것입니다. 왜냐하면 이 거룩한 사람들도 많은 것을 몰랐으며, 종종 서로 의견이 일치하지 않았으며, 때로는 서로 의견이 대립되기까지 했기 때문입니다.

솔로몬이 우리 조상들에 의해 설정된 경계를 범하지 말라고 우리에게 명하는 것은 공연히 한 것이 아니라고 그들은 말합니다(잠 22:28). 그러나 동일한 규칙이 전답의 경계와 신앙의 순종에는 적용되지 않습니다. 그것은 "네 백성과 아비 집을 잊어버릴지어다"(시 45:10)란 말로 기준을 삼아야 합니다. 그러나 만일 그들이 풍유를 그렇게 사랑한다면 왜 옮기면 불법인 지계표를 설정한 "조상들"로서 (다른 어떤 사람보다도) 사도들을 받아들이지 않는 것입니까(잠 22:28)?

제롬은 이 구절들을 이렇게 해석했으며 그들은 그의 말들을 그들의 교회 법전에 기록해 놓았습니다. 그러나 만일 우리의 대적들이 그들의 이해력에 따라 조상들이 설정한 한계를 보전하고 싶어한다면 왜 그들은 그것들을 그처럼 멋대로 범하는 것입니까?

우리 하나님은 마시지도 먹지도 아니하시며 따라서 쟁반도 컵도 필요로 하시지 않는다고 말한 것은 교부들 가운데 한 사람이었습니다. 또한 교부는 신성한 의식에는 금이 필요없으며 금으로 산 것이 아닌 것들은 금으로 기쁘게 할 수 없다고 말했습니다. 그러므로 그들이 의식을 행할 때 금이나 은이나, 상아나 대리석이나 귀한 돌이나 비단을 즐겨 씀으로서 이 한계를 범하고 있는 것입니다. 말하자면 그들은 모든 것을 사치스럽게 장식하지 않으면 하나님을 제대로 예배할 수 없다고 생각하는 것입니다.

자기가 그리스도인이기 때문에 다른 사람들이 고기 먹는 것을 삼가는 날에 자기는 자유롭게 고기를 먹는다고 말한 사람도 교부였습니다. 그러므로 그들이 사순절에 고기를 맛본 어떤 사람을 저주했을 때 그들은 경계를 범한 것입니다. 한 교부는 자기 손으로 일하지 않는 수도사는 살인 청부업자 같은 자로 간주되어야 한다고 말했습니다. 또 한 교부는 수도사들이 비록 명상과 기도와 공부에 열심이라고 할지라도 다른 사람들의 물질을 축내며 사는 것은 불법이라고 말했습니다. 그러므로 그들이 수도사들의 게으른 창자를 이 매춘굴 즉 수도원에 두고 다른 사람들의 물질을 포식하게 했을 때 그들은 또 경계를 범한 것입니다.

그리스도인의 교회에서 새긴 형상을 보는 것은 몸서리칠 끔찍한 일이라고 말한 것은 한 교부였습니다. 그럼에도 불구하고 그들이 교회 안에 형상이 없는 구석이라고는 하나도 남겨두지 않았을 때 그것은 그러한 한계 안에 머무르는 것과는 너무나 거리가 먼 일이었습니다. 또 어떤 교부는 말하기를, 장례식에서 죽은 자에 대해 인간적 도리를 다한 후에는 그들로 하여금 편히 쉬게 해야 한다고 했습니다. 그러나 그들은 죽은 자들을 위해 계속적인 염려를 부추김으로써 이 한계들을 범하고 있습니다.

교부들 가운데 한 분은 말하기를, 진짜 몸이 성찬식 안에 있는 것이 아니고 단지 몸의 신비가 그러하다고 했습니다. 왜냐하면 그렇게 함으로써 그는 말씀을 언급하고 있기 때문입니다. 그리하여 그들이 그것을 진짜의 실체로 간주할 때 그들은 한계를 벗어나고 있는 것입니다.

교부들 가운데 한 사람은, 어떤 종류의 성찬에는 참석하고 다른 종류의 성찬에는 불참하는 자들은 그리스도의 성찬으로부터 완전히 제외되어야 한다고 선언했습니다.

또한 교부는 강력히 주장하기를, 그리스도인들은 주님을 고백함에 있어 자기들의 피를 흘려야 한다는 강요를 받더라도 주의 보혈을 부인하지 말아야 한다고 했습니다. 그런데도 그들이 앞의 교부가 출교의 벌을 내리고 뒤의 교부가 타당한 이유로 책망한 바로 그것을 불가침의 법률로 권장했을 때 그들은 이 지계표를 옮겨 버린 것입니다.

어떤 애매한 문제를 판단할 때 분명하고도 명백한 성경의 증거 없이 이 편이나 저 편을 드는 것은 경거망동이라고 단정한 분도 교부였습니다. 그들이 하나님의 말씀 없이 수많은 제도들, 교회법들, 그리고 교리적 결정들을 제정했을 때 그들은 이 한계를 망각한 것입니다. 다른 이단들 가운데서 몬타누스가 최초로 금식법을 강요했다고 해서 몬타누스를 꾸짖은 것도 교부였습니다. 그런데도 그들은 아주 엄격한 법률로 금식을 명령함으로 그러한 한계를 훨씬 지나쳤던 것입니다.

교회의 성직자들은 결혼하지 말아야 한다는 것을 부인하고서 아내와 함께 사는 것이 순결이라고 선언한 것도 교부였습니다. 그리고 많은 다른 교부들도 그의 의견에 동의했습니다. 그런데 그들은 사제들에게 독신을 심하게 강요함으로써 이 한계를 넘어가 버린 것입니다. 성경이 "그를 들으라"(마 17:5)고 말하기 때문에 우리는 그리스도에게만 귀를 기울여야 하며, 우리 앞에 있는 다른 사람들이 말하거나 행한 것에는 신경쓸 필요 없이 만물의 으뜸이신 그리스도께서 명하신 것에만 주의를 기울여야 한다고 말한 것도 교부였습니다. 그런데도 그들은 자신들과 다른 사람 위에 그리스도 외에 어떤 주인들을 세움으로써 자기 자신들이 이 경계 안에 머무르지 않았을 뿐 아니라 다른 사람들이 그것을 지키는 것도 허용하지 않았습니다.

모든 사도들은 한마음과 한 목소리로 하나님의 거룩한 말씀이 궤변론자들의 궤사에 의해 더럽혀지고 변론자들의 언쟁에 말려드는 것을 혐오했습니다. 궤변론자들의 변론보다 더 악하고 끝없는 논쟁으로써 성경의 단순성을 애매모호하게 만들어 버리는 것 외에 평생을 아무 하는 일 없이 보내는 그들은 이 경계 안에 머무르고 있는 것입니까? 만일 교부들이 다시 살아나서 이러한 자들이 사변적 신학이라 부르는 그러한 논쟁을 듣는다면 그들은 이러한 자들이 하나님에 대해 토론하고 있다고는 꿈에도 생각지 않을 것입니다.

그러나 만일 내가 그들이 얼마나 제멋대로 교부들의 멍에를 거부해 버렸는지를 일일이 열거하려 한다면 내 이야기는 끝이 없어질 것입니다. 비록 그들은 자신들이 교부들에게 잘 순종하는 자녀들로 보이기 바라지만 말입니다. 정말이지 몇 달 몇 년도 부족할 것입니다. 그럼에도 불구하고 그들은 너무나 비겁하고도 썩어빠진 뻔뻔함으로 감히 우리를 책망하기를 우리가 옛날의 경계를 침범해 나아갔다고 비난하고 있는 것입니다.

5. 진리에 반대되는 관습에의 호소

비록 그들은 "관습"에 호소하지만 그것도 아무 소용없는 일입니다. 우리로 하여금 관습에 굴복하게 만드는 것은 우리를 아주 부당하게 취급하는 일이 될 것입니다. 사실상 사람들의 판단이 정확하기만 하다면 관습은 선한 사람들에게서 찾아져야만 했을 것입니다. 그러나 실제는 종종 그 반대입니다. 많은 사람들이 행하는 것이 관습이 되었던 것입니다. 사람들의 일이 제대로 처리되어서 더 나은 것이 다수를 기쁘게 한 적은 거의 없었습니다. 그리하여 많은 사람들의 사적인 악이 종종 공적 오류 혹은 악에 대한 일반적 동의를 야기했는데 그것을 이제 이 선한 사람들이 법률로 만들고 싶어하는 것입니다.

눈이 있는 사람이라면 누구나 지구에 범람한 것이 어느 한 악의 바다가 아니라 많은 위험한 역병들이며 모든 것이 앞뒤를 가리지 않고 달려들고 있음을 볼 수 있을 것입니다. 그리하여 우리는 인간사에 대해 완전히 절망하든지 혹은 이 거대한 악들과 맞붙어 싸우든지 혹은 차라리 그것들을 강력하게 진압해버리든지 해야 할 것입니다. 그런데 이러한 치유책은 우리가 그러한 악에 오랫동안 익숙해 왔다는 단 하나의 이유 때문에 거부되고 있습니다.

그러나 인간들의 사회에서는 공적 실수를 인정한다 할지라도 하나님의 왕국에서는 그의 영원한 진리만이 청종되고 준수되어야 합니다. 그 진리는 세월이 많이 지나갔다고 해서, 혹은 어떤 관습이 오래 계속되었다 해서, 혹은 인간들의 음모에 의해 좌지우지될 수 없는 것입니다. 그런 식으로, 이사야는 옛날에 하나님의 택하신 자들이 "이 백성이 음모라 부르는 모든 것을 음모라 부르지" 말라고 가르쳤던 것입니다. 말하자면, 백성들의 음모에 가담하지 말며 그것에 동의해서 "그들이 두려워하는 것을 너희는 두려워하지 말며 놀라지 말고 만군의 여호와 그를 너희가 거룩하다 하고 그를 너희가 두려워하며 무서워할 자로 삼으라"(사 8:12-13)는 것이었습니다.

그러므로 이제 우리의 대적들로 하여금 그들이 원하는 대로 과거와 현재의 수많은 예들을 제시하게 버려 두십시요. 만일 우리가 만군의 여호와를 거룩하게 한다면 우리는 크게 두려워하지 않을 것입니다. 비록 많은 세대가 동일한 불경건에 동의하였다 할지라도 하나님은 심지어 삼 사대까지 보복하실 만큼 강하십니다(민 14:18; 출 20:4 참조).

비록 전 세계가 동일한 사악함으로 음모를 꾸민다 할지라도 그분은 우리에게 대중과 함께 범죄하는 자들의 최후가 어떠한지를 경험으로 가르쳐 주셨습니다. 그는 홍수에 의해 모든 인류를 멸망시키셨으나 노아만은 그의 가족과 함께 살려 주셨을 때 이 일을 행하셨습니다. 그리고 노아는 믿음에 의해, 즉 한 사람의 믿음이 온 세상을 정죄했던 것입니다(창 7:1; 히 11:7). 요약하면, 악한 관습이란 것은 일종의 전염병 외에 아무것도 아닌데 사람이 그 병에 걸리면 비록 대중과 함께 멸망한다 할지라도 멸망하는 것만큼은 분명합니다.

6. 교회의 본질에 관한 오류들

그들은 양도 논법에 의해 교회가 잠시 동안 생명을 잃었다든가 혹은 우리가 지금 교회와 갈등하고 있다든가 하는 것 가운데 하나를 억지로 인정하게 할 만큼 그토록 심하게 우리를 압박하지는 못합니다. 확실히 그리스도의 교회는 살아 왔었고 또한 그리스도께서 아버지의 우편에서 통치하시는 한 살아있을 것입니다. 교회는 그의 손에 의해 지탱되며 그의 보호로 무장하고 그의 능력으로 강화됩니다. 왜냐하면 그는 한번 약속한 것을 틀림없이 지키기 때문입니다. 말하자면 세상 끝날까지 자기 백성과 항상 함께 있으리라는 것입니다(마 28:20).

우리가 지금 이 교회에 대항해서 논쟁을 하는 것은 아닙니다. 왜냐하면 모든 믿는 자들과 함께 우리는 한 목소리로 한 분 하나님과 그리스도 주를 경배하고 찬양하기 때문입니다. 마치 그분이 항상 모든 경건한 사람들에 의해 찬양을 받아 오셨던 것처럼 말입니다. 그러나 그들이 자신들의 육안으로 교회를 보지 않으면 그것을 인정하지 않고 결코 한정시킬 수 없는 한계 내에 교회를 두려고 하는 점에서 진리로부터 멀리 이탈하고 있는 것입니다.

우리의 논쟁은 다음과 같은 점에 관련되어 있습니다. 첫째, 교회의 형태는 항상 드러나 보이고 관찰될 수 있는 것이라고 그들은 주장합니다. 둘째, 그들은 이 형태를 로마 교회와 그 계급제도와 동일시하고 있습니다. 우리는, 반대로, 교회가 어떤 가시적 외형 없이도 존재할 수 있으며 그 외형은 그들이 바보스럽게 흠모하는 저 외적 장엄함 속에 담길 수 없다고 확신합니다. 오히려 그것은 아주 다른 표지를 가지고 있는데 그것은 하나님의 말씀을 순수하게 전파하는 것과 성례를 올바르게 집행하는 것입니다. 그들은 손가락으로 교회를 꼬집어 지적할 수 없으면 격분합니다.

하지만 유대인들 가운데서 교회가 너무나 자주 손상을 입어 그 외형이 사라지고 말았던 것입니다. 엘리야가 자기 혼자 남았다고 불평했을 때 우리는

교회가 어떤 모습을 보였다고 생각하고 있습니까(왕상 19:10, 14) ? 그리스도
께서 오신 후 얼마나 오랫동안 교회는 형체 없이 감추어져 있었습니까? 그
후로도 얼마나 자주 교회는 전쟁과 폭동과 이단의 압제 밑에서 전혀 빛을 발
하지 못하는 상태에 있었습니까? 만일 그들이 그 시대에 살았더라면 그들은
어떤 교회가 존재했다고 믿었겠습니까? 그러나 엘리야는 아직도 바알에게
무릎꿇지 않은 사람 칠천 명이 남아 있다는 말을 들었습니다. 그리고 우리는
그리스도께서 승천하신 후 이 땅을 다스리고 계신다는 사실을 의심하지 말
아야 합니다.

그러나 만일 신자들이 그때 어떤 가시적 형태를 요구했다면 그들은 당장
낙심하고 말았을 것입니다. 오직 주님만이 "누가 그의 것인지 아시기" 때문
에(딤후 2:19) 때때로 자기 교회의 외적 표시를 인간의 시야에서 제거해 버리
신다는 사실을 인정하고 그분에게 맡겨둡시다. 그것은 지상에 내리시는 하
나님의 무서운 형벌임을 필자는 고백합니다. 그러나 만일 인간의 불경건함
이 그러한 형벌을 받아 마땅하다면 왜 우리는 하나님의 공의를 배반하려고
애를 씁니까?

그러한 식으로 옛적에 주께서는 인간의 배은망덕함을 처벌하셨습니다. 왜
냐하면 그들이 그의 진리에 순종하기를 거부하고 그분의 빛을 소멸시켜 버
렸기 때문에 그는 그들의 마비된 감각들이 어리석은 거짓말에 의해 속아 넘
어가고 깊은 어둠 속에 내던져지도록 허용하심으로써 진정한 교회의 형체라
고는 전혀 남아 있지 않게 되었던 것입니다. 그러는 동안에 그는 비록 오류
와 흑암의 와중에 흩어지고 감추어지기는 했지만 자기 자녀들을 보존하셨던
것입니다. 그리고 이것은 전혀 놀라운 일이 아닙니다. 왜냐하면 그는 바벨론
의 혼란 중에서와 이글거리는 용광로의 불꽃 속에서 그들을 보존하는 방법
을 아셨기 때문입니다(단 3 장).

이제 나는 어떤 종류의 헛된 자랑에 의해 교회의 형태를 판단하려는 그들
의 소망이 얼마나 위험한 것인가를 지적하고자 합니다. 나의 논의를 끝없이
계속하지 않기 위해서 나는 이것을 장황하게 설명하느니보다 간단히 묘사하
고자 합니다. 그들은 사도적 지위를 가진 로마 교황과 나머지 주교들이 교회
를 대표하며 교회로 간주되어야 한다고 말합니다. 그러므로 그들은 오류를

범할 수 없다는 것입니다. 왜 그러합니까? 그것은 그들이 교회의 목자들이며 주님에 의해 성별되었기 때문이라고 그들은 대답합니다. 아론과 그의 아들들은 비록 지명된 제사장들이었으나 금송아지를 만들었을 때 오류를 범했습니다(출 32:4). 이러한 추론에 따르면 아합을 속인 사백 명의 선지자들은(왕상 22:12) 왜 교회를 대표하지 못했겠습니까? 그리고 교회는 단 한 사람의 멸시할 만한 인간, 그럼에도 불구하고 진실을 말할 한 사람, 미가의 편에 있었던 것입니다.

"제사장에게서 율법이, 지혜로운 자에게서 책략이, 선지자에게서 말씀이 끊어지지 아니할 것이니"(렘 18:18)라고 자랑하면서 예레미야에 대항하여 일어났던 선지자들이 교회의 이름과 형태를 지니지 않았습니까? 모든 선지자 반열에 대항하여 예레미야는 홀로 주님의 파송을 받아 "율법이 제사장으로부터, 책략이 지혜로운 자로부터 말씀이 선지자로부터 끊어지게 될 것"을 선포하였던 것입니다(렘 18:18; 4:9 참조).

그리스도의 처형에 관해 모의하기 위해 모였던 제사장들과 서기관들과 바리새인들의 공회에 그러한 허세가 나타나지 않았습니까(요 11:47)? 이제 그들로 하여금 가서 이러한 외적 가면에 매달리게 버려 두십시오. 즉 그리스도와 살아계신 하나님의 모든 선지자들을 종파 분리주의자로 만들고 반대로 사탄의 종들을 성령의 도구로 만드는 가면 말입니다.

그러나 만일 그들이 마음으로부터 말한다면 그들로 하여금 선한 믿음 안에서 나에게 대답하게 해 보십시오. 바젤 공의회의 결정에 의해 유게니우스(Eugenius)가 교황직에서 물러나고 아마데우스(Amadeus)가 대신 그 자리에 앉은 후 교회는 어떤 지역에 혹은 어떤 사람들 가운데 존재하였다고 그들은 생각하는가? 하는 질문에 대해서 말입니다. 그들은 그 공의회가 외견상으로는 합법적이었으며 한 명의 교황이 아니라 두 명의 교황에 의해 소집되었다는 것을 부인할 수 없을 것입니다. 유게니우스는 그와 함께 공의회의 해체를 모의했던 모든 추기경들과 주교들과 함께 교회분열의 죄, 반역 죄, 그리고 완고의 죄로 정죄되었던 것입니다.

그럼에도 불구하고 제후들의 호의에 의해 후속적인 지원을 받아 그는 자기의 교황직을 고스란히 회복했습니다. 거룩한 공의회의 권위에 의해 엄숙히 행해졌던 아마데우스의 선출은 연기처럼 사라져 버렸습니다. 아마데우스는, 마치 짖는 개가 한 점의 고기로 달램을 받는 것처럼 추기경의 감투를 쓰는 것으로 달램을 받았던 것입니다. 이 반역적이고 완고한 이단들로부터 미래의 모든 교황들, 추기경들, 주교들, 수도원장들, 그리고 사제들이 배출되었습니다.

여기서 그들은 발뺌할 수 없게 되었습니다. 그들은 어느 편에 교회의 이름을 부여할 것입니까? 외적 장엄함을 완벽하게 갖추었고 두 개의 교서에 의해 엄숙하게 소집되었고 로마 교황청의 주재 대사에 의해 성별되었고 어느 모로 보나 질서정연했고 마지막까지 동일한 권위를 보유하고 있는 그 공의회가 총회였음을 부인할 것입니까? 그들은 유게니우스와 그의 모든 동료들에 의하여 성별되었는데 그들이 분파주의자들이었음을 인정할 것입니까? 그러므로 그들로 하여금 교회의 형태를 다른 말로 정의하게 하십시오. 그렇지 않으면 우리는 — 그들의 수가 아무리 많다 할지라도 — 짐짓 그리고 의도적으로 이단에 의해 안수받은 그들을 분파주의자들이라고 규정할 것입니다.

그러나 만일 그 사실이 전에 한 번도 밝혀지지 않았다 할지라도 비록 교회에 대한 치명적인 재앙이었지만 "교회"라는 미명하에 그토록 오랫동안 자신들을 세상에 오만하게 선전해 온 그들은 교회가 외적 허식과는 별 관계가 없다는 풍부한 증거를 우리에게 제공할 수 있을 것입니다. 나는 그들의 도덕이나 비극적 비행에 관해 말하고 있지 않습니다. 비록 그들의 모든 삶이 그러한 것들로 가득 차 있지만 말입니다. 그들 스스로 말은 듣되 행위는 본받지 말아야 할 바리새인으로 자처하고 있기 때문입니다(마 23:3). 만일 폐하께서 잠시만 틈을 내어 우리의 글들을 읽어 보신다면 그들이 교회라고 주장하는 그것, 바로 그 교리 자체야말로 영혼을 죽이는 도살장이요 교회의 선동자요 파멸자이며 파괴자임을 틀림없이 발견하게 될 것입니다.

7. 개혁 교리 때문에 야기되었다는 소란들

끝으로, 우리 교리의 전파가 수많은 소요와 소란과 다툼들은 불러일으켰으면 많은 사람들 가운데에 가져다준 해로운 결과들을 열거할 때 그들은 충분히 정직하게 행동하고 있지 않습니다. 그러한 악들이 부당하게도 우리의 교리 탓으로 돌려지고 있으나 사실은 사탄의 악의 탓으로 간주되어야 했을 것입니다. 여기 사실상, 하나님 말씀의 어떤 특징이 나타납니다. 그것은 하나님의 말씀이 역사하면 사탄도 반드시 활동한다는 것입니다. 이것이야말로 하나님의 말씀을 거짓 교리들과 구별하는 가장 확실하고 믿을 만한 표지입니다.

거짓 교리는 쉽사리 그 모습을 드러내며 모든 사람들이 귀 기울여 받아들이고 세상이 박수갈채와 함께 청종한다는 특징을 갖고 있습니다. 그리하여 모든 것이 깊은 흑암 속에 잠겨 있던 수 세기 동안 인간들은 이 세상 주관자의 농담거리와 농락거리에 불과했던 것입니다. 그리고 사탄은 사르다나팔루스(Sardanapalus : 아시리아의 마지막 왕으로 방탕하여 나라를 멸망케 함―역자주) 처럼 빈둥거리면서 깊은 휴식을 즐기고 있었던 것입니다. 평온하고 고요하게 자기 왕국을 차지한 채 노닥거리는 것 외에 달리 무슨 할 일이 있었겠습니까?

그러나 위로부터 비치는 빛이 어느 정도 그의 흑암을 쫓아내었을 때, "더 강한 자"가 그의 왕국을 공격하여 괴롭혔을 때(눅 11:22) 그는 오랜 잠에서 깨어나 무기를 들기 시작했던 것입니다. 그리고 먼저 사람들로 하여금 행동하게 함으로써 동터오는 진리를 폭력으로 눌러 버리려 했던 것입니다. 그런데 그 방법이 아무 효과를 거두지 못하게 되자 그는 전략을 바꾸었습니다. 그는 재세례파들과 괴상한 악한들을 통해서 불일치와 교리적 논쟁을 불러일으킴으로써 진리를 희석시키고 마침내는 말살하려 했던 것입니다.

그리하여 이제 그는 두 가지 방법으로 진리를 줄기차게 포위하고 있습니다. 인간의 폭력적 수단을 통해서는 참된 씨를 뿌리뽑아 버리고 자기의 가시덤불로써 (할 수 있는 대로) 그것을 질식시켜 버림으로써 그것이 자라 열매를 맺지 못하게 하려는 것입니다. 그러나 만일 우리가 우리의 지도자 되신 주님께 주의를 기울인다면 그 모든 것이 허사가 되고 말 것입니다, 주님은 오래 전부터 사탄의 간계들을 우리 앞에 펼쳐 놓으심으로써 사탄이 우리를 부지중에 사로잡지 못하게 하셨으며 강력한 방어물들로 우리를 무장시키셔서 사탄의 계교를 물리치게 하셨던 것입니다.

게다가 사악하고 반역적인 무리들이, 하나님의 말씀에 대항해서 일으키는 폭동이나 흥분을 불러일으키는 분파들을 하나님의 말씀 그 자체 탓으로 돌리는 것은 얼마나 사악한 일입니까? 사실 그 양자는 둘 다 하나님의 말씀에 반대되는 것인데 말입니다. 하지만 그것이 전혀 새로운 일은 아닙니다. 엘리야는 이스라엘을 괴롭게 하는 자가 자기가 아닌가라는 질문을 받았습니다 (왕상 18:17). 유대인들에게 그리스도는 선동가였습니다(눅 23:5; 요 19:7). 백성들을 소란케 하는 자라는 고발이 사도들에게 집중되었습니다(행 24:5).

우리를 향해 들끓고 있는 그 모든 소요들과 소란들과 논란들로 인해 현재 우리에게 비난의 화살을 돌리고 있는 자들이 그 외에 무엇을 하고 있습니까? 엘리야는 우리가 그러한 고발에 대해 어떻게 대답해야 할 것인가를 가르쳐 주었습니다. 오류를 널리 퍼뜨리거나 소요를 불러일으키는 자는 우리가 아니라 오히려 하나님의 능력에 대항하여 싸우고 있는 그들이라는 것입니다 (왕상 18:18).

그러나 그들의 무모함을 견제하기 위해서 그 한 가지 답변으로 족한 것처럼 종종 그러한 중상모략에 의해 동요되고 혼란에 빠지는 자들의 어리석음에 대처하는 데에도 그 한 가지 대답으로 족할 것입니다. 이러한 동요에 굴복해서 자기들의 입장을 상실하지 않기 위해 그들로 하여금 사도들도 그 시대에 지금 우리에게 일어나고 있는 것과 똑같은 일들을 경험했다는 것을 알게 해야 합니다.

베드로가 말한 것처럼 바울이 쓴 거룩한 말씀들을 억지로 풀다가 멸망을 자초한 무식하고 굳세지 못한 자들이 있었습니다(벧후 3:16). 그들은 죄가 더한 곳에 은혜가 더욱 넘쳤다는 말을 듣고 즉시 결론짓기를 "은혜를 더하게 하려고 죄에 거하자" 하는 식으로 하나님을 멸시했던 자들이었습니다(롬 6:1). 신자들이 율법 아래 있지 않다는 말을 듣고는 당장 "우리가 율법 아래 있지 않고 은혜 아래 있으니 죄를 짓자"고 지껄였던 것입니다(롬 6:15).

바울이 악의 사주자라고 비난했던 자들도 있었습니다. 많은 거짓 사도들이 몰래 들어와서 바울이 설립한 교회들을 파괴하려고 했습니다(고전 1:10; 고후 11:3; 갈 1:6). "어떤 이들은 투기와 분쟁으로 그리스도를 전파하고"(빌 1:15), "순전하지 못하게", 심지어 악의를 가지고, "나의 매임에 괴로움을 더하게 할 줄로 생각하여” 그리스도를 전파했던 것입니다(빌 1:17). 어떤 곳에서는 복음이 아무런 진전을 보지 못했습니다. “그들이 다 자기 일을 구하고 그리스도 예수의 일을 구하지 아니했던 것입니다”(빌 2:21). 어떤 이들은 “개가 그 토하였던 곳에 돌아가고 돼지가 씻었다가 더러운 구덩이에 도로 누운 것”처럼 자기의 본색을 드러냈습니다(벧후 2:22).

많은 사람들은 성령의 자유를 육신의 방종으로 전락시켜 버렸습니다(벧후 2:18-19). 많은 형제들이 몰래 기어들어와서 경건한 자들을 위험에 처하게 만들었습니다(고후 11:3 이하). 바로 이러한 형제들 가운데에서 여러 가지 논쟁이 일어났던 것입니다(행 6, 11, 15 장).

여기서 사도들은 어떻게 해야 했겠습니까? 잠시 동안 복음을 위장하거나 혹은 제쳐두거나 떠나버려야 하지 않겠습니까? 왜냐하면 그들은 복음이 그토록 많은 논란거리와 위험의 원천, 그리고 중상모략의 원인이 됨을 보았기 때문입니다. 그럼에도 불구하고 이런 종류의 환난 속에서 그들은 그리스도께서 “걸림돌과 거치는 바위”(롬 9:33; 벧전 2:8 참조. 사 8:14)이며 “많은 사람을 패하거나 흥하게 하며 비방을 받는 표적이 되기 위하여 세움을 받았다”(눅 2:34)는 말씀을 생각하여 도움을 얻었습니다.

이러한 확신으로 무장하고서 그들은 모든 소요와 모욕의 위험을 헤치고 담대히 전진했던 것입니다. 우리도 동일한 생각으로 힘을 얻는 것이 좋습니다. 왜냐하면 바울도 복음의 이 영원한 성격에 대해 “우리는 구원 받는 자들에게나 망하는 자들에게나 하나님 앞에서 그리스도의 향기니 이 사람에게는 사망으로부터 사망에 이르는 냄새요 저 사람에게는 생명으로부터 생명에 이르는 냄새”(고후 2:15-16)라고 증언했기 때문입니다.

8. 왕은 거짓 고소에 근거하여 행동하는 것을 조심하소서 : 무죄한 자들은 하나님의 판단을 기다립니다.

그러나 자비로운 왕이시여, 저는 폐하께 말씀드리고자 합니다. 우리 대적들이 폐하 속에 공포를 불러일으키려고 애써 만든 거짓된 고소에 조금도 동요하지 마소서. 즉 이 새 복음에 의해(그들이 그렇게 부르고 있으므로) 사람

들이 단지 소요와 모든 범죄에 대한 면책을 찾고 있다는 고소 말입니다. "왜
냐하면 "하나님은 무질서의 하나님이 아니시요 오직 화평의 하나님"(고전
14:33)이시며 하나님의 아들은 "죄를 짓게 하는 자"(갈 2:17)가 아니요 "마귀
의 일을 멸하려"(요일 3:8) 오셨기 때문입니다.

　또한 우리는 최소한의 혐의도 준 적이 없는 일을 의도했다는 부당한 비난
을 받고 있습니다. 짐작컨대 우리가 나라들을 전복시키려는 모의를 꾸미고
있다는 것입니다. 우리는 한 번도 선동적인 발언을 해 본 적이 없으며 폐하
의 치하에 살고 있었던 동안에도 항상 고요하고 단순한 생활을 추구했으며
고국으로부터 피신해 있는 지금도 폐하와 폐하의 왕국의 번영을 위하여 쉬
지 않고 기도하고 있는데 말입니다. 짐작컨대 우리가 방탕한 죄악들을 거침
없이 저지르고 있다는 것입니다. 비록 우리의 도덕적 행위들 속에 비난받아
마땅한 일들이 많이 있다 할지라도 그토록 심한 비난은 천부당만부당합니
다.

　하나님의 은혜로 우리는 복음의 혜택을 적지 않게 받았기 때문에 우리의
삶이 이러한 중상자들에게 순결, 관용, 자비, 절제, 인내, 정절, 그리고 모든
다른 덕들의 모범이 되지 못할 것이 아니었습니다. 우리가 진리 안에서 하나
님을 경외하고 예배한다는 것은, 우리가 사나 죽으나 그의 이름이 거룩히 여
김을 받는 것을 소원한다는 것만 봐도 너무나 분명합니다(빌 1:20 비교). 그
리고 비범한 찬양을 받았어야만 할 저 한 가지 사실로 인해 사형의 처벌이
가해진 우리들 중 몇 사람의 무죄와 시민적 결백에 대해 증오 그 자체가 증
언을 하도록 강요당했던 것입니다.

　그러나 만일 어떤 사람들이 복음을 핑계로 소요를 일으킨다면 — 지금까
지 당신의 왕국에서 그런 사람이 발견된 적은 한 번도 없었지만 — 만일 어
떤 자가 자기의 방종한 사악들을 하나님이 주신 자유의 은혜로 미화한다면
— 이런 종류의 사람들을 저는 많이 알고 있습니다만 — 그들은 법률과 법률
의 처벌 조항에 의해 자기들의 죄에 상응하는 엄한 심판을 받아야 할 것입니
다. 단지 그 와중에 파렴치한 자들의 사악함으로 인해 하나님의 복음이 모독
당하지 않게 되어야 할 것입니다.

　오, 지극히 고상한 왕이시여, 저는 폐하께서 너무 쉽게 그들의 중상모략에

귀를 기울이시게 되지 않도록 우리를 중상하는 자들의 사악한 계획들을 자세히 개진해 올렸습니다. 너무 지엽적인 것까지 포함되지 않았나 염려가 됩니다. 왜냐하면 이 서문이 이미 거의 완전한 하나의 변론서의 분량에 이르러 버렸기 때문입니다. 여기서 제가 하려고 했던 것은 변명이 아닙니다. 단지 우리의 송사에 대한 실제 형편에 폐하께서 귀를 기울이시도록 하는 것이었습니다.

현재 폐하의 마음은 사실상 우리에게서 떠나 있으며 등을 돌린 상태이며 심지어 진노하고 계십니다. 그러나 만일 폐하께서 고요하고 안정된 기분으로 우리의 이 고백을 한 번 읽어 주신다면 우리는 폐하의 은총을 되찾을 자신이 있음을 첨언합니다. 우리는 이 고백을 변명 대신으로 폐하 앞에 바치는 것입니다. 하지만 저 악의로 충만한 자들의 속삭임들만이 폐하의 귀를 가득 채워 피고인들은 자기를 위해 변론할 기회조차 얻지 못하고 단지 그들의 미친듯한 격노만이 폐하의 묵인하에 투옥, 채찍질, 고문, 절단형, 화형 등으로 나타난다고 생각해 보십시오.

그렇게 되면 우리는 도살당할 운명에 처한 양처럼 막다른 골목에 몰리게 될 것입니다(사 53:7-8; 행 8:33). 그러나 우리는 "인내로 우리의 영혼을 얻을" 수 있을 것이며(눅 21:19) 주의 강한 손이 때가 되면 틀림없이 나타나 가난한 자들을 그들의 환난에서 건져 내시고, 그들을 멸시하는 자들을 처벌하실 것을 기다릴 것입니다.

왕 중 왕이신 주께서 폐하의 보좌를 의(義) 가운데(잠 25:5 참조), 폐하의 통치를 공평 가운데 견고케 하시기를 기원하나이다. 지극히 강하고 영명하신 왕이시여.

바젤에서
8월 23일

제 1 장

율법

십계명 해설 포함

A. 하나님에 대한 지식

1. 거룩한 교리의 대부분은 다음의 두 부분으로 구성된다. 즉 하나님에 대한 지식과 우리 자신에 대한 지식이다. 확실히 우리는 하나님에 대한 다음의 사실들을 배워야만 한다.

첫째로, 그분은 무한히 지혜로우시며, 의로우시며, 선하시며, 자비로우시며, 진실하시며, 능력이 많으시며, 생명이 풍성하시다는 것을 확실한 믿음으로 붙잡아야만 하는 것이다(바룩 2:12-14; 약 1:17). 그리고 이 모든 것들이 어디에 나타나든지 그것은 그분에게서 온 것이다(잠 16:4).

둘째로, 하늘과 땅의 모든 것들은 그분의 영광을 위하여 창조되었다는 것이다(시 148:1-14; 단 3:59-63). 오직 그분의 성품 때문에 그분을 섬기는 것, 그분의 규칙을 지키고 그분의 위엄을 수락하고 순종 중에 그분을 주와 왕으로 인정하는 것(롬 1:20) — 이 모든 것이 그분이 받으시기에 합당한 것이다.

셋째로, 그분은 의로우신 재판장이시며, 그러므로 그분의 계명에서 벗어나서 매사에 그분의 뜻을 따르지 않고 그분의 영광에 관계되는 것 외에 다른 것을 생각하고, 말하고, 행하는 자들에게 단호한 보복을 감행하실 것이다(시 7:9-11; 롬 2:1-16).

넷째로, 그분은 자비로우시며 온유하셔서, 그분의 자비 아래로 도망쳐서 그분에게 의탁하는 가련하고 비참한 자들을 영접하실 준비가 되어 있다는 것이다. 즉 어떤 사람이 그분의 은총을 구하면 그분은 용서하실 준비가 되어 있으며, 누구든지 그분의 도움을 요청하면 기꺼이 도움을 제공하고자 하시며, 그분에게 전적으로 의탁하고 매달리는 자는 누구나 구원하시기를 기뻐하시는 것이다.

B. 인간에 대한 지식

2. 우리 자신에 대한 확실한 지식에 도달하려면 우리는 먼저 우리 모두의 조상인 아담이 하나님의 형상으로 창조되었다는 사실을 포착해야 한다(창 1:26-27). 말하자면 그는 지혜와 의와 거룩함을 부여받았으며 이 은혜의 선물에 의하여 하나님께 너무나 밀착되어 있었기 때문에 만일 그가 하나님께서 그에게 주신 의로움 속에 굳게 서 있었더라면 영원히 그분 안에서 살 수도 있었으리라는 것이다. 그러나 아담이 실족하여 죄를 범했을 때, 이러한 하나님의 형상은 취소되고 지워졌다. 말하자면 그는 하나님의 은혜가 주는 모든 혜택을 상실해 버렸다는 것이다. 그것이 있었더라면 그는 생명의 길로 재인도될 수도 있었을 것이다(창 3장).

게다가 그는 하나님으로부터 멀리 옮겨져서 완전한 이방인이 되어 버렸다. 그 결과 인간은 모든 지혜, 의, 능력, 생명을 박탈당하게 되었던 것이다. 이미 말한 바와 같이 그러한 것들은 오직 하나님 안에서만 유지될 수 있었던 것이다. 결과적으로 무지, 죄, 무능, 죽음, 그리고 심판 외에는 아무것도 그에게 남아있지 않게 되었던 것이다(롬 5:12-21). 이것들이야말로 "죄의 열매들"인 것이다(갈 5:19-21). 이러한 재앙은 아담에게만 떨어진 것이 아니라 그의 씨요 자손인 우리에게도 흘러내리게 된 것이다.

따라서 아담에게서 난 우리 모두는 무지하며 하나님에게서 떨어졌으며 사악하며 부패했으며 모든 선을 결하고 있는 것이다. 특별히 모든 종류의 사악함에 이끌리며 부패한 욕망으로 가득 차 있으며, 그것들에 중독되어서 하나님을 향해서는 완고한 마음이 여기에 있는 것이다(렘 17:9). 그러나 만일 우리가 겉으로는 어떤 선한 일을 한다 할지라도 마음은 여전히 오염되고 왜곡된 내적 상태에 머물러 있는 것이다. 가장 중요한 사실 혹은 모든 사람의 최대의 관심사는 하나님의 심판에 대한 것인데 그는 외모를 따라 판단하지 아니하시고 외적 위용을 높이 평가하지 아니하시며 마음의 비밀을 감찰하신다 (삼상 16:7; 렘 17:10). 그러므로 사람이 아무리 많은 외적 경건의 모양을 갖추고 있다 할지라도 그것은 위선 이외에 아무것도 아니며, 심지어 하나님 보시기에 가증스럽기까지 한 것인데 그것은 여전히 부패하고 타락한 마음의 생각이 그 아래에 도사리고 있기 때문이다.

3. 비록 우리는 태어날 때부터 하나님께서 받으실 만한 어떤 것도 할 수 없고 우리 힘으로는 그분을 기쁘시게 해드릴 수도 없지만 그럼에도 불구하고 우리가 할 수 없는 바로 그것을 행해야만 한다. 우리는 하나님의 피조물들이기 때문에 그의 영광과 명예를 위해 봉사하고 그의 계명에 순종해야만 한다. 우리에게는 능력이 없으며 파산한 빚쟁이처럼 빚을 갚을 수 없다고 주장함으로써 변명할 수도 없다. 왜냐하면 우리를 묶는 죄책은 우리 자신의 것이며 우리 자신의 죄로부터 생겨나서 우리에게서 선을 행하고자 하는 의지나 능력을 앗아가 버리기 때문이다(요 8:34-38; 롬 7:15-25). 이제 하나님께서는 공의대로 죄를 벌하시기 때문에 우리는 저주를 받아야 하며 영원한 사망의 심판을 받기에 합당하다는 것을 인정해야만 한다. 사실상 우리 가운데 자기 책임을 수행할 수 있는 능력이나 의지를 가지고 있는 사람은 아무도 없는 것이다.

C. 율법

4. 이러한 이유 때문에 성경은 우리 모두를 "하나님의 진노의 자식"이라 부르고 있으며 우리는 사망과 파멸로 달려가고 있다고 선언한다(엡 2:1-3; 롬 3:9-20). 인간에게는 의와 능력과 생명과 구원을 자기 자신 속에서 찾아야 할 이유가 전혀 남아있지 않은 것이다. 왜냐하면 이 모든 것은 오직 하나님 안에만 있기 때문이다. 죄로 인하여 하나님으로부터 단절되고 분리된 인간은(호 13:4-9) 자신 속에서 오직 불행, 연약, 사악, 죽음, 한 마디로 지옥 그

자체만을 발견할 수 있을 뿐이다. 인간으로 하여금 이러한 사실들에 대해 무지하지 않게 하기 위해서 주님은 모든 사람의 마음에 율법을 새기시고 인치셨다(롬 2:1-16).

그러나 이것은 양심 이외에 아무것도 아니다. 즉 우리가 하나님께 빚지고 있는 것을 양심이 우리 안에서 우리를 위해 증거하고 있는 것이다. 그것은 우리 앞에 선과 악을 제시하며 그렇게 함으로써 우리를 고발하고 정죄한다. 왜냐하면 우리는 우리가 우리 자신의 책임을 제대로 수행하지 못했다는 것을 스스로 의식하고 있기 때문이다. 그러나 인간은 교만과 야심으로 가득 차 있으며 자기 사랑에 의해 눈먼 존재이다. 따라서 그는 자기 자신을 있는 그대로 볼 수 없으며 자기 자리로 내려와서 자기 비참을 고백할 수 없다. 주님께서는 우리의 상태를 보시고서 완전한 의가 무엇이며 어떻게 그것이 지켜져야 하는가를 가르치시기 위해 기록된 율법을 주셨다.

말하자면 하나님 안에 견고하게 서서 우리는 우리의 시선을 그분에게만 고정시키며 우리의 모든 생각과 열망과 행동과 말을 그분에게로 향하는 것이다. 의에 대한 이러한 가르침은 우리가 바른 길로부터 얼마나 멀리 떨어졌는가를 명백히 보여준다. 이러한 목적을 위해서 또한 우리를 위해 율법 속에 제시된 모든 약속들과 저주들을 바라보라. 왜냐하면 주님께서는 만일 어떤 사람이 자기 노력으로 모든 계명을 완벽하고도 정확하게 수행하면 그는 영생의 상급을 받을 것이라고 약속하고 계시기 때문이다(레 18:5).

이것에 의해 그분은 분명히 우리에게, 율법에서 가르치고 있는 완전한 삶이 참으로 의로우며, 그분에게 그토록 중요하며, 만일 누구든지 그렇게 살 수만 있다면 그러한 상급을 받기에 합당하다는 것을 보여주고 계시는 것이다. 그러나 그는 율법의 모든 의를 충분하고도 예외 없이 지키지 않는 모든 사람에게는 저주를 선언하시며 영원한 사망의 심판을 선고하시는 것이다(신 27:26; 갈 3:10).

확실히 이러한 처벌에 의해서 그분은 과거와 현재와 미래의 모든 인간을 강권하고 계시는 것이다. 율법을 범하지 않았다고 말할 수 있는 사람은 아무도 없는 것이다. 율법은 우리에게 하나님의 뜻을 가르쳐준다. 우리는 그것을 준행해야만 하며 그것은 우리가 지고 있는 빚이다. 그것은 우리가 왜 하나님

께서 명령하신 것을 전혀 제대로 준행할 수 없는지를 보여준다(롬 3:19; 7:7-
25). 결과적으로 그것은 분명히 우리를 위한 거울이 된다. 그 속에서 우리는
마치 거울 속에서 우리 얼굴의 상처와 흠들을 늘상 보는 것처럼 우리의 죄와
저주를 분별하고 명상할 수 있는 것이다. 정확히 말하자면, 이 기록된 율법
은 자연법에 대한 증인이다. 자연법이 우리를 교훈할 때, 수시로 우리의 기
억을 되살려서 우리가 미처 깨닫지 못했던 사실들을 일깨워 주는 증인인 것
이다. 이제 우리는 율법에서 무엇을 배워야 하는지를 이해할 수 있는 준비가
되었다.

하나님은 창조주시며 우리의 주님이요 아버지시다. 이 때문에 우리는 그
분에게 영광과 존귀와 사랑을 바쳐 드려야 한다. 그러나 이러한 의무를 수행
할 수 있는 사람은 아무도 없기 때문에 우리 모두는 저주, 심판, 한 마디로 영
원한 죽음을 받기에 합당하다. 그러므로 우리는 우리 자신의 행위에서 나온
의(義) 외에 다른 구원의 길을 찾아야 한다. 이 길은 죄의 용서이다. 다음에,
우리 자신의 능력으로는 율법에 대한 의무를 면제시킬 수 없기 때문에 우리
는 자신에 대해 절망하고, 다른 데서 오는 도움을 찾고 기다려야만 한다.

우리가 이처럼 겸손해지고 거꾸러질 때에 주님은 우리에게 빛을 비추시며
너그럽고 친절하며 오묘하고 관대하게 자신을 나타내실 것이다. 왜냐하면
성경은 그분에 대해 이렇게 기록하고 있기 때문이다. "그는 교만한 자를 대
적하시며 겸손한 자에게 은혜를 베푸시느니라"(약 4:6; 벧전 5:5). 그리고 무
엇보다도 만일 우리가 하나님의 진노를 돌이켜 달라고 기도하고 용서를 구
하면 그분은 틀림없이 그렇게 해주실 것이다. 죄로 인해 마땅히 받아야 했던
형벌을 면제해 주시고 은혜를 베푸시는 것이다.

D. 그리스도 안에 있는 하나님의 사랑

5. 그렇다면, 만일 우리가 그의 도우시는 손길을 간구하면 우리는 틀림없
이 그분의 보호를 힘입어 모든 것을 할 수 있다는 것을 알게 될 것이다. 그분
이 우리에게 자기 자신의 선한 뜻을 따라 새 마음과 새 힘을 주심으로 우리
가 그분의 계명들을 준행할 수 있게 하시는 것이다(겔 36:26). 그리고 그는

이 모든 축복들을 예수 그리스도 우리 주 때문에 우리에게 주신다. 그분은 아버지와 함께 하나님이셨으나(요 1:1-14) 우리의 육신을 입으심으로 우리와 계약을 맺으셨고 (죄로 말미암아 하나님에게서 떨어진) 우리를 자기에게 연합시키고자 하셨던 것이다(사 53:4-11). 그는 또한 자신의 죽음의 공로에 의해 하나님의 공의에 대한 빚을 지불하셨으며 하나님의 진노를 무마시키셨던 것이다(엡 2:3-5). 그는 우리를 묶는 저주와 심판으로부터 우리를 구속하셨으며 자기 몸으로 죄의 형벌을 담당하셔서 그것으로부터 우리를 해방하셨던 것이다(골 1:21-22).

땅으로 내려 오실 때에 그는 풍성한 하늘의 축복들을 가져오셨고 그 축복들을 우리에게 아낌없이 부어 주셨던 것이다(요 1:14-16; 7:38; 롬 8:14-17). 이것들은 성령의 은사들이다. 그를 통해 우리는 거듭나며 악마의 권세와 사슬에서 해방되며 하나님의 자녀로 입양되어 모든 선한 일을 위해 성화되는 것이다. 또한 그를 통해 — 우리가 이 죽을 몸을 입고 있는 동안 — 우리 안에서 부패한 욕망들, 육신의 정욕들, 그리고 왜곡되고 부패한 우리 본성이 일으키는 모든 것이 죽어 가는 것이다. 그를 통해 우리는 날마다 새로워져서 (고후 4:16) 새로운 생명 가운데 걷게 되며(롬 6:4) 의를 위해 살게 되는 것이다.

6. 하나님은 우리에게 그리스도 우리 주 안에서 이 모든 축복들을 주시는데 그 속에는 죄에 대한 값없는 용서, 하나님과의 평화와 화목, 성령의 은혜와 선물들이 있다. 만일 우리가 확실한 믿음으로 그것들을 붙잡고 받아들이면 그것들은 우리의 것이 되는 것이다. 그것은 하나님의 선하심에 속한 것이므로 전적으로 신뢰하고, 우리에게 모든 것을 약속하시는 하나님의 말씀이 능력이요 진리라는 것을 의심치 않는다면 말이다(롬 3:21-26; 5:1-11).

한 마디로, 만일 우리가 그리스도에 참여한다면 그분 안에서 우리는 모든 하늘의 보화와 성령의 선물들을 소유하게 될 것인데 그것은 우리를 생명과 구원으로 인도할 것이다. 참되고 산 믿음 없이는 결코 이런 것을 얻을 수 없다. 그것이 있으면 우리는 우리가 가진 모든 좋은 것이 그분 안에 있으며 우리가 그분을 떠나서는 아무것도 아니라는 것을 인정하게 될 것이다. 그분 안에서 우리는 하나님의 자녀요 하늘 왕국의 상속자가 된다는 것을 확실히 믿게 될 것이라는 말이다(요 1:12; 롬 8:14-17).

한편 그리스도 안에 분깃이 없는 자들은 그들의 성품이 어떠하든지 간에, 그들이 무슨 일을 행하든지 간에, 파멸과 혼란, 그리고 영원한 죽음의 심판 속에 빠져들게 될 것이다. 그들은 하나님으로부터 버림받아 모든 구원의 소망이 끊기게 될 것이란 말이다(요 3:18-20; 요일 5:12). 우리 자신과 우리의 빈곤과 파멸에 대한 이러한 지식은 우리 자신을 낮추고 하나님 앞에 우리 자신을 내어던지며 그의 자비를 구하라고 가르쳐 준다(렘 31: 18-20).

우리로 하여금 하나님의 선하심과 자비를 맛보게 하는 믿음은 우리 자신으로부터 오는 것이 아니다. 그 선함과 자비로 하나님은 그리스도 안에서 우리와 관계를 가지시는 것이다. 오히려 거짓 없는 회개로 우리를 인도해서 우리 자신에 대한 지식을 갖게 하도록 요청받는 분은 하나님이시다. 즉, 확실한 믿음에 의해 우리를 인도해서 그분의 온유하심과 선하심에 대한 지식을 갖게 하시는데 그는, 아버지에게로 가는 유일한 길이신 우리 지도자로서의 그리스도께서 우리를 영원한 축복으로 인도하실 수 있게 하기 위해 그리스도 안에서 그것을 보여주시는 것이다.

E. 십계명 강해

7. 십계명은 두 개의 돌판으로 나뉘어져 있었다(출 32:15; 34:1; 신 10:1). 첫째 돌판은 처음의 네 개의 계명을 포함하고 있는데 그것은 우리가 하나님께 지고 있는 의무를 보여준다. 즉, 그분을 유일한 하나님으로 인정하고 고백하며, 무엇보다도 그리고 모든 다른 것에 앞서 그분을 사랑하고 영화롭게 하며 두려워하는 것, 우리의 모든 소원과 필요를 그분 안에서만 구하는 것, 항상 그분의 도움을 구하는 것이 그것이다. 둘째 돌판은 남은 여섯 개의 계명을 포함하는데 그것은 하나님 때문에 우리의 이웃을 향하여 행해야 할 사랑의 의무를 설명하고 있다.

복음서 기자가 말한 것처럼 우리 주님은 율법을 두 개의 주제로 요약하신다. 즉, 우리는 마음과 뜻과 힘을 다해 하나님을 사랑하고, 이웃을 우리 몸처럼 사랑해야 하는 것이다(마 22:37, 39; 눅 10:27). 비록 모든 율법이 이 두 개의 주제로 요약되었지만 우리 주님은 우리에게서 모든 변명의 구실을 박탈하시기 위해 십계명에 의해 더 깊고 명백하게, 그분을 영화롭게 하고 두려워하고 사랑하는 것에 관계된 전부와 우리의 이웃을 향한 사랑과 관계된 모든 것을 선포하고자 하셨다. 그러나 계명을 시작하시기 전에 그는 다음과 같은 머리말을 주셨다(출 20:2; 신 5:6).

나는 너를 애굽 땅, 종 되었던 집에서 인도하여 낸 네 하나님 여호와니라.

8. 이 말씀에 의해 그는 우리에게 순종해야 할 계명을 주실 권리가 있는 주님이심을 보여주고 계신다. 게다가 그는 이스라엘 백성들을 바로와 애굽의 굴레에서 자유케 하실 때에 얼마나 영광스럽게 자신의 힘과 능력을 나타내셨는가를 상기시키신다. 즉, 그가 택한 자들(진정한 이스라엘)을 죄의 굴레('애굽'이라는 이름으로 표기된)로부터 구해 내실 때, 그가 그들을 애굽인들(자신의 정욕 가운데 살아 가고 있는 자들)의 주, 즉 영적 바로인 마귀의 쇠사슬로부터 그들을 해방시키실 때 어떻게 날마다 동일한 능력을 나타내시는가를 상기시키시는 것이다.

제1계명 : 너는 나 외에는 다른 신들을 네게 두지 말지니라.

9. 이 계명은 우리가 완전히 하나님께만 두어야 하는 신뢰를 다른 신에게 두는 것을 금지하고 있다. 혹은 어떤 선이나 무슨 덕이든지 그것을(그분에게 바쳐 드려야 할) 다른 신에게 향하는 것을 금지하고 있다(사 30:1-5; 31:1; 렘 2:13,32). 오히려 다른 모든 것보다도 그분만을 경외하고 사랑해야 하며, 그분만을 우리의 하나님으로 인정해야 하며, 우리의 모든 소망과 신뢰를 그분에게 두어야 하는 것이다(딤전 1:17; 신 6:4-14; 10:12-13). 그러는 중에 우리는 모든 선한 것이 그분으로부터 온다는 것을 묵상해야 하며, 그분이 영광을 받고 찬양하는 것 외에는 어떤 것도 허용하지 말아야 한다(고전 10:23-31).

이것을 우리는 단지 말과 몸짓으로 또한 모든 외적 표시에 의해 우리가 다

른 어떤 신을 갖고 있지 않다는 것을 천명하기 위해서 해야 할 뿐 아니라 또
한 우리의 마음과 생각과 모든 열심으로 과연 우리가 그러하다는 것을 보여
주기 위해 해야 하는 것이다. 왜냐하면 우리의 말과 외적 행위만 그분에게
드러나는 것이 아니라 우리 마음의 가장 깊은 곳과 생각까지도 우리 자신에
게보다 그분에게 더욱 분명히 드러나기 때문이다(대상 28:9).

> 제 2 계명 : 너를 위하여 새긴 우상을 만들지 말고 또 위로 하늘에 있는 것이나 아래로 땅에
> 있는 것이나 땅 아래 물 속에 있는 것의 어떤 형상도 만들지 말며 그것들에게 절하지 말며
> 그것들을 섬기지 말라(출 20:4-5).

10. 이것은 모든 예배와 경배를 한 분 하나님께 드려야 한다는 것이다. 그
분은 불가해하며 육신이 없으며 보이지 아니하며 만물을 포용하기 때문에
아무 장소에서도 갇힐 수 없다. 그렇다면 마치 어떤 형상이나 우상의 모습이
하나님을 형용하는 것처럼 하나님을 그렇게 표현할 수 있다는 상상을 하지
않도록 간절히 기도하자. 오히려 우리는 하나님을 찬양해야 하는데 그분은
영이시며 진리 안에 계신다(신 6:13-16; 10:12-13; 왕상 8:22-27; 딤전 1:17;
요 1:9-14; 4:24).

그러므로 제1계명은 하나님은 한 분이시며 그분을 떠나서는 어떤 다른 신
도 생각하거나 의지할 수 없다는 것을 가르쳐 준다. 이 계명은 하나님 자신
이 그러한 분이며 그러한 경배에 의해 영광을 받아야 하기 때문에 우리는 그
분에게 육체적인 어떤 것을 감히 부과하려 해서는 안되며 그분을 우리의 감
각의 수준으로 끌어내리려 해서는 안됨을 가르친다. 마치 그가 우리의 아둔
한 머리에 의해 이해될 수 있거나 어떤 형상으로 나타날 수 있는 것처럼 말
이다.

구차한 변명을 가지고, 옛날에 참 종교를 삼켜 버렸던 저주받을 우상숭배
를 옹호하려 하는 자들은 다음의 사실에 주목해야 한다. 그들이 주장하는 형
상들은 하나님을 대신할 수 없다는 것이다. 유대인들은 금송아지를 만들기
전에 자기들을 애굽으로부터 인도해 낸 분이 하나님이었다는 것을 망각할
정도로 그렇게 하나님에 대해서 잊고 있지는 않았을 것이다. 우리 이방인들

이 하나님은 나무나 돌 이외의 다른 어떤 것이라는 것을 이해하지 못할 정도로 무감각하지는 않았을 것이라고 생각한다.

그들은 마음대로 형상을 바꾸곤 했지만 그러나 마음속에서 항상 동일한 신들이 있었다. 그리고 비록 그들이 한 신에게 많은 형상을 바쳤지만 자신들을 위해서 형상들이 있는 만큼 많은 신들을 만들지는 않았다. 게다가 그들은 매일 새로운 형상들을 만들었다. 그러나 자기들이 새로운 신들을 만들고 있다고는 생각지 않았던 것이다.

그렇다면 어찌된 일인가? 유대인이건 이방인이건 모든 우상숭배자들은 하나님이란 그들의 공허한 정신이 상상해 낸 꼭 그대로 임을 확신하고 있었다. 이 공허함에 부패가 부가되었다. 즉 그들이 속으로 상상한 그대로 표현했던 것이다. 그러므로 정신은 우상을 상상했고 손은 그것이 출현하게 만들었다. 그럼에도 불구하고 유대인들은 자기들이 그러한 형상을 입은 영원한 하나님, 하늘과 땅의 한 분, 참되신 주를 예배하고 있다고 생각했다.

한편, 이방인들은 자기들 자신의 신들, 비록 엉터리이지만 그래도 자기들로서는 하늘에 살고 있다고 생각하는 신들을 경배하고 있었던 것이다. 나아가서 그들은 만일 하나님이 자신을 육체적으로 보여주시지 않으면 하나님이 그들에게 계심을 믿지 않았다. 이 맹목적인 갈망에 순응하여 그들은 표상을 만들었는데 그들은 하나님께서 이것들 가운데서 스스로 계신다고 생각했기 때문에 또한 그것들 안에 있는 하나님을 경배했다.

마침내 모든 사람들은, 그들의 마음과 눈을 그것들 위에 고정시킨 채 마치 그곳에 어떤 신성한 것이 깃든 것처럼 그것들에 대해 경탄하기 시작했으며 또한 점점 야수화되어 갔다. 과거에 그런 일이 없었으며, 우리가 기억하는 한 지금도 그런 일이 없다고 주장하는 자들은 부끄럼도 없이 거짓말을 하고 있는 자들이다. 왜냐하면 그들은 왜 이러한 것들 앞에 서는가? 그들은 왜 기도하려 할 때 마치 하나님의 귀를 향하는 것처럼 그것들에게 향하는가? 왜 그들은 심지어 전멸당하는 순간까지도 마치 그것들이 제단이나 제단불이라도 되는 것처럼 그 형상들을 지키기 위해 칼을 빼드는가? 그들은 우상을 빼앗기느니 차라리 한 분 하나님을 빼앗기는 것을 택하려 할 것이다.

그럼에도 불구하고 나는 그 무리들의 형편없는 실수를 일일이 나열하지 않겠다. 왜냐하면 그것은 거의 무한대의 것으로서 대부분의 사람들의 마음을 사로잡고 있기 때문이다. 나는 단지 그들이 특별히 자기 자신을 우상숭배와 무관하다고 주장하고 싶어할 때 그들이 고백하는 것을 지적하고 있을 따름이다. "우리는 그것들을 우리의 신들이라고 부르지 않는다"고 그들은 말한다.

유대인들이나 이방인들도 그것들을 그렇게 부르지는 않았고 단지 하나님의 표시와 모양이라고만 불렀을 뿐이다. 그럼에도 불구하고 선지자들과 모든 성경은 그들이 나무와 돌과 간음했다고 주저없이 고발했다(렘 2:27; 겔 6:4; 사 40:19-20; 합 2:18-19; 신 32:37). 그리스도인으로 간주되고 싶어하는 자들에 의해 매일 행해진 바로 그 일들, 말하자면, 그들이 나무와 돌 속에 있는 하나님을 육체적으로 경배한 바로 그 일들을 행했다는 이유 때문에 말이다.

11. 최종적 핑계는, 형상들을 "교육받지 못한 자들의 책들"이라고 부르는 것이다. 우리가 그것을 인정한다 하자(비록 그것은 전적으로 헛된 것이지만 말이다. 왜냐하면 부복하는 유일한 목적이 경배하기 위함이라는 것은 너무나 확실하기 때문이다). 그래도 나는 여전히 그러한 형상들이 교육받지 못한 자들에게(특별히 그들이 하나님을 묘사해 보여주고자 하는 자들에게) 의인화 된 신을 제시해 주는 것 외에 어떤 유익을 주는지 알 수 없다. 그들이 성인(聖人)들에게 바치는 것들 — 그것들은 가장 타락한 정욕과 간음의 본보기 외에 무엇이겠는가? 만일 누가 그들을 모방하고 싶다면 그는 채찍형을 받아 마땅할 것이다. 정말이지 교회들이 동정녀들의 형상으로 보여지기를 바라는 대상들을 보여주는 것보다는 창기집이 창녀들을 더 정숙하고 덕스럽게 보여준다. 그러므로 그들로 하여금 그들의 형상들을 최소한 적절한 체통을 지닌 것으로 만들게 하라. 그래야 그들은 조금 더 정숙하게 이것들은 어떤 거룩한 책들이라고 헛되이 주장할 수 있을 것이다!

그러나 그렇다면 우리는 또한, 이것은 주님께서 이러한 쓰레기와는 전혀 다른 교리를 가르치시고자 하는 하나님의 백성들을 교육하는 방법은 아니라고 대답할 것이다. 그는 자기 말씀의 선포를 모든 사람을 위한 보편적 교리로 설정하셨다. 만일 다음의 사실이 적절하고도 신실하게 가르쳐졌다면 나무와 돌과 심지어 금 은으로 만든 그렇게 많은 십자가를 세우는 것이 무슨 소용이 있었겠는가? 즉 그리스도께서 우리의 저주를 담당하시고 우리의 허물을 깨끗하게 하시기 위해서 우리 죄 때문에 자기 몸을 주셨다는 사실말이다. 이 한 마디 말로부터 그들은 나무나 돌로 만든 수천 개의 십자가로부터 보다 더 많은 것을 배울 수 있었을 것이다. 왜냐하면 아마도 탐욕스러운 자들은 자기들의 마음과 눈을 어떤 하나님의 말씀보다 금과 은에 더 집요하게 고정시키고 있을 것이기 때문이다.

그런데 도대체 그들은 누구더러 "배우지 못한" 자들이라고 부르는가? 정말이지 주님께서 "하나님이 가르치시는 자"(요 6:45)로 인정하시는 자들인 것이다. 여기에 비길 데 없는, 값을 매길 수 없는 형상의 축복이 있다. 그러나 하나님은 더 분명하게 다음의 두 계명을 부과함으로써 모든 불신실과 우상 숭배를 얼마나 지독히 혐오하는가를 말씀하신다.

> 나 네 하나님 여호와는 질투하는 하나님인즉 나를 미워하는 자의 죄를 갚되 아버지로부터 아들에게로 삼사 대까지 이르게 하거니와 나를 사랑하고 내 계명을 지키는 자에게는 천 대까지 은혜를 베푸느니라(출 20:5-6).

이것은 마치 그가, 우리가 굳게 붙잡아야 하는 것은 홀로 그분이며 그는 어떤 경쟁자도 참을 수 없다고 말씀하고 계시는 것 같다. 또한 그는 자기의 위엄과 영광을 새긴 형상이나 다른 어떤 것에 넘겨 주려는 자에 대항해서 그것을 수호하실 것이다. 그리고 한 번뿐만이 아니라 아버지와 아들들과 손자들에 대항해서 그렇게 하실 것이다. 말하자면 어느 때라도 그렇게 하신다는 것이다. 동시에 그는 그를 사랑하고 자기 계명을 지키는 자들에게 영원하신 자비와 친절을 나타내신다.

> 제3계명 : 너는 네 하나님 여호와의 이름을 망령되게 부르지 말라(출 20:7).

12. 이 계명의 뜻은 다음과 같다. 하나님은 우리가 너무나 사랑하고 두려워

해야 할 분이기 때문에 우리는 어떠한 경우에 있어서도 지극히 거룩한 그의 이름을 욕되게 해서는 안 된다는 것이다. 오히려 우리는 그분의 거룩하심으로 인해 다른 어떤 것보다도 그분을 높여야 하며 순탄할 때나, 역경에 처할 때나 매사에 그분에게 영광을 돌려야 한다는 것이다. 우리는 마음을 다해 그분의 손으로부터 오는 모든 것을 그분에게 간구해야 하며 그분에게 감사를 드려야 한다.

요약하자면, 우리는 조심스럽게 모든 모욕과 불경건함을 멀리함으로써 그분의 높은 위엄에 적합한 것 외에 어떤 다른 이름으로 그를 부르거나 말하지 않도록 해야 한다. 그분의 거룩한 이름을 그분이 의도했던 것 외의 어떤 다른 용도로 사용하지도 말아야 한다. 왜냐하면 그것은 신성을 모독하고 모욕하는 것이 될 것이기 때문이다. 마치 하나님의 이름을 강신술, 저주, 불법의 축귀 행위, 그리고 기타 사악한 주문 암송 등의 미신에 사용하는 자들처럼 말이다(레 20:6; 신 18:10-12).

서약과 맹세에 관한 한 우리는 그분의 거룩한 이름을 결코 거짓되이 불러서는 안 된다. 왜냐하면 영원한 진리는 거짓에 대한 증인으로 인용되는 것보다 더 심각하게 모욕을 당하는 일이 없기 때문이다. 한 마디로 우리는 하나님의 영광이나 형제들의 필요가 그것을 요구하지 않는 한 진실한 맹세라 할지라도 성급하게 하지 말아야 한다. 그러한 목적을 제외하고는 어떤 종류의 맹세도 금지되어 있다. 그리스도의 말씀이 가르치는 바와 같이, 율법의 이 조항의 뜻은 우리의 모든 말은 예, 예, 혹은 아니, 아니 뿐이어야 한다. 여기에서 지나는 것은 악한 자로부터 온 것임을 증거한다(마 5:37).

여기서 다음의 사실을 또한 주목해야 한다. 누구든지 자기 자신의 개인적인 성급함 때문에 어떤 맹세를 하는 것은 금지되어 있다는 것이다. 그러나 치안 판사가 요구할 때 하는 맹세는 전혀 이 계명에 반하지 않는다. 왜냐하면 다른 성구에서 하나님께서는, 진실에 대한 증인이 재판에 필요할 때 치안 판사에게 맹세를 지시할 권한을 주셨기 때문이다(출 22:11; 히 6:13-18).

아니, 모든 공적 맹세는 이 금지에서 면제된다. 바울이 복음의 위엄을 주장하기 위해 사용했던 맹세들도 그러한 범주에 속하는 것이다(롬 1:9; 9:1). 왜냐하면 자기의 사명을 감당하고 있는 사도들은 사사로운 개인이 아니라 하나님의 공적 종들이기 때문이다. 또한 조약을 엄숙하게 하기 위해 왕들이 하는 맹세, 혹은 자기 왕의 이름으로 백성들이 하는 맹세 등 사사로운 욕심에서가 아니라 공공의 선을 위해 행하는 맹세 등은 다 그러한 범주에 속하는 것이다.

그러므로 우리가 기억해야 하는 첫 번째 사실은 맹세가 허용된 것이 정욕이나 탐욕을 위해서가 아니라 필요에 의한 것이라는 사실이다. 그러나 우리의 말을 확정하기 위해 하나님의 이름을 부르는 이상과 같은 경우 외에 하나님의 이름을 부르는 것은 금지되어 있으므로, 그러한 필요가 있을 때에 한해서만 그의 이름을 불러야 한다. 왜냐하면 유일하고 영원한 진리이신 그분이 진리의 유일한 증인이시며 또 그렇게 간주되는 것은 그분의 명예와 영광에 관계되기 때문이다(신 6:13; 10:20; 사 45:23; 48:15). 마지막으로, 주님께서는 자기 이름의 탁월한 위엄을 더 효과적으로 드러내기 위해 그 계명에 다음의 말씀을 덧붙이셨다.

> 여호와는 그의 이름을 망령되게 부르는 자를 죄 없다 하지 아니하리라.

이 말씀에 의해 하나님은 이 계명을 어기는 자들에게 특별한 저주를 선언하고 계시는 것이다

> 제4계명 : 안식일을 기억하여 거룩히 지키라. 엿새 동안은 힘써 네 모든 일을 행할 것이나 일곱째 날은 네 하나님 여호와의 안식일인즉 너나 네 아들이나 네 딸이나 네 남종이나 네 여종이나 네 가축이나 네 문 안에 머무는 객이라도 아무 일도 하지 말라. 이는 엿새 동안에 나 여호와가 하늘과 땅과 바다와 그 가운데 모든 것을 만들고 일곱째 날에 쉬었음이라. 그러므로 나 여호와가 안식일을 복되게 하여 그 날을 거룩하게 하였느니라(출 20:8-11)

13. 안식일 준수는 경건과 하나님 예배 양자에 관련되어 있다. 왜냐하면 그것은 첫 번째 돌판에 포함되어 있고 "그 날을 거룩하게 하심"이라 불리기 때문이다. 그러므로 주님께서는 다른 어떤 것도 이것보다 더 강조하시지는 않았다(출 31:13-17). 그리고 선지서에서 모든 종교가 파괴되었다는 것을 강조

하실 때 그는 안식일이 더럽혀지고 모욕당하고 침해되어 지켜지지 않고 거룩히 여김을 받지 않는다는 것을 지적하신다. 마치 이 계명을 지키지 않음으로써 하나님을 영화롭게 하는 어떤 것도 더 이상 남아 있지 않다고 말씀하시는 것 같다(겔 20:12-13; 22:8; 23:38; 렘 17:21,22,27; 사 56:2; 민 15:32-35).

그러나 이 계명은 그림자였으며 유대인들에게 하나님에 대한 영적 예배를 보여주기 위해 의식기간 중에 부과된 것임은 의심의 여지가 없다. 그러므로 그림자의 빛이시요 형상의 진리이신 그리스도가 오셨을 때 그것이 모세 율법의 잔영처럼 폐기된 것은 바울이 밝히 증거하고 있는 바와 같다(갈 4:8-11; 골 2:16-17).

그러나 유대인들의 신앙이 율법의 교육 하에서 표현되었던 그 의식들과 외적 제사는 폐기되었지만 그래도 여전히 우리는 주님께서 유대인들과 우리가 공히 영원토록 가지기를 원하셨던 계명의 진리를 보유하고 있다. 그렇다면 다음의 것이 그 진리이다. 즉, 우리는 하나님을 경외하고 사랑해야 하는 고로 그분 안에서 우리의 안식을 찾아야 한다는 것이다. 그렇다면 만일 우리가 양심을 혼란시키고 괴롭히는 역할밖에 하지 않는 우리의 사악한 욕망들을 깨끗이 청산하고 육신의 모든 깨끗지 못한 일들을 버린다면, 말하자면 어떤 인간적 지혜의 외양을 갖추었다 할지라도 하나님의 영으로부터 나온 것이 아닌 모든 일들, 즉 우리의 현세에 대한 욕망에서 나온 사악함이 우리 본성 속에 조성되게 하는 모든 것을 버린다면, 그러한 일이 일어날 것이다(히 3:7-19; 4:9; 사 35:5-8; 58:13-14).

그러한 종류의 모든 일들은 노예와 같은 일이다. 안식일의 율법은 그러한 일들을 중단하라고 우리에게 명함으로써 하나님께서 우리 안에 거하시게 하며 선한 영향을 미치게 하고 양심에 평안과 평정을 부여해주는 성령의 인도에 의해 우리를 다스리시게 하는 것이다. 이것이 진정한 안식일이며, 유대인의 안식일은 사실상 그것의 모형이요 그림자였다. 결과적으로 그것은 성경에서 완성을 의미하는 숫자인 일곱째 날에 할당되었다.

그것에 의해서, 첫째 우리는 하나님께서 우리에게 영원한 안식을 명하셨다는 사실을 배우게 되는데 그 안식에는 아무 한계가 정해지지 않았다. 둘째, 그것이 완전하고도 적절하게 거룩해지는 일은 일곱째 날까지는 결코 일어나지 않을 것이다(히 4:1-11). 그 일곱째 날은 사실상 최종적이며 영원하다. 신자인 우리 모두는 부분적으로 그것에 들어갔지만 아직 그것에 완전히 도달하지는 못했다. 왜냐하면 우리는 지금 믿음으로 하나님 안에서 우리의 안식을 누리기 시작했지만 그 속에서 또한 매일 진보를 이루어 마침내 이사야의 말이 실현될 때 그것이 완성될 것인데, 그 말 속에는 안식 위에 안식에 대한 약속이 하나님의 교회에 주어져 있기 때문이다(사 66:23).

말하자면, 그때 하나님은 모든 것이 되실 것이라는 말이다(고전 15:28). 이것을 또한 하나님께서는 엿새 동안에 완성하신 천지 창조 속에서 우리에게 보여주신다. 오직 제칠일에 하나님은 모든 일을 쉬셨는데(창 2:1-3), 그분의 모범에 의해 우리 또한 우리의 일을 쉬고, 그분 안에서 우리의 안식을 찾으며, 제칠일의 이 안식을 열렬히 동경하게 되는 것이다.

14. 이것은 우리가 지금 생각하고 있는 주일에 적용된다. 주일은 우리가 모든 다른 것에 앞서 그것을 거룩하게 하도록 하기 위해, 즉 그것을 거룩하게 여기게 하기 위해 제정된 것이 아니다. 왜냐하면 이것은 모든 날들을 공히 영화롭게 하신 하나님만의 특권이기 때문이다(롬 14:5). 그러나 그것은 교회가 기도와 찬양과 말씀을 듣는 것과 성례의 시행을 위해 모이도록 제정된 것이다(갈 4:8-11; 골 3:16).

우리의 모든 노력을 이러한 일들에 한마음으로 바칠 수 있기 위해서 우리는 모든 기계적이며 육체적인 노동을 중지해야 하며 이생의 행위와 관계있는 모든 추구들을 중지해야 하는 것이다. 다른 엄숙한 날들도 같은 종류의 것인데 그때 우리 구원의 신비를 상기하게 되는 것이다. 그러나 만일 우리가 그 말씀을 온 마음으로(그것이 적절하지만) 마시게 되면, 또한 그것을 통해 옛 사람의 행위를 죽이게 되면, 특별한 절기 때뿐만 아니라 매일 한결같이 우리는 안식일을 거룩하게 지키게 되는 것이다. 그리고 우리는 여기서 그러한 명령을 받고 있기 때문에 안식일마다 축하하기 시작하는 것이다.

요약하자면, 우리가 한 날을 다른 날과 구별하는 것은 종교에 의한 것이 아니라 공통의 국가를 위한 것이다. 왜냐하면 우리가 어떤 규정된 날을 가지고 있는 것이, 일을 그침으로써 하나님께서 영광을 받으시고 기뻐하시거나 하는 것인양 축하하기 위해서가 아니라 교회가 어떤 날에 함께 모이는 것이 필요하기 때문이다. 게다가 모든 일들이 질서를 따라 방해받지 않고 이루어질 수 있는 지정된 날을 두는 것이 긴요하다(고전 14:40). 그와 같이 함으로써 이 계명의 의식적인 부분만 폐지되었다는 유대인의 인식을 가지고서 세상을 오염시킨 궤변론자들의 넌센스를 추방하게 되는 것이다(그들의 표현을 빌리면, 그것은 제칠일의 '지정'이라 부른다).

그들은, 도덕적인 부분은 남아 있는데, 말하자면, 한 주 가운데 어느 날을 지킨다는 것이다. 그러나 그들은 여전히 날을 지키는 것을 유지하면서 유대인들을 약올리기 위해 날을 바꾸는 것 외에 아무것도 아니다. 그리고 우리는 정말 그들이 그러한 교훈에 의해 얼마나 많은 이득을 얻게 되는지를 보고 있다. 왜냐하면 그들의 제도에 집착하는 자들은 무식하고 육적인 안식일의 미신에 있어 유대인들을 세 배 이상 능가하기 때문이다. 그리하여 이사야서에 있는 책망이 오늘날 이들에게 적용되는 것은 선지자가 그 당시에 책망했던 자들에게 적용되는 것과 똑같다(사 1:13-15; 58:13).

15. 유대인들은 안식일주의 속에서 지킬 또 하나의 과제를 가지고 있었는데 그것은 종교와 관련있는 것이 아니라 인간들 사이에서 공평을 유지하는 것과 관련된 것이었다. 이것은 사실상 비인간적인 주인들이 계속적으로 종들과 짐승들을 부려 먹음으로써 적절한 한도를 벗어나지 않기 위해 종들과 짐승들의 노동을 면제해 주는 것을 의미한다. 모세는 사실상 자기 자신의 어떤 것을 가르치기보다는 이미 가르쳐졌던 어떤 것의 유용성을 지적하고 있었다(출 23:11; 신 5:14). 우리도 또한 오늘날 어떤 노예의 필요성에 의해서가 아니라 사랑의 명령에 따라 공평에 대한 존중심을 가져야만 한다. 이제 여기에 우리가 우리의 삶을 하나님을 향해 어떻게 영위해야 하는가를 보여주는 처음의 네 계명들이 있다. 이것들이 첫 번째 돌판을 결론짓는 것이다.

16. 그러나 거의 모든 곳에서 수락된 보편적인 형태 외에 나는 첫 번째 돌판에 네 개의 계명들을 포함시킨다. 이렇게 하는 것은 이유가 있는데 그것은 중요한 이유이다. 어떤 권세 있는 사람들은 그것들을 달리 구분하여 두 번째

계명을 우리가 언급하는 수에서 제외시킨다. 그런데 그것은 분명히 하나님께서 계명으로서의 확실한 위치를 부여하신 것이다.

그럼에도 불구하고 그들은, 네 이웃의 소유를 탐내지 말라는 열 번째 계명을 터무니없이 둘로 나눈다. 그런데 그것은 하나의 단일한 계명인 것이다. 게다가 우리는 오리게네스가 우리의 구분을 그대로 제시했다는 사실에서 좀 더 순전한 시대에는 그와 같은 구분 방식이 알려진 바 없다는 것을 알 수 있다. 주지하다시피 그와 같은 구분은 아우구스티누스의 시대에 나타났는데 모든 사람의 인정을 받지도 못했다. 확실히 그것은 아주 불충분한 이유로 인해 아우구스티누스를 기쁘게 했다. 말하자면 "삼"이라는 숫자 속에는(만일 첫째 돌판이 세 개의 계명으로 구성된다면) 삼위일체의 신비가 더 밝히 빛을 발한다는 이유 때문이었다.

다른 점들에 있어서는 우리의 구분이 좀 더 그의 마음에 들었을 것이다. 그것에 의해 우상 숭배가 그처럼 명백히 금지되었던 이 계명이 사람들의 마음에서 서서히 사라져 버리게 된 것은 마귀의 사기에 의한 것임이 분명하다. 이 점을 짚고 넘어가야만 사람들이 나의 구분을 어떤 새롭고 최근에 고안한 것으로 비웃거나 의아해하지 않을 것이다. 이제 두 번째 돌판이 남아 있다.

제5계명 : 네 부모를 공경하라(출 20:12).

17. 하나님은 우리가 사랑하고 두려워해야 하는 분인고로 우리는 우리의 부모를 무시하거나 어떤 식으로 노엽게 해서도 안된다. 오히려 우리는 그들에게 커다란 경의를 표해야 하며 그들을 존경하고 명예롭게 해야 하며 주님의 뜻에 따라 순종해야 한다. 우리는 이 일들에 있어 우리의 노력이 소용될 수 있는 사람들을 기쁘게 하고 그들에게 감사하려고 노력해야 한다(엡 6:1-3; 마 15:4-6).

여기에는 축복이 부가되어 있다. "그리하면 너의 하나님 나 여호와가 네게 준 땅에서 네 생명이 길리라." 독특한 추천의 방식을 통해 이 계명을 지키는 것이 얼마나 하나님을 기쁘시게 하는가를 선포하며 우리의 나태함을 일깨우며 동시에 자기 부모에게 보답하고 감사하는 것을 소홀히 하는 배은망덕한 자식들은 확실한 저주를 받을 것이라고 경고하는 것이다.

제6계명 : 살인하지 말라(출 20:13).

18. 하나님은 우리가 사랑하고 두려워해야 하는 분이기 때문에 우리는 어떤 종류의 행위에 의해서도 다른 사람에게 해를 끼쳐서는 안 된다. 어떤 사람도 불공정하게 대해서는 안 되며 누구를 공격하거나 아무에게 폭력을 행사해서도 안 된다는 것이다. 오히려, 만일 우리 속에 하나님에 대한 두려움이나 사랑이 있다면 우리는 모든 사람 ― 친구든 원수든 ― 을 친절하게 대해야 한다. 우리는 모든 사람을 기쁘게 하려고 노력해야 하며, 어떤 사람이 위험에 처해 있으면 도움의 손길을 베풀어야 하며, 최선을 다해서 친구에게건 원수에게건 관대해지려고 애를 써야 한다(마 5:27-30).

제7계명 : 간음하지 말라(출 20:14)

19. 그 의미는 이것이다. 하나님은 우리가 사랑하고 두려워해야 하는 분이기 때문에 우리는 일생을 통해 우리의 모든 행위를 순결하고 자제심 있게 말하고 행해야 한다. 그리고 순결은 하나님의 특별한 선물인 까닭에 우리 각자는 그에게 주어진 것이 무엇인지를 알아야 한다(마 5:43-48; 엡 5:3-4; 고전 6:13-20; 마 19:11-12; 고전 7:1-40). 이 말씀을 받아들이지 않는 자들은 그들 육신의 불순함을 위해 주님께서 그들에게 주신 치료책이 있다. 그들이 그것을 이용하지 않으면 그들은 하나님을 대항해서 싸우고 그분의 규례에 저항하는 셈이 된다.

그리고 그들은 (오늘날 많은 사람들이 그렇게 하는 것처럼) 하나님의 도움으로 모든 것을 할 수 있노라고 말하지 말아야 한다. 왜냐하면 하나님의 도움은 오직 그의 길에 행하는 자들에게만 임하기 때문이다(시 91:1-14). 이러한 사람들은 하나님의 뜻에 대항해서 떠나려고 기를 쓰고 있는데, 그의 부르심 안에 행하는 자들에게만 하나님의 도움이 주어진다는 것이다. 이렇게 강퍅한 상태에서는 하나님의 도움을 기대할 수 없다. 오히려 다음과 같은 말씀을 기억해야 한다. "주 너의 하나님을 시험하지 말라"(신 6:16; 마 4:7).

하나님을 시험한다는 것은 그가 우리에게 부여해 주신 본성에 반하여 그가 주신 현재의 은사들까지 거부하는 것을 의미한다. 이러한 자들이 하는 일은 단지 그것뿐만이 아니다. 그들은 하나님께서 은혜로 세우시고 명예로운 것이라 선언하신 결혼 관계마저 감히 "더러운 것"이라 부른다. 그리스도 우리 주께서 친히 왕림하셔서 그의 첫 번째 기적의 은혜를 베풀어 주심으로 거룩하게 하신 결혼 관계를 말이다(창 2:18-24; 히 13:4; 요 2:1-11).

그들이 그렇게 하는 이유는 단지 어떤 종류의 독신 상태를 침이 마르도록 칭찬하기 위해서이다. 마치 독신과 처녀성은 별개가 아닌 것처럼! 그들은 그것을 "천사 같은 생활"이라 부른다. 그렇게 함으로써 음행자들과 간음자들, 그리고 그보다 더 악하고 더러운 어떤 것을 천사들에 비유함으로써 하나님의 천사들을 심히 부당하게 취급하고 있는 것이다. 분명히 사물 그 자체가 스스로 명백한 반대를 표시하고 있는 이와 같은 문제에 있어서는 증명의 필요가 없는 것이다.

우리는 주께서 때때로 이런 종류의 교만과 은혜에 대한 경멸에 대해 어떤 무서운 형벌로 복수하시는지를 안다. 부부들은 자기들에게 모든 것이 허용된 것으로 생각해서는 안 된다. 오히려 남편들은 자기 아내를 신중하고 점잖게 다루어야 하며 아내들도 남편을 그렇게 대해야 한다. 그런 식으로 자신을 삼감으로써 결혼의 순결과 절제에 합당하지 않은 어떤 것도 행하지 말아야 하는 것이다. 한 마디로 그들은 주 안에서 결혼한 것으로 생각해야 하는 것이다.

제8계명 : 도둑질하지 말라(출 20:15).

20. 계명의 뜻은 다음과 같다. 우리는 하나님을 두려워하고 사랑해야 하는 고로 우리는 다른 사람에게 속한 것을 사기에 의해 도둑질하거나 완력에 의해 움켜잡지 말아야 한다. 우리는 장사나 계약을 할 때 다른 사람의 무지를 악용하지 말아야 한다. 즉 물건 값을 알지 못하는 사람에게 너무 비싸게 팔거나 혹은 너무 싸게 구입하지 말아야 한다는 것이다. 또한 우리는 어떤 종

류의 간계에 의해 다른 사람의 재산에 손을 대지도 말아야 한다.

그러나 만일 우리에게 하나님에 대한 사랑이나 두려움이 조금이라도 있다면 우리는 친구든 적이든 돕기 위해 최선을 다해야 하는 것이다. 할 수 있는 데까지 도움과 충고를 줌으로써 그의 재산을 보호해 주어야 한다는 것이다. 그리고 다른 사람으로부터 어떤 것을 취하기보다 오히려 우리 자신의 것을 포기해야 하는 것이다. 그뿐 아니라 만일 그들이 어떤 물질적 곤란을 당하고 있다면 우리는 그들의 짐을 나누어 져야 하며 우리의 물질을 가지고서 그들의 가난을 덜어 주기 위해 애써야 하는 것이다.

제 9 계명 : 네 이웃에 대하여 거짓 증거하지 말라(출 20:16).

21. 그 뜻은 다음과 같다. 우리가 하나님을 경외하고 사랑해야 하는고로 어떤 사람에 대해 거짓된 비난을 하지 말아야 한다는 것이다. 우리는 어떤 사람의 평판에 손상을 주어서는 안 되고 험담을 하거나 독설에 귀를 기울여서도 안 되며, 어떤 사람에 대해 의심을 하거나 악의를 가져서도 안 된다. 오히려, 만일 우리에게 하나님을 향한 경외심과 사랑이 있다면 할 수 있는 대로 우리는 모든 사람에 대해 긍정적으로 생각하고 좋게 말해야 할 것이다. 모든 사람에 대한 공정한 판단자로서 (허용된 한도 내에서) 우리는 사람들의 말과 행위를 가장 좋게 해석해 주어야 하는 것이다(마 7:1-5; 롬 13:8-10; 14:10). 이 계명은 또한 우리가 어떤 거짓말도 기뻐하지 않으며 그럴듯한 아첨을 하지 않으며 무익한 잡담을 하지 않는 것까지 포함한다(잠 5:6; 마 12:36-37; 엡 4:25-28; 5:6-11).

제 10 계명 : 네 이웃의 집을 탐내지 말라. 네 이웃의 아내나 그의 남종이나 그의 여종이나 그의 소나 그의 나귀나 무릇 네 이웃의 소유를 탐내지 말라(출 20:17).

22. 이 계명에 의해서 주님은 다른 사람의 아내나 가족이나 소유나 어떤 좋은 것에 대한 모든 탐심을 금지하신다. 이런 식으로 그는 더 많은 것을 금지하신다. 우리는 어떤 술책이나 사기나 잔꾀를 부림으로써(비록 그것이 그

럴듯한 이름으로 은폐될 수 있다 할지라도) 아내가 남편과의 교제에서 떠나게 한다든지 종들이 도망치게 한다든지 혹은 어떤 소유물들이 그의 손에서 빠져 나가게 한다든지 해서는 안 된다.

우리는 공교한 말로 아내가 남편에게서 혹은 종이 주인에게서 떠나게 해서는 안 되는 것이다. 우리는 남편이 자기 아내로부터 떠나게 함으로써 남편에 의해 버림받은 아내가 우리의 것이 되도록 해서는 안 되는 것이다. 우리는 주인에 의해서 쫓겨난 종들이 우리 차지가 될 수 있게 하기 위해 주인으로 하여금 종을 쫓아내게 해서도 안 된다. 한 마디로 다른 사람의 소유를 차지하기 위해 탐욕스런 사람들이 흔히 사용하는 이런 종류의 사기를 쳐서는 안 되는 것이다.

그러한 행위가 금지되었다는 것은 두말할 나위도 없고 그러한 것을 의도하거나 원하거나 생각하는 것마저도 금지되어 있는 것이다. 오히려 만일 우리에게 하나님에 대한 사랑이나 경외심이 조금이라도 있다면 어떤 사람의 아내와 모든 소유물들이 안전하게 보존될 것을 바라야 할 뿐 아니라 남편과 아내 사이에 애정을 조장해 주어야 할 것이다. 노예들로 하여금 자기들의 의무를 다하게 하라. 한 마디로, 우리는 할 수 있는 대로 각 사람이 자기 자신의 것을 간직할 수 있도록 힘써야 하는 것이다.

23. 다른 사람의 소유물들을 탐내는 것을 금하는 이 규칙은 또한 각 사람이 자기의 소명을 따라 자신의 과업을 완수하며 자기 직분에 관계된 것을 다른 사람에게 주도록 하는 방식으로도 적용되어야 한다(엡 4). 그리고 자기 자신의 소명의 은사로부터 그가 다른 사람에게 주는 것을 낳지 않는 자는 다른 사람의 소유들을 탐내고 차지하는 것이다. 이런 이유로 인해 사람들은 왕들과 왕자들과 관원들과 다른 권세 있는 자들을 공경해야 하며 그들의 정부에 인내심을 가지고 대해야 하며 하나님의 뜻 아래에 수행될 수 있는 어떤 것도 거부하지 말고 법률과 계명들에 순종해야 하는 것이다(롬 13:1 이하; 벧전 2:13 이하; 딛 3:1).

한편 통치자들은 그들 자신의 보통 백성들을 돌보고 정의를 구현하며 공공의 안녕과 질서를 유지하고 선한 자들을 보호하며 악한 자들을 징벌해야 한다(엡 4:1, 7, 16, 28). 그리하여 마치 최후의 왕이시고 재판장이신 하나님께 자신들의 봉사에 대한 회계를 곧 해야 할 것처럼 모든 것을 관리해야 한다(신 17:19; 대하 19:6-7 비교; 또한 히 13:17).

교회의 감독들과 목사들은 말씀의 사역을 충성스럽게 감당해야 하며 구원의 도리를 혼잡케 함이 없이(고후 2:17 비교), 그것을 하나님의 백성들에게 순수하고 오염되지 않은 채 전달해야 한다. 또한 그들은 말로써 뿐만 아니라 생활의 본보기를 통해서도 사람들을 가르쳐야 한다. 간단히 말해서 그들은 선한 목자들로서 양 떼들에 대한 권위를 행사해야 하는 것이다(딤전 3:1-5; 딤후 2:15; 4:2,5; 딛 1:6 이하; 벧전 5:2 이하).

한편 백성들은 그들을 하나님의 사자요 사도로 받아들여 주께서 그들에게 합당하다고 여기신 명예를 부여해야 하며 그들의 생활을 위해 필요한 것들을 그들에게 공급해야 한다(마 10:10 이하; 롬 10:15 그리고 15:15 이하; 고전 9:6-14; 갈 6:6; 살전 5:12; 딤전 5:17 이하). 부모들은 하나님께서 그들에게 맡겨 주신 자녀들을 양육하고 가르치고 다스리는 일을 감당해야 하며, 인정 없고 잔인한 태도로 그들을 노엽게 함으로써 그들이 부모에게 등을 돌리게 해서는 안 된다(엡 6:4; 골 3:21).

오히려 온유함과 친절함으로 자녀들을 품어 주고 감싸주어야 한다. 그것이 부모에게 합당한 일이다. 우리가 이미 말한 바와 같이 자녀들은 부모에게 순종해야 한다. 주께서 노인들은 공경받을 자격이 있다고 하신 말씀을 따라 젊은이들은 노인들을 공경해야 한다. 또한 노인들은 젊은이들보다 나은 지혜와 경험으로 젊은이들의 부족함을 지도해 주어야 하며 심하게 큰 소리로 그들을 꾸짖지 말고 유순함과 온유함으로 그들의 가혹함을 조절해야 한다.

종들은 주인들에게 부지런하고 고분고분하게 행동해야 하며 눈가림만 하지 말고 마음으로부터 주께 하듯 순종해야 한다. 또한 주인들은 종들에게 까다롭고 고약하게 행동하지 말고 지나친 엄격함으로 그들을 억압하지 말고 그들에게 욕설을 사용하지 말아야 한다. 오히려 그들은 종들을 자기 형제들로, 하늘에 계신 동일한 주의 종들로 인정해야 한다. 그들은 서로 사랑하고 인간적으로 대해 주어야 하는 것이다(엡 6:5-9; 골 3:22-25; 딛 2:9-10; 벧전 2:18-20; 골 4:1; 몬 16 비교).

이런 식으로 각 사람은 자신의 위치와 신분 속에서 이웃에 대한 의무를 생각하고 책임을 감당해야 하는 것이다.

F. 요약

24. 우리는 십계명에 드러난 전 율법을 가지고 있다. 그것에 의해 우리는 하나님을 향해서나 이웃을 향해 주께서 우리에게 요구하시고 금지하시는 것들을 충분히 배우게 된다. 이 모든 것들이 사랑을 가르치고 있다는 것을 파악하는 것은 쉬운 일이다.

첫 번째 돌판에 의해 우리는 특별히 경건을 배우게 되는데 그것을 요약하면, 하나님을 경외하고 사랑하며 영화롭게 하는 것과 그를 고백하며 그를 부르며 그분에게 모든 것을 구하고 그분으로부터 모든 것을 기다리며 그분 안에서 우리의 보호를 찾으며 그분 안에 쉬는 것이다(마 7:12).

둘째 돌판을 요약하면, 하나님을 위해서 이웃에 대한 사랑을 계발하는 것인데 그렇게 함으로써 모든 사람에게 우리가 대접받고자 하는 대로 행하며 우리 자신을 사랑하지 않게 되는 것이다.

율법 어디에서도 우리는 사람이 자기 자신의 이익을 위해 무엇을 할 수 있다거나 할 수 없다는 것에 관한 규칙은 한 마디도 찾아볼 수 없다. 그리고 인간은 분명히 자기 사랑으로 기울어질 수 있는 상태에서 태어났기 때문에 율법이 일부러 이미 과도한 사랑에 부채질을 할 필요는 전혀 없었던 것이다. 그리하여 우리가 우리 자신을 사랑함으로써가 아니라 하나님과 이웃을 사랑함으로써 계명들을 지키게 된다는 것이 분명하다. 할 수 있는 대로 자기 자신을 위해 살지 않고 자기 자신을 위해 몸부림치지 않는 사람이야말로 가장 훌륭하고 거룩한 삶을 살 수 있다는 것이다. 또한 오직 자기 자신만을 위해 발버둥치고, 자기 자신의 이익만을 생각하고 추구하는 사람이야말로 가장 악하고 잘못된 삶을 살고 있는 것이다.

25. 그러나 우리가 간과하지 말아야 하는 사실은 겉으로 드러나는 행위뿐 아니라 생각들 그 자체와 마음의 내적 감정들까지도 하나님의 법에 의해 명

령되거나 금지됨으로써 사람이 단지 어떤 일을 하지 않는다는 사실만으로 율법을 만족시켰다고 생각하지 못하게 하고 있다.

어떤 사람들은 율법을 준수하기 위해 자기들의 눈과 발과 손과 지체의 모든 부분을 삼간다. 하지만 마음으로는 전혀 엉뚱한 생각을 하고 있으면서도 그것을 사람들이 모르게 할 수만 있다면 하나님 앞에서 무죄 판결을 받을 수 있다고 생각하는 것이다. 그들은 "살인하지 말라, 간음하지 말라, 도적질하지 말라"는 말씀을 듣는다(출 20:13-15).

그들은 사람을 죽이기 위해 칼을 뽑지는 않으며, 사창가를 찾지도 않으며 다른 사람의 물건에 손을 대지도 않는다. 거기까지는 좋다. 그러나 마음으로는 살기를 가득 품고 있으며 정욕으로 불타오르고 있으며 다른 사람의 물건에 눈독을 들이고 있으며 탐욕스럽게 그것을 삼켜버린다. 그들은 지금 율법의 근본 정신을 결하고 있는 것이다. 이런 자들 때문에 바울은 "율법은 신령하다"(롬 7:14)고 단언하면서 단호하게 주장하고 있는 것이다. 율법은 전폭적으로 순종하는 마음과 영혼과 의지를 요구하고 있다는 뜻이다.

이것이 율법의 의미라고 말할 때 우리는 우리 자신의 새로운 해석을 제시하고 있는 것이 아니라 율법의 가장 훌륭한 해석자이신 그리스도를 따르고 있는 것이다. 바리새인들이 백성들에게 주입시켰던 그릇된 생각은 겉으로 드러나게 율법을 범하는 행위만 하지 않으면 율법을 다 이룬 것이라고 주장한 것이다.

그리스도께서는 이러한 생각을 가장 위험한 오류로 책망하신다. 여인을 보고 음욕을 품기만 해도 간음이라고 말씀하셨으며(마 5:28), 형제를 미워한 자는 살인한 자라고 선언하셨으며(요일 3:15), 형제에게 노하는 자마다 심판을 받게 되고 형제에 대하여 라가라 하는 자는 공회에 잡히게 되고 미련한 놈이라고 하는 자는 지옥 불에 들어가게 될 것이라고 말씀하셨던 것이다(마 5:21-22; 5:43 이하 비교).

이러한 가르침들을 이해하지 못했던 사람들은 그리스도를 또 다른 모세로 생각했으며 모세의 율법에 있던 결함을 메꾸기 위한 복음의 율법의 수여자로 생각했는데 그것은 대단히 그릇된 인식이었다. 왜냐하면 그는 거기서 옛날 율법에 아무것도 더한 것이 없고 단지 바리새인들의 거짓말에 의해 모호해지고 그들의 누룩에 의해 더럽혀진 율법을 정화시키고 재천명했던 것뿐이었다.

G. 칭의

26. 동일한 무지나 악의에 의해 복수하지 말라, 원수를 사랑하라고 하는 이러한 계명들을 — 이것들은 먼저는 모든 유대인들에게, 다음으로는 모든 그리스도인들에게 전달되었다 — 우리의 대적들은 우리가 지키든 지키지 않든 자유로운 '권고'로 바꿔버렸던 것이다. 게다가 그들은 수도사들에게 그 계명들을 지킬 의무를 부과함으로써 수도사들은 이 한 가지 점에서 평범한 그리스도인들보다 더 의로운 사람들이 되게 했던 것이다. 말하자면 그들은 자발적으로 이 '권고들'을 지키기로 서약하는 것이다. 그리고 그들이 그것들을 율법으로 받아들이지 않기로 했던 이유는 그것들이 너무나 부담스럽고 중해 보였기 때문인데 특별히 은혜의 율법하에 있는 그리스도인들에게는 더욱 그러했기 때문이다. 그리하여 그들은 우리가 이웃을 사랑해야 한다는 하나님의 영원한 법을 감히 폐지하고 있는 것이다.

그리스도께서는 분명한 비유를 통해 우리의 이웃이란 우리의 도움을 필요로 하는 어떤 사람, 심지어 아주 멀리 떨어져 있는 사람이라고 말씀하시지 않았는가? 계명들도 여기저기서 우리가 원수를 사랑해야 한다고 가르치고 있지 않은가? 우리는 주린 자에게 먹을 것을 주어야 하며(잠 25:21; 롬 12:20), 길을 잃어버린 원수의 소나 나귀를 원수에게 인도해 주어야 하며, 그것들이 짐을 너무 많이 실어 짜부러져 있는 것을 보면 버려두지 말고 도와주어야 한다는 명령을 받고 있는 것이다(출 23:4-5).

주의 말씀은 영원하지 않은가? "원수 갚는 것이 내게 있으니 내가 갚으리라"(히 10:30; 신 32:35 비교). 그리고는 내가 묻노니 이 말씀들은 무엇을 뜻하는가? "너희 원수를 사랑하며 너희를 박해하는 자를 위하여 기도하라. 이같이 한즉 하늘에 계신 너희 아버지의 아들이 되리라"(마 5:44-45).

그렇다면 누가 하늘에 계신 아버지의 아들이 될 수 있는가? 수도사들인가? 만일 수도사들만이 감히 하나님을 아버지라 부른다면 별 문제 없을 것이다. 이러한 이유로 인해 하나님의 자녀들이 지고 있는 공통의 멍에를 제멋대로 벗어 버리는 자들은 사탄의 자녀로서의 자기 본성을 드러내는 것이다. 그러나 그들은 얼마나 어리석게 항변하고 있는가? 이것은 그리스도인들에게는 너무나 무거운 짐이다라고 말이다. 마치 우리가 마음을 다하고 목숨을 다하고 힘을 다해서 하나님을 사랑하는 것보다 더 어려운 어떤 것을 생각할 수 없는 것처럼 말이다.

이 율법에 비교해 볼 때 모든 것이 쉽게 생각될 수 있을 것이다. 우리 원수를 사랑하라는 계명이나 복수심을 우리 마음에서 추방하라는 계명까지도 말이다. 우리의 연약한 본성에 비추어 볼 때 계명 중에 지극히 작은 것 하나까지 지킨다는 것은 실로 힘들고 어려운 일이다(마 5:18; 눅 16:17 비교). 우리는 주 안에서 덕스럽게 행동한다. "명하신 것을 주시고 원하시는 것을 명하소서."(성 아우구스티누스)

은혜의 율법 아래에 있는 그리스도인이 된다는 것은 율법 밖에서 고삐가 풀린 채로 방황하는 것이 아니라 그리스도에게 접붙여지는 것을 의미한다. 그리스도의 은혜로 인해 우리는 율법의 저주에서 해방되며 그리스도의 영에 의해 율법이 우리 마음에 새겨지게 하는 것이다(렘 31:33).

바울은 이 은혜를 "율법"이라 불렀는데 엄격한 의미에서가 아니고 하나님의 법을 암시한 것이다. 그것에 의해 그는 은혜와 율법을 대조시키고 있었다(롬 8:2). "율법"이라는 말을 가지고 이 사람들은 무(無)를 철학적으로 사색하고 있었던 것이다.

27. 이 율법을 조금이라도 어긴 자들이나 온전히 지키지 못한 자들은, 비록 그것을 다 지키는 것이 우리 능력 밖에 있는 일이라 할지라도 주님에 의해 무섭고도 중한 벌을 받게 된다는 것을 여러분은 이미 들었을 것이다. 그리하여 우리는 모두 율법을 범한 자들로 판결을 받게 된다. 그리고 죄인들을 향해 선포되는 저주는 단지 우리 중 몇 사람에게만 해당되는 것이 아니라 우리들 모두에게 해당되는 것이다.

그러므로 만일 우리가 율법만을 바라본다면 우리는 낙심하고 당황하고 절망할 수밖에 없다. 왜냐하면 우리 모두가 그것에 의해 정죄되고 저주받기 때문이다(갈 3:10). 율법 아래 있는 모든 자는 저주 아래 있는 자라는 바울의 말은 바로 그것을 두고 한 말이다. 그리고 율법은 모든 것을 인간의 탓으로 돌려 인간을 저주하고 죄를 깨닫게 하고 책망하는 것 외에 아무것도 할 수 없다. 한 마디로 말하면 하나님의 심판 안에서 인간을 정죄할 수밖에 없는 것이다. 그리하면 하나님만이 의롭다 하시고 모든 육체는 그분 안에서 입을 다물게 되는 것이다(롬 3:19).

그러나 우리는 오늘날 많은 사람들이 흔히들 자랑하는 것에 대해 이러쿵저러쿵 하지 않는다. 그들이 행위의 공로를 통해 완전하고도 궁극적인 의를 획득한다는 것이 불가능한 일임을 고백하지 않을 수 없게 된 후 그들은 결코 율법을 완성할 수 없는고로 실제 그런 고백을 하고 있다. 그러나 그들이 모든 영광을 빼앗긴 것처럼 보이지 않기 위해, 말하자면 완전히 하나님께 굴복한 것처럼 보이지 않기 위해 그들은 부분적으로 율법을 지켰으며 그 점에 관한 한 자신들이 의롭다고 주장한다.

부족한 것은 보속과 공덕의 행위(여공)에 의해 보충된다고 그들은 주장하는 것이다. 그들은 그것을 자신들의 부족에 대한 보속이라 생각하는 것이다. 자기들 자신의 진정한 본성에 대한 망각과 하나님의 공의에 대한 멸시와 자신들의 죄에 대한 무지가 그들을 이러한 오류에 빠지게 했던 것이다. 성경이 아담의 모든 자손들에 대해 묘사하고 있는 것 외의 다른 모습으로 자신을 생각하고 있는 자들은 확실히 자신에 대한 지식(self-knowledge)에서 멀리 떠난 자들이다.

성경은 다음과 같은 묘사를 하고 있다. 즉 그들은 거짓되고 심히 부패한 마음을 가지고 있으며, 사람의 마음의 계획하는 바가 어려서부터 악하며(창 8:21), 그들의 모든 생각은 허무하며(시 94:11), 그들은 "흑암의 빛"이며(욥 10:22 참조), 모든 사람이 양 같아서 각기 제 길로 갔으며(사 53:6), 선을 행하는 자는 한 사람도 없으며, 지각이 있어 하나님을 찾는 자가 하나도 없으며, 저희 눈 앞에 하나님을 두려워함이 없으며(시 14:2), 한 마디로 그들은 육신이 된 것이다(창 6:3).

우리는 이러한 말에 의해 바울이 열거하는 저 모든 행위들을 연상할 수 있다. "음행과 더러운 것과 호색과 우상숭배와 주술과 원수 맺는 것과 분쟁과

시기와 분냄과 당 짓는 것과 분열함과 이단과 투기와 술 취함과 방탕함" 등 상상할 수 있는 모든 더러운 것과 가증한 것이다(갈 5:19-21). 우리가 하나님에 대항해서 의지한다고 자랑하는 것들의 가치가 실로 그러한 것이다. 왜냐하면 우리는 다음의 것을 보편적 원리로 붙잡아야 하기 때문이다. 즉 누구든지 자기 자신을 자랑하는 자는 하나님을 대적하는 자랑을 하고 있다는 것이다. 사실 바울은 온 세상으로 하나님께 복종하게 하는 반면(롬 3:19 참조) 인간에게서는 자랑할 모든 기회를 완전히 박탈하고 있다.

하나님에 의해 정죄되고 그토록 나쁜 평판을 갖고 있는 인간이 감히 자기 자신에게 어떤 것을 돌릴 수 있을까? 그는 아직도 자기 자신이 대단한 존재라고 생각하고 있는가? 그는 아직도 자기가 낮아졌으며 거꾸러져서 모든 것을 하나님께 바쳐야 한다는 것을 깨닫지 못했는가? 그는 아직도 겸손히 하나님을 높여야 함을 배우지 못했는가? 만일 누구든지 자기 자신에게 무언가가 있다고 생각한다면 나는 그것을 겸손이라 부를 수 없다.

그리고 이 두 가지를 동시에 가지고 있는 자들, 즉 하나님 앞에서는 자기 자신에 대해 겸비해져야 한다고 느끼고, 그러면서도 자기 자신에게 어떤 장점이 있다고 생각하는 자들은 아주 해로운 위선을 가르쳐 왔던 것이다. 왜냐하면 우리가 실제로 느끼고 있는 것과 반대되는 것을 하나님 앞에 고백하는 것은 하나님께 거짓말하는 것이기 때문이다.

만일 우리가 진심으로 그리고 진정으로 이 사실을 인정한다면 우리의 장점에 대한 모든 신뢰뿐 아니라 그것에 대한 생각마저도 사라져 버릴 것이기 때문이다. 그러므로 만일 사람이 자연적 은사에 따라 판단받는다면 머리꼭대기에서 발끝까지 그에게 선한 의지라고는 하나도 찾아볼 수 없을 것이다. 그에게 있는 칭찬들을 만한 것은 무엇이든지 하나님의 은혜에서 온 것이다. 그러나 우리의 사악한 경향은 항상 우리의 추잡함을 변명하고 하나님의 은혜를 우리 자신의 공로로 돌리려 하는 것이다.

28. 또한 하나님의 의가 너무나 완전하기 때문에 어떤 더러움에 의해서도 오염되지 않은 완전한 것 외에는 하나님에 의해 용납되지 않는다는 사실이 인식되지 않는 곳에서는 하나님의 의가 멸시를 당한다. 그러나 만일 그렇다

면, 우리의 모든 행위가 그 자체의 가치에 의해 판단된다면 부패와 오염 외에 아무것도 아니다. 그리하여 우리의 의는 연약함이며, 우리의 강직함은 오염이며, 우리의 영광은 불명예일 뿐인 것이다. 우리에게서 나올 수 있는 최선의 것도 여전히 우리의 육체의 어떤 부정에 의해 얼룩지고 더러워져 있으며 그렇기 때문에 불순물이 섞여 있다고 말할 수 있다.

다음으로, 설령 우리가 완전히 순수하고 의로운 어떤 행위를 할 수 있다 할지라도, 선지자가 말하는 것처럼, 단 한 가지 죄가 그 이전의 의에 대한 모든 기억을 지워버리고 소멸시키기에 충분하다(겔 18:24). 야고보도 같은 의견을 말하고 있다. "누구든지 온 율법을 지키다가 그 하나를 범하면 모두 범한 자가 되나니"(약 2:10). 우리 인생은 결코 죄 없이 순결할 수 없으므로 우리가 획득할 수 있는 무슨 의든지(잠 24:16; 요일 1:8), 그것이 뒤에 지은 죄로 인해 오염되고, 눌리고, 파괴될 때는 하나님 앞에 나아올 수 없거나 혹은 우리에게 의로 인정될 수 없다.

한 마디로 하나님의 율법 안에서 우리는 행위가 아니라 계명에 대해 주목해야 하는 것이다. 그러므로 만일 율법으로부터 의를 찾는다면 이런 행위나 저런 행위가 아니라 율법에 대한 끊임없는 순종이 의를 이루게 될 것이다. 게다가 죄는 하나님 보시기에 너무나 가증한 것이며 너무나 심각한 것이기 때문에 인간들의 모든 의를 전부 합한다 하더라도 단 한 가지의 죄에 대한 보상도 될 수 없다. 인간은 한 가지 범죄 때문에 하나님의 버림을 받고 구원을 얻을 모든 능력을 상실해 버렸다는 사실을 우리는 알고 있기 때문이다(창 3:17). 그러므로 하나님을 만족시킬 수 있는 능력이 우리에게서 사라져버렸던 것이다.

29. 그것으로 자기를 치장하는 사람들은 결코 하나님을 만족시키지 못할 것인데, 그것은 원수로부터 나오는 어떤 것도 그분을 기쁘시게 하거나 그분에게 용납될 수 없기 때문이다.

하나님은 자기의 원수들에게 죄를 전가하신다. 그러므로 주께서 우리의 어떤 행위를 인정하시기 전에 우리의 죄가 용서받고 덮여져야만 한다(시 31:1; 롬 4:1 비교). 이 사실로부터, 죄의 용서는 거저 주어지며, 자기의 공로를 의지하는 자들은 그것을 무효화하고 모독하는 자들이라는 결론이 나온다. 그러므로 사도의 본보기를 따라 "뒤에 있는 것은 잊어버리고 앞에 있는 것을 잡으려고 푯대를 향하여 그리스도 예수 안에서 하나님이 위에서 부르신 부름의 상을 위하여" 좇아가자(빌 3:13-14).

선행을 자랑하는 것이 어떻게 우리 앞에 놓인 말씀, "명령받은 것을 다 행한 후에 이르기를 우리는 무익한 종이라 우리가 하여야 할 일을 한 것뿐이라 할지니라"(눅 17:10)는 말씀과 부합될 수 있는가? 하나님 앞에서 말할 때는 체하거나 거짓말할 것이 아니라 느끼는 대로 정직하게 진실되이 말해야 한다. 그러므로 주님은 우리가 그를 위해 요청받지 않은 의무를 수행하지 말고 우리가 당연히 해야 할 봉사를 할 것을 신중히 고려하라고 명령하신다.

또한 우리가 명령받은 것을 다 행했을 때라도 마찬가지이다. 비록 우리가 생각들 전부와 우리의 모든 지체들이 율법의 의무를 수행하는 데 드려졌거나 혹은 모든 사람들의 모든 선행이 한 사람에게 속하게 되는 경우라 할지라도 말이다. 명령받은 것을 다 행하는 것과는 너무나 거리가 먼 사람들이 스스로 마땅히 해야 할 이상의 일을 했다고 감히 자랑한다. 그런데 어떤 사람들은 그늘 밑의 벤치에 앉아서 이 문제에 대해 논쟁할 준비를 갖추고 있다.

그러나 지고하신 재판장께서 심판석에 앉으실 때 모든 입은 닫혀지고 모든 자랑은 끝나게 될 것이다. 우리가 추구해야만 하는 것은 바로 이것이다. 우리가 이 심판대 앞으로 가져갈 수 있는 변론이 무엇인가가 문제이지 우리가 학교나 구석에서 무엇에 대해 잡담을 할 수 있는가가 아니다.

게다가 그러한 사람들은 어떤 종류의 선행을 하나님께 말씀 드리고자 하는가? 그것은 하나님께서 한 번도 명하시거나 인정하신 일이 없는 자질구레한 일들뿐이다. 그들이 그것에 대한 설명을 하나님 앞에 늘어놓는다 하더라도 하나님은 그것을 받아들이시지 않을 것이다. 이런 의미에서 우리는 선행들이 있다는 것에 동의한다. 말하자면 선지자가 말하는 바 "이것을 누가 너희에게 요구하였느냐?"(사 1:12) 하는 것이다.

30. 그렇다면 율법으로 말미암아 전 인류가 하나님의 저주와 진노 아래 있다. 그리고 그것에서 해방되기 위해 율법의 권세에서 떠나는 것, 즉 율법의

굴레에서 놓임을 받아 자유롭게 되는 것이 필요하다. 이것은 육신적 자유가 아니다. 육신적 자유는 우리를 몰아가서 율법을 준수하지 못하게 할 것이며, 우리가 모든 일에 방탕하도록 유혹할 것이며, 마치 고삐가 풀린 것처럼 우리의 정욕이 활개치게 한다.

오히려 영적 자유가 상하고 낙심한 심령을 위로하고 일으켜 세워서 그것이 저주와 정죄로부터 자유함을 보여주는 것이다. 율법은 양심을 짓누르고 속박하여 저주하고 정죄했던 것이다. 우리가 믿음으로 그리스도 안에 있는 하나님의 자비를 붙잡을 때 우리는 이 자유, 즉 율법에 대한 종속으로부터 해방을 얻게 되는 것이다. 우리가 죄의 용서를 확신하게 되는 것은 믿음에 의한 것이기 때문이다.

율법은 우리의 양심을 찌르고 괴롭혀서 죄를 깨닫게 했던 것이다(고전 15:56). 그러나 하나님은, 많은 사람들이 바보스럽게 믿고 있는 것처럼, 영 단번에 사죄의 은혜를 우리에게 베푸셔서 우리가 과거의 죄를 용서받은 뒤에는 율법에서 의를 찾도록 하시지 않는다. 이것은 우리를 거짓 소망으로 인도해서 우리를 비웃고 조롱하게 할 것이다.

우리가 육신을 입고 사는 동안은 완전에 이를 수 없기 때문에 그리고 율법이 행위에 있어서의 완전한 의를 획득하지 못하는 모든 자에게 죽음과 심판을 선언하기 때문에, 만일 하나님의 자비가 율법에 대항해서 계속적인 사죄에 의해 우리를 거듭 용서하시지 않는다면 율법은 항상 우리를 고소하고 정죄할 근거를 가지게 될 것이다. 그러므로 내가 서두에서 말했던 바는 항상 타당하다. 만일 우리가 우리 자신의 가치에 의해 판단을 받는다면, 우리가 열과 성을 다해 무엇을 계획하고 수행하든 간에 우리는 사망과 혼란만을 얻게 될 것이다.

이렇게 해서 율법을 통해 우리에게 제공되는 약속들은 모두 부질없고 헛된 것들이다. 왜냐하면 우리가 율법을 준행한다고 하는 이러한 조건은 결코 성취되지 않을 것이기 때문이다. 즉 약속들은 그 조건의 성취에 달려 있고 그 조건이 성취되어야만 이루어지는 것이기 때문이다.

31. 사도는 계속해서 이 점을 강조하고 이다. "만일 율법에 속한 자들이 상

속자이면 믿음은 헛것이 되고 약속은 파기되었느니라"(롬 4:14). 그는 두 가지 사실을 추론하고 있다. 첫째, 만일 약속이 우리 행위의 공로를 바라보거나 혹은 율법의 준수에 의존한다면 믿음은 무력하고 취소된 것이라는 사실이다. 왜냐하면 자기 마음속에서 율법을 만족시켰다고 진심으로 확신할 수 있는 사람은 아무도 없을 것이기 때문에 율법 안에서 확실한 신뢰를 가지고 편안히 쉴 수 있는 사람이 아무도 없을 것이기 때문이다.

이러한 사실의 증거를 너무 멀리서 찾을 필요 없이 누구든지 정직한 눈으로 자기 자신을 바라보기만 하면 자기 자신의 증인이 될 수 있을 것이다. 그렇다면 먼저, 의심이 모든 사람들의 마음에 들어오게 될 것이며, 마침내는 절망이 찾아들 것이다. 자기에게 얼마나 무거운 빚이 있는가 하는 것과 자기에게 부과된 조건으로부터 얼마나 멀리 떨어져 있는가를 깨닫는 동안에 말이다.

이미 억눌리고 소멸된 신앙을 보라! 신앙을 가진다는 것은 흔들리거나 변하거나 요동하거나 주저하거나 우유부단하거나 해서 마침내 절망하게 되는 것과는 반대되는 것이기 때문이다. 오히려, 신앙을 가진다는 것은 계속적인 확신과 온전한 신뢰 속에서 마음을 강하게 하는 것이며 안식할 자리를 가지는 것이다(참조. 고전 2:5; 고후 13:4).

둘째, 여기서 또 한 가지 사실이 대두된다: 또한 약속 그 자체가 폐기처분된다. 약속은 믿음을 가진 자들에게 성취되어야만 한다는 확실하고도 불변하는 신념을 가진 자들에게만 약속이 성취될 것이다. 그러므로 믿음이 없으면 약속이 소용없을 것이다. 결과적으로 어떤 구원의 소망을 제시하기 위해 우리를 위한 새로운 약속들이 제공되어야만 한다. 게다가 우리의 자비로우신 주님께서 우리에게 값없이 주신 복음의 약속들은 우리에게 무슨 선행이나 공로가 있어서가 아니고 그분의 아버지로서의 선하심에서 나온 것인데(롬 10:20), 그 조건은 그의 기쁘신 뜻에서 나온 위대한 선물을 온 마음에서 받아들이는 것뿐이다.

바울은 이러한 말을 덧붙이고 있다. 이러한 이유로 인해 우리 구원의 상속이 우리에게 주어져서 약속을 견고하게 하는 것은 믿음에서 온다(롬 4:16). 자비와 진리는 함께 만난다는 것(시 85:10), 즉 하나님께서 자비롭게 약속하신 것은 무엇이든지 그가 또한 신실하게 이루신다는 사실을 알고서 하나님의 자비만을 의지하는 신앙은 참으로 확실하다. 그리고 오직 믿는 자들만을 위해 성취될 수 있는 견고한 약속이 그 확실한 신앙을 뒤따르게 된다.

32. 그러므로 우리는 이제 우리의 구원이 우리의 어떤 가치나 우리에게서 나오는 어떤 것에 있지 않고 오직 하나님의 자비에만 있다는 것을 인식해야 한다. 따라서 이 자비 위에 우리는 우리의 모든 소망을 세우고 깊이 뿌리박아야 하며, 우리의 행위에 어떤 기대를 하거나 그것으로부터 도움을 구해서도 안 된다.

사실상 신앙의 속성은 귀를 열고 눈을 닫아서 인간의 모든 공로나 가치로부터 주의를 돌려 약속을 행하게 하는 것이다. 만일 우리가 우리 자신에 대해 깊은 불신을 가지지 않는다면 하나님을 충분히 신뢰하는 것이 불가능할 것이기 때문이다. 우리가 우리 자신에게 먼저 실망하지 않으면 결코 하나님께 소망을 두지 않을 것이다.

우리가 자기 자신에게 아무것도 없다는 것을 체험하지 않고서는 그분 안에서 충분한 위로를 얻을 수 없을 것이다. 우리 자신에게 있는 모든 영광을 포기하지 않으면 우리는 결코 그분 안에서 영광을 누릴 수 없을 것이다. 결과적으로 우리의 모든 자신감이 완전히 꺾이고 그 대신 그분의 선하심을 의지하게 될 때 우리는 하나님의 은혜를 붙잡고 획득하게 되며, (아우구스티누스가 말한 바와 같이) 우리의 공로를 잊고 그리스도의 선물들을 받아들이게 된다. 이것이야말로 진정한 신앙을 가진다는 것이 의미하는 바다.

그러나 그리스도를 통하지 않고서는 아무도 이러한 확신을 가질 수 없다. 오직 그분의 축복에 의해서 우리는 율법의 저주에서 자유로워진다. 저주는 우리 모두에게 선포되고 선언된 것이다. 왜냐하면 우리 조상 아담으로부터 상속된 연약함 때문에 우리는 자기 자신을 위해 구원을 얻고자 하는 사람들에게 요청되는 율법의 행위를 성취할 수 없기 때문이다. 그렇다면 그리스도의 의로 말미암아 우리가 의로워지며 율법을 성취하게 되는 것이다.

우리는 이 의를 우리 자신의 것으로 입으며 하나님께서도 그것을 우리의 것으로 받아 주셔서 우리를 거룩하고 순결하고 무죄하다고 인정하시는 것이다. 이렇게 하여 바울의 말이 성취되었다. "그리스도는 우리에게 지혜와 의로움과 거룩함과 구원함이 되셨느니라"(고전 1:30). 우리의 자비로우신 주께서 그의 선하심과 값없는 은혜를 따라 우리에게 자비를 베푸시고, 진노와 영원한 죽음을 받아 마땅한 우리의 죄를 용서해 주신 것이다(롬 5:11; 6:22).

그런 다음 성령의 은사들을 통해 그가 우리 안에 거하시고 다스리시며 그를 통해 우리 육신의 정욕들은 날마다 더욱 소멸되어가는 것이다. 우리는 정말 성화되고 완전히 순결한 삶 속에서 주께 헌신되며 우리의 마음은 변화되어 율법을 순종하게 되는 것이다. 그분의 뜻을 이루어 드리고 매사에 그분의 영광만을 진작시키고자 하는 것을 우리의 유일한 의지로 삼기 위해 우리는 우리 안에 거하는 모든 육신의 더러움을 증오하는 것이다.

마지막으로, 우리가 성령의 인도를 따라 주의 길을 걸어가고 우리가 교만해지는 것을 계속적으로 피하는 중에도 불완전한 어떤 것이 우리 안에 남아서 우리가 겸손할 수 있게 해주며 하나님 앞에 모든 입을 막고 모든 신뢰를 우리 자신으로부터 하나님에게로 옮길 것을 가르치는 것이다(롬 7:23). 따라서 우리는 항상 사죄를 필요로 한다. 결과적으로 우리가 주의 길에 행하는 동안 성취하는 선행들도(그것들이 믿음 안에서 행해지는 고로 마치 하나님을 기쁘시게 하는 것처럼) 우리를 하나님 보시기에 합당한 존재로 만들 수는 없다.

그래서 홀로 완전하기 때문에 하나님 앞에 설 수 있는 그리스도의 의만이 우리를 대신해서 법정에 나타나야 하며 심판 때에 우리를 위한 보증이 되어야 하는 것이다(히 11:6; 롬 8:34). 마치 그것이 우리의 것인양 이 의가 우리에게 전가되는 것이다. 그리하여 믿음 안에서 우리는 계속적이고도 끊임없는 사죄를 받게 되며, 우리의 불완전에서 나온 어떠한 부정이나 더러움도 우리에게 전가되지 아니하고 그리스도의 완전과 정결에 의해 덮여지는 것이다. 마치 그것이 장사되어서 우리의 옛사람이 완전히 죽어 없어지고, 하나님의 선하심이 우리를 새 아담(그리스도)과의 복된 평화로 인도하는 시간이 이르기까지 하나님의 심판대 앞에 나타나지 않는 것처럼 말이다. 그러므로 우리는 주의 날을 기다리자. 그때 우리는 썩지 아니하는 육체를 받아 하늘 왕국의 영광으로 인도될 것이다(고전 15:45 이하 참조).

H. 율법의 용도

33. 이러한 사실로부터 우리는 율법의 용도가 무엇인가를 파악할 수 있다. 그것은 세 부분으로 구성된다.

첫째, 하나님의 의, 즉 하나님께서 우리에게 요구하는 것이 무엇인지를 보여줌으로써 그것은 각 사람의 불의를 책망하며 그의 죄를 깨닫게 해준다. 모든 사람은 예외없이, 주께서 그들의 허영을 증명해 보이시지 않는 한 자기 자신의 능력에 대한 터무니없는 자신으로 가득 차 있다. 그들 자신의 능력에 대한 이 모든 어리석은 견해가 제거된 뒤 그들은 오직 하나님의 손에 의해 지탱된다는 것을 알 필요가 있다. 또한, 그들 행위의 의에 의해 그들은 하나님의 은혜를 대항하는고로 이러한 교만이 팽개쳐져서 빈손으로 하나님의 자비만 의지하고 그 안에 쉬며 그 속에 숨는 것이 합당하다. 또한 의와 공로를 위해 오직 하나님의 자비만을 붙잡는 것이 필요하다. 왜냐하면 하나님의 자비는 진실한 마음으로 그것을 찾고 기다리는 모든 사람에게 그리스도 안에서 계시되기 때문이다.

둘째, 율법은 하나님께서 보복하실 것을 선언하고 범법자들을 위한 형벌을 설정하며 사망과 심판을 선언하기 때문에, 최소한 무엇이 옳으며 바른 것인가에 관한 고려에 의해 영향을 받지 않는 어떤 사람들을 형벌의 공포에 의해 제어하는 역할을 한다. 그러나 그들이 제어되는 것은 마음이 움직이거나 흔들려서가 아니라 고삐가 매였기 때문, 즉 그들의 손을 외적 행동에까지 뻗치지 않기 때문이다. 그러면서 속으로는 만일 그렇지 않았더라면 마음대로 탐닉했을 부패를 간직하고 있는 것이다.

결과적으로 그들은 하나님 앞에서 조금도 더 나아지거나 의로워진 것이 없다. 비록 두려움이나 수치심에 의해 제동이 걸린다 할지라도 그들은 자기 마음에 생각한 대로 행하며 또한 그들은 하나님에 대해 두려워하는 마음을 갖지도 않으며 하나님께 순종하지도 않는다.

사실은 그들이 자신을 제어하면 할수록 더욱더 불타오르고 속이 들끓어서 무슨 일이든 하게 되거나 아무데서고 폭발하게 된다. 만일 율법에 대한 두려움으로 제동이 걸리지 않는다면 말이다. 그뿐 아니라 그들은 또 율법 그 자체를 심히 미워하여 율법의 수여자인 하나님을 저주하며 할 수만 있다면 틀림없이 그를 제거하려 할 것이다. 왜냐하면 그들은 하나님께서 그들에게 옳은 일을 하라고 명령하시는 것이나 혹은 당신의 위엄을 무시하는 자들에 대해 보복하시는 것을 견딜 수 없기 때문이다.

그러나 이 억지로 강요된 의는 인간의 공공 사회를 위해 필요하다. 주께서는 공공의 안녕을 위해 그러한 대비를 하심으로써 완전하고 폭력적인 혼란으로부터 보호하고자 하셨던 것이다. 만일 모든 사람이 저마다 원하는 대로하게 내버려 둔다면 그러한 일이 일어날 것이다.

셋째로, 그 마음속에 하나님의 영이 거하셔서 다스리시는 신자들에게도 그것은 못지않은 중요한 역할을 한다. 즉 하나님 보시기에 무엇이 옳으며, 무엇이 하나님을 기쁘시게 해 드리는 것인가에 대해 더욱더 엄숙한 경고를 주고 있는 것이다. 비록 그들이 하나님의 손가락에 의해 그들 마음에 새겨진 율법을 갖고 있지만(렘 31:33; 히 10:16), 즉 그들은 주의 뜻에 순종하기를 원할 만큼 마음이 움직인 자들이지만 그래도 여전히 율법에 의해 유익을 얻는 것은 율법으로부터 주의 뜻이 무엇인지를 매일 더 철저히 배우게 되기 때문이다. 그것은 마치 주인을 섬기고자 하는 진실한 마음을 가진 종이라 할지라도 주인의 뜻이 무엇인지를 항상 살펴서 그것을 행해야 하는 것과 같다. 게다가 그들이 아무리 성령의 감화를 받아 열심히 하나님께 순종한다 할지라도 그들은 여전히 육신 가운데 연약하며 하나님보다는 죄를 섬기려 하는 경향이 있다. 게으르고 고집센 나귀를 채찍으로 쳐서 일어나 일터로 향하게 하는 것과 같은 역할을 율법이 우리 육신에 대해 한다.

요약하면, 율법은 신자들에 대한 권면이다. 그것은 저주로 신자들의 마음을 구속하는 어떤 것이 아니라 반복적인 권고에 의해 그들이 나태를 떨쳐버리게 하며, 그들의 불완전에 대해 항상 깨어 있도록 자극하는 역할을 하는 것이다. 그러므로 율법의 저주로부터의 이러한 해방을 표현하고 싶어하는 많은 사람들은 신자들에게 있어 율법이 폐기되었다고 말했다.

율법이 신자들로 하여금 옳은 일을 하도록 더 이상 명하지 않는다는 것이 아니라 단지 신자들에 대해 이전과 같은 관계를 갖고 있지는 않다는 것이다. 사망의 메시지를 가지고서 그들을 놀라게 하고 겁나게 함으로써 그들의 양심을 정죄하고 파괴하는 일은 더 이상 하지 않는다는 것이다. 선행이 칭의의 가치를 떨어뜨린다는 것과는 다르다. 선행이란 것이 전혀 없다는 말도 아니고 또는 선행이 선행임을 부인하는 것도 아니다. 단지 우리가 선행을 신뢰하거나 자랑하거나 우리의 구원을 선행의 공로로 돌리지 말아야 한다는 것이다. 왜냐하면 우리는 다음의 사실을 확신하기 때문이다. 즉 하나님의 아들 그리스도는 우리의 것이며, 우리에게 주신 바 되어서 우리도 그 안에서 하나님의 아들들, 그리고 하늘 왕국의 상속자들이 될 수 있다는 것이다(사 9:6; 살전 4:14-18).

우리의 재주가 아니라 하나님의 친절에 의해 우리는 영원한 생명의 소망 속으로 부르심을 받은 것이다. 게다가 우리는 부정과 죄악으로 부르심을 받은 것이 아니라 하나님 보시기에 사랑 안에서 정결하고 흠이 없도록 부르심을 받은 것이다(엡 1:4).

I. 칭의(계속)

34. 만일 이러한 문제들이 지나간 시대에 제대로 취급되고 다루어졌다면 많은 소란과 잡음은 결코 일어나지 않았을 것이다. 바울은 우리가 그리스도의 교훈을 세울 때 그리스도께서 닦아 놓은 기초를 지켜야 한다고 말한다(고전 3:10 참조). "이 닦아 둔 것 외에 능히 다른 터를 닦아 둘 자가 없으니 이 터는 곧 예수 그리스도라"(고전 3:11).

이것은 어떤 종류의 기초인가? 예수 그리스도께서 우리 구원의 시작이라는 것인가? 그가 우리에게 공로를 쌓을 기회를 주셨을 때 길을 여셨다는 것인가? 결코 아니다. 그것은 "창세 전에" 우리 자신의 공로를 통해서가 아니라 "그 기쁘신 뜻대로" 영원 전부터 "그리스도 안에서 우리를 택하셨다"는 것이다(엡 1:4-5).

그것은 우리가 그의 죽음으로 말미암아 사망의 저주로부터 구속되었으며 멸망에서 해방되었다는 것이다(골 1:14,20). 그것은 우리가 아버지에 의해 아들과 상속자로 입양되었다는 것이다(롬 8:17; 갈 4:5-7 비교).

그것은 우리가 그의 피로 말미암아 하나님과 화목되었다는 것이다(롬

5:9-10; 9:11). 그것은 아버지의 보호로 말미암아 우리가 결코 망하거나 타락하지 않는다는 것이다(요 10:28; 17:12). 이렇게 그에게 접붙여진 우리는 어떤 면으로 이미 영생에 참여한 자들이며 소망을 통해 하나님의 나라에 들어간 자들인 것이다(요 1:12; 엡 3:6-11; 1:7; 1:4; 딤후 1:9).

이것은 아무것도 아니다. 우리가 그분 안에서 그러한 참여를 체험함으로 비록 우리 자신은 여전히 우매하나 그가 하나님 앞에서 우리의 지혜가 되시며, 우리는 죄인이나 그가 우리의 의가 되시며, 우리는 부정하나 그가 우리의 정함이 되시며, 우리는 약하나 — 우리가 무방비 상태로 사탄에게 노출되어 있는 동안 — 하늘과 땅에 있는 그분의 권세가 우리의 것이 되어(마 28:18) 사탄을 쳐부수며 지옥의 문들을 박살내는 것이다.

또한 우리는 여전히 죽을 몸을 가지고 있으나 그가 우리의 생명이 되신다(롬 8:34; 엡 4:24; 2:1-5; 고전 1:30; 골 3:4).

한 마디로 그분의 모든 것은 우리의 것이며 우리는 그분 안에서 모든 것을 가지고 있으므로 우리 안에서 아무것도 없는 것이다. 만일 우리가 주님을 향한 거룩한 성전으로 지어져 가기를 원한다면 우리는 이 기초 위에 세워져 가야 하는 것이다(엡 2:21 비교).

일단 기초가 놓인 뒤에는 지혜로운 건축자들이 그 위에 건축을 한다. 만일 교훈과 권면의 필요가 있으면 그들은 우리에게 "하나님의 아들이 나타나신 것은 마귀의 일을 멸하려 하심이라"고, 또 하나님으로부터 난 자마다 범죄하지 아니한다고(요일 3:8-9), 또 이방인의 뜻을 좇아 행한 것이 지나간 때가 족하다고(벧전 4:3), 또 하나님의 택함을 받은 자들은 귀히 쓰는 그릇이 되기 위해 더러운 것에서 자기를 깨끗하게 해야 한다(딤후 2:20-21)고 우리에게 말해 준다.

35. 그러나 그리스도께서는 자기를 부인하고 자기 십자가를 지고 그를 따르는 제자들을 원하신다는 말씀에서 모든 것이 영 단번에 드러난 것이다. 자기를 부인한 사람은 모든 악의 뿌리를 끊어버렸기 때문에 이제 더 이상 자기 자신의 것을 구하지 않는다. 자기 십자가를 진 사람은 모든 인내와 온유로 대할 준비가 되어 있다(마 16:24; 눅 9:23).

그러나 그리스도의 모범은 이뿐만 아니라 경건과 성결에 속한 모든 다른 의무까지도 포함한다. 그는 아버지께 자신을 드려 죽기까지 순종하셨다(빌 2:8). 그는 하나님의 일을 이루시기 위해 온전히 자기를 드렸다(요 4:34; 눅 2:49; 요 17:4). 그의 마음과 생각은 하나님의 영광으로 가득 차 있었다(요 8:50; 7:16-18 비교). 그는 자기 형제들을 위해 자기 생명을 내어 놓았다(요 10:15; 15:13 비교). 그는 원수들에게도 선을 행했으며 그들을 위해 기도했다.

그러나 만일 위로가 필요하다면 다음의 본문이 놀라운 위로를 준다. "우리가 사방으로 우겨쌈을 당하여도 싸이지 아니하며, 답답한 일을 당하여도 낙심하지 아니하며, 박해를 받아도 버린 바 되지 아니하며, 거꾸러뜨림을 당하여도 망하지 아니하고, 우리가 항상 예수의 죽음을 몸에 짊어짐은 예수의 생명이 또한 우리 몸에 나타나게 하려 함이라"(고후 4:8-10; 빌 2:5-8). "만일 우리가 주와 함께 죽었으면 또한 함께 살 것이요, 참으면 또한 함께 왕 노릇할 것이요"(딤후 2:11-12).

우리가 그의 고난에 참예하려 함은(참조. 빌 3:10-11) "하나님이 미리 아신 자들을 또한 그 아들의 형상을 본받게 하기 위하여 미리 정하셨으니 이는 그로 많은 형제 중에서 맏아들이 되게 하려 하심이니라"(롬 8:29). 그러므로, "사망이나 생명이나 천사들이나 권세자들이나 현재 일이나 장래 일이나 … 우리를 우리 주 그리스도 예수 안에 있는 하나님의 사랑에서 끊을 수 없으리라"(롬 8:38-39).

우리는 하나님 앞에서 행위에 의해 사람을 의롭다 하지 않으며, 하나님으로부터 난 모든 자들을 "거듭난" 사람(벧전 1:3 비교), "새로운 피조물"(고후 5:17)이 되어 죄의 왕국에서 의의 왕국으로 옮겼다고 말하며, 이러한 증거에 의해 그들은 자신의 부르심을 견고케 하며(벧후 1:10) 또한 나무와 같이 그들의 열매에 의해 판단받는다(마 7:20; 12:33; 눅 6:44).

36. 한 마디로 말해, 이것은 어떤 불경한 자들의 뻔뻔스러움을 반박하기에 충분하다. 그들은 우리가 인간들에 의한 모든 선행의 추구를 정죄할 때 우리가 선행을 폐기한다고 비난하며, 우리가 사죄는 값없는 것이라고 말할 때 너

무 쉬운 사죄를 설교한다고 비난하며, 이러한 유혹에 의해 이미 자기 스스로 죄로 기울어져 있는 자들을 유혹해서 범죄케 한다고 비난하며, 우리가 사람은 행위나 공로에 의해 의롭다함을 얻지 못한다고 가르침으로써 사람들로 하여금 선행을 위한 열심에서 돌아서게 한다고 중상한다.

이러한 거짓된 비난들은 앞에 말한 단순한 사실들에 의해 충분히 반박되었다고 믿는다. 그럼에도 불구하고 나는 그러한 비난에 대해 간단한 답을 주겠다. 우리는 선행을 부인하지 않는다. 다만 우리는 선한 행실들이 하나님으로부터 온 것이며 하나님 덕분이라고 주장한다. 왜냐하면 바울도 그러한 행위들을 "하나님의 영의 열매들"(갈 5:22)이라 말함으로써, 자랑하는 자는 주 안에서 자랑해야 한다고 말하고 있기 때문이다.

그리고 우리는 그들처럼 선행의 공로를 하나님과 사람에게 분배하고 있는 것도 아니다. 오히려 우리는 그것 전부를 온전히 통째로 주님께 돌리고 있는 것이다. 선행에 있어 우리는 다만 다음의 것을 인간에게 돌린다. 즉, 인간은 자신의 부정에 의해 본래 선했던 그것을 오염시키고 더럽힌다는 것이다. 왜냐하면 그가 아무리 완전하다 할지라도 그에게서 조금도 더럽혀지지 않은 어떤 것이 나오는 법은 없기 때문이다. 그렇다면 주께서 인간 행위 가운데 최선의 것을 심판하시게 하라. 그러면 그는 그것들 속에서 자기 자신의 의를 인정하실 것이다.

이러한 이유로 인해 우리는 인간들의 노력을 정죄한다. 즉, 우리는 인간이 가진 것이나 행하는 것은 무엇이든지 저주받은 것이라고 선언하는 것이다. 그러나 우리의 가르침에 의해 신자들의 마음은 놀라운 위로를 받고 힘을 얻는다. 그들은 이 선행들이 하나님에 의해 그들에게 주어진 것이며, 그것들이 하나님에 의해 주어진 것이기 때문에 자기들의 것이라는 교훈을 받는다. 동시에 그들은 그 행위들이 하나님께서 받으심직한 것이며 이러한 것들을 통해서 신자들은 하나님을 기쁘시게 해 드리고 있다는 것을 배운다. 그들 자신에게 어떤 가치가 있다는 것이 아니라 하나님의 선하심이 그들에게 이러한 가치를 부여하셨다는 것이다. 그러나 정말 우리는 아무도 믿음 없이 어떤 일을 시도하거나 시작하라고 요청하지 않는다. 그것이 하나님을 기쁘시게 할 것이라는 굳은 확신이 없으면 아무 일도 하지 말라는 것이다.

실로 그들은 항상 선행에 대해 언급한다. 그러는 중에 그들은 하나님께서 당신 자신을 친절히 보여주시고 그들의 행위에 대해 호의적으로 대하신다는 자신을 가질 수 있도록 양심을 훈련하지는 않는다. 우리가 값없는 사죄를 단언할 때 사람들로 하여금 죄를 짓도록 권장하는 것은 아니다. 우리가 말하고자 하는 것은 그것이 너무나 큰 가치를 가진 것이기 때문에 우리의 어떤 선행으로 그 값을 지불할 수는 없다는 것이다. 그러므로 값없는 선물로 외에는 그것을 얻을 수 없다.

우리에게는 정말 그것이 값없는 것이지만 그리스도에게는 그렇지 아니했다. 그는 자신의 너무나 거룩한 피를 대가로 그것을 가능하게 했다. 하나님의 공의를 만족시키기에 충분한 가치를 가진 대속물은 그 외에 아무것도 없었다. 사람들이 이 사실을 알게 될 때 그들은 그의 보혈이 그들이 범죄할 때마다 쏟아진다는 것을 인식하게 된다.

나아가서는 우리는 우리의 더러움이 너무나 크기 때문에 이 순결한 보혈의 샘에서 외에는 결코 그것을 씻을 수 없다고 말하게 된다. 이러한 사실을 듣는 자들이 — 만일 그들에게 하나님에 대한 지각이 조금이라도 있다면 — 어떻게 제 마음대로 진흙 구덩이에 뒹굴면서 이 샘의 정결함을 더럽힐 수 있겠는가? 솔로몬처럼 신자들도 "내 발을 씻었으니 어찌 다시 더럽히랴"고 말하게 되는 것이다(아 5:3).

37. 이제 어떤 사람들이 값싼 사죄를 좋아하는가는 명백하다. 그들은 하나님을 그들의 배설물 같은 초라한 선행에 의해 달랠 수 있다고 믿는다(빌 3:8). 우리는 죄책이 너무나 무겁기 때문에 그처럼 미미한 것들에 의해 용서받을 수가 없으며, 그것은 하나님을 대항한 너무나 커다란 과오이기 때문에 그처럼 무가치한 선행에 의해 사면될 수 없으며, 죄의 사면은 오직 그리스도의 보혈의 특권이라고 단언한다.

우리가 그들에게서 공로를 쌓을 기회를 빼앗아 버릴 때 우리는 인간의 마음에서 선행을 하고자 하는 욕망을 오도하는 것은 아니다. 왜냐하면 보상의 소망을 제시하지 않는다면 인간들은 올바르게 사는 데에 전혀 신경을 쓰지 않을 것이라는 그들의 말이 전적으로 잘못된 것이기 때문이다. 왜냐하면 그들이 하나님을 섬기는 것이 단지 보상을 바라는 일이요 자기들의 노동을 하나님께 파는 일에 불과하다면 그것은 아무 유익이 없기 때문이다.

하나님께서는 자유로운 경배와 사랑을 받기 원하신다. 하나님께서 인정하시는 예배자는 보상의 모든 소망이 끊어졌을 때라도 계속해서 그를 섬기는 자들이다. 사실상 만일 사람들이 선행을 위한 독려를 받아야만 한다면 바울보다 더 날카로운 권면을 할 수 있는 사람은 아무도 없을 것이다. 그는 이렇게 말했다.

"우리가 그리스도와 함께 부활한 것은 의를 위해 살기 위함이다"(롬 6:4; 벧전 2:24). 그는 우리가 하나님이 기뻐하시는 거룩한 산 제물로 우리 몸을 드려야 한다고 했다(롬12:1; 엡 4:15). 그는 우리가 그리스도의 한 몸이니 만큼 우리 상호 간의 직분을 통해 우리가 같은 몸의 지체임을 증거해야 한다고 말했다(고전 12:25; 6:15,17; 12:12). 우리 몸은 성령의 전이며(고후 6:16) 그리스도와 벨리알 사이, 그리고 빛과 어둠 사이에는 아무 일치점이 없다고 그는 말했다(고후 6:14,15). 하나님의 뜻은 우리의 거룩함이며(살전 4:3) 우리가 불법적인 욕망을 삼가는 것이다. 우리가 죄의 속박에서 자유를 얻은 것은 의의 종이 되기 위함이라(롬 6:18)고 그는 말했다.

또 요한의 주장보다 더 효과적인 주장을 어떤 사랑의 권면 가운데서 발견할 수 있는가? "우리가 서로 사랑함은 하나님께서 먼저 우리를 사랑하셨기 때문이다"(요일 4:11; 요 13:34 비교). 여기서 하나님의 자녀가 마귀의 자녀와 구별되며, 빛의 자녀와 어둠의 자녀가 구별되는 것은 그들이 사랑 안에 거하기 때문이다(요일 3:10; 2:10-11). 그들의 하나님이 거룩하시기 때문에 "이 소망을 가진 자마다 … 자기 자신을 깨끗하게 하느니라"는 것과 같은 말씀을 들을 때보다 더 강력한 성결에의 부름을 어디서 들을 수 있겠는가?

혹은 또 그리스도께서 우리의 모범으로 자기 자신을 제시하셔서 우리가 그의 발자취를 뒤따르게 하셨다는 말씀을 듣는 것보다 더 강력한 부름이 어디 있겠는가(벧전 2:21; 요 15:1-10; 13:15 비교)?

사실 나는 이 몇 가지 성경 구절들을 단지 맛보기로 제시했다. 왜냐하면 만일 모든 구절을 검토하는 것이 나의 목적이었다면 커다란 책을 한 권 써야만 할 것이기 때문이다. 사도들이 쓴 글들은 모든 선한 일을 행함에 있어 하나님의 사람을 온전케 하기 위한 권면들, 책망들, 위로들, 독려들로 가득 차 있는데(딤후 3:16-17 비교) 공로에 대한 언급은 전혀 없다. 그리고 하나님께서 우리 안에서 영광을 받으셔야 한다는 이 한 가지 이유만으로도 족할 것이다(마 5:16).

그러나 만일 어떤 사람이 아직도 하나님의 영광을 위한 열심이 나지 않는다면, 그럼에도 불구하고 하나님의 은혜를 기억하기만 하면 충분히 잘 해낼 수 있을 것이다. 이러한 사람들은 공로를 강조함으로써 율법에 대한 노예적이고도 강요된 순종을 요구하여 거짓되게 말하기를, 우리는 그들과 동일한 길을 가지 않기 때문에 선행을 격려할 아무 근거가 없다고 한다. 마치 그러한 순종이 하나님을 크게 기쁘시게 해 드리는 것처럼 말이다. 그러나 하나님은 "즐겨 내는 자를 사랑하시며, 인색함으로나 억지로" 내는 것을 금지하신다(고후 9:7).

38. 성경은 아주 빈번하게 "하나님은 각 사람에게 그 행한 대로 갚으신다"는 사실을 상기시킨다(롬 2:6-7; 마 16:27; 고전 3:8, 14-15; 고후 5:10). 결과적으로 아무도 우리 행위가 이러한 보상(응보)의 원인이 된다고 생각하지 말아야 한다. 하늘 나라는 종의 삶이 아니라 아들의 상속이며(엡 1:18) 오직 주님에 의해 양자가 된 자들만이 그것을 얻을 수 있다. 그리고 양자가 되는 것 외에는 다른 어떤 이유도 그것을 가능하게 할 수 없다.

그러므로 성령께서 이런 종류의 약속에 의해 우리 행위의 가치를 인정하려 하신다고 생각하지 말자. 마치 우리의 선행이 그러한 상급을 가져다 주는 공로가 되는 것처럼 말이다. 성경은 우리가 하나님 보시기에 높아질 수 있는 어떤 이유도 제공하지 않는다. 오히려 그 모든 목적은 우리의 교만을 억제하고, 우리를 겸손하게 하며, 우리를 낮추어서 완전히 거꾸러지게 하는 것이다. 그러나 만일 이러한 기대에 의해 지탱되고 위로를 받지 않으면 즉시 무너져 내릴 우리의 연약함은 다음과 같은 방식으로 도움을 얻는다.

첫째, 모든 사람은 자기의 모든 소유뿐 아니라 자기 자신까지도 버린다는 것이 얼마나 어려운 일인가를 생각해야 한다. 그리스도께서는 아직도 이 첫번째 교훈으로써 자기 제자들(마 16:24-26), 즉 모든 신자들을 가르치기 시작하신다.

그리하여 그는 일생을 통해서 십자가의 훈련으로 그들을 가르치심으로써 그들이 현세의 유익들을 바라거나 의지하지 못하게 하신다. 한 마디로 이 세상이 존속하는 한 그들이 자기 눈을 돌릴 적마다 그들을 오직 절망하게 만드시는 것이다. 결과적으로 바울은 "만일 그리스도 안에서 우리가 바라는 것이 다만 이 세상의 삶뿐이면 모든 사람 가운데 우리가 가장 불쌍한 자이리라"(고전 15:19)고 말한다.

그들이 커다란 환난들 가운데서 낙심하지 않게 하기 위해 주께서 그들과 함께 계시며 그들의 머리를 높이 들고서 멀리 내다보며 세상에서 그들이 보지 못하는 축복을 그분 안에서 발견하게 하시는 것이다. 그는 이 축복을 "상급", "보상", "상"(마 5:12; 6:1 이하 등등)으로 부른다. 행위의 공로를 측정하는 대신 그것이 그들의 비참과 환난과 받은 모략들에 대한 보상임을 의미하는 것이다.

이러한 이유로 인해 어떤 것도 성경의 증거를 가지고서는 우리로 하여금 영생을 "보상"이라 부르지 못하게 할 수 없다(고후 6:13; 히 10:35; 11:26). 왜냐하면 그 안에서 주님은 자기 자신의 백성을 수고로부터 안식으로, 환난으로부터 위로로, 슬픔으로부터 기쁨으로, 수치로부터 영광으로 인도하시기 때문이다. 한 마디로 그는 그들이 겪은 모든 악이 변하여 더 큰 선이 되게 하시는 것이다.

둘째, 그리하여 우리는 삶의 성결이 구원하는 길이 아니라, 하나님의 택하신 바 된 자들이 그것에 의해 하늘 나라의 영광으로 인도되는 길이라고 생각하는 것이 합당할 것이다. 왜냐하면 하나님께서 거룩하게 하신 자들을 또한 영화롭게 하는 것이 그의 기쁘신 뜻이기 때문이다(롬 8:30). 이러한 이유로 인해 계명들을 지키는 것이 때때로 주님의 "의"라고 불린다. 그것에 의해 의롭다 함을 얻는다는 것이 아니라 주께서 은혜로 이미 의롭다 하신 자기 백성들을 연단하여 의에 이르게 하신다는 것이다.

그러나 만일 어떤 사람이 털끝 만치라도 행위에 공로를 돌린다면 그는 성경 전체를 왜곡시키고 변질시키는 것이다. 성경은 모든 공로를 하나님의 선하심에 돌리고 있다. 그러나 "공로"라는 말을 사용하는 자는 하나님의 은혜를 모욕하는 자이다. 확실히 그것은 하나님에 대항한 교만과 광포한 허영으로 충만한 것이다.

하나님은 보상과 상급을 약속하고 계신다는 것에 나는 동의한다. 그러나 우리의 임무는 그의 지극히 큰 친절에 대해 감사하는 것이다. 그것을 통해 우리는 하나님께서 우리에게 결코 빚진 적이 없었음을 인정하는 것이다. 만일 어떤 사람이 어떤 재산에 대한 사용권을 부여받았다면, 그러한 배은망덕에 의해 그가 소유한 그 재산의 사용권을 상실하게 되는 것이 마땅하지 않겠는가? 마찬가지로 우리가 하나님의 풍성한 은혜에 대해 감사할 줄 모를 때, 그때도 그가 우리에게 면책의 특권을 베풀어 주시겠는가?

제 2 장

믿음

사도신경 해설 포함

A. 믿음과 한 하나님에 대한 믿음

1. 방금 결론지은 논의로부터 우리는, 주님께서 율법을 통해 우리가 해야 할 일이 무엇인지 제시해 주신다는 것을 이해할 수 있다. 만일 우리가 그중 어느 한 부분이라도 빠뜨린다면 율법은 진노와 영원한 죽음의 무서운 심판을 선고하는 것이다. 한편 율법은 우리들이 그 율법의 요구를 다 지키는 것이 얼마나 어려운 일이냐는 것뿐만 아니라 나아가서 그 일이 우리의 능력을 초월하며 또한 우리의 모든 가능성 밖의 일이라는 사실을 보여준다. 그러므로 우리가 만일 우리 자신만을 돌아보고 우리가 지닌 가치만을 생각한다면 거기에는 아무 선한 희망이 남아 있지 않고, 다만 죽음과, 하나님께로부터 내던져진 채로 당하게 될 틀림없는 재앙만이 우리 것이 되고 만다.

이와 함께 우리는 또 앞에서 이 같은 재앙을 피하고 우리를 더 나은 상태에로 회복할 수 있는 한 가지 길이 있는데 곧 주님의 자비라는 사실을 설명했다. 이는 우리가 완전한 믿음 가운데서 받아들이기만 하면, 그리고 그 안에 확고히 거하기만 하면 반드시 맛보게 되는 그런 것이다.

이제 우리가 배우고자 하는 남은 부분은 이 믿음의 본질이 무엇이냐는 점인데, 우리는 이를 신경(소위 '사도'신경)으로부터 신속히 배울 수 있다. 이 신경은 공교회가 합의한 믿음의 요약이요 총체이다.

2. 논의를 전개하기 전에 먼저 우리가 지침으로 삼아야 할 것은 믿음에는 두 가지 유형이 있다는 사실이다. 그 하나는 이런 것이다. 어떤 사람이 하나님이 계심을 믿는다면, 그는 그리스도에 대해 서술된 역사도 진실일 것이라고 생각한다. 이런 유형은, 한때 일어났던 일로 묘사되어 있는 일에 대해서나 혹은 우리가 스스로 그 자리에 있어 보았던 일에 대해 판단을 내리는 것과 같은 것이다. 그러나 이런 것은 중요한 것이 되지 못한다. "믿음"이라 부르기에는 부적절하다. 어떤 사람이 그런 것을 가지고 자랑한다면, 그가 알아두어야 할 것은 마귀들도 같은 믿음을 가졌지만(약 2:19) 그것이 그들로 하여금 더 두렵게 하고 떨게 하며 엎드리게 한 것 외에 다른 아무것도 이루어 놓지 못했던 사실을 알아야 한다.

다른 하나의 유형은 우리가 하나님과 그리스도의 존재를 믿을 뿐만 아니라 하나님을 우리의 하나님으로, 그리스도를 우리의 구주로 진실되게 인정하는 가운데 그를 신뢰하는 믿음이다. 이제 이 믿음은 하나님과 그리스도에 대해 기록되고 이야기되어지는 모든 것이 옳다고 인정할 뿐만 아니라 나아가서 모든 희망과 신뢰를 한 분 하나님과 그리스도께 두는 일이며, 또한 우리를 향하신 하나님의 선의를 조금도 의심치 않는다는 마음으로 격려를 얻게 되는 일이다.

결과적으로 우리 영혼의 소용을 위한 것이든 육신을 위한 것이든 우리에게 필요한 것이면 무엇이든지 그분이 우리에게 주시리라는 사실, 그리고 성경이 그분에 대해 약속하는 것이면 무엇이든지 우리가 확신을 가지고 기대할 수 있다는 사실, 또 예수께서 우리의 그리스도 곧 구세주이심을 의심치 아니하는 사실, 이런 사실들로 인해 우리는 설복을 당하게 되는 것이다. 또한 우리가 그를 통해 죄의 용서와 성화를 얻는 것과 꼭 마찬가지로, 마지막 날에 나타날 하나님의 나라에 마침내 우리가 들어가기 위해 구원도 주어지는 것이다. 이것이야말로 주님께서 그의 거룩한 말씀으로 우리에게 제공하시며 약속하시는 온갖 일들의 핵심이요 총체이다. 이것이 그의 성경 가운데 우리를 위하여 세우신 목적이요, 이것이 그가 세우신 과녁이다.

3. 그러므로 하나님의 말씀이 바로 우리 믿음이 지향해야 할 목적이요 과

넉이다. 또한 이 말씀은 믿음을 지탱하고 보조하는 기초로서 이것이 없이는 믿음이 설 수조차 없다. 그래서 이 참 믿음 ― 종국적으로 "기독교적" 믿음이라 칭할 수 있는 ― 이란 것은 마음의 굳은 확신이라 할 수 있겠는데, 이로 말미암아 우리는 하나님의 진리가 너무나 확실하여서 그분의 말씀으로 서약한 것을 이루지 않을 수 없다는 것을 인정하게 된다(롬 10:11).

바울은 이런 믿음을 정의하여 "믿음은 바라는 것들의 실상이요 보이지 않는 것들의 증거"(히 11:1)라 부르고 있다. 여기 "실상"(헬라어로 휘포스타시스)이라는 표현을 통해 바울은 우리가 기대고 의지할 수 있는 하나의 지렛대라는 의미를 나타내고 있다. 그가 하고 싶은 말은 이런 것이다. 곧 믿음 그 자체는 하나님께서 우리에게 약속하신 모든 일들의 확실하고도 분명한 소유이라는 것이다.

반면에 바울이 또 한편 의도하는 바는 마지막 날에 속한 일들은(책들이 하나님 앞에 펼쳐질 때, 단 7:10) 우리가 지각으로 감지할 수 있는 일들, 또는 우리 눈으로 볼 수 있고, 우리 손으로 만질 수 있는 일들보다 더 고매한 일들이라는 사실이다. 그러므로 우리가 그것들을 소유할 수 있는 것은 우리 본성의 전 수용성을 뛰어넘어, 우리 시야의 예민성을 세상 속에 있는 사물들 밖으로 초월할 때, 간단히 말해서 우리 자신들을 초극할 때에만 가능한 것이다. 때문에 바울은 희망 속에 놓여진 일들 곧 보이지 않는 것들을 소유할 수 있게 확보하는 것이 믿음이라고 덧붙이고 있는 것이다.

왜냐하면 그가 다른 곳에서 쓰고 있는 것처럼, 보이는 것에 대한 소망은 소망이 아니요, 보는 것을 소망으로 삼는 사람도 없기 때문이다(롬 8:24). 바울이 믿음을 나타나지 않는 일들의 표시요 증거(헬라어로 엘렝쿠스 : 시위)라 부르는 것은 마치 이렇게 말하는 것과 같다. 즉 나타나지 않는 일들의 증거란 보이지 않는 것들을 봄이요, 모호한 것들을 지각함이요, 없는 것들의 현존이요, 감추인 것들의 증거이다.

우리의 구원에 관한 하나님의 신비들은 이렇듯 그 자체대로 그리고 그 본성 그대로 분별되어질 수 없는 것이어서 우리는 다만 그의 말씀 속에서만 그것을 바라볼 수 있다. 그 진실성에 대해 필히 설득되어진 나머지 우리는 그 모든 언급을 성취된 사실로 칠 수밖에 없는 것이다.

4. 이런 종류의 믿음은 앞의 첫 번째 것과는 너무도 차이가 있다. 이런 신앙을 가진 사람은 누구든지 하나님께 인정 받지 않을 사람이 없지만, 반대로 그것이 없이는 어느 누구도 그를 기쁘시게 할 만한 일이 일어날 수가 없다(히 11:6). 그 믿음을 통해 우리는 우리가 원하고 하나님께 구하는 것을 그 무엇이나 얻게 되는데, 다만 그것이 우리를 더 큰 선으로 인도하는 것이기만 하면 무엇이라도 허락하신다. 하지만 이런 신앙은 잘못되고 왜곡되어 있으며, 그릇된 마음속에는 그 자리를 가질 수가 없고, 뿐만 아니라 하나님의 은혜로만이 아니고서는 시작될 수도, 지속될 수도 없는 것이다.

바로 이 점이 하나님께서 율법의 첫째 계명을 통해 우리에게 요구하시는 일이다. 먼저 자신이 한 분 여호와 우리 하나님이심을 말씀하시고서 이에 덧붙여, 우리가 그 앞에서 다른 신들을 가져서는 안 된다고 말씀하신다. 이것이 분명하게 의미하는 바는, 그분 외에 그 어느 누구에게도 우리의 희망과 신뢰를 둘 수 없다는 점이다. 왜냐하면 이 희망과 신뢰는 그분에게서만 비롯되기 때문이다. 만일 우리의 희망과 신뢰가 다른 이에게로 향하게 되면 우리는 다른 신을 가지게 되는 것이다.

이제 우리는 이 논의를 사도신경에 요약되어 나타난 믿음의 교리 쪽으로 계속 전개시켜 보자. 사도신경은 네 부분으로 나뉘어져 있는데 그 중 첫 세 부분은 성삼위의 세 위격 곧 성부와 성자와 성령에 각각 할당되고 있다. 이 성삼위 하나님은 영원하고 전능하신 우리의 한 분 하나님으로서 그분을 우리가 믿는 것이다. 네 번째 부분은 하나님에 대한 이 믿음이 우리에게 돌려 주는 것이 무엇인지, 또 우리가 소망하고 기다리는 것이 무엇인지를 설명해 준다.

5. 그런데 만일 어떤 경건치 못한 사람들이 우리의 믿음을 뿌리째 뒤집어 놓기 위하여 기본원리들에 대하여 소란을 일으키고, 한 분 하나님이 삼위로 계신다는 우리 고백을 조롱한다면 그들의 불경스런 말을 재갈먹일 이야기가 필요할 것이다. 하지만 여기서 나의 의도는 그런 궤변적이고 반역적인 사람들과 맞서 싸우고자 함이 아니라, 배우기 원하는 사람들을 손잡아 이끌어 주고자 하는 데 있기 때문에 이제 나는 전열을 정비하여 싸울 차비를 차리지는

않을 것이다.

다만 나는 믿음의 문제에 있어 따라야 할 것은 무엇이며 피해야 할 것은 무엇인지를 간략하게 지적함으로써 들을 준비가 되어 있는 열려진 귀를 빌려 그들이 굳건히 설 수 있는 기반을 가지도록 하고자 한다. 성경은 우리에게 한 분 하나님을 가르친다. 많은 신들이 아니다. 이스라엘은 말하기를 "우리 하나님 여호와는 오직 하나인 여호와"(신 6:4)라 하였다. 성경이 성부를 하나님이라 하고, 아들을 하나님이라, 또 성령을 하나님이라 말할 때 이것은 같은 성경이 애매한 주장을 하고 있는 것은 아니다.

6. 우리는 단 한 가지 증거만 제시하고자 한다. 하지만 이 한 가지는 천 가지와 맞먹는 것이다. 바울은 하나님과 믿음과 세례, 이 세 가지를 긴밀히 연결짓고 있어서, 이 하나로부터 다른 것으로 추론해 갈 수 있게 하였다(엡 4:5). 한 믿음만이 있기 때문에 이 사실에서부터 하나님도 한 분이라는 것을 증명할 수 있고, 세례가 하나이기 때문에 이 사실은 믿음도 하나인 것을 보여준다. 믿음이란 것이 여기저기를 기웃거리거나, 여러 다른 것들을 찾아다니는 것이 아니라 한 분 하나님만을 향하는 것이고, 그분과 연합하는 것이고, 그분과 맺어지는 것이기 때문에, 이런 사실로부터 쉽게 생각해 낼 수 있는 것은, 만일 많은 수의 믿음들이 있다면 하나님도 역시 많이 있어야 하겠다는 것이다.

또 한편 세례라는 것도 믿음의 성례로서, 그것이 하나란 사실 때문에 우리가 그 일치 가운데 하나로 접하게 되는 것이다. 이때 한 분 하나님 외에는 어느 누구에 대해서도 그 믿음을 고백할 수 없는 것이다. 그러므로 우리가 한 믿음으로 세례를 받은 것처럼 우리의 믿음도 한 분 하나님을 신앙하는 것이다. 그래서 세례도 하나요 믿음도 하나인데 이는 이 둘이 한 분 하나님께 속한다는 이유 때문이다.

이상으로부터 따라오는 것은, 우리가 한 분 하나님 안에서 세례 받도록 허락되었다는 사실이다. 왜냐하면 우리가 그의 이름으로 세례를 받는 바, 그분에 대한 믿음으로 세례를 받기 때문이다. 그리고 이제 성경이 성부와 성자와 성령의 이름으로 세례 받아야 한다고 말할 때(마 28:19) 이와 동시에 우리가 아버지와 아들과 성령에 대한 하나의 믿음으로 믿어야 할 것을 의도하고 있다. 그렇다면 이것은 아버지와 아들과 성령이 한 하나님이신 것을 보여주는 명확한 증거가 아니겠는가?

우리가 그분들의 이름으로 세례를 받는 것은 그분들에 대한 믿음으로 세례를 받는 것이다. 결과적으로 볼 때, 그분들이 한 믿음으로 예배를 받는다는 것은 그들이 한 하나님이라는 말이다. 이밖에 다른 명백한 증거들을 볼 때도 세 위격의 한 하나님에 대해, 또 세 위격의 구분에 대해 따로따로 주장하는 증거들이 많다. 유대인들이 "칭할 수 없는" 것으로 불렀던 이름도 예레미야서에서는(렘 23:6; 33:16) 성자에게 적용되고 있음을 볼 수 있다.

7. 그러므로 이분은 성경 다른 곳에서, "자기 영광을 다른 자에게 주지 아니하리라"(사 48:11) 하시는 한 분 영원하신 하나님임에 틀림없다. 그런데 "태초에 그가 하나님과 함께 계셨다"(요 1:1)는 말씀이나 "아버지가 세상을 그를 통해 지었다"(요 1:2)는 말씀, 더 나아가서 "그가 세상이 만들어지기 전에 아버지와 함께 그 자신이 광채를 가지셨다"(히 1:3, 10)는 말씀 등은 성부와 성자 간의 구분을 말해준다.

이런 사실은 좀 더 명확하게, 우리의 육체를 입고 오신 분이 성부가 아니요 아버지께로부터 오신 아들, 그분이 우리에게로 내려와 사람이 되셨다는 사실에서 나타나고 있다(요 17:5; 요 16:28; 요 15:3, 5, 7, 10, 15, 17, 25-28). 다른 선지서에 보면 둘이 동시에 표현되고 있는 곳이 있는데 거기에 아버지는 아들을 "동료 또는 친척"(슥 13:7, 국역은 "짝 된 자")이라 부르고 있다. 여기서 자신이 하나님이 아니고서는 하나님의 동료나 친척이 될 수가 없다. 한편 그가 동료라면 그는 구별된 개체일 수밖에 없다. 왜냐하면 친교라는 것은 둘 사이가 아니고서는 이루어질 수 없기 때문이다.

사도행전에 보면 베드로는 성령이 하나님이라고 선포한다(행 5:3-9). 요한복음에서는 10군데가 넘는 구절에서 성령이 그리스도와 다른 분임을 언급한다(요 14:16, 25; 15:26). 바울은 그 누구보다 명백하게 이 모든 비밀을 설명해주고 있다(롬 8:9-11). 여기에서 그는 그리스도의 영과, 예수를 죽은 자 가운데서 살리신 이의 영을 구별짓지 않고 언급한다. 이는 아버지와 아들의 영이 하나라면 아버지와 아들은 하나일 수밖에 없기 때문이다. 또 한편 성령 자신이 아버지와 아들과 하나라는 사실도 성립되는데 왜냐하면 아무도 그 자신의 영과 구별되는 경우란 없기 때문이다.

어떤 사람들은 하나님은 영이라는 말을 들어 트집을 잡고 있다(요 4:24). 결국 그들은 "영"이란 말로써 성부 하나님밖에는 다른 이해를 못하고 있는 것이다. 하지만 그들이 하나님은 영이시란 말을 듣는 것과 꼭 마찬가지로 성령은 하나님의 영이란 말을 또한 듣고 있다. 그러므로 하나님의 전체적 본질이 영적이란 사실과, 또한 그 같은 본질을 가진 성부와 성자와 성령이 계시다는 사실에 있어서는 아무런 불일치도 존재하지 않는다.

또 어떤 사람들은 하나님이 어떤 때는 아버지로, 어떤 때는 아들로, 또 다른 경우에서는 성령으로 불리어졌다고 하면서, 이는 그분이 동시에 강하시면서 선하시고 영광스러우시면서 자비스러우신 사실을 보아 알 수 있다고 말하는 사람들이 없지 않았다. 하지만 이런 사람들도 쉽게 물리칠 수 있다. 왜냐하면 하나님이 어떤 분이신지를 보여주는 것은 바로 이들 수식어들이요, 그가 진정으로 누구이냐를 선포하는 것은 그 이름들임이 분명하기 때문이다. 궤변스럽거나 고집스런 사람이 아닌 사람들이라면 아버지와 아들과 성령이 한 하나님이심을 보게 된다. 왜냐하면 아버지도 하나님이요, 아들도 하나님이며, 성령도 하나님이시라는 것, 그리고 오직 한 하나님만이 계실 수 있을 뿐이라는 것 때문이다.

반면에 세 이름이 나오고, 셋이 묘사되어졌고, 셋이 구별되어졌다. 그러므로 하나와 셋이다. 한 하나님, 한 본질이다. 그런데 왜 셋인가? 세 하나님이 아니다. 세 본질들도 아니다. 양면을 동시에 나타내기 위해 고대의 정통 교부들은 한 본질(ousia)과 세 위격(hypostasis), 곧 한 본질(substance)과 그 한 본질 속에 세 실재(subsistence)가 있다고 표현하였다. 라틴 교부들은, 의미상으로는 희랍 교부들과 모든 점에서 일치하는 가운데, 두 가지 이름만을 제시하였고 그 각각의 이름으로 어떤 차이를 표현하였다. 그들이 말하고자 했던 것은 한 본질(one essence)이 존재하시며, 세 위격(three persons, 이 말로써는 어떤 종류의 관계를 지적하고자 하였다)이 있다는 내용이다.

8. 이단자들은 우시아니 휘포스타시스, 즉 본질이나 위격이란 말들이 성경에서는 읽지도 보지도 못하는 말을 인간이 고안해낸 말일 뿐이라고 짖어댄다. 그러나 한 하나님이면서도 셋으로 계신 분이 언급되고 있다는 우리의 확신을 그들이 흔들어 놓지 못하고 있는데, 성경에 의해 인정되고 인친 바 된 바로 그 내용을 설명하는 말들을 부인한다는 것은 얼마나 역겨운 일인가!

그런 사람들이 하는 말은, 우리가 낯선 용어들을 뿌려 놓음으로 말미암아 불일치와 충돌의 모판을 만드느니보다는 성경의 범주 속에다 우리의 생각뿐만 아니라 말까지도 제한시켜 놓는 것이 좋겠다고 한다. 말들을 놓고 이러쿵저러쿵 싸우는 사이 우리가 진리를 잃어버리고, 나아가서 사랑을 파괴하고 말기 때문이라는 것이다.

하지만 만일 그들이 자구 한 자 한 자가 성경에 나오지 않는 말이라 해서 그것을 낯선 말이라고 한다면, 이는 성경의 직물로부터 떼어내지 않은 어떤 종류의 논의도 단죄하는 것으로서 우리에게 부당한 규칙을 부과하고 있는 것이다. 만일에 "낯설다"라는 말로써, 어떤 교묘하게 조작되었거나 미신적으로 비호를 받고 있는 그런 것, 그래서 덕을 세우기보다는 더욱 혼란을 일으키는 것, 격에 맞지도 않고 열매도 없이 사용하는 것, 그 거칠음으로 인하여 경건한 귀를 거슬리게 하는 것, 하나님의 말씀의 단순성을 벗어나는 것, 이같은 것을 가리킨다면 나도 그들의 겸비한 태도에 전적으로 공감한다. 왜냐하면 하나님에 관한 한 우리가 말하는 것에 있어서, 생각하는 것보다 덜 복종하는 태도로 대해서는 안 되겠다고 느끼기 때문이다.

이는 우리가 스스로 하나님에 대하여 고안해서 생각하는 것이 다 어리석은 생각일 뿐이며 또 우리가 표현하는 말도 다 바보스러울 뿐이기 때문이다. 그렇다고는 하더라도 어떤 규칙은 있어야 한다. 즉 우리는 성경으로부터 생각과 말의 법칙을 찾을 수 있어야겠다는 것이다. 이 잣대에 모든 마음의 생각과 입술의 말이 합치되어져야만 하겠다.

성경에서 우리의 이해를 복잡하고 어렵게 만드는 그런 문제들에 대해 좀 더 명확한 말로써 표현하고, 이것이 성경 자체의 진리를 충실히 섬기면서 또한 적절하고도 겸비하게, 또 잘못된 경우들을 피하여 사용되어지는 그런 말이 있다면 우리가 이를 사용하여 성경의 문제들을 설명하는 일을 금지할 것이 무엇인가? 근소한 예를 보자.

사람들은 때때로 믿음과 의에 대해 논의한다. 하지만 우리가 어떻게 믿음으로 의롭게 되는지 이해하는 사람은 많지 못하다. 여기에 우리가 첨가시켜 생각해야 할 것은, 의란 우리의 것이 아니라 그리스도의 의요, 그리스도 안에 머무는 의이지 우리 안에 자리잡은 의가 아니다. 그런데 그것이 전가를 통해 우리의 것이 된다. 우리가 그것을 받았다고 말하고 있기 때문이다. 그래서 우리가 본래 의로운 것이 아니라, 전가되어 의롭다는 사실, 다시 말해서 우리가 의로운 것이 아니라 믿음으로 그리스도의 의를 우리가 얻기만 하면 전가에 의해 의롭다고 여김을 받는다는 이 사실이 이렇게 간단하고 복잡스럽지 않은 문제가 되는 것이다.

하나님께서는 버림받은 자들, 그 행위가 정죄받은 자들 속에서 일하신다는 말이 있다. 이것도 어렵고 함축성이 많은 문제이다. 하나님이 죄의 조장자란 말인가? 악이 하나님께로 전가되는가? 불의가 바로 그가 저지르는 일이라고 보아야 하지 않겠는가? 이런 문제에 대해서 우리가 마음속에 상기시켜야 할 것은, 한 동일한 사건 속에서 우리는 타락한 인간의 일과 의로우신 하나님의 일을 분간해 내어야 한다는 사실이다.

악한 인간은 그 자신 속에 악의 뿌리를 가지고 있고, 스스로 악을 생각해 내고, 스스로 그것을 도모하고, 스스로 계획하고, 스스로 실행에 옮긴다. 이런 이유로 우리는 그의 행위 속에 있는 악과 죄를 그에게 다 돌려야 마땅하다. 그 사람은 의도와 의지와 행동에서 하나님을 대적하고 있다. 그런데 하나님은 그분이 뜻하시는 대로 때로는 휘게도 하고 때로는 꼼짝없이 하게 하기도 하면서 인간의 악한 의지와 도모를 조정하신다. 행복한 결과를 주기도 하고 힘을 더하기도 하신다. 하지만 하나님은 이 모든 일을 의롭게 행하신다.

바로나 느부갓네살이나 산헤립 등이 살아계신 하나님께 대항하여 전쟁을 일으키고 하나님의 능력을 비웃고, 또 그런 대접을 받을 이유가 없는 백성을 할 수 있을 만큼 핍박했다. 또 권리도 없이 그저 힘으로 타인의 재물을 탈취했다. 그러나 하나님은 그들을 일으켜 이 모든 일들을 하게 하셨다(출 9:16; 렘 5:15).

하나님은 악한 뜻을 품고 악한 생각을 하는 그들을 돌이켜, 아니 차라리 그들의 악한 의지와 악한 의도를 이스라엘을 대항하도록 돌이켜서, 때로는 그의 백성의 경건치 않음을 벌주시고 때로는 그들의 구원을 이루기도 하셨다. 그래서 욥의 고난도 하나님의 사역이며 동시에 마귀의 사역이었다. 그러나 우리는 여기에서도 마귀의 불의를 하나님의 의와 구별해야 한다. 하나님은 연단하고자 하시는 자를 마귀는 파멸시키고자 하였다(욥 1:12; 2:6).

마찬가지로 앗수르는 하나님의 노의 막대였고(사 10:5), 산혜립은 하나님의 손에 들린 도끼였다(사 10:15). 모두가 하나님에 의해 불리어지고 일으켜지고 추진되어, 한 마디로 모두가 그의 종들이었다. 하지만 왜? 그들 자신의 스스로의 고삐 풀린 욕망에 순종하고 있었지만, 그들이 알지 못하는 사이에 그들은 하나님의 의를 섬기고 있었던 것이다(렘 27:4-8). 보라! 하나님도 계시고 악한 사람들도 있어서 그들은 동일한 한 가지 일의 공모자다! 그러나 그 동일한 일 속에 하나님의 의가 빛나고 인간의 죄악이 비추인다. 이러한 구별을 통해 엉킨 고리가 풀리게 된다. 만일 어떤 사람이 사소한 말장난을 가지고도 싸움질을 일삼는 궤변가처럼 이런 구별의 방법이 자기에게는 납득이 가지 않는다고 불평하고 나선다면 누가 그런 경멸스런 태도를 미워하지 않을 사람이 있겠는가? 만일 어떤 사람이 용어의 생소함에 대하여 트집을 잡는다면, 그런 사람은 진리를 단순하고 명백하게 해주는데 대해 트집을 잡는 것이 되니 진리의 등불을 들 자격이 없다고 판단을 받더라도 합당치 않겠는가?

이런 종류의 용어의 생소함(꼭 이렇게 불러야 한다면)은 진리를 자기 식으로 변경시켜 지워버리고 마는 잘못된 비판자들에 대항하여 옹호하는데 특별히 유용하다. 이런 일에 대해서는 오늘날 진리의 적들을 격멸시키기 위한 우리의 위대한 노력들 가운데에서 숱한 경험을 맛보고 있다. 이들 빤질거리는 뱀들은 얼마나 비틀고 꾸불거리게 만드는지 만일 그들을 과감하게 뒤쫓아 잡아 내팽개치지 않으면 슬그머니 미끄러져 들어올 것이다. 그래서 옛 선인들은 타락한 교리들에 대하여 여러 모양으로 투쟁하였고, 또 어떤 경건치 못한 자들이 그들의 오류들을 쓸데도 없이 늘어 놓은 두터운 말의 외투 속에 감추고 진리를 교묘하게 변천시키려는 시도를 조금도 용납하지 않기 위해 그들이 느끼는 바를 가장 명료하게 표현할 수밖에 없었던 것이다.

9. 아리우스라는 사람은, 명백한 성경을 반대할 수는 없었기 때문에 그리스도가 하나님이요 하나님의 아들이라고 고백했으며, 또 자기가 올바른 일을 하기나 한 것처럼, 다른 사람들과 의견을 같이 하는 척하였다. 그러면서 그는 그리스도가 창조되었으며, 다른 피조물들처럼 시작을 가진다고 주장하기를 계속했다. 선인들은 이 사람의 꾸불꾸불한 술책을 그 은신처로부터 끌어내기 위해 한 걸음을 앞질러 가서, 그리스도는 아버지의 영원한 아들이요 아버지와 동일본질이라고 선포했다. 그러자 아리우스주의자들의 불경이 끓어 올라서 동일본질(homoousios)이라는 말에 대하여 증오와 저주를 가장 사악하게 퍼붓기 시작했다.

만일 그들이 처음부터 진지하고 또 전심으로 그리스도를 하나님이라 고백했던 것이라면 이렇게 그가 아버지와 동일본질이라고 말하는 것을 부인하지 않았을 것이다. 한 가지 작은 단어 때문에 아무리 열띤 논쟁이 불붙고 또 교회의 평화가 방해를 받았기로서니 누가 감히 그 고결한 사람들을 말쟁이니 궤변가들이라고 독설을 하였겠는가? 하지만 그 아무것도 아닌 단어 하나가 순수한 믿음을 소유한 신자들과 거룩한 것을 짓밟는 아리우스주의자들 사이에 구분을 지어 주었던 것이다.

그 후에 사벨리우스라는 사람이 일어나서, 아버지와 아들, 성령이라는 이름들은 빈 껍질과 같은 것으로서 어떤 차이 때문에 붙여진 것이 아니라, 그 밖에도 매우 많이 있는 하나님의 여러 다양한 속성들을 말해주는 것이라고 주장하였다. 일단 논쟁이 붙으면 사벨리우스는 자기도 아버지를 하나님으로, 아들을 하나님으로, 또 성령을 하나님으로 인정한다고 고백하곤 하였다. 그러나 차차 그는 자기가 하나님에 대해 말하는 것은 강하고 의롭고 지혜로운 하나님일 뿐이라고 주장하면서 미끄러져 나가고 있었다.

그래서 그는 또 하나의 옛 노래, 즉 아버지는 아들이요, 성령은 아버지로서 계급도 없고 구별도 없다는 노래를 되풀이하였다. 이 사람의 사악을 흔들어 놓기 위해 마음에 경건을 품은 우리의 선인들은, 한 분 하나님 안에는 세 실재가 진정으로 확인되어야 한다고 크게 반박했다. 단순한 진리를 비비꼬는 속임수에 대항하여 자신들을 강화하기 위해 선인들은 한 하나님 안에는 위격들의 삼위일체가 존재한다고, 아니, 같은 말이지만, 이것이 하나님의 일체성 속에 존재한다고 못박았다.

그러므로 만일 이런 용어들이 성급하게 고안된 것이 아니라면 그것들이 너무 성급하게 부인되고 있는 실정이다. 그것들이 다 묻혀지고 말더라도 모든 사람들 속에 이런 신앙의 일치만 이루어진다면 좋을 것이다. 곧 아버지와 아들과 성령은 한 하나님이며 그러면서도 아들은 아버지가 아니요, 성령도 아들이 아니라는 것, 그들은 서로가 특별한 속성에 의해 구별되어지고 있다는 것이다. 신자가 한편에서는 아리우스주의자들을 대항하고, 다른 한편에서는 사벨리우스주의자들을 대항하는 동안에 이런 문제를 피할 기회가 단절된 것에 화를 내는 사이 그들은 자신들이 아리우스나 사벨리우스의 제자가 아닌지 하는 어떤 회의를 일으켰다.

아리우스는 그리스도가 하나님이라고 말한다. 그러나 그리스도는 창조되었고 또 시작을 가진다고 덧붙인다. 그리스도는 아버지와 하나라고 말하면서도 그는 자기 추종자들의 귀에다 대고 은밀히 속삭이기를, 그리스도는 다른 신자들이 그런 것처럼 연합되어져 있다고, 다만 유일한 특권에 의해 그렇게 된 것만이 다르다고 속삭이는 것이다. 여기에다 대고 당신은 "동일본질"이란 말을 해주라. 그러면 이 변절자의 가면을 찢어 버리게 될 것이며, 그렇다고 하여 성경에 없는 말을 덧붙이는 것이 되지는 않을 것이다.

사벨리우스는, 아버지와 아들과 성령이란 하나님 안에 어떤 구별이 있다는 것을 의미하지 않는다고 말한다. 이런 사람에 대해서는 그분들이 셋이라고 말해주라. 그러면 그는, 당신이 세 하나님을 부르짖고 있다고 고함을 지를 것이다. 다시 하나님의 한 본질 속에서 위격들의 삼위일체가 있다고 말해주라. 그렇게 함으로써 당신은 성경의 가르침을 한 마디에 담아서 표현하는 것이 될 것이며, 말만 많은 빈 깡통을 요절내게 될 것이다.

그리고 만일 그들이 이런 이름들을 참아내지 못한다면 그들로 하여금 소란은 피우더라도 부인할 수 없는 내용에 대해 우리의 말을 적어도 용인하게 하라. 곧, 우리가 "하나"라 할 때는 본질의 합일을 말하며, "셋"이라 할 때는 이 하나의 본질 속에서 세 실재들이 서로 구별되는 것을 말한다. 실제로 성경은 이 셋을 구별하고 있는데, 아버지에게는 활동의 시작 및 만물의 기초와 원천을 돌리고 있고, 아들에게는 활동의 지혜와 계획을, 성령에게는 활동의 능력과 효과적인 사역을 돌리고 있다. 또한 아들은 아버지의 말씀이라 불리어지고 있는데, 이는 사람이 말하고 생각하듯이 하는 것이 아니라, 영원하고 불변하며 또 성부로부터 말할 수 없는 방식으로 나오시는 것이다. 이는 성령이 "능력", "손가락", "권세"라 불리는 것과 같다. 이제 우리는 진리의 이 단순한 고백이 어떤 것인지 들어보기로 하자.

B. 사도신경 해설

첫째 부분
전능하사 천지를 만드신 하나님 아버지를 내가 믿사오며

10. 이 고백에서 우리는 성부 하나님께 우리의 모든 신뢰를 두고 있음을 밝히는 것으로, 우리는 그분을 우리 자신들과 무릇 지음을 받은 모든 만물의 창조자로 인정하는 것이다. 이 일은 그의 말씀, 그의 영원한 지혜(곧 성자)로, 그리고 그의 능력(곧 성령)으로 이루어졌다(시 33:6; 104:24; 행 17:24; 히 1:2-10). 그리고 그가 한 번 이루신 일을 지금도 유지하고, 보양하고, 활동케 하고, 보존하되 그의 선하심과 능력으로 하여, 만물이 즉시 허물어지고 무(無)로 떨어지는 것을 피하게 하신다.

그런데 우리가 그를 전능하시며 만물의 창조자라고 부를 때 우리는 그분의 권능을 생각해야만 하는데, 이 권능으로 말미암아 그분은 모든 것 안에서 만물을 역사하신다. 그리고 그의 섭리를 생각해야만 하는데 이것으로써 그는 만물을 조정하신다(고전 12:6; 애 3:37-38).

그러나 이것은 궤변가들이 몽상하듯이 공허하고 어리석고 게으른 그런 것이 아니다. 믿음으로 우리는 우리에게 일어나는 어떤 일이든지, 행복하든 슬프든, 순경이든 역경이든, 몸에 속한 것이든 영에 속한 것이든 모두가 그분께로부터 오는 것을 인정하고(죄만이 예외이다. 죄는 우리들 스스로의 사악함에 기인한다), 또한 그분의 보호로 인해 우리가 안전하고, 방어를 받고, 우리에게 해를 끼치는 어떤 적대적인 세력으로부터도 보존되고 있음을(호 13:14) 인정하는 것이다.

간단히 말해서, 그분께로부터 우리에게 오는 것은 무엇이나(우리는 모든 것을 그분의 손으로부터 받으니까) 우리의 행복으로 이끌지 않는 것이 아무 것도 없다. 비록 일들이 때로는 잘되는 듯 보이기도 하고 때로는 역경으로 나타나기도 하지만 말이다(롬 8:28). 실제로 이 모든 일들은 그분에 의해 우리들에게 되어진 일인데, 이는 우리에게 자격이 있어서나, 또는 하나님이 그의 은혜를 빚질 만한 어떤 공적이 있어서도 아니며, 그의 자비에 견줄 만한 어떤 상대적 보상을 그에게 제시하기 때문도 아니다. 다만 그가 우리를 대하시는 것은 당신의 아버지 같은 친절과 자비를 통해서이며 이 모든 일의 유일한 이유가 있다면 그것은 그의 선하심이다.

그 때문에 우리가 그 크신 하나님의 선하심에 감사하기를 잊지 말아야 하며, 우리 마음으로 그것을 깊이 생각하고, 우리 입으로 그것을 선포하며, 우리가 할 수 있는 대로 합당한 찬양을 돌려야 마땅하다. 우리가 그러한 아버지를 감사하는 경건과 타오르는 사랑으로 존경하여 그를 섬기는 일에 전념하고 또 매사에 그를 높여야겠다.

뿐만 아니라 모든 역경들까지도 조용하고 화평한 마음으로 받아, 마치 그분의 손으로부터 오는 것인 양 받아들이고, 그의 섭리가 우리를 돌보신다는 것을 생각하고, 또 그것이 우리를 괴롭게 하고 억누를지라도 우리 구원을 계속 생각해야겠다(욥 2:10). 그러므로 마지막에 무슨 일이 일어나든지 간에 우리는 의심치 말고, 자애로우신 아버지에 대한 믿음을 잃지 말고, 또 마찬가지로 그가 주시는 구원을 기다리며 살아야겠다. 우리가 사도신경의 이 첫 부분에서 배우는 믿음이 올바른 믿음이란 것은 전적으로 확실하며 또 참된 사실이기 때문이다.

둘째 부분

그 외아들 우리 주 예수 그리스도를 믿사오니, 이는 성령으로 잉태하사 동정녀 마리아에게 나시고 본디오 빌라도에게 고난을 받으사 십자가에 못 박혀 죽으시고 장사되시며, 지옥에 내려 가셨다가, 사흘 만에 죽은 자 가운데서 다시 살아나시며, 하늘에 오르사 전능하신 하나님 우편에 앉아 계시다가, 저리로서 산 자와 죽은 자를 심판하러 오시리라.

11. 이 부분에서 우리가 고백하는 내용은 우리가 확신하기로는 예수 그리스도는 성부 하나님의 외아들이신 바 우리가 그분을 믿는다는 것이다. 그는 아들이시되 신자들처럼 입양을 통해 은혜로 된 아들이 아니라 본성으로 그러하시며 영원부터 성부에게서 나셨다. 우리가 그를 "외"아들이라 부르는 것은 그를 다른 모든 이로부터 구별해서 그러는 것이다. 그가 하나님이신 한 그는 아버지와 하나인 하나님이며, 동일한 본성과 본질을 가지시며, 위격에 있어 차이가 있는 것은 아버지로부터는 구별되는 그 자신 고유의 것을 가지시는 것이다(시 100:3상).

이 점에서 인간의 지혜로부터 나오는 것은 무엇이나 여기에 복종해야 하며, 말하자면 포로가 되어야 함이 옳다. 유치한 호기심으로 캐묻는 것이나 또는 망설이는 것이 모두 그토록 신비로운 일에 대한 예배에로 이끌어 가지는 못할 것이다. 이 신비는 인간의 모든 이해력을 훨씬 초월한다. 그래서 우리가 이 점에 대해서 성경으로부터 배우는 것을 떠나 우리 마음이나 경험으로 생각하고 무엇인가를 말하지 않도록 주의하기 위해 이단자들의 예를 통해 두려움의 마음을 갖도록 하자. 그들은 그들 자신의 이해 속에서 사치를 누리려 하는 사이에 극심한 위험으로 치달아 갔던 것이다.

그러므로 성자이신 하나님은 성부와 하나이며 동일한 하나님이시기 때문에 우리가 그분을 참 하나님이요 천지의 창조자로 받들어야 한다. 우리가 성부에 대해 우리의 모든 신뢰를 두었던 것과 꼭 마찬가지로 성자에 대해서도 그러하여야 마땅한데, 이는 하나님은 한 분이시기 때문이다.

더군다나 성부는 그의 특성의 구별 때문에(앞서 우리가 말했던 것처럼) 천지의 창조자라 특별하게 불리어지고 있는데(히 1:2, 10) 이 때문에 활동의 시작은 아버지께 돌려지고 있어서 그가 친히 스스로 행동한다고 말할 수도 있지만, 그러나 그분은 말씀과 그의 지혜를 통하여, 그리고 그의 능력 안에서 그렇게 하신다. 세상을 창조하실 때에 세 위격의 공동 활동이 있었다는 사실은, 성부께서 "우리의 형상을 따라 우리의 모양대로 우리가 사람을 만들고"(창 1:26)라고 말씀하신데서 분명히 나타난다. 그는 천사들과 의논한 것도 아

니요, 그 혼자 중얼거린 것도 아니며, 다만 그의 지혜와 능력께 말씀하고 계
시는 것이다.

12. 나아가서 우리가 그리스도를 믿는다고 고백하는 것은, 그분이 아버지
께로부터 그의 친절과 자비로 인하여 보내지셨다는 것, 우리를 위하여 우리
가 얽매여 있었던 마귀의 압제에서 우리를 풀어 주시러 내려왔다는 것, 우리
가 꽁꽁 묶여 있던 죄의 멍에로부터 풀어 주시러 오셨다는 것, 우리가 빠져
있던 육신과 영혼의 죽음의 속박에서 풀어 주시러 오셨다는 것, 우리가 떠넘
겨져 있던(우리 능력이 자신을 그것으로부터 풀 만큼 되지 못하였기 때문에)
영원한 형벌로부터 우리를 풀어 주시러 오셨다는 것을 믿는 것이다. 또 그가
아버지의 친절과 자비로 말미암아 우리의 육체를 입기 위하여 내려오셨고,
이를 그의 신성에 합하셨다는 것을 믿고 고백하는 것이다.

그래서 우리의 중보자로 오신 분이 참 신이며 인간이란 사실이 우리에게
큰 유익이 된다. 왜냐하면 우리 죄가 하나님과 우리 사이에 구름으로 가려
만사가 다 흩어져 버렸을 때 누가 하나님께 이를 수 있을 것인가?(사 59:2)
사람이? 하지만 모든 사람은 그의 조상 아담과 함께 하나님의 눈으로 볼 때
두려움에 놀라 떨고 있지 않은가. 그러면 천사가?(창 3:10-12) 그러나 그들
조차도 하나님께 속하기 위해서는 한 머리가 필요했다(골 1:16-20; 엡 1:21
- 23).

그렇다면? 이 문제는 하나님의 위엄이 우리에게로 내려오시지 않는 한 희
망 없는 문제였다. 우리편에서 하나님께로 올라갈 수는 없는 일이기 때문이
다. 바로 이런 상황에서 하나님의 아들이 우리의 임마누엘 곧 우리와 함께
하신 하나님이 되셨다(사 7:14).

한편 우리의 비천함이 모든 면에 있어서 하나님의 위엄과는 차이가 있기
때문에 어느 누가 감히 하나님께서 자기와 함께 하신다 하여도, 또 그와 함
께 거하시고 그와 더불어 현존하신다 하여도 그 사실을 충분히 믿을 사람이
있겠는가? 그러기 때문에 충분히 느낄 만큼 가까이 계심이나 충분히 느낄 만
한 굳은 관계는 그가 그의 신성을 우리에게 합하시고, 우리의 인간성을 또한
그의 신성에 합하시는 일밖에는 있을 수 없었다.

　그래서 바울은 그분을 중보자로 우리에게 소개하면서 강조하여 그를 "사람"이라 칭하였다. "하나님과 사람 사이에 중보자도 한 분이시니 곧 사람이신 그리스도 예수라"(딤전 2:5). 바울은 "하나님"이라고 강조할 수도 있었고, 아니면 "하나님"이란 말을 쓰지 않은 것처럼 이 말도 빼버릴 수도 있었겠지만, 그러나 그는 우리의 약점을 알고 있었다. 그렇기 때문에 우리가 어디에서 중보자를 찾아야 할지, 또 우리가 어떻게 그에게로 갈 수 있을지 어느 누구라도 곤란을 겪지 않도록 하려고 곧이어서 "그는 사람이라"고 덧붙이는 것이다.

　이는 마치 "그는 너의 가까이 있고 정말 너를 만지고, 또 그는 너의 육체 그대로이다"라고 말하는 것 같다. 이 점에 대해 그는 다른 곳에서보다 명확하게 설명하고 있다. "우리에게 있는 대제사장은 우리 연약함을 동정하지 못하실 이가 아니요 모든 일에 우리와 똑같이 시험을 받으신 이로되 죄는 없으시니라"(히 4:15).

　이 중보자가 이루시고자 하는 일은 결코 범상한 일이 아니었다. 곧 사람의 자식들을 하나님의 자녀로 만드는 일, 지옥의 상속자들을 천국의 상속자로 만드는 일이다. 이런 일은 하나님의 아들이 사람의 아들이 되지 않고서는, 그래서 우리의 것을 취하시고 그의 것을 우리에게 주시지 않고서는, 또한 본성으로 그의 것을 은혜로 우리의 것 되게 하지 않고서는 누가 할 수 있었겠는가?

　그러므로 하나님의 본질적 아들이 우리의 몸으로 그의 몸을 삼으시고, 우리의 살로 그의 살을, 우리의 뼈로 그의 뼈를 삼으사 우리와 하나가 되게 하셨다는 이 사실에 우리의 소망이 달려 있는 것이다(창 2:23-24; 엡 5:29-31). 우리의 것인 것을 그 자신에 속하도록 뜻하심으로써 그의 것을 우리에게 속하도록 하시고, 그리하여 하나님의 아들과 사람의 아들, 이 둘이 우리에게 공통적인 것이 되도록 하셨다. 이것이 우리의 소망이다. 천국의 기업은 우리의 것이 된다. 왜냐하면 하나님의 독생자가 그의 완전한 기업이었던 것을 그의 형제들로서 우리에게 허락하셨기 때문이다. "자녀이면 또한 상속자 곧 하나님의 상속자요 그리스도와 함께한 상속자니"(롬 8:17).

　나아가서 우리의 구속자가 되실 분이 참 하나님이요 참 사람이란 사실은 바로 우리의 유익을 위해서이다. 그분의 임무는 죽음을 삼키는 일이었다. 그러나 생명 자체가 아니고서는 누가 이 일을 할 수 있겠는가? 또 죄를 정복하는 것이 그의 임무였다. 그러나 의 자체가 아니고서는 누가 이 일을 할 수 있겠는가? 참으로 하나님만이 아니고는 누가 생명이요 의이겠는가? 그러므로 우리의 가장 자비로운 주님께서는 우리를 구속하셔야겠다고 뜻하셨을 때 그분 자신이 우리의 구속자가 되신 것이다(비교. 롬 5:8).

우리 구속에 대한 또 다른 항목은 이것이다. 즉 사람이 그의 불순종으로 인해 잃어진 바 되었는데, 이제 순종을 통해 그의 혼돈을 제거하고 하나님의 정의를 만족케 하고, 죄의 대가를 치러야만 했다. 이에 따라 우리 주님께서 오셨는데, 참 사람으로 오셨다. 그는 아담의 인격을 취하시고, 이제 사람을 위하여 아버지께 순종하시고, 우리 몸을 입어 아버지의 정의를 만족케 하시고, 우리의 몸 가운데서 죄의 값을 지불하셨다.

그리스도로부터 그의 신성이든지 그의 인성이든지 어느 하나라도 빼버리는 사람은 하나님의 위엄을 욕하는 것이거나 그의 선하심을 어둡게 만드는 것이 된다. 그럼으로써 그들은 우리의 신앙, 곧 이 기초 위에서가 아니면 설 수 없는 이 신앙을 약하게 하거나 내팽개치게 하는 것이다.

그러므로 말씀이 육신이 되었다(요 1:14). 하나님이신 그가 인간이 되어 동일한 한 분이 사람이며 동시에 하나님이 되셨는데, 이는 본질의 혼합에 의해서가 아니라 인격의 합일에 의해서 그렇게 된 것이다.

13. 이 점을 우리는 두 부분으로 구성되어 있는 인간의 예를 통해 이해할 수 있다. 그 두 부분은 다른 한 쪽과 혼합되어서 그 자체의 구별적 특성을 잃어버리지는 않는다. 영혼은 몸이 아니며 몸도 영혼이 아니기 때문이다. 그러므로 어떤 일들은 독단적으로 영혼에 대해서만 말해질 수 있는 것이 육체에는 적용되지 않는 것이 있고, 또한 육체에 대한 것이 영혼에 맞지 않는 것도 있다. 전 인간에 있어서는 영혼이나 육체에 각각 따로 언급될 수 없는 것도 있다. 결국 영혼의 특성이 육체적인 것으로 바뀌기도 하고, 육체의 특성이 영적인 것으로 전환되기도 한다. 그러나 이 두 부분으로 이루어진 사람은 한 사람 이상이 아니라 바로 한 사람이다. 이런 표현이 암시하는 것은, 사람 속

에는 한 본성이 두 요소가 서로 결합된 채로 존재한다는 것, 또한 동시에 이
한 인격을 구성하는 두 개의 상이한 본성들이 있다는 것이다.

성경이 그리스도에 대해 말하는 것도 마찬가지이다. 독단적으로 그의 인
간성에 대해서만 언급되어져야 할 것이 있고, 또 때로는 그의 신성에만 특별
히 해당하는 것이 있다. 그리고 때로는 양 성격을 다 포용하되 어느 하나에
대해서만 맞지 않을 경우도 있다. 결국 "속성의 교류"를 통하여 그의 인성에
속한 것을 신성에 돌리고, 또 그의 신성에 포함되는 것들을 그의 인성에 돌
리게 된다.

이런 말들은 성경에서 명백한 예들을 제시해 주지 않으면 의미없는 말이
될 것이다. 그리스도께서 자신에 대하여 "아브라함이 나기 전부터 내가 있느
니라"(요 8:58)고 말씀하신 것은 그의 인성과는 거리가 먼 말이다. 아브라함
이후 수세기가 지나기까지 그는 인간이 되시지 않았기 때문이다. 그러므로
이 말은 특히 그의 신성에 해당한다. 그리고 그가 "아버지의 종"(사 42:1; 기
타 다른 구절들)이라 불린 것이나, 그가 "지혜와 키가 자라갔다"(눅 2:52)는
말, 그리고 그가 "나는 내 영광을 구하지 않았다"(요 8:50)는 말 등은 그의 인
성에만 해당되는 말이다.

그가 하나님이신 한에서는 성부와 동등하며, 자랄 수도 없으며, 또 모든 일
을 자기 자신을 위하여 이루시기 때문이다(빌 2:9-11). 그리고 특별히 그의
신성에도 그의 인성에도 해당하지 않고, 동시에 양자에 다 해당되는 예는,
그가 아버지로부터 죄를 사하는 권세를 받으셨다는 것, 죽은 자를 살리신
것, 산 자와 죽은 자를 심판하실 자로 임명되신 것(눅 5:20-24; 요 5:21; 6:40
-54; 행 10:42) 등이다. 왜냐하면 하나님의 아들은 육체를 입고 나타나실 때
그 같은 특권을 부여 받았던 것이기 때문이다. 이 권세들을 그는 아버지와
함께 가지며(벧전 1:20) 세상의 창조 이전에 가졌으며(엡 1:4) 그리고 이런 것
들은 사람일 뿐인 자에게는 결코 주어질 수 없는 것이다.

요한복음에는 이런 형태에 대한 본문들이 많이 있다. 신성이나 인성 어느
한 쪽에만 해당하는 것도 아니고, 그리스도의 인격 속에 하나님과 인간이 함
께 나타났다고 해야 알맞은 그런 표현들이다. 이런 의미에서 바울의 글 중에
나타나는 말, 즉 "그리스도는 나라를 아버지 하나님께 바칠 것이라"(고전

15:24)고 한 것도 이해할 수 있다. 하나님의 아들의 나라는 시작도 없고 끝도 없다. 그러나 그는 낮아지신 후 영광과 존귀로 관 쓰시고 모든 것 위에 계심과 같이, 꼭 마찬가지로, 그가 자신을 비우고 자기를 아버지께 죽기까지 순종함으로써 드린 후에 그는 높아지셨고, 그 앞에 모든 무릎이 꿇을 이름을 받으셨다(빌 2:8-10). 그리하여 그때에 그는 그 이름 자체와 또 그가 아버지께로부터 받은 것은 그 무엇이나 아버지께 드려서 하나님이 모든 것 가운데 모두가 되게 하셨다(고전 15:28).

특성 혹은 속성의 공유는 바울이 한 말 속에도 나타나는데 곧 "하나님이 그의 피로 교회를 사셨다"(고전 2:8)는 표현이다. 정확하게 말하자면, 하나님은 피를 가지고 있지 않고 또 고난을 당하지도 않는다. 그러나 참 신이요 참 인간인 그리스도께서 십자가에 못 박히고 피를 흘리실 때 그가 인간 본질 가운데서 행하신 일이 신성으로 전환되었다.

한편 그리스도가 하신 말씀에 "하늘에서 내려온 자 곧 인자 외에는 하늘에 올라간 자가 없느니라"(요 3:13)고 하신 것도 그가 신체 상으로 하늘에 있었다는 것이 아니다. 자아동일한 한 분이 동시에 하나님이며 사람이기 때문에, 양 본성의 합일을 위해서, 그는 한 쪽에 속하는 것을 다른 쪽에 주셨다. 내가 이 문제를 더 철저하게 파고 드는 이유는, 어떤 사람들 중에 그리스도의 한 인격 속에 양 본성의 속성들이 있다는 것을 도무지 믿지 못하는 사람들이 있기 때문이다. 그런 그들도 그리스도가 하나님이요 또 사람이요 또 하나님의 아들이라고 고백한다.

하지만 더 추궁해 들어가 보면 그들이 "하나님"이다 또는 "하나님의 아들"이다 하고 말하는 것은 그가 성령으로 처녀의 몸에서 잉태되었다는 이유 때문이다. 옛날에 마니교도들도 동일한 몽상을 하고 있었다. 즉 사람이 하나님으로부터 그의 영을 받았다는 것인데 그 근거는 "하나님이 땅의 흙으로 사람을 지으시고 생기를 그 코에 불어넣으시니 사람이 생령이 되니라"(창 2:7)는 것이다.

그들은 자기들의 오류를 방어하기 위해 소리를 높여 주장하기를, 하나님은 자기 아들을 아끼지 아니하셨다는 것이며(롬 8:32), 또 처녀에게서 날 자가 "지극히 높으신 이의 아들"이라 불릴 것이라고 천사가 고지하였다는 것이다(눅 1:32). 분명히 우리는 두 그리스도를 만들지 않는다. 우리가 단순히 고백하는 것은 하나님의 아들인 그가 우리 육신을 취하였다는 것이다.

그래서 그분은 하나이신 동일한 그리스도요, 하나님이며 또 사람이신데, 그의 양 본성이 합하기는 하나 혼합되지는 않았다. 이 점에 있어서 그들이 자기의 잘못된 반대(이것을 가지고 우리를 대항하고 있다), 즉 그리스도는 그의 인성을 따라서만 하나님의 아들인데, 이는 다른 이가 아니라 바로 그가 처녀의 몸에서 난 사람으로서 고난을 당하고 하나님의 아들로 칭하여졌기 때문이라는 사상을 찬양하지 못하도록 하기 위해 성경이 어떻게 말하는지를 통해 그들이 올바른 것을 배우게 하자.

선지자의 말씀 중에서 주님은 이렇게 말씀하신다. "베들레헴 에브라다야, 너는 유다 족속 중에 작을지라도 이스라엘을 다스릴 자가 네게서 내게로 나올 것이라. 그의 근본은 상고에, 영원에 있느니라"(미 5:2; 마 2:6). 그들은 바로 이 그리스도 곧 베들레헴에서 나신 분이 "영원한 날로부터 나오신다"는 말을 듣지 못하는가? 하지만 우리가 "날의 영원성"을 바라본다면 그리스도는 아직 없었다. 이렇게 말하는 것이 옳다. 즉 하나님의 아들만이 계셨고 그가 후에 그리스도가 되었다. 히브리서의 기자도 그렇게 말한다. "이 모든 날 마지막에는 아들을 통하여 우리에게 말씀하셨으니 이 아들을 만유의 상속자로 세우시고 또 그로 말미암아 모든 세계를 지으셨느니라"(히 1:2).

틀림없는 사실은, 여기서 하나님의 말씀은 하나님의 아들이라 볼 때, 그를 통하여 세상이 만들어진 것이면, 그는 인간이 되기 전에 먼저 아들이셨다. 요한도 "만물이 말씀을 통해 지어졌다"고 말하며(요 1:3), 사도도 "아들을 통하여"라 말한다(히 1:2). 바울은 또한 "하나님의 아들"과 "사람의 아들" 두 칭호를 명백히 분리하는데 이는 이런 구분을 반대하는 것은 완고함의 표시일 뿐만 아니라 무지의 표시라는 것을 보여주려 함이다.

먼저, 바울은 그분에 대하여 "하나님의 복음을 위하여 택정함을 입었으니, 이 복음은 하나님이 선지자들을 통하여 그의 아들에 관하여 성경에 미리 약속하신 것이라 그의 아들에 관하여 말하면 육신으로는 다윗의 혈통에서 나셨고, 성결의 영으로는 죽은 자들 가운데서 부활하사 능력으로 하나님의 아들로 선포되셨다"(롬 1:1-4) 하였다. 여기서 바울이 육신으로 다윗의 아들이라고 구별해서 지칭한 것은, 그분이 하나님의 아들인 것은 육신을 따른 것이 아님을 표명하고자 함이 아니겠는가? 다른 곳에서도 그는 말하기를 "육신으로 하면 그리스도가 그들에게서 나셨으니 그는 만물 위에 계셔서 세세에 찬양을 받으실 하나님이시니라"(롬 9:5) 하였다. 이제 그리스도가 "육신으로는 아브라함의 씨"라 불리고 있지만, 육신을 넘어서는 "세세에 찬양 받으실 하나님"이라 한 이 선언보다 더 명백한 것을 어떻게 그들에게 보여줄 것인가?

다시 한 번 내가 확인해 두고 싶은 사실은, 우리는 한 분 그리스도가 참 하나님이요 사람이신 것을 부인하지 못하며, 또 그의 신성을 그의 인성에서 찢어내지 못하고 다만 둘을 구분할 뿐임을 밝히고 싶다. 이러한 표현들은 이 큰 비밀을 정당히 대접하여 경건히 다루고 있는 건전한 주석가의 손 안에서 아름답게 일치를 보고 있다. 그러나 정신이 나가서 광적이 된 저 못된 영들이 요란을 떨지 않고 고이 모셔 둘 것은 아무것도 없다!

그들은 그리스도의 인성의 속성들만을 그의 신성에서 떼어내어 붙들고 있다. 또 그의 신성만을 인성에서 떼어내어 붙들기도 한다. 또는 양 본성에 속한 것이 너무나 혼합되어 있어서 각각이 서로 교류할 수 없다고 함으로써 둘을 동시에 떼어 버리기도 한다. 그러나 이 같이 해서 남는 결과가 무엇인가? 결국 그리스도는 하나님이기 때문에 인간은 아니다. 또는 그는 사람이기 때문에 하나님은 아니다. 또는, 그는 동시에 사람과 하나님이기 때문에 사람도 아니고 하나님도 아니다. 이런 말이 되지 않겠는가? 그러므로 그리스도는 하나님이실 뿐만 아니라, 그가 참 육신을 취하셨을 때 또한 사람이 되셨다.

14. 예수께서 아버지의 음성으로 또 하늘의 신탁으로 칭하여진 것과 같이 (눅 1:30-35, 2:21) 우리도 그를 진정으로 그러한다고 믿으며, 또 이 이름이 "우리가 그 안에서 구원을 얻도록 사람들에게 주신"(행 4:12) 이름인 줄로 믿는다. 우리는 또한 그리스도 자신이 성령의 모든 은혜와 함께 뿌려진 것을 믿는다. 이 은혜가 "기름"이라 불리어진 것은(시 45:7; 89:20) 이것이 없이는 우리가 시들어 가고, 마르고 황폐해지기 때문이다.

그리고 성령께서 그의 위에 머무시고, 그의 충만함으로부터 우리가 모든 것을 받도록 하기 위해(다시 말해 우리 누구나가 믿음을 통해 그의 짝이 되고 동참자가 된다) 성령을 그의 위에 다 쏟아 부으신 것처럼(사 11:1-5; 61:1-3; 요 1:16), 우리도 또한 믿는 것은, 이 기름 부음을 통해 그가 아버지로부터 왕으로 임명되어 하늘과 땅의 모든 권세를 다스리고(시 2:1-6), 또 그 안에서 우리도 왕이 되어 마귀와 죄와 죽음과 지옥을 지배하게 된다는 것을 믿는 것이다(벧전 2:9; 행 10:36) .

또 우리는 그가 자신을 희생물로 드려 아버지의 진노를 풀고 우리를 그와 화목하게 하기 위한 제사장으로 임명되었다는 것과, 그 안에서 우리도 제사장이 되어, 우리의 대언자요 중보자인 그와 함께, 우리의 기도와, 우리의 감사와, 우리 자신과, 우리 모두를 아버지께 드리게 되었다는 것을 믿는 것이다(계 1:6; 시 110:1-4; 히 5:1-10; 13:15-16). 그러므로 그가 아버지에 의해 우리 위에 계시도록 되었을 때, 우리는 그분을 유일한 주로 인정하는 것이다. 우리는 그가 거룩한 동정녀의 태 속에서 성령의 놀랍고도 말할 수 없는 능력으로 잉태되었음을 믿는다(눅 1:26-38; 2:17). 우리의 구원을 이룩하기 위하여 죽을 인간으로 태어나, 가장 비참한 죽음에 그의 몸을 넘겨 주시고, 그의 피를 구속의 값으로 쏟으셨다(참고. 마 26:28; 엡 1:7).

더군다나 그는 본디오 빌라도 아래서 고난당하시고, 죄수요 행악자처럼 심판관의 인도를 받아 정죄되었는데, 이는 그가 정죄 받으므로 우리가 가장 높으신 심판자의 심판대 앞에서 죄를 면하게 하기 위해서이다. 그는 십자가에 못 박혔는데, 이 일은 하나님의 율법에서 저주받을 일로 나타나는 바, 그는 우리의 죄가 받아야 할 우리의 저주를 짊어지신 것이다(신 21:22-23; 갈 3:10). 그는 죽으셨다. 이는 그의 죽음으로 우리를 위협하는 죽음을 정복하기 위함이며, 또한 우리를 삼키도록 된 그 죽음을 삼키기 위함이다(호 13:14; 고전 15:54). 그는 묻히셨는데, 이는 그의 은혜로써 우리가 죄에 대해 묻히고, 마귀와 죽음의 지배에서 자유를 얻게 하기 위함이다(히 2:14-15; 롬 6:4).

15. 그가 지옥에 내려가셨다는 것은, 그가 하나님께 고통을 받아 하나님의 심판의 무서움과 격심함을 느낌으로 말미암아(시 21:9) 하나님의 진노를 중재하고 우리의 이름으로 그의 정의를 만족시키기 위함이며(사 53:4,11), 그리하여 우리의 빚을 지불하고 형벌을 제거하시되 그 자신의 죄(결코 있을 수도

없는) 때문에가 아니라 우리의 죄 때문에 그 같이 하시는 것이다.

하지만 아버지께서 언제나 그에게 대하여 노를 발하시는 것으로 이해해서는 안 되겠다. 어떻게 그가 자기 사랑하는 아들, "내 기뻐하는 자라"(마 3:17)한 그 아들에 대해 항상 노하실 수가 있겠는가? 아버지가 그를 원수로 여기신다면 어떻게 그가 중보의 일로 아버지의 진노를 가라앉힐 수 있겠는가? 그러나 그가 하나님의 격심함의 무게를 지셨다고 말하는 것은 그 순간 그가 원수와 같이 되었다는 것을 말한다. 왜냐하면 그는 하나님의 손에 의해 "채찍을 맞고 징계를 받았"으며(참고. 사 53:5) 또한 노하시고 복수하시는 하나님의 모든 표시들을 다 경험하셔서 깊은 고뇌 가운데 "내 하나님이여 내 하나님이여 어찌 나를 버리셨나이까?"(시 22:1; 마 27:46)라고 부르짖을 수밖에 없도록까지 되셨기 때문이다.

"그가 지옥에 내려갔다"는 말은 명백하지만 그러나 어떤 특정한 장소("림보"라는 말이 이를 위해 만들어졌다)에 들어간 것은 아니다. 그곳에는 구약시대에 살았던 조상들이 감금되어 있으면서 속박과 포로로부터 놓여나기를 기다리고 있다는 것이다. 그런데 그리스도가 거기에 가서 그 문들을 힘차게 깨뜨리고 사람들을 풀어 주었다는 것이다. 이런 이야기는 위대한 저자들에 의해 반복되어져 왔고, 또 오늘날에도 많은 사람들에 의해 진지하게 옹호되고 있긴 하지만 그러나 이것은 하나의 이야기일 뿐이다.

베드로전서에 나오는 구절도 그런 의미로 받아들여서는 안된다. "그가 또한 영으로 가서 옥에 있는 영들에게 선포하시니라"(벧전 3:19). 사람들은 이 구절을 들어서 앞의 이야기를 보존시키고자 한다. 그러나 베드로가 여기서 뜻하고 있는 것은, 그리스도를 통해 주어지는 구속의 능력은 그 이전에 죽은 사람들의 영혼들에게도 비쳐지고 또 분명히 나타났다는 사실일 따름이다. 그로부터 올 구원을 항상 기다리며 살았던 신자들이 그 때에 분명히 그리고 얼굴을 맞대고서 그의 방문을 맞았다는 것이다. 반면에 버려진 자들은 그리스도가 그들의 유일한 구원이란 사실을 너무 늦게 알게 됨으로써, 이미 구원에서 제외된 상태에서, 더욱더 자기들에게 아무 희망이 남아 있지 않다는 것을 분명히 인식하게 된 것이다.

그런데 베드로가 경건한 자나 불경건한자들을 구분하지 않고 그들이 함께 감옥에 있었다고 말하는 사실을 두고서 마치 경건한 자들도 그런 속박 속에 갇혀 있었다는 듯이 이해해서는 안 되겠고, 다만 그들이 그리스도를 멀리서, 희미하게 구름 속에 가리운 채, 아직도 완전히 다 보여지지 않은 채로 바라보았다는 뜻으로 이해해야겠다. 이런 간절한 기다림을 "감옥"이라 부른 것은 일종의 비유적 표현인 것이다.

　성경은 그들이 아브라함의 품 속에 있다고 증거한다(눅 16:22-23; 계 6:9-11). 그들은 이미 안식과 고요 속에 있는데 이런 상태는 그들에게 있어서 복락의 시작인 것이다. 그들은 자기들이 하나님 안에 살아 있다는 것을 이해하고 있으며 또 그분께 나뉠 수 없이 붙어 있다는 것도 알고 있다. 이런 의미에서 그들은 복된 부활의 날을 기다리는 중에 특별한 위로를 받은 것이다. 비록 지옥에 내려갔다는 이 부분이 몇몇 사람들에 의해 생략되기도 했지만, 그러나 이것이 결코 필요없는 부분은 아니며, 가장 커다란 일들에 대한 가장 큰 비밀을 포함하고 있다.

　16. 나아가서 우리는 "제삼일에 그가 죽은 자 가운데서 살아나신 것"을 믿는다. 여기 죽음이란 여느 사람이 자연법칙 아래에서 죽는 그 똑같은 죽음이다. 그리고 그가 다시 살아나셨다는 것은 한 참 인간이 되어 이제는 더 이상 죽을 몸이 아니며, 몸과 영을 받되 부패되지 않고 영화된 상태임을 말한다. 그리고 우리는 그 부활의 능력이 우리로 하여금 죄의 죽음에서 일으켜 의롭게 된 상태에서 생명과 의의 새로움을 얻게 한다고 믿으며(롬 6:4), 또 마찬가지로 같은 죽음을 거쳐간 모든 사람들이 동시에 일으킴을 받을 것을 확신한다. 이는 그의 부활이 가장 확실한 믿음이며 우리 사람의 부활의 본질이기 때문이다(고전 15:13; 행 1:22).

　17. 우리는 "그가 하늘로 승천하신 것"을 믿는다. 이 승천으로써 그리스도는 아담 안에서 닫혀져 있었던 천국에의 입구를 우리에게 열어 주신 것이다(요 14:1-3). 진정 그는 우리의 육신으로 하늘에 들어가셨는데 이는 마치 우리의 이름으로 그렇게 하신 것과 같아서, 이미 우리가 소망 중에 이 천국을 그분 안에서 소유하게 되었고, 이제 후에는 천상의 존재들 사이에 우리의 자

리를 얻게 되었다(히 2:10, 13; 엡 1:3, 2:6).

우리는 또한 그가 육신으로 나타나신 것과 꼭 마찬가지로 "그가 아버지의 우편에 앉아 계신 것"을 믿는다. 이것이 의미하는 바는 그가 이제 왕과 심판자와 만유의 주로 임명받고 선포되었다는 것이다. 모든 피조물은 하나도 예외없이 그의 주권에 복속되어서, 이제 그의 능력으로 영적 은사들을 우리에게 베풀 수 있게 되었다(고전 15:27; 히 2:8; 엡 4:8). 그러므로 그는 우리를 성화시키시고, 우리 죄의 오물을 씻기시고, 우리를 다스리시고 인도하시되 우리가 죽음을 통하여 그에게로 나아갈 때까지 하실 것인데, 이 죽음은 우리 불완전의 종점이 될 것이며 우리 축복의 시작이 될 것인 바, 우리가 이 축복을 그 안에서 받아 그의 나라와 영광이 우리의 지주요 능력이요 지옥을 이기는 승리가 될 것이다.

이제 그가 아버지 앞에 계신 것이 우리를 위해 큰 유익이다. 이는 그가 거기에서 우리로 하여금 아버지 앞에 나아감을 얻게 하며, 그 길을 닦고, 우리를 그분께 드리며, 그로부터 우리를 위해 은혜를 요청하시며, 우리의 영원한 지원자요 중보자로서 우리를 위해 간구하시며, 우리 죄를 위해 중보기도하시고, 우리를 하나님과 끊임없이 화해시키고 계시기 때문이다(히 7:24 이하; 9:11 이하; 롬 8:26-27; 요일 2:1). 그러므로 그가 비록 하늘에 오르심으로써 우리의 시야로부터 그의 몸을 감추셨지만 그러나 여전히 그는 신자와 함께 있어 도움과 힘이 되시고, 또 그의 현존의 분명한 능력을 보여주시는 것이다. 이것을 또한 그는 약속하셨다. "볼지어다, 내가 세상 끝날까지 너희와 항상 함께 있으리라"(마 28:20).

18. 마지막으로 우리는 "그가 내려 오실 것"을 믿는다. 그가 올라가실 때 보이셨던 그 모습대로(행 1:11; 마 24:27, 44), 마지막 날에, 모든 사람에게 일시에 나타나실 때에, 산 자와 죽은 자를 심판하실 수 있는 위엄으로 하늘로부터 볼 수 있는 모습으로 내려오실 것이다. 그때에 아직도 살아 있는 자와 이미 죽어 데려간 자들 모두를 심판하실 것이다(살전 4:14-17; 마 16:27-28). 그들 모두에게 그들의 업적을 따라 신실했든지 혹은 신실치 못했든지 그 나타나는 대로 그가 갚아줄 것이다.

19. 그러므로 우리 구원의 전체와 또 그 부분들이 이렇게 그리스도 안에 집약되어 있음을 보게 되는 고로, 우리가 우리 구원의 가장 작은 한 부분이라도 다른 곳에 있는 것처럼 생각지 않도록 주의해야만 하겠다. 그리스도 안에만 하늘의 보화가 감추어져 있기 때문이다. 이에 따라 그에게만 모든 기대를 거는 자들이 무슨 선한 일이든지 충만히 이루어질 것을 바랄 수 있다. 진정으로 이 모든 일들이 그로부터 우리에게 의심할 바 없이 오는 것이라면, 확실한 믿음을 가지고서 그의 말씀으로부터 그것들을 기다리며 살아가는 우리 모두는 선한 일의 어떤 부분에라도 참여치 못하는 일은 결코 없을 것이다.

셋째 부분
성령을 믿사오며

20. 여기서 우리는 성령을 믿는다고 고백하는 것이지만 더욱더 그분이 아버지와 아들과 함께 계시고, 또 거룩한 삼위일체 하나님의 제3위이며 아버지와 아들과 동일본질이며 함께 영원하며, 전능하사 만물의 창조자란 것을 믿는다. 앞에서 이야기했듯이 세 구별된 위격이 계시지만 본질은 하나이다. 이는 깊고 감추어진 신비이기 때문에 우리의 지성이나 우리의 혀가 자연으로나 능력으로나 이 신비들을 파악할 수 없는 것이므로, 이들은 탐구되기 보다는 오히려 경모되어야 마땅하다. 그러므로 우리가 아버지와 그의 아들이신 하나님께 우리의 모든 신뢰를 두는 것과 꼭 마찬가지로 동일한 신뢰를 이 성령께도 돌려야겠다. 그는 참으로 우리의 하나님이요 아버지와 아들과 함께 하나이시다.

우리가 인정하게 되는 사실은 아버지께 이르는 그리스도 외의 다른 길이 없듯이 성령 외에 다른 지도자나 인도자가 우리에게는 없다. 또 성령을 통하지 않고서는 하나님께로부터 어떤 은혜도 오지 않는다. 은혜는 그 자체가 성령의 능력이요 활동이다. 은혜를 통해 성부 하나님은 아들 안에서 모든 선한 일을 이루신다. 은혜를 통해 그는 의롭게 하시고 거룩하게 하며 또 우리를 씻기시고, 그에게로 불러 가까이 가게 하셔서 우리가 구원을 얻게 하신다(롬

8:11-17; 엡 2:18; 고전 12:1-13).

그러므로 성령은 이런 방식으로 우리 속에 거하시면서, 우리를 그의 빛으로 비추어 주사, 우리로 하여금 그리스도 안에서 얼마나 부요한 하나님의 선하심을 우리가 소유하고 있는지 배우고 또 명백히 깨닫게 하시는 것이다(고전 2:10-16; 고후 13). 그는 우리의 가슴속에 하나님을 향해서와 또 이웃을 향하여 사랑의 불이 일도록 하시며, 또 날이면 날마다 우리의 과도한 욕망으로 일어나는 악을 소멸하셔서(롬 8:13), 만일 우리 속에 어떤 선한 역사라도 있게 된다면 그것은 바로 그의 은혜의 열매요 능력인 것을 나타내신다. 그를 떠나서 우리가 빚어내는 일이란 모두가 지각의 어둠과 마음의 타락일 뿐이다(갈 5:19-21).

성령의 이런 은사들은 우리의 어떤 의무나 공적에 따른 것이 아니라, 하나님의 선물로서 자유롭게 우리에게 거저 주어진 것이다. 그러므로 우리는 성령을 믿는다. 그분이 아버지와 아들과 함께 우리의 한 분이신 하나님이심을 인정하면서, 또 우리가 거룩한 복음의 말씀을 들었기 때문에, 우리가 그분을 믿음으로 받아들였기 때문에, 우리가 이제 그 믿음 위에 굳게 서 있기 때문에, 이 사역과 능력이 그의 것인 줄 확신하고 굳게 주장하는 것이다. 그의 사역은 거저 주시는 것이므로 아무것도 우리의 공적에 돌릴 수 없다. 이러한 일들이 모든 믿는 자들에게 똑같이 일어나는 일이기 때문에 이것이 모두를 위한 믿음이어야 함이 마땅하다.

넷째 부분

거룩한 공회와, 성도의 교통과, 죄를 사하여 주시는 것과, 몸이 다시 사는 것과, 영원히 사는 것을 믿사옵나이다.

21. 먼저 우리는 거룩한 공교회를 믿는다. 다시 말해서 선택받은 자의 전체 수, 천사들이나 사람들(엡 1:9-10; 골 1:16), 사람들 중에서는 죽은 자든지 아직 살아 있는 자들, 산 자들 중에서는 어느 땅에 살고 있든지, 또 어느 민족 속에 흩어져 있든지 간에 이들이 한 교회요 사회이며, 하나님의 한 백성인

것을 믿는 것이다. 우리 주, 그리스도는 이 모두의 지도자요 통치자이며, 한 몸의 머리이며, 결국 하나님의 선하심을 통해 그 모두가 그리스도 안에서 세상의 기초가 있기 전에 택하심을 입어(엡 1:4) 모두 함께 하나님의 나라에 모이도록 하셨다.

이제 이 사회는 보편적이요, 다시 말해서 우주적인데 이는 둘이나 혹은 세 교회들이 있을 수 없기 때문이다. 이 하나님의 모든 택한 자들은 그리스도 안에서 일치가 되고 연합되어져서(참고. 엡 1:22-23) 그들이 한 머리에 붙어 있는 동안 한 몸으로 함께 자라며, 함께 결합되고 짜여져 가는 것이(비교. 엡 4:16) 한 몸의 지체들과 같다(롬 12:5; 고전 10:17; 12:12, 27). 이들은 한 믿음, 소망, 사랑 안에서, 또 하나님의 한 영 안에서, 영원한 생명의 상속으로 부름을 받아 함께 살아가는, 진정으로 하나가 되어진 것이다.

교회를 또 거룩하다 하였는데, 이는 하나님의 영원한 섭리에 의해 선택되어진 수많은 사람들이 교회의 회원으로 받아들여져서, 이 모든 이들이 주님으로 말미암아 거룩해지기 때문이다(요 17:17-19; 엡 5:25-32).

22. 바울은 하나님의 자비의 이 순서를 이렇게 묘사하고 있다. "또 미리 정하신 그들을 또한 부르시고 부르신 그들을 또한 의롭다 하시고 의롭다 하신 그들을 또한 영화롭게 하셨느니라"(롬 8:30). 그가 자기 사람들을 그에게로 이끄실 때는 그들을 부르신다. 그러면서 자신을 보여주사 그들로 하여금 하나님을 그들의 하나님이요 아버지로 인정하게 하신다. 그는 또 그들에게 그리스도의 의의 옷을 입혀 의롭다 하시는데, 이 의의 옷이 그들의 완전이 되게끔 꾸미시고 또 본래 그들의 불완전을 덮어 감추는 것이다. 그리고 이제 그들의 육체의 부패를 매일매일 씻는 자들을 그는 성령의 축복들로써 소생시켜 그들이 새로운 생명으로 거듭나게 하며, 마침내 하나님 보시기에 거룩하고 흠없이 나타나게 하시는 것이다. 그리고 그의 나라의 위엄이 모든 것 속에 그리고 만물을 통하여 나타나게 될 때에 그들을 영화롭게 하실 것이다.

결과적으로 주님은 자기 사람들을 불러 의롭다 하시고 영화롭게 하실 때 이 목적을 위해 그들이 태어나기도 전에 작정하셨던 그의 영원한 선택을 선포하시는 것이다. 그러므로 하늘나라의 영광에 들어가는 자는 누구 할 것 없이 이러한 방식으로 부름을 받고 의롭다 함을 받는 것인데, 주님께서는 단 하나의 예외도 없이 이런 방법을 통해 그가 택하신 모든 사람 가운데 그의 선택을 이루시고 나타내시는 것이다.

성경은 가끔, 우리의 이해력에 맞추기 위해, "하나님의 선택"을 이 부르심과 칭의로써 이미 드러난 것에 대해서만 말하고 있다. 그 이유는, 그의 백성 가운데서 하나님은 가끔 택함을 받은 자가 아닌 자에게도 그의 능력을 보여 주신 그런 예가 더러 있기 때문이다. 반면에 진정으로 선택받은 자가 아직 하나님의 백성으로 선포되지 않았기 때문에 그 백성의 숫자에 계산되지 않는 사람도 있다(롬 9:11; 25-26; 10:20; 11:7, 24, 28; 호 2:3). 바울은 여기에서 하나님의 유일하고 불변적인 섭리를 언급하고 있다기보다는, 오히려 우리가 파악할 수 있는 방식으로 드러난 하나님의 자녀들, 즉 성령으로 감화받은 자들을 언급하고 있는 것이다(롬 8:1, 14).

23. 또한 교회는 하나님의 선택된 백성이기 때문에(요 10:28), 진정으로 그 일원이 된 자들은 결국 소멸된다거나(요 10:28) 또는 나쁜 결과를 맞게 되는 일이 일어날 수 없다. 왜냐하면 그들의 구원은 너무도 확실하고 견고한 터전 위에 자리잡고 있어서, 이 세상의 모든 구조가 허물어진다 하더라도 그 구원은 흔들리거나 쓰러질 수 없기 때문이다. 우선은 그것이 하나님의 선택과 더불어 서 있으므로 그 영원한 지혜와 함께가 아니면 변하지도 실패하지도 않을 것이다. 그러므로 신자들이 비틀거리거나 심지어 넘어진다 할지라도 서로를 대하여 충돌하지 않는 것은 하나님께서 그들의 손을 붙들어 주시기 때문이다.

바울이 "하나님의 은사와 부르심에는 후회하심이 없느니라"(롬 11:29)고 한 말도 그런 뜻이다. 주께서 택하신 자들은 그의 아들 그리스도의 보호와 지키심에 넘겨져서 "내게 주신 자 중에 내가 하나도 잃어버리지 아니하고 마지막 날에 다시 살리리라"(요 6:39 이하) 한 말씀대로 이루어질 것이다. 그분과 같이 좋은 보호자 아래에서(참고. 고후 4:9) 그들은 방황하고 넘어질 수는 있을지라도, 결코 잃어버려질 수는 없다. 그 밖에도, 세상의 창조 이후로 주께서 땅 위에 그의 교회를 가지지 않으셨던 때가 없다고 선포된 것과 같이,

마지막 시기까지도 그가 그것을 가지지 않은 때가 없을 것인데, 이는 그가 친히 약속하신 대로이다(욜 3:20; 시 89:27, 35-37; 시 132:12-18).

인류가 아담의 죄로 인해 시초부터 부패하고 그릇되어졌다 할지라도, 그 많은 사람이 오염된 상태 속에서, 주님은 어떤 그릇들을 귀하게 성화시켜(롬 9:21) 모든 시대 가운데 그의 자비를 맛보지 않은 시대가 없도록 하셨다(딤후 2:20 이하). 마지막으로 우리가 교회를 믿되, 하나님의 선하심의 신실함에 근거하여 믿는다면, 우리가 그의 택한 자의 한 부분으로서 그들과 함께 부르심을 받고 이미 부분적으로 의롭다함을 받았다는 사실을 확실히 붙들어서, 우리가 완전히 의롭게 되고 성화되리라는 믿음을 굳게 지키도록 하자.

우리는 진정 하나님의 불가해한 지혜를 다 이해할 수도 없고 또 누가 그의 영원한 계획에 따라 선택 받았으며 또 누가 정죄되었는지 알아내기 위해 그것을 조사할 만한 능력도 우리에게는 없다(롬 11:1-36). 그러나 이런 것은 우리 믿음에는 필요하지 않다. 이 믿음은 하나님의 약속, 곧 그의 독생하신 아들을 영접하는 자들을 그의 자녀로 인정하시겠다 하신 약속(요 1:12)으로 말미암아 풍성하게 견고해진다. 이렇게 하나님의 자녀가 되는 것으로 만족하지 않고 그 이상의 무엇을 구할 만큼 염치없는 욕심을 가진 자가 누구인가?

24. 그러므로 우리가 그리스도 안에서만 우리에게 대한 성부 하나님의 선의와 생명과 구원, 간단히 말해서 하늘나라 그 자체를 찾게 되는 고로, 우리가 하나님 한 분만으로 충분한 줄 알아야겠다. 이를 위해 우리가 생각해야만 할 것은, 그분이 우리의 것이기만 하면 우리 구원과 선을 위해 아무것도 달리 부족함이 없다는 사실, 그리고 우리가 그의 안에 구원과 생명과, 한 마디로, 우리 모든 소유를 두기만 하면, 그분이 우리를 결코 버리시지 않을 것을 우리가 확신하기만 한다면, 그분과 또 그에게 속한 모든 것이 우리의 것이 되리라는 사실이다. 우리가 믿음으로 그를 받기만 한다면 그는 그 자신을 우리에게 주실 준비가 다 되어 있다.

그러나 그리스도로 만족하지 못하고 더 깊이 뚫고 들어가려고 하는 사람들은 하나님의 진노를 자신들 위에 일으키는 셈인데, 이는 그들이 하나님의 위엄의 깊이를 뚫고 들어감으로써 하나님의 영광에 압도당하지 않을 수 없기 때문이다(잠 25:2-6). 우리 주 그리스도는 아버지께서 그 안에서 영원 전부터 그의 것으로 삼아 그의 교회의 양 무리 가운데로 이끌어들이시기로 뜻하셨던 자들을 선택하셨기 때문에, 우리가 그리스도 안에 거하기만 하면, 하나님의 택한 자와 또 교회에 속하는 자가 된다는 명확하고도 충분한 증거를 갖게 되는 것이다. 이 동일한 그리스도께서 바로 아버지의 지속적이요 불변적인 진리이기 때문에, 그의 말씀이 진정으로 선포하는 바대로, 처음부터 그러하였고 또 영원히 그러할 우리에 대한 아버지의 뜻에 대해 조금도 의심하지 않게 되는 것이다(요 1:1; 14:7-11).

그러므로 우리가 믿음으로 그리스도와 또 그에게 속한 모든 것을 얻게 되는 것이라면, 그분 자신이 아버지의 사랑하는 아들이요 또 천국의 상속자인 것과 마찬가지로 우리 또한 그를 통해 하나님의 자녀로 입양되어 그의 친구와 동료가 되어 그가 받을 상속을 함께 나눌 자로 참여하게 되었다는 사실이 틀림없이 성립되어져야만 하겠다. 이 사실 때문에 우리는 또한 주님이 영원부터 택하신 자, 그가 영원토록 보호하여 결코 멸하게 허락하지 않을 자들 속에 우리도 속하였다는 것을 확신할 수 있게 된다(롬 8:31-39).

25. 그렇지 않고 만일 우리가 자신이 그 회중에 든 것을 믿지 못한다면 우리는 공교회가 있다는 사실을 헛되이 열매 없이 믿는 것이다. 하지만 다른 이들이 이 교회에 속하였는지 결정하는 일이나, 또는 선택된 자를 유기된 자들과 구분해 내는 일은 우리에게 맡겨진 일이 아니다. 이 일은 하나님만의 특권인데, 바울의 표현대로 하자면 하나님께서 자기 백성을 아신다(딤후 2:19).

그리고 인간의 성급함이 튀어나오는 것을 막기 위해, 우리는 매일의 사건들을 통해 하나님의 판단이 얼마나 우리의 지각을 초월하는지에 대해 경고를 받고 있다. 왜냐하면 인간의 눈으로 볼 때 완전히 버린 자요 희망 없이 포기해 버린 자들도 하나님의 선하심에 의해 생명의 길로 다시 부름을 받고, 반면에 남들보다 앞서가고 있는 것으로 보여지던 자들이 넘어지는 경우를 우리가 보기 때문이다. 오직 하나님의 눈만이 누가 마지막까지 보전될 자인지를 보실 수 있다(마 24:13). 이는 그분만이 구원의 머리이기 때문이다(히

2:10).

그런데 그리스도께서 말씀하시기를, 말씀의 사역자들이 땅에서 풀고 맨 것이 하늘에서 풀고 맨 것이 되리라고 하신 것은(마 16:19) 우리가 스스로 누가 교회에 속하는지, 또 누가 외인인지를 분간할 수 있다는 것을 의미하지 않는다. 이 약속을 통해 그가 의도하신 뜻은, 그가 우리에게 어떤 외적 기준을 주어서 우리 앞에 밝히 드러낸다거나 또 매이고 풀린 자들을 우리 눈 앞에 나타내신다는 의미가 아니라, 믿음으로 복음의 약속 곧 그리스도가 땅 위에 구속과 자유로 주어지시고, 말씀 사역자에 의해 이생 속에 선포된 그 약속을 듣고 받아들이는 그 사람들이 하늘에서도, 다시 말해서 아버지의 존전에서 그의 심판에서 풀리고 자유롭게 되리라는 것이다. 반면에 이 약속을 거부하고 경멸하는 자들은 이 약속으로부터 하늘 하나님의 존전에서 자기들의 결박 속에, 말하자면 그들의 정죄 속에 그대로 매여 있을 것밖에는 다른 증거를 기대하지 못하리라는 것이다.

26. 택한 자를 우리가 확실하게 확인해 볼 수는 없지만, 그래도 성경은 우리에게 어떤 확실한 표시들을 일러주기 때문에 그에 비추어서, 하나님께서 우리에게 허락하시는 범위 안에서 누가 하나님의 자녀로 택함받은 자인지, 누가 유기되고 소외된 자들인지 구별해 볼 수 있다. 결국 우리와 함께 같은 하나님과 그리스도를 그 신앙의 고백을 통해서나 생활의 모범 또는 성례전에의 참여 등을 통해 고백하는 자들은, 사랑의 규칙에 의해 선택받은 자요 교회의 회원으로 볼 수가 있다. 비록 그들의 도덕 생활 속에 약간의 불완전이 남아 있다 하더라도(사실 이 점에서 완전을 보이는 사람은 없다), 그들이 자기들의 악행을 지나치게 찬동하거나 자랑하지만 않는다면, 그렇게 여겨도 좋을 것이다.

그들에 대해서도 희망을 가져야만 할 것은 그들도 하나님의 인도에 의해 더 나은 길로 발전해 갈 것이며 마침내는 모든 불완전을 떨쳐 버리고 택함받은 자의 영원한 복락을 얻게 되리라는 것이다. 그래서 이런 표시와 조짐을 통해 성경은 누가 하나님의 택한 자요, 하나님의 자녀, 하나님의 백성, 하나님의 교회인지 분간해 낼 수 있도록 한다. 반면에 우리와 같은 신앙을 고백하지 않는 자들. 또는 비록 입술로는 고백하더라도 그들의 행동으로는 그 입술로 고백하는 하나님을 여전히 부인하는 자들(평생을 통해 사악하고 버린 사람들, 죄의 탐욕에 취해 있는 자들, 자기들의 악함을 전혀 개의치 않는 자들), 이런 유의 사람들은 그 스스로 보여주는 조짐들을 통해 그들이 교회의 일원이 아닌 것을 나타낸다.

출교라는 것이 제정된 것도 이런 경우에 사용하기 위함이다. 곧 그리스도에 대한 믿음을 거짓으로 꾸미면서, 그 생활의 무가치함이나 거침없이 마음대로 죄짓는 모습을 통해, 교회에 거침돌만이 될 뿐, 그리스도의 이름에 적합하지 못한 자들을 신자들의 회중에서 끊쳐지고 나가도록 하기 위해서다 (고전 5:1-5; 마 18:15-19; 딤전 1:20). 첫 번째는, 그들이 그리스도인이라는 이름으로 하나님께 욕이 되지 않게 하기 위함인데, 그들을 용납하게 되면 그의 거룩한 교회가 마치 행악자들과 공적으로 드러난 악한들의 모임이 될 것이다. 두 번째는, 빈번한 접촉으로 그들의 타락한 삶의 모범이 다른 사람들도 부패시키는 것을 막기 위해서다. 마지막으로, 그들이 부끄러움을 느끼고 회개하게 하여 마침내 바른 길을 찾도록 하기 위해서다.

27. 권징할 사람들을 우리는 당분간 교회로부터 고립시키되, 분별하도록 허락된 범위 안에서 하며, 앞서 말한 규칙을 따라서 할 것이다. 하지만 우리는 그들이 마치 하나님의 손에서 내던져진 자들인 것처럼 다룸으로써 그들로 하여금 절망케 하여서는 안 된다. 그리고 그런 자들이 하나님의 말씀에 의해 이미 정죄된 것이 매우 확실하지 않은 한은, 그들 중 누구라도 택한 자의 수로부터 제하여진 것처럼, 또는 이미 버려진 자인 것처럼 포기해 버리는 것은 전적으로 잘못된 일이다.

이미 정죄된 것으로 보아야 할 자들은, 확고한 목적과 굳은 악의를 품고 진리를 공격하거나, 복음을 압박하거나, 하나님의 이름을 경멸하거나, 성령을 거역하거나 하는 자들이다. 하나님의 입으로 이런 자들에 대해서는 이미 정죄하였다. 곧 성령을 거스르는 죄는 이 세대에서나 오는 세대에서 결코 용서받지 못할 것이라 하였다(마 12:32). 이런 일은 우리가 매우 지각하기 어려운 것이어서 성급하게 하나님의 심판을 앞질러 가기보다는 오히려 계시의 날을 기다리는 것이 더 신중한 계획이 될 것이다(히 6:6; 10:26; 요 5:28-29; 고전 4:3-5).

우리가 하나님의 능력을 제한하고 그의 자비를 그의 율법에 한정시키고 싶지 않다면, 우리 스스로 심판의 권리를 더 많이 가지려 하지 말도록 하자. 하나님은 최악의 사람을 최상으로 변화시키고, 이방인을 접붙이고, 또 나그네를 교회로 받아들이는 일을 그의 기뻐하심을 따라 행하시는 분이다. 이렇게 하심으로써 그는 인간의 생각의 결점을 보이시고 그 성급함을 억제시키신다. 그렇게 하지 않으면 인간은 스스로에게 적당한 정도를 넘는 심판권을 부여하려 하는 것이다.

우리가 할 수 있는 최선의 능력으로 서로를 상호 편견 없이 대하도록 주의해야 하겠다. 서로에게 행해진 행동을 가장 좋은 면으로 받아들이고, 의심 많은 사람들이 늘 그러는 것처럼 꾸불꾸불하고 냉소적으로 비틀지 말도록 하자(마 7:1-5; 롬 12:9-10; 14:13, 19; 살전 5:15; 히 12:14). 하지만 어떤 사람이 너무나 비뚤어져서 다른 사람들이 그들에 대해 좋게 생각하지 않는다면, 우리는 그들을 하나님의 손에 맡겨서 지금 우리가 보는 것보다 더 나은 상태를 기대하면서 그들을 하나님의 선하심에 부탁할 수 있다. 그리하여 우리가 서로를 상호 공평과 인내로 대하고 평화와 사랑을 끼침으로써, 하나님의 비밀한 판단을 어리석게 침범하지 않고, 또 우리 자신의 오류의 흑암에 휘말려 들지 않도록 해야겠다. 이제 이 문제를 한 마디로 표현한다면, 사람 자체를 죽음에 이르도록 언도하지는 말고(그는 하나님의 손과 심판 안에 있다) 다만 각 사람의 행사를 하나님의 법에 따라 선악의 규칙대로 재기만 하자.

28. 출교를 이러한 의미로 이해해야 하겠다. 교회의 양 떼들로부터 (사람 앞에서) 단절된 자들이 구원의 희망 바깥에 내던져진 것이 아니고, 다만 그들이 이 권징을 통해 그들의 이전 생활의 더러움을 떠나 올바른 길로 되돌아 올 때까지 벌을 받고 있는 것이다. 바울이 기록하고 있듯이 그가 사람을 사탄에게, 육체적 죽음에 넘겨준 것은 그의 영혼이 주님의 날에 안전하게 하기 위함이다(고전 5:5; 살후 3:14-15). 이는 (내가 해석하는 대로는) 그 사람을

순간적으로 정죄함으로써 영원토록 안전케 한다는 것이다(살후 3:14-15).

결론적으로, 비록 교회의 권징에 의하면 우리가 출교된 사람들과 친근하게 살고 친밀한 교제를 나누는 것을 허락하지는 않지만, 그럼에도 불구하고 우리는 우리가 할 수 있는 어떤 방법을 통해서든 — 위로와 가르침으로든지 혹은 자비와 부드러움으로든지, 아니면 하나님께 우리 자신의 기도를 드림으로써든지 — 그들이 좀 더 덕스러운 삶으로 돌아오고, 교회의 교제와 일치에로 되돌아 오도록 노력해야만 한다. 그런 사람들뿐만 아니라 터키인들과 사라센인들, 그 밖에 기독교의 적들에 대해서도 같은 태도로 대하여야겠다. 그들을 우리와 같은 믿음으로 만들기 위해 많은 사람들이 지금까지도 사용하고 있는 방법들을 우리는 결코 용인할 수 없다. 즉, 그들로 하여금 불과 물과 다른 일상 요소들의 사용을 금지시키고, 그들의 인간성을 부인하고, 그들을 칼과 무기로 윽박지르는 방법 등이다.

29. 우리가 아직 하나님의 심판에 대해 확실히 알지 못하는 상태에서, 비록 우리가 누가 교회에 속하는 자이며 누가 아닌지 개인적으로 구별해 내도록 허락받지는 못했을지라도, 그러나 우리가 볼 때는 하나님의 말씀이 순전히 전파되고 경청되는 곳, 또 그리스도께서 제정하신 대로 성례가 시행되는 곳에는 하나님의 교회가 존재한다고 의심치 않고 말할 수 있다(참고. 엡 2:20). 이는 "두세 사람이 내 이름으로 모인 곳에는 나도 그들 중에 있느니라"(마 18:20) 하신 약속이 실패할 수 없기 때문이다.

하나님의 교회에 관하여 이보다 더 확실하거나 또 다른 지식은 없으며, 또 누가 교회에 속하지 않는지를 분별할 수 있는 다른 방법도 없다. 이런 일은 믿음으로 외에는 알 길이 없다. 이런 것이 바로 "우리가 교회를 믿는다"고 고백하는 의미이다. 왜냐하면 믿음으로는 그저 육안으로 볼 수 없는 일까지 믿어지기 때문이다. 또한 이런 일은 물질적인 것이 아니기 때문에 우리의 감각의 지배를 받거나, 한정된 공간 또는 고정된 장소에 둘러싸여 있는 것도 아니라는 사실이 명백해진다.

30. 이와 함께 "우리는 성도의 교제를 믿는다." 이는 그 공교회 안에서 모

든 택한 자들(참된 믿음으로 하나님을 함께 경배하는 자들)이 상호 교제를 가지며 또 모든 좋은 것에 동참함을 말한다. 물론 각 개인이 다양한 은사를 가진 사실을(바울도 가르치듯이 성령의 은사는 나뉘어져서 다양하게 배분된다) 부인하는 것은 아니고(고전 12:4-11), 또 시민 질서의 구조 속에서 그가 가진 그 자신의 자리를 지켜가지 말라는 것도 아니다(이 세상의 구조 아래서는 사람들 가운데 독립된 소유가 있어야 하므로 이런 시민 질서가 필요하다).

그러나 성도의 공동체는 영적인 것과 육적인 것을 동시에, 공평과 필요에 따라 친절과 사랑으로 그들 가운데서 서로 나누는 것을 목적으로 한다. 그리고 하나님의 은사가 각 개인에게 어떻게 주어졌든지, 설혹 하나님의 경륜에 따라 특별히 어떤 자에게는 주어지고 다른 자에게는 주어지지 않았다 하더라도, 자기가 가진 것을 모두 나누는 자들이 된다(롬 12:4-8; 고전 12:12, 26). 한 몸의 지체가 일종의 공동체로서 서로를 나누듯이, 그러면서도 각자의 특별한 은사와 독립된 사역을 수행하듯이, 성도들은 서로 모여 한 몸으로 지어져 간다. 이것이 공교회요 그리스도의 신비적 몸이다(엡 1:22-23). 이제 "우리가 교회를 믿는다"는 고백은 이 항목을 통해 확인하게 된 것이다. 이를 통해 우리는 우리가 믿는 교회가 어떤 유의 것이냐를 선포하는 것이다. 그런데 내가 알기로는 이 부분이 어떤 사람들에 의해서는 간과되기도 하고, 또 다른 사람들에 의해서는 의미가 바뀐 채 받아들여지기도 하지만, 나는 내가 할 수 있는 최선의 믿음으로 이를 해석하였다.

31. "우리는 죄 용서를 믿는다." 이는 하나님의 자유대로 그리스도의 공로를 통해 죄의 용서와 은혜가 우리들 곧 교회의 몸에 입양되고 접붙여진 자들에게 왔다는 것을 말한다. 그러나 이 사죄가 다른 원천으로부터, 어떤 이유로도, 다른 사람들에게 주어진 것은 아니다(행 10:43; 요일 2:1-12; 사 33:24). 왜냐하면 교회와 이 성도의 교제 밖에는 구원이 없기 때문이다.

그러면 이제 교회 자체는 이 죄의 용서로 구성되고 또 이것이 기초가 되어 교회를 지탱한다(호 2:18-23). 죄의 용서가 하나님께로 이르는 길이요, 또 그분이 우리와 화해하게 되는 수단이 되기 때문에 이 죄의 용서만이 우리에게

교회로 들어가는 문을 열어주며(교회는 하나님의 도성이요, 지존자가 그의
거하시는 처소로 거룩하게 한 장막이다) 우리를 그 안에 머물게 보호해 준다
(시 46:4-5; 87:1-3; 딤전 3:15). 신자들이 이 죄 용서를 받는 때는, 그들이 자
기들의 죄의 자각으로 억압되고, 고통받고 또 고민하고 있는 중에, 하나님의
심판을 느끼며 두려워하고, 스스로에 대해 혐오하고, 무거운 짐 밑에서 탄식
하고 허덕일 그때이다. 이 죄에 대한 혐오와 또 스스로의 혼란으로 인해 그
들은 자기 육체와 거기서 파생되는 모든 것을 죽이는 것이다.

그리고 그들이 이런 회개를 몸의 감옥 속에 거하는 한 계속 추구해 나가는
사이, 그들은 거듭 그리고 지속적으로 그런 회개를 얻게 된다. 이는 그들의
회개가 그렇게 대접을 받을 만한 것이어서가 아니라, 하나님 보시기에 그것
이 선한 것이기 때문인데, 그는 이런 방식으로 사람들로 하여금 먼저 자신들
의 궁핍을 자각함으로써 모든 교만을 꺾고, 자신들을 온전히 내던져 그 무가
치함을 분명히 알게 하시고, 그때에 가서야 마침내 주님께서 그리스도 안에
서 그들에게 내미시는 자비의 달콤함을 맛보기 시작하도록 허락하시는 것이
다. 이를 맛볼 때에 그들은 편히 숨을 쉬고 위로를 얻어, 그리스도 안에서 죄
용서와 또 복된 구원이 자기들을 위함인 줄 확신하게 된다.

반면에 이런 과정을 통해 하나님께로 가지 않는 자들은 구원의 연결고리
인 이 죄 용서를 결코 얻지 못한다(눅 16:15, 26). 비록 그들의 행사들이 기적
에 가깝도록 장엄하게 빛나는 것일지라도 하나님께는 그들의 말이나 행위나
생각이 다 혐오스러울 뿐이다. 사람들의 눈이란 것은 업적(행위)의 빈 광채
에 자주 눈이 멀기 때문에 그 외양이 거룩하면 할수록 사람들은 더 잘 속게
된다.

32. "우리는 몸의 부활을 믿는다." 모든 인간 육체가 일시에 한꺼번에 썩음
에서 썩지 않음으로, 죽을 몸에서 불멸로 일으켜지는 일이 일어날 것이다(고
전 15:20-56; 살전 4:13-17; 행 23: 6-9). 이미 죽은 자들도, 벌레가 먹었든,
흙으로 변했든, 재가 되었든 또는 다른 어떤 방법으로 산화되었든지 간에 그
들의 몸을 다시 받을 것이다(요 5:28-32). 그러나 그때까지 죽지 않고 살아
있는 자들은 자기 육체의 부패성을 벗어 버리게 될 것이다. 모든 자들이 갑

작스런 변화를 통해 불멸의 본질로 건너가게 되고, 경건한 자들은 생명의 영
광으로, 유기된 자들은 죽음의 정죄로 이르게 된다(마 25:31-46).

33. 마지막으로, "우리는 영생을 믿는다." 이는 주님께서 그 자신의 백성들
곧 몸과 영이 영화롭게 된 자들을 복락 가운데로, 변화와 부패가 미치지 못
하고 영원히 지속될 그 복락 가운데로 받아들이실 그때에 일어날 일이다. 이
일은, 마르지 않는 샘과 같이 모든 좋은 것들을 자기 속에 충만히 가지신 주
님께 우리가 굳게 붙어 있을 때 생명과 빛과 의를 참되고 완전하게 성취시키
는 일이다(고전 15:28-53).
　　그 복락은 모든 밝음과 기쁨과 능력과 행복으로 가득 찬 하나님의 나라에
있는데, 이들은 지금 우리 인간의 지각으로부터 너무나 멀리 옮겨져 있어서
(바울이 말한 것처럼) 귀로 듣지 못하고 눈으로 보지 못하고 인간의 마음으
로 추측하지 못한다(고전 2:9).
　　반면에 경건치 못한 자들과 유기된 자들은 순전한 신앙으로 하나님을 찾
고 공경하지 않았으므로 하나님의 나라의 한 부분도 얻지 못하고, 마귀와 함
께 영원한 죽음 가운데로 쫓겨날 것이다. 거기서 모든 기쁨과 능력과 천국의
다른 좋은 것들은 맛보지도 못하고, 영원한 흑암과 영원한 형벌의 정죄를 받
아(마 8:12; 22:13) 죽지 않는 벌레에게 먹히며(사 66:24; 막 9:44), 꺼지지 않
는 불 속에서 태워질 것이다(마 3:12; 막 9:43, 44, 45, 46, 48; 사 66:24).

34. 우리는 진정으로 성도의 교제와 죄 용서, 그리고 몸의 부활과 영생을
믿어서, 우리 주님의 선하심을 신뢰하는 중에 이 모든 일들이 모든 성도들과
함께 우리에게 이루어질 것을 확신해야 하겠다.
　　그리고 이 모든 일들의 진리가 얼마나 확실하며 흔들리지 않는 것인지 표
시하기 위해, 또 신자들마다 주님께서 자기의 하나님이요 그리스도는 자기
의 구주인 줄로 믿으며, 그의 몸의 부활과 영생을 기다리는 가운데 그 자신
들을 이 믿음으로 굳게 하기 위해, 이 모든 고백의 마지막을 증명된 확실성
의 부호인 "아멘"으로 끝맺고 있다.

C. 믿음, 소망, 사랑

35. 이제 이 산 믿음, 곧 앞서 우리가 보았듯이 한 분 하나님과 그리스도에 대한 신뢰가 있는 곳마다 이 믿음과 함께 소망과 사랑이 동반된다는 사실은 아주 중요한 문제이다(고전 13:13). 이들이 없으면 우리가 믿음에 대해 아무리 학식있게 또 조리있게 논의하더라도 그것이 다 아무것도 아니게 된다. 이는 믿음이 소망과 사랑에 의해 우리 안에 생기기 때문이 아니라, 소망과 사랑이 믿음을 영원히 따라오지 않는 일이 생길 수가 없기 때문이다.

먼저 소망의 성격에 대해 살펴보자. 만일 믿음(우리가 앞에서 들은 대로)이 하나님의 진리에 대한 확실한 설득, 곧 우리를 속이거나 화나게 만들 수 없는 설득이라면, 이 확신을 붙드는 자들은 이 하나님의 약속들이 참되지 않을 수 없는 것으로 생각하기 때문에, 하나님께서 그 약속들을 그대로 이루어주실 것을 기대하게 되는 것이다. 요약해 말하자면, 소망이란 우리의 믿음을 통해 진실로 하나님에 의해 약속된 것으로 믿게 된 그런 것들을 바라는 기대라고 해야 할 것이다.

따라서 믿음이란 하나님이 신실하다는 것을 믿는 것이요, 소망이란 그가 적합한 시기에 그의 진실을 보여주시기를 기다리는 것이다. 믿음은 하나님을 우리 아버지로 믿는 것이요, 소망은 그분이 우리에게 대해 항상 그런 분으로서 행해 주시기를 바라는 것이다. 믿음은 영생이 우리에게 주어진 것을 믿는 것이요, 소망은 언젠가는 그것이 실현되기를 기다리는 것이다. 믿음은 이렇게 소망이 의지할 수 있는 기초가 된다. 그리고 소망은 믿음을 키우고 유지시킨다. 하나님의 약속을 우리가 믿지 않고서는 하나님으로부터 아무것도 기대할 수 없는 것처럼, 우리 믿음이 약하여 넘어지지 않기 위해서는 우리가 꾸준히 소망하고 기다리는 중에 유지되고 심화되어져야 하는 것이다.

사랑에 대해서는 좀 더 명백한 증거가 있다고 할 수 있겠다. 믿음은 그리스도께서 성부에 의해 우리에게 오신 분임을 믿는 것이기 때문에(참고. 요 6:29) ─ 다시 말해서 그는 사죄와 의와 평화와, 성부와의 화해가 되실 뿐만 아니라 성화와 생수의 샘이 되시기도 한다 ─ 우리는 그의 안에서 사랑, 곧 성령의 선물이요 열매(갈 5:22)이며 또한 그의 성화의 사역(참고. 엡 5:26)인 그것을 의심할 바 없이 발견하게 되는 것이다.

소망과 사랑이 모두 어떻게 믿음으로부터 태어나며 나오는지, 그리고 풀 수 없는 끈으로 그것에 결합되어지는지를 주목하라. 그런데 우리가 사랑에 대해서는 방금 소망에 대해 말했던 것처럼 그것을 통해 믿음이 자라며 보존 되고 굳어진다고 말하지는 못한다. 이런 일은 사실 소망에 속하는 것인데, 이는 소망이 조용히 그리고 꾸준히 주님을 기다리는 가운데 믿음이 너무 많 이 헐떡거리지 않도록 억제해 주기도 하고, 하나님의 약속의 신실성에 대해 흔들리거나 의심하지 않도록 믿음을 강하게 해주는 역할을 하기 때문이다 (사 28:16). 그러나 사랑의 성격은 이와는 전혀 다르다. 사랑에는 이런 성질 들이 전혀 없다.

어떤 이들 중에는 항상 바울의 말을 입버릇처럼 들먹이는 사람들이 있다. 그들이 하는 말은 "산을 옮길 만한 모든 믿음이 있을지라도 사랑이 없으면 내가 아무것도 아니다"(고전 13:2)라는 말이다. 이 구절을 통해 그들이 증명 하려 드는 것은 사랑과는 상관없는 믿음도 있다는 것이다(그들은 이를 "형체 없는 믿음"이라 부른다). 그들은 이 구절에서 사도가 "믿음"이란 말로써 나 타내고자 하는 것을 고려하지 않고 있다.

앞 장에서 바울은 다양한 성령의 은사들에 대해 논의했다. 능력들, 여러 방 언들, 그리고 예언 등이다(고전 12:4-10). 그러면서 고린도 교인들에게 "이 은사들보다 더 나은 것을 구하라"고 권한다. 이는 하나님의 교회에 더 큰 유 익을 주는 것이다. 그리고 그가 덧붙이기를 "제일 좋은 길"을 그들에게 보여 주겠다고 한다(고전 12:30). 여타의 은사들은 그 자체로서 아무리 훌륭하다 하더라도 그것들이 사랑을 섬기지 않으면 아무것도 아닌 것으로 여겨지는 것이다.

은사들이 주어진 목적은 교회를 세우기 위함인데 이 목적에 이바지하지 못하는 한 그것들은 다 은혜를 잃고 만다. 이를 증명하고자 바울은 그가 앞 서 열거한 동일한 은사들을 이제 다른 이름으로 되풀이하고 있다. 그 동일한 것, 즉 살아 있는 기적들의 은사를 위해 "능력들" 또는 "믿음"이란 용어를 사 용하고 있다. 이런 기적의 능력 또는 믿음이 하나님의 특별한 선물인데, 사람들은 이 역시 남용할 수 있기 때문에, 방언이나 예언 또는 다른 은사들과 같이 참된 그리스도인 믿음과는 멀리 동떨어진 것이 될 수도 있다는 사실이 분명하다. 가룟 유다의 예에서 이를 볼 수 있는데 그는 이런 것을 가졌으면서도 전혀 신자답지 못했다(눅 10:17-20, 42).

이 동일 구절로부터와 그리고 같은 장에 뒤따라 나오는 다른 구절에서 그들이 하는 말은, 사랑은 소망과 믿음보다 더 큰 것이라고, 또 우리가 의롭다 함을 받는 것도 믿음에 의해서라기보다는 사랑 곧 능력(그들이 말하는 대로 하자면), 더 큰 능력에 의한 것으로 바울이 주장하고 있다는 것이다.

이런 교묘함은 큰 어려움 없이 물리칠 수 있다. 왜냐하면 첫 구절에 언급된 것은 참 믿음과는 전혀 상관없는 것이기 때문이다. 둘째 구절은 우리가 참 믿음의 관점에서 설명할 수 있다. 바울이 사랑이 믿음보다 크다고 하는 말은, 더 공로가 많다는 점에서가 아니라, 더 열매가 많다는 것, 더 멀리까지 영향을 미친다는 것, 더 많이 봉사한다는 것, 또 영원히 번창한다는 것 때문이다. 이에 비해 믿음의 용도는 당분간만 지속될 뿐이기 때문이다(참고. 고전 13:2 이하).

도대체 어떤 건전한 판단을 가진 사람 — 온전히 건전한 정신의 사람 — 이기에 여기서 의롭다 함에 있어서 사랑이 더 효과적이라고 추론해 내고 있단 말인가? 의롭다 하는 능력은 일의 가치에 놓여 있지 않다. 우리의 칭의는 하나님의 은혜에만 달려 있는 것이고, 믿음은 칭의에 붙어 있을 때 믿음이 의롭게 한다고 말하게 되는 것이다. 그런데 이 점에서 어느 반대자가 끼어들어와서, 왜 내가 그 짧은 공간 안에서 "믿음"이란 용어를 그렇게 변덕스럽게 이해하고 있는지 그 이유가 무엇이냐고 묻는다면, 이런 해석에 대해 나는 결코 가볍지 않은 이유를 가지고 있다.

바울이 열거한 은사들이 모두 하나님에 대한 지식과 관계된 것이기 때문에 어떤 의미로 믿음과 소망 아래 귀속되는 것으로 볼 수 있다. 그래서 그는 그 은사들을 요점 반복의 방식으로 "믿음"과 "소망"이란 용어 아래에 포함시키고 있다. 마치 이렇게 말하는 것과 같다. "예언과 방언들, 해석의 은사, 지식의 은사 등은 한결같이 우리로 하여금 하나님을 알게 이끌어 주고자 하는 목적을 가진다. 그런데 이 땅에 사는 동안 우리는 하나님을 믿음과 소망을 통해서만 알 수 있다. 그러므로 내가 믿음과 소망이라 말할 때는 동시에 이 모든 은사들을 포함하는 것으로 쓰고 있다.""그런즉 믿음, 소망, 사랑 이 세 가지는 항상 있을 것이다"(고전 13:13 상). 즉, 아무리 다양한 은사들이 있다 하더라도 그것들이 향하는 곳은, "그 중에 제일은 사랑이다"(고전 13:13 하).

이제 우리가 생각해야만 할 것은, 믿음, 소망, 사랑이 성령의 은사로서, 이 중 어느 하나라도 하나님의 자비로 말미암지 않고는 시작될 수도, 굳게 설 수도 없다는 사실이다(고전 4:7). 그러므로 이 모두를 하나님께 구하되 우리 자신들 안에서 찾아서는 안 되겠다. 그리고 우리가 우리 안에서 소망에 속한 것이나 사랑에 속한 것이나 혹은 믿음에 속한 그 어떤 것을 발견하게 된다면, 그 전체를 하나님에게서 받은 줄 확신하고, 감사하며, 마음과 입술로 구하되 특히 마음으로 구하며, 또 절제하여, 그분이 우리 안에 그것들을 간직 케 하고 또 매일 더 낫게 하시도록 해야겠다. 우리는 이 생애를 살아가는 동 안 그것들을 계속적으로 자라가도록 해야 할 필요가 있는 것이다. 이 일은 우리 완전의 전부가 그 안에 머물러 있는 하나님께 우리가 확실히 도착할 때 까지 걸어나가야 할 도상에서의 전진 과정에 속하는 것이다.

제 3 장

기도

주기도문 해설 포함

A. 일반적 의미의 기도

1. 지금까지 논의한 문제들로부터 우리가 분명히 알 수 있는 것은, 우리 인간의 형편이 얼마나 절망적이며 또 모든 선한 것들의 결핍을 겪고 있느냐는 것, 그리고 구원에 이르기 위한 모든 방편을 얼마나 철저히 잃어버리고 있느냐는 것이다. 그러므로 인간이 자기의 필요를 채우기 위한 자원을 찾고자 한다면 자기 바깥으로 눈을 돌려 외부의 어디로부터 그것을 찾아야 할 것이다.

이에 따라 하나님께서는 기꺼이 그리고 자유롭게 그리스도 안에서 자신을 우리에게 계시해 주셨다는 사실을 설명하였다. 우리의 불쌍한 처지 대신 온갖 행복을, 우리의 부족 대신 모든 부요를 그리스도 안에서 하나님은 하늘의 보물 창고를 우리에게 열어주셔서, 우리의 온 신앙으로 그의 사랑하는 아들을 묵상하게 하며, 우리의 온 기대를 그분께만 두게 하며, 또 우리의 온 소망이 그분께 붙어 머무르도록 하신다.

이런 일은 어떤 삼단논법을 통해서는 얻을 수 없는 비밀히 감추어진 철학이다. 그러나 하나님께서 그 눈을 열어 주시는 자들은 그것을 마음으로 배우게 되고 그분의 빛 가운데서 빛을 볼 수 있게 되는 것이다(시 36:9). 일단 우리가 이렇게 우리에게 필요하고 부족한 그 무엇이든지 하나님 안에서, 또 우리 주 예수 그리스도 곧 아버지께서 그의 모든 부요로운 은사가 머무르게 하신 그분 안에서 찾을 수 있다는 사실을 깨닫도록 믿음으로 가르쳐 주신 후에는(참고. 골 1:19; 요 1:16), 우리가 그 넘쳐 흐르는 샘으로부터 무엇이든지 길어 올릴 수 있게 되고, 우리가 찾을 수 있는 대상이 되고, 또 기도로써 그에게 요청하게 되고, 우리가 배우게 된 것이 그의 안에 있다는 것을 알게 된다.

반면에 우리가 하나님을 주인이요 모든 선한 것들의 공급자이심을 알고서도 그가 우리로 하여금 와서 구하라고 초청하시는 데도 불구하고 그에게 가지도 않고 구하지도 않으면, 이는 마치 어떤 사람이 땅 속에 보물이 숨겨져 있다고 그 있는 곳을 가르쳐 주는 데도 이를 무시하여 아무런 유익을 얻지 못하게 되는 것과 같다. 그러므로 우리는 앞에서 그저 신속히 건드리고만 지나간 이 문제에 대해서 이제 더 철저히 논의해 보도록 해야겠다.

2. 그러면 올바른 기도의 첫 번째 규칙은, 우리가 자기 영광에 대한 모든 생각을 버려야 한다는 것이다. 우리 자신의 가치에 대한 모든 지각을 던져 버리는 것, 우리의 자기 확신을 모두 내버리는 것이다. 반면에 두렵고도 겸비한 자세로 영광을 주님께 돌려야겠다.

선지자의 가르침에도 이런 자세가 제시되고 있다. "우리가 주 앞에 간구하옵는 것은 우리의 공의를 의지하여 하는 것이 아니요 주의 큰 긍휼을 의지하려 함이니이다, 주여 들으소서, 주여 용서하소서, 주여 귀를 기울이시고 행하소서 … 주 자신을 위하여 하시옵소서. 이는 주의 성과 주의 백성이 주의 이름으로 일컫는 바 됨이니이다"(단 9:18-19).

또 다른 선지자의 가르침에도 보면, "자기 큰 죄로 인하여 슬퍼하고 낙담한 영혼, 부복하고 약한 … 굶주린 영혼, 시력 잃은 눈들이, 오 주여, 당신께 영광을 돌리나이다. 우리 기도를 당신 앞에 쏟아 붓고, 당신의 눈에 자비를 구하는 것은, 오 우리 하나님 여호와여, 우리 조상의 의 때문이 아니옵니다"(바룩 2:18-19). 그러나 주께서는 자비로우시기 때문에 "우리가 당신 앞에 죄를 지었사오니 우리에게 자비를 베푸소서"(바룩 3:2).

올바른 기도의 두 번째 규칙은, 우리가 자신의 불충분함을 진정으로 자각하고, 우리가 하나님께 구하는 것을 우리 자신을 위해서와 우리 유익을 위해 정말 필요로 한다는 것을 순수하게 생각하고, 그분께 구하는 것마다 그로부터 얻기 위한 목적으로 구해야겠다는 것이다. 만일 우리가 다른 의도나 다른 마음을 품는다면 우리의 기도는 가장되고 불순한 것이 된다.

만일 어떤 사람이 하나님께 죄의 용서를 구하면서 그 자신이 죄인인 사실을 확실하고도 진지하게 인정하지 않는다면 그는 아무것도 하지 않는 셈이 되며 오히려 그의 가식을 통해 하나님을 조롱하는 것이 된다. 그러므로 우리가 하나님의 영광만을 위하여 구하는 모든 것들을 크고도 타오르는 의욕과 열정으로 구하도록 하자.

예를 들어, 우리가 "이름이 거룩히 여김을 받으시오며"(마 6:9; 눅 11:2)라고 기도할 때, 우리는 그 거룩히 됨을 열정적으로 배고파하고 목말라할 수 있어야만 하겠다. 그래서 우리가 자신의 죄의 무게로 억눌리고 짐진 것을 인식하게 될 때, 그리고 하나님 앞에 기쁘시게 할 만한 어떤 것도 우리에게는 없다는 것을 보게 될 때, 이런 느낌이 우리를 공포로 몰아 넣게는 하지 말고 오히려 우리가 자신을 그분께로 가져가도록 하자.

하나님 앞에 우리가 나아가고자 할 때는 그런 일을 느끼며 생각지 않을 수 없다는 사실을 기억하고서 말이다(눅 17:7-10). 기도는 우리로 하여금 하나님 앞에서 거만하게 부풀어 오르도록 하려고 있는 것도 아니요, 우리의 어떤 것을 위대하게 평가하도록 있는 것도 아니다. 다만 기도로써 우리는, 마치 어린 아이들이 자기들의 문제를 그 부모에게 친근히 가져가 털어 놓듯이 우리도 하나님 앞에 우리의 곤경을 고백하고 그로 인해 울어야 하는 것이다. 이 같은 죄 의식이 있기 때문에 이것이 박차와 채찍과 같은 것이 되어 우리로 하여금 더욱 기도하도록 만드는 것이다.

3. 이렇게 우리의 필요가 무엇인지 자각하게 하는 것에다가, 우리의 지선의 아버지께서는, 우리가 더 강렬히 기도하도록 하시려고 두 가지를 더 보태어 주신다. 하나는 기도하라는 명령이요, 다른 하나는 우리가 구하는 것마다 무엇이든 받을 줄로 확신케 하는 그분의 약속이다. 우리에게는 매우 빈번히 되풀이되는 명령이 주어졌다. 곧 "찾으라", "나에게로 오라", "내게 구하라", "내게로 돌이키라", "환난 날에 나를 부르라" 등이다.

또 다른 곳에서는 십계명의 제3계명처럼 하나님의 이름을 헛되이 부르지 말라는 방식으로 명령되기도 하였다(눅 11:9-13; 요 16:23-29; 마 7:7; 11:28; 슥 1:3; 시 50:15; 출 20:7). 그의 이름을 헛되이 취하지 말라는 이 금지 명령은 역으로 말해서, 우리가 무슨 덕이나 선이나 도움이나 보호를 하나님께 구하고 또 기다리는 중에 그에게 우리의 모든 신뢰를 돌림으로써 그를 영화롭게 하라는 것이다.

그러므로 우리의 어떤 필요가 우리를 억누를 때 우리가 그에게로 피하여 가지 않으면, 그를 찾고 그의 도움을 구하지 않으면, 이는 그의 화를 우리 위에 자초하는 일이며, 마치 이방 신들을 우리를 위해 만들고 우상을 세우는 일과 같다. 우리가 그의 계명을 무시하는 사이에 우리는 그의 뜻을 멸시하게 되는 것이다. 반면에 그를 부르는 자들은 찾고, 찬양을 돌리고, 큰 위로를 누리게 되는데, 이는 자신들이 하나님께 받을 만한 존재가 되고 또 그의 뜻을 섬기는 줄 알게 되기 때문이다.

약속은 이런 것이다. "구하라 그러면 너희에게 주실 것이다"(마 7:7; 참고. 렘 29:13 이하). "그리하면 너희에게 그대로 되리라"(막 11:24). "내가 너희에게 응답하겠다"(사 65:24). "내가 너를 건지리라"(시 50:15; 91:2 이하). "내가 너희를 쉬게 하리라"(마 11:28). "내가 너희를 위로하리라", "내가 너희를 풍족히 먹이리라"(겔 34:14 이하). "영원히 부끄러움을 당하거나 욕을 받지 아니하리로다"(사 45:17).

4. 이 모든 일들이 하나님에 의해 약속된 것이기 때문에, 우리가 확실한 믿음으로 기다리면, 의심 없이 이루어질 것이다. 기도 자체가 그 구하는 것에 대한 공로나 가치를 소유하고 있지 못하기 때문에, 기도의 전적인 소망은 이같은 약속에 놓여 있으며 그런 약속에 근거하는 것이다. 그러므로 우리가 하나님께 똑같이 담대한 믿음으로 부르짖기만 하면 베드로나 바울, 기타 여러 성도들이 응답을 받은 것과 마찬가지로(비록 그들이 우리들보다 더 큰 성결의 삶으로 무장되어 있었다 할지라도) 우리도 응답받게 될 것이라는 확고한 마음을 가져야 하겠다.

우리가 기도하라 하시는 동일한 명령으로 무장되고, 또 응답받을 것이라는 동일한 약속으로 갖추어져 있을 때, 하나님께서는 사람의 가치를 따라서가 아니라, 오직 믿음에 따라서만, 즉 사람들이 그의 명령을 순종하고 그의 약속을 신뢰하는지에 따라 우리 기도의 가치를 평가하시는 것이다. 하나님의 약속을 확실히 믿지 못하고 그의 진리를 의심하는 자들은, 그렇게 의심하고 응답을 받을 수 있을지 머뭇거리는 사이에 아무것도 얻지 못하고 만다. 야고보의 말을 생각해 보라. 야고보는 이런 자들을 "바람에 밀려 요동하는 바다 물결"에 비유하고 있다(약 1:6).

주님께서는 각 사람의 믿음대로 이루어질 것이라고 밝히시기 때문에 우리에게 일어나는 어떤 일도 믿음을 떠나서 이루어질 수 없다(마 8:13; 9:29; 막 11:24). 어떤 사람이라도 하나님 앞에 자신을 내어놓고 또 그분의 눈 앞에 나올 수 있을 만큼 가치 있는 자가 없기 때문에, 하늘 아버지께서는 우리의 이런 곤궁에서 우리를 풀어주시기 위해(이런 곤궁은 우리의 마음을 절망으로 던져 넣고야 만다) 그의 아들, 우리 주 예수 그리스도를 우리의 대언자(요일 2:1)와 중보자(딤전 2:5; 참고. 히 8:6과 9:15)로 보내 주셨다.

이분의 지도를 따라 우리는 담대히 하나님께 갈 수 있게 되고, 또 아버지께서 그를 거절하지 않으심과 같이 우리가 이런 중보자와 함께 나아갈 때 그의 이름으로 구하는 그 무엇이라도 거절하지 않을 것을 믿게 되었다. 하나님의 보좌는 위엄의 보좌일 뿐만 아니라 은혜의 보좌이기도 하므로 우리가 그 앞에서 그리스도의 이름으로 담대하게 나타나고, 자비를 얻고, 때를 따라 돕는 은혜를 얻게 되는 것이다(히 4:16).

5. 이렇게 하나님께 부르짖는 규칙이 정해지고 또 그를 부르는 자가 들으심을 받으리라는 약속을 받았으니, 이제 그를 부르되 특히 그리스도의 이름으로 부르라는 명령을 받은 것과, 그의 이름으로 구하는 것을 얻을 것이라는 약속을 받은 것에 대해 생각해 보기로 하자(요 14:13; 16:24).

그리스도의 이름 외에 다른 이름으로 하나님께 기도하는 자들은 그의 명령을 거만스럽게 어기고, 그의 뜻을 아무것도 아닌 것으로 만들어 버리는 것이며, 실상 무엇인가를 얻으리라는 약속을 갖지 못한 자라는 사실이 논란의 여지 없이 분명해졌다. 참으로 바울이 말한 것처럼 "하나님의 약속은 얼마든지 그리스도 안에서 예가 되니 그런즉 그로 말미암아 우리가 아멘 하여 하나님께 영광을 돌리게 되느니라"(고후 1:20).

말하자면 그 약속들이 확증을 받고 성취를 이룬다는 것이다. 이제 그가 유일의 길이요, 하나님께 나아가도록 허락 받을 수 있는 유일의 문이기 때문에(참고. 요 14:6) 누구든지 이 길과 이 문을 버리면 하나님께 나아가는 다른 길과 문이 없으며, 그들은 하나님의 보좌 앞에 진노와 심판과 공포 외에는 아무것도 남겨둘 것이 없는 자들이 되고 만다.

나아가서 아버지께서는 그를 우리 머리와(마 2:6) 인도자(고전 11:3; 엡 1:22; 4:15; 5:23; 골 1:18)로 세우셨기 때문에(참고. 요 6:27), 그를 저버리고 돌아서는 자들은 자기들의 지위를 지워버리고 하나님이 새겨 주신 표지를 뭉개버리려고 발버둥을 치는 자들이다.

6. 지금은 죽어서 그리스도 안에 살아 있는 성인들에 관해서는, 성인들이 하나님께 탄원할 때 유일한 길이신(요 14:6) 그리스도를 통하지 않고 어떤 다른 길로 한다든가, 또는 어떤 다른 이름으로 하나님께 용납을 받고 있다는 생각을 갖지 말도록 하자. 따라서 성경이 우리를 오직 그리스도께로만 부르고 있는데, 또 천부께서 만물이 그리스도 안에 모이도록 뜻하고 계시는데(골 1:20; 엡 1:10) 우리가, 그들 자신으로서는 아무것도 줄 것도 없는 성인들을 통해 하나님 앞에 나아감을 얻으려고 의도해서는 안 되겠다.

성인들이 자기들의 모든 소원들을 하나님의 뜻에만 맡기고 그 뜻을 묵상하고 또 그 안에 머무르고 있는 것을 볼 때, 누군가가 그들에게 하나님의 나라가 오기를 기도하는 그들의 기도 외에 다른 어떤 기도를 돌리는 사람이 있다면 그는 어리석고도 저속하게, 심지어 경멸적으로 생각하는 것이 된다.

거룩한 자들의 구원에 의해서 뿐만 아니라 버린 자들의 능욕에 의해서도 하나님의 나라는 이루어질 것이다. 그러므로 우리가 그리스도 안에 한 부분을 가지고 또 그의 나라의 부분에 속하지 않는다면, 성인들의 기도(그들이 할 수 있는 무엇이든지)로 도움을 얻고자 하는 기대를 가져서는 안 된다.

반면에 우리가 그리스도 안에 참여한다면, 우리의 노력을 통해 서게 되는 어떤 것이든지 그것이 하나님으로부터라는 것, 그리고 성인들도 그 가족이 되어 기도하는 전 교회의 기도는 주님의 나라가 오도록 기도하는 것인데, 이는 우리를 위해 기도하는 것이란 사실에 대해 전적으로 확신을 가질 수 있는 것이다. 그러나 지금으로서는 성인들이 비록 이런 방식으로 우리를 위해 기도하고 있긴 하지만, 우리는 그들에게 부르짖어서는 안 되겠다.

이것이 행해져야 한다는 것은(딤전 2:1-7; 약 5:15-18) 땅 위에 사는 자들이 서로 기도로 자신을 부탁할 수 있다는 사실로부터 논란의 여지 없이 따라 나오는 결론이 되지는 못한다. 기도로 서로를 부탁하는 이 기능은 서로 간에 필요한 것들을 나누는 가운데 사랑을 증진시키는 역할을 한다. 그런데 이런 행사는 하나님께서 우리와의 교제로부터 데려가 버린 죽은 자들과의 사이에는 적용되지 않는 것이다.

물론 그들도 우리와 함께 그리스도에 대한 한 신앙 안에 묶여져서, 비록 그들의 사랑이 우리를 향해 점점 자라간다 할지라도, 서로 간에 대화나 듣기의 교제는 존재하지 못한다(고전 13:10 이하). 이와 달리 말하는 것은, 하나님의 감추어진 판단 속으로 그분의 말씀을 떠나서 뚫고 들어가려고(인간의 두뇌의 술취한 망상을 통해), 그래서 성경을 짓밟아 놓으려는 것밖에 되지 못하는 것이 아니겠는가? 성경은 우리 육체의 신중함이 하나님의 지혜의 원수라고 매우 자주 선언하며(롬 8:6-7), 또 우리 마음의 허영을 전적으로 정죄하며, 우리의 모든 이성을 낮추어서 하나님의 뜻만을 바라보도록 해준다(신 12:32).

성경은 그리스도만을 우리에게 제시하며, 우리를 그에게로 보내고, 그 안에서 우리를 세워간다. 암브로시우스는 이렇게 말한다. "그는 우리의 입이다. 그를 통해 우리는 아버지께 말한다. 또 그는 우리의 눈이다. 그를 통해 우리는 아버지를 본다. 그는 우리의 오른손이다. 그를 통해 우리는 자신들을 아버지께 드린다. 그가 개입하지 않고서는 우리나 다른 모든 성인들이 하나님과 서로 관계하지 못하게 된다."

7. 이제, 스스로를 위하여 성인들 중에서 특별한 후견자를 택하여 그들의 특별 추천으로 어떤 도움을 얻을 것으로 희망하는 자들은, 그들에게 대해 대단히 무례한 자들이다. 왜냐하면 그들은 성인들에게 어떤 물질적 애정을 조작하여 하나나 또 다른 숭배자에게 더 많은 은총을 얻고자 하는 사이에, 그

들을 그 하나의 뜻 곧 하나님의 나라가 오기를 바라는 그 뜻으로부터 끌어내고 있기 때문이다. 그들은 성인들을 자기들의 중보자로 삼는다. 마치 그리스도께서 실패를 하셨거나 아니면 그들에게 너무 심하게 대하기나 하는 것처럼 말이다.

이렇게 그들은 그리스도를 존귀히 하지 않으며, 또 아버지께서 그에게 주신 특유의 특권, 다른 이에게 결코 양도할 수 없는 '유일한 중보자' 라는 칭호를 그에게서 떼어내어 버리고 있다. 또한 이런 일을 통해서 그들은 그의 탄생의 영광을 흐리게 하고 십자가를 공허하게 만들고 있다. 다시 말해서 그가 우리 구원을 위해 행하시고 또 고난 받으신 이 모든 일에 대한 합당한 찬양을 그들은 탈취해 버리는 것이다.

그가 이런 일들을 하신 것은 그 혼자만이 중보자라는 결론으로 이끌고자 함이다. 그들은 또 동시에 자신을 아버지로 보여주신 하나님의 친절을 팽개쳐 버리고 있다. 왜냐하면 그리스도께서 그들의 형제가 되지 않고서는 하나님이 그들에게 아버지가 되지 못하기 때문이다(참고. 히 2:11).

그리스도께서 그들에게 더 이상 부드러울 수가 없는 그런 형제의 애정을 보여주셨다는 것을 생각해 보지 않는다면, 그들은 이런 일을 명백히 부인하는 것이 된다. 그러나 어떤 사람들은 우리가 가끔 읽는 대로 성도들의 기도가 응답되고 있다는 사실에 의해 분명히 영향을 받고 있다. 왜? 물론 그들이 기도했기 때문이다. 선지자의 말처럼 "우리 조상들이 주께 의뢰하였고, 구원을 받았으며 … 그들이 부르짖어 … 수치를 당하지 아니하였나이다"(시 22:4-5, 참고. 21:5-6 약간 수정).

그러므로 우리도 그들의 예처럼 기도하고, 그들처럼 우리도 응답을 받자. 그런데 우리의 대적들은 되지도 않는 어리석은 생각으로 말하기를, 그 한 번 응답을 받은 자들만이 응답을 받을 것이라고 말한다. 그래서 그들의 이름을 빌려 기도해야 한다는 것이지만, 야고보는 얼마나 더 이 문제에 대해 잘 말해 주고 있는가! "엘리야는 우리와 성정이 같은 사람이로되 그가 비가 오지 않기를 간절히 기도한즉 삼 년 육 개월 동안 땅에 비가 오지 아니하고, 다시 기도하니 하늘이 비를 주고 땅이 열매를 맺었느니라"(약 5:17-18). 여기서 야고보는 엘리야에게 어떤 기도의 특권을 돌리려 하는 것이 아니라, 우리로 하여금 같은 방식으로 기도하도록 장려하기 위해 기도의 능력이 어떤 것인지를 가르치고 있는 것이다.

8. 기도(이제 우리가 이 말을 잘 이해하고 있는 대로)에는 두 부분이 있다. 즉 간구와 감사이다. 간구로써 우리는 우리 마음의 소원을 하나님 앞에 내어 놓고, 그의 선하심으로부터 먼저는 그에게 영광 돌릴 것만을 구하고, 다음으로 우리의 필요에 해당하는 것을 구한다(딤전 2:1). 감사로써 우리는 우리를 향하신 하나님의 은혜를 인정하고, 찬양으로 그것을 고백하며, 모든 좋은 것들을 그의 선하심에 돌리는 것이다.

이 양 요소는 다윗이 성령 안에서 기록한 한 구절 안에 압축되어 표현되었다. "환난 날에 나를 부르라. 내가 너를 건지리니 네가 나를 영화롭게 하리로다"(시 50:15). 우리는 이 두 가지를 계속적으로 사용해야 하겠다(참고. 눅 18:1; 21:36; 엡 5:20). 왜냐하면 우리의 궁핍이 너무 크며 또 커다란 걱정거리들이 사방으로부터 우리를 재촉하며 억누르므로, 아무리 거룩한 사람이라도 끊임없이 하나님께 탄식하고 한숨지으며 그를 우리의 공급자로 찾아야 할 충분한 이유가 있기 때문이다.

간단히 말해서, 우리는 그토록 크고 풍성하게 쏟아 붓는 하나님의 은택에 거의 압도당했고, 또 우리가 보는 곳마다 발견할 수 있는 그의 많고도 능력 큰 기적들에 압도당해서, 우리에게는 찬양과 감사를 위한 이유와 경우가 결코 마르는 법이 없다. 이런 일들을 좀 더 분명하게 설명하도록 하자. 왜냐하면(앞서 이미 충분하게 증거된 것처럼) 우리의 모든 소망과 부요는 하나님 안에 놓여 있어서 우리 자신이나 또 우리가 가진 모든 소유들도 하나님의 축복이 아니고서는 결코 번창할 수 없기 때문이다.

그러므로 우리는 자신과 또 가진 바 모든 것들을 끊임없이 하나님께 맡겨야 하겠다(참고. 약 4:14-15). 그래서 우리가 결정하고 말하고 행하는 무슨 일이든지 그것을 그의 손과 뜻 아래에서, 한 마디로, 그의 도우심의 소망 아래에서 결정하고 말하고 행하도록 하자. 사람들이 자기 스스로에게나 다른 어떤 사람에게 신뢰를 두고 스스로의 계획대로 생각하고 실행하는 자들, 곧 하나님의 뜻과는 상관없이, 또 그를 부르지도 않고 무엇인가를 맡아 시작하

려고 하는 자들은 하나님에 의해서 저주받은 자들로 선포되어졌다(참고. 사
30:1; 31:1).

이제 그분이 모든 축복의 공급자로 인정되어야 함을 말했으니까 이에 따
라 나와야 할 사실은, 우리가 그 모든 일들을 그의 손으로부터 받되 항상 감
사함으로 받아야겠다는 것이다. 그의 관대하심으로부터 쉼없이 흘러나와 우
리에게로 오는 그의 은택들을 우리가 올바르게 받아 누리는 길은, 계속 그를
찬양하고 감사를 돌려 드리는 길 외에는 없다. 바울이 이 은택들에 대해서
"하나님의 말씀과 기도로 거룩하여진다"(딤전 4:5)고 하였는데, 이 말은 동시
에 말씀과 기도가 없으면 그것들이 거룩하여질 수 없다는 것을 암시한다(여
기 "말씀"을 그는 "믿음"의 대용어로 이해하고 있음이 틀림없다).

9. 바울이 다른 곳에서 우리에게 쉬지 말고 기도하라고 말하는 것은(살전
5:17-18; 참고. 딤전 2:1, 8), 모든 사람이 언제, 어느 때, 어떤 일에서든지 만
사를 하나님으로부터 기대하고, 모든 일로 그를 찬양하면서 자기들의 소원
을 하나님께 올리기를 그가 바란다는 의미이다. 하나님은 우리가 그를 찬양
하고 그에게 간구하도록 신뢰할 만한 이유들을 우리에게 제공해 주신다.

이런 기도의 지속성은 각 사람의 개인기도에 관한 문제이지, 공기도는 쉬
지 않고 할 수 있는 것도 아니요, 또 공중 전체의 합의에 따른 정책대로 할 수
밖에 다른 방법도 없는 것이다. 이런 이유 때문에, 하나님께서는 무관하지만
사람의 편리에 따라 필요한 대로 어떤 시간을 정하여 모든 사람의 유익을 제
공하고, 또 바울의 표현처럼(고전 14:40) "품위 있게 하고 질서 있게" 모든 일
이 교회 안에서 이루어지도록 하는 것이다.

이 때문에 우리가 "성전"이라 부르는 공중 장소가 정해져 있는 것이다. 그
러나 이렇게 나름대로의 비밀스런 성스러움을 꾸며 놓았다고 해서 기도가
더 거룩해진다든지, 하나님이 특별히 들어 주신다든지 하지는 않는다. 성전
이 필요한 이유는 다만 신자들의 회중이 기도하고, 말씀의 선포를 들으며,
또 같은 시간에 성례에 참여하기 위해 모여 올 때 그들에게 더욱 편리를 주
기 위한 목적일 뿐이다.

사실 (바울이 말하는 것처럼) 우리 자신들이 하나님의 참된 성전이다(고전

3:6; 6:19; 고후 6:16). 하나님의 전에서 기도하기 원하는 자는 자기 안에서 기도하도록 하라. 하나님의 귀가 성전에 있을 때 자기들에게 더 가까워진다고 생각하는 사람이나, 또는 그 장소에 있을 때 자기들의 기도가 더욱 거룩함으로 치장된다고 생각하는 사람들은 유대인이나 이방인들의 어리석음을 답습하여 행하는 자들이다. 이렇게 물질적으로 하나님을 섬기는 것은, 장소를 상관치 말고 영과 진리로 예배하라 명하신(요 4:23) 하나님의 명령을 어기는 일이다.

10. 기도의 이 목적이 이미 언급되었기에 — 즉, 하나님을 찬양하기 위해서든지 그의 도움을 구하기 위해서든지 우리의 마음이 그를 향해 일어나야 한다는 것 — 이제 이로부터 우리가 이해할 수 있는 것은 기도의 본질이 마음에 있다는 것, 또는 기도 자체는 마음을 찾으시는 분이신(참고. 롬 8:27) 하나님 앞에 적나라하게 쏟아 부어진, 마음속의 어떤 감정이라 해야 옳다는 것이다.

따라서 우리 주 그리스도께서는 기도의 최고의 규칙을 명하여 주시면서, 우리가 기도할 때 골방에 들어가서 문을 닫고 은밀한 중에 계시면서 우리 기도를 듣고 계시는 우리 아버지께 은밀히 기도하라고 명하시는 것이다(마 6:6). 사람의 환심을 사려고 헛되고 가식적인 기도를 늘어 놓는 외식자들로부터 우리를 갈라 놓고자 하셔서 그는 우리에게 더 좋은 길을 제시해 주셨던 것이다. 곧 우리의 침실로 들어가 거기에서 문을 닫고 기도하라는 것이다.

이 말은 내가 이해하기에는, 우리의 모든 생각을 기울여 바로 우리 마음속으로 들어가라는 가르침이다. 우리의 몸을 그의 성전으로 삼으시는 하나님께서는 우리 마음속의 따뜻한 감정 속에서 우리와 더 가까이 계신다고 약속해 주셨다(참조. 고후 6:16). 물론 다른 어떤 곳에서 기도하는 것은 적합지 못하다는 말은 아니고, 기도라는 것은 은밀한 그 무엇으로서, 주로 마음속에 그 거처가 있으며, 또 떼지어 몰려오는 근심 걱정을 떠나 마음의 평정을 요구한다는 것을 보여주고자 하는 것이다.

이 사실로부터 자명해지는 것은, 기도에 사용되는 소리나 노래가 마음의 깊은 느낌에서 솟아나오지 않는다면 그것은 하나님 앞에서 아무 가치도, 유

익도 없다는 사실이다. 오히려 입술 끝에서나 목줄기에서 솟아나는 이 소리
는 우리 위에 하나님의 진노만을 불러일으킬 따름인 것이다.

이는 하나님께서 선지자를 통해서도 말씀하신 것처럼 그의 지극히 거룩한
이름을 욕되게 하고 그의 위엄을 비웃음거리로 만드는 일이기 때문이다. "주
께서 이르시되 이 백성이 입으로는 나를 가까이 하며 입술로는 나를 공경하
나 그들의 마음은 내게서 멀리 떠났나니 그들이 나를 경외함은 사람의 계명
으로 가르침을 받았을 뿐이라"(사 29:13; 비교. 마 15:8–9). "그러므로 내가
이 백성 중에 기이한 일 곧 기이하고 가장 기이한 일을 행하리니 그들 중에
서 지혜자의 지혜가 없어지고 명철자의 총명이 가려지리라"(사 29:14).

11. 하지만 말이나 노래가 마음의 애정과 결합되어 그것을 잘 섬긴다면 그
것들을 정죄하지는 않는다. 그것들은 우리 마음이 하나님을 생각하는 중에
(그 마음이란 것이 미끄러지기 쉬운 것이어서) 쉽게 해이해지거나 다른 방향
으로 이탈하지 못하도록 주의하게 해준다. 더군다나 하나님의 영광은 어느
정도는 우리 몸의 여러 지체 속에 비추이는 것이므로, 특별히 우리의 혀가
노래를 통해서와 또 말을 통해서 이 기능을 수행하는 것이 적합한 일이다.

이 혀는 하나님의 존영을 선포하고 말하기 위해 창조된 것이다. 하지만 혀
의 주된 용도는 공중기도에 있다. 신자들의 모임에서 기도할 때, 다같이 한
목소리, 한 입으로 하나님을 한 성령과 같은 믿음으로 예배하면서 우리가 함
께 하나님께 영광 돌리는 것이다. 그리고 이 경우에 우리는 이를 공개적으로
함으로써 모든 사람이 상호 간에 그의 형제로부터 신앙의 고백을 듣고, 또
그 모범을 따라 행하도록 초청하는 것이다.

12. 이런 과정에서 분명히 나타나는 것은, 이 공중기도가 라틴 사람들 속
에 헬라어로나, 또는 프랑스나 영국 사람들 속에 라틴어로(이런 관습이 지금
까지 지켜져 왔다) 이루어져서는 안 되겠다는 사실이다. 오히려 참석한 전체
회중이 보편적으로 이해할 수 있는 그런 대중의 언어로 이루어져야 한다. 전
교회의 덕을 위해 해야 될 이 순서가 이해도 하지 못할 소리로 이루어진다면
무슨 유익이 있겠는가? 사랑을 고려하지 않고 있는 자들이라 하더라도 적어

도 바울의 권위로라도 감동을 받아야만 하겠다. 그의 말은 전적으로 확실하다. "네가 영으로 축복할 때에 알지 못하는 처지에 있는 자가 네가 무슨 말을 하는지 알지 못하고 네 감사에 어찌 아멘하리요. 너는 감사를 잘 하였으나 그러나 다른 사람은 덕 세움을 받지 못하리라"(고전 14:16-17).

공(公)기도에서나 사(私)기도에서나 우리가 확실히 붙들어야 할 것은, 마음이 없는 말은 하나님께 받지 않는다는 사실이다. 그리고 마음이 생각하는 것은 그 힘과 열기에 있어서 혀가 말로 표현할 수 있는 것을 훨씬 능가한다는 사실이다. 마지막으로, 사기도에서 말이 필요없기조차 하다. 내면의 느낌이 스스로 발생하여 때로는 가장 좋은 기도가 말 없는 기도인 경우가 있다. 이런 예를 우리는 모세의 경우에서나(출 14) 한나의 기도에서(삼상 1:13) 볼 수 있다.

13. 이제 우리는 기도의 좀 더 확실한 방법에 대해서 뿐만 아니라 그 형식 자체에 대해서도 배워 보아야 하겠다. 이는 하늘 아버지께서 그의 사랑하는 아들을 통해 우리에게 가르쳐 주신 것으로서(마 6:9 이하; 눅 11:2 이하) 그 속에서 우리는 그분의 한없는 선하심과 자비를 본다. (아이들이 그 부모의 보호 속에 은신처를 찾듯이) 우리의 모든 필요 가운데서 그를 찾도록 우리를 경고하시고 재촉하시는 것이다.

이 밖에도 하나님께서는 우리의 빈곤이 얼마나 깊어 있는지 우리 자신이 충분히 깨닫지 못하고 있는 것을 보시고, 또 무엇을 구해야 옳은 것인지, 무엇이 우리에게 유익한 것인지 알지 못하는 우리에게 우리의 이 무지를 채울 수 있는 것을 제공해 주셨다. 우리 능력에 부족한 것을 그가 친히 제공하시고 그 자신의 것으로 충분하게 채우셨다.

그는 우리를 위하여 기도의 한 형식을 지어 주심으로써 우리가 그에게 구하도록 허락하신 것, 우리에게 유익한 모든 것, 우리가 구해야 할 필요가 있는 모든 것을 마치 식탁 위에 베풀어 놓은 것처럼 베풀어 놓으신 것이다. 그분의 이런 친절에서 우리는 위로의 큰 열매를 받게 된다. 곧 우리가 거의 그분 자신의 말로 구하는 것이기 때문에, 어떤 어리석은 것, 낯설고 이상한 것, 다시 말해서 그분께 받으실 만한 것이 되지 못하는 것을 구하는 것이 아님을 우리가 아는 것이다.

이 기도의 형식 또는 규칙은 여섯 가지 간구로 이루어져 있다. 일곱 가지로 구분하는 사람들과 내가 동의하지 못하는 이유는 누가복음에(눅 11:2-4) 다만 여섯 가지가 나오기 때문이다. 하나님은 그 기도를 결함 있는 모양으로 내버려두시지 않았을 것이기 때문에, 마태에서 일곱째 자리에 첨가된 것은 주석적으로 여섯 번째 간구에 합쳐져야 하겠다. 물론 이 기도의 전부가 하나님의 영광을 그 첫째 자리에 두고 있지만, 그리고 반면에 이 모두가 또 우리와 관계 있는 일이지만, 그래도 첫 세 간구가 특별히 하나님의 영광에 해당하는 것이다. 그 속에서 우리는 우리 자신의 이익과는 상관없이 하나님의 영광만을 구해야 하겠다. 다른 세 가지 간구는 우리 자신의 문제와 관련 있다. 우리의 이익을 위해 구해야 할 것들에 특히 해당한다.

그래서 우리가 하나님의 이름이 거룩하게 되기를 구할 때, 우리는 자신의 이익을 전혀 고려하지 말고, 우리 앞에 그의 영광만을 놓고, 두 눈을 주목하여 이 한 가지 일에만 집중해야 하겠다. 이런 종류의 다른 간구들에서도 역시 마찬가지 방식으로 마음을 쏟아야 하겠다. 그런데 실상 이 간구는 우리에게도 큰 유익을 준다. 왜냐하면 우리가 간구하는 대로 그의 이름이 거룩하게 되어질 때 우리 자신의 거룩도 같이 오기 때문이다.

그렇지만 우리의 눈은 이런 종류의 이익에는 감겨 있도록 해야겠다. 어떤 방식으로도 그런 것에 대해서는 고려하지 말고, 그래서 우리의 개인적 이익에 대한 모든 희망이 끊어진다 하더라도, 하나님의 이름이 거룩하게 될 것과 또 그의 영광에 관한 다른 내용들에 대해 소원을 가지고 기도하기를 그치지 말아야 할 것이다.

모세와 바울의 예에서 보면, 그들은 그들의 마음과 눈을 자신들에게로부터 돌려, 그들의 손해에도 불구하고 하나님의 영광과 그 나라가 온다면 그것을 위해 스스로는 파멸되어지기를 맹렬하고도 타오르는 열정으로 바라는 것을 볼 수 있다(출 32:32; 롬 9:3).

반면에 우리의 일용할 양식을 위해 기도할 때, 비록 우리가 자신의 유익을 위해 이를 구한다 할지라도, 여기서도 역시 그 구하는 것이 하나님의 영광을 가져오는 것이 아니면 구하지 말도록 해야 하므로, 이 또한 하나님의 영광을 특별하게 구하는 것이 된다.

B. 주기도문 해설

"하늘에 계신 우리 아버지여"

14. 먼저, 바로 첫 문턱에서부터 우리가 앞서 언급했던 사실, 곧 모든 기도는 그리스도의 이름으로 하나님께 드려진다는 사실과 접하게 된다. 어떤 기도든지 다른 이름으로 드리도록 명한 일이 없다. 우리가 하나님을 "아버지"라 부를 때 여기에는 그리스도의 이름이 제시되고 있다. 우리가 은혜의 자녀로 그리스도께 합하지 못하였더라면 어느 누가 하나님을 아버지라 확신있게 부를 수 있었겠는가? 누가 그 자신에게 하나님의 아들이라는 권세를 함부로 부여할 수 있었겠는가?

참 아들이신 그리스도를 하나님은 우리의 형제로 주셔서, 그에게 본래부터 속한 것들이 양자의 은혜로 우리의 것이 되게 하셨다. 우리는 이 큰 축복을 확실한 믿음으로 그저 감싸 안기만 하면 된다. 요한이 말한 것처럼, 하나님의 독생자의 이름을 믿는 자들에게 하나님의 자녀가 되는 권세가 주어졌다(요 1:12). 따라서 하나님은 그 자신을 우리의 아버지라 부르시고 우리에게서 그 같이 불리어지기를 뜻하셨다. 이렇게 감미로운 그의 이름으로써 그는 우리를 불신앙에서 해방시켜 주신 것이다. 왜냐하면 아버지 안에서보다 더 큰 사랑의 감정을 느낄 수 있는 곳이 달리 없기 때문이다.

우리를 향하신 그의 사랑은 우리 육신의 부모의 사랑보다 훨씬 크고 뛰어나다. 이는 그분이 선하심과 자비에 있어서 모든 인간보다 뛰어나기 때문이다. 땅 위에는 수많은 아버지들이 있지만, 그들이 부성적 경건감이 부족하여 그 자녀들을 버리는 일이 있을지 모르나, 하나님은 자신을 부정할 수 없는 분이시기 때문에(딤후 2:13) 결코 우리를 버리시지 않을 것이다(시 27:10; 사 63:16).

우리가 가진 바 그의 약속은 이런 것이다. "너희가 악한 자라도 좋은 것으로 자식에게 줄줄 알거든 하물며 하늘에 계신 너희 아버지께서 구하는 자에

게 좋은 것으로 주시지 않겠느냐"(마 7:11). 그런데 어떤 자식이 어느 나그네
나 이방인에게 자신의 신변을 내어 맡길 때는 자기 아버지의 잔인성이나 재
산의 부족 등을 꼭 불평하면서 그렇게 한다. 그래서 우리가 그의 자녀들로
서, 그가 아닌 다른 어떤 곳으로부터 도움을 구한다면 이는 그가 가난하다거
나 재산이 부족하다거나, 또는 잔인하다거나 과격하다고 비난하는 것이 될
수밖에 없다.

　그리고 또 우리의 죄의식 때문에 그것이 우리의 아버지 — 비록 친절하고
부드러우시긴 하나 — 를 불쾌하게 만든다고 하여 우리가 무기력하게 되지
는 말도록 하자. 사람들 가운데도, 아들 자신이 자기 죄를 인정하고, 탄원하
는 겸손한 자세로 그 아버지의 자비를 구하는 것보다 더 나은 변호자를 그의
아버지 앞에서 가질 수 없고, 잃어버린 아버지의 총애를 되찾아 줄 더 나은
중재자를 가질 수는 없는 것이다. 아들의 그런 태도를 보고서 그의 아버지는
동정심을 감추지 못할 것이며 감동을 받지 않을 수 없을 것이다. 그렇다면
자비의 아버지시요 모든 위로의 하나님이신(참고. 고후 1:13) 그분은 어떻게
반응하실까?

　아버지의 긍휼과 친절을 의심해서 자기를 도와줄 다른 어떤 대변자를 구
하기보다는, 바로 자신이 눈물과 탄식으로 간청하는 자기의 자녀들에게 그
분이 귀 기울이시지 않겠는가? (하나님은 우리에게 이런 행동을 특별하게 권
하고 계시는 것이다.) 하나님은 그의 넘치는 아버지로서의 긍휼을 한 비유에
서 생생히 나타내 주신다(눅 15:11-32).

　한 아들이 그 아버지를 떠나, 그의 재산을 다 탕진하고(13절), 아버지에게
심히 죄를 쌓았다(18절). 그러나 아버지는 두 팔을 벌려 그를 감싸 안고, 그가
용서를 구하러 오기 전부터 그를 기다리고, 멀리서 그를 알아보고, 기꺼이
뛰어나가 맞으며(20절), 그를 위로하고, 자애롭게 그를 받아준다(22-24절).

　사람들 가운데도 이렇게 큰 긍휼의 예가 있음을 보여주시면서 그가 우리
에게 가르쳐 주시고자 하는 것은, 우리는 그로부터 더 넘치는 풍성한 긍휼을
기대할 수 있다는 것이다. 비록 우리 자신들이 감사할 줄도 모르고, 반역적
이고 방탕한 자식들이지만, 그래도 우리가 그분의 자비에 우리를 맡기기만
하면, 그분은 우리의 아버지이실 뿐만 아니라 모든 아버지들 중에서 가장 선

하고 친절하신 아버지이신 것이다.

15. 그가 우리에게 대하여 이런 유의 아버지이신 데 대한 확신을 더 강하게 해 주시기 위해, 그는 우리가 그를 "아버지"라 부를 뿐만 아니라 좀 더 명시적으로 "우리 아버지"라 부르도록 뜻하셨다. 이는 마치 우리가 그를 이렇게 부르는 것과 같다. "오 아버지, 당신의 자녀들에 대하여 큰 열정이 넘치시며 또 기꺼이 용서하시려는 분, 당신의 자녀된 우리는, 비록 당신과 같은 아버지를 모실 자격이 없는 자들이지만, 그래도 당신께서 우리에게 대하여 자애로운 애정만을 품으신다는 사실을 확신하고 또 명백히 설복되어 이제 당신을 불러 우리의 기도를 드립니다."

그런데 우리는 각자 개별적으로 그를 "나의 아버지"라 부르도록 배우지 않고, 우리 모두가 공통적으로 그를 "우리 아버지"라 부르도록 배우고 있다. 이 사실로부터 우리가 경고를 받고 있는 것은, 우리가 한 아버지의 동일한 자녀가 되어 있으므로 우리 가운데 형제 사랑의 감정이 얼마나 큰 위치를 가지는가 하는 점이다.

만일 한 아버지가 우리 모두의 공통적 아버지이며(마 23:9), 또 모든 좋은 것이 그로부터 우리의 몫으로 오는 것이라면, 우리가 필요한 대로 서로서로 나누기 위해 마음의 큰 열정을 품고 준비해 두지 않은 것이라도 우리들 중에 없는 것이란 아무것도 없다는 사실이 옳다. 우리가 우리의 손길을 서로에게 펼치고 서로를 돕고자 원한다면 우리 형제들을 가장 선하신 아버지의 섭리적 보살핌 아래로 이끌어 주는 것보다 더 크게 그들을 유익되게 할 수 있는 일은 없다.

하나님이 친절하시고 자애롭다면 다른 어떤 것을 더 바랄 것이 없기 때문이다. 형제 간의 이런 일도 우리는 우리 아버지께 힘입고 있다. 가족 중에서도 자기 아버지를 진정으로 또 깊이 사랑하는 사람은 동시에 그의 전 가족을 사랑과 선의로 대하는 것과 꼭 마찬가지로, 하나님의 백성과 그의 가족과 그의 상속물에 대해서 천부에 대한 동일한 열정과 사랑을 기울이게 되는 것이다. 하나님은 이 모든 것들을 그의 독생자 아들의 충만이라 불러 높여 주셨다(엡 1:23).

그리스도인의 기도는 그리스도 안에서 형제된 자들, 현재 그렇게 인정되고 있는 자들뿐만 아니라 땅 위에 거하는 모든 자들까지도 감싸는 것이 되기 위하여 위의 규칙에 합하여야만 하겠다. 우리의 기도가 감싸야 할 그 대상에 대해서 하나님께서 어떻게 작정하셨는지는 우리가 알 수 없는 일이다. 다만 최선의 것을 바라고 희망할 뿐이다. 하지만 우리는 다른 사람들보다 믿음의 가족에 속한 이들에게 더 특별한 애정을 기울여야 하겠다. 이 점에 대해서는 사도도 우리에게 특별히 명하고 있다(갈 6:10).

요약하자면, 모든 기도는 우리 주님께서 그의 나라와 그의 가족으로 세우신 그 공동체를 고려한 것이어야 한다. 물론 이 말이 우리가 특별히 자신을 위해서나 어떤 다른 사람을 위해 기도하는 것을 금하는 것은 아니지만, 그때에라도 우리 마음이 이 공동체에 대한 주의를 잃어버린다든가 그것을 빗나가게 해서는 안 되고 매사를 그것과 결부시키도록 해야 한다. 비록 기도가 개별적으로 형성된다 하더라도, 이런 목적을 지향하기 때문에 공동적이기를 그치는 것이 아니다. 이 모든 일은 하나의 비교를 통해 쉽게 이해할 수 있다.

모든 가난한 자들의 필요를 구제하라는 것이 하나님의 일반적 명령이다. 그런데 자기로서는 알 수도 없고 또 도울 수도 없는 더 무거운 필요를 짊어진 많은 사람들을 간과하면서도, 자기들이 고통당하는 줄 알고 있고 또 보고 있는 자들의 그 곤경을 도와 주는 자들은 하나님의 이 명령을 순종하는 것이 된다.

마찬가지로 하나님의 교회의 이 공동체를 보고 또 생각하면서 어떤 특별한 기도를 작성하는 자들이 그들의 개별적 언어로, 그러나 공중적 관심과 공동 애정의 언어로, 자기 자신들과 또 하나님께서 그들에게 친밀히 알게 하시기를 기뻐하신 다른 사람들의 필요를 위하여 기도한다면, 이런 자들은 하나님의 뜻을 거스르는 것이 아니다.

물론 기도와 구제의 이런 비교가 모든 면에서 일치하는 것은 아니다. 구제에 있어서는 자유롭게 주는 것이 우리가 그 빈궁을 볼 수 있는 자들에게만 시행될 수 있다. 그러나 우리가 기도로서 도울 때에는 완전히 낯설고 미지의 사람에게, 그 떨어져 있는 거리의 멀고 가까움에 상관없이 기도로 자유롭게 도울 수 있는 것이다. 이 일은 하나님의 모든 자녀가 포함되는 이 기도의 공동 형식을 통해서도 이루어지고 있다.

16. 우리의 아버지께서 하늘에 계시다는 사실이 첨가되고 있다(마 6:9). 이 말로써 우리가 하나님께서 마치 기둥을 박은 울타리 속에 갇히듯, 하늘이라는 환경 속에 묶여서 갇혀 있다는 식의 결론으로 비약해서는 안 된다. 솔로몬이 고백하듯이 "하늘들의 하늘이라도 주를 용납하지 못한다"(왕상 8:27). 그리고 하나님 자신이 선지자를 통해 하늘이 그의 보좌요 땅이 그의 발등상이라고 말씀하고 계신다(사 66:1; 행 7:49).

그는 어느 특정 지역에 한정되어 있지 않고 만물 속에 흩어져 계신다는 뜻이다. 하지만 우리의 사고는 너무나 제한되어 있어서 하나님의 말할 수 없는 영광을 그렇게밖에는 생각하지를 못하는 것이다. 결국 "하늘"이란 말로써, 우리가 이보다 더 숭고하고 위엄 있는 것을 알지 못하기 때문에, 상징적으로 그 영광을 묘사한 것이다. 그러므로 이는 마치 그가 권세 있고 고귀하며 다 이해할 수 없는 분이라고 말하는 것과 같다.

우리가 이 말을 들을 때, 하나님에 대해서 세상적이고 물질적인 무엇을 꿈꾼다든지, 우리의 작은 잣대로 그를 재려 한다든지, 그의 뜻을 우리 감정에 제한하지 않도록 하기 위해 우리의 생각을 더 높이 고양시켜야만 하겠다.

첫째 간구
"이름이 거룩히 여김을 받으시오며"(마 6:9 하)

17. 하나님의 이름은 그의 능력을 나타내는 것으로서, 그의 모든 속성들, 곧 그의 권능, 지혜, 의, 자비, 진리 등을 함축한다. 그는 의로우시기 때문에, 지혜로우시기 때문에, 자비하시기 때문에, 권세 있으시기 때문에, 진실하시기 때문에, 하나님은 크고도 놀라우신 분이다. 그러므로 우리가 간구하는 것은 하나님의 위엄이 그 자신 안에서가 아니라 하나님의 이러한 속성들 안에서 거룩하여지기를 비는 것이다. 왜냐하면 하나님에게는 아무것도 더 보탤 것도 없고 또 뺄 것도 없기 때문이다.

그의 이 위엄이 모든 사람들에 의해 거룩히 여김을 받기를, 다시 말해서 진정으로 인정되고 확장되기를 우리는 기도한다. 그리하여 하나님께서 무엇을 하시든지 그의 모든 사역이 본래 그러한 그대로 영광스럽게 나타나도록 하자. 만일 그가 벌을 주신다면 그가 의로우신 분이라고 선포하도록 하자. 또 그가 용서를 베푸신다면 자비로우시다 하고, 그가 약속하신 것들을 실행하시는 것을 볼 때 진실하시다고 인정하도록 하자.

간단히 말해서, 어떤 것에든지 그의 영광이 비추이지 않는 곳이 없게 하고, 그리하여 그에게 돌리는 칭송이 모든 마음속에서, 또 모든 혀 위에서 울려나도록 하자는 것이다. 마지막으로, 모든 불경건함 — 그의 거룩한 이름을 더럽히고 욕하는 일(다시 말해 이 거룩히 함을 어둡게 하고 감소시키는 것) — 이 소멸되고 수치를 당하도록 하자. 이 같은 수치 속에도 하나님의 위엄은 더 찬란히 비추인다. 따라서 이 간구 속에는 감사가 또한 포함된다. 우리가 하나님의 이름이 어느 곳에서나 거룩히 되기를 기도할 때 우리는 그분께 모든 선한 일들로 말미암아 찬양하는 것이 되고, 또 우리를 향한 그의 은총을 우리가 인정하게 되기 때문이다.

둘째 간구
"나라가 임하시오며"(마 6:10 상)

18. 하나님의 나라는 이런 것이다. 하나님께서 그의 성령으로 자기 백성 위에 행하시고 다스리어 그의 선하심과 자비의 부요가 그들이 하는 모든 일 속에 나타나도록 하는 일이다. 반면에 유기된 자들은 파멸과 내던져짐을 당하는 것이기도 한데, 이들은 자기들이 하나님과 주님을 위한 존재인 사실을 인정하려 하지도 않고, 그의 통치에 굴복하기도 거절하는 자들이다.

그들의 이러한 모욕적인 교만을 깨뜨리고 낮추어서, 하나님의 능력에 대항할 수 있는 세력은 아무것도 없다는 사실을 확실히 보여주는 일도 그의 나라에 속한다. 그런데 이런 일들은 일상적으로도 우리 눈 앞에 일어나고 있다. 곧 왕의 홀처럼 세움을 받은 하나님의 말씀이 세상의 십자가와 경멸과 모욕 아래에서도 자라고, 지배하며 흥왕하고 또 열매를 맺고 있는 것이다.

이 사실은 하나님의 나라가 이 세상 속에서도 번창함을 보여준다. 물론 그 나라는 이 세상에 속하지 않는다(고전 1:21; 요 17:14; 18:36; 롬 14:17). 첫째는 그것이 영적인 것이요 또 모든 영적인 것들로 구성되기 때문이고, 둘째는 그것이 부패하지 않고 영원하기 때문이다(눅 1:33; 단 7:14).

19. 이에 따라 우리가 "하나님의 나라가 오소서"라고 기도하는 것은 주님께서 새로 믿는 자들을 날이면 날마다 그의 백성에 더 보태사 그들이 모든 방법으로 그의 영광을 찬양하기를 바라는 것이며, 또한 하나님께서 그들 위에 그의 부요한 은혜를 부으사 그들이 날마다 그 은혜로 살고 마침내는 그들이 하나님과 완전한 연합을 이루도록 바라는 것이다.

동시에 우리가 기도하는 것은 그의 빛과 진리가 점점 더 밝히 비취어서 사탄과 그의 나라의 흑암과 오류가 소멸되고, 쫓겨나고, 잘라내지고, 사라지기를 바라는 것이다.

"하나님의 나라가 오소서"라고 이런 방식으로 우리가 기도하는 것은 그 나라가 하나님의 심판의 계시 속에서 마침내 완전해지고 완성되기를 소원하는 것이다. 그날에는 그분만이 높임을 받고, 모든 것 가운데 모두가 되시고, 그의 백성은 영광 가운데로 모이고 영접을 받겠지만 사탄의 나라는 완전히 훼파되어 낮추어지고 말 것이다(고전 15:28).

셋째 간구
"뜻이 하늘에서 이루어진 것 같이 땅에서도 이루어지이다"(마 6:10하)

20. 이 간구로써 우리가 하나님께 구하는 것은, 하늘과 땅 모두, 곧 어느 곳에서든지, 무슨 일이든지 하나님의 뜻을 따라 다듬고 조성하시기를, 모든 일의 결과를 다스리시기를, 자기의 창조물을 그의 결정에 따라 사용하시기를, 모든 존재들의 어떤 의지든지 그 자신에게 복종시키기를 구한다. 그의 뜻에 똑같이 순종하되, 어떤 이들은 자의적으로(그의 백성), 다른 이들은 내키지 않아 마지못해서(마귀와 유기자들, 그들은 하나님의 통치를 거부하고 그에게 복종하는 것을 피하려고 애쓴다) 한다.

우리가 이 같은 간구를 할 때, 우리는 자신의 욕망을 모두 버리고, 우리 속에 있는 모든 애정을 주님께 향하도록 조정하고, 하나님께서 우리의 기도에 응답하시되 우리 뜻대로가 아니라 하나님이 미리 아시고 작정하신 대로 해 주시기를 바라는 것이다. 그러나 하나님께서 우리 속에서 그의 뜻에 반항하는 모든 감정들을 그저 비워버리고 힘을 못쓰게 만들어 버리기를 구하는 것이 아니라, 오히려 우리 속에 하나님께서 새 정신과 새 마음을 창조하사 이것이 우리 자신의 것을 소멸해 가기를 바라는 것이다(겔 36:26). 하나의 순수하고 또 하나님의 뜻에 합치하는 뜻 외에 어떤 욕구가 우리 속에 충동질을 일으키지 못하도록 기도하는 것이다.

요약하자면, 우리 자신들에 대해 스스로가 의지하기를 구하는 것이 아니라, 그의 성령이 우리 가운데서 의지하기를 구하는 것이다. 성령께서 우리를 안으로부터 가르치사, 하나님을 기쁘시게 하는 일을 우리가 사랑하도록 만들고, 그를 노엽게 하는 것을 우리가 싫어하고 혐오하도록 만든다.

21. 이상으로 주기도의 첫 세 부분을 생각해 보았다. 이 간구들을 할 때마다 우리 눈 앞에는 하나님의 영광만이 뚜렷이 나타나서, 우리 자신들은 고려에 넣지 말고 또 자신에게 이익될 것은 아무것도 기대하지 않아야 하겠다. 물론 우리가 이 기도를 통해 큰 유익을 얻는 것은 사실이나 그러나 그 기도 속에서 그것을 구해서는 안되겠다. 우리가 간구하는 이 일들은 다 그때가 되면, 우리의 생각이나 바람이나 간구가 없이도, 일어나게 될 일들이지만, 그럼에도 불구하고 우리는 그 일들을 여전히 바라고 구해야만 한다. 이렇게 하는 것이 우리에게 적은 가치가 있는 것이 아니다.

우리가 우리의 최선의 능력을 다해서 하나님의 영예를 섬기는 그의 종이요 자녀로서 합당한 자인지 이를 통해 시험하고 또 밝힐 수 있다. 이 일을 우리는 우리 주와 아버지께 빚지고 있다. 그러므로 이 하나님의 영광을 더 넓히고자 하는 욕망과 열정으로 "하나님의 이름이 거룩히 여김 받을" 것과 "그의 나라가 올" 것과 "그의 뜻이 이루어지기를" 기도하지 않는 자들은 하나님의 자녀와 종으로 여기지 말아야 할 것이며, 이런 자들의 반대에도 불구하고 이 일들이 이루어질 때 그들이 맞을 결과는 혼란과 심판일 뿐이다.

넷째 간구
"오늘 우리에게 일용할 양식을 주시옵고"(마 6:11)

22. 이것은 나머지 세 간구들의 첫 번째 부분이다. 나머지 세 간구는 우리 자신에 관한 일들을 특별하게 하나님께 부탁하고, 우리의 필요를 도와 주시도록 구하는 기도이다.

23. 이 간구로써 우리가 하나님께 구하는 것은 우리 육신이 이 세상 요소 아래에서(갈 4:3) 살아가는 동안에 필요로 하는 음식과 의복뿐만 아니라, 우리에게 있어야 하겠다고 하나님께서 미리 아신 모든 것들을 전반적으로 구하는 것이며, 또 우리가 평화로운 가운데서 우리의 빵을 먹을 수 있도록 구하는 것이다. 간단히 말해서 이 간구를 통해 우리는 자신을 하나님의 보살핌에 맡기는 것이며, 그의 섭리에 우리를 의탁하여 그가 우리를 먹이고 자라게 하고 보존하시도록 하는 것이다.

우리의 가장 자비로우신 아버지께서는 우리의 육신조차도 당신의 보호와 인도 아래에 두기를 마다하지 않음으로써, 우리가 빵 한 조각, 물 한 방울에 이르기까지 모든 것을 그분께로부터 얻기를 기대하는 사이, 이런 작은 문제들로 우리 믿음을 훈련시키고자 하는 것이다. 우리의 이런저런 연약 때문에 우리가 영혼보다는 육체에 더 큰 관심을 갖고서 동요되고 고통을 당하고 있는 것이며, 심지어 자기 영혼을 하나님께 용감히 맡기려 하는 자들 중에도 많은 사람들이 여전히 육신의 문제로 고민하여 무엇을 먹을까 무엇을 입을까 걱정하고 있다. 그들은 수중에 포도주와 곡식과 기름을 넘치도록 가득히 넣어두고 있지 않으면 두려움으로 떤다. 이렇게 이 지나가는 인생의 그림자가 저 영원한 불멸보다 우리에게 더 큰 의미가 되어 있지 않은가!

그러나 하나님을 의지하여 육신에 속한 걱정을 한꺼번에 다 던져 버리는 자들은 그 즉시로 하나님께로부터 더 큰 일들 곧 구원과 영생을 기대할 수 있다. 그래서 하나님께로부터 이런 것들을 받고자 하는 소망으로 우리 믿음을 훈련해 가는 것은 매우 중대한 일이다. 이런 소망이 없이는 우리는 염려에 빠져버리고 말 것이다. 우리가 이러한 믿음 없음을 밀쳐 버릴 때에 큰 유익을 얻게 된다. 보통 이런 불신앙은 대부분의 사람들의 뼛속 깊이까지 그 뿌리를 박고 있다(마 6:25-33).

24. 따라서 우리는 우리의 빵을 우리 아버지에게서 구한다. 우리가 이를 "오늘", "일용할"이라고 부르는 것은, 우리가 만족을 모르는 욕망으로 그 지나가 버리는 것들, 곧 후에는 감각적 쾌락과 과시와 사치의 겉치레에 휘황찬란하게 낭비되어질 것들을 바라지 말도록 가르치는 것이다. 우리는 필요한 대로 충분한 만큼만 구해야겠고 또 그것을 매일매일 구해야겠다.

그렇게 하되 우리가 가지는 굳은 확신은, 우리 천부께서 오늘 우리를 먹이시듯이 내일 또한 실패하지 않을 것이라는 사실이다. 결과적으로, 우리에게 아무리 재산이 흘러 넘치고 우리의 창고가 가득하고 또 선반마다 둘 자리가 없을 정도이더라도, 우리는 이 모든 소유들이 주님께서 당신의 축복을 쏟아 부으사 번창케 하고 열매를 맺게 하시지 않는 한 아무것도 우리의 것이 될 수 없는 줄을 알고, 항상 우리의 그날의 양식을 구하도록 해야 하겠다. 비록 우리 손 안에 들어 있는 것이라 할지라도 하나님께서 그 작은 한 부분까지 매 시마다 우리에게 주시고 또 사용하도록 허락해 주시지 않으면 우리의 것이 될 수 없다는 것이다.

그런데 어떤 사람들을 보면 일용할 양식으로 만족할 줄 모르고 고삐 풀린 욕망으로 무한정의 재물을 찾아 헐떡이는 자들이 있는가 하면, 또 다른 사람들은 스스로의 부요에 흐뭇해하며 자기들이 쌓아 놓은 재물을 믿고 걱정할 것이 없는 사람들이 있어서, 그들이 하나님께 이런 기도를 드린다 하더라도 그것은 하나님을 조롱하는 것에 지나지 않는다.

전자의 사람들의 경우는 그들이 받고 싶지도 않은 것, 실제로는 완전히 경멸하는 것 — 말하자면 그 따위 매일의 빵 — 을 구하는 자들인데, 그들은 가능한 한 그들의 탐욕을 하나님 앞에서 감추고 싶어한다. 그러나 참된 기도는 마음 전체와 그 속에 감추인 모든 것을 하나님 앞에 쏟아 놓는 것이다.

후자의 사람들은 자기들이 최소한으로만 구하는 것, 곧 이미 자기들이 가지고 있다고 생각하는 그것을 구하고 있는 것이다. 이제 그 빵을 "우리의 것"이라 부름으로써 하나님은 그의 관대하심을 더 크게 나타내신다. 이는 결코 우리의 것이 될 수 없는 것을 우리의 것으로 삼아 주기 때문이다(참고. 신 8:18). 그것이 우리에게 주어지기를 구한다는 사실은, 어떤 방식으로 그것이 우리에게 오든지, 심지어 우리가 스스로의 기술과 근면으로 얻은 것처럼 보이고 또 우리 자신의 손으로 공급한 것처럼 보일지라도, 그 모든 것은 하나님의 단순하고도 자유로운 선물이라는 사실을 나타내는 것이다.

다섯째 간구
"우리가 우리에게 죄 지은 자를 사하여 준 것 같이 우리 죄를 사하여 주시옵고"(마 6:12)

25. 이 간구로써 우리는 모든 사람에게 예외 없이 필요한 죄의 용서가 우리에게 베풀어지기를 구하는 것이다. 우리가 죄를 "빚"이라 부르는 것은 우리가 죄 때문에 하나님께 죗값을 빚지고 있기 때문인데, 이 빚은 하나님의 탕감으로 면제되는 길 밖에는 달리 그를 만족시킬 방법이 없다(롬 3:23-24).

이 자유로운 탕감은 하나님의 자비로부터 비롯되는데 그분은 관대하게도 이 빚을 면제하시고 우리를 그것으로부터 풀어 주시며, 두 번 다시 그 빚의 지불을 우리에게 요구하지 않고, 그분 자신이 그리스도 곧 단번에 자신을 대속물로 아버지께 드린 그 안에서 스스로 만족을 취하신 것이다(참고. 롬 3:24). 그러므로 어떤 자들이 자기나 또는 타인의 공로로 하나님이 만족하셨다고 믿는다든지, 이런 만족을 통해 사죄의 대가가 지불되고 구입되었다고 생각하는 자들이 있다면 그들은 이 자유로운 선물을 결코 나누어 받을 수 없다.

그들이 이런 방식으로 하나님을 찾는다면 이는 스스로 자기를 고발하는 것이 되며, 자기 스스로의 증거로 자기의 정죄를 보증하는 것이 좋다. 그들이 받아들이기는커녕 오히려 비웃고 있는 사죄의 은총을 통해 자유를 얻지 못하는 한 자기들의 공로와 만족을 하나님께 아무리 들이밀더라도 이는 스스로 빚진 자임을 고백하는 일일 뿐이다. 이렇게 그들은 하나님의 자비에 호소하기보다는 하나님의 공의를 자초하고 있는 것이다.

26. 마지막으로, 우리는 이 용서가 "우리가 우리에게 빚진 자들을 용서하

듯이"(마 6:12), 즉 행동으로 우리를 부당하게 취급했든, 말로 우리를 모욕했든 어떤 식으로든지 우리에게 해를 입힌 자들을 우리가 감싸주고 용서해 주듯이, 우리에게도 이런 용서가 오기를 간구한다. 이 말은 허물이나 불법의 죄를 사하는 권한이 우리에게 있다는 말이 아니다. 이런 권리는 하나님께만 속한다(참고. 사 43:25).

오히려 여기서 말하는 것은, 우리 편에서 할 수 있는 용서이다. 즉 우리 마음에서 분노나 증오, 복수심 등을 기꺼이 내버리고, 부당한 일을 당했다는 기억을 자발적으로 잊어버리는 것이다. 때문에 우리가 나쁜 일을 하는 자들이나 했던 자들의 잘못을 용서해 주지 않으면, 하나님께로부터도 우리의 죄용서를 구할 수가 없는 것이다.

우리 마음속에서는 증오심을 잔뜩 품고 복수를 계획하고, 또한 우리 원수와 화해를 회복하기 위해 각양 호의를 보이며 좋은 인상을 주려 노력하지 않는다면, 그런 우리가 이 기도를 하나님께 드리는 것은 우리 죄를 용서하지 말라고 기도하는 것이나 마찬가지다. 왜냐하면 우리는 하나님께 우리가 다른 사람에게 한 것처럼 해주시기를 바라기 때문이다(마 7:12).

참으로 이 간구의 뜻은 우리 자신이 용서하지 않는다면 하나님이 우리도 용서하지 마시기를 구하는 것이다. 용서하지 못하는 사람들이 이 간구를 통해 얻을 것은 더 엄중한 심판밖에 무엇이 있겠는가?

마지막으로, 이 조건 — 즉 "우리가 우리에게 죄지은 자를 사하여 준 것 같이" 우리 죄를 사하여 달라는 것(마 6:12) — 은 우리가 다른 사람에게 베푸는 용서가 하나님의 용서를 받는데 합당한 자격이 되기 때문에 덧붙여진 것은 아니라는 사실을 유념해야 하겠다.

오히려 이 말로써 주님은 우리 연약한 믿음을 위로하시기만을 뜻하셨다. 우리 마음속에서 타인에 대한 모든 증오와 시기, 복수심을 다 비워 버리고 깨끗하게 될 때에 우리가 타인의 잘못을 확실히 용서한 줄 알게 되는 것과 마찬가지로, 하나님께서 우리 죄를 용서하실 때 우리가 그 용서의 사실을 확신할 수 있게 하는 하나의 표시로서 이 말씀을 덧붙여 주신 것이다.

더군다나 하나님께서는 이 표시를 통해, 복수심에 불타고 용서하기에는 느려서, 다른 사람에게 지속적인 적대감을 가지고, 자기들은 하나님에게서 없어지기를 기도하는 그 화를 다른 사람에 대해서는 계속 불태우고 있는 그런 자들을 하나님의 자녀의 수에서 제외시키는 것이다. 이런 자들은 감히 하나님을 아버지라 부르지 못하도록 하신다.

여섯째 간구
"우리를 시험에 들게 하지 마시옵고 다만 악에서 구하시옵소서"(마 6:13 상)

27. 유혹의 형태는 많고도 다양하다. 우리로 하여금 하나님의 법을 어기도록 꾀는 것으로서, 우리 자신의 방자한 욕망이 부추겨서 생겨나든지 또는 마귀가 일으킴으로써 생겨나는 우리 마음의 악한 생각들이 바로 유혹이다. 이런 것들이 그 본성에 있어서는 악이 아니지만 마귀의 간계로 인하여 우리로 하여금 하나님께로부터 멀어지게 하든지 등을 돌리게 만들 때에 이것들은 유혹이 된다(약 1:2, 14; 참고. 마 4:1,3; 살전 3:5).

그리고 이 유혹들은 우로나 좌로나 어느 쪽에서든 온다(참고. 잠 4:27). 우로부터 온다는 말은 예를 들어서 부나 권세나 명예 등 그 휘황찬란함이나 가장된 선으로 사람들의 예리한 눈을 흐리게 만들고, 또 온갖 매력으로 치장하여 사람들이 그 계략에 포로가 되고 그 달콤함에 취하여서 하나님을 잊어버리게 만드는 그런 종류들이다.

그리고 좌로부터 온다는 말은 예를 들어서 가난과 수치와 경멸과 곤경과 같은 것들이다. 이것들이 주는 역경과 곤란에 위축되어져서 마음에 절망을 품고, 확신과 소망을 잃어버리고 마침내는 하나님으로부터 완전히 멀어지게 되는 것이다. 그래서 우리가 우리의 아버지이신 하나님께 기도하는 것은, 우리의 방자한 욕망 때문에 우리 속에서 생겨나는 것이든 아니면 마귀의 간계로 생겨나는 것이든, 우리를 대항해 싸움을 걸어오는 이 유혹들에 우리가 지지 않도록 기도하는 것이다.

하나님이 그분의 손으로 우리를 붙잡고 격려하심으로 우리가 그의 능력으로 인해 힘을 얻어서, 우리 마음속에 생겨나는 어떤 생각이든지 악한 대적이 일으키는 모든 공격에 맞서 든든히 설 수 있도록 기도하는 것이다.

그리고 또 어떤 방향으로 우리를 기울어지게 하든지 간에 우리는 선한 방향으로만 나아가기를, 즉 번창할 때도 교만하지 않고 역경 속에서도 절망하지 않게 되도록 기도하는 것이다. 하지만 여기서 우리가 시험을 전혀 느끼지 못하도록 되기를 간구하는 것은 아니다. 왜냐하면 우리가 너무나 무감각이 되어서 둔해지지 않도록 이 시험들로 인해 경성하고 재촉받아야 할 많은 필요를 가지고 있기 때문이다(약 1:2)

그래서 다윗이 시험받기를 원한 것도 경우에 어긋나는 일이 아니며(참고. 시 26:2), 또 주께서 매일 그의 택한 자를 시험하시되(창 22:1; 신 8:2; 13:3) 치욕과 가난과 참사와 그 밖에 다른 종류의 곤경들로써 하시는 것도 이유가 있다.

그러나 하나님의 방식은 사탄과는 다르다. 사탄은 멸망시키고 저주하고 욕하고 넘어뜨리기 위해 시험한다. 그러나 하나님께서는 그의 자녀들을 증명하고 연단하기 위해 시험하신다. 곧 그들의 육체를 죽이고 정결케 하고 소독하려는 것인데, 만일 이런 제약이 없으면 육체는 방탕을 즐기고 또 도를 넘어 자기 자랑에 빠질 것이다. 이 밖에도 사탄은 무장도 되어 있지 않고 준비도 되어 있지 않은 자들을 몰래 기습하여 넘어뜨린다. 그러나 하나님은 시험을 주실 때에는 피할 길도 주셔서 자기 백성이 하나님께로부터 오는 그 모든 것들을 꾸준히 참아낼 수 있도록 하신다(고전 10:13; 벧후 2:9).

28. 그래서 우리가 구하는 것은 이것이다. 곧, 우리가 어떤 유혹에도 정복당하거나 압도되지 말고 하나님의 능력으로 굳게 서서 우리를 공격해 오는 모든 적대적인 세력들에 맞설 수 있도록 해주시라는 것이다. 이것이 시험에 들지 않는 일이다. 또 우리가 구하는 것은, 우리가 하나님의 보살핌과 안위와 보호를 입어서, 죄와 죽음과 지옥의 문과(마 16:28) 또 마귀의 전 왕국에 의해 정복당하지 않고 견딜 수 있도록 기도한다. 이것이 악에서 구하여지는 일이다.

그런데 우리가 여기서 주의해야 할 것은 힘센 전사인 마귀에 대항하고 또 그의 힘과 공격을 막아내는 힘이 우리 속에 있다고 생각해서는 안 된다는 것이다. 만일 그런 것이라면 우리가 하나님께 이미 우리가 가지고 있는 그것을 구한다는 것이 얼마나 요령 없고 어리석은 일이겠는가. 자기확신으로 그 전투를 준비하는 자가 있다면 그는 자기가 맞서야 할 적이 얼마나 사납고 노련한지를 충분히 잘 이해하지 못하고 있음이 분명하다.

우리는 미쳐 날뛰는 사자의 이빨을 피하듯이(벧전 5:8) 원수의 세력을 피하도록 구해야 한다. 만일 주님께서 우리를 사망 가운데서 건져 주시지 않는다면 우리는 원수의 송곳니와 발톱에 즉시 산산조각으로 찢겨 그의 목구멍으로 삼키울 수밖에 없을 것이다. 그러나 주님께서 우리와 함께하시고 우리를 위해 싸우시면 우리는 잠잠히 하여 "하나님을 의지하여 용감히 행할 것이다"(시 60:12; 참고. 107:14 과 주석). 다른 사람들이야 하고 싶다면 자기들의 자유의지와 또 자기 스스로의 힘을 의지하게 내버려 두라. 그러나 우리는 하나님의 능력 안에서만 힘있게 설 수 있는 것으로 만족하자.

29. 이상 세 가지 간구, 곧 우리 자신과 우리의 소유를 하나님께 특별히 부탁하는 이 간구들은 우리가 앞서 언급한 사실을 분명하게 보여준다. 즉 그리스도인의 기도는 공적이어야 하며, 교회를 공적으로 세우는 일과 성도들의 교제를 증진시키는 것이어야 한다는 사실이다. 왜냐하면 각각의 사람들은 어떤 것들이 자기에게 사적으로 주어지기를 기도하는 것이 아니라, 우리 모든 사람이 다 공동으로 우리의 빵과 죄 용서와 또 시험에 들지 말고 악한 자들로부터 구함받기를 기도하는 것이기 때문이다. 더군다나 우리가 이를 담대히 구할 수 있고 또 구한 것을 받으리라고 확신할 수 있는 이유가 첨가되고 있다.

"나라와 권세와 영광이 아버지께 영원히 있사옵나이다"(마 6:13 하)

30. 이것이야말로 우리 믿음의 확고하고도 평온한 안식이다. 만일 우리 기도가 우리 자신의 어떤 가치 때문에 하나님께 드려지는 것이라면 누가 감히 하나님의 존전에서 입이라도 열 수 있겠는가? 하지만 우리가 비록 아무리 미천한 자라 할지라도 또 모든 칭찬을 잃어버린 자라 할지라도 이 때문에 우리가 기도할 이유를 잃지는 않으며 또 확신에서 끊어지지도 않는다. 이는 그의 나라와 권세와 영광을 우리의 아버지께서 결코 빼앗기지 않으실 것이기 때

문이다.

그리고 마지막에 "아멘"이 첨가되었다. 이 말에는 우리가 하나님께 구한 모든 것을 얻기 원한다는 따뜻한 소원이 표현되어 있다. 그리고 우리의 소망이 확고한 이유는 이 모든 일들이 이미 우리에게 일어났던 일이고, 또 스스로를 속일 수 없는 하나님께서 약속하신 일들이라 그것들은 틀림없이 우리에게 주어질 것이기 때문이다.

C. 기도의 실제

31. 우리가 하나님께 구해야 할 것, 또는 구할 수 있는 모든 것이 다 이 기도의 형식 속에 제시되었다. 이 기도는 아버지께서 우리의 선생으로 세우시고 또 그 한 분만을 우리가 주목하고 들어야 할 분으로 세워 주신(마 17:5) 우리의 최고의 주인 되신 그리스도께서 우리에게 물려준 기도의 규칙이다. 그는 항상 하나님의 영원한 지혜였고(사 11:2), 동시에 사람들을 위하여 위대한 모사로 주어졌다(사 9:6; 참고. 사 28:29; 렘 32:19).

그리고 이 기도는 모든 면에서 너무나 완전하여, 이것과 상관될 수 없는 외부적인 것이나 이질적인 것을 여기에 첨가한다는 것은 불경스러운 짓이며 또 하나님의 인정을 받을 수 없는 것이다. 이 기도에 요약하신 것은 하나님께 합당한 것, 그가 기뻐하시는 것, 그리고 우리에게 필요한 것, 요컨대 그가 기꺼이 주고자 하는 것이다.

이 때문에 감히 이 범위를 넘어 다른 것을 하나님께로부터 원하는 자들은 첫째로, 자기 지혜로 하나님의 지혜에 무엇인가를 첨가하려는 것이니 이런 짓은 비정상적인 모독에 불과하며, 둘째로, 그들은 하나님의 뜻 안에 머물러 있으려 하지 않고 하나님의 뜻을 멸시하면서, 자기들의 날뛰는 욕망을 따라 멀리 길을 잃고 헤맨다. 마지막으로, 그들은 믿음도 없이 기도하므로 아무것도 얻지 못할 것이다. 물론 이런 기도는 모두 신앙과는 관계없이 하는 것이니, 이는 믿음이 굳건히 서기 위해 그 기반으로 삼아야 될 하나님의 말씀이 결여되어 있기 때문이다. 이런 자들은 하나님의 말씀을 결여하고 있을 뿐만 아니라 나아가서 자기들의 온 힘을 다하여 그 말씀에 대항하고 있는 것이다.

그런데 우리가 너무나 이 기도의 형식에 얽매인 나머지 그 일점일획이라도 바꾸는 것을 허락해서는 안 된다고 이해해서는 안 되겠다. 성경 여기저기에는 우리가 사용해서 유익을 얻을 다른 기도들이 많이 나타나 있는데, 그것들이 사용하는 용어들은 많이 다르다 하더라도 그 역시 같은 성령님이 만드신 것이다. 우리가 말하고자 하는 뜻은 이것이다. 우리가 이 주기도문에 요약적 방식으로 포함되어 있는 것 외에는 아무것이라도 기대하거나 요구해서는 안 된다는 것이요, 비록 사용하는 말들은 완전히 다를 수 있겠지만 뜻이 변해서는 안 되겠다는 것이다.

그러므로 성경에 나온 모든 기도와 또 경건한 이들이 드리는 기도는 모두 주기도와 관련지어져야 한다. 참으로 이 기도와 같이 완전한 기도는 없으며 능가하는 것은 더군다나 없다. 하나님을 찬양하기 위해 생각해야 할 것과, 사람 자신의 행복을 위해 생각해야 할 것이 이 기도에 하나도 빠지지 않았다. 또 그 구조도 지극히 정밀해서 어느 누구라도 이를 개선해 보겠다는 희망을 가질 수 없다.

요약하자면, 이 기도는, '하나님의 지혜'가 무엇을 뜻하셨는지를 가르치고 또 필요한 그것을 뜻하셨음을 보여주는, 바로 그 지혜의 가르침이란 사실을 기억하자.

32. 위에서 벌써 언급된 바이지만, 우리의 마음을 하나님을 향해 들어서 그를 앙망하며 또 쉬지 말고 기도해야 한다고 말했지만(살전 5:17), 그러나 우리의 연약함 때문에 우리 기도가 여러 가지 방편으로 보조를 받아야겠고 또 우리의 나태함 때문에 자극을 받아야 할 필요가 있으므로, 우리 각자는 기도의 실천을 위해 일정한 시간을 할당해 두어야만 하겠다.

그 시간들이 되면 기도 없이 보내서는 안 되겠고, 그 시간 동안에는 우리 마음이 전적으로 기도에 바쳐져야 하겠다. 그런 시간들로는, 아침에 일어났을 때, 일과를 시작하기 전, 음식을 먹으러 식탁에 앉을 때, 하나님의 축복으로 먹고 난 후, 그리고 하루의 휴식을 취하려 할 때 등이다. 그러나 이런 일들이 그저 미신적으로 시간을 지킴으로써, 마치 하나님께 빚을 갚는 듯이 그 나머지 시간은, 지불하고 남은 자기의 시간인 양 생각해서는 안 되겠다.

오히려 우리가 규칙적으로 시간을 지키는 것은 우리의 연약함에 대한 일종의 훈련이며, 이런 방법을 통해 연단을 받고 또 반복적으로 자극을 받아야 하겠다. 우리 자신이나 다른 사람들이 곤경을 당한 것을 볼 때마다 우리는 특별한 주의를 기울여서 하나님께로 달려가되, 발을 빨리 할 것이 아니라 열심어린 마음으로 그렇게 해야 한다. 또 자신이나 다른 사람들이 번창하는 것을 보면 놓치지 말고 찬양과 감사로써 하나님의 손길이 그 속에 역사하심을 증거하도록 해야겠다.

33. 마지막으로, 우리의 모든 기도에서 우리가 주의 깊게 살펴야 할 것은, 기도를 통해 우리가 하나님을 어떤 특정 환경 속에 묶어 두고, 그에게 어느 시, 어느 장소, 일을 하시는 방법 등을 지정해 주려는 의도가 혹시 없는지 살펴보아야겠다. 우리가 기도에서 하나님께 어떤 법을 만들어 드리려는 것도 아니며, 또 어떤 조건을 제시하려는 것도 아니다.

다만 모든 것을 그분이 하시고자 하는 대로 그의 방법과, 그의 시간과, 그의 장소에서 그가 선히 여기시는 대로 결정하시도록 맡겨 드려야 한다. 그러므로 우리 스스로를 위해 어떤 기도를 짜내기 전에 먼저 그의 뜻이 이루어지기를 기도해야 하겠다(마 6:10). 이 말로써 우리는 자신의 의지를 주님께 복속시켜서, 마치 고삐로 제재를 가하듯이 우리가 하나님을 통제하려는 생각을 버리고, 그분이 우리 모든 요청의 수행자와 지시자가 되도록 해 드리는 것이다.

우리가 이런 순종의 마음으로 하나님의 섭리의 법칙이 자신을 다스리도록 허락한다면, 그 즉시 우리는 참고 기도하는 법과, 자신의 욕망을 자제한 채 꾸준히 주님을 기다리는 법을 배우게 될 것이다. 그때 우리는 비록 그분이 나타나지는 않으실지라도 항상 우리와 함께 계시며, 인간의 눈에는 그가 잊어버리고 있는 것 같아도 그의 정하신 때에 그가 우리에게서 귀를 막고 계시지 않았다는 사실을 선포해 주시리라고 확신하게 될 것이다.

우리의 상존적인 위안은 이것이다. 곧, 하나님께서 우리의 첫 번 간구에 응답하시지 않더라도 우리가 기진하거나 좌절하지 않아도 된다는 것이다. 사람들이 하는 습관을 보면 보통 자기 열심에 떠밀려서, 하나님을 부르다가 그들의 첫 기도에 응답하지 않거나 즉시 그들을 도와주지 않으면 하나님이 자기들에게 화가 나 있거나 적대적인 관계에 있는 것처럼 생각하고서는, 들으시리라는 모든 희망을 포기한 채 그를 더 이상 부르지도 않는다.

또 우리는 하나님을 시험하여, 그가 우리의 악함에 지친 나머지 우리에게 대하여 진노를 발하시게 하지 않도록 해야겠다. 보통 많은 사람들이 하나님과 특정 조건 아래에서만 계약을 맺어, 마치 하나님이 자기 욕구를 섬기는 종이나 된 것처럼, 그들 자신의 요구의 법칙에다 얽어매고 있다. 그래서 하나님이 그것을 곧바로 이행하지 않으면 그들은 화를 내고 불평하고 반항하고 투덜거리며 분격한다.

그러므로 그런 자들에게 하나님은 그의 은총을 입은 자들에게는 주시지 않는 진노를 가끔 내리신다. 이스라엘 백성들이 이런 일의 증거를 보여주는데, 그들이 고기와 함께 하나님의 진노를 삼키기보다는 차라리 그들의 기도를 하나님이 들어주지 않았더라면 더 좋았을 뻔한 일을 당하였던 것이다(민 11:18, 33).

그러나 기도하고 오래 기다린 후에도 기도로부터 받는 유익을 우리의 감각으로 알 수 없다거나 기도의 열매를 지각할 수 없다 하더라도 우리의 믿음은 감각으로 지각할 수 없는 것을 확신하게 만들어준다. 곧 우리에게 가장 적합한 것을 우리가 얻었다는 사실이다. 그래서 하나님은 가난 속에서 부요를, 곤경 속에서 위로를 소유하도록 하실 것이다.

비록 모든 일이 우리에게서 실패하더라도, 그러나 하나님은 우리를 버리지 않으신다. 그분은 자기 백성의 기대와 인내를 저버릴 수 없는 분이다. 그분만이 우리의 모든 것을 대신할 것이다. 이는 모든 선한 일들이 그의 안에 있고, 그는 이것들을 심판날에 곧 그의 나라가 명백히 나타나게 될 그때에 우리에게 밝히 보여주실 것이기 때문이다.

하지만 신자들은 인내심으로 지탱을 받아야 할 필요가 있는데, 이는 그들이 인내에 의지하지 않고서는 오래 서 있지 못할 것이기 때문이다. 하나님은 자기 백성을 결코 가벼운 시험으로 연단하시지 않으며 또 그들을 부드럽게 훈련하시지도 않고, 때로는 그들을 극한상황까지 몰고 가심으로써 그들이 하나님의 달콤한 은혜를 맛보기 전에 오랫동안 진창 속에 빠져 있도록 허락하시기도 한다.

이는 한나가 고백한 것처럼 "여호와는 죽이기도 하시고 살리기도 하시며 스올에 내리게도 하시고 거기에서 올리기도 하시는도다"(삼상 2:6)함과 같다. 곤경을 당하고 고독하여 이미 거반 죽게 된 그들이, 하나님께서 자기들을 돌보시며 현재의 불행을 끝나게 해주시리라는 생각으로 인해 소생되지 못한다면, 그들은 결국 낙담하여 절망으로 달려갈 수밖에 달리 무슨 도리가 있겠는가?

제 4 장

성례

A. 일반적 의미의 성례

1. 성례의 본질에 대해서는, 그것이 제정된 목적과 또 현재의 시행 목적을 동시에 배울 수 있도록 어떤 명확한 교리를 아는 것이 우리에게 매우 중요한 일이다. 우선 성례란 무엇인가? 성례란 우리의 약한 믿음을 붙들어 주기 위해 하나님께서 우리에게 그의 선한 뜻을 나타내시고 확증해 주시는 일의 외적 표시이다.

또 다른 정의는, 외적 표시를 통해 우리에게 선포해 주신 하나님의 은혜의 증거이다. 이런 정의를 통해 우리가 이해할 수 있는 것은, 성례에는 반드시 선행하는 약속이 있으며, 성례는 이 약속에 부록격으로 결합되어져서 그 약속 자체를 확인하고 인치며, 그 약속을 우리에게 좀 더 명확하게 해 준다는 사실이다.

이렇게 하나님은 우리 마음의 무지와 우리 육신의 연약을 위해 친히 준비해 주시는 것이다. 하나님의 진리 자체를 확증하는 일은 그 진리를 우리 속에 확립하는 일보다 덜 요긴한 일이다. 왜냐하면 하나님의 진리는 그 자체로서 충분히 굳고 확실하다. 따라서 그 스스로 외에 다른 어떤 자료로써 더 나은 확증을 받을 수가 없는 것이다.

그러나 우리의 신앙은 그렇지 않다. 그것은 사방에서 받쳐주고 여러 방법으로 지탱해 주지 않으면 너무나 가볍고 약해서 흔들리고 요동하게 된다. 여기에서 우리의 자비로운 주님께서는 그 자신을 우리의 능력에 맞추셔서(왜냐하면 우리들은 늘 땅 위를 기어다니며 육체에 집착하고 또 영적인 것에 대해서는 생각조차 해보지 못하는 자들이기 때문에) 이 땅의 요소들을 통해 우리를 당신께로 이끄시고, 우리가 바로 육체 그 가운데서 그의 영에 속한 것을 묵상할 수 있게 하셨다.

이는 성례에서 우리에게 제공하시는 은사들이 사물적 성질에 입혀지기 때문이 아니라 이런 표시 방법으로 하나님께서 그 은사들을 인치시기 때문이다. 우리는 다음과 같은 난관을 들어서 논쟁을 걸어오는 자들의 말에 귀를 기울여서는 안 되겠다. 그들은 성례에 선행하는 하나님의 말씀이 하나님의 참 뜻인지를 우리가 알든지 아니면 알지 못하든지 둘 중 하나라는 것이다.

만일 우리가 안다면 우리는 따라오는 성례에서 새로 배우는 것이 없다는 것이다. 만일 모른다면 성례전 자체도 (그 힘과 에너지가 그 말씀에 있으므로) 그것을 가르쳐 주지 못하리라는 것이다. 그들에 대한 대답은 간단하다. 정부의 문서나 그 밖의 공문서에 찍는 인장을 아무것도 쓰여 있지 않은 종이 위에 찍었을 경우 그 날인은 아무 가치도 없는 것으로서 인장 그 자체만으로는 아무 의미가 없다.

반면에 그 인장이 문서 위에 찍혀지면 거기에 적힌 내용을 틀림없이 확인하고 보증한다. 우리의 반대자들은 이 비유를 근자에 우리가 고안해 낸 것이라 해서 트집을 잡지는 못할 것이다. 왜냐하면 바로 바울 자신이 할례를 가리켜 "인"이라 부르고 있기 때문이다(롬 4:11).

주님께서 그의 약속들을 "언약"이라 부르시며(창 6:18; 9:9; 17:2) 그의 성례를 언약의 "표"라 부르시기 때문에, 우리는 사람들 사이의 언약에서 하나의 유사를 찾아볼 수 있겠다. 돼지를 잡는다고 해서 말이 그 행동에 수반되지 않으면, 아니 말이 선행되지 않으면 그 행위가 무엇을 하겠는가? 돼지는 내적이고 고상한 신비 없이도 늘 잡는다. 싸움터에서 손들이 서로 마주치는 때가 많은데 그 중에 오른손을 내어준다는 사실이 무엇을 이룰 수 있을 것인가? 그러나 말이 선행할 때에는 언약의 법들은, 비록 먼저 생각하고 결정하고 말로 발표했다 하더라도 그런 표징들로 인해 명백하게 입증을 받게 되는 것이다.

2. 그러므로 성례는 우리로 하여금 하나님의 말씀의 신실함을 더욱 확실하게 믿게 만드는 행사이다. 그리고 우리들이 육에 속한 자들이기 때문에 성례도 육에 속한 것으로 우리에게 제시된다. 선생이 아이들의 손을 잡아 인도하듯이 성례도 우리의 우둔한 능력에 수준을 맞추어서 가르치려 하는 것이다.

아우구스티누스가 성례를 "보이는 말씀"이라 부르는 이유는 하나님의 약속들을 그림으로 그리듯이 분명한 형상으로 그려서 우리 눈 앞에 제시하기 때문이다. 같은 방식으로 성례를 더 분명히 나타내기 위해 다른 비유들을 사용할 수도 있다. 곧 성례를 "우리 믿음의 기둥"이라 부를 수 있는 것이다. 건물이 물론 그 기초 위에 서 있긴 하지만 그러나 기둥으로 괴어야만 더 확고하게 설 수 있는 것처럼, 우리의 믿음도 하나님의 말씀을 기초로 삼아 그 위에 서 있기는 하나 성례를 여기에 첨가함으로써 마치 기둥으로 받친 듯이 더욱 튼튼하게 서게 된다.

또 다른 비유로 성례를 거울이라 부를 수도 있겠는데, 이때 거울 속에서 우리는 우리 위에 풍성하게 베푸시는 하나님의 은혜를 볼 수 있는 것이다. 하나님께서는 우둔한 우리가 지각할 수 있는 범위에서 성례를 통해 자신을 우리에게 나타내시며, 또 우리에게 향하신 그의 선한 뜻을 확인시켜 주시는 것이다.

그런데 어떤 사람들은 성례가 하나님의 은혜를 입증하는 것이 되지 못한다고 반박하는 자들이 있는데, 그 이유는 이 성례가 악인들에게도 베풀어지는 것으로서 그때에는 그들이 하나님의 사랑을 더 발견하는 것이 아니라 오히려 더욱 중한 정죄를 받기 때문이라는 것이다. 이런 식으로 주장한다면, 많은 사람들이 복음을 듣고도 그것을 배척했으며, 또 많은 사람들이 그리스도를 보았고 인정했으면서도 그 중에 그리스도를 영접한 자들이 없다시피했는데, 그렇다면 이 사실 때문에 복음이나 그리스도가 하나님의 은혜의 증거가 되지 못한다는 말인가.

그러므로 이제 확실한 것은 주님께서는 우리에게 자비와 또 그의 선한 뜻의 은혜를 그의 거룩한 말씀과 또 그의 성례 두 가지 다를 통해 베풀어 주셨다는 사실이다. 그러나 이 사실을 확실히 이해할 수 있는 자들은 확실히 믿음으로 말씀과 성례를 받는 사람들밖에는 없다. 이는 마치 그리스도가 모든 사람의 구원을 위해 주어졌지만 그러나 그 모두가 그를 알아보고 영접하지는 않았던 것과 같다. 그러므로 어느 곳에서 아우구스티누스는 이런 의미를 전달하고자 말하기를, 말씀의 효력이 성례에 나타나는 것은 말씀을 듣기 때문이 아니라 믿기 때문이라고 하였던 것이다. 이제 우리는 이 성례가 우리의 믿음을 섬기도록, 다시 말해서 그 믿음을 기르고 연습시키고 증대시키도록 하기 위해 하나님께서 주신 것임을 알게 되었다.

3. 이런 견해에 반대하는 자들이 항상 사용하는 이유들은 너무나도 빈약하고 미흡하다. 어떤 자들은 말하기를, 우리의 믿음이 이미 좋은 것이라면 더 좋게 될 수가 없을 것이라 한다. 왜냐하면 하나님의 자비를 굳게 또 꾸준히 믿어 흔들리지 않는 것이 아니면 믿음이라 할 수 없기 때문이라는 것이다. 그들이 이렇게 이생에서는 사람의 자식들 중 어느 누구도 얻은 바가 없고 또 얻지 못할 그런 완벽한 믿음을 염치없이 가장하고 앉았느니보다는 차라리 사도들처럼 주님께서 그 믿음을 더하여 주시도록 기도하는 편이 낫겠다(눅 17:5).

도대체 그들이 성경에서 "내가 믿나이다. 나의 믿음 없는 것을 도와 주소서"(막 9:24)라고 기도한 사람은 어떤 믿음을 가졌다고 생각하는지 대답해 보게 하라. 이 믿음은 비록 현재로서는 불완전한 것이지만, 일단 불신앙이 제거되고 난 후에는 좋은, 또 더 좋게 될 수 있는 믿음인 것이다. 하지만 그들의 양심이 그 어떤 논증보다 더 확실하게 그들을 논박한다. 왜냐하면 그들이 죄인임을 자백하게 될 때(이 사실을 어쨌거나 그들이 부인할 수 없다) 이는 곧 자신들의 믿음이 불완전한 것임을 인정하는 것이 되기 때문이다.

그러나 또 그들이 하는 말은 빌립이 내시에게, 그가 마음을 온전히 하여 믿으면 세례를 받을 수 있다고 대답했다는 것이다(행 8:37). 이렇게 믿음이 마음에 가득하다면 세례가 믿음을 굳게 할 여지가 어디에 있느냐고 묻는 것이다. 그러나 내가 그들에게 묻고 싶은 것은, 그들이 자기의 마음 한 쪽 구석에 믿음이 없는 것을 느끼지 못하는지, 그래서 그들이 매일 믿음이 자라는 것을 자각하지 못하는지 묻고자 한다.

어느 뛰어난 한 사람은 자기는 배우면서 늙었다고 말했다. 그러므로 우리가 아무 진보 없이 늙는다면 우리는 매우 가련한 그리스도인이다. 우리의 믿음은 인생의 모든 시기를 통하여 항상 성장해서 마침내는 장성한 분량에 이르러야 하기 때문이다(엡 4:13).

따라서 앞의 구절에서 "마음을 온전히 하여 믿으면"이라 말한 것은 그리스도에게 완전하게 밀착된다는 것이 아니라, 다만 그리스도를 진정과 성실한 마음으로 받아들인다는 의미이다. 그로 인하여 배부른 상태가 아니라 배고프고 목말라서 열렬한 감정으로 그리스도를 사모한다는 의미이다. 성경에서는 어떤 일을 "마음을 온전히 하여" 한다고 말할 때 이것은 통상 "성실하게 그리고 깊이 있게" 한다는 의미이다. 예를 들자면 이런 것들이 있다. "내가 전심으로 주를 찾았사오니"(시 119:10), "내가 전심으로 여호와께 감사하리로다"(시 111:1; 138:1) 등이다.

4. 또 다른 이들은 이렇게 쓰고 있다. 곧 성례를 통해 믿음이 증가하는 것이라면 성령은 헛되이 주셨다는 것이다. 이는 성령이 믿음을 시작하게 하고 또 지속시키며 완성시키기 때문이라는 것이다. 물론 나는 믿음이 전적으로 성령의 고유한 사역이라는 점에서 그들에게 동의한다. 성령의 조명에 의해 우리는 하나님과 그의 자비의 보고를 알게 되는 것이며, 또 성령의 빛이 없이는 우리 마음 눈이 너무나 어두워 아무것도 볼 수 없으며 또 감각이 둔해서 영적인 것들을 아무것도 감지할 수 없는 것이다.

그러나 그들이 하나님의 축복을 한 가지만 말하는데 비해서 우리는 세 가지를 인정한다. 첫째는, 주께서 우리를 그의 말씀으로 가르치고 지도하신다는 것이다. 둘째는, 그는 말씀을 성례로써 확고히 하신다. 마지막으로, 우리의 지성을 성령의 빛으로 비추시며 또 우리의 마음을 여사 말씀과 성례가 들어오게 하시는데, 이런 일이 없이는 그것들이 그저 우리의 귀를 울리고 눈앞에 어른거리기만 하여 결코 우리의 마음을 감동시키지 못할 것이다.

성례는 더군다나 우리 믿음을 더욱 확고히 해 주는 것이기 때문에 주님께서 어떤 때는, 그 성례에서 약속된 내용들에 대한 확신을 제거해 버리고자 하실 때, 성례 그 자체를 취하여 가버리시기도 하신다. 하나님께서 아담에게서 불멸의 은사를 취하여 가시면서 말씀하시기를 "그가 그의 손을 들어 생명

나무 열매도 따먹고 영생할까 하노라"고 하셨다(창 3:22). 이것은 무슨 뜻인가? 아담이 잃어버린 불멸성을 그 과실이 회복해 줄 수 있었다는 말인가? 그렇지 않다. 하나님께서 말씀하시고자 했던 것은 바로 이런 것이다 : "나의 약속의 상징에 집착해서 헛된 확신을 즐기지 못하도록 하기 위해 불멸에 대한 어떤 소망이라도 그에게 일깨워 줄 수 있는 것을 그에게서 제거해 버리겠다." 사도가 에베소 교인들에게 그들이 "그리스도 밖에 있었고, 이스라엘 나라 밖의 사람이라. 약속의 언약들에 대하여는 외인이요 세상에서 소망이 없고 하나님도 없는 자"(엡 2:12)였음을 상기시키는 것도 바로 이 이유 때문이다. 그때에 그들은 할례에 참여하지 못했다고 말한다(엡 2:11). 여기에서 사도가 환유법을 통해 나타내고자 하는 뜻은, 약속의 표를 받지 못했으면 약속 그 자체로부터도 제외된 자들이라는 사실이다.

그들의 또 다른 반대 — 즉, 하나님의 영광이 피조물에 내려오며 그 피조물에 많은 능력이 할당되어서 결국 그의 영광이 그만큼 감소된다는 것 — 에 대해서 우리의 대답은 준비되어 있다. 우리는 피조물에 어떤 능력도 두지 않는다는 것이다. 내가 다만 하나 주장하고 싶은 것은, 하나님께서는 만물의 주요 또 심판자이시며 따라서 그분은 적절하다고 생각되는 수단과 도구를 사용하여서 만물이 그의 영광을 나타내게 하신다는 것이다.

그러므로 그는 우리 몸에 필요한 빵과 다른 음식을 주어 먹이시고, 태양으로 세상을 비추시며 열로 따뜻하게 하신다. 그러나 빵이나 해, 불, 그 어떤 것도 주께서 이런 도구들로써 우리에게 그의 복을 나눠 주시는 것이 아니라면 아무것도 아니다. 마찬가지로, 하나님께서는 성례로써 믿음을 영적으로 자라가게 하신다.

성례의 기능 중 하나는 하나님의 약속을 우리 눈 앞에 두고 우리로 하여금 볼 수 있게 하는 것이다. 하나님께서 당신의 선한 뜻으로 말미암아 우리의 소용을 위해 정해 두신 다른 피조물들에 우리의 신뢰를 두지 말아야 할 의무가 우리에게는 있다. 그 피조물들은 하나님께서 당신의 풍성한 은혜를 우리에게 주시기 위해 사용하시는 도구이다. 그러므로 피조물을 우리 선의 원천으로 선포하고 경배하는 것은 있을 수 없는 일이다.

같은 방식으로 우리가 성례 자체에 신뢰를 두거나 하나님의 영광을 성례에다 전이시켜서도 안 되겠다. 오히려 성례와 다른 모든 만물의 창조자인 하나님께 우리의 믿음과 우리의 고백이 동시에 올려지도록 해야겠고, 다른 모든 것들은 옆으로 밀쳐 놓아야겠다.

5. 어떤 사람들은 "사크라멘트"라는 용어로부터 그들의 잘못된 주장의 근거를 끄집어내고 있는데 이는 매우 현명치 못한 일이다. 그들이 말하기를, 사크라멘트라는 이 말이 저명한 작가들 사이에서 여러 가지 의미로 사용되었지만, "표징"이란 뜻으로는 단 한 가지만 있었다는 것이다. 말하자면 군인이 군복무를 위해 입대할 때 사령관 앞에서 행하는 엄숙한 맹세를 의미한다는 것이다.

그들이 이 군대식 맹세를 통해 사령관에 대한 충성을 약속하고 군복무에 대한 봉사의 고백을 하는 것과 같이 우리도 우리의 표시를 통해 그리스도를 우리의 사령관으로 고백하고 우리가 그의 기치 아래에서 봉사한다는 것을 증거하는 것이라고 한다. 그들은 자기들의 뜻을 더 명확히 밝히기 위해 다른 비교들을 덧보태고 있다.

로마인은 토가라는 겉옷을 입고, 그리스인이 팔리움이란 겉옷을 입어 서로 구별되었던 것과 같이, 또 로마 내에서도 각 계급에 따라 독특한 표지가 있었던 것 같이(원로원 계급을 기사계급과 구별해 주는 자색 옷과 초승달 모양의 신발, 기사계급을 평민과 구별해 주는 반지), 우리도 우리를 불신자와 구별해 주는 우리의 상징들을 지니고 있다는 것이다.

그러나 내가 꾸준히 선언할 수 있는 것은 이 "사크라멘트"라는 말을 표징에 적용한 우리의 교부들은 라틴 문인들이 사용한 이 단어의 용례에는 관심을 기울이지 않고 다만 그들의 편의에 따라 새로운 의미를 붙여서 거룩한 표징을 나타내는 의미로 사용하였다는 사실이다.

6. 그러나 우리가 더 깊이 조사해 보고자 한다면, 교부들이 이 말을 현재의 의미로 전환해서 사용한 것은 "믿음"이란 말의 사용에 나타나는 동일한 유추법을 따랐다고 볼 수 있다. 믿음이란 약속을 수행할 때의 신실성을 말하는 것이지만, 그들은 그것을 사람이 진리에 대해서 가지는 확신이라는 뜻으로

사용했다.

같은 방식으로 "사크라멘트"라는 말이 군인이 사령관에게 맹세하는 일을 의미하였지만 그들은 이 말을 사령관이 군인들을 계급 서열에 받아들이는 행위라는 뜻으로 바꾸었다. 그래서 하나님은 성례를 통해 "우리의 하나님이 되시고 우리는 그의 백성이 되리라"고 약속하신다(고후 6:16; 겔 37:27). 그러나 이제 이런 세밀한 점들은 넘어가자. 나는 정말 많고도 명백한 논증을 통해 교부들이 "사크라멘트"라는 말을 사용했을 때에는, 그 성례가 거룩하고 영적인 일들의 표징이라는 뜻을 나타내고자 하는 의도뿐이었다는 것을 보여줄 수 있기 때문이다.

우리는 반대자들이 제시하는 비교들을 받아들일 수는 있지만 그러나 그들이 성례의 이차적인 것을 일차적인 것 내지는 유일한 점이라고 보고 있는 사실은 용납할 수 없다. 성례가 하나님 앞에서 우리 믿음을 도와야 한다는 것이 일차적인 점이다. 그 후에야 성례는 사람들 앞에서 우리의 고백을 인정하는 것이 된다. 이 후자에 적용한다면 앞의 비교들은 타당성이 있다.

7. 반면에 우리가 상기해야 할 것은, 이 사람들이 성례의 힘을 약화시키고 그 효력을 완전히 부정하고 있는데 반해, 그들과는 정반대의 쪽에서 어떤 사람들은 성례에 일종의 비밀스런 능력이 붙어 있다고 한다. 그러나 하나님께서 이런 능력을 주셨다는 것은 어디에서도 읽어볼 수 없다. 이 위험한 오류에 단순하고 무지한 사람들은 속아 넘어간다.

그들을 가르치는 자들은 하나님의 은사를 얻을 수도 없는 곳에서 찾으라고 하며, 하나님에게서 그들을 점점 떼어 하나님의 진리를 생각하지 않고 허무한 것을 생각하게 만든다. 그런 가르침을 퍼뜨리고 있는 사람들은 두 종류가 있다.

그 첫째 부류가 가르치는 것은, 새로운 율법의 성례(현재 그리스도 교회에서 사용되고 있는 것들)는, 만일 우리가 죽을 죄로 장벽을 쌓지만 않는다면, 그것이 우리를 의롭게 하고 또 은혜를 입혀 준다는 것이다. 이런 생각이 얼마나 치명적이며 유해한가는 이루 형언할 수 없다. 더군다나 과거 수백 년 동안 넓은 지역에서 이런 생각이 만연하여 교회에 큰 손실을 입혔다. 확실히 이것은 악마적인 교훈이다.

　믿음과 관계 없는 의를 약속함으로써 이 생각은 사람들의 영혼을 혼동과 심판으로 몰아 넣는다. 뿐만 아니라 고대의 저술가들의 글 속에서 읽어볼 수 있는 부적절한 성례 예찬론이 또한 영혼들을 미혹했다. 아우구스티누스의 주장이 그렇다. "옛 율법의 성례는 단지 구원을 약속만 해 주었으나 우리의 성례는 그것을 준다." 사람들은 이 말이나 또는 비슷한 유의 표현들이 다소 과장된 것임을 자각하지 못하고 한 술 더 떠서 이 교부들의 글과는 완전히 다른 의미로 그들 나름대로의 과장된 역설을 유통시켰다.

　아우구스티누스가 앞에서 말한 것은 그가 다른 곳에서 이야기하는 것과 같은 맥락에서 이해해야 한다. 곧, "모세 율법의 성례는 그리스도를 예시했지만, 우리의 성례는 바로 그리스도를 말해준다"는 것이다. 이 말은 이런 뜻으로 이해할 수 있다. "옛 성례들은 아직도 그를 기다리는 동안에 그를 나타내 주었지만, 우리의 성례는 이미 주어진 그분이 마치 현존해 있는 듯이 보여준다."

　이 구절에서나 또는 다른 설교문을 통해서 우리가 쉽게 결정지을 수 있는 것은, 유대인들의 성례가 그 표징에 있어서는 달랐으나, 표시하고자 하는 내용에 있어서는 동일했다는 것이요, 가시적 양상은 달랐으나 그 영적 능력은 일치했다는 것이다. 그러므로 성례는 하나님의 말씀과 동일한 직책, 곧 우리에게 그리스도를 제시하며 그 안에서 하늘 은혜의 보고를 제시하는 직책을 가진다는 사실을 하나의 확정된 원칙으로 보아야 하겠다. 그러나 이것이 사람들에 의해 믿음으로 받아들여지지 않으면 아무런 유익도 없다.

　또 다른 사람들은 이처럼 파멸적인 실수를 저지르지는 않지만, 그래도 실수를 범하고 있는 자들이 있다. 그들이 하는 말은, 성례에는 숨은 능력이 결합되어 있어서 잔에 포도주를 따르듯이 성령의 은혜들이 그 성례 속에 배분된다고 믿고 있다. 그러나 실상 성례의 유일한 기능은 하나님께서 우리를 향해 가지신 선한 뜻을 우리를 위해 확인하고 확증해 주는 데에 있다. 그리고 그 성례는 성령께서 동반해 주지 않으면 더 이상의 유익이 없다. 이는 우리의 마음을 열어 이 증거를 받아들일 수 있게 만드는 이가 바로 성령이시기 때문이다.

여기에는 또한 하나님의 다양한 은혜들이 찬란히 빛나고 있다. 왜냐하면 성례는, 하나님의 은혜로 말미암아 우리에게 주어진 것들이 그 자체가 직접 가져다 주지는 않지만 그러나 그것을 알려주고 보여주는 전달자이기 때문이다. 성령(하나님께서 모든 사람들에게 무분별하게 주시는 것이 아니라 자기 백성에게만 특별히 주시는)께서는 하나님의 은혜들을 지니고 오시며, 그것들이 열매를 맺도록 하시려고 우리들 가운데에 성례가 있을 자리를 허락해 주시는 것이다.

8. "성례"라는 용어는 우리가 이미 그 본질을 논한 바와 같이, 하나님께서 그의 약속의 신실성을 사람이 더욱 확실하게 믿도록 만드시기 위해서 사람들에게 정하여 주신 모든 표징들을 전반적으로 함축하는 말이다. 때로는 자연물로 표징을 삼으시고, 어떤 때에는 기적들 속에 그것을 나타내셨다.

첫 번째 종류의 예들은 이런 것이 있다. 하나님께서 아담과 하와에게 불멸의 보증으로 생명나무를 주시고, 그들이 열매를 먹는 동안은 불멸을 확신할 수 있게 하셨다(창 2:9; 3:22). 또 다른 예로는, 하나님께서 노아와 그의 후손들을 위해 무지개를 주셨을 때 이것은 하나님께서 후로는 홍수로 땅을 멸망시키지 않겠다고 하신 사실에 대한 상기물이 되었던 것이다(창 9:13-16).

아담과 노아는 이런 것들을 성례로 여겼다. 그 자체로서는 영생을 줄 수 없는 생명나무가 그들에게 영생을 주었다는 것이 아니며, 또 무지개(반대편 구름에 태양 광선이 반사되어 생겨난 현상에 불과한)가 홍수를 막는데 어떤 영향력을 끼쳤다는 말이 아니라, 하나님께서 당신의 말씀으로 그 생명나무와 무지개에 표를 새겨 두셨기 때문에 그것들이 하나님의 언약의 증거요 인이 되었다는 말이다.

그리고 사실 그 나무는 전에도 한 그루 나무였고, 그 무지개 또한 하나의 무지개였다. 그러나 그것들에 하나님의 말씀이 새겨진 후로는 새로운 모양이 그것들 위에 입혀졌고 전에 아니었던 것이 되기 시작했다. 이런 말을 헛된 것으로 생각하는 사람이 없도록 지금도 무지개는 하나님께서 노아와 맺으신 언약을 우리에게 증거한다.

우리가 무지개를 볼 때마다 거기에서 하나님의 약속, 곧 땅이 홍수로 인하여는 멸망치 않을 것이라는 약속을 읽는다. 그러므로 어떤 사변가가 우리의 믿음의 단순성을 조롱하기 위해, 저렇게 다양한 색채는 맞은편 구름에 태양 광선이 반사되어 저절로 생겨난 것일 뿐이라고 주장한다면, 우리는 그것은 인정하자.

하지만 동시에 그 사람이 자연의 주인이며 주재자이신 하나님 곧 자기의 뜻대로 자기의 영광을 섬기도록 모든 자연의 요소들을 사용하시는 하나님을 알아보지 못하는 것에 대해 그의 우매함을 비웃어 주자.

하나님께서 해와 별과 땅과 돌에 이런 상기의 뜻을 찍어 놓으셨다면 이 모든 자연물들이 우리에게 성례가 되는 것이다. 은덩어리와 은전이 똑같은 금속이면서도 그 가치가 다른 이유가 무엇인가? 그것은 은덩어리가 단지 자연 상태로 있을 뿐이지만, 은전은 관인이 찍혀 그 위에 은전으로서의 새로운 가치가 부과되기 때문이다. 그렇다면 하나님께서 그가 창조하신 사물들 위에 그의 말씀으로 표시를 내어, 전에는 그저 단순한 자연물이던 것을 이제는 성례가 되게 하실 수 없겠는가?

앞서 말한 둘째 종류의 예들로는 이런 것들이 있다. 하나님께서 기드온에게 승리를 약속해 주시기 위해, 양털에만 이슬이 있고 주변 땅은 마르게 하셨고, 또 반대로 이번에는 땅에는 이슬이 내렸으나 양털은 젖지 않게 하셨던 일이 있다(삿 6:37-38). 또 히스기야에게 안전을 약속하시기 위해 일영표에 나아갔던 해 그림자를 뒤로 십도 물러가게 하셨다(왕하 20:9-11; 사 38:7). 이런 일들이 일어난 것은 그들의 약한 믿음을 지탱하고 강화시키기 위해서였으므로 이 일들 또한 성례이다.

9. 하지만 현재 우리의 의도는, 하나님께서 그의 교회에서 그의 백성들을 한 믿음과 또 그 한 믿음의 고백 안에서 키우시고자 일상적인 행사로 뜻하신 그 성례들에 대해 특별히 논의코자 하는 것이다. 더욱이 이 성례들은 상징으로서 뿐만 아니라 의식으로서의 모습도 갖추고 있다. 다시 말해서, 여기 주어진 상징은 곧 의식이라 말해도 좋다. 따라서 이런 유의 성례를, 주님께서 그의 백성의 믿음을 훈련하고 강화하기 위해 뜻하신 의식이라 정의할 수도 있겠다.

성례들 자체는 역사상 각 세대에 따라 하나님께서 자신을 사람들에게 이런저런 모양으로 계시하신 다양한 방식으로 인하여 그 또한 여러 모양이었다. 아브라함과 그의 후손들에게는 할례를 명하셨다(창 17:10). 후에 모세의 율법에서는 여기에 결례(레 11-15장)와 희생제사(레 1-10장)가 첨가되었다. 이런 것들은 그리스도가 오시기까지 유대인들의 성례였다. 그리스도께서 오심으로써 이것들이 폐지되고 세례와 성찬이라는 두 가지 성례가 제정되어 현재 기독교회가 사용하고 있다(마 28:19; 26:26-28).

그러나 고대의 그 성례들도 오늘날 우리의 성례들과 같은 목적을 지향했다. 즉 사람들을 그리스도에게로 향하게 하고, 손을 잡아 그리스도에게로 인도하거나 또는 형상으로써 그를 나타내고, 그리스도를 사람에게 알려 주는 것이 그 목적이었다. 우리는 이미 성례는 하나님의 약속에 인치는 일이라고 배웠고, 더 나아가서 지금까지 사람들에게 주신 그 어떤 약속도 그리스도 밖에서 주어진 것이 없다는 사실도 확실하다(고후 1:20).

결과적으로 하나님의 약속에 대해 우리에게 가르치기 위해서는 성례들은 반드시 그리스도를 보여주어야만 한다. 단 하나의 차이가 있다면, 유대인의 성례는 그리스도를 아직도 기다려야 했던 시절에 약속된 그리스도를 예시했다면, 우리의 성례는 이미 주어지고 계시된 그리스도를 증거한다는데 있다.

이들을 따로따로 설명하면 좀 더 확실해질 것이다. 유대인들에게 할례는 사람에게서 오는 것은 무엇이든지, 즉 인류의 본성 전체는 부패하여 잘라버릴 필요가 있음을 경고하는 상징이었다.

뿐만 아니라 할례는 아브라함에게 주신 복된 씨에 대한 약속, 그 씨 안에서 땅 위의 모든 백성들이 복을 받으리라는 것과(창 22:18), 그 씨로부터 그들도 자기 자신들이 받을 복을 기다려야 했던, 바로 그 씨에 대한 약속을 그들에게 확증해 주기 위한 표요 상기물이었다. 이제 그 구원의 씨가 (바울이 가르치는 대로) 바로 그리스도요(갈 3:16), 그 안에서만 사람들은 아담 안에서 자기들이 잃어버린 것을 회복할 수 있게 된다고 믿었다.

따라서 할례는 바울의 가르침과 같이 아브라함에 대해 가졌던 같은 뜻을 다른 사람들에 대해서도 가진다. 곧 믿음으로 얻는 의의 상징이다(롬 4:11). 다시 말해서, 그 씨를 기다리는 그들의 믿음이 하나님에 의해 의롭다 여김을 받는다는 사실을 좀 더 확실하게 보증하는 일종의 인이다.

세례와 결례는 유대인들에게 대해서 그들의 본성이 스스로의 부정과 추악함과 오염으로 더럽혀졌다는 것을 밝혀준다. 그러나 이 의식들은 그들의 추함을 씻어 없앨 다른 씻음을 약속한다(히 9:10, 14). 이 씻음은 그리스도이다. 우리는 그의 피로 씻음을 받으며(요일 1:7; 계 1:5), 그가 상처를 입음으로 우리가 치료를 받는다(사 53:5; 벧전 2:24).

희생제사는 그들의 불의를 깨닫게 하는 동시에 하나님의 공의에 대해서 어떤 만족을 드려야 한다는 것을 그들에게 가르쳤다. 그러므로 하나님과 사람 사이의 중보자인 어떤 대제사장이 있어서, 그가 죄 용서를 위한 하나님의 공의의 만족을 얻기 위해 피 뿌림과 희생제물을 드려야 한다는 것을 그들에게 가르쳤다. 이 대제사장이 바로 그리스도이다(히 4:14; 5:5; 9:11).

그는 자기 자신의 피를 뿌리셨고, 그 자신이 희생제물이 되셨고, 죽기까지 아버지께 복종함으로써 자신을 바치셨다(빌 2:8). 이 복종으로 말미암아 하나님의 진노를 불러일으킨 인간의 불순종을 말소하셨다(롬 5:19).

10. 오늘날 우리의 성례에 있어서는, 그리스도께서 더 가까이 사람들에게 계시됨으로써, 아버지께서 이미 약속하신 대로 그리스도를 참으로 계시하신 때로부터 이 성례들은 그를 더 가까이 우리에게 현존하게 해준다. 세례는 우리가 씻어 깨끗하게 되었음을 증거하며, 성만찬은 우리가 구속 받았음을 증거한다. 물에는 씻음이, 피에는 만족이 표시되었다.

이 두 가지는 요한이 말한 것처럼 "물과 피로 오신"(요일 5:6) 그리스도 안에서 발견된다. 그는 씻기시고 구속하시기 위해 오셨다. 하나님의 영도 일의 증인이다. 그러므로 "증언하는 이가 셋이니, 성령과 물과 피라, 또한 이 셋은 합하여 하나이니라"(요일 5:7-8) 하였다. 물과 그리고 피에서 우리는 씻음과 구속의 증거를 가지는 것이다.

하지만 최우선적인 증인인 성령은 우리로 하여금 그 증거를 확신할 수 있게 해주신다. 이 고상한 신비는 그리스도의 거룩한 옆구리에서 물과 피가 흘러나온 때에(요 19:34) 그리스도의 십자가 안에서 우리에게 훌륭하게 제시되었다. 이 때문에 아우구스티누스는 십자가를 우리의 성례의 샘이라 불렀던 것이다. 우리는 이 일들을 아직도 좀 더 자세하게 논의해 보아야겠다.

B. 세례

11. 세례는 하나님께서 우리에게 주신 것이다. 첫째 목적은 그분 앞에서 우리의 믿음을 섬기기 위함이요, 둘째 목적은 사람들 앞에서 우리의 고백을 섬기기 위함이다. 우리는 이제 차례로 이 제도를 세우신 두 가지 이유를 취급해 보겠다. 세례는 우리의 믿음에 세 가지 사항을 가져다 주는데 그 각각을 따로 살펴보아야 하겠다.

12. 주께서 우리를 세우신 첫 번째의 일은 이 세례가 우리의 씻음의 상징이요 증거라는 것이다. 다시 말해서 (우리가 그것을 더 잘 설명하자면) 우리의 모든 죄가 도말되고 용서되고 소멸되어 다시는 그것이 하나님 앞에 나타나거나 재소환되거나 그 때문에 우리가 정죄받는 일이 결코 없으리라는 것을 우리에게 확증해 주기 위해 보냄을 받은 전달자와 같은 것이 바로 세례이다. 믿는 모든 자가 죄 사함을 위한 세례를 받는 것이 하나님의 뜻인 것이다 (마 28:19; 행 2:38).

13. 따라서 세례는 우리가 사람들 앞에서 우리 신앙을 고백하는데 사용하는 하나의 표징이나 표지에 불과하며 이는 군인이 그 충성선언의 표시로써 사령관의 휘장을 달고 다니는 것과 같을 뿐이라고 생각하는 사람들은, 세례에 있어서 가장 중요한 점이 무엇인지를 고려하지 않는 사람들이다. 세례의 가장 중요한 점은 우리가 "믿고 세례를 받는 사람은 구원을 얻을 것이요"(막 16:16)라는 약속과 함께 세례를 받는다는데 있다.

이런 의미에서 바울이 쓴 것을 이해해야겠다. 곧, 교회는 신랑이신 그리스도로 인해 "거룩하게 되었다"는 것과 "물로 씻어 말씀으로 깨끗하게" 되었다는 것이다(엡 5:26). 또 다른 구절에 "우리를 구원하시되 … 오직 그의 긍휼하심을 따라 중생의 씻음과 성령의 새롭게 하심으로 하셨나니"(딛 3:5). 그리고 베드로가 한 말, "너희를 구원하는 표니 곧 세례라"(벧전 3:21) 등이다.

바울이 말하고자 하는 것은 물이 우리를 깨끗하게 씻으며 구원한다거나, 물 자체에 깨끗하게 하고 중생시키며 새롭게 하는 힘이 있다거나 거기에 구원의 원인이 있다는 것이 아니라, 다만 이 성례에서 우리가 그같은 은사들에 대한 지식과 확신을 받는다는 것이다. 이는 말 자체가 충분히 확실하게 설명해 주는 바다.

바울은 생명의 말씀과 물의 세례를 긴밀히 연결시키고 있어서 마치 이렇게 말하는 것 같다. "복음을 통해서는 우리의 씻음과 거룩에 대한 소식이 우리에게 전달되고, 세례를 통해서는 이 소식이 인을 받는다." 그리고 베드로도 이 세례가 육에서 더러운 것을 제하여 버리는 것이 아니라 오직 하나님 앞에서 믿음에서 온 선한 양심이라(벧전 3:21) 첨가한다.

14. 그러나 우리가 이 세례에 대해 생각할 때, 이것이 우리의 과거를 위해 베풀어진 것이며, 세례를 받은 후에 지은 죄를 위해서는 마치 전에 받은 세례의 힘이 미치지 못하는 듯 새로운 처방을 구해야겠다고 생각해서는 안 되겠다. 초기에는 이런 오류 때문에 사람들이 생명이 위급하거나 임종시가 아니면 세례받기를 거절하다가 마지막 순간에 자기들이 일생 동안 지은 죄를 용서받겠다는 잘못된 생각이 나타났다.

그러나 우리가 깨달아야 할 것은, 우리가 어느 시기에 세례를 받든 우리는 그 단 한번으로 우리 전 생을 씻고 깨끗하게 하였다는 사실이다. 그러므로 우리가 넘어질 때마다 세례 받은 기억을 회상하고 마음을 굳게 해서 항상 사죄에 대한 확신을 가져야겠다.

세례는 단 한 번 받고 지나가버린 것처럼 보일지라도, 그 후에 지은 죄로 인하여 무효가 되지는 않는다. 세례에서 우리에게 그리스도의 순결이 주어졌으며 그의 순결은 늘 풍성하고 또 어떤 오점으로 더럽혀지지 않으며, 도리어 우리의 모든 더러운 것을 제거하고 씻어준다. 이제 이 사실로부터 앞으로는 마음대로 죄를 짓겠다고 생각해서는 안 된다.

물론 이 사실은 그런 대담한 짓을 하라고 가르치는 것이 아니다. 이 교훈은 다만 자기 죄에 지치고 눌려 있는 신음하는 죄인들에게 주는 것이며, 그들을 일으키며 위로하여 그들이 혼란과 절망에 빠지지 않게 하려는 것이다.

바울은 "하나님이 그의 피로써 믿음으로 말미암는 화목제물로 세우셨으니
이는 하나님께서 길이 참으시는 중에 전에 지은 죄를 간과하심으로 자기의
의로우심을 나타내려" 하셨다고 했다(롬 3:25).

바울의 이 말은 우리가 그리스도 안에서 죽을 때까지 끊임없이 죄를 용서
받는다는 것을 부정하는 것이 아니라, 아버지께서는 그리스도를 다만 가련
한 죄인들, 곧 양심의 가책으로 상하여 의사를 갈망하는 사람들에게 주셨다
는 의미이다. 하나님께서는 그런 죄인들에게 자비를 베푸신다. 벌을 받지 않
을 것이라는 생각으로 죄 지을 기회와 방종을 추구하는 자들은 하나님의 진
노와 심판을 격발시킬 뿐이다.

15. 세례는 또 다른 위로를 전해 준다. 곧 우리가 그리스도 안에서 죽은 것
과 그 안에서 새 생명을 받은 것을 보여주는 것이다. 이는 참으로 (사도가 말
한 것처럼) "우리가 그의 죽으심과 합하여 세례를 받음으로 그와 함께 장사
되었나니 … 우리로 또한 새 생명 가운데서 행하게 하려 함이니라"(롬 6: 4).

사도는 이런 말로써 우리가 세례에 의해서 그리스도의 죽으심을 본받아
우리의 욕망에 대해서 죽고, 그리스도의 부활을 본받아 의로운 생활을 하도
록 분발하도록 권면을 받았다고 한다. 그러나 그는 좀 더 높은 어떤 것을 붙
들도록 한다. 곧 세례를 통해 그리스도는 우리를 그의 죽음에 동참케 하셔서
우리를 그의 죽음에 접붙이려 하신다는 것이다(롬 6:5).

가지가 그 접붙인 뿌리에서 수분과 영양을 취하듯이, 올바른 믿음으로 세
례를 받는 사람들은 그들의 육을 죽이는 일에 있어서 그리스도의 죽음이 효
과적으로 역사하는 것을 참으로 느끼며, 성령이 생명을 주시는 사실에서 그
리스도의 부활이 역사하는 것을 느낀다(롬 6:8). 이것을 근거로 삼아서 바울
은 우리가 그리스도인이라면 마땅히 죄에 대해서 죽고 의에 대해서 살아야
한다고 말한다(롬 6:11).

그는 다른 곳에서도 이와 똑같은 주장을 하고 있는데, 우리는 세례에 의해
서 그리스도 안에 장사된 후에야 옛사람을 벗어 버리고 할례를 받았다는 것
이다(골 2:11-12). 그리고 바울은 내가 이미 인용한 구절과 같은 의미에서 세
례를 중생의 씻음과 새롭게 함이라고 부르고 있다(딛 3:5). 그래서 요한이 처

음 세례를 주었고 후에 사도들도 역시 "죄 사함을 받게 하는 회개의 세례"를 주었다(마 3:6,11; 눅 3:16; 요 3:23; 4:1; 행 2:38, 41).

여기서 "회개"가 의미하는 것은 중생이요, "죄 사함"이 의미하는 것은 씻음이다. 이렇게 볼 때, 요한의 사역은 후에 사도들에게 맡겨진 것과 똑같은 것이란 사실에 대해 우리는 전적인 확신을 갖는 것이다. 세례를 베푸는 자의 손이 다르다고 해서 세례가 달라지지는 않는다. 같은 가르침에 근거한 같은 세례인 것이다.

세례 요한과 사도들은 한 가지 가르침에 일치를 보았다. 양자가 다같이 회개를 위해 세례 주었고, 죄 용서를 위해 세례 주었고, 그리스도의 이름으로 세례 주었는데 곧 이 그리스도부터 회개와 죄 사함이 나오는 것이다. 세례 요한은 그리스도를 가리켜 세상 죄를 지고 가는 하나님의 어린 양이라 하였다(요 1:29). 요한의 이 말은 그리스도가 하나님이 기뻐 받으시는 희생제물이요, 그 자신이 화해자며 구주라는 것을 말한다. 사도들이 이런 고백 위에 무엇을 더 보탤 것이 있었겠는가?

그러면 요한이 말하기를 자기는 물로 세례를 주나 그리스도는 성령과 불로 세례를 주겠다고 한 것이 무슨 의미인가?(마 3:11; 눅 3:16). 이는 몇 마디로 간단하게 설명할 수 있다. 요한은 세례의 종류를 구별할 의도가 있었던 것이 아니고, 다만 자기와 그리스도의 인격을 비교한 것이다. 즉 자기는 물로 세례를 줄 뿐이지만, 성령을 주시는 분은 그리스도라는 것이요, 그리스도의 이 권능은 성령을 사도들에게 불의 혀와 같이 보내어 주신 그 날에 하나의 가시적 기적의 형태로 선포되어졌다(행 2:3). 사도들은 이 이상 무엇을 자랑할 수 있었겠는가? 그리고 오늘날 세례를 주는 자들은 어떤가? 그들은 단지 외적 표징의 수종자에 불과하고, 내적 은혜를 주시는 분은 바로 그리스도이신 것이다.

우리가 앞서 이야기해 온 육신을 죽임과 또 씻음의 일이 모두 이미 구약의 이스라엘 백성에게서 예시되었는데, 이 때문에 사도는 그들이 "구름과 바다에서 세례를 받았다"고 말한다(고전 10:2). 주께서 자기 백성을 바로의 지배와 잔인한 속박에서 구출하여 홍해 속으로 그들이 건너갈 길을 만드신 후에(출 14:21) 그들의 뒤를 바싹 뒤쫓아온 바로와 애굽 군대를 바다에 빠지게 하

신 일은(출 14:26-28) 몸을 죽이는 일을 상징하는 것이다. 왜냐하면 주께서
는 그의 권능으로 우리를 애굽의 노예 상태에서, 즉 죄의 노예 상태에서 구
출하셨으며, 우리의 바로인 마귀가 여전히 우리를 괴롭히며 지치게 만들지
만 그는 이미 물에 빠져 죽었다는 것을 세례가 우리에게 약속하며 상징하는
것이다.

그러나 애굽인들의 시체가 바다 속에 잠기지 않고 바닷가에 흩어져서 그
흉측한 모습으로 이스라엘 백성을 놀라게 했지만 그들을 해칠 수는 없었던
것과 같이(출 14:30-31), 우리의 원수 마귀도 우리를 여전히 위협하며 무기
를 휘둘러 그 존재를 느끼게 하고는 있지만 그러나 그에게는 정복할 힘이 없
는 것이다.

구름에서는(민 9:15; 출 13:21) 씻음의 일이 상징되고 있다. 여호와께서 이
스라엘 백성을 구름으로 덮어 서늘하게 하심으로 그들이 무자비한 태양열로
인해 기진맥진하지 않게 하신 것과 같이, 우리는 세례에서 그리스도의 피로
가리움을 받고 보호를 받는 것을 깨닫는다. 이렇게 가리움으로써 정말로 견
딜 수 없는 불꽃인 하나님의 지엄하심이 우리를 엄습하지 못하도록 하는 것
이다.

16. 그런데 어떤 사람들이 선전하는 가르침은 대단히 잘못되었음이 확실
하다. 그들은 가르치기를, 세례에 의해서 우리가 원죄에서 벗어나게 되고 면
죄되며 또 아담으로부터 그의 모든 후손들에게 유전된 부패를 면하게 되며,
또 만일 아담이 처음 창조된 상태대로 지속했더라면 그가 얻어 누렸을 그 의
와 본성의 순결을 세례를 통해 회복할 수 있다는 것이다.

이런 유의 교사들은 원죄가 무엇인지, 원의가 무엇인지, 또 세례의 은혜가
무엇인지를 이해하지 못하고 있는 것이다. 원죄란 것은 우리 본성이 타락하
고 부패한 것을 가리키는데, 이로 인해 우리는 우선 하나님의 진노를 받게
되고, 다음으로는 성경이 "육체의 일"(갈 5:19)이라 부르는 그런 것들이 우리
속에 생겨난다. 이것이 성경에서 "죄"라 부르는 것이다. 여기서부터 일어나
는 일들 — 곧 음행, 호색, 도적질, 증오, 분쟁, 살인, 술 취함 등 — 은 "죄의
열매들"(갈 5:19-21)이라 불러야 마땅하며, 성경에서는 때로 "죄들"이라 부

르고 있다.

17. 그러므로 우리는 다음 두 가지 점을 주의 깊게 고려해 보아야겠다. 첫째는, 우리 본성의 모든 부분이 타락하고 부패했기 때문에 그 하나의 이유만으로도 하나님 앞에서 저주와 유죄 선고를 받은 자로 인정된다. 의와 결백과 순결이 아니고서는 그 어떤 것도 그분께 받으실 만한 것이 되지 못하기 때문이다. 유아들조차도 어머니의 태중에서부터 저주를 지고 나온다(시 51:5).

비록 유아들이 자기 스스로의 죄의 열매들을 짓지는 않았을지라도 그들 속에 죄의 씨가 들어 있기 때문이다. 사실 그들의 전 본성은 죄의 씨이며 따라서 하나님 앞에서는 가증할 뿐인 것이다. 세례를 통해 신자들은 이 저주가 그들로부터 제거되었고 취소되었다는 확약을 받는다.

이는 (이미 말한 바와 같이) 하나님께서 이 표징으로 말미암아 우리의 죄가 완전히 용서되었고, 또 우리에게 부과된 죄책과 그 때문에 받아야 할 형벌이 모두 충만하고 완전하게 사하여졌음을 약속하기 때문이다. 또 신자들은 하나님의 백성이 이생에서 받을 수 있는 그런 의를 오직 전가의 방법으로만 얻게 되는데 이는 하나님께서 그들을 의롭고 결백하다고 그의 자비로써 인정해 주시기 때문이다.

둘째로 고려해 볼 점은, 이 왜곡된 본성이 우리 속에서 없어지지 않고 계속적으로 새로운 열매들을 낳는데(롬 7장) 이는 앞에서 우리가 "육체의 일"이라고 묘사한 바 있는 것으로서(갈 5:19), 마치 뜨거운 용광로가 끊임없이 불꽃과 불똥을 내뿜듯이, 또 샘에서 쉬지 않고 샘물이 솟아나듯이 그 열매들을 쏟아 놓는다는 것이다.

그러므로 이 원리를 정의하여 "원의의 결핍"이라 한 사람들도 아직 그 원죄의 세력과 힘을 충분히 효과적으로 표현하지는 못했다고 하겠다. 왜냐하면 우리의 본성은 선한 것이 전적으로 결핍되고 비어 있을 뿐만 아니라, 나아가서 게으름 피울 사이도 없이 각종 악한 것들을 왕성하게 만들어내기 때문이다.

또 원죄를 "정욕"이라고 말한 자들도 있는데, 그들이 이 말을 — 그들은 결코 동의하지 않겠지만 — 사람 속에 있는 것은 무엇이나, 이해력에서부터 의지력까지 영혼에서부터 육체에 이르기까지 모두가 이 정욕에 의해 더럽혀지고 잠식되었다는 뜻으로 말한 것이라면 그들이 결코 낯선 말을 사용한 것은 아닐 것이다.

좀 더 간단히 표현하자면, 인간이란 것이 전적으로 이 정욕으로만 이루어져 있다는 것이다. 이런 종류의 욕망은 사람에게서 그가 죽어, 사망으로 사망의 몸에서 해방되고 자기를 완전히 벗어버리기 전까지는 결코 죽지도 않으며 소진되지도 않는다. 세례가 우리에게 우리의 바로가 익사하고(출 14:28), 우리의 죄가 죽을 것이라고 약속해 주기는 하지만, 그렇다고 해서 그 죄가 더 이상 존재하지도 않고 우리에게 고통을 주지도 않는다는 것이 아니라 다만 그것이 우리를 정복하지는 못하리라는 것이다.

우리가 육체라는 이 감옥에 갇혀서 사는 동안에는 죄의 흔적은 항상 우리 안에 살아 있을 것이다. 그러나 우리가 세례를 통해 하나님께서 주신 약속을 신실하게 붙잡고만 있다면 그 죄의 자취가 우리를 지배하거나 다스릴 수는 없는 것이다.

18. 그러나 누구라도 자기를 기만하거나 자기의 죄악 생활을 변명해서는 안 된다. 죄가 항상 우리 안에 머물러 있다고 하는 말은, 그렇잖아도 죄짓기 쉬운 죄인들이 안심하고 죄악 속에서 잠자고 있으라는 말이 아니라, 오히려 자기의 육체로 말미암아 고통과 연단을 받고 있는 자들이 기진하거나 낙담하지 말라고 하는 말이다. 이런 자들은 오히려 자신들이 아직도 도상에 있음을 생각해야 하겠고, 매일 정욕이 조금이나마 약해지는 것을 느낄 때마다 그들이 훌륭한 진보를 보이고 있는 것으로 믿어야 하겠고, 최종 목적지에 도달할 때, 곧 이 세상에서의 생명이 끝나는 육신의 죽음의 순간에 이를 때에야 그 완성을 보리라는 것을 알아야겠다.

그러므로 우리가 믿어야 할 것은 이것이다. 우리는 육체의 죽음이라는 세례를 받지만 이 일은 우리의 세례와 함께 시작되어, 매일매일 이 목표를 추구해 가야 하며, 마침내는 이생을 떠나 주님께로 갈 때에야 완성되리라는 것이다.

19. 마지막으로, 세례로부터 우리 믿음이 받는 위안은 우리가 그리스도의 죽음과 삶에 접붙여졌다는 사실뿐만 아니라, 나아가서 우리가 그리스도 자신에게 완전히 연합되어서 그의 모든 축복의 동참자가 되었다는 사실이다. 그는 세례를 자신의 몸을 바쳐서 거룩하게 하여(마 3:13) 그가 우리와 함께 누리실 연합과 교제의 가장 견고한 끈으로서 그 세례를 우리와 함께 공유하시고자 했던 것이다. 그러므로 바울도, 우리가 세례에서 그리스도를 옷 입는다는 사실로부터 우리가 하나님의 자녀인 것을 증거하고 있다(갈 3:26-27).

20. 나아가서 세례는 사람들 앞에서의 우리의 고백을 위해 봉사한다. 참으로 이 세례는 우리가 하나님의 백성으로 간주되기를 원한다는 그 소원을 공적으로 나타내는 표시이다. 이 세례를 통해 우리는 같은 하나님을 예배하는 데 합류한다는 것과 또 모든 그리스도인들과 같이 하나의 종교를 가진다는 것을 증거한다.

또 마지막으로, 이 세례를 통해 우리의 신앙을 공개적으로 선언한다. 그렇게 하여 우리는 마음으로 하나님을 찬양할 뿐만 아니라 우리의 혀와 우리의 모든 지체가 온갖 방법으로 하나님을 높이 찬양한다. 이와 같이 우리의 모든 능력은 조금도 부족함이 없도록 하나님의 영광을 위해 사용되어야 하며 다른 사람들도 우리가 하는 것을 본받아 같은 노력을 하도록 격려받게 되는 것이다.

바울은 이 점을 염두에 두고서 고린도 교인들에게 그들이 그리스도의 이름으로 세례를 받지 않았느냐고 물었던 것이다(고전 1:13). 그가 암시하고자 한 것은, 그리스도의 이름으로 세례를 받음으로써 그들은 그에게 몸을 바치며, 그의 이름에 충성을 맹세하고, 사람들 앞에서 그에게 충실할 것을 약속했다는 것이다. 그리고 그 결과, 그들이 세례 받을 때에 한 약속을 취소할 생각이 없다면, 앞으로는 그리스도의 이름 외에는 다른 이름을 고백할 수 없게 되었다는 것이다.

21. 이제 우리가 주님께서 세례를 제정하신 목적을 설명했기 때문에 이제 우리가 그 세례를 어떻게 사용해야 하며 또 어떻게 받아야 할지를 판단하기

는 쉬운 일이다. 세례란 우리의 믿음을 위로하고 강화하기 위해 주신 것이므로 우리가 그것을 받을 때에 하나님의 손에서 받는 것처럼 해야겠다. 이 표징을 통해 말씀하시는 이는 하나님이시라는 것을 우리는 확실하고 증명된 일로 여겨야 하겠다.

또한 죄악들에 대한 기억을 정결케 하고 씻어 없애고 또 닦아 내시는 분도 하나님이라는 것과, 우리를 그의 아들의 죽음에 동참자가 되어 사탄의 권세와 우리의 정욕을 그의 아들 안에서 약화시키는 분도 하나님이시라는 것, 곧 우리에게 그의 아들로 옷 입히시는 하나님이신 것을 기억하자.

이 같은 일들로 그가 우리 안에서 우리 영혼을 위해서 행하시는 것은, 우리의 몸이 물로써 외적으로 깨끗해지고 물에 잠기며 물에 둘러싸이는 것을 우리가 아는 것처럼 그렇게 참되고 확실한 것이다. 우리가 영적인 일을 물질적인 것 속에서 보고 생각해야 한다는 것, 바로 이런 유비와 비유가 성례를 위한 확실한 규칙인 것이다.

이는 주님께서 영적인 것을 그런 표상으로 나타내시기를 기뻐하셨기 때문이다. 하지만 그런 은혜들이 이 성례 속에 묶여서 갇혀 있기 때문이거나 이 성례가 우리에게 하나님의 은혜들을 베풀어 주는 기관과 도구이기 때문이 아니라, 다만 주님께서 이 성례라는 표시를 통해 그의 은혜들을 우리에게 베풀어 주시기를 기뻐하신다는 그 뜻을 우리에게 확인해 주시기 때문이다.

이 증거로서 백부장 고넬료의 예를 들어보자. 그는 이미 죄 용서와 또 성령의 가시적 은혜들을 받은 사람이었지만 세례를 받았다(행 10:48). 그는 세례에 의해서 더 많은 죄 용서를 받으려 한 것이 아니라 믿음을 더 확고하게 단련하고자 했다. 아마 혹자는 반박할지도 모른다. 죄악들이 세례로 인해 씻겨지는 것이 아니라면 왜 아나니아는 바울더러 세례를 통해 죄를 씻으라고 말했는가?(행 22:16; 참고. 9:17-18).

나의 대답은 이렇다. 하나님께서 우리에게 주셨다고 믿는 무엇이든지, 우리가 그것을 처음 자각하든지 또는 전에 이미 자각한 것을 좀 더 확실하게 하든지 간에, 우리가 그것을 받고 얻고 또 획득하게 된다는 것이다. 그러므로 아나니아가 말하고자 한 뜻은 이런 것이다. "바울이여, 당신의 죄가 용서된 것을 확신할 수 있도록 세례를 받으시오. 주님은 세례로써 죄 용서를 약속하시니, 그것을 받고 안심하시오."

하지만 우리가 이 성례로부터 얻는 것은 믿음으로 우리가 얻는 꼭 그 만큼일 뿐이다. 우리에게 믿음이 없으면 이것이 곧 우리가 하나님 앞에 저주를 받았다는 것의 증거요, 그 안에 주어진 약속을 믿지 않았다는 증거가 될 것이다. 그러나 그것이 우리 고백의 상징인 한은 우리가 그 성례로 말미암아 하나님의 자비 안에 우리의 확신이 있다는 것, 죄 용서 속에 우리의 순결이 있다는 것, 또한 하나님의 교회에 모든 신자들과 함께 믿음과 사랑의 완전한 일치 가운데서 조화롭게 살도록 속하여지게 된다는 것을 증거할 수 있다. 바울이 "우리가 한 성령으로 세례를 받아 한 몸이 되었다"(고전 12:13)고 말한 것도 바로 이런 의미이다.

22. 이제 우리가 결정지은 것이 진실하다고 보자. 곧 성례는 결코 그 집행하는 자의 손에서 받는 것이 아니라, 그것을 보내어 주신 분이신 하나님의 손에서 받듯이 해야 한다는 것이다. 이 사실로부터 우리가 주장할 수 있는 것은, 여기에는 그 손으로 성례를 집행하는 자들의 인간적 가치로 무엇인가를 덧붙이거나 빼거나 할 수 없다는 사실이다.

예를 들어, 사람들 사이에서도 편지를 보내는데 — 그 필적과 봉인이 충분히 알아볼 만하면 — 누가 혹은 어떤 종류의 배달인이 그것을 전달하느냐 하는 것은 아무런 중요성이 없다. 마찬가지로, 우리가 하나님의 성례들 속에서 우리 주의 손길과 인을 알아보기만 한다면 어떤 전달자가 그것을 전달하든지 상관없다. 이런 논의로써 우리는, 사역자의 가치에 따라 성례의 힘과 가치를 측정하였던 도나투스파의 오류를 산뜻하게 반박하게 된다. 오늘날 재세례파들은 우리가 교황제도 아래에서 불경건한 우상 숭배자들로부터 세례를 받은 것이므로 그것이 올바르게 세례를 받은 것이 아니라고 주장한다. 이 때문에 그들은 격정적으로 재세례를 고집하고 있다.

그러나 우리가 사람의 이름으로 세례를 받은 것이 아니라, 아버지와 아들과 성령의 이름으로(마 28:19) 세례 받은 사실과, 또 세례라는 것은 누가 그것을 시행하든지 사람에게서 오는 것이 아니라 하나님에게서 온다는 사실을 기억할 때, 그들의 어리석은 이론에 강력한 논증을 갖추고서 대항할 수 있는 것이다.

우리를 세례 준 자들이 아무리 무지하고 경멸스러운 자들이라 할지라도 그들은 하나님께로부터 온 자들이고, 우리를 세례 줄 때 자기들의 무지와 배도를 나누도록 한 것이 아니라 예수 그리스도에 대한 믿음을 위해 세례 주었던 것인데 이는 세례 시에 그들이 부른 것이 자기들의 이름이 아니라 하나님의 이름이기 때문이며, 또 그들이 우리를 다른 어떤 이름으로 세례 준 것이 아니기 때문이다. 그래서 그것이 하나님께로부터 온 세례였다면 틀림없이 거기에는 죄 용서와, 육체의 죽음과, 영적으로 살리심, 그리고 그리스도에의 참여 등에 대한 약속이 있었다.

이제 우리의 적대자들은 우리가 세례 받은 후 몇 년 사이에 어떤 믿음이 우리에게 생겼느냐고 묻는다. 이렇게 묻는 이유는, 약속의 말씀을 믿음으로 받을 때가 아니면 세례가 우리에게 대하여 거룩한 것이 되지 못하므로 결국 우리가 받은 세례가 헛되다는 것을 증명하려 하기 때문이다.

이런 질문에 대해서 우리가 답할 수 있는 것은, 진정 우리가 눈이 멀고 믿음이 없어 세례에서 받은 약속을 오랫동안 깨닫지 못한 것은 사실이나, 그러나 그 약속에 대해서는 그것이 하나님께로부터 온 것이므로 언제까지나 확고하고 믿을 만한 상태로 있다고 답한다. 모든 사람이 거짓말쟁이이고 믿을 수 없을지라도 하나님은 언제나 신실하시다(롬 3:3).

모든 사람이 멸망할지라도 그리스도의 구원은 없어지지 않는다. 그러므로 그때에는 우리가 세례에서 유익을 얻지 못하고 있었음을 인정한다. 왜냐하면 우리가 세례를 통해 받은 약속을 무시한 채로 내버려두었기 때문이며, 이 약속이 없이는 세례가 아무것도 아닌 것이다. 지금 우리는 하나님의 은혜로 회개하며, 그분의 크신 선하심에 대해 오랫동안 감사할 줄 모른 우리의 맹목과 완고함을 자책한다.

하지만 우리는 약속 자체가 사라진다고 믿지는 않는다. 하나님께서는 세례에 의해서 우리에게 죄의 용서를 약속하시며 의심의 여지 없이 그 모든 약속을 모든 신자들에게 실행하실 것이라고 생각한다. 이 약속을 세례 가운데서 우리에게 주셨으니 우리가 믿음으로 그 약속을 받자. 참으로 우리의 믿음 없음으로 인하여 약속은 우리 속에 오랫동안 매장되어 있었다. 이제 우리가 믿음으로 그 약속을 받아들이자.

그러나 그들은 요한의 세례를 받은 사람들에게 바울이 다시 세례를 주었다고(행 19:2-7) 주장함으로써 우리에게 불창으로 공격하는 듯이 생각한다. 요한의 세례와 우리가 지금 받는 세례가 똑같은 것이라는 우리의 주장이 옳은 것이라면, 잘못된 교훈을 받았던 사람들이 올바른 믿음을 배운 후에 그 바른 믿음으로 다시 세례를 받은 것이니 참된 교리가 없었던 그 세례는 아무 것도 아닌 것으로 보아야 할 것이며, 또 우리도 이제 비로소 처음 맛보고 있는 이 참된 종교로 다시 세례를 받도록 해야 할 것이다.

나는 전의 세례가 요한의 참된 세례로서 그리스도의 세례와 하나요 동일한 것이란 점은 인정하나, 그들이 다시 세례를 받았다는 것은 부인한다. 그러면 "그들이 예수의 이름으로 세례를 받았다"(행 19:15)는 것은 무슨 말인가? 그들이 바울에게서 진정한 교리를 배웠다는 뜻으로 해석하는 사람들도 있다. 그러나 나는 더 단순하게 해석해서 이것이 성령의 세례라고 본다. 곧 성령의 가시적 은사들이 안수를 통해 주어졌다는 것이다. 이런 은사들을 "세례"라는 말로 나타내는 것은 새로운 일이 아닌 것이다.

그리고 이것은 다음에 따라오는 말과 모순되지 않는다. "바울이 그들에게 안수하매 성령이 그들에게 임하셨다"(행 19:6). 여기서 누가는 두 가지 서로 다른 일을 말하는 것이 아니라 히브리인들에게 친밀한 화술을 따라, 먼저 어떤 일의 요약을 말하고, 이어서 그것을 더 자세히 설명했다. 글의 전후를 보면 누구든지 이를 파악할 수 있다. "그들이 듣고 주 예수의 이름으로 세례를 받으니, 바울이 그들에게 안수하매 성령이 그들에게 임하시므로"(행 19:5-6). 이 후자의 표현이 앞에 말한 세례의 성격을 묘사해 주고 있는 것이다.

23. 이제 이것으로써 우리는 세례의 용도에 두 부분이 있음을 이야기했다. 첫째는 하나님의 약속을 우리에게 가르치기 위함이요, 둘째는 사람들 가운데서 우리의 믿음을 고백하기 위함이다. 그러면 그리스도인의 자녀들이 세례 받는 이유에 대해 의문이 생기는데, 이는 아이들이 아직도 그렇게 많은 증거들을 들어서 가르침을 받을 만한 능력이 없고, 또한 밖으로 고백하기 위하여 안으로 믿음을 생각할 수 있을 만한 능력이 없기 때문이다. 그러면 이

제 유아세례의 이유에 대해 몇 마디 설명해 보겠다.

이 죽을 인생으로부터 주님께서 유아적에 불러가시는 자들에 대해서는 그들 중 일부를 바로 천국의 상속자로 만드신다. 이제 영원한 복락은 하나님을 아는 지식에 있다. 그러면 왜 그는 그 선한 일을 언젠가는 완전히 누리게 될 그들에게 지금 여기에서 그 첫 열매의 맛을 조금이나마 주시지 않는 것인가? 왜 그는 언젠가는 얼굴과 얼굴을 맞댄 듯이 보게 될 그들에게(고전 13:12) 지금은 거울로 보듯이 희미하게만 보이게 하시는가? 우리가 이것을 다 이해하지 못한다 하더라도, 그의 모든 사역이 얼마나 훌륭한지, 그리고 그의 경륜은 우리 지성이 잴 수 없을 만큼 얼마나 깊은지 숙고해 보아야겠다.

더군다나 심지어 이 나이 때부터라도 하나님의 은혜의 그릇으로 선택을 받는다는 사실을(롬 5:1) 우리가 고백한다면(이것을 고백하는 것이 확실히 필요한 일이다) 우리는 구원에 이르는 유일한 길이 믿음이라는 것을 부인할 수 없다(합 2:4). 우리가 그리스도 안에서 진정 믿음으로 산다면, 우리가 믿음에서 떠날 때는 아담 안에서 죽을 수밖에 없다(롬 1:17). 명확한 증거가 있다. "믿고 세례를 받는 사람은 구원을 얻을 것이요 믿지 않는 사람은 정죄를 받으리라"(막 16:16).

어떤 사람들은 이 구절이 보여주는 입장에 서서 이 말씀이 복음을 충분히 이해할 수 있는 나이가 된 사람들에게만 적용되는 것이라고 주장하면서, 이 구절에서 사도들이 복음을 전하기 위하여 보내심을 받았다고 말한 후에 "믿는 사람은 구원을 얻을 것이요"라는 말씀이 뒤따라 나오는 것을 그 이유로 제시한다. 그들은 여기서 "믿는 사람"은 복음을 듣게 될 사람을 가리키는데 오직 성인들에게만 복음이 선포되었다고 말한다. 그러나 나는 정반대로 이것은 성경에서 거듭거듭 역설되고 반복된 일반적인 말씀이기 때문에 그러한 취약한 해법을 통해서 그 취지가 회피될 수는 없다는 것을 단언하고자 한다. "영생은 곧 유일하신 참 하나님과 그가 보내신 자 예수 그리스도를 아는 것이니이다"(요 17:3), "아들에게 순종하지 아니하는 자는 영생을 보지 못하고 도리어 하나님의 진노가 그 위에 머물러 있느니라"(요 3:36), "인자의 살을 먹지 아니하면 너희 속에 생명이 없느니라"(요 6:53) 등등과 같은 말씀 속에서 나이에 대한 차별은 확인되지 않는다. 그러므로 아이이든 성인이든 믿음으로 말미암지 않고는 아무도 구원받지 못한다는 것은 확고하다. 이런 이유로 유아가 성인과 마찬가지로 믿음을 지니고 있다면, 유아에게도 세례를 베푸는 것은 옳다. 또한, 아무도 내가 한 이 말을 믿음은 언제나 모태로부터 시작된다는 의미로 말하고 있는 것으로 받아들여서는 안 된다. 주께서는 성인들조차도 어떤 사람은 좀 더 늦게, 어떤 사람은 좀 더 일찍 부르시기 때문이다. 나는 단지 하나님의 모든 택함 받은 자들은 그들이 인생의 어느 시점에서 이 타락한 감옥에서 놓임을 받았든지 간에 믿음으로 말미암아 영생으로 들어가는 것이라고 말하고 있는 것이다.

그러나 이러한 이유가 우리에게 만족스럽지 못하다고 할지라도, 우리에게는 여전히 유아에게 세례를 베푸는 것이 주의 뜻에 순종하는 것임을 보여주는 무수한 증거들이 있다. 주는 아이들이 그에게 오는 것을 용납하는 것이 자신의 뜻임을 확고히 하셨다(마 19:14). 주께서는 아이들이 오지 못하게 막는 것을 금하실 뿐만 아니라 아이들이 오는 것을 돕도록 명하신다. 주께서 "천국이 이런 사람의 것이니라"고 말씀하셨고, 천국은 죄 사함이 없이는 모든 사람에게 닫혀지고 봉쇄되기 때문에, 우리가 죄 사함의 표징인 세례를 아이들에게 베푸는 것은 주의 말씀에 동의하고 그 말씀이 참되다는 것을 인치는 일을 하고 있는 것일 뿐이다.

유대인들의 자손에게 할례를 행하라고 주께서 명하신 것(창 17:10-14)은 우리에게도 하나의 명령으로 받아들여져야 한다. 왜냐하면, 우리가 행하는 세례는 할례를 대신한 것이기 때문이다. 주께서는 할례를 받은 유대인들에게 약속하신 바로 그 동일한 것, 즉 주는 그들과 그들의 자손들에게 하나님이 되고 그들과 그들의 자손들은 하나님의 백성이 되리라는 것(cf. 레 26:12)을 오늘날에는 세례를 받은 그리스도인들에게 약속하신다: 성인들만이 아니라 유아들에게도.

또한, 옛적에 유대인의 유아들이 부정하고 속된 이방인들과 비교해서 "성도들"이라고 불릴 수 있었던 것과 마찬가지로, 이런 이유로 바울은 유아들조차도 "성도들"(고전 7:14)이라 부른다.

C. 성만찬

24. 그리스도 교회를 위해 제정된 나머지 하나의 성례는 그리스도의 몸 안에서 거룩하게 된 떡과 그의 피 안에서 거룩하게 된 포도주이다. 그런데 우리는 그것을 성만찬 혹은 성찬이라 부른다. 왜냐하면 우리가 그 안에서 주의 선하심에 의해 신령한 양식을 공급받고 그의 친절하심에 대한 감사를 드리게 되기 때문이다. 거기에 부과된 약속은 그것이 어떤 목적으로 제정되었으며 어떤 목표를 지향하고 있는지를 아주 분명히 보여준다. 말하자면, 그것은 주의 몸이 영 단번에 우리에게 주어져서 현재 우리의 것이 되었을 뿐 아니라 장래에도 영원히 우리의 것이 될 것임을 우리에게 확증하고 있다는 것이다. 또 그것은 그의 피가 영 단번에 우리를 위해 부어져서 항상 우리의 것이 되었다는 것을 우리에게 확증시켜 준다.

한편, 이것에 의해서 반박되어지는 오류는 성례가 신앙을 보호하고, 불러일으키고, 증가시키기 위해 주어진 신앙의 훈련임을 감히 부인하는 자들의 주장이다. 왜냐하면 그가 친히 "이 잔은 내 피로 세운 새 언약이다"(눅 22:30; 고전 11:25)라고 말씀하시기 때문이다. 이것은 약속의 증거요 증언이다. 그러나 약속이 어디에 있든 간에 신앙은 그 자체를 지탱하고, 안위하고, 강화시킬 방도를 가진다.

우리 영혼이 이 성례로부터 얻을 수 있는 달콤함과 위로의 열매는 실로 지대하다. 왜냐하면 우리는 그리스도께서 우리에게 접붙여진 것이 또한 우리가 그에게 접붙여진 것과 같아서 그분의 것은 무엇이든지 우리의 것이라고 부를 수 있으며 우리의 것도 무엇이든지 그분의 것으로 간주됨을 알고 있기 때문이다.

결과적으로 우리는 영생이 우리의 것이며 하늘 나라가 우리에게서 끊어질 수 없는 것이 그리스도에게서 끊어질 수 없는 것과 같으며, 정반대로 우리가 우리의 죄로 인해 정죄될 수 없는 것은 그리스도께서 정죄될 수 없는 것과 같은데 그 이유는 죄들이 이제 우리 것이 아니라 그분의 것이기 때문임을 감히 확신하는 것이다. 어떤 죄책이 그분에게 전가된다는 것이 아니라 그분이 스스로 그들을 위해 자신을 빚진 자로 정하시고 또 자신을 그 빚의 청산자로 나타내신다는 것이다.

측량할 수 없는 선하심에서 그분은 우리와 이러한 상호 교환을 하셨던 것이다. 즉, 우리의 가난을 자신이 떠맡으시고, 우리에게는 자신의 부요함을 옮겨 주셨으며, 우리의 연약함을 자신이 걸머지시고, 우리를 그의 능력으로 강하게 하셨으며, 우리의 가멸성(mortality)을 떠맡으시고 대신 우리에게 자신의 불멸성을 주셨으며, 자신이 이 땅에서 내려오셔서 우리로 하여금 하늘로 올라갈 준비를 갖추게 하셨으며, 우리와 함께 사람의 아들이 되셔서 우리를 그와 함께 하나님의 아들로 만드셨던 것이다.

25. 이 모든 사실들이 이 성례 속에 너무나 완벽하게 약속되어 있기 때문에 우리는 그리스도께서 마치 우리 눈 앞에 나타나셔서 우리가 손으로 그분을 만지는 것처럼 우리에게 현현하셨다고 확실히 믿는다. 왜냐하면 다음의 말씀이 우리를 놀리거나 우리에게 거짓말하는 것일 수 없기 때문이다. "이것을 먹고 마셔라. 이것은 너희를 위한 나의 몸이며 죄 사함을 위해 흘린 나의 피다"(마 26:26-28; 고전 11:24; 막 14:22-24; 눅 22:19-20 비교). 우리에게 그것을 먹고 마시라고 명령하심으로써 그는 그것이 우리의 것임을 보여주고 계시는 것이다. "이것은 너희를 위해 주는 나의 몸이니라", "이것은 너희를 위해 흘린 나의 피니라"라고 말씀하실 때 그는 이것들이 그분의 것이라기보다는 우리의 것임을 가르쳐 주고 계시는 것이다. 그는 자기 자신의 유익을 위해서가 아니라 우리 자신의 유익을 위해서 그것을 주셨던 것이다.

또한 우리의 성례의 모든 효력이 이 말씀들 가운데 있음을 주의 깊게 관찰해야 한다. "너희를 위해 주는", "너희를 위해 흘린"이라는 말씀이다. 만일 그 살과 피가 우리의 구속과 구원을 위해 영 단번에 주어지지 않았다면 지금 그것을 분배하는 것은 우리에게 별 유익이 되지 못할 것이다. 그렇기 때문에 그것은 떡과 포도주로 우리에게 제시되어 단지 그것이 우리의 것일 뿐 아니라 또한 우리를 위한 생명이요 양식임을 가르쳐 주는 것이다.

또한 앞서 말한 바와 같이, 성례에 나타난 물질적인 것들로부터 우리는 일종의 영적인 것들에 대한 유비로 옮겨가야 한다. 그리하여 그리스도의 몸의 표시로 우리에게 제공된 떡을 볼 때 우리는 당장 다음과 같은 비유를 이해해야 하는 것이다. 마치 떡이 우리 육신의 생명을 지탱시켜 주고 양육하는 것처럼 그리스도의 몸은 우리의 영적 생명을 위한 양식이요 보호라는 것이다.

피의 상징으로 제시된 포도주를 볼 때 우리는 포도주가 육신에게 주는 유익을 생각하고서 그와 동일한 유익이 그리스도의 피에 영적으로 우리에게 주어진다는 것을 깨달아야 한다. 이러한 유익들은 우리를 강하게 하고, 새롭게 하고, 기쁘게 하는 것이다. 왜냐하면 만일 우리가 그 지극히 거룩한 몸으로부터 어떤 유익을 얻었는지, 또한 그 피로부터 어떠한 유익을 얻었는지를 깊이 생각한다면 떡과 포도주가 그러한 비유를 따라 그러한 것들을 표현하기 위해 채택되었음을 분명히 알 수 있을 것이다.

26. 그러므로 성례의 주된 기능은 단지 그리스도의 몸을 우리에게 나타내 주는 것만은 아니다. 오히려 그것은 그의 몸이 참 양식이며 그의 피는 음료(요 6:56)임을 증거하는 그 약속을 인치고 확증하는 것이다. 그 양식과 음료를 먹고 마심으로 우리는 영생에 이르게 된다(요 6:55). 또한 그 약속에 의해 그는 자신을 생명의 떡으로 선포하신다. 그것을 먹는 자는 영원히 살게 된다는 것이다(요 6:48, 50).

이것을 위해 성례는 우리를 그리스도의 십자가로 인도해 간다. 거기서 그 약속이 참으로 실현되었으며 모든 면에서 완성되었던 것이다. 자기 자신을 "생명의 떡"으로 부름에 있어 그는 그 이름을, 어떤 사람이 잘못 해석하는 것처럼, 성례로부터 빌려오지 않았다. 오히려 그는 아버지에 의해 그러한 것으로 우리에게 주어진 바 되었으며, 우리 인간의 가멸성에 동참하는 자가 됨으로써 우리로 그의 신적 불멸성에 동참하게 하였을 때 그러한 것으로 자기 자신을 보여주셨던 것이다. 자신을 제물로 드림으로 우리의 저주를 자신이 감당하시고 우리에게 자신의 축복을 불어넣어 주셨을 때, 자신의 죽음에 의해 죽음을 삼켜버리고 제거해 버리셨을 때(벧전 3:22; 고전 15:54 비교), 또한 부활을 통해 자기가 입으셨던 우리의 이 썩을 몸을 다시 살리셔서 영광과 썩지 아니함에 이르게 하셨을 때 그렇게 하셨던 것이다(고전 15:53-54 비교).

그러므로 성례가 그리스도를 생명의 떡으로 만드는 것은 아니다. 오히려 성례가 우리에게 예수께서 우리가 늘 먹고 있는 떡이 되셨다는 것을 상기시

켜 주기 때문에 성례는 그 떡의 맛과 풍미를 우리에게 제공해 준다는 것이
다. 한 마디로 말해, 그리스도께서 하셨거나 고통당하셨던 모든 일은 우리를
살리시기 위한 것이었으며, 또한 이 살리심은 영원한 것이어서 우리는 그것
에 의해 평생동안 끊임없이 양육을 받고 지탱되며 보존된다는 것을 성례가
우리에게 확신시켜 주는 것이다.

만일 그리스도께서 우리를 위해 나시고 죽으시지 않으셨다면, 그리고 만
일 그가 우리를 위해 부활하시지 않았더라면 그는 우리를 위해 생명의 떡이
될 수 없었던 것처럼, 만일 그의 탄생과 죽음과 부활의 효과적인 사역과 열
매가 영원한 불멸의 일이 아니었더라면 그가 지금 결코 이러한 것들이 될 수
없었을 것이기 때문이다.

27. 만일 성례의 이러한 힘이 제대로 연구 검토되었다면 우리를 만족시키
기에 충분한 것이 발견되었을 것이며, 옛날부터 그리고 심지어 최근까지도
교회를 괴롭혀 왔던 그 놀라운 주장들이 일어나지 않았을 것이다. 그리스도
의 몸이 떡 속에 어떻게 임재하는가를 규정하기 위한 인간들의 호기심에서
비롯된 노력들 말이다. 어떤 사람들은 자신들의 공교함을 입증하기 위해 성
경의 단순성에다, 그리스도께서 '실제로' 그리고 '본질로서'(substantially)
임재한다는 말을 덧붙였다.

뿐만 아니라 어떤 사람들은 한 걸음 더 나아가서, 그리스도께서는 십자가
에 달리셨던 것과 똑같은 차원에 있다고 주장한다. 또 어떤 사람들은 엄청난
화체설을 고안해 내었다. 또 어떤 사람들은 떡 자체가 몸이라고 주장했다.
또 어떤 사람들은 그리스도의 몸이 떡 안에 있다고 주장하며, 또 어떤 사람
들은 그리스도의 몸의 표지(sign)와 상징(figure)만이 제시된다고 주장한다.

이것은 실로 중요한 문제이다. 그것을 두고서 많은 논란이 일어났다. 사실
주로 그런 식으로 믿어 왔다. 그러나 그런 식으로 주장하는 사람들은 첫째
로, 그리스도의 몸이 우리에게 주어졌을 때 어떻게 우리의 것이 되었는가를
물을 필요성에 주의를 기울이지 않고 있다. 그의 피가 우리를 위해 흘려졌을
때 그것이 어떻게 우리의 것이 되었는가에 대해서도 마찬가지이다.

그러나 그것은 십자가에 못 박힌 그리스도 전부를 소유하는 것과 그의 모

든 유익에 동참하는 것을 의미한다. 이제 그처럼 중요한 문제들을 간과하고서, 사실상 그것들을 무시하고 거의 사장시키고 있으면서 우리의 대적들은 단 한 가지 까다로운 질문에만 매달려 있는 것이다. 그 질문은 그리스도의 몸이 어떻게 우리에게 전달되는가 하는 것이다.

28. 그러나 그처럼 복잡다단한 견해들 가운데서 어떻게 하나님의 유일하고도 확실한 진리가 굳게 설 수 있겠는가? 첫째, 성례가 어떠한 종류의 영적 일인지 생각해 보자. 주께서는 성례를 통해 우리의 배가 아니라 영혼을 채워 주려 하셨으며 그 안에서 그리스도를 찾게 하려 하셨다. 그것은 우리의 육신을 위한 것이 아니요 우리 육신의 감각들에 의해 이해될 수 있는 것으로도 아니었다. 오히려 그것이 나타나고 제시될 때 영혼이 그것을 인식할 수 있는 방식으로였다.

한 마디로 말하면 우리는 영적으로 그리스도를 획득할 충분한 길을 가지게 된 것이다. 왜냐하면, 이리하여 우리가 그리스도를 생명으로 얻게 되는 것은 성례로부터 어떤 열매들을 거두는 것이 그를 받는 것이기 때문이다. 어떤 사람이 이 사실을 깊이 생각한 후에는, 그리스도의 몸이 어떻게 성례를 통해 우리에게 제공되는지를 즉시 이해하게 될 것이다. 즉, 그것이 어떻게 참 효과적으로 주어지는가 하는 것 말이다.

그리고 그는 그 몸의 성질에 대해 전혀 신경을 쓰지 않을 것이다. 왜냐하면 이러한 문제들은 덜 익숙한 것들이기 때문에 그것들을 좀 더 자세히 설명하는 것이 아마도 필요할 것이다.

그러므로 우리는 다음과 같은 말로써 전체를 요약해야 할 것이다. 그리스도께서는 처녀의 몸에서 나심으로 우리의 육신을 입으셨을 때 정말 인간의 육신 안에서 고통을 당하셨다. 또한 우리를 위해 구속의 사역을 감당하셨을 때에도 그러하셨으며 부활하실 때에도 참된 육신을 입으셨으며 그것을 지닌 채 승천하셨다. 그리스도께서 부활하시고 승천하셨기 때문에 우리는 부활과 승천에 대한 소망을 가지고 있다. 그러나 만일 우리의 육신 바로 그것이 하늘 나라로 들어가지 않았다면 그 소망은 얼마나 연약하고 부서지기 쉬운 것이 되겠는가? 그러나 한 장소에 묶여서 그것 자체의 모습만을 가지는 것이 우리 육신의 불변하는 성질이다.

나는 어떤 완고한 친구들이 한때 성급하게 생각했던 오류, 즉 그리스도의 육신이 소유했던 유일한 차원은 하늘과 땅에 미친다는 것을 옹호하기 위해 어떤 말을 중얼거리는지를 알고 있다. 그는 모태에서 아기로 났으며, 자랐으며, 십자가에 매달렸으며, 무덤에 묻혔다는 것 ― 이것은 그가 탄생과 죽음과 또 다른 모든 인간사들을 면제시켜 주기 위하여 어떠한 특정한 세대에 일어났다는 것이다. 부활 후에 그는 생시의 육신의 모습으로 나타났으며(행 1:3; 고전 15:5 비교), 승천했으며(행 1:9; 눅 24:51; 막 16:19), 마침내는 승천 후에 스데반(행 7:55)과 바울(행 9:3)에 의해 보여진 바 되었다는 것 ― 이것은 인간들이 보기에 그가 하늘에서 왕이 되셨다는 것을 분명하게 해주기 위해 동일한 세대에 일어났다는 것이다. 이것은 마르키온(Marcion)을 지옥으로부터 불러일으키는 것이 아니고 무엇이겠는가? 만일 그리스도의 몸이 이러한 상태로 존재했다면 그것은 환상이었다는 것을 누가 의심하겠는가?

그들은 그리스도께서 "하늘에서 내려 온 자, 곧 인자 외에는 하늘에 올라간 자가 없느니라"(요 3:13)라고 말씀하셨다고 주장한다. 그러나 그들은 이 말씀이 "속성의 교류"(communication of properties)를 통해 되어졌다는 것을 보지 못할 정도로 무감각한 것이다. 정말이지 영광의 주께서 십자가에 달리셨다고 바울이 말할 때(고전 2:8), 그것은 그가 자신의 신성에 따라 고난을 받으셨기 때문이 아니라, 버림받고 멸시당하고 육신으로 고통당하신 그리스도께서 바로 하나님이요 영광의 주이셨기 때문이다.

이런 식으로 그는 또한 하늘에 있는 인자였다(요 3:13). 왜냐하면 육신을 따라 지상에서 인자로 거하셨던 바로 그 그리스도께서 하늘에서 하나님이셨기 때문이다. 이런 식으로 그는 자신의 신성을 따라 그 자리로 내려오셨다고 말하는데 그것은 신성이 육신의 감옥에 자신을 감추기 위해 하늘을 떠나셨기 때문이 아니라, 비록 신성이 모든 것을 충만케 하셨지만 그래도 그리스도의 인성 안에서 여전히 육신으로 거했기 때문이었다(골 2:9). 즉 본성에 의해 그리고 어떤 취소할 수 없는 방식으로 그렇게 하셨다는 것이다.

29. 어떤 사람들은 좀 더 교묘한 회피의 방법을 사용한다. 그것은 다음과

같다. 성례에 제시된 이 몸은 영광스럽고 불멸하는 몸이다. 그러므로 성례 하에 그것이 여러 장소에 나타날 수도 있고 아무 장소에 나타나지 않을 수도 있으며 아무 형체가 없을 수도 있다는 것이다.

그러나 나는 이렇게 묻는다: 주께서 고난받으시기 전 날 제자들에게 어떤 종류의 몸을 주셨는가? 말씀은 그가 그들에게 바로 그 죽을 몸을 주셨다고 증거하고 있지 않은가?

그는 앞서 자신의 영광을 제자 세 사람에게 변화산에서 보여주시지 않았 는가?(라고 이 사람들은 말한다)(마 17:2). 그것은 사실이다. 그러나 그 장엄 한 광경에 의해 그는 단지 불멸성의 맛보기만 보여주었을 뿐이다. 그러나 최 후의 만찬에서 자기 몸을 나누어 주었을 때 이미 때는 다가와 있었다. 그것 은 하나님께서 그를 치시고 낮추셔서(사 53:4), 그가 문둥병자처럼 꼴사납게 엎드러져야 하는 때였다(사 53:2 비교). 그때 자기 영광을 나타내고자 하는 것은 전혀 그의 의도가 아니었다. 만일 그리스도의 몸이 이 한 본문에서 가 멸적이고 비천한 것으로 보인다면, 또 다른 구절에서는 불멸하고 영화로운 것으로 생각된다면 그것을 마르키온에게 얼마나 넓은 문을 열어 주는 셈이 되겠는가?

그러나 나는 그처럼 거대한 불합리를 간과한다. 단지 그들로 하여금 그리 스도의 영광스런 몸에 관한 나의 질문에 대답하게 하라. 그것은 그럼에도 불 구하고 육신이 아니었는가? 그들은, 그러나 그것은 장소도 없었고, 여러 곳 에 걸쳐 있었으며, 형체도 없었고, 부피도 없었다고 말한다. 그러나 그것은, 한 마디에 의해서가 아니라 완곡한 표현에 의해서 그것을 "영"이라 부르는 것이다.

우리가 육신의 부활을 명백히 부인하든지 혹은 그것을 인정하든지, 그것 은 여전히 육체였으며 이 점에서 영과 달랐다는 것, 그것은 장소와 공간의 제한을 받고 있었다는 것, 그것은 볼 수 있고 만질 수 있는 것이었다는 사실 을 인정한다. 또한 그것은, 그리스도께서 닫힌 문을 통해 제자들이 있던 곳 에 들어가셨다는 사실은 그들의 입장을 조금도 지지하지 않는다(요 20:19). 그는 과연 놀라운 방식으로 그 안에 들어가셨다. 왜냐하면 그는 완력으로 그 것을 때려 부수지도 않았고 사람이 열어 줄 때까지 기다리지도 않았으며 자신의 힘으로 모든 장벽이 제거되게 작용하셨기 때문이다. 게다가 들어가신 후에 그는 제자들에게 자기 몸의 실재성을 증명해 보이셨다. "내 손과 발을 보고 나인 줄 알라. 또 나를 만져 보라. 영은 살과 뼈가 없으되 … 나는 있느니라"(눅 24:39).

보라! 그리스도의 영화로운 몸은 진짜 육체임이 증명되었다. 왜냐하면 그것은 만지고 볼 수 있는 것이었기 때문이다: 이 사실을 제하고 나면 그것은 진짜 몸일 수 없을 것이다. 여기서 그들은 우리가 전능하신 하나님의 능력에 대해 악담을 한다고 우리를 비난함으로써 자신들의 악의를 드러내고 있다. 그러나 그들은 어리석게 실수를 하고 있는 것이든지, 아니면 비겁하게 거짓말을 하고 있는 것이든지 둘 중 하나다. 왜냐하면 그것은 하나님께서 무엇을 하실 수 있느냐의 문제가 아니라 그가 무엇을 하고자 하셨는가의 문제이기 때문이다.

여기서 우리는 그의 기뻐하시는 바가 이루어졌다고 단언한다. 그러나 그리스도께서 죄를 제외하고는 모든 것에 있어 자기 형제들과 같이 되는 것이 그의 기쁘신 뜻이었다(히 4:15). 우리 육신의 본성이 어떠한 것인가? 그 자신의 고정된 차원을 가지고서 한 장소에 제한되어 있으며 만지고 볼 수 있다는 것이 아닌가? 그런데 왜 하나님께서는 그 동일한 육체가 여러 가지 다양한 장소들을 차지해서 어떤 장소에도 제한되지 아니하고 부피와 모양이 없게 만드실 수 없단 말인가(고 그들은 말한다).

정신 나간 자여! 당신은 왜 하나님께서 육신으로 하여금 동시에 육신이 되게도 하고, 되지 않게도 하라고 요구하는가? 그것은 마치 당신이 하나님께서 빛으로 하여금 동시에 빛과 어둠이 되게 하라고 요구하는 것과 같다. 그러나 그는 빛은 빛이, 어둠은 어둠이, 육신은 육신이 되게 하실 것이다. 정말이지, 그가 기뻐하신다면 그는 어둠이 변하여 빛이 되게 하실 것이고 빛이 변하여 어둠이 되게 하실 것이다.

그러나 당신이 빛과 어둠이 다르지 않기를 요구한다면 그것은 하나님의 지혜의 질서를 왜곡시키는 것이 아니고 무엇이겠는가? 그러므로 육신은 육신이 되어야 하며 영은 영이 되어야 한다. 각 사물마다 하나님께서 그것을 창조하신 상태와 여건 속에 있어야 한다. 그러나 육신의 조건은 그 자신의 크기와 모양을 가진 채 한 특정한 장소에 머무르는 것이다.

이러한 조건을 가지고서 그리스도께서는 육신을 취하셨으며, 그것에 썩지 아니함과 영광을 부여하시면서도 그것으로부터 본성과 진리를 제거하시지 않았던 것이다. 왜냐하면 그가 승천하셨으며 하늘로 올라가신 그 모습으로 재림하실 것이라는 분명한 성경의 증거가 있기 때문이다(행 1:9,11).

이 목이 곧은 대적들이, 그는 승천하셔서 눈에 보이는 방식으로 재림하시겠지만 그동안에는 눈에 보이지 않는 방식으로 우리와 함께 계신다고 대답할 이유는 전혀 없다. 사실 우리 주님은 자신이 살과 뼈를 가졌는데 그것은 만져 볼 수 있는 것이라고 증거하셨다(요 20:27).

또한 "떠남"과 "올라가심"은 하나의 올라가심과 떠나심의 모양을 제시하는 것을 의미하지 않고, 사실상 말씀이 진술하고 있는 바를 행하는 것을 의미한다. 그러나 비록 그가 우리로부터 자신의 육신을 옮겨가셨고 또한 육체 안에서 하늘로 올라가셨지만 그럼에도 불구하고 그는 아버지의 우편에 앉아 계신다. 말하자면, 그는 아버지의 능력과 위엄과 영광 속에서 통치하시는 것이다. 이 왕국은 어떤 장소에 의해 공간 속에 제한되는 것도 아니고 어떤 한계에 의해 경계가 설정되는 것도 아니다. 그리하여 아무런 제한을 받음이 없고 그리스도께서는 하늘과 땅의 어느 곳에서든지 원하는 곳에서 자신의 능력을 행사하실 수 있으며, 능력과 권능으로 자신의 임재를 보여주실 수 있으며, 항상 자기 자신의 백성들 가운데 계셔서 그들 안에 사시고, 그들을 지탱시키시고, 그들을 강화시키시며, 소생시키시며, 보호하실 수 있는 것이다. 마치 몸 안에 계시는 것처럼 말이다.

30. 이런 식으로 그리스도의 몸과 피가 성례를 통해 우리에게 제시되는 것이지 그 외의 방법으로 되는 것은 결코 아니다.

우리는 그가 진리와 효과적 사역 안에서 제시되는 것이지 본성 속에서 제시되는 것이 아니라고 말한다. 그 말의 뜻은 분명히 그의 몸의 실체나 그리스도의 자연적 육체가 거기 제시되는 것이 아니라 그리스도께서 가지신 그 모든 유익들이 그의 몸 안에서 우리에게 전달된다는 것이다.

성례의 성격이 요구하는 몸의 임재는 그러한 것이다. 우리가 말하는 한 분이 여기서 너무나 위대한 능력과 권능으로 자신을 나타내심으로 말미암아 우리의 마음에 영생에 대한 확신을 줄 뿐 아니라 우리 육체의 불멸성에 대한 확신까지 주신다는 것이다. 사실상, 그것이 그의 불멸하는 육신에 의해 소생하며 어떤 의미에서 그의 불멸성에 동참한다는 것이다. 자기 자신의 과장에 의해 그 이상 나아가는 자들은 단지 그러한 궤변을 통해 단순하고 분명한 진리를 혼란시키고 있을 뿐이다.

31. 그러나 만일 어떤 비타협적인 사람이 그리스도의 말씀을 놓고 우리에게 논쟁을 제기하기를, 그리스도께서는 이것이 나의 몸이요 이것은 나의 피라 하셨다고 주장한다면, 나는 여기서 그에게 잠시 동안 나와 함께, 우리가 논의하고 있는 것은 성례에 대해서인데 그것은 전부 믿음과 관계되어야만 한다는 것을 생각해 보라고 권하고 싶다.

그러나 우리가 선언한 이 몸에 참여하는 것과 함께 우리는 그리스도 자신을 하늘로부터 끌어내리려는 자들만큼이나 풍부하게 믿음을 공급한다. 그러나 만일 우리가 끈덕지게 그 말씀에 달라붙는다면 그 말씀도 또한 놀랍게 우리를 지지한다. 마태와 마가는 주께서 잔을 "그의 새 언약의 피"라 부르셨다고 말한다. 누가와 바울은 "피로 세운 언약"이라고 말한다. 비록 당신이 이것은 몸이요 피라고 소리친다 할지라도 나는 이것이 몸과 피로 세운 언약이라고 주장할 것이다.

바울은 성경의 해석이 믿음의 분량(영어 번역에는 analogy라고 되어있음 : 역자주)을 따라야 한다고 말한다(롬 12:3, 6). 이 경우에 그것이 나를 지지하고 있음이 너무나 명백하다. 당신이 어떤 믿음의 정도를 따르고 있는지 유의해 보라. 예수 그리스도께서 육체로 오셨음을 부인하는 자는 하나님으로부터 난 자가 아니다(요일 4:3). 비록 당신이 그것을 감춘다 할지라도 당신은 그리스도께서 진짜 육신을 가지셨음을 부인하고 있는 것이다.

32. 이러한 지식은 우리로 하여금 물질에 경배하는 오류를 면케 해줄 것이다. 어떤 사람들은 그릇된 경솔함으로 그러한 우를 범했는데 그들의 논리는 다음과 같다. 만일 그것이 몸이라면 영혼과 신성이 육체와 함께 있으며 육체

로부터 분리될 수 없다. 결과적으로 우리는 거기서 그리스도에게 경배해야
한다. 일단 우리가 우리 자신의 꿈 속에서 방황하게 되었을 때의 결과를 보
라!

그러나 만일 그러한 논리를 전개한 주모자들이 자신들의 지성의 산물인
이 모든 생각들을 겸손히 하나님의 말씀에 순복시켰다면 틀림없이 "집어 먹
어라, 마셔라"는 말씀을 들을 수 있었을 것이며(마 26:26-27) 그 명령에 순종
했을 것이다. 그는 우리에게 그 말씀을 통해 성례를 받으라고 명령하셨지 그
것에 경배하라고 하시지는 않았던 것이다.

그러므로, 주께서 명하신 대로 성례를 받는 자들은 그러한 경배 없이도 자
신들이 하나님의 명령을 저버리고 있지 않다는 확신이 있는 것이다. 우리가
어떤 일에 임할 때 이러한 확신보다 더 큰 위로를 얻을 수는 없는 것이다. 그
들은 사도들의 모범을 보고 있다. 사도들은, 우리가 읽고 있는 바와 같이, 엎
드려 그것에 경배하지 않았고 누운 채로 그것을 받아 먹었다. 그들은 사도적
교회의 전례를 가지고 있다. 누가가 말해 주고 있는 것처럼 그들은 경배함으
로써가 아니라 떡을 떼는 가운데 교제했던 것이다(행 2:42). 그들은 사도적
교리를 가지고 있다. 그것을 가지고서 바울은 고린도 교회를 교훈하면서 말
하기를, 자기는 주님으로부터 받은 것을 전해 주었다고 고백하고 있는 것이
다(고전 11:23).

그러나 성례에 경배하는 자들은 한 마디도 하나님의 말씀에서 온 것이라
고 주장하지 못한다. 그들은 단지 자기들 자신의 주장과 억측에 의존하고 있
는 것이다. 비록 그들이 "몸"과 "피"라는 말을 크게 강조한다 할지라도 어떤
멀쩡한 정신을 가진 자가 그리스도의 몸(떡)이 그리스도라고 확신할 수 있겠
는가? 정말이지 그들은 자신들의 정교한 이론을 가지고서 그것을 깔끔하게
증명하려는 것처럼 보인다.

그러나 만일 그들의 양심이 어떤 좀 더 엄숙한 느낌에 의해 우연히 고통을
받게 된다면 그들은 쉽게 자신들의 논리와 함께 넘어지고 해체되어 버릴 것
이다. 또한 자기들이 하나님의 확실한 말씀으로부터 이탈되어 있음을 알게
될 때에도 그러할 것이다. 왜냐하면 우리의 영혼이 회계하라는 부름을 받았
을 때에 오직 하나님의 말씀 위에만 굳게 설 수 있기 때문이다. 그것이 없다

면 사도들의 교훈과 모범이 그들을 대적하고 있고 또한 그들 자신만이 그들이 가진 유일한 권위라는 생각이 떠오르는 순간 그들은 정신을 잃어버리고 말 것이다.

또 다른 날카로운 양심의 가책이 그러한 충동에 가세할 것이다. 뭐라고? 우리를 위해 아무것도 제시되어 있지 않은 것처럼 이러한 형태 속에서 하나님을 경배하는 것이 전혀 중요한 문제가 아니었다고? 하나님의 영광과 경배가 관련되었을 때, 말씀이 아무 곳에서도 언급하고 있지 않은 것을 그들은 그처럼 가볍게 행했어야만 했다고?

더군다나 성경이 그리스도의 승천에 대해 우리에게 아주 자세한 설명을 해주고 있기 때문에 — 승천에 의해 그리스도는 자신의 몸을 우리의 시야에서 사라지게 하심으로 우리로 하여금 그에 대한 모든 육적 생각들을 버리게 하셨으며 그것이 그리스도를 기억나게 할 때마다 우리의 마음이 분발해서 아버지 우편에 앉아 계신 그를 찾으라고 경종을 울려 주신다(골 3:1-2) — 우리는 하나님과 그리스도에 대한 육적이고 조잡한 개념으로 가득 찬 어떤 위험한 종류의 경배를 고안하느니보다는 하늘 영광 가운데 계신 그분을 영적으로 찬양했어야만 했다.

그러므로 성례에 대한 경배를 고안해낸 자들은 성경과는 별도로 저 혼자서 그것을 꿈꾸어 온 것이다. 성경에서는 그러한 경배에 대한 언급을 찾아볼래야 찾아볼 수가 없다. 만일 그것이 하나님 보시기에 합당한 것이었다면 결코 간과되지 않았을 것이다.

그리고 성경으로부터 어떤 것을 제거하는 것보다 첨가하는 것을 가볍게 생각하는 자들은(신 13:1) 하나님을 무시하는 자들이다. 그들이 자신들의 정욕의 결정을 따라 우상을 만드는 동안 그들은 살아계신 하나님을 저버렸다. 그들에게 선물을 주신 자 대신에 선물들을 숭배했던 것이다. 여기서 그들은 이중의 과오를 범했다. 하나님으로부터 취한 영광이 피조물에게로 옮겨졌으며(롬 1:25 비교), 그의 거룩한 성례가 가증스런 우상이 될 때 자신의 선물이 더럽혀지고 모독을 당하므로 그분 또한 모욕을 받는 것이다.

그러나 한편 우리는 그와 동일한 함정에 빠지는 것을 피하고 우리의 눈과 귀와 마음과 생각과 혀를 온전히 하나님의 거룩하신 가르침에 고정시키자.

왜냐하면 그것이야말로 최선의 선생이신 성령의 교훈이기 때문이다. 그 속에서 우리는 진보를 이룩함으로 다른 곳으로부터 아무것도 얻을 필요가 없으며, 거기서 가르치고 있지 않은 것에 대해서는 기꺼이 눈을 감아야만 하는 것이다.

33. 우리는 앞에서 그것이 어떻게 우리의 믿음을 위해 기여하는지를 논의했다. 그러나 주님은 이 성례를 통해, 우리가 이미 설명한 바와 같이 그의 풍성한 은혜를 우리에게 상기시키시고 우리가 그것을 인정하게 하신다. 동시에 그는 우리가 그처럼 풍성한 은혜에 대해 배은망덕하지 말고 적절한 찬양과 함께 그것을 선포하고 감사함으로 그것을 전파하라고 권고하신다. 그러므로, 그가 사도들에게 성례 제도를 주셨을 때 그는 그들이 그를 기념하여 그것을 행하라고 가르치셨다(눅 22:19). 그것이 바로 "주의 죽으심을 전하는 것"으로 바울이 해석했던 것이다(고전 11:26).

말하자면 공개적으로 또한 한 목소리로 사람들 앞에서 생명과 구원에 대한 모든 보장이 주님의 죽으심에 달려 있다는 것과 우리의 고백에 의해 그분을 영화롭게 할 수 있으며 우리의 본보기에 의해 다른 사람들이 그분에게 영광을 돌리도록 권할 수 있다는 것을 고백하는 것이다. 여기서 또한 성례의 목적이 분명해진다. 말하자면, 성례의 목적은 그리스도의 죽음을 기억하는 가운데 우리 자신을 훈련하는 것이다. 왜냐하면 "주의 죽으심을 오실 때까지 전하라"(고전 11:26)는 명령을 우리가 우리 입술의 고백에 의해, 우리의 신앙이 성례를 통해 인정하는 것을 선언해야 함을 의미하고 있기 때문이다. 즉 그리스도의 죽음이 우리의 생명이라는 것을 선포해야 한다는 것이다. 이것이 외적 고백과 관련된 성례의 두 번째 용도이다.

34. 셋째로, 주께서는 또한 성찬이 우리를 위한 일종의 권면이 될 것을 의도하셨다. 그것은 다른 어떤 수단보다도 더 강력하게 우리를 소생시켜서 우리에게 사랑과 평안과 조화를 불어넣어 주는 것이다. 왜냐하면 주님은 자신의 몸을 우리에게 전달해 주심으로 그가 완전히 우리와 하나가 되고, 우리가 그와 하나가 되게 하시기 때문이다.

이제 그는 단 하나의 몸을 가지고 계시며 우리 모두를 그 몸에 참여케 하시기 때문에 우리 모두가 또한 그러한 참여에 의해 한 몸이 되는 것이 필요하다. 성례로 나타난 떡이 이 하나됨을 반영한다. 그 떡은 많은 곡식알들이 섞이고 혼합되어 만들어진 것이므로 한 사람도 다른 사람으로부터 구별될 수 없다는 것이다. 그리하여 이런 식으로 우리가 연합되고 함께 묶여서 우리 사이에 어떤 종류의 불화나 분열이 틈타지 말게 해야 하는 것이다.

나는 바울의 말을 빌려 그것을 설명하기를 좋아한다. "우리가 축복하는 바 축복의 잔은 그리스도의 피에 참여함이 아니며 우리가 떼는 떡은 그리스도 몸에 참여함이 아니냐 떡이 하나요 많은 우리가 한 몸이니 이는 우리가 다 한 떡에 참여함이라"(고전 10:16-17).

만일 이러한 생각이 우리 마음에 깊이 새겨진다면 우리는 성례로부터 아주 큰 유익을 얻을 수 있을 것이다. 즉 형제들 가운데 어느 한 사람을 해치고, 비방하고, 조롱하고, 멸시하거나 어떤 식으로든지 분개하게 만드는 것은 동시에 그리스도를 해롭게 하고, 비방하고, 조롱하고, 멸시하는 것이며, 우리 형제들과 불화하는 것은 동시에 그리스도와 불화하는 것이며, 형제들 안에서 그리스도를 사랑하지 않고서는 우리가 그리스도를 사랑할 수 없으며, 형제들은 우리 몸의 지체들이기 때문에 우리가 우리 자신의 몸을 돌보듯이 우리 형제들의 몸도 돌보아야 하며, 우리 몸의 한 부분이 어떤 고통을 당하면 그것이 온 몸에 퍼지기 때문에 그에 대한 동정을 느끼고, 형제가 어떤 해를 입도록 버려두지 말아야 한다는 생각이다.

그리하여, 아우구스티누스는 이 성례를 자주 "사랑의 끈"이라 부른다. 그리스도께서 자신을 우리에게 주심으로 자기 자신의 모범에 의해 우리가 서로서로에게 자신들을 주게 할 뿐만 아니라, 그는 모든 사람에게 동일하게 자신을 나타내시므로, 또한 우리 모두를 그 안에서 하나되게 만드실 때에야말로 우리 사이에 사랑을 가장 효과적으로 불러일으킬 수 있는 것이다.

35. 우리는 성찬의 이 거룩한 떡이 신령한 양식으로서, 그리스도께서 그것을 생명이 되도록 주신 자들에게 달콤하고 오묘하여 그들로 하여금 감사하게 하며 그들 사이에 서로 사랑하라고 하는 권면이 됨을 본다. 한편, 그것은

성례를 통해 감사와 사랑을 배우지 못하는 자들, 즉 성례가 감사와 사랑을 일으키지 않는 자들에게는 치명적인 독이 된다.

바울이 말하고 있는 바와 같이 "누구든지 주의 떡이나 잔을 합당하지 않게 먹고 마시는 자는 주의 몸과 피에 대하여 죄를 짓는 것이니라 … 주의 몸을 분별하지 못하고 먹고 마시는 자는 자기의 죄를 먹고 마시는 것이니라"(고전 11:27, 29). 우리는 이 구절에서 "주의 몸과 피를 분별하지 않는 것"과 "그것을 합당하지 않게 먹고 마시는 것"이 동일한 것을 의미한다고 보아야 한다.

아무 믿음도 없이, 사랑을 위한 아무 열심도 없이 주의 만찬을 먹기 위해 돼지처럼 돌진하는 이러한 종류의 사람들은 주의 몸을 전혀 분별하지 않는다. 몸이 그들의 생명임을 그들이 믿지 않는 한 그들은 그것을 모욕하여 그것으로부터 모든 위험을 도적질하며, 마침내 그런 식으로 그것을 받음으로써 그것을 오염시키고 모독하게 되는 것이다. 그리고 그들이 자기 형제들과의 조화에서 벗어나버렸고 그리스도의 몸의 거룩한 상징을 그들의 불일치와 감히 혼합시켜 버렸기 때문에 그리스도의 몸이 찢어지고 분열되는 것은 그들 때문이다.

그러므로, 그들은 자기들이 신성모독적인 불경으로 더럽혔던 주의 몸과 피에 대한 죄책을 걸머짐이 마땅하다. 이리하여, 그들은 주의 몸과 피를 합당치 않게 먹고 마심으로써 자신들을 정죄하고 있는 것이다. 왜냐하면 그들이 그리스도에게 고정된 믿음이 전혀 없으면서도 성찬을 받음으로써 그들은 자신들의 구원이 그분 안에만 있다는 것을 고백하고 모든 다른 확신을 포기하는 것이다.

그러므로, 그들이 그들 자신을 고소하고 있는 셈이다. 그들은 그들 자신에 불리한 증언을 하고 있으며 자신들을 정죄하는 일에 인을 치고 있는 것이다. 그렇다면, 비록 그들이 증오와 악의에 의해 다른 형제들로부터, 즉 그리스도의 지체들로부터 분리되어 그리스도의 몸에 참여하고 있지 않다 할지라도 그들은 여전히 이것만이, 즉 그리스도에 참여해서 그와 연합하는 것만이 구원임을 증거하고 있는 것이다.

그러나 우리는 그들이 몸의 실제적 임재를 위해 이 본문을 헛되이 반복 제시하고 있음을 주목해야 한다. 바울은 그리스도의 실제적 육체에 대해 말하고 있다는 것을 나도 인정한다. 그러나 어떤 의미에서 그렇게 하고 있는가를 우리는 알아야 한다. 그래야 더 이상의 변명을 할 필요가 없을 것이다.

36. 이 때문에 바울은 사람이 자기를 살핀 후에야 이 떡을 먹고 이 잔을 마셔야 한다고 명한다(고전 11:28). 그 말의 뜻은 각 사람이 정신을 가다듬고서 자신이 마음에 확신을 가지고 그리스도를 자기 구주로 인정하고 있는지를 숙고해 보라는 것이다.

입술의 고백으로만 그것을 인정하고 있는지, 그리스도의 모범을 따라 형제들을 위해 자기 자신을 내어 주고 함께 그리스도를 보고 있는 자들에게 자기 자신을 나타낼 준비가 되어 있는지, 그가 그리스도의 지체로 생각되고 있는 것처럼 그도 모든 형제들을 그리스도의 지체로 간주하고 있는지, 그들을 자기 자신의 지체로 아끼고 보호하고 도울 맘이 있는지를 살펴보라는 것이다.

믿음과 사랑의 이 의무들이 지금 우리 안에서 완전해질 수 있다는 것이 아니라 우리의 마음을 다해 이 목적을 향해 노력하고 그것을 갈망함으로 날마다 이미 시작된 우리의 믿음을 증가시키고 우리의 연약한 사랑을 강화시켜 나가야 한다는 것이다.

37. 어떤 사람들은, 사람들로 하여금 합당하게 먹을 준비를 하게 할 때, 여러 가지 방법으로 가련한 양심들을 괴롭히고 고통스럽게 만든다. 그런데도 그들은 목적에 부합되는 결과를 전혀 얻지 못한다. 그들은, 은혜의 상태에 있는 사람들이 합당하게 먹었다고 말했다. "은혜의 상태"란 모든 죄를 씻어내어 깨끗한 것을 의미한다고 그들은 해석했다.

그러한 교의는 지금까지 지상에 존재했거나 하고 있는 모든 사람들로 하여금 성례에서 제외시키는 결과를 낳는다. 왜냐하면, 만일 문제가 우리 스스로의 힘으로 우리 자신의 가치를 찾는 것이라면 우리에게는 희망이 없기 때문이다. 우리에게는 파멸과 혼란이 있을 뿐이다. 비록 우리가 전력을 다 기울인다 할지라도 아무 성과가 없을 것이다. 우리 자신의 가치를 찾아 온갖 수고를 다한 후에 우리는 단지 지극히 무가치한 존재들이라는 것을 발견할 수 있을 뿐이다.

이 문제를 해결하기 위해 그들은 가치를 획득하는 방법을 고안해내었다. 있는 힘을 다해 우리 자신을 검토하고 우리 자신에게 우리의 모든 행위들을 다 설명할 것을 요구한 후 우리는 참회와 자백과 보속에 의해 우리 자신의 무가치함을 무마시키려 하는 것이다. 뒤에 가서 더 적절한 곳에서 이 무마의 성격을 언급하기로 하겠다.

현재의 과제에 관한 한, 나는 이러한 처방들이 자기 자신의 죄로 인해 상심하고 찢긴 심령들에게 너무 약하고 일시적인 것이라 생각한다. 왜냐하면, 만일 우리 주께서 금지령을 내리셔서, 의롭고 무죄한 사람만 성찬에 참여할 수 있도록 하신다면, 모든 사람이 자기 자신의 의로움을 확신해야 한다는 엄중한 주의가 필요할 것이다.

우리는 어떤 근거에서, 자신들의 최선을 다한 자들은 하나님 앞에서 자신들의 임무를 다 수행했다는 확신을 가질 수 있겠는가? 그러나 설령 그것이 그렇다 할지라도, 언제 어떤 사람이 자기 최선을 다했다고 확신하는 일이 일어날 수 있겠는가? 그리하여, 우리의 자격에 대한 명백한 확신이 우리에게 주어질 수 없기 때문에 그 문은 항상, 합당치 않게 먹고 마시는 자는 자신의 죄를 먹고 마시는 것이라고 선언하는 그 무서운 금지에 의해 닫힌 채로 남아 있게 될 것이다(고전 11:29).

이제, 그 교리의 성격과 그것이 어디에서 생겼는가를 판별하는 것은 쉬운 일이다. 왜냐하면, 그것은 가련한 죄인들에게서 이 성례가 주는 위로를 빼앗아가버리기 때문이다. 그럼에도 불구하고 그 안에는 복음이 주는 모든 기쁨이 담겨 있다. 확실히 마귀로서는, 그들을 그처럼 혼란시켜 그들이 그 음식 ─ 그들의 지극히 은혜로우신 하늘 아버지께서 그들에게 주고자 하셨던 ─ 을 맛보지 못하게 하는 것이야말로 인간을 파멸시킬 수 있는 가장 신속한 수단이라고 생각할 것이다.

38. 그러므로, 그러한 혼란과 파멸로 줄달음질쳐 가지 않도록, 이 거룩한 향연이 병자들을 위한 약이요, 죄인들을 위한 위로이며, 가난한 자들을 위한 구제임을 기억하도록 하자. 그러나 건강하고 의롭고 부유한 자들에게는 아

무 유익을 주지 못한다. 만일 그런 자들이 있다면 말이다. 왜냐하면, 그것들을 통해 그리스도가 우리에게 양식으로 주어졌기 때문에 우리는 그분 없이는 우리가 말라 죽을 것을 알고 있기 때문이다.

그렇다면, 그가 우리에게 생명으로 주어졌기 때문에 우리는 그가 우리 안에 계시지 않는다면 우리는 분명히 죽은 자들임을 안다. 그러므로, 다음과 같은 것이 우리가 하나님께 바칠 수 있는 최선의 그리고 유일한 가치이다. 즉, 우리의 간악함과 (말하자면) 우리의 무가치함을 그분에게 드려서 그분이 자신의 자비로 우리를 그분에게 가치있게 만드시는 것, 또 우리 자신에게 절망해서 우리가 그분 안에서 위로를 얻는 것, 또 우리 자신을 낮춤으로써 우리가 그분에 의해 높여지는 것, 또 우리 자신을 정죄함으로써 그분이 우리를 의롭다 하시게 하는 것, 나아가서 그가 성찬을 통해 우리에게 천거하신 그 연합을 갈망하는 것, 또한 그가 그분 안에서 우리 모두를 하나로 만드셨기 때문에 우리가 한 마음과 한 뜻을 가지고 같은 말을 하게 되기를 사모하는 것이 그것이다.

만일 우리가 이러한 것들을 충분히 심사숙고하였다면 이러한 생각들이 결코 우리를 괴롭히지 않을 것이다. 선한 것이라고는 전혀 없고 죄로 더럽혀졌으며 거의 반 죽은 우리가 어떻게 주의 몸을 합당하게 먹을 수 있겠는가? 오히려 우리는 우리가 가난한 자로서 자비로운 시혜자에게, 병든 자로서 의사에게, 죄인들로서 구주에게 나아오며 우리의 가치는 모든 것을 하나님께 맡기는 믿음에 있지 우리 자신에게는 전혀 없다고 생각해야 할 것이다. 둘째로, 사랑 안에서 또한 불완전하나마 바로 그 사랑을 우리는 하나님께 바침으로 그가 그것을 우리가 공급할 수 있는 것보다 더 훌륭한 어떤 것으로 증가시키게 하는 것이다.

39. 어떤 사람들은 가치 그 자체가 오직 믿음과 사랑 안에만 있다는 사실에 대해 우리와 의견을 같이 하면서도 여전히 가치의 표준에 관해서는 심한 오류를 범하고 있다. 그들은 결코 획득될 수 없는 완전한 신앙과 그리스도께서 우리에게 베푸신 것과 똑같은 사랑을 요구하고 있는 것이다. 그러나 그렇게 함으로써 그들은, 앞서 언급한 자들과 같이, 모든 사람들로 하여금 이 지

극히 거룩한 성찬에 접근하지 못하게 하고 있다. 왜냐하면, 만일 그들의 견해를 따른다면 합당하게 성찬에 참여할 수 있는 사람은 아무도 없을 것인데 그 이유는 모든 사람이 죄의식을 가지고 있어 자기 자신의 불완전을 확신하고 있기 때문이다.

성찬을 받는 데 있어 그 성찬이 텅 비고 불필요한 것으로 만들 정도의 완전을 요구하는 것은 바보 같은 짓이라고까지는 말할 수 없을지 몰라도 분명히 과도한 어리석음이었다. 왜냐하면 그것은 완전한 자들이 아니라 약하고 무력한 자들이 믿음과 사랑의 결핍을 깨닫고, 일깨우고, 자극하고, 훈련하도록 제정된 성례이기 때문이다.

40. 우리가 지금까지 성례에 대해 언급한 많은 것들은 그것이 일년에 단한 번만, 그것도 현재 행해지고 있는 바와 같이 아주 기계적으로 시행되도록 제정되지는 않았음을 보여준다. 오히려 그것은 모든 그리스도인들 사이에서 자주 사용됨으로써 그들이 그리스도의 고난을 자주 기억하고 또 그러한 기념에 의해 자신들의 신앙을 유지하며 강화하고 감사의 찬미를 부르면서 그의 선하심을 선포하도록 격려하고, 드디어는 그것에 의해 상호 간의 사랑을 배양하고 그들 사이에 이 사랑을 증거하며 그리스도의 몸의 연합 속에서 그 유대를 분별하도록 제정된 것이다. 왜냐하면 우리가 주고 받는 표시로서의 주의 몸의 상징에 참여하는 만큼 우리는 사랑의 모든 책임에 우리 자신을 서로 묶게 됨으로써 우리 중에 어느 누구도 우리 형제에게 해를 끼칠 수 있는 어떤 것을 허용치 않게 되며 그에게 도움이 될 수 있는 어떤 것을 간과하지 않게 되는 것이다.

누가는 사도행전에서 그것이야말로 사도 교회의 관습이었다고 말한다. 믿는 자들이 " … 사도들의 가르침을 받아 서로 떡을 떼며, 교제하며, 기도하기를 계속했다"(행 2:42)고 그는 말하고 있다. 그리하여 교회의 어떤 모임도 말씀과 기도와 성찬과 구제 없이는 이루어지지 말아야 한다는 불변의 법칙이 생겼던 것이다. 그것은 또한 고린도인들 사이에 확립된 규례이기도 했다는 것을 우리는 바울의 말로부터 넉넉히 추정할 수 있다(고전 11:20). 우리가 일년에 단 한 번만 성찬에 참여해야 한다는 이 관습은 분명히 마귀가 고안해낸 작품이다. 그것을 도입하는데 누가 도구가 되었든 간에 상관없이 말이다. 그들은 제피리누스(Zephyrinus)가 그러한 제도의 창시자였다고 말한다. 그러나 나는 그것이 지금과 같은 형태였다고 믿지 않는다. 왜냐하면 아마도 그의 규정은 그 당시의 교회를 위해서는 그처럼 나쁜 결과를 가져오지 않았을 것이기 때문이다.

성찬이 당시에는 그들이 만날 적마다 행해졌으며 그들 중 대부분이 거기에 참여하였지만 모든 사람이 한꺼번에 참여했던 적은 거의 없었으며, 불경하고 우상 숭배하는 사람들과 섞여서 살고 있는 신자들이 어떤 외적 표시에 의해 자신들의 신앙을 확인하는 것이 필요했기 때문에 질서와 체계를 위해 한 날을 지정해서 성찬에 참여함으로 신앙을 고백하게 했다는 것은 추호도 의심의 여지가 없다.

게다가 그 때문에 그들은 성찬을 자주 시행하기를 멈추었는데, 그것은 아나클레투스(Anacletus)가 모든 그리스도인들은 매일 성찬을 거행해야 한다는 법을 제정하기 직전이었기 때문이다. 그러나 그 후손들이 사악하게도 제피리누스의 규례를 왜곡하였는데 그것은 일년에 단 한 번만 성찬을 거행하라는 것을 법으로 못박았을 때의 일이다. 그리하여 거의 모든 사람들이 성찬에 단 한 번만 참석하면서도 자기의 의무를 아름답게 이행했다고 생각하고서 방종에 흐르기 시작했다. 그것은 아주 다른 방식으로 행해져야만 했었다.

주의 만찬은 적어도 일주일에 한 번은 그리스도인들의 회집시에 행해져야만 했으며, 그것을 통해 우리를 영적으로 양육할 약속들이 선포되어야만 했었다. 어느 누구도 억지로 강요당해서는 안 되었겠지만, 모든 사람들을 장려하고 분발시켜서 나태한 사람들의 태만을 책망해야만 했었다. 그렇다면 이 관습이 마귀의 계교에 의해 일년에 단 하루만 시행되는 것으로 대체됨으로써 사람들을 연중 내내 게으르게 만들어 버린 것을 내가 처음부터 불평한 것은 부당한 일이 아닌 것이다.

41. 동일한 원천으로부터 또 하나의 규칙이 나왔는데 그것은 하나님의 백성들의 태반으로부터 성찬을 도둑질한 것이거나 혹은 반쯤 빼앗아간 것이었다. 피의 상징이 평신도들과 불신자들에게(이것은 그들이 하나님의 후사에

붙이는 이름들이다(벧전 5:3) 거부됨으로써 소수의 기름 부음 받은 자들에게만 특별한 재산으로 주어지게 된 사실이다. 영원하신 하나님의 칙령은 모든 사람이 마셔야 한다(마 26:27)는 것인데 사람들이 감히 그것에 반대되는 새로운 법을 가지고서, 그것을 폐기처분하고서는 모든 사람이 마실 수는 없다고 선언하였던 것이다.

그러한 법을 만든 자들이 이성 없이 하나님께 대항한 주장을 내세우지 않을런지는 모르나, 만일 이 거룩한 잔이 모든 사람에게 공통적으로 제공된다면 위험한 일이 발생할 수 있다고 주장하는 것이다. 마치 하나님의 영원한 지혜가 그러한 위험들을 미리 내다보지 못했던 것처럼 말이다. 그런데 그들은 하나가 둘을 위해 충분하다는 교묘한 이론을 늘어놓는다. "왜냐하면 만일 그것이 몸이라면(그들은 말하기를), 그것은 자기 몸으로부터 분리될 수 없는 그리스도 전체이다. 그러므로 그 몸은 또한 피를 포함한다."

우리의 지각이 고삐를 늦추어 조금이라도 방종해지기 시작할 때 그것이 얼마나 하나님으로부터 멀어지는지 보라! 주께서는 우리에게 떡을 보여주시면서 그것이 자기 몸이라 말씀하시고, 잔을 보여주시면서 그것을 자기의 피라 부르신다. 그런데 인간의 이성은 뻔뻔스럽게도 그 주장에 반박한다. "떡은 피며 포도주는 몸이라"는 것이다. 그것은 마치 주께서 아무 목적 없이 말씀과 표지에 의해 자신의 몸과 피를 구분하셨다는 말과 같다. 그리고 사람들은 아무 때나 그리스도의 몸이나 피가 하나님과 사람으로 불리어진다는 말을 듣는 것과 같다.

분명히, 만일 그가 자신의 자아 전부를 표시하고자 하셨다면 "그것은 나다"라고 말씀하실 수 있었을 것이다. 성경에서 그는 자주 그런 식으로 말씀하셨다(마 14:27; 요 18:5; 눅 24:39). 그러나 "이것이 내 몸이요 이것은 내 피다"라고 말씀하시지는 않았다. 사탄의 종들은 (성경을 조롱하는 것이 그들의 습관이기 때문에) 그 사실을 비웃고 웃음거리로 만든다. 그리하여 그가 선택하시고 "희생 제사를 드리는 자들"(sacrificers)의 반열에 넣어 주신 사도들만이 이 성찬에 참여할 허락을 받았다는 것이다.

그러나 나는 그들이 다섯 가지 질문에 대해 나에게 대답하기를 원한다. 그들은 그 질문으로부터 도피할 길이 없으며 그들의 거짓말과 더불어 쉽게 반박될 것이다.

첫째, 어떤 계시가 그들에게 그러한 해결책 — 하나님의 말씀과는 너무나 이질적인 — 을 보여주었는가? 성경은 예수와 함께 있던 열두 사람을 언급하고 있다(마 26:20). 그러나 그것이 그리스도의 위엄을 무색하게 해서 그들을 "희생 제사를 드리는 자들"로 부르게 할 수는 없다(우리는 후에 적당한 장소에서 이 용어를 다루게 될 것이다). 비록 그가 그때 그것을 열두 제자에게 주셨지만 그럼에도 불구하고 그는 그들이 그와 동일한 일을 하도록 명하셨다. 즉 그들 사이에서 그것을 분배하셨던 것이다.

둘째, 그 좋은 시대로부터 사도 이후 천 년 동안 예외 없이 모든 사람들이 두 가지 상징에 다 참여하였음은 무엇 때문인가? 초대 교회가 그리스도께서 누구를 성만찬의 손님으로 허용하셨는지를 몰랐단 말인가? 여기서 그러한 질문에 요리조리 답변을 회피하는 것은 가장 뻔뻔스러운 철면피의 행위가 될 것이다. 현존하는 교회 역사가 있으며, 고대의 저자들의 저서들이 있어 이 사실에 대한 분명한 증거를 제공하고 있다.

셋째, 그리스도는 왜 그들이 먹어야만 하는 떡에 대해서만 말씀하시지 않고 그들 모두가 마셔야 하는 잔에 대해서도 언급하셨는가(막 14:22-23; 마 26:26-27)? 그것은 마치 그가 일부러 사탄의 계교를 물리치고자 하셨던 것처럼 보인다.

넷째, 만일 주께서 오직 "희생 제사를 드리는 자들"(sacrificers)만이 성찬에 참여할 자격이 있다고 생각하셨다면 누가 감히 주님에 의해 배제당한 이방인들을 불러서 홀로 그것을 주실 수 있는 분의 명령 없이 자신의 권한 밖에 있는 은사에 참여하게까지 할 수 있겠는가? 만일 그들이 주님이 주신 명령이나 본보기를 갖고 있지 않다면 무슨 마음으로 그리스도의 몸의 상징을 일반 백성들에게 감히 나누어 주고 있는가?

다섯째, 바울이 고린도인들에게 자기가 그들에게 전한 것은 주께 받은 것이라고 한 말은 거짓말이란 말인가(고전 11:23)? 왜냐하면 후에 그는 모든 사람이 차별 없이 두 가지 상징에 다 참여해야 한다고 선언하고 있기 때문이다(고전 11:26). 만일 바울이 주께로부터 모든 사람이 구별 없이 허용되는 규례를 받았다면, 그의 모든 하나님의 백성을 몰아내어 버리는 자들로 하여금 그들이 누구로부터 그들의 규례를 받았는지 보게 하라. 왜냐하면 그들은 그것의 창시자가 하나님이라고 주장할 수는 없기 때문이다. 그분에게는 예 하고 아니라 함이 되지 아니한 것이다(고후 1:19).

그런데도 우리는 그처럼 가증한 것들에다가 교회의 이름을 붙여 그것들을 옹호하다니! 그것은 마치 이 적그리스도들이 그리스도의 교훈과 규례들을 그토록 함부로 짓밟고 파괴하고 말살하고 있는 데도 교회라고 말하는 것과 같다. 혹은 신앙이 최고로 만발했던 사도적 교회는 교회가 아니라고 말하는 것과 같다. 이러한 또는 이와 유사한 간계에 의해 사탄은 그리스도의 거룩한 성찬을 짙은 어둠으로 가리고 더럽혀 최소한 교회에서 그 순수성이 보존되지 못하게 하려고 악을 쓰고 있는 것이다.

42. 그러나 마귀가 한 가지 표적을 일으켰을 때 그 가증함은 절정에 달했다. 그 표적에 의해 그것은 단지 희미해지고 변질되었을 뿐 아니라 완전히 지워지고 폐기되었다. 말하자면, 인간의 기억에서 추방되어 버린 것이다. 그것은 마귀가 거의 모든 세계를 아주 전염성이 강한 오류로 눈을 가려 버렸을 때 일어난 일이었다. 그것은 미사가 죄 사함을 얻기 위한 희생이요 제물이라는 신념이었다. 나는 이 염병이 얼마나 깊이 뿌리를 내렸으며, 얼마나 많이 선한 외양 밑에 숨어 있으며, 그것이 어떻게 그리스도의 이름을 과시하여 얼마나 무수한 사람들이 "미사"라는 한 마디 말 속에서 신앙의 총체를 붙들고 있다고 믿고 있는지를 안다.

그러나 하나님의 말씀에 의해, 이 미사가 아무리 장엄하게 꾸며져 있다 하더라도 그리스도에게 불명예를 끼치고 있으며, 그의 십자가를 매장하여 짓누르고 있으며, 그의 죽음을 망각 속으로 빠뜨리고 있으며, 그것으로부터 우리에게 온 유익들을 앗아가고 있으며, 성례를 약화시키고 파괴하고 있다는 것이 너무나 분명히 증명될 때, 그 뿌리들 가운데 어떤 것이 너무나 깊어서 이 가장 튼튼한 도끼(하나님의 말씀을 뜻한다)가 찍어낼 수 없단 말인가? 포장이 너무나 현란하여 이 빛이 그 밑에 숨어 있는 악을 드러낼 수 없는 일이 있을 수 있겠는가?

43. 그러므로 첫 번째 제시되었던 것, 즉 그것을 통해 참을 수 없는 신성모독과 불명예가 그리스도에게 끼쳐진다는 것을 보여주자. 왜냐하면 그는 아버지에 의해 대제사장으로 성별되었는데 우리가 구약에서 읽는 것처럼 일정 기간 동안만 대제사장으로 임명된 것이 아니기 때문이다. 그들의 제사장직은 영구적인 것일 수가 없었는데 그것은 그들의 생명이 유한한 것이었기 때문이다.

따라서 수시로 계승자들이 죽은 자들을 대신해야 할 필요가 있었다. 그러나 그리스도는 불멸이신고로 자신을 대체할 아무 대리자도 필요로 하지 않으신다. 그러므로 아버지께서는 그를 "멜기세덱의 반차를 따라 영원한 대제사장이 되어 영원한 대제사장직을 수행하시게" 했던 것이다(히 5:6, 10; 7:17, 21; 9:11; 10:21; 시 110:4; 창 14:18).

이 비밀은 오래 전에 멜기세덱 속에서 미리 묘사된 바 있다. 성경이 한때 그를 살아계신 하나님의 제사장으로 소개해 놓고는 후에 어느 곳에서도 그를 언급하지 않음으로써 그의 생명이 무한한 것임을 내포하고 있는 것이다. 이러한 유사성으로 인해 그리스도는 그의 반차를 좇는 제사장으로 불리었다. 그러나 이제 매일 희생제물을 드리는 자들은 그들의 임무를 위해 그들이 계승자와 대리자로 그리스도를 대체할 제사장들을 임명할 필요가 있다. 이 대체에 의해 그들은 그리스도로부터 그의 존귀를 박탈하고 그의 영원한 제사장직의 특권을 빼앗을 뿐 아니라 그의 아버지의 오른손으로부터 그를 내동댕이치려 하고 있는 것이다. 거기서 그는 영원한 제사장으로 머무르지 않고는 불멸의 몸으로 앉아 있을 수 없는 것이다.

그리고 그들로 하여금 그들의 제사장직이 마치 그리스도께서 죽으신 것처럼 그리스도를 대신하는 것이 아니라 단지 그의 영원한 제사장직의 보조자일 뿐이라고 주장하지 말게 하라. 왜냐하면 그들은 사도들의 말씀에 의해 너무나 강하게 속박되어 있어 그처럼 피할 수가 없기 때문이다. 말하자면 많은 다른 제사장들이 세워진 것은 그들이 죽음 때문에 그 직무를 계속할 수 없었다는 것이다(히 7:23). 그러므로 그리스도는 죽음에 의해 방해받지 않음으로 유일무쌍한 분이다.

44. 미사의 두 번째 능력이 이렇게 제시되었다. 그것은 그리스도의 십자가와 고난을 매장하여 억눌러 버린다는 것이다. 이것은 과연 아주 확실한 사실이다. 왜냐하면 만일 그리스도께서 십자가 상에서 희생제물로 자신을 주셔서 영원히 우리를 거룩하게 하고 우리를 위한 영원한 구속을 이루고자 하셨다면(히 9:12) 이 희생의 능력과 효과가 한없이 계속될 것임이 분명하기 때문이다. 그렇지 않다면 우리는 그리스도에 대해, 율법 하에서 희생되곤 했던 황소와 송아지들에 대한 것 이상의 존중심을 느끼지 않았을 것이다. 황소와 송아지들의 제사는 효과가 없는 것임이 입증되었는데 그것은 그것들이 자주 되풀이되었다는 사실에 의해서이다(히 10:1). 그러므로 우리는 그리스도가 희생제물로 십자가 상에서 제공되었으나 영원히 정결하게 할 능력은 결하고 있다고 고백하든지, 혹은 그리스도께서 영 단번에 모든 세대를 위해 하나의 제사를 지냈다고 고백하든지 해야 할 것이다.

사도들은 다음과 같이 말하고 있다. 즉 대제사장이신 그리스도는 "자기를 단번에 제물로 드려 죄를 없이 하시려고 세상 끝에 나타나셨다"(히 9:26). 또한 "하나님의 뜻을 따라 예수 그리스도의 몸을 단번에 드리심으로 말미암아 우리가 거룩함을 얻었노라"(히 10:10). 또한 "그가 거룩하게 된 자들을 한 번의 제사로 영원히 온전하게 하셨느니라"(히 10:14).

그리스도께서도 이 사실을 자신의 마지막 말씀에 의해 확인하셨다. "다 이루었다"(요 19:30)라고 그는 숨이 넘어가는 순간에 말씀하셨던 것이다. 우리는 보통 임종시의 마지막 말을 유언으로 간주한다. 그리스도께서는 임종시에 우리 구원에 관련된 모든 것이 자기 자신의 희생에 의해 성취되고 완성되었다는 사실을 확증하셨던 것이다.

우리는 매일 그 희생 위에 무수한 헝겊 조각들을 깁고 있다. 그가 그토록 분명히 그 희생의 완전함을 말씀하셨는데도 불구하고 마치 그것이 불완전한 것처럼 말이다. 하나님의 거룩한 말씀은 이 희생이 단 한 번 행해졌으며 그것의 모든 효력은 영원히 남는 것이라고 단언할 뿐 아니라 소리쳐 주장하고 있는데, 또 다른 희생을 요청하는 자들은 그것이 불완전하고 연약한 것이라고 비난하고 있지 않은가(히 7:28; 9:26; 10:18)?

그러나 이 조건 위에 세워지고 수십만의 희생 제사가 매일 행해지는 미사는, 그리스도께서 유일한 희생 제물로 아버지께 자신을 드린 그 고난을 매장 시켜 버린 것 외에 무슨 목적을 갖고 있는가? 눈 있는 사람치고 누가 거기서 그처럼 공격적이고 명백한 진리를 말살하려는 사탄의 담대함을 보지 못하겠 는가?

또한 거짓의 아비가 자신의 사기를 감추기 위해 흔히 사용하는 그 술수를 내가 모르는 바 아니다. 즉, 이것들은 변형된 혹은 전혀 다른 희생 제사가 아 니라 종종 되풀이된 그 동일한 제사라는 것이다. 그러나 그 술수를 깨뜨리는 것은 아주 간단한 일이다. 왜냐하면 그 모든 논의 속에서 사도는, 다른 제사 란 있을 수 없을 뿐 아니라 이것이야말로 단 한 번 드려져서 결코 반복될 수 없는 것이라고 주장하고 있기 때문이다.

45. 이제 나는 미사의 세 번째 기능에 이르게 되었다. 여기서 나는 그것이 어떻게 그리스도의 참되고 고유한 죽음을 제거하여 그것을 사람들의 뇌리에 서 사라지게 만드는지를 설명해야만 하겠다. 왜냐하면 인간들 사이에서 유 언의 효력이 유언자의 사망에 달려 있는 것처럼 우리 주께서도 자신의 죽음 에 의해 유언을 확정하셨기 때문이다. 그는 그 유언에 의해 우리에게 사죄와 영원한 의를 주셨다(히 9:15-17).

이 유언을 변경시키려 하거나 어떤 새로운 것을 첨가하려 하는 자들은 그 의 죽음을 부인하고 그것이 전혀 중요하지 않은 것이라고 주장한다. 미사가 완전히 다른 새 언약이 아니고 무엇이란 말인가? 왜 그러한가? 각각의 미사 는 새로운 사죄와 의의 길을 약속함으로써 이제 미사들만큼이나 많은 언약 이 있게 되지 않는가?

그러므로 그리스도께서 다시 오셔서 또 한 번 죽으심으로 말미암아 이 새 언약을 인준하게 하든지 혹은 오히려 무수한 죽음들, 즉 무수한 미사의 언약 에 의해 이 새 언약을 인준하시게 하라. 그래서 내가 처음부터 그리스도의 참되고 고유한 죽음이 미사에 의해 제거된다는 진리를 말했던 것이다.

미사에 의해 그리스도께서 다시 죽는다는 것은 도대체 무슨 소리인가? 왜 냐하면 유언이 있는 곳에는 (사도들의 말에 의하면) 유언자의 죽음이 있어야 만 하기 때문이다(히 9:16). 미사는 그리스도의 새로운 언약을 보여주고 있다. 그러므로 그것은 그의 죽음을 요청한다. 게다가 제공된 제물이 죽임을 당하고 희생 제물로 바쳐지는 것이 필요하다. 만일 그리스도께서 각 미사 때마다 희생 제물이 되신다면 그는 매순간 수천 장소에서 잔인하게 죽임을 당해야만 할 것이다. 이것은 내 말이 아니라 사도의 말이다. 만일 그리스도께서 자주 자기를 드리셔야 했다면 세상을 창조할 때부터 반복적으로 고난을 받았어야 할 것이다(히 9:25-26).

46. 이제 나는 미사의 네 번째 기능을 논의해야겠다. 그것은 우리에게서 그리스도의 죽음으로 말미암은 유익을 앗아가는 반면 우리로 하여금 그것을 인정하거나 묵상하지 못하게 한다. 미사에서 새로운 구속을 발견하는 사람이 어떻게 그리스도의 죽음에 의해 자신이 구속된다고 생각할 수 있겠는가? 새로운 사죄의 길을 발견한 사람이 어떻게 자기 죄가 용서받는다고 믿을 수 있겠는가?

그리고 "우리는 사죄를 오직 미사에서만 획득하는데 그 이유는 그것이 이미 그리스도의 죽음에 의해 확보된 것이기 때문이라"고 말하는 것은 터무니없는 소리다. 그것은 우리가 우리 자신을 구속한다는 조건 위에서 그리스도에 의해 구속되었다고 자랑하는 것과 다름이 없다. 왜냐하면 그것은 사탄의 종들에 의해 널리 전파되고 있으며 오늘날 고함과 칼과 불에 의해 옹호되고 있는 교리이기 때문이다.

우리가 미사를 통해 그리스도를 아버지께 제공할 때 이 의무의 행위에 의해 우리는 사죄를 얻으며 그리스도의 고난에 동참하게 된다는 것이다. 그리스도의 고난은 구속의 본보기 ─ 그것에 의해 우리가 우리 자신의 구속자임을 배우는 ─ 라는 것 외에 무슨 의미를 가지게 되는가?

47. 이제 마지막 순서에 이르렀다. 그것은 성찬(그것을 통해 주께서 자신의 고난이 기념되게 하셨다)이 미사 때문에 제거되고 파괴되었으며 폐기되었다는 것이다. 정말이지, 성찬 그 자체는 하나님의 선물인데 감사함으로 받아야만 하는 것이다. 미사의 희생은 하나님께 값을 치르는 것으로 나타나는데 하나님께서는 그 값을 보속(satisfaction)에 의해 받으셔야만 한다는 것이다.

이 희생과 성례 사이에는 주는 것과 받는 것 사이에 있는 것 만큼이나 커다란 차이가 있다. 또한 인간의 가장 비참한 배은망덕함은 하나님의 풍성한 은혜를 인정하고 그것에 감사해야 하는 것에서 하나님을 자신의 채무자로 만들고 있다.

성례는 그리스도의 죽음에 의해 우리가 한 번 생명을 회복하게 될 뿐 아니라 계속적으로 소생하게 된다고 약속한다. 왜냐하면 우리 구원의 모든 부분이 성취되었기 때문이다. 미사의 희생은 전혀 다른 소리를 내고 있는데 그것은 그리스도께서 우리에게 어떤 유익을 끼치기 위해 매일 희생 제물이 되어야 한다는 것이다.

48. 성찬은 교회의 공적 모임에서 거행됨으로써 우리 모두가 그리스도 예수 안에서 함께 결속되어 영적 교제를 우리에게 가르쳐 준다. 미사의 희생은 이 공동체를 찢어 분해시킨다. 왜냐하면 사람들을 대신해서 제사를 행하기 위해서는 제사장들이 있어야만 한다는 오류가 판을 치게 된 후에는 — 마치 성찬이 그들에게 인계된 것처럼 — 그것이 주님의 명령에 따라 신자들의 교회에 전달되는 것이 중단되었다.

사적인 미사가 시작되었는데 그것은 주께서 제정하신 공동체보다는 오히려 출교를 시사하는 것으로 보일 것이다. 왜냐하면 미미한 제사장은 혼자 자신의 희생물을 삼켜버리기 직전에 모든 믿는 사람들로부터 자기 자신을 분리시키기 때문이다. 나는 그것을 (아무도 오해하지 않도록) 사적 미사(private mass)라 부른다. 그가 큰 소리와 고함으로 울부짖든지 혹은 단지 속삭이는 소리로 찍찍거리든지 그 두 가지가 다 교회로부터 성찬에 참여하는 것을 제거하고 있기 때문이다.

49. 그러나 말을 맺기 전에 나는 우리의 미사 박사님들에게 묻는다. 왜냐하면 그들은 하나님께 대한 순종이 희생 제사를 드리는 것보다 더 강하며 하나님의 목소리를 청종하는 것이 제사보다 나음을 알고 있기 때문이다(삼상 15:22). 어떻게 그들은 하나님을 이러한 희생 제사의 방식에 의해 즐겁게 해 드린다고 믿을 수 있는가? 그들은 한 번도 그런 일을 하라는 명령을 받은 적

이 없으며, 성경 어느 곳에서도 그것에 관해 언급한 내용을 발견할 수 없는데 말이다.

더군다나 (아론처럼) 부르심을 받은 자 외에는 어느 누구도 제사장의 존귀와 칭호를 걸머질 수 없으며 그리스도 자신마저도 그것을 자취하지 않고 아버지의 부르심에 순종했다(히 5:4-5)는 사도의 말을 그들이 듣고 있으면서 말이다. 그들은 자신들의 제사장직의 창시자요 설립자로서 하나님을 모셔오든지 혹은 그 명예가 하나님으로부터 온 것이 아니며 자신들이 부르심을 받지 않았으면서 사악한 경솔함으로 그것을 자취했다고 고백해야 할 것이다. 그러나 그들은 자신들의 제사장직을 지지할 수 있는 근거를 전혀 제시하지 못할 것이다. 그렇다면 제사장 없이 드려질 수 없는 그들의 희생 제사는 어디로 사라지게 될 것인가?

미사의 이 가증함은 눈먼 자들도 볼 수 있고 귀먹은 자들도 들을 수 있으며 심지어 어린 아이들까지도 이해할 수 있다. 황금잔으로 제공된 이 미사는 모든 왕들과 땅의 백성들, 가장 높은 자로부터 가장 낮은 자에 이르기까지 취하게 했고 그들의 정신을 어질어질하고 몽롱하게 만들었기 때문에 그들은 자신들의 구원의 배 전체를 이 하나의 치명적인 소용돌이 속으로 몰아가게 되었다. 실로 사탄이 고안해 낸 무기 중에 이보다 더 강력하게 그리스도의 왕국을 포위하고 사로잡은 것은 아무것도 없었다. 이것이야말로 오늘날 진리의 원수들이 그토록 난폭하고도 잔인한 전투를 통해 섬기고 있는 헬렌(Helen)인 것이다. 실로 그들은 이 헬렌으로 더불어 영적 간음을 행하고 있는 바 모든 것 가운데 가장 가증스러운 것이다.

나는 여기서 그들이 자신들의 신성한 미사의 순결을 더럽힌 데 대한 변명으로 제시하는 저 엄청난 폐습들을 입에 올리기도 싫다. 그들이 하고 있는 그 더러운 장사, 미사에 의해 그들이 거두어들이는 더러운 이득, 그들의 탐욕을 만족시키는 고삐풀린 욕망들을 두고 하는 말이다. 나는 단지 간단한 몇 마디 말로 미사의 지극히 거룩한 것 그 자체가 어떤 종류의 것이며, 어떤 이유로 인해 수 세기 동안 그것이 그토록 존경스러운 것으로 간주되어 왔는지를 지적할 따름이다. 왜냐하면 이 지극히 커다란 신비들을 그것들의 위엄에 따라 자세히 설명하는 것은 약간 거창한 작업이 될 것이기 때문이다. 또한 나는 모든 사람들의 눈 앞에 실체를 드러내고 있는 저 추잡한 부패들을 그것들과 뒤섞어 버리고 싶지 않다. 모든 사람들이 미사가 — 그 최고의 순수함을 유지한 상태에서라 할지라도 — 모든 종류의 불경과 신성모독과 우상숭배와 참람죄로 가득 차 있다는 것을 보게 될 것이기 때문이다.

50. 이제, 어떠한 논쟁자도 "희생 제사"와 "제사장"이라는 말을 가지고서 우리에게 시비를 걸어오지 않을 것이기 때문에 나는 또한 간단하게 이 논의를 통해 "희생 제사"나 "제사장"이라는 말로 무엇을 의미하고자 했던가를 설명하려 한다. 일반적으로 이해하기에는 "희생 제사"라는 말은 하나님께 바쳐지는 것 전부를 포함한다. 그러므로 우리는 구별을 해야 한다. 또한 가르치기 위한 목적으로 하나는 "감사나 찬미의 제사", 다른 하나는 "화해 또는 화목의 제사"라 부르기로 하자.

이제 화목의 제사는 하나님의 진노를 누그러뜨리고 그의 공의를 만족시키고 죄를 씻고 은혜와 구원을 간청하기 위해 의도된 것이다. 이러한 종류의 희생 제사는 그리스도 한 분에 의해 이루어졌는데, 그것은 다른 어느 누구도 그 일을 행할 수 없었기 때문이다. 또한 그것은 단번에 이루어졌는데 그것은 그 단 한 번의 희생 제사의 효력과 능력이 영원하기 때문이다.

그것은 예수께서 자신의 음성으로 그것이 성취되고 완성되었다고 말씀하셨을 때 증거하신 바와 같다(요 19:30). 말하자면 아버지의 은혜를 회복하고 사죄와 의와 구원을 얻기 위해 필요한 것이 무엇이든 간에 그 모든 것이 그분의 고유한 희생 제사에 의해 수행되고 완성되었다는 것이다. 또한 그것은 너무나 완벽한 것이었기 때문에 후에 어떤 다른 제물이 도무지 필요 없게 되었다.

그러므로 어떤 사람이 그 의무를 반복함으로 죄 사함을 얻고 하나님을 무마시키고 의를 획득한다고 생각하는 것은, 그리스도께서 십자가 상의 죽음을 통해 치르셨던 희생과 그리스도 자신에 대한 참을 수 없는 불경이요 아주 사악한 모욕이라고 나는 결론짓는다.

그러나 미사를 거행함으로써 우리가 새로운 의무의 공로에 의해 그리스도의 고난에 동참하게 된다는 것 외에 다른 무슨 일이 이루어지는가? 게다가 그들의 광란에는 한계가 없을는지 모른다. 만일 그들이 그것을 특별히 이 사람이나 저 사람에게 원하는 대로 적용하는 것, 혹은 오히려 그러한 상품을 위해 현금을 지불할 용의가 있는 모든 사람들에게 적용하는 것이 자기들의 권리라는 말을 덧붙이지 않는다면, 그들은 그들의 희생 제사가 교회 전체를 위해 차별 없이 행해졌다고 말하는 것을 작은 일로 여겼다.

이제 비록 그들이 유다의 값에는 미칠 수 없었다 할지라도 여전히 어떤 점에 있어서는 그들의 창시자를 닮고 있다. 그들은 수에 있어 유사성을 가지고 있는 것이다. 유다는 은 삼십에 그를 팔았다(마 26:15). 이 사람들은 동전 삼십에 그를 팔고 있다. 유다는 단 한 번 팔았지만 이 사람들은 구매자가 생기는 대로 팔고 있는 것이다.

우리는 또한 그들이 그러한 봉헌에 의해 하나님 앞에서 사람들을 위해 중재함으로 하나님을 무마시키고 죄에 대한 속죄를 획득한다는 의미에서 그들이 제사장이라는 것도 부인한다. 왜냐하면 그리스도야말로 새 언약의 유일한 대제사장이시기 때문이다(히 9장). 모든 제사장직은 그분에게로 이전되었으며 그분 안에서 종결되었다.

그리고 비록 성경이 그리스도의 영원한 제사장직에 대해 아무 말 하지 않고 있다 할지라도 하나님께서 옛 제사장직을 폐지하셨을 때 새로운 제사장직을 제정하지 않으셨기 때문에 사도의 논증은 여전히 유효하다. "이 존귀는 아무도 스스로 취하지 못하고 오직 아론과 같이 하나님의 부르심을 받은 자라야 할 것이라"(히 5:4). 그렇다면 이 신성모독하는 인간들은 무슨 염치로 자신들이 그리스도의 도살자임을 자랑하면서 감히 스스로를 살아계신 하나님의 제사장이라 부르고 있는가?

51. 희생 제사의 두 번째 분류에는 ─ 우리는 그것을 "감사"의 제사라 불렀다 ─ 우리의 모든 기도와 찬미와 감사와 하나님을 경배하기 위해 하는 모든 것이 포함된다. 실로 우리 자신과 우리가 가진 모든 것이 거룩히 구별되어 그분에게 바쳐짐으로써 우리 안에 있는 모든 것이 그의 영광에 이바지하고 그의 장엄함을 나타내야 하는 것이다.

이러한 제사 양식은 하나님의 진노를 누그러뜨리는 것과는 아무런 관련이 없으며 사죄를 받는 것과는 전혀 무관하며 의를 위한 공로를 쌓는 것과도 무관하다. 오히려 그것은 오직 하나님을 영화롭게 하고 높이는 것에만 관련되어 있다. 실로 그것은 오직 사죄를 받아 하나님과 화목되고 의롭다함을 얻은 사람들에 의해서만 수행될 수 있다.

게다가 그것은 교회를 위해 너무나 필요한 것이기 때문에 교회에서 떨어질 수가 없다. 그러므로 하나님의 백성이 존재하는 한 그것은 영원할 것이다. 선지서에서도 이미 그것을 기록하고 있는 바와 같다. "만군의 여호와가 이르노라 해 뜨는 곳에서부터 해 지는 곳까지의 이방 민족 중에서 내 이름이 크게 될 것이라. 각처에서 내 이름을 위하여 분향하며 깨끗한 제물을 드리리니 이는 내 이름이 이방 민족 중에서 크게 될 것임이니라"(말 1:11).

우리가 결코 그것을 제거하지 않게 되기를! 그리하여 바울은 우리가 "너희 몸을 하나님이 기뻐하시는 거룩한 산 제물로 드리라"고 명령한다(롬 12:1; 벧전 2:5-6 비교). 이런 식으로 다윗도 자기 기도가 향처럼 하나님의 존전에 올라갈 것을 기도했다(시 141:2). 그리하여 다른 곳에서 성도들의 기도는 "향"으로 불리며, 선지자들에 의해 "입술의 수송아지"(참조. 호 14:2; 14:3)로 불린다.

바울은 그것을 "예배"라고 불렀다. 왜냐하면 그는 마음속에 하나님을 예배하는 영적 방식을 가지고 있었는데, 교묘하게도 그것을 모세의 율법에 나오는 동물의 제사와 대조시켰기 때문이다. 성찬은 이런 종류의 희생 제사 없이 있을 수 없다. 그것을 통해 우리가 그의 죽음을 선포하고 감사를 드리는 동안 우리는 바로 찬미의 제사를 드리고 있는 것이다. 이러한 제사와 직분으로 인해 모든 그리스도인들은 왕 같은 제사장(벧전 2:9)으로 불리고 있는데 그것은 우리가 그리스도를 통해 하나님께 찬미의 제사를 드리고 있기 때문이다. "이는 그 이름을 증언하는 입술의 열매니라"(히 13:15).

또한 우리는 중재자 없이 우리의 선물만 가지고 하나님 앞에 나타나지 않는다. 우리를 위해 중재하는 중보자는 그리스도이신데 그분에 의해 우리는 자신과 자신의 것을 아버지께 드린다. 그는 우리의 제사장인데 하늘 성소로 들어가셔서 우리가 들어갈 길을 열어주신다(히 10:20). 그는 제단이신데(히 13:10) 그 위에 우리는 우리의 선물을 놓는다. 그 안에서 우리는 우리가 시도

하는 모든 것을 감히 시도한다. 우리를 아버지께 나라와 제사장으로 삼으신 분은 바로 그분이시라고 나는 말한다(계 1:6).

52. 우리 독자들은 이제 이 두 가지 성례에 대해 알아야만 할 거의 모든 것을 요약된 형태로 소유하고 있는 셈이다. 이 두 가지 성례는 신약의 처음부터 세상 끝까지 그리스도 교회에 전수되어 왔다. 말하자면 세례는 사실상 교회에의 가입이 되어야 하며 신앙생활의 시작이어야 한다. 그러나 성찬은 일종의 계속적인 양식이어야 하는데, 그것을 가지고서 그리스도는 신자들의 권속을 영적으로 먹이신다.

그러므로 오직 한 하나님, 한 믿음, 한 그리스도, 한 교회, 즉 그의 몸이 있는 것처럼 세례도 오직 하나뿐이며(엡 4:4-6) 자주 되풀이될 성질의 것이 아니다. 그러나 성찬은 반복적으로 거행되어 일단 교회로 들어온 사람들은 그리스도를 계속적으로 먹으면서 살고 있다는 것을 깨닫게 해야 한다.

이 두 가지 외에는 다른 어떤 성례도 하나님에 의해 제정되지 않았기 때문에 신자들의 교회는 다른 어떤 성례도 인정하지 말아야 한다. 왜냐하면 새로운 성례를 세우고 수립하는 것은 인간이 선택할 문제가 아니기 때문이다. 만일 우리가 위에서 충분히 또 분명히 설명된 바 있는 것들을 기억한다면 그것을 쉽게 이해할 수 있을 것이다. 즉 성례는 하나님께서 제정하신 것인데 그분 자신의 어떤 약속에 관해 우리를 가르치고 우리를 향한 그분 자신의 선한 의도를 우리에게 확인시켜 주기 위한 것이라는 사실이다. 게다가 만일 우리가 아무도 하나님의 모사가 될 수 없으며(사 40:13; 롬 11:34) 하나님의 뜻에 관해 확실한 어떤 것을 그가 약속하거나 혹은 그가 우리를 향해 어떤 태도를 가지고 계시는지, 그가 우리에게 무엇을 주고자 하시며 무엇을 거부하고자 하시는지에 관해 우리가 확신을 가지도록 할 수 있어야만 한다는 것을 명심한다면 우리는 그것을 이해하게 될 것이다.

어떤 의도나 약속에 대한 증거가 되도록 표지를 제시할 수 있는 사람은 아무도 없다. 표지를 주셔서 우리 가운데서 자기 자신을 증거할 수 있는 분은 홀로 그분뿐이시다. 나는 더 간단하고 그리고 아마도 더 퉁명스럽기는 하겠지만 좀 더 분명하게 그것을 말하겠다. 구원에 대한 약속 없이는 어떠한 성례도 있을 수 없다. 함께 모인 모든 사람들이라 할지라도 우리의 구원에 대해서는 아무것도 약속할 수 없다. 그러므로 그들은 스스로 성례를 만들거나 세울 수 없다.

그러므로 그리스도 교회는 이 두 가지 성례로 만족해야 한다. 또한 교회는 어떤 세 번째 성례도 인정하는 것을 거부해야 할 뿐 아니라 세상 끝까지 어떤 것도 바라거나 기대해서는 안 된다.

이 일반적인 성례들 외에 다양한 성례들이 시대의 변천에 따라 유대인들에게 주어졌다(만나처럼[출 16:13; 고전 10:3], 반석에서 흘러 나온 물처럼[출 17:6; 고전 10:4], 구리 뱀처럼[민 21:8; 요 3:14] 등등). 그러나 이러한 변화에 의해 유대인들은 그 조건이 일시적인 그러한 형상들에게 멈추지 말고 좀 더 나은 어떤 것을 하나님으로부터 기다리라는 경고를 받았다. 그것은 파괴되거나 끝남이 없이 영원히 거할 어떤 것이었다.

그러나 그리스도께서 계시된 우리에게 있어서는 여건이 전혀 다르다. 왜냐하면 그 안에는 "지혜와 지식의 모든 보화가 감추어져 있기" 때문이다(골 2:3). 그것은 너무나 풍성하고 풍부하기 때문에 이러한 보화 이상의 어떤 새로운 첨가물을 바라거나 찾는 것은 참으로 하나님을 시험하는 것이며 그의 진노를 촉발하는 짓이다.

주께서 자기 나라의 영광을 완전히 나타내실 그 큰 날이 밝기까지 우리는 그리스도만을 찾고 배우고 공부하며 그분을 갈구해야 한다(고전 15:24). 그때에 그는 자신을 나타내셔서 그가 계신 그대로 보게 하실 것이다(요일 3:2). 이러한 이유로 인해 우리의 이 세대는 성경에서 "마지막 때"(요일 2:18), "마지막 날"(히 1:2), "말세"(벧전 1:20)로 묘사된다.

그것은 아무도 어떤 새로운 교리나 계시에 대한 헛된 기대로 자신을 속이지 못하게 하기 위함이다. "옛적에 선지자들을 통하여 여러 부분과 여러 모양으로 우리 조상들에게 말씀하신 하나님이 이 모든 날 마지막에는 아들을 통하여 우리에게 말씀하셨다"(히 1:1-2). 그런데 그분만이 아버지를 계시하실 수 있는 것이다(눅 10:22).

그러나 이제 교회에서 새로운 성례들을 만들어 내는 능력이 인간에게 주어지지 않은 것처럼 인간의 고안이 하나님으로부터 온 성례들과 가능한 한 혼합되지 않기를 바라야 한다. 왜냐하면 물을 부으면 포도주가 묽어지는 것과 똑같이, 또한 효모를 넣으면 밀가루의 모든 반죽이 시어지는 것과 똑같이 하나님의 신비의 깨끗함도 인간이 자기 자신의 어떤 것을 첨가할 때 오염되기 때문이다.

그럼에도 불구하고 우리는 성례들이 오늘날 본연의 순수함에서 얼마나 멀어졌는가를 본다. 도처에 너무나 많은 행렬들, 외식들, 그리고 광대놀음이 있다. 그런데도 하나님의 말씀에 대한 고려나 언급은 전혀 없다. 그것이 없다면 이미 성례가 아니다. 사실 하나님에 의해 제정된 의식들마저도 그토록 많은 군중들 속에서는 머리를 내밀 수 없고 단지 짓밟힌 것처럼 누워 있을 뿐이다.

세례를 통해 사람들은 홀로 빛을 발하고 주목을 받아야 하는 것, 즉 세례 그 자체를 얼마나 제대로 보고 있는가? 성찬은 완전히 사장되어 버렸는데 그 이유는 그것이 미사로 변해 버렸기 때문이다. 그것은 일년에 단 한 번 난도질당하고 찢겨지고 병신이 된 형태로 행해지고 있을 뿐이다.

D. 성례의 집행

53. 어떤 사람이 세례를 받으려 할 적마다, 그를 신자들의 총회에 내세워서 온 교회로 더불어 증인으로 바라보며 그를 위해 기도하며 하나님께 그를 드리는 것과, 또한 그 세례 지원자가 배워야만 하는 신앙고백을 암송하고 세례시에 주어지는 약속들을 묵상하며 아버지와 아들과 성령의 이름으로 그에게 세례를 주고(마 28:19), 마지막으로 기도와 감사로 그를 돌려보내는 것은 얼마나 만족스러운 일이 되겠는가?

만일 그렇게만 된다면 긴요한 것은 하나도 빠뜨리지 않은 셈이 될 것이며 그것의 창시자이신 하나님으로부터 온 한 의식이 이상한 오염 속에 매장되어버리지않고 찬란한 빛을 발하게 될 것이다.

그러나 세례 받는 사람이 완전히 물에 잠겨야 하는가, 혹은 단지 물 뿌림을 받아야 하는가 하는 등의 상세한 문제들은 전혀 중요한 것이 아니고 나라들의 다양성에 따라 교회가 선택해야 될 문제이다. 그러나 "세례 주다"라는 말은 물에 잠그는 것을 의미하며, 침례의 의식이 고대 교회에 존재했다는 것은 분명하다.

성만찬에 관한 한 만일 그것이 교회 앞에서 아주 자주, 최소한 일주일에 한 번 거행된다면 그것은 아주 적절하게 집행되었을 것이다. 그렇다면 첫째, 그것은 공중 기도로 시작해야 한다. 그 후에는 설교가 있어야 한다. 둘째, 떡과 포도주가 식탁 위에 놓였을 때에 목사는 성찬의 제정에 관한 말씀들을 반복해야 한다. 셋째, 그는 성찬을 통해 우리에게 주어진 약속들을 암송해야 한다. 동시에 그는 주님의 금지에 의해 그것으로부터 제외된 모든 자들을 제외시켜야 한다. 후에 그는, 주께서 이 거룩한 음식을 우리에게 부여해 주신 그 친절함으로 우리를 가르치셔서 우리가 믿음과 마음의 감사로 그것을 받도록 기도해야 하며, 또한 우리는 우리 스스로 합당한 자가 될 수 없으므로 그분의 자비로 우리를 그 향연에 합당하게 해 주실 것을 기도해야 한다. 그러나 여기서 시편을 노래하든지 혹은 어떤 것을 읽어야 하며, 적절한 질서 속에서 신자들은 지극히 거룩한 잔치에 참여해야 하고, 목사들은 떡을 떼고 잔을 주어야 한다.

성찬이 끝나면 신실한 믿음과 신앙고백, 또한 그리스도인에게 합당한 사랑과 행위에 대한 권면이 있어야 한다. 마지막으로, 감사가 있어야 하며 하나님께 대한 찬미를 불러야 한다. 이러한 일들이 끝나면 교회는 평안 가운데 돌아가야 한다.

신자들이 그것을 각자의 손에 드느냐 마느냐, 혹은 그것을 그들 중에서 나누느냐 마느냐, 혹은 각자에게 주어진 것을 여러 번 먹느냐 마느냐, 잔을 집사에게 돌려 주느냐 혹은 다음 사람에게 주느냐, 빵의 효모를 넣을 것인가 말 것인가, 포도주는 흰 것이 좋은가 붉은 것이 좋은가 하는 것은 전혀 문제가 되지 않는다. 이런 것들은 관계가 없는 것들이며 교회의 판단에 맡겨 두어야 한다. 그러나 고대 교회의 관습은 모든 사람이 그것을 각자의 손으로 취하는 것이었음이 분명하다.

또한 그리스도께서도 "이것을 갖다가 너희끼리 나누라"(눅 22:17)고 말씀하셨다. 역사가 말하고 있는 것은 효모 없는 빵을 좋아한 최초의 인물인 로마 감독 알렉산더 시대 이전에는 보통의 발효된 빵이 사용되었다는 것이다.

그러나 나는 일반 백성들의 마음을 신앙으로 교화하기 위한 것보다 새로운 광경에 의해 그들을 놀라게 하려는 목적 외에는 그것에 별다른 목적이 있는지를 알지 못한다.

나는 경건을 위한 열심에 의해 전혀 감동을 받지 않은 자들에게 간청한다. 어리벙벙하게 된 사람들의 감각을 속이기 위한 목적 이외의 어떤 목적도 갖지 않은 이 생명없고 연극적인 장난보다 얼마나 더 밝은 하나님의 영광이 여기서 빛나고 있으며 얼마나 더 풍부한 영적 위로의 감미로움이 신자들에게 찾아오는지를 보라. 그들은 미신으로 둔해지고 멍청해진 자들을 아무데나 이끌고 가면서 그것을 신앙에 의한 장악이라 부른다. 만일 어떤 사람이 고대의 문헌에 호소함으로써 그러한 장난을 옹호하고 싶어한다면 나도 또한 세례에 있어 성유식(chrism)과 입김을 부는 것[1]이 얼마나 고대의 관습인지, 또 성찬이 사도 시대 이후 얼마나 신속히 오염되어 버렸는가 지적할 수 있다.

그러나 실로 이것이야말로 인간들의 완악한 담대함인 바 그것은 항상 하나님의 신비한 일들을 함부로 다루고 혼란시켰던 것이다. 그러나 우리는 하나님께서 자신의 말씀에 대한 순종을 너무나 높이 평가하셔서 우리로 하여금 천사들과 세계를 심판하게 하신다는 사실을 기억하자(고전 6:2-3; 갈 1:8).

---

1) 입김을 부는 것(exsufflation)은 축복의 한 행위로서 예수님이 숨을 내쉬시며 축복하신 것(요 20:22)을 본받은 예식이나 현재 가톨릭교회에서는 거의 쓰이지 않는다 — 역자주.

제 5 장

거짓 성례

지금까지 성례로 여겨지던 다섯 가지는 성례가 아니라는 것을
증명한 뒤, 그것들은 무엇인가에 대해 고찰한다.

서론

1. 성례에 관한 앞의 논의는, 가르침을 잘 받고 건전한 사람들로 하여금 더
이상 호기심을 품지 않게 하고, 또 주께서 제정하신 것으로 알고 있는 두 가
지 외에 하나님의 말씀과 무관한 성례는 어떤 것도 받아들이지 않도록 설득
하기에 충분했을 것이다. 그러나 거의 모든 사람들의 담화나 모든 학교 강의
나 설교에 흔히 등장하는 7성사의 관념은 먼 옛날부터 자리잡기 시작해서,
아직까지도 사람들의 마음에 깊이 뿌리박혀 있다. 따라서 내가, 일반적으로
참되고 진정한 주님의 성례로 간주되어 온 나머지 다섯 의식들을 개별적으
로 더 면밀하게 검토해서 모든 가식을 제거하고, 여태까지 성례로 간주되어
온 것이 사실은 어떤 것들이며, 얼마나 잘못된 것인가를 일반 사람들이 볼
수 있도록 폭로한다면, 어떤 가치 있는 일을 하는 셈이 될 것이다.

무엇보다도, 우리는 앞에서 빈틈없는 논증에 의해 명백히 못 박아 두었던
것, 즉 성례를 설정하는 결정은 오직 하나님께만 속해 있다는 사실을 유념해
야 한다. 사실 성례는 하나님의 확실한 약속에 의하여 신자들의 양심을 격려
하고 위로해야 하는데, 그러한 확실성은 사람에게서는 결코 얻을 수 없을 것이
다. 성례는 우리에게는 하나님의 우리를 향한 선한 뜻의 증거가 되어야 하는

데, 인간이나 천사는 하나님의 선한 뜻에 대한 증인이 될 수 없다. 왜냐하면 누구도 하나님의 모사가 아니었기 때문이다(사 40:13; 롬 11:34). 주님만이 자신의 말씀을 통해서 자신에 관하여 우리에게 증거하신다. 성례는 하나님의 언약이나 약속이 보증되었다는 인침이다. 그러나 이것이 하나님의 능력에 의해 형성되고 계획되지 않았다면, 물질적인 것들이나 이 세상의 요소에 의해서는 보증될 수 없었다. 그러므로 인간은 성례를 제정할 수 없다. 왜냐하면 인간에게는 그토록 위대한 하나님의 신비들을 그처럼 초라한 것들 속에 감추어 둘 수 있는 능력이 없기 때문이다. 성례를 성례답게 만들기 위해서는 하나님의 말씀이 선행되어야 한다.

A. 견진례

2. 소위 견진례라는 것은 인간의 경솔함으로 말미암아 하나님의 성례로 지정된 최초의 표지이다. 더욱이 사람들은 견진례가 세례 때에 죄의 결백을 위해 주어졌던 성령을 수여해서 은혜를 증가시키는 능력이 있으며, 세례를 통해 중생했던 사람들에게 싸워나갈 힘을 더해 주는 능력이 있는 것처럼 꾸며 왔다. 또한 이 견진례는 기름바름과 일정한 선언으로 행해진다. "성부와 성령의 이름으로 나는 그대에게 거룩한 십자가의 표를 치며, 구원의 성유(聖油)로 그대에게 견진례를 베푸노라." 얼마나 아름답고 멋지게 이루어지는지!

그러나 여기서 성령의 임재를 약속해 주는 하나님의 말씀은 어디 있는가? 그들은 일점 일획도 보여줄 수 없다. 그들의 성유가 성령의 통로라는 것을 그들은 어떻게 확신시켜 줄 것인가? 우리에게는 기름이 조악하고 불쾌한 액체 외에는 아무것도 아니다. 아우구스티누스는 "물질에 말씀을 덧붙이라. 그러면 그것은 성물이 될 것이다"라고 말한 바 있다. 그러므로 만약 그들이 우리에게 그 기름이 단순한 기름 이상의 것임을 보이고자 한다면, 바로 이 말씀을 제시하라고 나는 말하겠다. 그러나 만약 그들이 그렇게 했듯이 자신들을 성례의 시행자들로 자인(自認)한다면, 우리는 더 이상 논쟁할 이유가 없을 것이다.

명령 없이는 아무것도 하지 않는 것이 사역자의 제 1 수칙이다. 그러면 이제 그들에게 이 사역을 뒷받침하는 어떤 명령이 있는지 제시하게 해보라. 그러면 나는 한 마디도 더 하지 않을 것이다. 만약 그들이 단 하나의 명령도 가지고 있지 않다면, 그들은 자기들의 뻔뻔스러운 신성모독을 변명할 수 없다. 이런 의미에서 주께서는 바리새인들에게 요한의 세례가 하늘로부터 왔는지 아니면 사람에게서 왔는지를 물으셨다. 그들이 "사람에게서"라고 대답했다면, 그는 그것을 헛된 것으로 증명했을 것이고, "하늘에게서"라고 하면 그들 편에서 요한의 가르침을 인정해야만 했던 것이다. 그래서 그들은 요한을 너무 심하게 비방하지 않기 위하여, 그것이 사람에게서 왔다고 감히 말하려 하지 않았다(마 21:25-27). 그러므로 견진례가 사람으로부터 말미암았다면, 그것은 헛되고 쓸모 없는 것이다. 만일 우리의 논적들이 그것이 하늘로부터 왔다는 것을 우리에게 납득시키려 한다면, 얼마든지 증명해 보도록 하라.

3. 정말이지 그들은 사도들을 예로 들어 자신들을 옹호한다. 그들은 사도들이 아무것도 경솔하게 행하지 않았다고 판단하기 때문이다. 참으로 그렇다. 그들이 사도들의 추종자임을 보인다면, 우리는 결코 그들을 비난하지 않을 것이다. 그러나 사도들은 무엇을 했던가? 누가는 사도행전에서, 예루살렘에 있던 사도들이 사마리아도 하나님의 말씀을 받았다는 소식을 들었을 때, 베드로와 요한을 그 쪽으로 보냈다고 전한다. 두 사도는 사마리아인들을 위해 기도했는데, 그것은 그들이 예수의 이름으로 세례를 받았을 뿐, 아직 아무도 성령을 받지 못했으므로 그들이 성령받게 하기 위한 것이었다. 사도들이 기도하고 그들에게 안수했을 때, 이 안수를 통하여 사마리아인들은 성령을 받았다(행 8:14-17). 그리고 누가는 이 안수를 자주 언급하고 있다(행 6:6; 8:17; 13:3; 19:6).

나는 사도들이 했던 것, 즉 그들이 자신들의 사역을 충실히 이행했다는 것을 듣는다. 주님은 당시 자기 백성들에게 부어 주셨던 그 눈에 보이는 놀라운 성령의 은사들을 사도들의 안수를 통하여 수여하고 나눠주시고자 하셨다. 나는 안수의 이면에 무슨 깊은 신비가 깔린 것은 아니라고 생각한다. 다만 나는 그들이 안수한 그 사람을 하나님께 위탁했다는 것, 이를테면 드렸다는 것을 몸짓으로 사용했다고 해석한다.

그 때에 사도들이 수행했던 이 사역이 아직도 교회에 남아 있었다면, 이 안수도 같이 행해졌을 것이다 그러나 은사가 주어지지 않아 중단되었는데도, 안수는 무슨 의미가 있는가? 확실히 교회는 성령의 인도와 지도가 없으면 존속할 수 없으므로, 성령께서는 하나님의 백성들 사이에 계심이 분명하다. 우리는 그리스도가 목마른 자들이 생수를 마시도록 그들을 자기에게 부르신다는 영원불변하게 확정된 약속을 가지고 있기 때문이다(요 7:37; 참조 사 55:1; 요 4:10; 7:38).

그러나 안수를 통하여 주어졌던 그 기이한 능력들과 두드러진 역사(役事)들은 중단되었다. 그런 일들은 적절하게 잠시동안만 있었던 것이다. 그것은 새로운 복음전파와 새로운 그리스도의 왕국은 경이롭고 기이한 이적들로 말미암아 드러나고 확산되어져야만 했기 때문이다. 주께서 이적들을 중지시키셨을 때, 자신의 교회를 완전히 버리신 것이 아니었다. 반면 그의 왕국의 위대함과 그의 말씀의 존귀성이 이미 충분히 드러났다고 선언하셨다. 그렇다면 이 배우들은 어떤 점에서 자신들이 사도들을 따르고 있다고 말할 것인가?

성령의 분명한 능력이 즉시 나타나도록 하려면, 그들은 안수로써 이것을 실현해야 했다. 그들은 이것을 성취하지 못한다. 그러면 어째서 그들은 사도들이 실제로 사용하기는 했으나 전혀 다른 목적으로 사용했던 안수를 자신들의 임무라고 자랑하는가? 이것은 주께서 제자들을 향하여 숨을 내쉬신 것을(요 20:22) 성령을 받는 하나의 성례라고 말하는 것과 같은 이론이다. 그러나 주께서 일단 이렇게 하신 것이 우리 역시 그렇게 해야 한다는 뜻은 아니다. 마찬가지로 사도들은 그 후손들이 이 원숭이들처럼 그저 흉내로 아무런 유익도 없이 냉랭하고 공허한 표지를 모조하지 않도록 하기 위하여, 주께서 사도들의 기도로써 확연한 성령의 은사들을 나누어 주시기를 기뻐하셨던 때에 안수했던 것이다.

4. 만약 그들이 안수하는 것에서 사도들을 따른다는 것을 증명한다고 하더라도(그릇된 모방 외에는 그들이 사도들과 유사한 점은 전혀 없지만), 그들이 "구원의 성유"라고 부르는 그 기름은 대체 어찌된 것인가? 기름에서 구원을 찾으라고 누가 그들에게 가르치기는 했는가? 누가 기름에 확신시키는 능

력이 있다고 가르쳤는가? 세상의 초등학문으로부터 우리를 이끌어 내고(갈 4:9), 또 이렇게 유치한 관습에 구애받는 것을 심히 배척한(골 2:20) 바울이 가르쳤는가?

그러나 나는 내 생각이 아니라 주의 말씀에 의지하여 감히 이렇게 단언한다. 기름을 "구원의 성유"라고 부르는 사람들은 그리스도 안에 있는 구원을 완전히 부정한 자들이다. 그들은 그리스도를 부인하며, 하나님 나라에 들지 못한다. 기름은 배를 위한 것이요 배는 기름을 위한 것이나, 주께서는 두 가지를 모두 폐하실 것이기 때문이다(고전 6:13 참조). 또 사용하면 소멸되는 이 모든 무력한 물질들은 영적이며 결코 썩지 않는 하나님의 나라와는 전혀 무관하기 때문이다.

그렇다면 무엇인가? "당신은 우리가 세례받은 그 물과 성찬에서 사용하는 빵과 포도주를 똑같이 판단하는가?"라고 누군가 질문할 것인가. 나의 대답은 하나님의 성례에서는 두 가지를 유의해야 한다는 것이다. 즉 우리에게 제시되는 물질의 본질과, 그리고 하나님의 말씀에 의해 그 물질 위에 부여된 형태인데, 물질의 원동력은 이 형태에 있다. 그러므로 물질들이 그 본질을 — 성례에서 우리 앞에 놓이는 빵과 포도주와 물 — 보유하는 한에서는, 바울의 말이 항상 타당하다. "음식은 배를 위하여 있고, 배는 음식을 위하여 있으나 하나님은 이것 저것을 다 폐하시리라"(고전 6:13). 왜냐하면 그것들은 이 세상의 형체와 함께 사라져 없어질 것이기 때문이다(고전 7:31). 그러나 그것들이 하나님의 말씀에 의해 성례로 성별되어지는 한에서는, 그것들은 우리를 육신 안에 묶어두지 않고, 진정 영적으로 우리를 가르치게 된다.

5. 그러나 우리는 이 기름이 얼마나 많은 괴물들을 먹이며 키우는가를 더욱 자세히 조사해 보자. 이 기름을 바르는 자들은, 성령이 세례에서는 죄의 결백을 위해 주어지고, 견진례에서는 은혜의 증가를 위해 주어지며, 또 우리는 세례에서 거듭나고 견진례에서 전투를 위해 무장된다고 말한다. 그들은 파렴치하게도 세례는 견진례가 없어도 충분히 완성적인 것이라는 사실을 부인한다! 얼마나 사악한가!

우리는 그리스도의 부활에 참여하기 위해서 세례에서 그리스도와 함께 장사되고 그의 죽으심에 참여하지 않았는가(롬 6:4-5)? 더불어서 바울은 이 그리스도의 죽으심과 생명에의 동참을 우리의 육을 죽이며, 영을 살리는 것이라고 설명한다. "우리 옛사람은 십자가에 못 박혔기 때문이며(롬 6:6), 우리로 새 생명 가운데서 행하게 하려" 하기 때문이다(롬 6:4). 이것이 바로 전투 준비가 아니고 무엇인가? 우리가 인용한 구절에서 누가는 성령을 받지 못했던 사람들이 예수 그리스도의 이름으로 세례 받았다고(행 8:16) 말한다. 이렇게 함으로써, 누가는 그리스도를 마음으로 믿고 입으로 시인한 사람들이 어떤 성령의 은사를 받는다는 것을 단순히 부인하지 않는다(롬 10:10).

다만 그는 성령을 받음으로써 뚜렷한 능력과 확실한 은혜를 받는 것을 염두에 두고 있다. 그래서 사도들은 오순절에 성령을 받았던 반면(행 2:4), 그리스도는 이미 오래 전에 "말하는 이는 너희가 아니라 너희 속에서 말씀하시는 이 곧 너희 아버지의 성령이시니라"(마 10:20)고 그들에게 말씀하셨다. 하나님께 속한 사람이라면, 여기서 사탄의 흉악하고 위험한 기만을 알 수 있다. 사탄은 경솔한 사람들을 은밀히 세례로부터 떼어내기 위해서, 세례에서 참으로 주어졌던 것이 그의 견진례에서도 주어진다고 속인다. 이것은 원래 세례에 대한 약속들을 세례로부터 잘라내어 그것들을 다른 데로 옮기고 이전시키는 사탄의 책략임이 분명하다.

우리가 이제는 이 멋진 기름 바름이 어떤 토대에 근거하고 있는가를 찾아냈다고 나는 말한다. 하나님의 말씀은 "누구든지 그리스도와 합하기 위하여 세례를 받은 자는 그리스도로 옷 입었느니라"(갈 3:27)는 것이다. 기름 바르는 자들의 말은 이렇다. "세례에서 우리는 전투준비를 시켜 주는 약속을 받지 않았다." 전자는 진리의 음성이지만, 후자는 허위의 음성임이 분명하다. 따라서 나는 그들이 지금까지 이 견진례를 정의한 것보다 더 바르게 정의할 수 있다. 즉 견진례는 세례에 대한 노골적인 모욕이며, 세례의 기능을 무색하게 하거나 폐지시키는 것이다. 그것은 마귀의 거짓 약속이며, 우리를 하나님의 진리에서 떠나게 한다. 또 그것은 마귀의 거짓으로 더럽혀진 기름이며, 단순한 사람들을 속여서 암흑 속으로 던져넣는 것이라고 해도 좋은 것이다.

6. 뿐만 아니라, 그들은 모든 신자들이 완전한 그리스도인이 되기 위해서

는 세례받은 후에도 안수받음으로써 성령을 받아야 한다고 덧붙인다. 주교의 견진례를 통해 성유를 바르지 않으면, 결코 그리스도인이 되지 못한다는 것이다. 이것은 그들이 하는 말 그대로이다. 그러나 나는 기독교에 속한 것은 모두 성경에 규정되어 있고 포함되어 있다고 생각한다. 그런데 여기서는 종교의 참된 형태를 성경 이외의 다른 데서 찾아 배울 수 있다고 하는 것 같다. 하나님의 지혜와 거룩한 진리, 그리고 그리스도의 가르침 전부는 그리스도인들의 초보에 불과하고, 기름이 그들을 완성한다는 것이다. 이 문장으로 인하여, 대부분이 분명히 성유를 받지 않았던 모든 사도들과 많은 순교자들이 — 왜냐하면 그때는 기독교의 아주 세부적인 점에서 그들을 완전하게 만들기 위하여 그들에게 쏟아 부어질 기름, 아니 아직 불완전한 그리스도인을 완전한 그리스도인으로 만들 기름이 없었기 때문에 — 정죄 받는다.

그러면 내가 가만히 놔 두어도, 이 사람들의 잘못은 저절로 드러난다. 그들은 얼마 만큼의 신자들에게 세례 후에 기름을 바르는가? 그리고 그들은 불완전함을 쉽게 고칠 수 있었던 데도 왜 그들의 회중 가운데 있는 그런 반쪽 그리스도인을 그대로 놔 두고 있는가? 생략하면 엄중한 유죄선고를 받게 될 일을 회중들이 하는 데도, 그들은 왜 비겁하고 나태하게 방관하는가? 갑작스런 죽음으로 기회를 상실한 사람 이외에는 구원의 획득에 그렇게 필요하고 필수적인 일을 그들은 어째서 더 엄격하게 요구하지 않는가? 즉 그들은 견진례를 아무렇게나 멸시받는 채로 내버려둠으로써, 자신들이 주장하는 것처럼 그것이 그렇게 중요하지 않다는 것을 무언중에 자인하고 있는 것이다.

7. 마침내 그들은 이 거룩한 기름 바름이 세례보다 더욱 존중되어야 한다고 단정짓는다. 왜냐하면 세례는 보통 사제이면 누구나 행할 수 있지만, 견진례는 오직 주교들의 손으로만 행해지기 때문이라고 한다. 여기서 그들은 자신들의 조작품에 푹 빠졌으므로, 비교한다면, 하나님께서 제정하신 가장 거룩한 제도들을 함부로 경멸하는 미친 사람들임이 분명하다고 말할 수밖에 없다. 오, 신성을 모독하는 입이여, 악취만 풍기는 너의 입김과 중얼거리는 몇 마디 주문으로 더럽혀진 기름을 감히 그리스도의 성례에 맞서게 하여, 그것을 하나님의 말씀으로 성별된 물과 비교하려는가?

그러나 너의 뻔뻔스러움에 비하면 이것은 사소한 일에 불과했고, 심지어 너는 이것을 좋아하기까지 했다. 이런 말들이 바로 거룩하다는 교황청의 응답들이며, 사도적 삼각좌의 신탁들이다. 그러나 이 사람들 중에도 어떤 사람들은 너무 심하다고 생각하여 이 광증을 다소 완화시키기 시작한다. 그들은 견진례가 더욱 존중되어야 한다고 말한다. 왜냐하면 견진례가 더 큰 능력과 유익을 주기 때문이라기보다는, 더 지체 높은 사람들이 신체 중에서 더 가치 있는 부분 즉 이마에 행하기 때문이라고 한다. 또는 세례는 죄의 용서를 위해서 더 적합한 반면, 견진례는 덕을 더욱 증진시키기 때문이라고 한다. 그러나 그들은 첫 번째 이유를 말함으로써, 성례의 효력을 사역자의 가치로 평가하는 도나투스파와 같은 사람들임을 스스로 폭로하고 있지 않은가? 그래서 나는 주교의 손의 가치로움으로 인해 견진례가 더 가치 있게 여겨질 수 있다고 인정하겠다.

그러나 누군가가 주교들의 이 굉장한 특권의 원천에 대해 그들에게 묻는다면, 자신들의 변덕 이외에 무슨 근거를 내놓겠는가? 사도들만이 성령을 나누어 주었으므로 사도들만이 그 권리를 사용했다고 그들은 말할 것이다. 주교들만이 사도인가? 정녕 주교들은 사도들인가? 좋다. 우리가 이것도 받아 주자. 그들은 왜 동일한 논법으로 주교들만 성찬에서 피에 손대야 한다고 주장하지 않는가? 주께서 사도들에게만 주셨다는 이유로 그들이 평신도에게는 허락되지 않는다고 주장하고 있지 않은가? 사도들에게만 주셨다면 어째서 주교들에게도 주셨다고 추론하지 않는가?

그러나 거기서 그들은 사도들을 단순한 사제들로 만들고, 여기서는 현기증이 나는지 다른 방향으로 가더니, 갑자기 사도들을 주교들로 둔갑시켜 놓았다. 결국 아나니아는 사도가 아니었으나, 바울이 시력을 회복하고 세례를 받고 성령으로 충만케 되도록 하기 위해 바울에게 보내진 것이었다(행 9:17-19). 나는 또한 이 한 가지를 첨가하겠다. 만일 이 직책이 하나님의 권한에 의해 주교들에게 속했다면, 교황 그레고리우스의 서신에도 나와있듯이, 왜 그것을 일반 사제들에게 함부로 넘겨 주었는가?

8. 견진례를 하나님의 세례보다 더 가치 있게 여기는데 대한 그들의 다른

이유도 얼마나 유치하고 어리석으며 우둔한지 모른다. 견진례에서는 이마에 기름을 바르고 세례에서는 정수리에 바른다고 한다. 마치 세례가 물이 아닌 기름으로 행해지는 것처럼! 이 불한당들은 그들의 누룩으로 성례의 순수성을 오염시키고자 하는 이 한 가지 목적을 추구하고 있지 않는가의 여부를 증명하도록 나는 모든 경건한 사람들에게 요청하는 바이다.

내가 이미 다른 데서 말했듯이, 인간의 고안품들이 난무하는 성례에서는 하나님께 속한 것이 비쳐질 틈이 없다. 이 문제에 있어서 그때 내 말을 믿지 않는 사람이 있다면, 최소한 지금 그 자신의 선생들을 믿으라. 보라! 그들은 세례에서 물을 경시하고 무가치하게 생각하면서 기름만을 귀히 여긴다. 그러므로 우리는 세례에서 이마에 적셔지는 것은 물이라고 반박한다. 우리는 물과 비교해서 당신들의 기름에 대해서는 — 세례에서든 견진례에서든 — 한푼의 가치도 인정하지 않는다. 그래도 누가 기름이 더 비싸게 팔린다고 주장한다면, 대답은 준비되어 있다. 당신의 판매는 사기이고 절도이며 무익하다.

견진례가 세례보다 덕을 더 많이 증진시킨다고 지껄이는 세 번째 이유로는 그들은 자기들의 불경건을 은연중에 드러낸다. 사도들은 안수로써 눈에 보이는 성령의 은사들을 나눠 주었다. 이 사람들의 기름 바름은 어떤 점에서 유익을 주는가? 그러나 다수의 모독행위로 하나의 모독행위를 덮어 버리는 이 연출가들과는 작별하라. 고르기우스의 매듭은 억지로 풀려고 애쓰는 것보다 잘라버리는 것이 상책이다.

9. 그러나 자기들이 하나님의 말씀과 증명할 수 있는 논거까지 빼앗겼음을 알게 된 때도, 그들은 상습적으로 견진례는 아주 오래된 의식이며 수 세기 동안의 관습에 의해 확실시 된 것인 양 말한다. 이것이 사실이라고 하더라도 그들로서는 아무 이득도 없다. 성례는 땅에 속한 것이 아니라 하늘에 속한 것이고, 인간의 것이 아니라 오직 하나님의 것이다. 견진례가 성례로 인정되기를 원한다면, 그들은 하나님께서 그것을 제정하셨음을 증명해야 한다. 그러나 고대의 저술가들이 어디서나 두 가지 성례에 대해서만 생각했던 것을 보면서도 왜 그들은 견진례가 고대에 있었다고 주장하는가?

우리가 만약 인간에게서 믿음의 피난처를 찾아야 한다면, 우리는 이 자들이 성례라고 사칭하는 것을 고대인들은 결코 성례로 인정하지 않았다는 점에서 우리는 난공불락의 성채를 가지고 있는 것이다. 고대인들도 안수에 대해서 말은 하지만, 그것을 성례라고 칭하던가? 아우구스티누스는 안수는 단지 기도일 뿐이라고 명백히 규정한다. 이제 그들은 아우구스티누스가 이 안수를 견진례라고 생각하지 않고 치유나 화해를 위한 것으로 생각했다고 하는 가증스러운 구별을 가지고 나에게 덤벼들 필요는 없다. 그의 책은 남아있고 두루 읽히고 있다. 만약 내가 아우구스티누스가 책에 썼던 의미를 곡해하고 있다면, 여느 때처럼 그들이 나에게 욕하고 침뱉아도 괜찮겠다.

10. 나는 이 기형적인 성례의 망령이 출현하기 전에 옛 그리스도인들 사이에서 존재했을 그 관습을 우리가 지켜왔더라면 참으로 좋겠다! 그것은 세례를 부당하게 만들지 않고는 생겨날 수 없는 견진례를 말함이 아니라, 아이들이나 청소년들이 교회 앞에서 신앙고백을 할 수 있게 하는 교육방법을 말한다. 그리고 최선의 교육방법은 이 일을 위하여 교리문답을 작성하는 것이다. 이 교리문답은 모든 기독교회가 이의 없이 받아들이는 우리 신조의 대부분을 간결하게 요약해서 포함시킨 것이어야 한다.

열 살 된 아이는 교회 앞에서 신앙고백을 하고, 또 신조마다 질문받고 대답할 것이다. 무엇을 모르거나 이해가 불충분하면 가르쳐 줄 것이다. 그래서 교회가 보는 데서 가르쳐 줄 것이다. 그 아이는 신자들이 한마음으로 한 하나님을 경배하는 바로 그 하나의 참되고 진지한 믿음을 고백할 것이다. 이 규율이 지금 시행된다면, 자녀교육을 전혀 무관심하게 방치하는 게으른 부모들을 필경 각성시킬 것이다. 이제 자녀교육을 등한시하면 사회적으로 수치를 당할 것이기 때문이다. 그리스도인들 사이에 신앙상의 일치가 더욱 깊어질 것이며, 편만해 있는 무지도 줄어들 것이다.

일부 사람들이 신기한 사상들에 무분별하게 끌려가는 일도 없게 될 것이다. 요컨대 모두가 기독교 교리에 관하여 어느 정도의 체계적인 교육을 받게 될 것이다.

B. 고해

11. 그들은 고해를 그 다음에 두고서 어지럽고 번잡스런 방식으로 설명하기 때문에, 양심은 그들의 교리로부터 확실한 것이라고는 아무것도 얻을 수 없다. 우리는 먼저 회개에 관하여 성경에서 배운 바를 간단히 설명하고나서, 우리의 논적들이 가르치는 것과 어불성설의 이유를 가지고 결국 고해를 성례로 만들어 놓은 것에 대해 설명할 것이다.

12. 먼 옛날에도 고해에 대해 정통한 어떤 사람들은 성경의 규율에 따라 단순하고 진지하게 말하기를, 회개는 두 가지 부분으로 구성된다고 말했다. 즉 **자기를 죽이는 것**과 **새로 사는 것**이다. 그들은 **자기를 죽이는 것**을 죄에 대한 인식과 하나님의 심판에 대한 자각에서 오는 영혼의 슬픔과 공포라고 설명한다. 누군가가 진정으로 죄를 인식하게 될 때, 그는 진실로 죄를 미워하고 혐오하기 시작하기 때문이며, 그는 진심으로 자신에 대해 불만을 느끼고서 자신이 비참하고 망하게 되었음을 고백하고 새 사람이 되기를 원하기 때문이다.

더욱이 하나님의 심판이 있다는 의식에 부딪히게 될 때, 이것들은 서로서로 연결되어 있으므로, 그는 공포에 질려 고꾸라지며, 벌벌 떨면서 쓰러진다. 결국 낙담하고 절망하고 만다. 이것이 회개의 첫 부분인데, 보통 '통회'라고 부른다. 그들은 **다시 사는 것**을 믿음으로부터 일어나는 위안이라고 생각한다. 즉 사람은 죄를 의식함으로써 좌절하고 하나님께 대한 두려움 때문에 고통스러워하고 나면, 하나님의 선하심을 — 그리스도를 통하여 오는 그의 긍휼, 은혜, 구원을 — 바라봄으로써 기운을 북돋우며 마음을 잡고 용기를 회복한다는 것이다. 말하자면 죽음에서 생명으로 돌이킨다는 것이다.

13. 또 다른 사람들은 이 말을 성경에서 여러 가지 의미들로 파악한 때문인지 회개를 두 가지 형태로 상정했다. 이 둘을 적절히 구분하기 위하여, 그들은 하나는 **율법적인 회개**라고 칭했다. 이것을 통하여 하나님의 진노에 대한 두려움으로 죄인은 죄의 화인을 맞아 상처를 입고 졸아들어, 이 불안한

상태에 사로잡힌 채 그것으로부터 헤어나올 수 없게 된다. 다른 하나는 **복음적인 회개**라고 부른다. 이것을 통하여 죄인은 실로 심각한 고통에 빠지지만, 그럼에도 불구하고 더욱 올라가 자신의 상처를 위한 약으로, 자기의 공포에 대한 위로와 비탄의 피난처로서 그리스도를 붙잡게 된다.

율법적인 회개의 실례들로는 가인(창 4:13)과 사울(삼상 15:30)과 유다(마 27:4)가 있다. 성경이 그들의 회개에 관하여 우리에게 설명하고 있는 바에 의하면, 그들이 자신들의 죄의 심각성을 알고 있었고, 하나님의 진노를 두려워하고 있었다. 그러나 이들이 하나님을 복수자와 심판자로만 생각했으므로, 그들은 바로 이 생각에 사로잡혀버렸다. 그러므로 그들의 회개는 이 세상에서 그들이 이미 들어가 있던 지옥의 관문 정도에 불과했고, 위엄에 찬 하나님의 진노 앞에서 형벌을 받기 시작했던 것이다.

그리고 우리는 죄의 찌르는 침 때문에 쓰라리지만, 하나님의 긍휼을 신뢰함으로써 일깨워지고 생기를 얻어 주께로 돌아온 모든 사람 안에서 **복음적 회개**를 발견한다. 히스기야가 죽으리라는 선고를 받았을 때, 그는 공포에 짓눌렸다. 그러나 그는 울면서 기도했고, 하나님의 선하심을 바라보면서 자신을 되찾았다(왕하 20:2; 사 38:2).

니느웨 백성들은 무시무시한 파멸의 경고를 받고 떨었지만, 베옷을 입고 재 가운데서, 주께서 그들에게로 돌이키셔서 그 맹렬한 진노를 거두어 주시기를 바라면서 기도했다(욘 3:5,9). 다윗은 백성을 계수하였으므로 크게 죄지었다고 고백했지만, 곧이어 "오 주여, 주의 종의 죄를 사하여 주옵소서"(삼하 24:10)라고 기도했다. 나단에게 책망받았을 때 다윗은 자신의 간음죄를 자인했고, 여호와 앞에 엎드린 동시에 용서를 기다렸다(삼하 12:13, 16).

그것은 베드로의 설교를 듣고 마음의 찔림을 받았던 자들의 회개와 같은 것이었다. 그들은 하나님의 자비를 믿으며, "형제들이여 우리가 어찌 할꼬"라고 말했던 것이다(행 2:37). 베드로 자신의 회개도 역시 그러했다. 그는 심히 통곡하였어도(마 26:75; 눅 22:62) 하나님의 자비를 기대하였다.

14. 이 모든 것이 사실이라 해도, 내가 성경으로부터 배운 바에 의하면 **회개**라는 말 자체는 믿음과 다르게 이해되어야만 한다. 왜냐하면 그들이 회개

안에 믿음을 포함시키는 것은 바울이 사도행전에서 "유대인과 헬라인들에게 하나님께 대한 회개와 우리 주 예수 그리스도께 대한 믿음을 증언한 것이라"(행 20:21)고 한 말과 모순되기 때문이다. 여기서 그는 회개와 믿음을 서로 다른 것으로 보고 있다. 그러면 어떻게 되는가?

믿음과는 별개인 진정한 회개가 있을 수 있는가? 결코 아니다. 그러나 그것들이 불가분의 관계는 지녔다해도 구분되어질 수 있다. 믿음은 소망이 없으면 안 되지만 믿음과 소망이 다르듯이, 회개와 믿음은 영구적인 결속으로 밀착되어 있음에도 불구하고, 이것들을 혼동하기보다는 오히려 한 쌍으로 보아야 한다. 이러한 근거로써 내가 판단하건대, 회개는 우리의 육신과 옛사람을 죽이는 것이며, 하나님께 대한 참되고 순전한 두려움을 우리 안에서 일으키는 것이다.

우리는 옛 선지자들이나 사도들이 당대의 사람들에게 회개를 촉구하기 위해 했던 모든 설교를 그런 의미에서 이해해야 한다. 왜냐하면 그들은 이 한 가지, 즉 자신들의 죄로 인하여 혼란에 빠지고 하나님께 대한 두려움을 뼈저리게 느끼는 자들은 하나님 앞에 엎드려서 자기를 낮추고 바른 길로 돌아와 참회해야 한다는 이것을 놓고 씨름했다. 그러므로 이 말들은 "주께로 돌아오라" 또는 "회개하라"(마 3:2)와 같은 의미로 상호 전용될 수 있다. 그리고 요한은 "회개에 합당한 열매를 맺으라"(눅 3:8; 참조. 행 26:20; 롬 6:4)고, 즉 이러한 종류의 회개와 갱신에 어울리는 생활을 영위하라고 말했다.

15. 뿐만 아니라, 복음의 대의는 회개와 죄 사함이라는 이 두 가지 요강 가운데 포함되어 있다. 세례 요한은 그리스도의 길을 예비시키기 위해 그가 오시기 전에 보냄받은 사자로서(마 11:10; 말 3:1), "회개하라 천국이 가까이 왔느니라"고 외쳤다(마 3:2; 4:17). 그가 사람들에게 회개를 촉구하면서, 그들이 죄인임을, 그리고 그들의 모든 죄상은 하나님 앞에 드러나 있음을 깨닫고, 마음을 다하여 육의 소욕을 죽이고 성령으로 말미암아 거듭나기를 갈망해야 한다고 그들에게 경고하고 있었던 것이다.

그는 하나님의 나라를 선포하면서, 그들에게 믿으라고 권고했다. 왜냐하면 그가 가까이 왔다고 가르친 하나님의 나라는 죄 사함, 구원, 영생, 그리고 우리가 그리스도 안에서 얻는 모든 것을 의미했기 때문이다. 우리가 다른 복음서에서도 "요한이 광야에 이르러 죄 사함을 받게 하는 회개의 세례를 전파하니라"(막 1:4; 눅 3:3)고 기록된 것을 볼 수 있다. 이것은 죄짐에 눌리고 지친 사람들이 주께로 돌이켜서 죄 사함과 구원에의 소망을 가져야 한다는 것 외에 달리 무엇인가?

그리스도 역시 "하나님의 나라가 가까이 왔으니 회개하고 복음을 믿으라"(막 1:15)고 선포하심으로써 전도를 시작하셨다. 먼저 그는 보배로운 하나님의 긍휼이 자기 안에서 열려지기 시작했다고 선포하시고, 이어서 회개를 촉구하고, 마지막으로 하나님의 약속들을 믿으라고 하셨다. 그래서 그리스도께서 복음 전체의 대요를 요약하셨을 때, 그는 "그리스도가 이런 고난을 받고 … 죽은 자 가운데서 살아날 것과 또 그의 이름으로 죄 사함을 받게 하는 회개가 전파될 것이다"라고 말씀하셨다(눅 24:26, 46-47). 그리고 그의 부활 후 사도들도 이렇게 설교하였다. "하나님께서 … 이스라엘에게 회개함과 죄 사함을 주시려고 예수를 살리셨느니라"(행 5:30-31).

그리스도의 이름으로 회개를 전하는 것은 사람들이 자기들의 모든 생각과 성향과 노력이 부패하고 사악하다는 것을 복음의 가르침을 통해서 듣게 된 때이다. 따라서 그들이 하나님의 나라에 들어가려면 반드시 거듭나야 하는데, 회개는 거듭남의 방법이 되는 것이다. 그리스도와 연합하면, 그의 죽음 안에서 우리의 타락한 욕망들도 죽고, 그의 십자가 안에서 우리의 옛 사람도 십자가에 못 박히고, 그의 무덤 안에서 우리의 죄의 몸도 장사된다(롬 6:6). 죄 사함을 전하는 때는, 그리스도가 그들에게 구속과 의로움과 거룩함과 생명이 되셨다(고전 1:30)는 것과 그의 이름으로 그들은 값없이 의롭다함을 받고 하나님 보시기에 무죄한 것으로 여겨진다는 것을 알게 된 때이다.

간단히 말해서, 나는 회개는 자신을 죽이는 것이라고 해석한다. 이 회개는 먼저 우리가 그리스도를 알도록 이끌어 준다. 그리스도는 신음하고 수고하며 무거운 짐 지고 주리고 목마르며 슬픔과 비참으로 죽어가는 가난하고 애통하는 죄인들에게만 자신을 드러내시는 것이다(사 61:1-3; 마 11:5, 28; 눅 4:18). 따라서 우리는 이러한 회개를 지향하여 분투하며, 그것에 몰두하고, 전 생애를 투입하여 추구해야 한다. 플라톤은 철학자의 삶이란 죽음에 대한 명상이라고 말했지만, 우리는 그리스도인의 삶은 육(肉)이 완전히 사멸할 때까지, 육을 죽이는 일에 계속 노력하고 연단하는 것이라고 더욱 올바르게 말할 수 있다.

그러므로 나는 자신에 대해 심히 불만족해하도록 배운 사람은 크나큰 이익을 얻었다고 생각한다. 이는 그가 이 곤경에 푹 빠져서 아무런 진전도 이루지 못하도록 하기 위해서가 아니라, 오히려 그리스도의 죽음 안에 접붙임 받기 위하여 하나님께로 달려가며 갈망함으로써, 회개에 관해 숙고하도록 하기 위해서이다. 이 사상은 모든 것 중에서 가장 단순하여서 내게는 성경의 진리에 가장 잘 일치한다고 여겨진다.

16. 이제 나는 스콜라학파의 궤변가들이 회개에 관하여 가르치는 바를 논의해야겠다. 나는 가능한 한 이것은 간략히 훑어볼 것이다. 모든 것을 다 추적하는 것이 내 의도가 아니며, 소책자 정도의 분량으로 하려는 이 작은 책의 한계를 넘지 않도록 하기 위함이다. 그들은 그렇게 복잡하지도 않은 이 문제를 방대한 서적들 속에 끌어 넣었기에, 당신이 조금이라도 빠져들면 그 시궁창에서 빠져 나오기 어려울 것이다. 무엇보다 그들이 정의한 것을 보면, 그들은 회개가 무엇인지 전혀 이해하지 못했다는 것을 분명히 알 수 있다. 이는 그들이 회개의 능력은 전혀 설명하지 않은 고대 저자들의 책들에서 케케묵은 상투어구를 따왔기 때문이다.

예를 들어보자. 회개한다는 것은 이전에 지은 죄들로 인해 슬퍼우는 것이요, 울어야 할 죄를 범하지 않는 것이다. 또 그것은 과거의 악행에 대하여 통회하는 것이요, 통회해야 할 행위를 다시 저지르지 않는 것이다. 또 그것은 자기가 범죄했다고 뉘우치는 사람이 스스로를 응징하는 일종의 서글픈 보복이다. 또 그것은 자신이 저질렀거나 동의했던 악행에 대한 영혼의 쓰라림과 마음의 슬픔이다. 이러한 것들은 교부들이 말한 것일 것이라고 동의하기로 하자.(논쟁을 좋아하는 사람이라면 이것을 부정하기란 어렵지 않을 것이다). 그러나 교부들은 회개를 정의하려는 의도로 말한 것이 아니라, 다만 그들의 독자들로 하여금 그들이 구출받았던 바로 그 범죄에 다시금 빠져들지 않도록 권면하기 위한 것이었다.

그들은 회개를 교묘하게 정의하여 마음의 통회, 입의 고백, 그리고 행위의 속죄로 구분한다. 그들이 일생을 삼단논법 연구에 바친 것처럼 보이기를 원한다 해도, 이 분류는 논리적이지 않고 정의에 불과하다. 가령 그들의 정의로부터 — 변증가들 사이에서 널리 쓰이고 있는 그런 증명인 — 누구든지 자신의 입으로 고백을 하지 않았다 하더라도, 이전에 지은 죄 때문에 울 수 있고 울어야 할 죄를 범하지 않을 수 있고, 또 과거의 악행을 슬퍼할 수 있고 슬퍼해야 하는 악행을 저지르지 않을 수 있고, 또 자신이 범죄했다고 스스로를 징벌할 수 있다는 등등을 누가 추론해 보라.

그들은 이 구분을 대체 어떻게 고수할 것인가? 왜냐하면 진정으로 참회는 해도 고백은 하지 않는다고 하면, 고백 없는 회개가 있을 수 있기 때문이다. 그러나 만약 그들이 이 구분은 성례인 경우나 또는 회개의 완성에 관하여 이해되어지는 범위에서만 — 이는 그들의 정의에는 포함되어 있지 않다 — 고해성사에 적용된다고 대답한다면, 나를 나무랄 이유는 없고, 더 정확하고 명료하게 그것을 정의하지 않은 자신들에게 책임을 돌리라. 나는 어떤 문제에 관하여 논란이 있을 때, 우둔하게도 정의 자체로 돌아가 모든 것을 설명하는데, 나로서는 이것이 전 토론의 중심점이며 토대라고 보기 때문이다. 그러나 그것은 학자들의 특전이라고 여기라. 이제 그 여러 부분들을 차례대로 검토해 보자.

17. 나는 여기서 이것이 나귀의 그림자에 대한 논쟁(이솝 우화 : 세를 받고 나귀를 빌려 준 주인이 나귀를 탄 사람을 따라 걸어가면서, 대낮의 뜨거운 더위를 피하기 위하여 그 나귀의 그림자 밑에 쉴 수 있는가 없는가에 대해 세 번 시비했다는 이야기 — 역자주)이 아니고, 무엇보다도 가장 진지한 문제 즉 죄 사함을 논의하고 있다는 것을 나의 독자들에게 환기시키는 바이다.

왜냐하면, 그들은 회개에는 세 가지 — 양심의 가책과 입의 고백, 그리고 행위의 속죄 — 가 있어야 한다고 하며, 동시에 이러한 것들은 죄 사함을 얻기 위하여 반드시 있어야 한다고 가르치기 때문이다.

그러나 우리 종교 전체에서 우리가 알아야 할 무엇이 있다고 하면, 그 첫째는 죄 사함이 어떤 근거에서 어떤 규정으로써 어떤 조건에서, 또 어떤 용이한 점과 곤란한 점이 있는 가운데 얻어질 수 있는가를 분명히 이해하고 정직하게 파악하는 것이 아니겠는가! 이 지식이 분명하고 확실하지 않다면, 양심은 전혀 쉼을 누릴 수 없고, 하나님과의 화평이나 어떤 신뢰나 확신을 얻을 수 없고, 마음 졸이고 동요하고 흔들리고 괴롭고 고민하고 떨고 미워하며 하나님 앞에서 피하려 한다. 그러나 죄의 용서가 그들이 봉착해 있는 이러한 조건들로써 좌우된다면, 우리로서는 그보다 더한 비참과 절망은 없다.

18. 그들은 통회를 용서를 얻는 첫 단계로 간주하고, 그 통회가 정당한 것이어야 한다고, 즉 올바르고 완전한 것이어야 한다고 한다. 그러나 동시에 그들은 자신의 통회가 합당한 방법으로 행해졌는가를 언제 확인할 수 있는지에 관하여는 정해 두지 않고 있다. 여기서 실로 비참한 양심들은 죄에 대한 합당한 통회가 자신들에게 부과되어 있음을 알고 있음에도 불구하고, 이상한 방법으로 가책을 받고 괴로움을 당한다. 그리고 그들은 빚진 것을 갚았다는 것을 스스로 분별할 수 있기 위해서 알아야 하는 갚아야 할 한도를 모른다.

만약 그들이 우리가 할 수 있는 것을 해야 한다고 말한다면, 우리는 언제나 제자리로 되돌아오고 만다. 누가 어느 때에 전력을 다하여 자신의 죄를 애통해했다고 자처할 수 있을 것인가? 그러므로 양심들이 오랫동안 자기 안에서 고투하고, 투쟁 가운데 오랫동안 번민했을 때에도, 여전히 안식할 수 있는 항구는 발견하지 못한다. 결과적으로 그들은 부분적으로나마 자신을 진정시켜 보려고, 짐짓 슬픔을 만들어 억지로 눈물을 짜내어서 통회를 이루어 내는 것이다.

그러나 내가 그들을 그릇되게 비난한다고 그들이 말한다면, 그들로 하여금 이와 같은 통회의 교리에 의하여 절망에 빠지지 않았거나 하나님의 심판에 대하여 꾸민 것이 아닌 진실한 슬픔을 보인 사람이 있다면 누구라도 실제로 내놓아 보이도록 하라.

그리고 우리는 다른 데서, 죄의 용서는 회개하지 않은 사람에게는 절대로 일어날 수 없다고 말했다. 왜냐하면, 죄를 자각함으로써 괴로워하고 상한 사람만이 진정으로 하나님의 긍휼을 간구할 수 있기 때문이다. 그러나 우리는 동시에 회개가 사죄의 원인이 아니라는 것도 부언했다. 더불어서 그들이 우리에게 의무로 행하라고 했던 영혼의 고뇌 같은 것들도 폐지해 버렸다.

　죄인은 자신의 회한이나 눈물에 머무르지 않고, 두 눈을 하나님의 긍휼에만 고정시킨다고 가르쳤다. 우리는 단지 그리스도가 "수고하고 무거운 짐 진 자들"을 부르셨다는(마 11:28) 것을 그에게 상기시켰다. 단지 그리스도는 가난한 자에게 복음을 전하고, 마음이 상한 자를 고치며, 포로된 자를 풀어 주며 눌린 자를 자유케 하며 슬픈 자를 위로하기 위하여 보냄 받았기 때문이다(사 61:1; 눅 4:18).

　그러므로 자신들의 의로움에 만족해서 자신들의 궁핍성을 인정하지 않는 바리새인들과, 하나님의 진노를 잊고 자신의 악에 대한 구제책을 찾지도 않는 멸시자들의 두 부류는 제외될 수밖에 없다. 왜냐하면 이런 사람들은 수고하지 않고 무거운 짐도 지지 않고 마음이 상하거나 눌리지도 않으며 포로도 아니며 애통해하지도 않기 때문이다.

　그러나 죄의 용서는 올바르고 충분한 통회에 의해 받아진다고 하는, 당신이 결코 이행할 수 없는 것을 가르치는 것과, 또는 당신이 죄인에게 그의 비참과 동요와 피곤과 사로잡힘을 인식함으로써 소생과 평온과 해방을 찾을 수 있다는 것을 그에게 보여주어서, 요컨대 겸손히 하나님께 영광 돌리도록 가르쳐서 하나님의 긍휼을 좇아 주리고 목말라 하도록 그에게 요구하는 것은 중대한 차이를 만든다.

　19. 고해에 관해서는 교회법 학자들과 스콜라 신학자들 사이에 늘 심한 논쟁이 있었다. 후자는 고해가 하나님의 계율에 의해 정해진 것이라고 주장하고, 전자는 그것이 교회의 제도에 의해서만 결정된다고 주장한다. 그러한 논쟁을 보면 신학자들의 파렴치함이 역력히 드러나는데, 이것은 그들이 자신들의 목적을 위해 인용한 모든 성경 구절들을 와전시키고 억지로 곡해하였기 때문이다. 그리고 그들이 이런 방법으로는 다른 사람들보다 더 원하는 것을 얻을 수 없음을 알게 되자, 총명하다고 인정받기를 바란 그들은, 고백은 그 본질에 있어서 하나님의 법에서 유래되었고 후에 실정법에서 그 형태를 빌려 왔다고 구실을 댄다.

물론 엉터리 법학자들 중에서 가장 무능한 자들은 "아담아 네가 어디 있느냐"(창 3:9)는 구절을 가지고 하나님의 법에 대한 인용이라고 한다. 또 아담이 "당신이 내게 주신 그 여자가"(창 3:12) 등으로 마치 이의를 제기하듯 대답했으므로 예외도 있다는 것이다. 그러나 이 두 가지 경우에 있어서 그 형식은 민법에서 온 것이다. 그러면 그들이 어떤 증거를 들어서 이 고해를 ― 유형이든 무형이든 간에 ― 하나님의 명령이라고 주장하는지 보자.

주께서는 문둥병자들을 제사장들에게 보내셨다고 그들은 말한다(마 8:4; 막 1:44; 눅 5:14; 17:14). 무엇이라고? 그가 그들을 고백하라고 보내셨는가? 도대체 레위 제사장들이 고백을 듣기 위해 지명되었다고(신 17:8-9) 한 말을 누가 듣기라도 했는가? 그래서 그들은 비유라고 하면서 도피한다. 모세법에는 제사장들이 문둥병의 정도를 판별해야 한다는(레 14:2-3) 규정이 있다. 그런데 죄는 영적 문둥병이므로, 이에 대해 판단을 내리는 것이 제사장들의 의무라는 것이다.

내가 대답하기 전에 내친 김에 묻는다. 이 구절에 근거해서 그들이 영적 문둥병을 판단하고자 한다면, 그들은 어떻게 자연적 신체의 문둥병에 대한 인식을 얻을 수 있는가? 마치 이러한 추론이 성경을 모독하는 것이 아닌 것처럼 그들은 말한다. 즉 율법이 레위 제사장들에게 문둥병의 진단권을 맡겼으니 우리가 이것을 떠맡자! 그리고 죄가 영적인 문둥병이니, 또한 죄에 대한 심판관도 되자! 라고.

이제 나는 대답한다. "제사 직분이 바꾸어졌은즉 율법도 반드시 바꾸어지리니"(히 7:12)라고. 모든 제사직분은 그리스도에게 옮겨졌으며, 그 안에서 완성되었고 종결되었다. 그러므로 제사장직의 모든 권리와 명예는 오직 그에게로 옮겨졌다. 그들이 그렇게 비유하기를 좋아한다면, 그들로 하여금 그리스도를 자신들의 유일한 제사장으로 하고, 모든 문제에 대한 무제한적인 관할권을 그의 재판석에 집중시키도록 하라. 우리는 그것을 기꺼이 허락할 것이다.

더욱이 그들의 비유는 의식(儀式)들 가운데서 단지 민법만을 고려하므로 적당치 않다. 그러면 왜 그리스도는 문둥병자들을 제사장에게 보내셨는가? 그것은 문둥병이 나은 사람은 제사장에게 몸을 보이고 제 몸을 바쳐서 속죄

받도록 명한 율법을 어겼다고 제사장들이 그에게 추궁하지 못하도록 하기 위함이었다. 그는 깨끗하게 된 문둥병자에게 율법이 명한 대로 행하라고 지시하셨다. "가서 제사장들에게 너희 몸을 보이라"(눅 17:14). "그리고 모세가 명한 예물을 드려 그들에게 입증하라"(마 8:4)고 그는 말씀하셨다. 진실로, 이 기적은 그들을 위한 증명이 되어야 했다.

그들은 한때 그 사람들을 문둥병자들이라고 선고했었으나, 이제는 나았다고 그들에게 선언한다. 그들의 의지를 거스른다해도, 그들은 그리스도의 기적들에 대한 증인이 될 수밖에 없지 않는가? 그리스도는 그들에게 그의 기적을 검사해 보라고 하신다. 그들은 그것을 부인할 수가 없다. 그래도 그들은 여전히 회피하려 하므로, 이 사역은 그들에게 하나의 증거로서 역할하고 있는 것이다. 따라서 다른 구절에서도 이와 같다. "이 천국 복음이 모든 민족에게 증언되기 위하여 온 세상에 전파되리니"(마 24:14)라고. 마찬가지로 "너희가 총독들과 임금들 앞에 끌려 가리니 … 이방인들에게 증거가 되게 하려 하심이라"(마 10:18). 즉 그것은 그들에게 하나님의 심판 때에 더욱 강력하게 죄를 주기 위한 것이다.

그들은 같은 근원에서, 즉 비유들이 어떤 교리를 확립하는데 매우 유익하기라도 하는 것처럼 비유에서 두 번째 이론을 이끌어 낸다! 그러나 내가 그들이 할 수 있는 것보다 더 그럴듯하게 바로 그 비유들을 적용할 수 있음을 보여주지 않는 한, 비유들이 가치 있을 것이다. 그들은 주께서 제자들에게 살아난 나사로를 풀어놓아 다니게 하라고 명하셨다고 말한다(요 11:44).

첫째로, 그들은 이것에 대해 거짓말하고 있다. 왜냐하면 주께서 제자들에게 이렇게 말씀하셨다는 것을 어디서도 찾아볼 수 없기 때문이다. 그는 이 말씀을 거기 있던 유대인들에게 하셨다고 하는 편이 훨씬 더 타당하다. 그의 기적이 속임수라는 의식을 주지 않도록 선명히 부각되게 하기 위하여, 그리고 그가 손대지 않고 음성만으로도 죽은 자를 살리신 그 권능이 드러나도록 하기 위하여 말씀하셨기 때문이다.

나는 그 사실을 이렇게 해석한다. 주께서는 유대인들을 사악한 의심에서 구제해 주기 위하여 그들이 돌을 굴리고 악취를 맡고 확실한 죽음의 표지를 관찰하고서, 오직 그리스도의 말씀과 권능으로 일어나는 나사로를 보고 다시 산 그를 처음으로 만져 보도록 하신 것이었다. 만약 우리가 이 말씀을 제자들에게 하신 것으로 간주한다면, 우리의 논적들은 무엇을 주장할 것인가? 주께서 사도들에게 풀어 줄 능력을 주셨던가?

이 상징을 통하여 주께서 그를 믿는 자들에게 교훈하시고자 했던 것은, 그가 다시 살린 자들을 풀어주도록 할 것, 즉 그들로 하여금 그분 자신이 잊어버리셨던 그 사람들의 죄를 다시 기억하지 말라는 것, 그분이 용서하셨던 사람들을 죄인으로 정죄해서는 안 된다는 것, 그분이 친히 묵과하셨던 것들을 가지고 그 사람들을 또 비난하지 말 것, 그분이 자비를 베푸시고 아껴 두시려고 하셨음에도 가혹하게 헐뜯어 징벌하지 말 것이라고 말했다면, 훨씬 더 적절하고 세련되게 이것을 비유로 취급할 수 있었다! 이제 그들로 하여금 가서 그들의 비유를 팔아 먹도록 하라.

20. 이제 그들이 명백한(그들 생각으로는) 증거들, 즉 요단의 세례를 받으러 나온 자들이 자기들의 죄를 자복했다(마 3:6)는 말씀과 야고보가 "너희 죄를 서로 고백하라"(약 5:16)고 우리에게 명한 말씀을 가지고 무장하여 싸움을 건다면, 더 숨막히는 전투 속으로 진입하는 것이다. 세례받기를 원했던 자들이 자기 죄를 고백했다고 해서 이상할 것은 조금도 없다!

앞에서 말했듯이 "요한이 … 회개의 세례를 전파하니라"(막 1:4)고 했기 때문이다. 그는 물로써 회개의 세례를 베풀었다. 그러므로 그는 스스로 죄인임을 고백했던 자들 외에 누구에게 세례를 주었겠는가? 세례는 죄 사함의 상징이다. 죄인들과 또 스스로 그러하다고 인정하는 자들 외에 누가 이 상징에 합당하겠는가?

야고보가 우리에게 "서로 고백하라"(약 5:16)고 명한 것에는 그럴 만한 이유가 있다. 그러나 그들이 곧 이어지는 말에 주의를 기울였다면, 이것 역시 조금도 그들을 지지해 주지 않음을 알았을 것이다. 즉 그는 "서로 죄를 고백하며 서로 위하여 기도하라"(약 5:16)고 말한다. 그는 상호 고백과 상호 기도를 합쳐서 말한 것이다. 만약 우리가 사제들에게만 고백해야 한다면, 마찬가지로 그들만을 위하여 기도해야 한다. 무엇이라고? 사제들만이 고백할 수 있다는 것으로 야고보의 말을 결론지으면 어찌되는가?

야고보는 우리가 서로 고백하기를 바라면서도 서로의 고백을 "서로", "상호 간에", "번갈아 가며" 혹은 더 좋다면 "상호적으로" 들을 수 있는 자들에게만 말하고 있는 것이다. 이제 이따위의 쓸모 없는 것들은 집어치우자! 명백한 사도의 관점을 취하자. 즉 우리는 우리의 결점들을 서로의 흉중에 털어놓고 우리들 가운데서 서로서로 조언하고 동정하고 위로해야 한다. 그리고 우리는 형제들의 약점을 알고서 그들을 위해 하나님께 기도하자는 것이다.

그러면 어째서 그들은 우리가 그렇게 강력하게 하나님의 긍휼에 의거한 고백을 주장하는데도 불구하고, 우리를 반대하여 야고보의 말을 인용하는 이유는 무엇인가? 그러나 누군가가 자신의 비참함을 먼저 고백하지 않았다면, 아무도 하나님의 긍휼을 고백할 수 없다. 오히려 우리는 하나님 앞에서, 천사들 앞에서, 교회 앞에서, 요컨대 모든 사람 앞에서 스스로 죄인임을 고백하지 않은 모든 사람에게 저주를 선언한다. 왜냐하면 주께서 "모든 입을 막고"(롬 3:19) 하나님 앞에서 모든 육체를 자랑치 못하게(참조. 롬 3:20; 고전 1:29) 하기 위하여, "모든 것을 죄 아래 가두셨기"(갈 3:22) 때문이다. 다만 그분만이 참되시고(참조. 롬 3:4) 높임받도록 하라.

21. 그러나 뻔뻔스럽게도 우리의 반대자들은 자기들이 말하는 고해가 하나님의 법으로 제정된 것이라고 감히 주장하는데, 참 놀랍다. 물론 우리는 이 관례가 먼 옛날에도 있었다는 것을 인정하지만, 그것이 전에는 자유로웠다는 것을 쉽게 증명할 수 있다. 그들의 기록까지도 인노켄티우스 3세 이전에는 그것에 관한 어떤 법률이나 법령도 제정되지 않았다는 것을 웅변해 준다.

역사서들과 다른 옛 저작들을 살펴보아도, 이것은 그리스도나 사도들에 의해 정해진 법이 아니라, 주교들에 의해 제정된 조직상의 규율이었다는 것을 분명히 알 수 있다. 나는 이 문제를 명백히 증거해 줄 이 많은 증거들 중에서 한 가지만을 제시하겠다.

소조메누스(Sozomen: 5세기 교회사가-역자주)는 주교들이 제정한 이 법이 서방교회들, 특히 로마 교회들에서 충실히 지켜졌다고 언급한다. 이것은 곧 그것이 모든 교회에서 보편적으로 실행된 것이 아니었다는 뜻이다. 또 그는 사제들 중의 한 사람이 이 직임을 위해 특별히 지정되었다고 말한다. 이것은 열쇠가 전체 사제들에게 공통적으로 주어졌다고 이 자들이 거짓말하고 있는 것을 철저하게 반박해 준다. 사실 그것은 모든 사제들에게 공통된 기능이 아니라, 그것을 위하여 주교로부터 선택된 사제 한 사람의 독점적인 기능이었다.

여기다가 소조메누스는 첨언하기를, 이것은 또한 어떤 가정부가 고해하는 척하면서 어떤 부제(deacon)와 관계하고 있었던 것을 고해로 위장하여 숨겨 왔음이 발각되었던 때까지 콘스탄티노플에서 행해진 관습이었다고 한다. 이러한 죄악 때문에, 유명한 경건과 학식의 소유자인 그 교회의 주교 넥타리우스(Nectarius)는 고해의식을 폐지해 버렸다.

자, 이 나귀 같은 바보들이여, 귀를 바짝 들고 들으라! 비밀고해가 하나님의 법이라면, 어째서 넥타리우스가 감히 그것을 폐지하고 근절시켰는가? 그러면 그들은, 하나님의 거룩한 사람이며, 모든 교부들의 동의로써 임직된 넥타리우스를 이단이나 분파라고 비난할 것인가? 마찬가지로 그들은 콘스탄티노플 교회를 비난할 것이다.

소조메누스가 진술하기로는, 이 교회에서 고해의 관례는 일시적으로 무시되었을 뿐 아니라, 자신의 기억에 의하면 없었던 것이라고 한다. 실로 그들은 콘스탄티노플 교회뿐만 아니라 동방 교회 모두를 — 그들이 진실을 말한다면 — 모든 그리스도인에게 부여된 신성불가침의 법을 경솔히 여겼다해서 의무불이행 죄로 고발할 것이다.

22. 그러나 문제 전체를 더 명백하고 알기 쉽게 하기 위하여, 먼저 우리가 하나님의 말씀에서 어떤 종류의 고백을 배웠는가를 충실하게 말할 것이다. 그리고나서 고백에 관하여 그들이 꾸며낸 것들을 — 사실 모든 것은 아니다. 누가 이 방대한 바다를 다 비워 낼 수 있었겠는가 — 다만 적어도 그들이 말하는 고백의 대요를 포괄하고 있는 것들을 설명하고자 한다.

그들이 "기쁨과 찬송의 소리를 발하며"(시 42:4)라는 구절을 가지고 고백은 마음을 기쁘게 하는데 도움이 된다고 말하는 경우처럼, 그들이 그런 구절들로써 스스로를 가르치지 않을 만큼 모자라지 않는다면, 성경의 많은 부분에서는 보통 "고백하다"를 "찬양하다"의 의미로 이해한다는 것을 내가 여기서 상기시킬 필요가 없겠다. 단순한 사람들이 그와 같은 거짓된 외관에 속지 않도록 이 의미를 새겨두고, 조심스럽게 그들이 말하는 의미를 구분하도록 하라.

23. 죄의 고백에 대해서 성경은 다음과 같이 가르쳐 준다. 죄를 사해 주시고 기억하지 않으시며 씻어 주시는 분은 주님이시므로, 우리는 용서를 받기 위해 그에게 우리의 죄를 고백하자. 그는 의사이시므로, 그에게 우리의 상처를 내보이자. 그가 해와 손상을 입으셨으므로, 그에게서 평강을 찾자. 그는 마음을 감찰하시고 모든 생각을 통찰하시므로(참조. 히 4:12), 우리의 마음을 그 앞에 쏟아 놓자. 결국 그는 죄인들을 부르시는 분이시므로 오직 하나님께로 나아가자.

다윗이 "내가 이르기를 내 허물을 여호와께 자복하리라 하고 주께 내 죄를 아뢰고 내 죄악을 숨기지 아니하였더니 곧 주께서 내 죄악을 사하셨나이다"(시 32:5; 31:5)라고 말했다. 다윗이 직접 한 것 중에 비슷한 성격의 고백이 또 있다. "하나님이여 주의 인자를 따라 내게 은혜를 베푸시며 주의 많은 긍휼을 따라 내 죄악을 지워 주소서"(시 51:1; 50:3). 다니엘이 한 말도 역시 같은 것이다. 즉 "우리는 이미 범죄하여 패역하며 행악하며 반역하여 주의 법도와 규례를 떠났사오며"(단 9:5). 그리고 또 다른 고백들이 성경에 자주 나온다. 요한은 "만일 우리가 우리 죄를 자백하면, 그는 미쁘시고 … 우리 죄를 사하시며"(요일 1:9)라고 말한다.

우리는 누구에게 고백해야 하는가? 단연코 그분께 한다. 즉 우리가 고통스럽고 겸비한 마음으로 그 앞에 엎드리면, 그 앞에서 전심으로 자책하고 뉘우치면, 우리는 그의 자비와 긍휼을 힘입어 용서받는다. 이 고백을 자기 마음으로 하나님 앞에서 하고자 하는 사람은, 다른 사람들 가운데서 하나님의 긍휼을 선포할 필요가 있을 때면, 언제라도 고백하기 위하여 말을 준비하고 있을 것임은 분명하다.

더욱이 그는 자기 마음의 비밀을 어떤 사람에게 한 번 귓속말로 속삭이고 마는 것이 아니고, 종종 공개적으로 온 세상이 듣도록 진심으로 자신의 부족함과 주님의 위대함을 아울러 이야기할 것이다. 이런 식으로 다윗이 나단에게서 책망받았을 때, 그는 양심에 찔림을 받고, 하나님과 사람 모두 앞에서 자기 죄를 고백했다. 그는 "내가 여호와께 죄를 범했노라"(삼하 12:13)고 말했다. 즉 나는 아무런 변명도 하지 않고, 만민에게서 죄인으로 심판받는 것을 피하려 하지 않으며, 하나님께로부터 숨기려 했던 것이 사람들에게까지 드러나는 것을 막지 않겠다는 것이다.

더불어서 성경은 두 가지 형태의 사적인 고백을 인정한다. 그 하나는 우리 자신을 위하여 하는 것으로, 우리가 서로 자기 죄를 고백해야 한다고(약 5:16) 한 야고보의 말과 관련된 것이다. 왜냐하면 그는 우리의 약점을 서로 나눔으로써, 서로 조언과 위로로써 돕게 된다는 것을 의미하였기 때문이다. 다른 한 형태는 우리 이웃을 위하여 우리가 사용하는 것으로, 누군가가 우리의 잘못 때문에 어떤 식으로든지 손상당했다면, 그를 달래고 우리와 화해시키기 위한 것이다.

그리스도께서는 이 형태에 관하여 마태복음에서 말씀하신다 "예물을 제단에 드리려다가 거기서 네 형제에게 원망들을 만한 일이 있는 것이 생각나거든 예물을 제단 앞에 두고 먼저 가서 형제와 화목하고 그 후에 와서 예물을 드리라"(마 5:23-24). 왜냐하면 우리의 과실 때문에 깨어진 사랑은 우리가 저지른 잘못을 시인하고 그것에 대한 용서를 구함으로써 회복되기 때문이다. 성경은 그 밖의 다른 방법이나 형태의 고백은 전혀 말한 바 없다.

24. 우리의 논적들은 무엇이라고 하는가? 그들은 모든 "남녀"가 분별할 수 있는 나이에 이르면, 즉시 적어도 1년에 한 번씩 담당 사제에게 자신들의 모든 죄를 고백해야 하며, 죄를 고백하고자 하는 의도를 확고하게 품지 않으면 자신들의 죄는 용서받지 못한다고 포고한다. 기회가 주어졌을 때, 이 의도를 실행하지 않으면, 낙원으로 가는 입구는 이제 열리지 않는다고 한다. 이윽고 그들은 "너희들이 무엇이든지 매면 … "(마 18:18)이라는 그리스도의 말씀이 유효하므로, 사제가 죄인을 매거나 푸는 열쇠의 권한을 갖고 있다고 주장한다.

그런데 그들은 이 권한에 대하여 그들 자체 내에서도 격렬하게 싸운다. 어

떤 사람들은 말하기를 근본적으로 오직 하나의 열쇠 — 즉 매고 푸는 권한
— 가 있을 뿐이고, 지식은 실로 올바르게 사용하기 위하여 요구되는 것이지
만, 단지 부속물에 불과하며, 본질적으로 권한에 결부되어 있는 것은 아니라
고 한다. 어떤 사람들은 이것이 지나치게 과도한 반증이라고 보았으므로, 두
가지 열쇠 즉 분별과 능력을 제기했다. 또 다른 사람들은 그러한 억제에 의
해 사제들의 부패가 제지되는 것을 보았으므로, 다른 열쇠들 즉 분별하는 권
위(결정내릴 때 쓰는)와 그들의 선고를 집행하는 데 행사하는 권능을 꾸며내
었으며, 지식을 상담역으로 부가시켰다.

그러나 그들은 매고 푸는 것을 죄를 사하거나 도말해 버리는 것으로 감히
해석하지는 않는다. 왜냐하면 " 나 곧 나는 여호와라 나 외에 구원자가 없느
니라"(사 43:11)고 주께서 선지자를 통하여 선포하신 것을 그들이 알고 있기
때문이다. 그러면서도 그들은 말하기를, 누가 매이고 풀릴 것인가를 선언하
는 것, 누구의 죄가 사해졌고 또 그대로 있다는 것을 말해 주는 것, 나아가서
사제가 고백을 통하여 죄를 용서하거나 그대로 둘 경우에나, 또는 판결을 내
려 출교시키거나 다시 성례전에 참가하도록 받아들일 경우에 이것을 선언하
는 것이 사제의 임무라고 한다.

결국 그들이 아직 이 난제를 제거하지 못하였다는 것, 반면 항상 자기들이
반격받을 소지가 있다는 것, 하찮은 사람들이 자기들의 사제들에 의해 매이
기도 하고 풀리기도 하므로 하늘에서는 자기들이 매이거나 풀리지 않을 것
이라는 사실들을 알고 있다. 그래서 그들은 마지막 도피책으로서, 열쇠의 위
임에는 이 한 가지 제한이 있다는 것을 이해해야 한다고 대답한다.

그리스도께서는 매이거나 풀리는 사람의 공적에 따라서 사제들이 공정하
게 판결을 내린다면, 그 판결은 그의 재판석 앞에서 인정받을 것이라고 약속
하셨다고 한다. 이제 그들은 이 열쇠들을 그리스도께서 모든 사제들에게 주
셨고, 서품의 때에 주교들이 그들에게 수여하지만, 이것들의 사용재량권은
교회의 직무를 수행하는 자들에게만 속한다고 하며, 열쇠들은 파문되었거나
정직(停職)된 성직자에게도 실제로 남아있지만 녹슬어 쓸 수 없게 되었다고
말한다.

그리고 이렇게 말하는 사람들은 대장간에서 열쇠들을 만들어 내어 교회의

보고가 이 열쇠들로써 잠겨 있다고 가르치는 사람들과 비교한다면, 꽤 조심성있고 근실한 편이라 할 수 있다. 우리의 논적들은 그리스도와 거룩한 사도들, 베드로, 바울, 순교자들의 공적을 "교회의 보고"라고 칭한다. 이 보고에 대한 최고 관리권은 바로 이 위대한 특혜들의 분배를 통괄하는 로마 주교에게 위임되었으므로, 그는 자의로 그것들을 배분할 수도 있고 분배의 최고 관리권을 다른 사람들에게 위임할 수도 있다고 그들은 주장한다. 결과적으로 교황으로부터는 완전 사면권을, 때로는 수 년 간의 사면권을 받게 되며, 추기경들로부터는 백 일 간의 사면권을, 그리고 주교들로부터는 40일 간의 사면권을 받게 되는 것이다!

25. 나는 각 문제점마다 몇 마디로 답변하고자 한다. 그러나 나는 그들이 자신들의 법으로써 신자들의 영혼을 맬 수 있다는 권리가 무엇이며, 또 그런 권리가 없다는 것에 대해서는 적절한 곳에서 다룰 것이므로, 현재로서는 언급하지 않겠다. 그러나 그들이 모든 죄를 열거해야 한다는 법을 정해 둔 것, 고백하려는 의도를 확고하게 품은 경우 외에는 죄 용서를 받을 수 없다고 하는 것, 그리고 고해의식을 경시한다면 낙원에 이를 가망은 없다고 지껄이는 것에는 정녕 참을 수 없다. 이것은 참으로 황당무계하다.

모든 죄를 다 열거해야 하는가? 내가 믿기로는 스스로 죄의 고백에 관해 올바르게 숙고했던 다윗이 "자기 허물을 능히 깨달을 자 누구리요 나를 숨은 허물에서 벗어나게 하소서"(시 19:12)라고 부르짖었다. 또 다른 곳에서도 "내 죄악이 내 머리에 넘쳐서 무거운 짐 같으니 내가 감당할 수 없나이다"(시 38:4; 참조. 시 37:5)라고 했다. 그는 우리의 죄의 수렁이 얼마나 깊으며, 죄의 양상들이 어떠하며, 이 괴물 구두사(九頭蛇)가 얼마나 많은 대가리를 갖고 있으며, 그리고 그것이 얼마나 긴 꼬리를 질질 끌고 있는가를 너무나 잘 알았던 것이다.

그래서 그는 죄악의 목록을 작성하려고 하지 않았다. 대신에 자신의 악행의 심연에서부터 여호와께 부르짖었다. "내가 눌렸으며, 묻혔으며, 숨이 막혔도다 지옥문이 나를 둘러싸고 있도다"(시 18:6; 참조. 시 17:6). 나는 깊은 수렁에 빠졌으니(시 69:2-3, 15-16), 연약하여 죽어가는 나를 당신의 손으로 끌어내어 주소서라고. 다윗이 자신의 죄를 헤아리기를 시작할 수 없었다는 것을 보는데, 하물며 어느 누가 자기 죄를 열거해 볼 생각을 하겠는가?

하나님에 대한 약간의 깨달음으로 영향을 받은 사람들의 마음은 이 도살자들에 의해 무참하게 찢겨진다. 우선 그들은 죄를 상세히 설명하기로 자청하고, 그들의 형식에 따라서 죄를 큰 가지, 작은 가지, 갈대 가지 및 잎들로 나누었다. 그리고나서 그들은 질과 양과 상황을 저울질했으며, 따라서 문제는 약간 진척되었다. 그러나 그들이 더 앞으로 진전했을 때는 사방에는 하늘과 바다뿐이었고 아무런 항구도 정박지도 없었다. 그들이 건너가면 갈수록 그들의 눈 앞에 위험스럽게 다가오는 덩어리는 더욱 커져서 실로 높은 산들처럼 부풀어 올랐고, 오래 돌아다녀 보아도 어떤 도피의 가망도 보이지 않았다. 그리하여 그들은 먹이와 칼 사이에 꽂혀졌다. 결국에는 절망 외에 다른 아무것도 찾지 못했다.

거기서 이 잔인한 도살자들은 그들이 받은 상처를 치유하기 위해 어떤 요법을 적용하였는데, 그것은 각자 자기 힘 닿는 대로 하면 된다는 주장이었다. 그러나 다시 새로운 걱정이 기어들었다. 참으로 새로운 고뇌가 곤경에 빠진 영혼을 옭아낸다. "나는 충분한 시간을 보내지 않았다." "나는 그것에 자신을 충분히 헌신하지 않았다." "나는 많은 것들을 무관심으로 소홀히 했으며, 나의 부주의로 인한 망각은 변명할 수 없다!"

뿐만 아니라, 이러한 고통을 덜기 위하여 다른 요법들이 시행되었다. "당신의 태만을 참회하시오. 아주 부주의한 것이 아니라면 용서받을 것이오." 그러나 이 모든 것들이 상처를 싸매 줄 수 없으며, 병에 대한 진정제라기보다는 달콤한 것으로 위장한 독약이어서 처음 맛보아서는 쓴 맛을 알 수 없고 그 맛을 느끼기 전에 깊이 스며드는 것이다. 그러므로 공포의 소리는 항상 귓전을 울려 괴롭힌다. "너의 모든 죄를 고백하라"고. 이 두려움은 확실한 위로가 아니면 진정될 수 없는 것이었다.

더욱이 그러한 치명적인 독약과 잘 배합된 아첨으로 대부분의 사람들을 달랜다해도, 그들로 하여금 그러한 아첨들이 하나님을 만족시킨다거나 아니면 진실로 자신들을 만족시킨다는 것까지도 믿게 할 수 없었다. 오히려 결과는 깊은 바다 위에서 닻을 내려 항해를 멈추고 잠깐 쉬는 것과 같은 것, 또는 탈진해서 늘어져 있는 나그네의 노변 휴식과 같은 것이었다. 나는 이 점을 증명하기 위해 애쓰지 않는다. 모든 사람이 직접 이것에 대한 증인이 될 수 있다.

나는 이것이 어떤 법인가를 요약하고자 한다. 첫째로 그것은 전혀 있을 수 없는 것이다. 그러므로 그것은 단지 파괴하고 비난하고 혼돈시키고 파멸과 절망에 빠뜨릴 수 있을 뿐이다. 그리고나서 죄인들에게 자기 죄를 진정으로 깨닫지 못하게 함으로써 그들을 위선자로 만들고 하나님과 자신들에 대해 무지하게 만드는 것이다. 참으로 그들은 죄를 열거하는데 몰두해 있는 동안, 그 반면에 특별히 그들 자신의 비참함을 절실히 느끼게 하기 위하여 알아야 하는 저 숨겨진 죄악의 늪, 즉 그들의 은밀한 범죄와 내면의 불결을 잊어버린다.

26. 고백을 시작하는 가장 확실한 규범은 우리의 악의 수렁은 우리의 이해를 초월한다는 것을 인정하고 고백하는 것이다. 우리는 세리의 고백이 이 규범에 따라 이루어진 것임을 알게 된다. "하나님이여 불쌍히 여기소서 나는 죄인이로소이다"(눅 18:13). 그는 마치 이렇게 말하는 것 같다. "나는 얼마나 지독하고 기가 막힌 죄인입니까. 나는 철저한 죄인입니다. 나의 죄가 얼마나 막중한지 내 마음으로 다 헤아릴 수도 없으며, 내 입으로 다 털어 놓을 수도 없습니다! 당신의 심원한 긍휼이 이 끝없는 내 죄를 삼키기를 바랍니다."

무엇이라고? 하면서 당신은 물을 것이다. 그렇다면 죄를 일일이 고백할 필요가 없다는 말인가? 그렇다면 고백이 "나는 죄인입니다"라는 이 두 마디로 구성되지 않으면, 하나님께 받아들여지지 않는다는 말인가? 아니다. 우리는 오히려 주님 앞에서 우리의 전심을 쏟아 놓을 수 있는 만큼 힘을 다해야 한다.

한 마디로 우리 자신이 죄인임을 고백할 뿐 아니라, 참으로 진정으로 그렇다는 것을 자인해야 하고, 우리의 죄의 얼룩이 얼마나 심각하고 다양한가를 철저하게 인정해야 하며, 우리는 불결할 뿐 아니라 그 불결이 어떠하며 얼마나 크고 각양각색인가를 알아야 하며, 우리는 빚진 자들일 뿐 아니라 얼마나 막대한 빚을 짊어졌으며 얼마나 많은 빚에 묶여 있는가를 인지해야 하고, 단

지 상처받았을 뿐 아니라 얼마나 많은 치명적인 타격으로 상처를 입고 있는
가를 알아야 한다.

그러나 죄인이 이렇게 인정하고, 하나님 앞에서 전적으로 쏟아 놓을 때에
라도, 더욱더 많은 죄들이 남아 있으며 죄악의 깊이는 측량할 수 없이 깊다
는 것을 그가 진지하고 정직하게 숙고하도록 하라. 결국 그는 다윗과 같이
부르짖게 될 것이다. "자기 허물을 능히 깨달을 자 누구리요 나를 숨은 허물
에서 벗어나게 하소서"(시 19:12).

죄는 고백하고자 하는 의도를 확고하게 품은 때에만 용서받으며, 고백하
도록 주어진 기회를 등한히 하는 사람에게는 낙원의 문이 닫힌다고 주장하
는 그들에게 우리는 결코 찬성하지 말자. 죄의 용서는 이전에 있었던 것보다
지금 변한 것은 없기 때문이다. 우리가 사람들이 그리스도로부터 죄 사함을
받았다는 것을 언제 읽더라도, 그들이 사제 같은 사람의 귀에 고백했다는 것
은 볼 수 없다. 그러면 분명히 사제 같은 고해신부도 없고 고백 자체도 없었
던 데서는 고백도 있을 수 없었다.

이후 수 세기 동안 이 고백이 있었다는 말이 없었는데도, 그동안의 모든
죄는 이러한 조건 없이도 사면되고 있었다. 그러나 우리는 확실치 않은 문제
에 대해 쓸데없이 길게 논쟁하지 말 것이다. 하나님의 말씀은 명백하며 영원
불멸하다. "악인이 만일 그가 행한 모든 죄에서 돌이켜 떠나 내 모든 율례를
지키고 정의와 공의를 행하면 반드시 살고 죽지 아니할 것이라"(겔 18:21-
22). 이 말씀에 감히 무엇이라도 덧붙이려는 자는 죄가 아닌 하나님의 긍휼
을 억제하는 것이다.

27. 그러면 교회에 대해 그렇게도 유해하고 또 각양으로 해를 끼치는 이
비밀고해를 우리가 정죄하고 우리 가운데서 추방되기를 바란다고 해서 조금
도 이상할 것이 없다! 이것 자체는 관련 없는 것이라 하더라도, 무익하고 헛
되고 게다가 그렇게 많은 불경과 신성모독과 과오를 유발한 것인 만큼, 누가
그것을 당장 폐지해야 한다고 생각하지 않겠는가? 그들은 아주 이득이 많다
고 자랑하는 것이 정말 어떤 효용이 있다고 여기지만, 그것들은 거짓되고 전
혀 가치가 없다.

그러나 특권에 의해 그들은 이것들 중 하나만을 존중한다. 즉 고해자의 수치감 자체가 무거운 징벌이며, 이로 말미암아 죄인은 이후로 더욱 조심성 있게 됨과 아울러 스스로를 응징함으로써 하나님의 진노를 비껴가는 것이라고 한다. 마치 우리가 어떤 사람을 하나님께로부터 심사받도록 저 지극히 높은 심판정으로 부를 때에도, 그 사람을 충분히 겸비하게 할 수 없는 것처럼 말이다. 우리가 사람의 수치감으로 인해 죄를 종식시키고, 하나님을 우리의 악한 양심의 증인으로 삼는 것을 부끄러워하지 않는다면, 얼마나 굉장한 이득이겠는가! 그럼에도 불구하고 그렇게 말하는 자체는 완전히 거짓이다.

일반적으로 사람들이 사제에게 고해하고 난 뒤, 스스로 자신의 입을 닦을 수 있고, "내가 악을 행하지 아니하였노라"(잠 30:20)고 말할 수 있다고 생각할 때에 가장 대담하고 제멋대로 죄짓는 것이 분명하기 때문이다. 그리고 그들은 일년 내내 죄짓는데 대담해져 있을 뿐 아니라, 일년의 나머지 기간 동안에는 고해했으므로 걱정하지 않고 하나님을 향하여 탄식하지도 않고, 자기 반성 따위는 생각조차 않으며, 도리어 그들이 상상하듯이 한꺼번에 모든 죄를 토해낼 때까지 죄 위에 죄를 쌓는다. 더군다나 그들이 죄를 토해낼 때, 자신들의 짐이 벗어진 것으로 여기고, 하나님께로부터 심판을 옮겨서 사제에게 그것을 넘겨버렸다고 생각하여, 사제에게 그들의 모든 것을 고하면서 하나님은 그것을 다 잊어버렸다고 생각한다.

사실 누가 고해의 날을 즐거이 기대하는가? 누가 열렬한 마음으로 고해하려고 서두르는가? 오히려 억지로 감옥에 끌려가듯 자신의 의지와는 반대로 마지못해서 거기 오지 않는가? 예외적으로 아마 젊은 사제들은 재미있는 이야기를 즐기는 듯이 자신들의 악행의 일화들을 교환하는 것을 낙으로 삼을 것이다. 나는 비밀고해에 들끓는 가공스러운 추행들을 언급하기 위해 많은 종이를 더럽히고 싶지 않다! 다만 저 거룩한 사람이 하나의 소문이나 간음 때문에 그의 교회와 사람들의 기억으로부터 고해를 제거해 버린 것이 경솔한 짓이 아니었다면, 지금 무수한 능욕과 간음과 근친상간과 뚜쟁이들이 있을 때에 우리가 무엇을 해야 할 것인가를 경고받게 된다는 것만을 나는 말해 둔다.

28. 이제 우리는 고해자들이 그들의 왕국의 모든 배를 — 옛 속담과 같이 "뱃머리와 배꼬리"인 — 정박시켜 놓은 열쇠의 권한에 대해 알아보아야 한다. "그러면 열쇠는 아무 이유 없이 주어졌는가?" 라고 그들은 묻는다. 또 그렇다면 "무엇이든지 땅에서 풀면 하늘에서도 풀리리라"(마 18:18) 하신 말씀은 근거없는 것인가? 그러면 우리가 그리스도의 말씀을 헛되게 만드는가?라고 묻는다. 나는 이에 대해, 열쇠가 주어졌던 것은 중대한 이유가 있었기 때문이라고 대답한다.

그런데 주께서 입증하신 것에는 그가 친히 땅에서 매고 푼 것은 하늘에서도 매이고 풀릴 것이라는 두 구절이 있다. 이 돼지들은 이 구절들을 무미건조하고 무식하게(그들이 보통 모든 것을 하는 방식인) 약간 다른 의미로 혼돈하였다. 하나는 요한복음에 있는데, 그리스도께서 복음전파를 위해 제자들을 보내실 즈음에 그들에게 숨을 내쉬시고(요 20:22), "성령을 받으라 너희가 누구의 죄든지 사하면 사하여질 것이요 누구의 죄든지 그대로 두면 그대로 있으리라"(요 20:22-23)고 말씀하셨다. 전에는 베드로에게 주어지리라고 약속된(마 16:19) 천국의 열쇠가 지금은 그와 함께 있는 다른 사도들에게도 나타난 것이다. 그리고 베드로에게 약속된 것이 무엇이든지 간에 그것은 지금 그가 나머지 사도들과 동등하게 받고 있는 것과 같은 것이다.

"나는 네게 천국의 열쇠를 주겠다"고 그는 들었다. 주께서는 그들이 복음을 전하도록 하기 위하여, 즉 그리스도를 통하여 성부께로 나아가기를 원했던 사람들에게는 천국의 문들을 열어주고, 반면 이 길에서 빗나간 사람들에게는 문들을 막고 닫도록 하기 위하여 그들에게 말씀하신 것이었다. 그들은 "무엇이든지 너희가 땅에서 매면 하늘에서도 매일 것이요 무엇이든지 땅에서 풀면 하늘에서도 풀리리라"는 말씀을 들었다. 이제 베드로를 포함한 모든 사도들이 "너희가 뉘 죄든지 사하면 사하여질 것이요 뉘 죄든지 그대로 두면 그대로 있으리라"는 말씀을 들었다. 그러면 매는 것은 죄를 그대로 두는 것이고, 푸는 것은 용서하는 것이다. 그리고 분명히 죄 사함 받음으로써 양심은 가장 참혹한 속박으로부터 진정으로 해방되는 한편, 죄를 그대로 둠으로써 양심은 가장 단단한 굴레로 결박당하고 조여드는 것이다.

29. 나는 이것에 대해 난해하지 않고 억지로 꾸며대지 않고 왜곡하지 않으며, 소박하고 자연스러우며 물흐르듯 알기 쉽게 해석하고자 한다. 죄를 사해주거나 그대로 두는 것에 관한 이 명령과, 매고 푸는 것에 관한 이 명령과, 매고 푸는 것에 관해 베드로에게 주어진 저 약속은 오직 말씀의 사역에만 관계되어야 한다는 것이다. 왜냐하면 주께서 자신의 사역을 사도들에게 위탁하셨을 때, 그와 동시에 그는 또한 그들에게 매거나 푸는 직분을 부여하셨기 때문이다.

죄와 사망의 노예인 우리 모두가 그리스도 예수 안에 있는 구속을 통하여 해방되고 자유롭게 되었다는 것(참조. 롬 3:24), 그러나 그리스도를 자신의 해방자와 구속자로 인정하지 않거나 받아들이지 않는 사람들은 정죄받고 영원한 결박에 얽매인다는 것(참조. 유 6)이 복음의 총체가 아니고 무엇인가?

주께서는 이 사명이 모든 족속에게 전해지도록 하기 위하여(참조. 마 28:19), 즉 이것이 그 자신의 것이며 그로부터 왔고 그가 명하신 것임을 보여주기 위해 사도들에게 이 사명을 맡기셨을 때, 그는 이 고귀한 천명으로써 그것을 영광스럽게 하셨다. 그리고 그는 사도들과 또한 이 사명에 접하여 들은 사람들 모두에게 특별한 위로가 되게끔 이렇게 하셨다. 사도들로서는 자신들의 전파를 위하여 견실하고 완전한 확신을 갖는 것이 중요했다. 전파하는 중에 그들은 끊임없는 수고와 염려와 고난과 위험을 감수해야 했을 뿐아니라, 결국에는 자기들의 피로써 증명해야 했기 때문이다.

나는 이 확신이 허식적이거나 공허하지 않았고 오히려 능력과 힘으로 충만했다고 말하는 바이다. 그들로서는 그러한 근심과 방해와 위험에서도 하나님의 일을 하고 있다고 확신하는 것, 또 온 세상이 그들을 대적하고 공격해도 하나님께서 그들 곁에 서 계심을 인지하는 것, 그리고 그들이 가진 교훈의 창시자인 그리스도가 바로 지금 그들의 눈 앞에 보이지 않아도 그가 하늘에서 그 진리를 굳게 하심을 아는 것은 중요한 것이었다.

또 한편으로 복음의 가르침은 사도들의 말이 아니라 바로 하나님의 말씀이며, 땅에서 생겨난 음성이 아니라 하늘로부터 내려온 것임을 그들의 청중들에게 확실하게 증거해 주어야 했다. 이러한 것들 — 죄의 용서, 영생의 약속, 구원의 복음 — 은 인간의 능력으로는 될 수 없기 때문이다. 그러므로 그리스도께서는, 복음전파에서 사도들이 사역 외에는 아무 역할도 하지 않았다는 것과, 그의 도구인 그들의 입을 통하여 모든 것들을 말씀하시고 약속하신 이는 그 자신이었다는 것을 입증하셨다. 그는 그들이 직접 전파한 죄 사함은 하나님의 참된 약속이었으며, 그들이 선포한 저주는 하나님의 확실한 심판이었다는 것을 입증하셨다.

더욱이 이 선언은 모든 시대에 다 주어졌으며, 사람이 그것을 무엇이라고 전파하든지 간에 복음의 말씀은 바로 하나님의 말씀이며, 하나님의 최고 심판석에서 공포되었고, 생명책에 쓰여졌으며, 하늘에서 인준받고 확정되고 견고히 되었음을 모든 사람들이 더욱 확신하고 신뢰할 수 있도록 견실하게 존속되고 있다. 우리는 열쇠의 권한이 단지 복음전파이며, 사람들과 관계시킬 때는 그것을 권한이라기보다는 사역이라고 결론짓게 된다. 왜냐하면 그리스도께서는 이 권한을 실제로 사람에게 주신 것이 아니라, 자신의 말씀에게 주셨기 때문이다. 그는 이 말씀으로 사람들을 사역자로 만드신 것이었다.

30. 우리가 말한 또 하나의 구절은 마태복음에 기록되어 있는데, 그것은 다른 의미로 이해될 수 있다. 거기서 그리스도께서 말씀하시기를, "만일 어떤 형제가 교회의 말도 듣지 않거든 이방인과 세리와 같이 여기라 진실로 내가 너희에게 이르노니 무엇이든지 너희가 땅에서 매면 하늘에서도 매일 것이요 무엇이든지 땅에서 풀면 하늘에서도 풀리리라"(마 18:17-18)고 하셨다. 그러나 우리는 두 구절을 서로 다르게 여겨서, 이들 사이에 있는 관련성과 유사성까지 놓쳐서는 안 된다.

양자는 각각 객관적인 진술이라는 점에서 유사하다. 이 둘에는 항상 똑같이 매고 푸는 권한과(즉 하나님의 말씀을 통하여), 똑같이 매고 푸는 명령과 약속이 있다. 그러나 이 둘은 이 점에서 다르다. 전자는 특히 말씀의 사역자들이 행하는 전파와 관련되어 있고, 후자는 교회에 위탁된 출교의 권징에 적용된다. 그러나 교회는 자신이 출교하는 사람을 맨다. 그렇지만 교회는 그의 생활과 도덕성은 나무라고, 또 그가 회개하지 않는다면 정죄받을 것이라고 미리 그에게 경고하기 때문에, 교회가 그를 영원한 파멸과 절망에 빠뜨리는 것은 아니다. 성찬에 참여시킴으로써 교회는 그를 풀어 주게 된다. 그것은 교회가 그리스도 안에서 갖고 있는 연합을 그에게 공유하게 하기 때문이다.

그러므로 주께서는 아무도 교회의 판결을 완고하게 업신여겨서는 안 되며, 그가 신자들의 투표에 의해 처벌받은 것을 중요하지 않다고 판단해서는 안 되며, 신자들에 의한 그러한 판단은 단지 그에 대한 처벌 선언일 뿐이며, 신자들이 땅에서 하는 무엇이든지 하늘에서도 인준된다는 사실을 천명하신 것이다. 왜냐하면 신자들은 빗나간 사람을 처벌할 수 있는 하나님의 말씀을 가지고 있고, 회개한 사람을 은혜의 자리로 이끌 수 있는 말씀을 가지고 있기 때문이다.

그들은 불확실하거나 세상적인 견해가 아닌 하나님의 거룩한 뜻과 신성한 말씀인 하나님의 법에 따라서만 판단하므로, 하나님의 판단과 틀리거나 다를 수 없다. 더욱이 그는 교회를, 체발하고 면도하고 린넨 옷 입은 극소수 사람들의 보잘것없는 것이 아니라, 그의 이름으로 모인(참조 마 18:20) 믿는 자들의 모임이라고 칭하셨다. 온 세상에 흩어져 있는 교회에 대해 어떻게 시비가 생길 수 있었겠는가? 라고 하면서 논쟁하는 저 비웃는 자들은 이를 듣지 못했음에 틀림없다.

그리스도는 교회들이 독립된 장소와 지역에서도 설립될 수 있다고 지금도 모든 그리스도인 회중들에게 말씀하고 계시는 바를 이미 충분히 보여주셨다. 그는 "두세 사람이 내 이름으로 모인 곳에는 나도 그들 중에 있느니라"(마 18:20)고 말씀하셨다.

31. 내가 간결하고 친근하며 올바르게 해석했다고 생각하는 이 두 구절을 근거로 하여, 이 미친 사람들은(그들 자신의 경솔함 때문에 넋이 빠진 것 같다) 무분별하게 이제 고해와 파문과 심판과 법 제정의 권리와 그리고 사면을 설정하려고 애쓴다. 그러나 내가 이러한 모든 요구의 구실을 단칼에 잘라 버린다면, 즉 그들의 젊은 사제들은 사도들의 대리자도 계승자도 아니라고 한다면 어떻게 될까? 그러나 이것 역시 다른 데서 다룰 것이다.

그런데 그들은 자신들을 강화하려는 것이 지나쳐서 포위공격용 특수 장치를 건립하지만, 결국에는 그들이 만든 모든 고안품들을 넘어뜨리고 만다. 그리스도께서는 사도들에게 성령을 주시기 전에는 그들에게 매고 푸는 권한을 주시지 않으셨기 때문이다. 따라서 나는 성령을 받지 않은 사람에게도 열쇠의 권한이 있다는 것을 부인한다. 성령이 먼저 임하셔서 그를 가르치시고 그가 해야 할 바를 말씀해 주시는 것이 없이도 누구나 열쇠를 사용할 수 있다고 하는 것을 나는 부인한다. 그들은 성령을 소유하고 있다고 지껄이지만, 실제로는 그를 부인한다. 그렇지 않다면 그들은 성령이 무익하고 하찮은 어떤 것이라고 상상하는 것 같다. 그러나 아무도 그들을 믿지 않을 것이다. 그리고 실로 이러한 술책에 의해 그들은 완전히 전복된다.

그래서 그들이 열쇠로 열 수 있다고 자랑하는 문이 어떤 문이든 간에, 그들이 열쇠의 심판관이요 관리자인 성령을 가졌는가를 그들에게 꼭 물어보아야 한다. 만약 그들이 성령을 가졌다고 대답한다면, 그 다음에는 성령이 실수할 수 있는지에 대하여 그들에게 물어보아야 한다. 그들이 가르칠 때 간접적으로 암시할 수는 있어도, 이에 대해서 함부로 말하지는 못할 것이다. 그러므로 분별하지 않고 단지 반복적으로 주께서 매라고 하신 것은 풀고 풀라고 명하신 것은 매는 사제들은 아무런 열쇠의 권한을 가지고 있지 않다고 우리는 결론지어야 한다.

그들이 자격 있는 사람이나 자격 없는 사람을 분간하지 않고 풀어 주거나 매는 죄를 범했음이 아주 명백한 증거들을 통해 직접 보게 될 때, 그들은 지식도 없이 권한을 횡령하는 것이다. 그리고 비록 그들이 권한을 올바르게 사용하기 위해서 지식이 필요하다는 것을 감히 부인하지는 않더라도, 그들은 권한 자체가 악한 행사자에게도 부여되었다고 쓴다. 그러나 권한이란 "무엇이든지 너희가 땅에서 매거나 풀면 하늘에서도 매이고 풀리리라"(마 16:19; 18:18)는 바로 이것이다. 그리스도의 약속이 거짓말이든지, 아니면 이 권한을 부여받은 자들이 올바르게 매거나 풀든지 둘 중 하나일 것이다.

그들은 그리스도의 약속이 매이거나 풀리는 당사자의 공적에 따라 제한된다고 말함으로써 문제를 피할 수 없게 되었다. 우리 역시 풀리거나 매일 자격이 있는 자들만이 풀리거나 매일 수 있다고 인정한다. 그러나 복음의 사자들과 교회는 이 자격을 측정할 수 있는 하나님의 말씀을 갖고 있다. 이 말씀으로 복음의 사자들은 믿음으로 말미암아 그리스도 안에 있는 모든 자에게 죄 사함을 약속할 수 있고, 그리스도를 받아들이지 않는 모든 자에게 멸망을 선언할 수 있다. 이 말씀으로 교회는 "음행하는 자나 … 간음하는 자나 … 도적이나 탐욕을 부리는 자나 술 취하는 자나 모욕하는 자나 속여 빼앗는 자들은 하나님의 나라를 유업으로 받지 못하리라."(고전 6:9-10)고 선포하는 것이다.

교회는 가장 확실한 끈으로 이런 자들을 묶는다. 그리고 같은 말씀으로 교회는 회개하는 자들을 풀어 주고 위로한다. 그러나 무엇을 매고 풀어야 하는지를 모른다면, 게다가 모르면 매거나 풀 수 없다면 이것은 어떤 권한이겠는가! 그러면 왜 그들은 그들의 사죄가 불확실한데도, 그들에게 주어진 권위로써 용서한다고 말하는가? 그것이 쓸모 없다면, 우리에게 있어서는 이 가상적인 권한은 무엇인가?

이제 나는 이 한 구절로써 그것은 아무것도 아니거나 혹은 너무 불확실해서 아무것도 아닌 것으로 간주되어야 한다고 주장한다. 많은 사제들이 열쇠를 올바르게 사용하지 않으며, 권한은 합법적으로 사용하지 않으면 효력이 없다는 사실을 그들이 인정한 이상, 나를 풀어 준 그가 열쇠를 잘 사용하는 자라는 것을 누가 나에게 확신시켜 줄 것인가? 만약 그가 악하다면, 그는 이 허망한 사면 외에 다른 무엇을 하겠는가? "나는 열쇠의 정확한 사용법을 몰라서 그대에게 무엇을 매야 할지 풀어야 할지 모르겠소. 그러나 당신이 그럴 자격이 있다면 용서해 주겠소." 나는 그들이 이 말을 듣고 참지 못할 것이므로, "평신도"라는 말은 하지 않지만, 회교도나 마귀도 꼭 그 만큼은 할 수 있었을 것이다. 왜냐하면, 이것은, 나는 하나님의 말씀 즉 푸는 것에 관한 확실한 규준은 가지고 있지 않지만, 당신의 공로가 훌륭하다면 당신을 용서할 수 있는 권위는 내게 주어져 있다고 말하는 것과 같기 때문이다.

그러므로 우리는 그들이 열쇠를 분별하는 권위와 실행하는 능력으로 정의할 때, 즉 선한 용도를 위해 지식을 상담자로서 또 상담자처럼 덧붙일 때, 그들이 목적하고 있는 바가 무엇인지 알게 된다. 말하자면 그들은 하나님과 그의 말씀 없이 기운좋게 제멋대로 판결하고자 했다.

따라서 나는 어떻게 그들이 자기들의 열쇠를 그렇게 많은 자물쇠와 문들에 끼어맞추는가를, 즉 때로는 그들 자신의 재판권에, 때로는 고해에, 또 때로는 조직과 의식에 합당하도록 맞추었는가를 몇 마디로 진술하고자 한다.

요한복음에서 그리스도께서 제자들에게 죄를 사하거나 유보하는 것에 관하여 명하실 때, 그는 입법자와 고해 사무관과 관리들을 임명하신 것이 아니라, 그의 말씀의 사역자들로 삼으신 자들을 진귀한 선언으로써 돋보이게 하고 계신다.

마태복음에서도 그리스도께서 자기 교회에게 매고 푸는 직분을 안수하실 때, 그는 어떤 임명받은 성직자나 두 뿔 달린 사람이 그 권위로써 풀어 주지 않기로 한 불쌍한 사람들을 심벌즈 부딪치는 소리와 양초 심지를 자르는 것으로 축출하고 파멸시키는 것과 또 온갖 위협으로 저주하는 것은 명하시지 않았음을 볼 수 있다. 오히려 그는 나쁜 사람들의 사악함을 출교의 권징으로써 정정시키라고 분부하셨다. 그리고 그것은 그의 말씀의 권위와 교회의 사역에 의해서 완수되어야 하는 것이다.

32. 그러나 교회의 열쇠는 그리스도와 순교자들의 공적을 분배하는 것이라고 공상하고, 교황이 그의 교서와 면죄부를 통해 이것을 분배한다고 하는 저 미치광이들과는 더불어 논쟁하기보다는 오히려 정신병자용 약으로 치료하는 것이 적합하겠다. 그들의 면죄부를 논박하는 데에 크게 애쓸 필요는 없다. 왜냐하면, 파성퇴(옛날에 성벽을 부수던 기구)의 맹공으로 현재 그것은 점차 노화되어 부패하고 있기 때문이다.

그리고 면죄부가 그토록 오랫동안 방치되었고, 그토록 완전히 제멋대로인 채로 그토록 지속적으로 혐의를 받지 않고 보존되었다는 사실은 분명히 얼마나 많은 사람들이 수 세기 동안 깊은 오류의 흑암에 빠져 있었던가를 충분히 증거해 주는 것이다. 사람들은 교황과 그의 교서 시행자들에 의해 공공연하고 거침없이 계속 조롱받아 왔으며, 자기들의 영혼 구원은 이윤 좋은 매매의 대상이며, 구원의 가격은 몇 푼 동전으로 계산되었고, 거저 받은 것이라고는 아무것도 없다는 것을 알았다.

그들은 이런 속임수 때문에 자기들이 낸 헌물에 스스로 속았음을 알았다. 그 헌금은 매춘부들과 포주들에게 그리고 주색잡기에 불결하게 탕진되었기 때문이다. 그러나 그들은 또한, 면죄부를 가장 잘 선전하는 자가 그들을 아주 업신여기며, 이 괴물은 부단히 더욱 방탕스럽고 음탕하게 굴고 끝도 없으며, 새 납덩이를 쉬임없이 내다 놓고 새로이 금전을 걷어간 것도 보았다.

그럼에도 그들은 최상의 존경심을 가지고 면죄부를 받아들였고, 그것들을 숭배하고 또 샀다. 그리고 다른 사람들보다 더 분별력 있는 사람들조차도 이것을 경건한 사기로 생각하여 약간의 은전을 써서 속아넘어갔다. 마침내 세상이 조금 현명해지려고 하자, 면죄부는 냉랭해지고 점차 얼어붙어서 결국에는 죄다 소멸된 것이다.

33. 그러나 상당히 많은 사람들이 면죄부 판매자들이 지금까지 우리를 조롱하고 기만해 온 비열한 계교와 사기와 절도와 탐욕은 보면서도, 바로 그 불경의 원천 자체는 보지 못한다. 따라서 우리는 면죄부의 성격뿐 아니라, 모든 오점을 제거한 후에도 일반적으로 그것이 어떠한 것인가를 지적해 두어야 한다. 이제 올바르게 표현하지면, 이것은 그리스도의 피를 더럽히는 것이며, 사탄의 비웃음과 같은 것이며, 그리스도인들을 하나님의 은혜로부터, 그리스도 안에 있는 생명으로부터 끌어 내어 구원의 참된 길에서 벗어나게 하는 것이다. 그들이 그리스도의 피가 말라서 없어진 것으로 여기고, 부족된 만큼 다른 방식으로 보충되고 채워지지 않으면 죄 사함과 화해와 속죄를 이루기에는 불충분하다고 주장하는 것보다 어떻게 더 그리스도의 피를 모독할 수 있겠는가?

베드로는 "그에 대하여 모든 선지자도 증언하되, 그를 믿는 사람들이 다 그의 이름을 힘입어 죄 사함을 받는다"(행 10:43)고 말하고 있다. 면죄부는 베드로와 바울과 순교자들을 통하여 죄 사함을 준다고 한다. 요한은 "예수의 피가 우리를 모든 죄에서 깨끗하게 하실 것이요"(요일 1:7)라고 말한다. 반면 면죄부는 순교자들의 피가 죄를 깨끗하게 한다고 한다. 바울은 "죄를 알지도 못하신 이를 우리를 대신하여 죄로 삼으신 것은 우리로 하여금 그 안에서 하나님의 의가 되게 하려 하심이니라"(고후 5:21)고 말한다. 반면 면죄부는 순교자들의 피에 속죄를 맡긴다.

바울은 고린도 교인들에게 그리스도만이 그들을 위해 십자가에 못 박히셨고 죽으셨다고 천명했다(고후 1:13). 반면 면죄부는 "바울과 다른 사람들이 우리를 위해 죽었다"고 단언한다. 또 다른 데서 바울은 "그리스도께서 자기

피로 교회를 사셨다"(행 20:28)고 말한다. 반면 면죄부는 순교자들의 피가 또
다른 대가를 치렀다고 한다. "그가 거룩하게 된 자들을 한 번의 제사로 영원
히 온전하게 하셨느니라"(히 10:14)고 사도는 말한다. 반면 면죄부는 "성화는
순교자들에 의해 완성된다. 그렇지 않으면 불충분하다"고 주장한다. 요한은
"모든 성도들이 어린 양의 피에 그 옷을 씻어 희게 하였느니라"(계 7:14)고
말한다. 반면 면죄부는 그들이 성인(성도)들의 피에 그 옷을 씻는다고 가르
친다.

틀림없이 그들의 모든 교리는 엄청난 신성모독에서 연유한 임시미봉책인
데, 이것은 모든 것 중에서 가장 놀라운 신성모독인 것이다.

34. 다음의 것들이 그들의 판단인가 아닌가를 그들이 알아보도록 하라: 즉
순교자들은 순교로써 그들에게 요청된 것 이상으로 하나님께 바쳐서 공적을
올렸으므로, 다른 사람들에게 나누어 줄 수 있을 만큼 아주 넉넉히 공적을
가지고 있다는 것이다. 그래서 이 위대한 미덕이 남아돌아 헛되지 않도록 하
기 위하여 그들의 피를 그리스도의 피와 섞고 그 두 피로부터 비롯된 교회의
보고는 죄 사함과 속죄를 위해 조작된 것이었다. 그리고 "그리스도의 남은
고난을 그의 몸된 교회를 위하여 내 육체에 채우노라"(골 1:24)고 하는 바울
의 말은 이런 의미에서 이해해야 한다.

이것은 그리스도에게 이름만 남겨두고, 무리들 가운데 있어서 거의 분간
할 수도 없는 다른 보통 성인으로 그를 격하시키는 것이 아니고 무엇인가?
오직 그분만이 전파되어야 하고, 그분만이 드러나고 지명되어야 하고, 죄 사
함이나 죄의 보상, 사죄를 얻고자 하는 문제가 있을 때는 그분만을 의지하는
것이다. 그러면 끝을 잘라 줄이는 그들의 논법을 들어보자.

순교자들의 피가 보람 없이 쏟아져 버리지 않도록 하기 위하여 그것이 교
회의 공동 이익이 되어야 한다. 그렇지 않은가? 그들의 죽음을 통하여 하나
님을 영화롭게 하며, 그들의 피로써 하나님의 진리를 증거하고, 그들의 현세
에 대한 멸시로써 더 나은 생을 추구하고 있다는 것을 증명하고, 그들의 절
개로써 교회를 대적하는 자들의 완고함을 꺾으면서 동시에 교회의 신앙을
굳건하게 한 것이 그들에게 무익했던가? 그러나 만약 그리스도만이 화해조

정자이시고, 그분만이 우리의 죄를 위하여 죽으셨고, 그분만이 우리의 구속을 위하여 드려졌다고 한다면, 사실 그들은 아무런 유익도 없다는 것을 인정하는 것이다.

바울이 그리스도의 남은 고난을 자기 몸에 채운다고(골 1:24) 말한 그 구절을 그들은 얼마나 나쁘게 곡해했는가? 왜냐하면 그는 그 부족이나 보충을 구속이나 보상이나 속죄의 사역을 가리켜 말하는 것이 아니라, 그리스도의 지체들 즉 모든 신자들이 이 육신을 입고 사는 동안 겪을 수밖에 없는 고난들을 가리키기 때문이다. 그러므로 바울이 그리스도의 남은 고난이라고 한 것은, 그가 단번에 친히 받으신 것을 매일 그의 지체들 가운데서 받고 계신다는 것이다.

그리고 그리스도는 우리의 고난들을 자신의 것으로 여기시고 생각하실 만큼 우리에게 영예를 주신다. 바울이 "교회를 위하여"라고 덧붙였을 때도, 이는 교회의 구속과 화해 혹은 속죄를 뜻한 것이 아니라, 교회의 설립과 진보를 의미한 것이었다. 그가 다른 데서도 말하듯이, 그가 택하신 자를 위하여 모든 것을 참음은, 저희들도 그리스도 예수 안에 있는 구원을 얻게 하려는 것이다(딤후 2:10).

바울이 의와 구원과 생명의 완전한 충만과 관련해서 그리스도의 고난에는 뭔가 부족한 것이 있었다고 생각했다거나, 아니면 그가 무엇을 보태려고 했다는 사고방식은 집어치워야 한다! 왜냐하면 바울은 명백하고 당당하게, 은혜의 부요함은 그리스도를 통하여 너무도 풍성하게 쏟아부어져서 모든 죄의 세력을 훨씬 능가했다고 전하기 때문이다(참조. 롬 5:15).

베드로가 웅변적으로 증언하듯이, 모든 성도들은 자기의 삶이나 죽음의 공적에 의해서가 아니라, 오직 이것에 의해서만 구원받았다(참조. 행 15:11). 그러므로 하나님의 긍휼 이외에 어떤 성도의 공적에 의존하는 사람은 하나님과 그의 기름 부음 받은 자를 모독하는 것이 될 것이다. 그러나 이와 같은 기괴한 오류를 폭로함으로써 그들을 패배시켰음에도 불구하고, 아직 모호한 무엇이 있기라도 한 것처럼, 내가 여기서 더 오래 지체할 이유가 있겠는가?

그러면 ― 그런 추행들을 관대히 봐 준다고 하더라도 ― 하나님께서 복음의 말씀에 의해 분배되어지도록 해 놓으신 예수 그리스도의 은혜를 납과 양피지 안에 봉해 넣도록 누가 교활하게 가르쳤는가? 틀림없이 하나님의 복음이나 아니면 면죄부 중 어느 하나가 잘못된 것이다. 그리스도는 천상의 가장 풍성한 은총과 자기의 모든 공로와 모든 의와 지혜와 은혜를 복음을 통하여 예외 없이 우리에게 제공하셨다. 그들은 면죄부 중에서 얼마 만큼을 교황의 창고에서 꺼내어 납과 양피지와 그리고 어떤 장소에 결부시키고, 하나님의 말씀과는 단절시킨다!

35. 그들은 고해에서 보속교리를 세 번째에 둔다. 우리는 이것에 관계된 그들의 모든 쓸데없는 공론을 단 한 마디로 뒤집을 수 있다. 그들은 참회자가 과거의 죄악들을 끊어버리고 좀 더 선한 생활을 위해 자기 행위를 고치는 것으로는 그에게 충분치 않으므로, 그는 자기가 저질렀던 일에 대해서 하나님께 보속해야 한다고 말한다. 그들은 눈물, 금식기도, 자선, 그리고 여타의 박애행위와 같이 우리의 죄를 보속할 수 있는 구제법들이 많이 있다고 한다. 이런 것들로써 우리는 주의 노여움을 풀어야 한다는 것이다. 이런 것들로써 우리는 하나님의 의에 대한 우리의 빚을 갚아야 한다는 것이다. 이런 것들로써 우리는 범죄에 대한 보상을 치러야 한다는 것이다. 이런 것들로써 우리는 하나님의 용서를 받아야 한다는 것이다. 그리고 하나님께서 관대한 자비로 죄를 용서하셨으나, 심판의 징계로써 징벌을 보류하고 계신다고 한다. 보속에 의해 속량되어야 하는 것이 이 징벌이라는 것이다.

36. 이러한 거짓말에 대해서 나는 값없이 주어지는 죄 사함을 대조시켜 놓는데, 성경만큼 더 명료하게 제시하는 것은 없다(사 52:3; 롬 3:24-25; 5:8; 골 2:13-14; 딤후 1:9; 딛 3:5)! 첫째로, 용서는 순전한 관용에서 주는 선물이 아니고 무엇인가? 돈을 받고서 영수증을 써 주는 채권자를 용서하는 사람이라고는 하지 않으며, 돈을 받지 않고도 친절한 마음으로 기꺼이 빚을 말소시켜 주는 사람을 용서하는 사람이라고 한다.

그러면 왜 보속에 관해 모든 생각을 말소하기 위한 것이 아니라면 "값없이"란 말을 덧붙이는가? 그러면 그들은 무슨 확신으로 그렇게 강력한 노호(怒號)에 의해서 쓰러져 버린 보속교리를 여태까지 고수하는가? 더욱이 성경 전체가 그리스도를 증거하는 것은 — 그리스도의 이름을 통하여 우리가 죄 사함을 받는다(행 10:43) — 그 밖의 모든 이름들을 배제하는 것이 아닌가? 그러면 어떻게 그들은 죄 사함이 보속의 이름을 통하여 죄 사함을 받는다고 가르치는가? 그리고 어떻게 보속이 관계된다 할지라도 그리스도의 이름이 아닌 보속의 이름을 통하여 죄 사함 받는다는 것을 부인하지 않는가?

성경에서 "그리스도의 이름을 통하여"라고 했을 때, 그것은 우리는 아무것도 가져오지 않으며, 아무것도 우리 자신의 것을 주장하지 않으며, 오직 그리스도의 위임에만 의존한다는 뜻이다. "곧 하나님께서 그리스도 안에 계시사 세상을 자기와 화목하게 하시며 그들의 죄를 그들에게 돌리지 아니하시고"(고후 5:19)라고 바울이 선언한 것이 그러하다.

나는 그들이 다음과 같이 말할까봐(그들은 심히 패악하므로) 우려된다. 즉 죄 사함과 화해는 우리가 세례 시에 그리스도를 통하여 하나님의 은혜를 받는 그때 단 한 번 이루어지는 것이며, 세례 후에는 보속을 통하여 재기해야 하며, 그리스도의 피는 교회의 열쇠들에 의해 나누어지지 않으면 아무 소용이 없다고.

그러나 요한의 말은 훨씬 다르다. "만일 누가 죄를 범하여도 아버지 앞에서 우리에게 대언자가 있으니 곧 의로우신 예수 그리스도시라 그는 우리 죄를 위한 화목 제물이니"(요일 2:1-2). 또 그는 "자녀들아 내가 너희에게 쓰는 것은 너희 죄가 그의 이름으로 말미암아 사함을 받았음이요"(요일 2:12)라고 말한다. 확실히 요한은 신자들에게 말하고 있으며, 그들에게 그리스도를 죄의 대속물로서 제시하고, 하나님의 노여움을 풀고 화해시킬 수 있는 다른 보속 — 범죄했으므로 — 은 없다고 가르친다. 그는 "하나님께서 그리스도를 통하여 한 번만 당신과 화해하셨다. 그러므로 이제 당신 스스로 다른 화해의 수단을 찾으라"고 말하지 않는다. 오히려 그는 그리스도께서 친히 중재하시면 언제나 우리로 하여금 성부의 은혜를 받을 수 있게 하는 영원한 변호자로, 또 죄를 속량하시는 영원한 화목제물로 그리스도를 생각하고 있다. "보라 세상 죄를 지고 가는 하나님의 어린 양이로다"(요 1:29; 참조 1:36)라는 세례 요한의 말은 정녕 진리인 것이다.

나는 다른 사람이 아닌 그리스도께서 세상 죄를 지고 가신다고 말한다. 즉 그분만이 하나님의 어린 양이고, 그분만이 죄를 위한 제물이며, 유일한 화목제물이며 유일한 보속물이기 때문이다. 여기서 우리는 두 가지를 고려해야 한다. 즉 그리스도의 명예가 온전하게 지켜져야 하고 손상되어서는 안 된다는 것, 그리고 죄 사함을 받았다고 확신한 양심은 하나님과 화평을 누려야 한다는 것이다.

이사야는 성부께서 우리 모두의 죄과를 성자에게 담당시키시고(사 53:6), 그가 채찍에 맞음으로 우리가 나음을 얻었다고(사 53:6, 5) 말한다. 베드로는 이것을 다른 말로 반복하기를, 그리스도는 나무에 달려 그 몸으로 우리 죄를 담당하셨다고 한다(벧전 2:24). 바울은 그가 우리를 위하여 죄 있는 육신이 되어 죄의 저주를 받으셨다고(갈 3:13; 롬 8:3의 융합) 쓰고 있다. 즉 그리스도께서 희생제물이 되시고, 그에게 우리의 모든 죄짐을 — 죄의 저주와 하나님의 심판과 죽음의 벌을 — 지웠을 때에, 그의 육신에서 죄의 세력과 저주는 도말되어버렸다는 것이다.

또 바울이 구속은 그리스도를 통하여 성취되었다고 언급할 때는 항상 습관적으로 '아포루트로신' 즉 구속이라고 불렀다(롬 3:24; 또 고전 1:30; 엡 1:7; 골 1:14을 보라). 이것이 그가 다른 데서 "그리스도는 모든 사람을 위하여 자기를 대속물로 주셨으니"(딤전 2:6)라고 논증한 이유이다.

이제 시행되고 있는 죄 사함을 입증해 보자 — 이미 언급된 이러한 것들이 그리스도의 소유로 고스란히 남게 될 것인가? 우리의 죄과들을 그리스도 안에서 속량하기 위하여 죄과들이 그에게 맡겨졌다고 말하는 것과, 우리의 행위로써 이것들을 속량했다고 말하는 것 사이에는, 즉 그리스도는 우리의 죄를 위한 화목제물이라는 것과 우리의 행위로써 하나님과 화목해야 한다는 것 사이에는 엄청난 차이가 있지 않은가!

그러나 만약 그것이 양심을 평온케 하는 것에 대한 문제라면, 죄가 보속으로써 속해졌다고 할 때 이 평온함은 무엇이 될 것인가? 사람이 보속의 기준에 대해 충분히 확신할 수 있는 때는 언제인가? 그때까지 그는 자신이 자비로운 하나님을 소유했는지의 여부를 항상 의심할 것이고, 항상 괴로워할 것이며 또 흔들릴 것이다. 헛된 보속교리에 연연해하는 사람들은 하나님의 심판을 아주 업신여기고, 우리가 다른 데서 밝혔듯이 막중한 죄짐을 거의 염두에 두지 않는 자들이다. 또 그들이 적당한 보속으로써 다소간 죄를 속량한다는 것을 인정해 준다 하더라도, 백 사람의 목숨이 전적으로 보속을 위해 바쳐져도 다 씻을 수 없는 그 많은 죄악들에 그들이 압도당했을 때는 대체 어떻게 할 것인가?

37. 여기서 그들은 어떤 죄는 용서받을 수 있고, 또 어떤 죄는 죽을 죄라는 어리석은 구분을 하여 도피해 버린다. 죽을 죄에는 중한 보속이 필요하고, 용서받을 수 있는 죄는 더 쉬운 구제책들로써 — 주기도와 성수 뿌림과 미사에서 받는 사면에 의하여 — 일소될 수 있다는 것이다. 그들은 이렇게 하나님을 조롱하고 있다. 그들이 끊임없이 용서받을 수 있는 죄와 죽을 죄에 대하여 말하면서도 마음속의 불경과 불결을 용서받을 수 있는 죄로 어림잡아 놓은 것 외에는 아직까지 이것과 저것을 분간하지 못하고 있다.

그러나 우리는 (의와 불의에 대한 기준인 성경이 가르치는 바를) 선포한다. 죄의 삯은 사망이요(롬 6:23), "범죄하는 그 영혼은 죽을지라"(겔 18:20). 그러나 신자들의 죄가 용서받을 수 있는 것은, 죄가 사망에 해당하지 않기 때문이 아니라, 하나님의 자비로 "그리스도 예수 안에 있는 자에게는 결코 정죄함이 없기"(롬 8:1) 때문이며, 죄가 전가되지 않고, 용서받아 씻겨지기 때문이다(참조. 시 32:1-2).

38. 나는 그들이 우리의 이 교리를 죄의 동등성에 관한 스토아 학파의 파라독스로 간주하여 얼마나 부당하게 중상하고 있는가를 알고 있다. 그러나 그들은 자기들 입으로 쉽게 논박받을 것이다. 그들이 죽을 죄라고 하는 죄 중에서 다른 것보다 가벼운 것이 있는지 내가 물어 보겠다. 그렇지만 죽을죄는 동시에 다 같은 것이라고 즉각 결론지을 수는 없다.

성경이 "죄의 삯은 사망이요"(롬 6:23), 율법에 대한 순종은 생명의 길이며(참조.레 18:5; 겔 18:9; 20:11-13; 갈 3:12; 롬 10:5; 눅 10:28), 율법을 어기는 것은 곧 죽음이라고(참조.롬 6:23; 겔 18:4, 20) 정확하게 언급하므로, 그들은 이 판정을 회피할 수 없다. 이와 같은 거대한 죄 무더기 속에 있으면서 그들은 보속으로 어떤 결과를 얻을 것인가? 만약 한 가지 죄를 보속하는데 하루가 걸린다면, 그들이 이것을 곰곰이 생각하는 동안 7배로 죄를 짓는다(나는 아주 공정하게 말한다). 그리고 만약 그들이 7번의 보속을 위해 허리띠를 졸라맨다면, 그들은 49가지의 죄를 쌓는 셈이다(참조. 잠 24:16). 이제 자기들의 죄를 보속할 수 있다는 확신이 꺾였는데도, 왜 그들은 늑장부리는가? 어떻게 여태까지 감히 보속하겠다고 생각하는가?

실로 그들은 자신들을 구출해 내려고 하지만, 속담에 있는 대로 "물이 그들에게서 떨어지지 않는다." 그들은 벌과 죄책을 구분한다. 비록 그들이 우리는 눈물과 기도로써 하나님의 자비를 얻는다고 가르칠지라도 죄책은 하나님의 자비에 의하여 면죄된다고 실토한다. 그러나 그들은 죄책이 용서된 후에도 하나님의 의가 요구하는 벌이 남아있다고 한다. 그러므로 보속은 순전히 형벌의 면제와 관련되어 있다고 그들은 주장한다.

그러나 우리가 죄 사함에 관하여 성경에서 배운 모든 내용은 이 구분과 정반대이다. 그것은 하나님께서 우리의 죄를 다시는 기억지 아니하실 것이라고 그리스도 안에서 우리와 맺으신 새 언약이다(렘 31:31, 34). 이 말씀을 통하여 하나님께서 의미하셨던 것을 우리는 다른 선지서에서 배운다. 거기서 여호와는 말씀하신다. "만일 의인이 돌이켜 그 공의에서 떠나서 … 그가 행한 공의로운 일은 하나도 기억함이 되지 아니하리니"(겔 18:24), "악인이 만일 그가 행한 모든 죄에서 돌이켜 떠나 내 모든 율례를 지키고 정의와 공의를 행하면 반드시 살고 죽지 아니할 것이라 그 범죄한 것이 하나도 기억함이 되지 아니하리니"(겔 18:21-22, 참조 27절).

그들의 의로운 행위들을 기억지 아니하리라는 말씀은 사실상 이것, 즉 그들에게 상 주기 위해서 그것들을 마음속에 새겨두는 것이 아니라는 뜻이다. 그들의 죄악을 기억지 아니하리라는 말씀은 죄에 대한 벌을 요구하지 않겠다는 뜻이다. 똑같은 것이 다른 데도 있다. "허물의 사함을 받고 자신의 죄가 가려진 자는 복이 있도다"(참조. 시 32:1-2). 만약 우리가 주의 깊게 그에게 귀를 기울였다면, 성경은 그러한 표현들로써 분명하게 그의 취지를 우리에게 설명하셨을 것이다. 확실히, 하나님께서 죄를 벌하신다면 그것을 우리의 책임으로 계산하시며, 벌을 주신다면 죄를 기억하시고, 재판에 부치신다면 죄를 덮어두지 않으신다.

그러나 주께서 어떤 율법에 의거해서 죄를 용서하시는지 다른 선지서로부터 들어보자. 그는 "너희 죄가 주홍 같을지라도 눈과 같이 희어질 것이요 진홍 같이 붉을지라도 양털 같이 되리라"(사 1:18)고 말씀하신다. 여기서 나는 독자들에게 나의 주석들에 주의하지 말고, 하나님의 말씀에 유의하기를 간청한다.

나는 만일 죄에 대한 벌이 여전히 요구된다면, 그리스도께서 우리에게 무엇을 주셨느냐고 묻겠다. 그가 나무에 달려 우리 죄를 모두 자기 몸에 지셨다고(벧전 2:24) 말할 때, 우리는 단지 그가 우리 죄에 해당하는 징벌과 보응을 받으셨다고 생각하기 때문이다. 이사야는 이것을 더욱 의미심장하게 말하기를, "그가 징계를 받음으로 우리는 평화를 누리고"(사 53 :5)라고 했다. 이 "우리의 평화를 위한 징계"라는 것은 만약 그가 우리를 대신하지 않으셨다면, 우리가 하나님과 화해하기 전에 반드시 받았어야 하는 죄에 대한 벌이 아니고 무엇인가? 그러므로 당신은 그리스도께서 자기 백성들을 죄에서 구하기 위하여 죄에 대한 벌을 받으셨다는 사실을 분명히 알 수 있다.

원컨대 우리는 그리스도께서 신자들에게 약속하셨던 것을 충심으로 이해해야 한다. "내 말을 듣고 또 나 보내신 이를 믿는 자는 영생을 얻었고 심판에 이르지 아니하나니 사망에서 생명으로 옮겼느니라."(요 5:24). 바울은 "그리스도 예수 안에 있는 자에게는 결코 정죄함이 없느니라"(롬 8:1)고 단호히 선언함으로써 이 약속을 확증한다.

39. 그들은 내가 어떤 의미에서 영원한 징벌과는 다른 심판과 정죄를 취급한다고 하면서 틀림없이 나를 비웃을 것이다. 그러나 그들이 가르치는 보속과는 아무 관계도 없는 것은 현세적 징계로써 보상된다. 그러나 만약 그들이 성령을 거스르지 않는다면, 그들은 그리스도와 바울의 말씀을 통하여 자신들 안에 큰 능력이 있음을, 즉 신자들이 그리스도로 말미암아 죄의 저주로부터 실로 자유로우며, 하나님께서 그들을 흠없고 순전한 것처럼 보신다는 것을 느꼈을 것이다.

그러나 그들이 성경에서 따온 증거들로 무장하고 있는데, 어떤 논거를 제시하는지 보기로 하자. 그들은 간음과 살인 때문에 나단 선지자에게서 책망받은 다윗이 그의 죄에 대한 용서는 받았지만, 간음으로 말미암아 태어난 그의 아들이 죽음으로써 나중에 징벌받았다고(삼하 12:13-14) 말한다. 우리는 죄가 사함받은 이후에도 받아야 하는 이런 징벌은 보속으로써 배상한다고 배운다. 다니엘은 느부갓네살 왕에게 자선을 해서 자신의 죄를 보상하라고 권했다(단 4:27). 그리고 솔로몬은 "사랑은 모든 허물을 가리느니라"(잠 10:12; 벧전 4:8)고 썼다. 누가복음에서 주께서는 죄 있는 여인에 대해서 "그의 많은 죄가 사하여졌도다. 이는 그의 사랑함이 많음이라"(눅 7:47)고 말씀하셨다. 언제나 하나님의 행위를 판단하는 그들은 얼마나 완악하고 사악한가!

40. 그러나 만약 그들이 하나님의 심판에는 두 가지가 있다는 사실을 관찰했다면 — 그리고 이것은 그들이 절대로 소홀히 하지 않았던 것이다 — 그들은 다윗에 대한 이 책망에서 죄의 심판이나 보응(복수)과는 아주 다른 것을 발견했을 것이다. 쉽게 이해하기 위해서 하나는 **보응의 심판**이라 하고, 다른 하나는 **징계의 심판**이라 칭하겠다.

보응의 심판으로써 하나님께서는 타락한 자들에게 진노하시고 보응하시며 그들을 혼란에 빠뜨리시고 흩뜨리시며 좌절시키신다. 정확히 말해서 이것은 죄를 처벌하고 보복하는 것이다. 그리고 그것은 "형벌" 혹은 "보복"이라고도 칭할 수 있다.

징계의 심판에서 하나님께서는 형벌하시지 않고, 노하시지 않으며, 복수하시지 않지만, 그의 백성들을 가르치시고 훈계하시며 응징하시고 일깨우신다. 그것은 형벌이나 보응이 아니라, 교정이나 훈계이다. 전자는 재판관으로서의 행동이고, 후자는 아버지로서의 행동이다. 재판관이 행악자를 벌할 때는, 범행을 책망하고 범죄에는 벌을 가한다. 아버지가 아들을 엄격하게 바로잡으려 할 때는, 아들에게 복수하기 위해서나 아들의 범행에 대해 학대하기 위해서 이렇게 하는 것이 아니라, 오히려 그를 가르치고 이후로 더욱 조심하도록 하기 위해서인 것이다.

요컨대, 벌이 있는 곳은 어디에서나 하나님의 저주와 진노가 있고, 그래서 하나님께서는 신자들로부터 멀리 떨어져 계신다. 징계는 하나님의 축복이며 사랑의 증표이다. 성도들은 모두 항상 진노를 거두시기를 기도했고, 그러면서도 그들은 평온한 마음으로 징계를 받았던 것을 우리는 보게 된다. "여호와여 나를 징계하옵시되 너그러이 하시고 진노로 하지 마옵소서 주께서 내가 없어지게 하실까 두려워하나이다"(렘 10:24). 이러한 죄의 징벌을 "징계"라고 하는 것에 내가 반대하지 않는다 하더라도, 나는 그것이 이해되고 있는 방식에 대해서는 경계한다.

그러므로 하나님께서 사울로부터 왕국을 빼앗으셨을 때는 벌하시기 위한 것이었다(삼상 15:23). 그가 다윗의 갓난 아들을 다윗에게서 빼앗으셨을 때는(삼하 12:18), 잘못을 지적하시기 위한 것이었다. "우리가 판단을 받는 것은 주께 징계를 받는 것이니 이는 우리로 세상과 함께 정죄함을 받지 않게 하려 하심이라"(고전 11:32)는 바울의 말도 이러한 의미에서 이해해야 한다. 즉 우리는 하나님의 자녀들로서 하늘에 계신 아버지의 손에 의해서 괴로움을 받더라도, 이것은 우리를 혼란시키기 위한 형벌이 아니고 다만 우리를 교훈하기 위한 징계인 것이다.

쓰라린 고통 가운데서는 신자는 반드시 이러한 생각으로 굳건해져야 한다. "하나님 집에서 심판을 시작할 때가 되었나니"(벧전 4:17), "… 그의 이름이 일컬음을 받는 때에"(참조. 렘 25:29). 만약 하나님의 자녀들이 받는 가혹함이 하나님의 복수라고 믿는다면, 그들은 어떻게 하겠는가? 하나님의 손에 얻어맞은 사람은 하나님을 징벌하시는 심판관으로 생각하며, 그에게 진노하시는 적대적인 분으로만 상상하고, 하나님의 징계 자체를 저주와 정죄로 여기고 몹시 싫어할 수밖에 없기 때문이다. 요컨대, 하나님께서 아직도 자신에게 벌주려 한다고 느끼는 사람은, 자신이 하나님의 사랑을 받고 있다는 사실을 결코 믿을 수 없다. 형벌이 영구적인 것인가 또 일시적인 것인가 하는 것은 상관이 없다. 왜냐하면 전쟁, 기근, 전염병, 질병은 바로 영원한 죽음의 심판 못지않게 하나님의 저주인 것이 틀림없기 때문이다.

41. (내가 속지 않았다면) 다윗에 대한 여호와의 징벌의 목적을 모두 다 알 것이다. 그것은 살인과 간음은 하나님께서 대단히 미워하시는 것임을 증명해 준다. 하나님께서 다윗의 범죄에 대해 심히 노하신 것은, 다윗 스스로가

이후로는 그와 같은 죄를 다시는 범하지 않겠다는 교훈을 얻도록 하기 위해서 친히 언명하신 것이지, 그로 하여금 하나님께 어떤 보속을 치르도록 하기 위한 형벌은 아니었다. 우리는 또 하나의 교정에 관하여도 동일한 판단을 내려야 한다. 즉 다윗이 그의 백성을 계수함으로써 저질렀던 불순종 때문에, 여호와는 극심한 전염병으로 그의 백성들을 혼이 나게 하신 것이다(삼하 24:15). 왜냐하면 여호와는 다윗의 죄과를 값없이 사해 주셨지만, 그것은 모든 시대에 있어서의 공적인 본보기로서나 또한 다윗 자신의 겸비를 위해서도 그러한 범죄를 벌 없이 그냥 두어서는 안 된다는 것을 보이기 위하여, 여호와는 채찍으로 그를 준엄하게 징계하셨기 때문이다.

그러나 그들은 다윗의 예(例) 하나에만 시선을 집중시켜 놓고, 왜 값없이 받는 죄 사함을 얼마든지 숙고해 볼 수 있었던 그 많은 다른 예들에는 감흥이 없는지 이상한 일이다. 우리는 세리가 의롭다함을 얻고 성전을 나와 내려갔고, 아무런 징벌이 따르지 않았다는 사실을 본다(눅 18:14). 베드로는 자기의 범죄에 대한 용서를 얻었는데(눅 22:61), 여기서 우리는 그가 눈물을 흘린 것은 읽지만 보속을 치렀다는 말은 발견하지 못한다고 암브로시우스는 말한다. 그리고 중풍병자는 "안심하라. 네 죄 사함을 받았느니라"(마 9:2)는 말씀을 들었을 뿐, 어떤 벌도 받지 않았다. 성경에 언급되어 있는 모든 사면은 값없는 것으로 묘사되어 있다. 규범은 좀 유별난 특징을 지닌 한 가지 예에서 찾기보다는 이와 같은 흔히 있는 예들에서 찾아내야 한다.

다니엘이 느부갓네살 왕에게 의로써 자신의 죄를 속하고, 가난한 자들에 대한 동정으로써 자신의 불법을 보상하라고 권유하며 설득했던 것은(단 4:27), 의와 긍휼이 하나님을 만족시키며 또 형벌에 대한 보속이 된다는 것을 말하고자 함이 아니었다. 그리스도의 피 이외에 어떤 다른 속죄가 있을 것이라는 생각은 버려라! 그러나 "보상하다"라는 말에서 다니엘은 하나님이 아니라 인간들을 가리켜 말했다. 그것은 마치 그가 이렇게 말한 것과 같았다. "오 왕이여, 당신은 부정하고 포악하게 지배했으며, 비천한 자들을 억압했으며, 가난한 자들을 약탈했고, 당신의 백성들을 가혹하고 부당하게 다루어 왔습니다. 이제는 당신의 부당한 강제징수와 포악과 압제를 긍휼과 의로움으로 바꾸십시오."

마찬가지로 솔로몬도 "사랑은 모든 허물을 가리우느니라"(잠 10:12)고 했
는데, 그것은 하나님 앞에서가 아니라, 사람들 상호 간에 그렇다는 것이다.
이 구절 전체는 "미움은 다툼을 일으켜도 사랑은 모든 허물을 가리우느니라"
(잠 10:12)고 되어 있다. 여기서 솔로몬은 그의 습관대로 대조법으로써 증오
에서 발생하는 악한 것들과 사랑의 열매들을 대비시킨다. 그가 뜻하는 것은
이러하다. 서로 미워하는 사람들은 서로 헐뜯고 유린하고 비난하고 중상하
여 모든 것을 악화시킨다. 그러나 사랑하는 사람들은 그들 사이에 있는 많은
것들을 가리워 주고, 눈감아 주며, 관대히 보아 준다. 즉 다른 사람의 결점들
을 증명하려는 사람이 아니라 그것들을 너그럽게 봐주며, 비난하며 그것들
을 더욱 무겁게 하는 것이 아니라 타일러서 치유해 주는 사람이다. 우리가
베드로에게 성경을 격하시키고 교묘하게 변조시켰다고 비난하지 않는다면,
틀림없이 그는 이 구절을 동일한 의미에서 인용한 것이다(참조. 벧전 4:8)

누가복음에 있는 말에 관한 한(눅 7:36-50), 거기서 주님께서 말씀하신 비
유를 건전한 판단으로 읽은 사람은 누구도 그것에 관해서 우리와 논란하지
않을 것이다. 바리새인은 주께서 그렇게 기꺼이 받아들였던 그 여자가 누구
인지를 주님이 모르고 있다고 혼자 생각했다. 만약 그리스도가 그녀가 어떤
죄인인가를 알았더라면 그녀를 받아들이지 않았을 것이라고 그는 생각했기
때문이다. 그리고 그는 이로부터 그리스도가 이 정도로 속을 수 있었으므로
선지자가 아니라고 추론해 내었다.

주님은 이미 그녀의 죄를 사하셨으므로, 그녀는 죄인이 아니라는 것을 알
려 주시기 위하여 하나의 비유를 말씀하셨다. "빚 주는 사람에게 빚진 자가
둘이 있어, 하나는 오백 데나리온을 졌고 하나는 오십 데나리온을 졌는데,
갚을 것이 없으므로 둘 다 탕감하여 주었으니, 둘 중에 누가 저를 더 사랑하
겠느냐 시몬이 대답하여 이르되, '내 생각에는 많이 탕감받은 자니이다.' 주
께서 이르시되, '네 판단이 옳다하시고 이러므로 그의 많은 죄가 사하여졌도
다 이는 그의 사랑함이 많음이라'"(눅 7:41-43, 47).

이 말씀을 통하여 당신은 그가 그녀의 사랑을 죄 사함의 원인으로 삼지 않
고, 그 증거로 삼고 있음을 알 것이다. 왜냐하면 5백 데나리온을 탕감받았던
빚진 자의 비유에서, 그리스도는 바리새인에게 빚진 자가 많이 사랑했기 때

문에 탕감받은 것이 아니라, 탕감받았기 때문에 더 많이 사랑한다고 말씀하셨기 때문이다. 따라서 이 말씀들을 이러한 방식으로 비유에 적용해야 한다. 즉 당신은 이 여자가 죄인이라고 생각한다. 그러나 그녀의 죄는 사함 받았기 때문에, 이제 그녀는 죄인이 아니라는 것을 당신은 인정했어야 했다. 그녀는 사랑으로써 그가 베푸신 은혜에 대해 감사하며, 그 사랑은 이제 당신에게 그녀의 죄가 사함 받았음을 확신시켰어야 했다. 이것은 경험에 의거한 논증이요, 뒤따라 일어나는 증거로써 증명되는 것이다. 주께서는 어떤 방식으로 그녀가 죄 사함을 받았는가를 분명하게 보이신다. 그는 "네 믿음이 너를 구원하였으니"(눅 7:50)라고 말씀하신 것이다. 그러므로 우리는 믿음으로 용서를 받으며, 사랑으로써 주님의 호의에 감사하고 이를 증명한다.

42. 나는 고대 저자들의 책들에 광범위하게 표출되어 있는 보속에 관한 견해들에도 별로 감흥이 없다. 나는 사실 그들 중의 일부는 ― 나는 단순히 그들의 저서들이 남아 있는 사람들 거의 모두를 말하고자 한다 ― 이 점에 관해서는 과오를 범했다는 것을 알고 있다. 그러나 나는 보속에 관한 새로운 해석자들이 이해하고 있는 정도로 그들이 졸렬하고 조야하게 그런 책들을 썼다고는 보지 않는다.

그들이 보속이라고 부르는 것은 대부분이 하나님께 드리는 배상이 아니고, 파문 처분을 받았던 사람들이 다시 친교에 들기를 원할 때 교회 앞에서 자기의 회개를 확증하는 공적 증거인 것이다. 왜냐하면 이 회개자들은 진심으로 정녕 자기의 이전 생활을 싫어한다는 것을 입증하기 위하여, 아니 오히려 자기의 이전의 행동들에 대한 기억까지 지워버리기 위하여 그들은 얼마간의 금식과 다른 의무들을 부과받았고, 하나님께가 아니라 교회에 대하여 보속을 치렀다고 말하였기 때문이다. 이 옛 관례로부터 오늘날 시행되고 있는 고해와 보속이 발단되었다. 이들은 참으로 독사의 자식들이며(참조. 마 3:7; 12:34), 이들로 말미암아 좋았던 옛 형태의 그림자조차 남지 않게 되었다!

나는 옛 저서들이 때로는 귀에 거슬리는 말을 하는 것을 알고 있다. 그리고 방금 말했듯이 나는 그들도 잘못이 있다는 것을 알고 있다. 그러나 몇 가지의 오점들이 보이는 저서들이 이 사람들의 불결한 손을 거치면 완전히 더럽혀지고 만다. 그리고 만약 우리가 교부들의 권위에 의거해서 논쟁한다면, 오 하나님, 이 사람들은 어떤 옛 제자들을 들어서 우리에게 돌진하겠습니까? 이 저서들 중에 상당 부분은 그들의 지도자인 롬바르드가 주워 모아 꿰어 맞춘 것들로서, 암브로시우스 · 제롬 · 아우구스티누스 그리고 크리소스톰의 이름을 오용한 몇 명의 수도사들의 몰지각한 헛소리에서 수집한 것들이다.

또 당면 문제에 있어서 거의 모든 증거는 그가 아우구스티누스의 「고백록」에서 취한 것이며, 그 증거는 훌륭한 저자들이나 열등한 저자들을 막론하고 무차별하게 즉흥적으로 서투르게 변용되었던 것이다. 사실 아우구스티누스의 이름으로 되어 있다고 해도, 평범한 학자라도 아무도 그것이 그의 작품이라고 인정하려 하지 않을 것이다.

43. 이제 그들은 자기들의 "연옥"설도 더 이상 우리를 괴롭히지 않도록 하라. 왜냐하면 그것은 이 도끼에 찍혀 넘어졌고, 또 그 기초마저 절단되었기 때문이다. 그리고 나는 어떤 사람들이 이러한 문제점을 못 본 체하고, 연옥에 대해 아무런 언급도 하지 않아야 한다고 생각하는 것에는 동의하지 않는다. 그들이 말하듯이, 이 연옥 문제로부터는 격렬한 다툼이 일어날 뿐이고, 교화는 거의 얻을 수 없기 때문이다. 확실히 나 자신도 그들이 중대한 결과를 초래하지 않았다면, 그와 같은 쓸모 없는 것들을 무시해야 한다고 충고했을 것이다.

그러나 연옥설은 숱한 신성모독에서 비롯되어 구성되었고, 나날이 신종(新種)의 신성모독으로 지지받고 있을 뿐 아니라, 많은 사람들에게 중죄를 짓도록 자극하므로, 이는 절대로 간과되어서는 안 된다. 사람들은 이것이 괴상하고 외람된 경솔함으로 하나님의 말씀과는 무관하게 고안된 것이며, 사람들은 사탄이 간교하게 날조한 모종의 "묵시들"로 알고 믿으며, 또한 이를 증명하기 위하여 성경의 어떤 구절들을 무리하게 끼어 맞추었다는 것을 일시적으로는 은폐할 수 있었을 것이다. 더욱이 주께서는 인간에게 자기의 심판의 은밀한 곳까지 파고 들어오는 뻔뻔스러움을 조금도 허용하지 않으시며, 사람들이 그의 말씀을 무시하면서 사자(死者)에게 진실 여부를 문의하는 것을

(신 18:11) 단호히 금하셨다. 또한 그는 그의 말씀이 그렇게 불경스럽게 변질되는 것을 결코 용납지 않으신다.

44. 그러나 이 모든 것들을 당분간 그다지 중요하지 않은 것으로 용인해 줄 수 있다고 하더라도, 죄의 속죄를 그리스도의 피 이외의 다른 데서 찾는 다거나, 보속이 다른 데로 전이되는 경우에도, 침묵한다는 것은 매우 위험하다. 그러므로 우리는 소리높여 목청껏 폐부를 짜서 연옥설은 사탄의 극악한 고안품이며, 그리스도의 십자가를 무효로 만드는 것이며, 우리의 믿음을 전복시키고 파괴하는 것이라고 외쳐야 한다.

더구나 그들이 말하는 이 연옥은 사자들의 영혼들이 죄에 대한 보속으로 겪고 있는 징벌이 아니면 무엇인가? 그러나 우리가 앞에서 논술한 바와 같이 그리스도의 피는 신자들의 죄에 대한 유일한 보상이요 유일한 속죄요 유일한 죄 씻음이라는 것을 더할 나위 없이 명백히 한다면, 연옥은 단지 그리스도를 거부하는 신성모독이라고 말할 수밖에 없지 않겠는가? 나는 날마다 이 것을 옹호하는 신성모독, 또 이것이 종교적인 면에서 만들어 내는 사소한 과오들, 그리고 불경의 근저로부터 곧잘 나타나는 무수한 여타의 것들은 생략하겠다.

잠시 후에 끝맺을 수 있도록 이제는 **고해성사**(마지막에 언급하기로 한 주제) 자체를 살펴보자. 그들은 여기서 성례를 찾아내려고 무진 애를 쓴다. 그들은 갈대에서 마디(초목의)를 찾으려 하므로 조금도 이상할 것이 없다. 그들은 최선을 다했는데도, 문제는 여전히 복잡하고 미결 상태로 불확실한 채로, 또 다양한 견해들 때문에 혼돈스럽고 난처하게 된 채로 남아 있다. 그리하여 그들은 이렇게 말한다. 외형적 고해는 성례이고, 또 그렇다면 그것은 내면의 회개 즉 마음으로부터의 뉘우침의 표지로 간주되어야 한다는 것이다. 이 마음으로부터의 뉘우침이 성례의 본체일 것이기 때문이라고 한다. 아니면 양자가 합하여 성례일 것이라고 한다. 둘이 아닌 하나의 완전한 성례라고 한다.

그러나 그들은 외형적 고해만이 성례이고, 내면의 회개는 성례의 본체임과 동시에 성례라고 말한다. 나아가서 죄 사함은 본체일 뿐이지 성례는 아니라는 것이다. 위에서 우리가 제시한 성례의 정의를 기억하고 있는 사람들에게 로마법학자들이 말하는 성례에 대해 검토해 보도록 하라. 그러면 그들은 이것이 우리의 믿음을 공고히 하기 위해 주께서 제정하신 외형적 의식이 아님을 발견할 것이다. 그러나 만약 나의 정의가 그들도 복종해야 할 법칙이 아니라고 그들이 대답한다면, 그들이 신성불가침으로 받들고 있는 아우구스티누스의 말을 들어 보도록 하라.

아우구스티누스는 이렇게 말한다. "보이는 성례들은 육체를 가진 인간들을 위하여 제정되었다. 이는 성례의 계단을 통하여 인간들이 눈으로 식별할 수 있는 것에서부터 시작해서 마음으로 이해하는 데까지 이르도록 하기 위함이다." 그들이 소위 "고해성사"라고 하는 것에서 그들은 어떤 유사한 것을 발견하거나 혹은 다른 사람들에게 보여줄 수 있는가? 아우구스티누스는 다른 데서 이렇게 말한다. "성례는 그 안에서 하나는 보이고, 다른 하나는 이해되므로 실로 그렇게 일컬어진다. 보이는 것은 구체적인 형태를 지녔고, 이해되는 것은 영적인 결실을 갖는다." 이 말은 결코 고해성사와(그들이 고해성사를 생각하는 것과는) 맞지 않는다. 왜냐하면 거기에는 영적인 결실을 의미하는 구체적인 형태가 없기 때문이다.

그리고 (그들의 투기장에서 이 짐승들을 죽이기 위하여) 만약 어떤 성례가 여기 있다면, 내면적이거나 외면적이거나 간에 고해보다는 사제의 사면 선언을 성례라고 하는 것이 더욱 그럴듯한 자랑이 아니었겠는가? 그것은 죄 사함으로 우리의 믿음을 확증하기 위한 예식이라고 말하기는 쉽기 때문이며, 또 그들이 "무엇이든지 너희가 땅에서 매거나 풀면 하늘에서도 매이고 풀릴 것이라"(마 18:18; 참조. 16:19)는 말씀을 외치고 있듯이 "열쇠들에 대한 약속"도 가지고 있기 때문이다.

그러나 그들의 교리에 따라서 새로운 성례법이 그들이 의미하는 바를 틀림없이 성취한다 할지라도, 사제들에게서 사면받아도 많은 사람이 그러한 사면으로는 아무것도 얻지 못한다고 누군가가 이의를 제기했을 것이다. 참으로 어리석다. 그들이 성찬에서 이중의 먹음 즉 예전적인 것(선인과 악인에게 균등히 주어지는)과 영적인 것(선인에게만 한정되는)을 가정한다면, 그들은 왜 사면 또한 두 가지 방식으로 얻는다고 생각하지는 않는가?

지금까지 나는 그들의 교리가 무엇을 의미하는지 이해할 수 없었다. 우리가 저 논증을 특별히 다루었을 때, 우리는 그것이 하나님의 진리와는 아주 다르다는 사실을 설명했다. 여기서 나는 단지 이 양심의 가책 때문에, 그들이 사제의 사면을 성례라고 부르지 못할 것은 없다는 것을 보여주고 싶을 뿐이다. 왜냐하면 그들은 아우구스티누스의 말을 빌려서, 보이는 성례가 없는 성화가 있으며 내면적 성화가 없는 보이는 성례가 있다고 답변할 것이기 때문이다.

다시금 "택함 받은 자들 안에서만 성례는 그 의미하는 바를 수행한다." 또 "어떤 사람들은 성례를 받음으로 그리스도를 옷 입는다. 다른 사람들은 성화됨으로써 그리스도를 옷 입는다. 전자는 선인과 악인에게 동등하게 해당되지만, 후자는 선인에게만 해당된다"고 한다. 확실히 그들은 유치하게도 속았을 뿐 아니라, 햇빛 속에서도 눈이 멀었다. 그래서 그들은 아주 힘겹게 분투했음에도, 누구나 그렇게 명료하고 분명히 알고 있는 것을 아직도 파악하지 못했다.

그러나 그들이 자기들의 성례를 어떻게 가정하든지 간에, 그들이 과대선전하지 않도록 하기 위하여 나는 그것을 성례로 여기는 것을 단호히 거부한다. 첫째는 성례의 유일한 근거인 하나님의 약속이 전혀 없기 때문이다. 둘째로는 우리가 이미 성례식들은 하나님께서만 제정하실 수 있다고 입증했음에도 불구하고, 여기서 전개되는 모든 의식은 그야말로 인간의 고안품에 지나지 않기 때문이다. 따라서 그들이 고해성사에 관해 날조한 것은 거짓이며 사기이다. 그들은 이 가짜 성례를 "난파선 주변에 있는 두 번째 판자"라는 적당한 칭호를 붙여 돋보이게 했다. 왜냐하면 만약 누군가가 세례 때에 받은 결백의 의복을 죄 지음으로 더럽혔다면, 그는 고해로써 그것을 깨끗하게 할 수 있기 때문인 것이다.

그리고 그것이 제롬의 말이라고 그들은 주장한다. 그것이 누구의 말이더라도, 불경스럽고 용서받을 수 없는 것은 분명하다. 마치 세례가 죄로 인하여 효력이 상실되어서, 죄인이 죄 사함을 기대할 수 없는 것처럼. 사실 죄인은 세례로부터 정신을 차리고, 용기를 얻고, 그의 믿음을 견고하게 하는 것이다. 따라서 죄인은 세례에서 그에게 약속된 죄 사함을 얻을 것이다! 그러므로 당신이 세례를 고해성사라고 한다면, 그것은 매우 적절한 것일 것이다. 세례는 회개하는 자들에 대한 위로로써 주어졌기 때문이다.

C. (세칭) 종부성사

45. 세 번째의 거짓 성례는 종부성사이다. 사제만이 이것을 수행하며, 또 이것은 임종 시에 (그들이 말하듯이) 주교가 성별한 기름과 다음과 같은 문구로써 수행된다. "이 거룩한 도유(기름 부음)를 통하여 그대가 보고 듣고 냄새맡고 만지거나 맛보면, 하나님께서 그 풍성한 자비로써 그대가 지은 모든 죄를 용서하실지니라."

그들은 종부성사가 때가 잘 맞으면 죄를 사하고, 육신의 병을 낫게 하는 두 능력이 있다고 상상하고, 때가 맞지 않으면 영혼은 구원한다고 한다. 더욱이 그들은 이 제도가 야고보에 의해서 제정되었다고 한다. 야고보의 말은 이러하다. "너희 중에 병든 자가 있느냐 그는 교회의 장로들을 청할 것이요 그들은 주의 이름으로 기름을 바르며 그를 위하여 기도할지니라 혹시 죄를 범하였을지라도 사하심을 받으리라"(약 5:14-15).

이 도유는 우리가 위에서 안수에 대해 설명한 것과 같은 것이다. 즉 그것은 하나의 연극에 불과하며, 이유도 없고 유익도 없이 그저 사도들을 본따려는 것이었다. 마가는 사도들이 주의 명령에 따라서 전도할 때에, 죽은 자를 일으키고 귀신들을 내쫓고 문둥병자를 깨끗게 하고 병자를 고치며 병자를 치유할 때, 기름을 사용했다고 알려 준다. 그는 "그들이 많은 병자에게 기름을 발라 고치더라"(막 6:13)고 말한다.

야고보는 장로들을 청해서 병자에게 기름을 발라 주라고 자신이 명했던 것과 이것을 관련지었다. 이런 의식 이면에 달리 깊은 신비가 있는 것은 아니라는 것은, 주님과 사도들 모두가 이 외형적인 면에서 얼마나 자유롭게 행동했는가를 아는 사람들은 쉽사리 알 수 있을 것이다. 주께서 소경의 눈을 뜨게 하려 하셨을 때, 침을 진흙에 이겨 바르셨고(요 9:6), 어떤 소경은 직접 만지셔서 고치셨고(마 9:29), 또 어떤 소경들은 말씀만으로 고치셨다(눅 18:42). 같은 방식으로 사도들은 말만으로 어떤 병을 치료하거나(행 3:6; 14:9

-10), 어떤 병은 만져서 고치거나(행 5:12, 16), 또는 기름을 발라서 치유했다 (행 19:12).

그러나 다른 모든 방법들처럼 이 도유는 무분별하게 하지 않을 것 같다. 내가 이것을 인정한다 해도, 도유는 치유의 도구가 아니라, 오직 상징일 뿐이었다. 이 상징을 통해서 무지한 사람들이 그런 위대한 능력의 원천을 잘 알아서, 그것을 사도들의 공로로 여기지 않도록 하기 위함이었다. 기름이 성령과 그 은사들을 상징한다는(시 45:7) 것은 진부한 상식이다.

그렇지만 주께서 당분간만 나타나게 하셨던 다른 이적들처럼, 신유의 은사는 새로운 복음전파가 계속적으로 놀라운 것이 되게 하기 위해 사라졌다.

46. 그러므로 도유가 그 당시에 사도들의 손을 통해 수여되었던 그런 능력을 지닌 성례라고 우리가 충분히 인정한다고 하더라도, 지금 그것은 우리와 아무 상관이 없다. 우리는 그러한 능력을 수여하는 권한을 받지 않았기 때문이다.

그리고 그들은 무엇 때문에 성경에 있는 다른 상징들은 다 제쳐두고 유독이 도유를 성례로 지정하는가? 그들은 왜 실로암 못과 같은 목욕할 곳을 지정해서(요 9:7), 일정한 시간에 병자들이 몸을 담글 수 있도록 하지 않는가? 그것은 소용없을 것이라고 그들은 말한다. 사실 도유보다 더 무익하지는 않을 것이다. 바울이 죽은 아이 위에 엎드려서 그를 살렸는데도(행 20:10), 왜 그들은 죽은 사람들 위에 엎드리지 않는가? 침과 흙이 섞인 진흙은 왜 성물이 아닌가?

그러나 다른 예언은 개별적인 것이었고, 이것은 야고보가 명한 것이었다 (고 그들은 대답한다). 말하자면, 야고보는 교회가 그러한 하나님의 축복을 누리고 있었던 바로 그때를 대표해서 말했다고 한다. 실로 그들은 지금도 동일한 힘이 그들의 도유에 내포되어 있다고 주장하지만, 우리가 경험한 바는 그와 다르다. 그들이 이렇게도 무모하게 사람들의 영혼을 조롱해 왔는가에 대해 놀라지 말라. 그들은 사람의 영혼이 생명이요 빛인 하나님의 말씀을 빼앗기게 되면, 무감각해지고 무분별해지는 것으로 생각한다. 왜냐하면 그들은 신체의 살아있는 감각을 속일 만큼 파렴치하기 때문이다.

그러므로 그들이 신유의 은사를 받았다고 자랑함으로써 스스로 웃음거리가 된다. 주님은 실제로 어느 시대에나 그의 백성들과 함께 계셔서 옛날과 같이 필요할 때마다, 그들의 병들을 고쳐 주신다. 그러나 그는 사도들의 손을 통하여 주시던 뚜렷한 능력들과 이적들을 나타내시지 않는다.

그러므로 사도들은 기름을 상징으로 해서, 그들이 받은 신유의 은사가 그들 자신들의 능력이 아니라, 성령의 능력이었다는 것을 올바르고도 명백하게 증거했다. 반면에 이들은 역겹고 무효한 기름을 성령의 능력이라고 하면서 성령을 모독한다. 그것은 마치 성경에서 그렇게 부른다 해서(요일 2:20, 27) 모든 기름을 성령의 능력이라고 부르며, 성령이 비둘기 형체로 나타났다고 해서(마 3:16; 요 1:32) 모든 비둘기를 성령이라고 하는 것과 같다. 그러나 이런 문제들은 그들이나 생각하도록 하라.

47. 지금 우리로서는 그들의 도유식이 하나님께서 제정하신 것도 아니며 어떤 약속도 없으므로, 그것은 성례가 아니라는 것을 확실히 인정하면 된다. 사실 우리가 성례에서 하나님께서 제정하신 의식이어야 한다는 것과 하나님의 약속에 근거해야 한다는 이 두 가지 점을 요구할 때, 동시에 우리는 그 의식이 정식으로 우리에게 전달되고 그 약속이 적용될 것을 요구한다.

현재 할례를 기독교회의 성례라고 주장하는 사람은 아무도 없다. 하나님께서 이것을 제정하셨고 또 명시된 약속이 있었다고 하더라도 말이다. 그것을 우리에게 명령하시지도 않았고, 그와 관련된 약속도 우리에게 주시지 않았기 때문이다. 그들이 맹렬하게 주장하는 종부성사에 관한 약속을 받은 일이 없다는 것을 우리가 명료하게 밝혔고, 그들 스스로도 경험을 통해 증명하고 있다. 신유의 은사를 받은 사람들 이외에는 이 의식을 행해서는 안 되며, 치유보다는 오히려 죽이고 난도질하는 것에 더 능한 이 백정들은 이것을 행하지 말아야 한다.

더욱이 그들이 야고보가 도유에 관하여 처방한 것은 이 시대에도 적용된다고(그들이 하고 있는 것과는 거리가 멀지만) 주장하여 이긴다 하더라도, 그들이 지금까지 실행해 온 것으로는 도유를 증명하는 데 큰 진전이 없을 것이다.

48. 야고보는 모든 병자들에게 기름을 바르기를 원하는데(약 5:14), 이 사람들은 병자에게가 아니라, 마지막 숨을 들이쉬고 있거나 임종 직전에 있는 이미 시체 같은 사람에게 기름을 바른다. 그들의 성례에서 질병의 고통을 약화시키거나 혹은 적어도 영혼에 약간의 위안이라도 줄 수 있는 특효약을 그들이 가지고 있다면, 적시에 치료하지 않는 것은 잔인한 것이다. 야고보는 교회의 장로들이 병자에게 기름 바르도록 했으나, 이 사람들은 젊은 사제만을 도유자로 인정한다.

그들이 야고보서에 있는 "장로들"을 "사제들"로 해석하고, 다수의 사람들은 장식으로 거기 있으므로 — 마치 그 당시의 교회들이 제물 드리는 사람들로 가득 찼기라도 했던 것처럼 — 그들은 가마에 성유를 담고서 긴 행렬 사이로 진행할 수 있었다고 상상하는 것은 너무도 터무니없다. 야고보가 단순하게 병자에게 기름 바르라고 명한 것에서, 나는 보통 기름과는 다른 것을 말했다고는 생각할 수 없고, 마가복음에서도 다른 것은 발견할 수 없다(막 6:13).

이 사람들은 주교가 성별한 기름 외에는 사용하지 않는다. 즉 그것은 숨을 많이 불어 넣어서 데워진 기름이며, 긴 주문으로 중얼거리면서 9번 무릎 꿇어 인사한 기름이다. 세 번은 "평안할지어다 거룩한 기름이여"라고 하고, 다음 세 번은 "평안할지어다 거룩한 성유여"라고 하고, 그 다음 세 번은 "평안할지어다 거룩한 향유여"라고 하는 것이다. 그들은 어디서 이런 푸닥거리를 끌어 내었는가? 야고보는 병자에게 기름을 바르고 그를 위해 기도할 때, 만약 그가 죄 지었다면 용서받을 것이라고(약 5:14-15), 즉 죄책이 사해지고 형벌을 면하게 될 것이라고 말한다.

그러나 이는 기름 때문에 죄가 씻긴다는 뜻이 아니라, 고통 중에 있는 형제를 하나님께 위탁하는 신자들의 기도가 헛되지 않을 것이라는 의미이다. 이 사람들은 그들의 "신성한", 즉 가증스런 도유를 통하여 죄가 사해진다고 사악스럽게 거짓말한다. 야고보의 말을 제멋대로 악용하였던 그들이 얼마나 좋은 유익을 얻었는지 보라!

D. 성직의 계급 – 신품성사

49. 신품성사는 그들의 목록에서 넷째 자리를 차지하지만, 그것은 자연스럽게 일곱 성사를 번식시켜 놓을 만큼 다산적이다. 그러나 그들이 7성사가 있다고 주장하면서, 막상 헤아리면 열셋까지 계산하게 된다는 것은 아주 우스운 일이다. 또 그들은 이 모두가 한 사제직을 지향하며 이에 이르는 단계들이므로, 한 성례를 형성한다고 주장할 수 없다. 그리고 그들은 간단하고 명확하게 일곱 가지라고 선언하고 있는 때에, 왜 우리는 뭔가 의심스러운 듯이 이에 대해 논의하는가?

그리고 그들은 일곱 가지 신품 또는 성직계급에 이름을 붙여 놓았다. 이 일곱은 수문품(守門品) · 강경품(講經品) · 구마품(驅魔品) · 시종품(侍從品) · 차부제품(次副祭品) · 부제품 · 사제품(司祭品)이다. 정말 그들은 이 일곱 서품이 성령의 일곱 가지 은사에 해당된다고 말하며, 이 직위들에 오른 자들은 성령의 은사를 반드시 받는다고 한다. 그러나 이 은사는 그들이 승진할 때마다 증대되고 더욱 후하게 쌓인다고 한다.

50. 숫자 자체는 성경을 왜곡 해석함으로써 정해진 것이다. 왜냐하면 이사야는 실제로 여섯 가지 이상은 언급하지 않았는데도(사 11:2), 그들은 성령의 일곱 가지 능력에 대해서 이사야서에서 읽었다고 생각하기 때문이다. 그리고 선지자는 여섯 가지 모두를 그 논쟁에 국한시키려 하지 않았다. 성령은 다른 데서는 "생물의 영"(겔 1:20), "성결의 영"(롬 1:4), "양자의 영"이라 부르고, 또 이사야서에서는 "지혜와 총명, 모략과 재능, 지식과 여호와를 경외하는 영"(사 11:2)이라고 한다.

그러나 좀 더 총명한 자들은 소위 승리한 교회의 모습을 본따서 일곱이 아닌 아홉 신품을 만든다. 그리고 그들 사이에는 충돌이 있는데, 그것은 어떤 사람들은 성직자의 체발을 첫 계급으로 하고 주교직을 최하로 간주하며, 다른 사람들은 서품에서 체발식은 제외시키고, 대주교를 포함시켰기 때문이다. 이시도루스(Isidore)는 다르게 구분한다. 그는 성가대원과 강경사를 구분해서, 성가대원은 성가 부르고, 강경사는 신자들의 교육을 위해서 성경을 낭독한다고 한다. 그리고 교회법에는 이 구분대로 되어 있다.

이렇게 다양한 것들 중에서 그들은 우리가 어느 것을 따르거나 또는 피하기를 바라는가? 우리도 일곱 신품이 있다고 말해야 하는가? 스콜라 학파의 대가는 그렇게 가르치고 있지만, 가장 유식한 학자들은 다른 방식으로 결정한다. 그러나 역시 그들도 서로 일치하지 못한다. 더욱이 가장 신성한 교회법이 우리를 다른 방향으로 이끈다. 이것은 확실히 인간들이 하나님의 말씀과는 무관하게 신학적인 문제들을 논의할 때, 그들이 응하는 방식인 것이다!

51. 그러나 이제 그들이 신품의 기원에 관하여 논쟁할 때, 그들 역시 이 동료들처럼 자신들을 우습게 만드는가? 그들은 추첨으로, 혹은 주께로부터 말미암은 추첨으로 뽑혔기 때문에, 혹은 주님의 추첨 때문에, 혹은 하나님을 분배자로 모시고 있기 때문에, "성직자"라고 한다. 그러나 온 교회가 가져야 할 이 명칭을 자기들의 것이라고 하는 이들은 신성모독의 죄를 범했다. 그 유산은 그리스도의 것이며, 성부 하나님께서 주신 것이기 때문이다(참조. 벧전 5:3).

베드로는 소수의 체발한 사람들을 가리켜(그들이 사악하게 상상하는 것처럼) "성직자"라고 하는 것이 아니라, 모든 하나님의 백성들을 가리켜 하는 말이다. 이것이 그들이 사용하는 방식이다. 즉 정수리가 왕의 위엄을 상징한다고 해서, 성직자는 정수리 부분을 체발한다. 성직자들은 자신과 다른 사람들을 지배하기 위해서 왕 같이 되어야 했기 때문이다.

베드로는 신자들에 대해 "너희는 택하신 족속이요 왕 같은 제사장들이요 거룩한 나라요 그의 소유가 된 백성이니"(벧전 2:9)라고 말한다. 나는 여기서 다시 그들이 거짓말한다고 밝힌다. 베드로는 온 교회에 대해 말하고 있지만, 이 사람들은 이 말을 소수의 사람들에게 짜맞춘다. 마치 그들에게만 "거룩하라"(벧전 1:15-16; 레 20:7; 참조. 레 19:2)고 한 것 같이, 그들만이 그리스도의 피로 속량받은 듯이(벧전 1:18-19), 또 그들만이 그리스도로 말미암아 왕국과 제사장이 된 것 같이(벧전 2:5, 9)!

그러면 그들은 또 다른 이유들을 제시한다. 즉 정수리를 드러내 놓은 것은 마음을 주께 보여서 "수건을 벗은 얼굴로"(고후 3:18) 하나님의 영광을 들여

다보기 위하여, 혹은 입과 눈으로 범한 과실들을 끊어버려야 한다고 그들에게 가르치기 위한 것이라고 한다. 또 체발은 세속적인 것들을 물리침을 의미한다고 하지만, 정수리 밑에 남아 있는 머리카락은 그들의 생활을 유지하기 위해서 보존하는 좋은 것들을 의미한다고 한다. 모든 것을 상징으로 표시하는 이유는 확실히 그들에게는 "성소 휘장"이 아직 "찢어지지" 않았기 때문이다(마 27:51).

그리고나서 그들은 정수리로써 이러한 것들을 상징했으므로, 자기들의 직책들도 잘 이행했다고 자인하지만, 실제로는 아무것도 이행하지 않고 있다. 그들은 언제까지 이런 속임수와 사기로써 우리를 조롱하려는 것인가? 성직자들은 머리카락 좀 자른 것으로써, 자신들의 풍성한 세속적 유익을 내버리고 하나님의 영광을 바라보며, 눈과 귀의 정욕을 죽였다는 것을 표시한다. 이보다 더 탐욕스럽고 우둔하고 정욕적인 사람들이 또 있는가? 어째서 그들은 가식적이고 거짓된 표시들로써 거룩의 외형은 꾸미면서 참된 거룩은 나타내지 않는가?

더구나 그들이 성직자의 체발은 나실인들로부터 비롯되었고 유래되었다고 말한다면, 그들의 예전들은 유대의 의식에서 생겨났거나 혹은 아니면 유대교에 불과하다는 주장과 다름없지 않은가?

그러나 브리스길라와 아굴라와 바울도 서원을 하고 정결을 위해 머리를 깎았다고(행 18:18) 그들이 덧붙여 말한다면, 스스로 지독한 무식을 폭로하는 것이 되고 만다. 왜냐하면 브리스길라에 대한 기록은 아무 데도 없으며, 아굴라의 경우도 불확실하기 때문이다. 그 체발은 바울과 아굴라 어느 편에도 관련시킬 수 있기 때문이다. 여하튼 그들이 주장하는 대로 — 바울의 예를 드는 — 묵인하지 않아야 하며, 순진한 독자들은 바울이 결코 무슨 성결을 위해 체발한 것이 아니라, 단지 더 약한 형제들을 돕기 위해서 그렇게 했다는 사실에 주목해야 한다.

나는 보통 이런 서원을 경건의 서원이 아닌 사랑의 서원이라고 부른다. 즉 하나님께 대한 일종의 경배로서 했던 것이 아니라, 그가 유대인에 대해서는 유대인과 같이 되었다는 등등으로(고전 9:20) 말한 것과 같이, 연약한 사람들의 무지를 너그럽게 처리하기 위한 것이었다. 그러나 그는 유대인들에게 자

신을 맞추기 위해 잠시동안만 그렇게 했던 것이다. 이 사람들이 무의미하게
도 나실인의 성결식을 모방하고자 노력한다면, 이는 또 다른 유대교를 만들
어 내는 것이 아니고 무엇인가(민 6:18; 6:5 참조)?

이런 종교적인 가책 때문에 성직자들에게 (사도를 본받아) 머리를 기르지
못하게 하고 공처럼 깎으라는 교서가 작성된 것이다. 모든 남자의 단정한 모
습에 대해 가르친(고전 11:4) 사도가 마치 성직자의 공 같은 깎은 머리에 관
심이 있기라도 했던 것처럼 말이다!

52. 이로부터 독자들은 그 외 다른 신품들이 어떠한 것이며, 어떤 것이 이
것들과 같이 발생되었는지 판단해 보자. 그러나 그들은 이루 말할 수 없이
어리석어서 각각의 신품에서 그리스도를 자기들의 동료로 만들어 버린다.
무엇보다 그들은 그리스도께서 노끈으로 만든 채찍으로 성전에서 매매하는
자들을 내쫓으셨을 때(요 2:15; 마 21:12 융합), 그는 문지기의 직분에 충실하
셨다고 말한다. 그리고 "내가 양의 문이라"(요 10:7)고 말씀하셨을 때는, 자
신을 문지기로 지칭하신 것이라고 한다. 그가 회당에서 이사야서를 읽으셨
을 때는(눅 4:17), 강경사의 기능을 해내셨다고 한다. 그가 귀먹고 어눌한 자
의 혀와 귀에 침을 갖다 대어 그 사람의 청력을 회복시켜 주셨을 때는(막
7:32-33), 구마사의 직책을 행하셨다고 한다. "나를 따르는 자는 어둠에 다
니지 아니하리라"(요 8:12)고 말씀하심으로써, 자신이 시종임을 입증하셨다
고 한다. 그가 수건을 두르고 제자들의 발을 씻기셨을 때는(요 13:4-5), 차부
제의 직책을 수행하셨다고 한다. 만찬에서 사도들에게 살과 피를 나누어 주
셨을 때는(마 26:26), 부제의 역할을 하셨다고 한다. 십자가 상에서 성부께
자신을 희생제물로 드렸을 때는(마 27:50; 엡 5:2), 사제의 직책을 완수하셨
다고 한다.

이와 같은 말들은 웃지 않고는 들을 수 없으며, 이것들을 쓴 자들이 인간
일진대 웃지도 않고 썼다니 믿어지지 않는다. 그러나 그들의 교활함은 "시
종"이란 칭호를 이론적으로 설명할 때, 더욱 현저히 나타난다. 왜냐하면 헬
라인들도 아코루도스(ἀκόλουθος)란 말을 단순히 "하인"으로 해석하는데, 이
들은 이 칭호를 어느 나라 어느 언어에서도 전혀 들어 볼 수 없는, 작은 양초

를 가진 사람이라는 (추측컨대) 마술용어로 부르기 때문이다.

53. 그러나 내가 이 견해들을 진지하게 반박하는 데 지체한다면, 나 또한 정말로 웃음거리가 될 것이다. 이것들은 아주 쓸모 없고 터무니없기 때문이다. 그럼에도 불구하고 단순한 여자들조차도 이런 말에 속지 않도록 하기 위해서는 잠시나마 그 허구성을 폭로하고 넘어가야 한다.

그들은 강경사와 성가대원과 수문사 그리고 시종들을 휘황찬란하게 만들어내서, 그들이 지명한 소년들과 아니면 적어도 그들이 "평신도"라고 부르는 자들에게 이 임무들을 맡겼다. 이 일로써 자신의 생계를 꾸려가는 파산한 평신도들이나 소년이 아니면 누가 그렇게 자주 촛불을 켜고, 제단의 병에 포도주와 물을 붓겠는가? 이런 사람들이 노래하고 있지 않는가? 이런 사람들이 교회 문들을 열고 닫지 않는가? 교회에서 직분을 수행하고 있는 시종이나 수문사를 본 사람이 있는가?

오히려, 소년 때에 시종의 역할을 했던 사람이 시종사의 계급에 들게 되면, 그가 시작할 때 받았던 일을 중단해 버린다. 그래서 그들은 직함을 취하고 나면, 직무 자체를 고의적으로 저버리는 경향이 있는 것 같다. 보라, 왜 그들이 성례로써 성별되고 성령을 받아야 한다고 주장하는지 알 수가 없다. 정작은 아무것도 하지 않기 위해서인 것이다!

만약 그들이 임무를 저버리고 태만히 하는 것은 시대가 잘못된 탓이라고 핑계한다면, 그와 동시에 그들은 오늘날 성직들이 (그들이 굉장하게 치켜 세우는) 교회에서는 아무런 유익이나 이득이 없으며, 또 그들의 전체는 저주로 가득 찼다고 고백해야 한다. 왜냐하면 시종으로 성별되지 않고서는 만질 수도 없는 촛대들과 제단의 병들을 소년들이나 범속한 사람들이 다루고 있기 때문이며, 또 오직 봉헌된 입만이 불러야 하는 성가를 소년들에게 맡겨 버렸기 때문이다.

그러나 그들은 어떤 목적으로 구마사를 성별하는가? 나는 유대인들에게 구마사가 있었다고 들었고, 그들은 귀신을 쫓아내었다고(행 19:13) 해서 그렇게 불려진 것으로 안다. 이에 대해 들은 사람은 이 가짜 구마사들이 마땅히 해야 할 이 직무를 한 번이라도 실행해 보여줬다고 들어 본 적이 있는가?

그들은 정신병자와 초심자들과 귀신들린 자들에게 안수하는 능력이 있다고 주장하지만, 마귀들은 그들이 이런 능력을 받았다는 말에 설득되지 않는다. 왜냐하면 마귀들은 이들의 명령에 굴복하지 않을 뿐더러, 도리어 마술쟁이들에게 명령하기 때문이다! 당신은 그들 중에서 악한 영의 지도를 받지 않는 사람은 1/10도 제대로 발견하지 못할 것이다. 그래서 그들이 하급계급에 관하여 — 다섯 가지인지 여섯 가지인지 — 지껄이는 것은 무엇이든지 무식하고 역겨운 거짓 잡동사니이다.

더구나 하급계급들이 생기기 시작하자 차부제를 고급계급으로 옮겼다 할지라도, 나는 그것을 이 하급계급에 포함시킨다. 이런 계급들은 확실히 성례의 수준에서 고려해야 한다. 왜냐하면 우리의 논적들이 이 계급들이 초대 교회에는 없었고, 여러 시대가 지난 후에 고안된 것이라고 자백하기 때문이다. 그러나 성례는 하나님의 약속을 내포하므로, 사람이나 천사들은 제정할 수 없고, 약속을 주실 수 있는 하나님께서만 제정하실 수 있다.

나머지 두 계급은 하나님의 말씀에 근거하고 있다고 여겨지며, 이러한 이유 때문에 그들은 특별히 이를 "거룩한 직분들"이라고 불러서 존중한다. 그러나 그들이 이것을 부당하게 오용해서 자기들의 변명거리로 삼는다는 사실을 우리는 알아야 한다.

54. 우리는 장로 혹은 사제계급부터 먼저 논할 것이다. 그들은 이 두 이름이 같은 것을 뜻한다고 하며, 그 임무에 따라서 그렇게 부른다고 한다. 그 임무는 제단 위에 그리스도의 살과 피를 제물로 드리고 기도 드리며, 하나님의 선물들에 감사하는 것이라고 한다. 그러므로 이들은 서품식에서 하나님께 속죄제물을 드리는 권한이 있다는 표로서(참조. 레 5:8) 성찬용 빵에 덧붙여 성찬배(杯)와 성찬용 접시를 받는다.

그리고 봉헌할 수 있는 권한을 받았다는 표로서 이들의 손에 기름을 바른다. 그들은 하나님의 말씀에 근거하지 않으면서 이런 일을 하므로, 하나님께서 정하신 직위를 더 사악하게 곡해할 수는 없었을 것이다. 먼저, 우리가 지난번 논의에서 주장했던 것은 공인된 사실임이 분명하다. 즉 속죄제물을 드리는 사제라고 자칭하는 사람은 모두 그리스도를 해롭게 하고 있는 것이다.

성부 하나님께서는 맹세로써 그리스도를 멜기세덱의 반차를 좇는(히 5:6;
6:20; 7:17; 참조. 시 110:4) 제사장으로 지명하여 성별하셨으며(히 7:20f.), 끝
도 없고 상속자도 없게 하셨다(히 7:3). 그는 단번에 영원한 속죄와 화목제물
을 바치셨으며(히 7:27; 8:3), 이제는 또한 하늘의 성소에 들어가셔서(히
9:24), 우리를 위해 중보하고 계신다(히 7:25). 그리스도 안에서 우리는 모두
제사장이다(계 1:6; 참조. 벧전 2:9). 그러나 찬양과 감사를 드리는, 즉 우리
자신과 소유를 하나님께 드리는 제사장이다. 하나님의 진노를 풀고 자신을
바쳐 죄를 대속하는 것은 오직 그의 직책이었다. 그러니 그들의 사제직은 불
경한 신성모독이 아니고 무엇인가?

55. 그러나 그들은 부끄럼도 없이 사도들의 후계자들이라고 자랑하고 있
으므로, 그들이 얼마나 그럴듯하게 직무들을 수행하는가를 조사해 볼 필요
가 있다. 그러나 만약 그들이 신임을 얻고자 한다면, 자기들 사이에서는 일
치가 이루어졌어야 했다. 그런데 지금 주교들과 탁발 수사들과 대단찮은 사
제들이 사도들의 계승권을 놓고 맹렬하게 싸우고 있다. 주교들은 열두 사람
이 대권에 의해 사도직에 임명되었으며, 그들도(이들은 다른 사람들보다 명
예도 높으므로) 사도들의 지위와 서열에 속한다고 주장한다. 사제들은 예수
께서 나중에 임명하신 70인(참조. 눅 10:1)에 해당한다는 것이다. 그러나 이
것은 너무도 터무니없는 추론이어서 길게 논박할 필요도 없는 것이다. 실제
로 그들의 법전에는 그렇게 기록되어 있다.
    교회에서 악마 같은 분열이 일어나고 어떤 사람은 "나는 게바편이다"라고
말하고, 또 어떤 사람은 "나는 아볼로편이다"(고전 1:12)라고 말하기 전에는,
사제들과 주교들 사이에 아무런 구별이 없었다. 이런 구별은 이교도로부터
흘러 들어 온 것이라고 생각한 사람들은 썩 타당하게 추론한 것이다. 이교도
들도 서열에 따라 분류하여 제주들과 사제들과 사교들 및 기타 품급을 두었
다.
    탁발 수사들은 여기저기로 나아가서 다른 사람들을 성장시켜 주기 때문
에, 비교해 보면(실제로는 완연히 다를 뿐인데도) 자기들도 사도들의 대리자
라는 것이다. 사도들은 이 방랑자들이 하는 것과는 달리 쓸데없이 이곳저곳

을 지나다니지 않았다. 다만 그들은 복음의 열매를 전파하라고 주께서 명하시는 곳은 어디든지 갔으며, 남이 수고한 것으로 배를 채우는 게으름은 피우지 않았다. 오히려 주께서 그들에게 허락하신 자유를 사용해서 그들이 말씀으로 가르치고 있었던 사람들에게 유익을 끼쳤다.

그리고 탁발 수사들은 마치 증거가 부족하기라도 한 것처럼 다른 사람들의 좋은 옷으로 자기 몸을 감쌀 이유가 없다. 왜냐하면 바울이 아주 분명하게 그들의 칭호에 대해서 묘사해 놓았기 때문이다. 그는 "우리가 들은즉 너희 가운데 게으르게 행하여 도무지 일하지 아니하고 일을 만들기만 하는 자들이 있다하니"(살후 3:11)라고 말했던 것이다.

또 다른 데서는 "그들 중에 남의 집에 가만히 들어가 어리석은 여자를 유인하는 자들이 있으니 그 여자는 죄를 중히 지고 여러 가지 욕심에 끌린 바 되어 항상 배우나 끝내 진리의 지식에 이를 수 없느니라"(딤후 3:6-7)고 한다. 나는 그들이 성사(聖事) 금지를 통해 이 명칭들을 주장할 수 있으므로, 그들은 하늘만큼이나 거리가 먼 사도들의 직위를 다른 사람들에게 넘겨야 한다고 말하는 바이다.

그러므로 이제 사제직이 사도들의 직위와 어떻게 잘 조화가 되는지 일반적으로 이에 관하여 살펴보자. 아직 교회의 형태가 잡혀지지 않았을 때에, 우리 주께서 사도들에게 명하시기를, 만민에게 복음을 전하고 믿는 자들에게 죄 사함의 세례를 베풀라고 하셨다(마 28:19-20; 막 16:15). 또한 그 전에 그는 자기를 본받아 자기의 살과 피가 지닌 성스런 상징들을 나누어 주라고 그들에게 명하셨다(눅 22:19). 제물에 대해서는 아무런 언급도 없지 않은가!

여기에는 사도들을 계승하는 자들에게 부여된 거룩하고 침범할 수 없고 영속적인 법이 있으며, 이 법에 의해서 이들은 복음을 전하고 성례를 집행하라는 명령을 받는다. 따라서 복음 전파와 성례 집행에 역점을 두지 않는 저들은 사악하게 사도들로 가장하고 있는 것이다. 또 한편으로 제물을 바치는 자들은 사도들이 했던 일반 사역에 대해서도 속여서 자랑한다.

56. 사도들과 현재 교회 관리를 담당하고 있는 사람들과는 차이가 있다. 첫째는 명칭이 다르다. 단어의 의미와 어원상, 그리고 양자 모두 주께서 보내

셨기 때문에(롬 10:14f.; 눅 6:13), 둘 다 "사도들"로 부를 수 있다 해도, 전자는 새로운 복음을 세상에 널리 전하기 위해 주께서 특별히 선택하신 열두 사람이었다. 그리고 주께서는 그들이 "사도들"이라고 특별하게 불려지기를 원하셨다. 왜냐하면 아직 들어보지 못한 새로운 것을 전하는 사람들이 사명에 대해 확실히 자각하는 것은 대단히 중요하기 때문이었다. 후자는 오히려 "사제들"이나 "주교들"이라고 일컫는 것이다.

둘째로는 직위가 다르다. 말씀과 성례를 섬기는 것은 양자가 다 하는 것이라 해도, 그 열두 사람은 일정한 제한 없이 여러 지역에서 복음을 전파하라는 명령을 받았고(행 1:8), 후자는 지역 교회를 맡게 된 것이었다.

그러나 여기서 한 교회를 담당하는 사람이 다른 교회들을 도와도 된다는 것을 부인하는 것은 아니다. 왜냐하면 모종의 방해로 인하여 그가 출석지 못했거나 결석했을 때, 그는 문서를 통하여 보지 못하는 사람들을 가르칠 수 있기 때문이다. 그러나 교회가 평안하기 위해서는 이 직급은 꼭 있어야 한다. 즉 모두가 한꺼번에 소란을 피우지 않도록 하기 위하여, 또 모두가 혼란에 빠지거나 과제도 없고 목적도 없이 일시에 달려들거나 성급하게 한 장소에 모여들어서 마음대로 자기 교회를 저버리지 않도록 하기 위하여 각각 임무가 배당된 것이다.

바울도 이것을 구분지으면서, 디도에게 다음과 같이 쓰고 있다. "내가 너를 그레데에 남겨 둔 이유는 남은 일을 정리하고 내가 명한 대로 각 성에 장로들을 세우게 하려 함이니"(딛 1:5). 누가도 사도행전에서 똑같은 것을 보여주는데, 그것은 바울이 에베소 교회의 장로들에게 다음과 같이 말하는 것을 언급했을 때이다. "여러분은 자기를 위하여 또는 온 양 떼를 위하여 삼가라 성령이 그들 가운데 여러분을 감독자로 삼고 하나님이 자기 피로 사신 교회를 보살피게 하셨느니라"(행 20:28). 그래서 바울은 골고새 교회의 아킵보 감독을 상기하며(골 4:17), 또 다른 데서는 빌립보 교회의 감독들을 상기하기도 한다(빌 1:1)

57. 이러한 문제들을 적절히 고려했다면, 이제 우리는 **장로(사제)의 직분**을, 즉 장로의 자격이 무엇인가, 혹은 아니면 그 직분의 특성이 무엇인가를

정의해 볼 수 있다. 그 소임은 복음을 전파하고 성례를 집행하는 것이다(나는 여기서 장로들이 올바른 행실 면에서 얼마나 월등해야 하며, 이들이 개인으로서 서로에 대해 어떻게 행동해야 하는가의 문제에 대해서는 생략하겠다. 왜냐하면 지금 우리의 의도는 훌륭한 목사의 자질들을 전부 언급하는 것이 아니고, 단지 목사라고 자칭하는 자들이 고백해야 하는 것을 지적하는 것이기 때문이다). 감독은 말씀과 성례의 사역에 부름받은 사람이며, 신실한 믿음으로 자신의 직분을 감당해야 하는 사람이다. 나는 감독들과 장로들을 별도로 구분하지 않고, "교회의 사역자들"이라 일컫는다. 직분은 바로 소명 자체인 것이다.

58. 이제는 **소명의 의미**를 설명할 차례이다. 그것은 우리가 알고 있어야 하는 두 가지로 구성되어 있다. 즉 누가 감독들이나 장로들을 임명하며, 또 그들의 장립식 때 어떤 예전이나 의식으로 하는가이다. 이 제도의 합법성에 대한 증거는 사도들의 제도에서는 찾을 수 없다. 사도들은 인간의 요청에는 아랑곳하지 않고, 단지 주님의 명령에 따라서만 임무 수행의 준비를 했기 때문이다.

우리가 앞에서 인용한 그 구절에서 보았듯이, 각 성에서 감독들을 임명하기 위해 디도를 그레데에 남겨 놓았다고 말한 바울 외에는 이 지위를 보유하지 않았던 것이 분명하다. 그리고 다른 데서도 그는 디모데에게 아무에게나 함부로 안수하지 말라고 조언하였다(딤전 5:22). 그리고 사도행전에서 누가는 바울과 루스드라와 이고니온과 안디옥에 흩어져 있는 교회들에게 임명한 장로들을 언급한다(행 14:22-23).

교황들은 자기들에게 이익이 된다고 여겨지는 구절들은 모두 주목하는 버릇이 있기 때문에, 이 구절들도 강력하게 주장했다. 이렇게 해서 그들은 장로들을 임명하고 성별시키는 권한이 (그들이 말하듯이) 자기들에게만 있다고 추론해 내었다. 그리고 그들은 그 성별을 무식한 사람들에게 경건하고 존엄하게 보이도록 하기 위하여 화려하게 꾸미고, 다채로운 의식들로써 이것을 묘사한다.

그러나 그들이 성별하고 임명하는 것이, 그들이 바울의 규칙에 따라서 한 교회의 감독이나 목사를 지명하는 것과 다른 것이라고 생각한다면 잘못된 것이다. 만약 그렇다면, 그들은 패역하게도 바울이 한 말들을 그들의 상상대로 곡해하고 있는 것이다. 그리고 분명히 그들은 훨씬 다른 것을 하고 있다. 왜냐하면 그들은 감독직이 아닌 제사장을 임명하기 때문이다. 그래서 그들은 자기들이 말하는 대로 교회의 사역을 하기로 되어 있었던 것이다.

그러나 그들이 교회 사역은 말씀의 사역과는 다르다고 생각하는가? 그들이 보잘것없는 자기들의 사제를 교회의 사역자라고 하면서 얼마나 불러댔는지 내가 안다. 그러나 정신병자라도 이 말은 믿지 않는다. 사실은 성경의 진리가 그들을 굴복시킨다. 성경은 하나님의 말씀의 포고자 외에는 다른 사역자가 없다고 한다. 그는 교회를 지도하도록 부름받았으며, 때로는 "감독"(행 20:28)으로, 때로는 "장로"(행 14:23)로, 또 간혹은 "목자"(벧전 5:4)로 불린다.

59. 그러나 이제 교회법에서는 직함도 없이 위탁받는 것을 금지하고 있다는 사실을 그들이 반대한다 하더라도, 내가 이 사실을 모르는 바 아니다. 그러나 그들은 나로서는 비합법적이라고 생각하는 직함들을 제시한다. 그들이 제시하는 직함들 중에서 좀 더 나은 부분이 고위 성직자 · 교구신부 · 성당 참사회원 · 성직록신부 · 전속신부 · 그리고 심지어 수도사들이 아닌가? 이것들은 대성당과 대학교회와 한적한 성당과 수도원에서 각각 부분적으로 따온 것이 아닌가?

나는 이 모든 것이 사탄을 위한 요리라고 여기며, 담대하게 이를 증언한다. 저 서품받은 자들은 모두 그리스도를 제물로 바치지 않는가? 요컨대 그들은 제물에 대한 것 외에는 아무도 임명하지 않는다. 그것도 하나님께 바치는 것이 아니라 마귀에게 바친다. 그러나 참된 유일한 임명은 생활과 가르침이 입증된 사람을 교회의 지도체제에 불러들여서 그 사역을 하도록 명하는 것이다. 바울이 말한 것들은 이러한 의미에서 이해해야 한다. 즉 그 구절들이 의미하는 임명을 위한 예식과 의식이 어떠하든지 그것은 소명 자체를 동반한다. 그러나 의식에 관하여는 나중에 적당한 데서 말할 것이다.

60. 지금은 **교회의 사역자들을 누가 임명하는가**, 즉 누가 불러들이는가라는 당면 문제를 직접 다루어 보자. 그러면 무엇이라고 하는가? 현재 최고의 가격으로 시행되고 있는 것처럼, 바울도 디모데와 디도에게 성직임명권을 주었던가? 전혀 그렇지 않다. 그러나 바울이 그 두 사람 각각에게 당시에 있던 지방교회들을 설립하고 모으라고 명했을 때, 그는 디모데에게는 교회가 폐기되지 않도록 하라고 촉구했고, 디도에게는 책망할 것이 없는 사람 외에는 수락하지 말라고 경고했던 것이다.

바울과 바나바는 현재 일부 대주교들이 하는 것처럼 교회들의 재산을 주지 않았던가? 결코 그렇지 않다. 더욱이 나는 그들 모두가 교회의 동의 없이 그들에게 좋게 보이는 사람들을 결정해서 교회에 강요했다고 평가하는 것이 아니라, 교회와 의견을 나누고 난 뒤, 올바른 신조와 흠 없는 생활을 견지하고 있다고 생각하는 형제들을 그 직위에 임명했다고 평가한다. 그리고 교회가 사역자를 선출하기 전에, 선택을 위해 심사숙고하려 할 때, 교회가 더럽혀지지 않고 보존되기를 그들이 바란다면, 생활의 경건성이나 신조의 결백성이 탁월한 이웃에 사는 감독 한 둘을 초청해서, 그들과 함께 어떤 사람이 적격인지를 의논할 필요가 있다.

감독을 결정하는데 전 교회가 모여서 할 것인가, 아니면 책임을 진 몇 사람의 투표로 할 것인가, 혹은 행정장관의 결정에 따를 것인가 하는 문제는 한정법(definite law)으로 결정할 수 없다. 그러나 협의는 시대적 상황과 사람들의 관습에 따라서 채택할 수 있다. 키프리아누스는 모든 사람이 참여하는 선출만이 합당하다고 강력하게 주장한다. 역사를 보면, 그 당시에 많은 지역에서 이 관례가 널리 유포되었음이 확실하다.

61. 그러나 많은 지도자들이 만장일치하여 어떤 문제를 해결할 수 있는 경우는 드물므로, 또 "불확실한 다수는 상반되는 관심사에 따라 나누어지는" 것이 일반적인 사실이기 때문에, 나로서는 (내가 말한 대로) 건전한 신앙과 청렴으로 존경받는 감독 몇 사람을 항상 고문 자격으로 대동한 가운데, 행정장관이나 평의원이나 원로들이 이 선택의 소임을 수행하는 것이 낫다고 여겨진다. 그러나 중심에 경건함을 간직한 제후들이나 자유 도시들이 긴급한

사정에 따라서 이 방법을 취할 수 있으면 더 좋다. 확실히 고위성직자들은 그들의 권한인 성직임명권, 추천권, 선출권, 임명권, 그리고 기타 포악한 권력을 사용해서 건전한 임명을 철저하게 부패시켰다.

62. 그러나 그들은 시대가 타락했기 때문에, 즉 감독을 뽑는데 있어서 사람들과 행정장관들 사이에는 올바르고 건전한 판단보다는 앙심과 당파심이 더 작용하기 때문에, 이 문제의 결정권은 몇몇의 최고 감독들에게 위임해야 한다고 말한다. 물론 이것은 가망없는 상황에서 극단적 악을 치유하기 위한 구제책이었다. 그러나 치료약이 질병 자체보다 더 치명적인 것으로 나타났는데도, 이 새로운 악은 왜 다시 치유하지 않는 것인가?

63. 그러나 교회법에는 감독들이 교회를 파멸로 이끌 만큼 권력을 남용하지 말라는 경고가 아주 명료하게 표현되어 있다. 진실을 말하자면, 그럼에도 불구하고 교회법 자체는 건전한 규율을 절도있게 지키라는 경고라기보다는 오히려 세상의 전면적인 파괴를 위해 불붙여진 나무토막이다. 그러나 이 문제는 넘어가겠다. 그래도 이 교회법들은 나에게 무엇을 쑤셔 넣는다. 그것은 교회법이 시종 그 저자들을 즐겁게 해 주었어도, 그 저자들마저 교회법들을 비웃을 뿐이라는 것이다.
그러나 옛날에 일반 신자들이 감독을 뽑기 위해 모였을 때, 그들은 자기들을 위해 제정된 법이 하나님의 말씀에서 비롯되었다는 것을 알았기 때문에, 최고의 거룩한 법들에 의해 그들이 묶여 있다고 생각했다는 것을 (우리가) 의심할 수 있는가? 정말이지 신자들은 다 셀 수도 없는 수만 가지의 소소한 교회법들보다, 단 한 줄의 하나님의 말씀을 훨씬 더 소중히 여겼던 것이 당연하다.
그럼에도 불구하고 교회법은 아주 천박한 정열에 의해 부패되었으며, 법학이나 형평법에 대한 배려도 없이 작성된 것이다. 그래서 현재 최상의 법률들이 작성되었다 할지라도, 이 법률들은 기록물 속에 파묻혀 버리고 만다. 반면에 공공도덕은 거의 독점적으로 이발사 · 요리사 · 노새몰이 · 사생아 그리고 쓰레기 같은 사람들이 교회의 목자들로 만들어졌다는 사실을 묵과해 주었다. 나는 과장하고 있는 것이 아니다. 감독직은 뚜쟁이 노릇과 간통 주선에 대한 보답품이다. 왜냐하면 감독직이 사냥꾼들에게 주어지는 때는, 일들이 썩 잘 되었다는 것을 상상할 수 있기 때문이다!

이런 엄청난 무례가 교회법에 의해서 아전인수격으로 옹호되고 있다. 내가 말했듯이 사람들은 한때 하나님의 말씀으로 규정된, 즉 감독은 책망할 것이 없고, 가르치기를 잘 하며, 다투지 아니하며 탐욕이 없어야 한다는 등(딤전 3:1-7; 참조. 딛 1:7-9)의 우수한 교회법을 가지고 있었다. 그런데 어째서 사역자를 선출하는 책임이 일반 신자들에게서 이 관리자들에게로 전가되었는가? 사람들이 법석 떨고 파당짓는 와중에서 하나님의 말씀에는 유의하지 않았기 때문이다.

그리고, 모든 법률을 위반했을 뿐 아니라, 수치심은 아예 없이 마구잡이로 이기적이며 야심에 가득 차서 인간의 산물과 하나님의 것을 뒤섞고 혼동하는 감독들은 왜 현재 그것을 원상태로 옮기지 않는가? 자기 양무리는 하나도 돌보지 않으며, 적의 전리품을 탈취하듯 교회의 재산을 점거했으며, 소송의 수단을 써서 그것을 획득했으며, 돈 주고 샀으며, 비열하게 알랑거려서 얻었으며, 제대로 종알거릴 수도 없는 어린아이들처럼 삼촌들이나 친척들로부터 일종의 유산으로서 그것을 받았던 자들을 "교회의 목자들"이라고 부르는 것을 듣고도 참을 수 있는가!

이들과 마찬가지로 타락하고 불법적인 평신도들의 방종도 이 정도까지 간적이 있었던가? 우리 시대의 이런 교회의 면모를 사심 없는 눈으로 주시할 수 있는 사람들이, 교회를 회복할 수 있는데도 그것을 등한히 하고 모든 잔학상을 간과한다면, 그들은 잔인하고 사악한 사람들인 것이다.

64. 이제 장로들의 임명에서 이차적인 것, 즉 그들의 장립식 때 어떤 의식을 치러야 하는지에 관해서 고찰해 보자. 복음을 전파하라고 사도들을 파송하셨을 때, 주께서는 그들에게 숨을 내쉬셨다(요 20:22). 이 상징을 통하여 그는 그들에게 주신 성령의 능력을 표현해 보이셨다. 이 수완좋은 사람들은 이 취입법을 존속시켜서, 마치 자기들의 목에서 성령을 불어내는 것처럼, 그들이 만들어 내는 젊은 사제들에게 "성령을 받으라"(요 20:22)고 중얼거린다.

그들이 터무니없이 위조하지 않는 것은 하나도 없다. 나는 나름대로 이유와 뜻이 있는 몸짓을 하는 배우들을 두고 하는 말이 아니라, 무엇이든지 구별하지 않고 마구 흉내내는 원숭이 같은 이들을 말하는 것이다. 우리는 주님이 보이신 모범을 보존하고 있다(고 그들은 말한다). 그러나 주께서 하신 일 중에서 많은 것은 우리에게 본받으라는 뜻으로 하신 것이 아니다.

주께서는 제자들에게 "성령을 받으라"(요 20:22)고 말씀하셨다. 또 나사로에게는 "나사로야 나오라"(요 11:43)고 말씀하셨다. 중풍병자에게는 "일어나 걸어 가라"(마 9:5; 참조. 요 5:8)고 하셨다. 그들은 왜 죽은 사람들과 중풍병자들에게는 이 같은 말을 하지 않는가? 주께서는 사도들에게 숨을 내쉬셔서 그들을 성령의 은사로 가득 채워 주심으로써 자신의 신적 능력을 증거해 보이셨다. 그들도 이것을 하려고 한다면, 이는 하나님과 맞먹으려는 것이며 도전하는 것과 마찬가지이지만, 효력도 없을 뿐더러 무능한 몸짓으로 그리스도를 희롱할 뿐이다. 참으로 그들은 자기들이 성령을 준다고 확언할 만큼 뻔뻔스럽다.

그러나 그것이 얼마나 올바른가 하는 것은 경험이 입증해 준다. 사제로 성별된 사람들은 모두 말(馬)이었다가 나귀로 변하고, 바보였다가 미치광이로 변한다는 것을 경험적으로 여실히 알 수 있다. 그럼에도 불구하고, 내가 그들과 싸우고자 하는 것은 이 문제가 아니다. 단지 의식 자체를 반대하는 것이다. 그리스도께서는 특별한 이적의 상징으로서 그렇게 하신 것이므로, 본받아서 그대로 하는 것이 아니었다. 그리스도를 따른다는 구실은 결코 그들의 주장에 대한 정당한 변호가 될 수 없다.

끝으로, 그들은 누구에게서 도유법을 배웠는가? 그들은 이 사제직의 근원인 아론의 아들들에게서 그것을 물려 받았다고 대답한다. 그들은 참 끊임없이 해당되지도 않는 선례를 가지고 변명하기를 잘해서, 그들이 경솔하게 사용하는 것이 자기들이 고안해 낸 것이라고 고백하지는 않는다. 그러나 그들이 아론의 아들들의 계승자라고 자칭한다면, 그들은 그리스도의 제사장직을 침범하고 있음을 깨닫지 못한다는 말이 된다. 왜냐하면 고대의 모든 제사장직은 오직 그리스도의 제사장직을 예시하고 예표했기 때문이다.

그러므로 우리가 이미 여러 번 말했고, 또 주석을 볼 필요도 없이 히브리서 자체가 증거하듯이, 그리스도 안에 모든 제사장직이 포함되었고 완성되었으며 그 안에서 폐지되었다. 그러나 만약 그들이 모세의 의식법을 그렇게 좋아한다면, 왜 수소와 송아지와 어린 양을 제물로 바치지 않는가? 실로 그들은 고대의 장막과 전체 유대교적 예배 중에서 상당 부분을 고수하고 있지만, 송아지나 수소 제물을 바치지 않는 것이 그들 종교의 결점이다. 이 도유식을 행하는 것이 할례를 행하는 것보다 훨씬 더 위험하다는 것을 누가 깨닫지 못하겠는가? 특히 행위의 가치에 대한 바리새적 관념이나 미신을 첨가할 때 더욱 위험하다. 유대인들은 의의 보증에 대한 근거를 할례에 두었고, 이 사람들은 도유식에 영적 은사가 있다고 한다.

이것은 참으로 씻을 수 없는 특성을 새기는 거룩한 기름(이것이 하나님을 기쁘시게 한다면)이라는 것이다. 마치 기름이 먼지나 소금으로 또는 (더 진하게 발라졌다면) 비누로 씻겨지지 않기라도 하는 것처럼! 그러나 그 특성은 영적인 것이라고 그들은 우리에게 말한다. 기름이 영혼과 무슨 관계가 있는가? 그들은 자기들이 흉내낸 아우구스티누스의 말을 잊었는가? "물에서 말씀을 제거한다면 그것은 단지 물일 뿐이다. 그러나 물을 성물로 만드는 것은 말씀이다."

그들은 어떤 말씀을 기름에 덧붙여 내보일 것인가? 모세는 아론의 아들들에게 기름 바르라는 명령을 받았다고 할 것인가(출 30:30; 참조. 출 28:41; 29:7)? 그 뿐 아니라 모세는 또 아론을 장식할 속옷과 에봇과 관과 거룩한 관에 대해서(레 8:7, 9), 그리고 아론의 아들들이 입을 관에 대해서(레 8:13) 명령을 받았다. 그는 수송아지를 죽여 그 기름을 불사르는 것에 대해서(레 8:14-16), 숫양을 죽여 불사르는 것에 대해서(레 8:18-21), 다른 숫양의 피로 그들의 귓부리와 옷을 성별하는 것에 대해서(레 8:22-24), 그리고 무수한 다른 의식들에 관해서도 명령을 받았다.

그들은 이런 것들을 간과하면서, 어떻게 기름 바르는 것만을 좋아하는지 참 놀랍다. 그러나 그들이 뿌림받기를 원한다면, 왜 피로 하지 않고 기름으로 뿌림받는가? 확실히 그들은 교묘한 일을 하려고 한다. 즉 기독교와 유대교와 이교를 한데 묶어서 한 종교를 만들려고 하는 것이다. 그러므로 그들이 바르는 기름은 소금인 하나님의 말씀을 결여하고 있기 때문에 악취가 난다.

65. 남은 것은 **안수례**인데, 이것은 사도들이 항상 어떤 사람에게 교회 사역을 맡길 때 시행했던 것이 분명하다. 이런 식으로 바울은 디모데가 감독으로 장립받을 때, 장로회가 그에게 한 안수를 "안수식"이라고(딤전 4:14) 칭했던 것이다. 나는 이 구절에 있는 "장로회"를 어떤 사람들이 장로들의 회합이라는 의미로 해석한다는 것을 알고 있지만, 또한 그것을 더욱 단순하게 목회자들의 회합으로 이해할 수 있다고 본다.

내가 판단하건대 이 의식은 히브리인들이 축복받고 신성해지기를 원하는 것에 안수함으로써 하나님께 드렸던 이 관습에서 유래되었다. 야곱이 에브라임과 므낫세를 축복하려고 그들의 머리에 손을 얹었던(창 48:14) 그런 종류였다. 유대인들은 이런 의미로 율법의 지시에 따라 그들의 제물에 안수했다고(민 8:12; 27:23; 레 1:4; 3:2; 8:13; 4:4, 15, 24, 29, 33 등) 나는 생각한다. 따라서 사도들도 그들이 안수하고 있는 그 사람을 하나님께 드린다는 것을 이 안수로써 나타내었다.

그런데 무엇이라고 하는가? 사도들이 율법의 그림자를 추구하고 있었다는 말인가? 전혀 그렇지 않다. 그러나, 그들이 안수법을 사용함으로써, 아무런 미신적 의미가 없는 이 상징을 채택하였음을 보여주었다. 왜냐하면, 그들은 성령이 주께로부터 오셔서 임하시기를 위하여 기도해 주고 있는 사람에게 안수했으며, 성령께서는 그들로부터 오시는 것이 아니라 하늘에서 강림하신다는 것을 가르치기 위하여, 성령을 이러한 상징으로써 나타냈기 때문이다. 요컨대 그것은 그들이 위하여 성령의 은사를 간청하고자 했던 그 사람을 주께 위탁한다는 것을 의미하는 상징이었다. 그것은 주를 기쁘시게 했으므로, 그들의 사역을 통해 은사를 나누어 주셨던 것이다.

그러나, 그것이 어떠했든지 간에 완전히 그것을 성례로 여겼던가? 사도들이 무릎을 꿇고 기도했으므로(행 7:60; 9:40; 20:36; 21:5; 26:14), 사람들이 무릎 꿇으면 그것이 성례가 될 것인가? 제자들이 동쪽을 향해 기도했다고 말한다면, 우리도 동쪽을 보면 성례가 되어야 할 것이다. 바울은 사람들이 각처에서 거룩한 손을 들기를 원하고 있다(딤전 2:8). 이것은 거룩한 사람들이 종종 손을 들고 기도했다는 사실(시 63:4; 88:9; 141:2; 143:6)을 상기시켜 주는데, 그렇다면 팔을 뻗치는 것 또한 성례가 되어야 할 것이다. 결국 성인들의 몸짓은 모두 성례가 될 판이다.

일단 싸움은 접어두고, 나는 우리가 이 예식을 어떤 용도로는 사용하지 말아야 하는가에 대해 간략하게 살펴보고자 한다. 만약, 우리가 사도들이 했던 그대로 성령의 은사를 수여하기 위한 목적으로 안수법을 사용한다면, 어리석은 행위를 하는 것이다. 왜냐하면, 이 신비는 주께서 우리에게 위탁하신 것도 아니요, 그가 상징으로서 제정하신 것도 아니기 때문이다.

그러나, 교황과 그의 총신들은 부단히 이 돌을 굴린다. 우리가 그들의 견진례를 다룰 때 충분히 논의했듯이, 마치 그들은 그런 표징으로 자기들이 성령을 수여한다고 믿기라도 하는 것 같다. 그러나, 만약 주교로 세움 받은 사람이 교회가 보는 중앙에 서서, 이 직분에 관한 설명을 들으며, 기도받고 장로들의 손으로 안수 받으며(자신을 목자로 하나님께 바친다는 것을 느끼도록 하는 것 외에는 아무 의식도 없이), 교회는 공중 기도로써 그를 하나님께 위탁한다고 한다면, 온전한 사람은 그런 안수에 찬성해 마지 않을 것이다.

66. **집사직의 기원과 임명, 그리고 직분**에 대해서는 사도행전에서 누가가 언급하고 있다(행 6:3). 헬라파 유대인들이 자기들의 과부들이 가난한 자들에 대한 구제에서 제외되고 있다고 소문냈을 때, 사도들은 두 가지 역할(말씀 전파와 재정출납)을 다 하기란 어렵다고 말하면서, 이 일을 맡길 수 있는 정직한 사람 일곱을 선택하도록 회중에게 요청했다(행 6:1 이하). 이것이 가난한 자들을 돌아보고 그들의 구제를 관리하는 집사의 직분이며, 이로부터 집사직의 명칭이 생겼다. 그래서, 그들을 대행자라고 부르기도 하는 것이다.

그 다음에 누가는 집사의 제도에 관한 설명을 덧붙였다. 사도들이 보는 앞에서 회중들이 뽑고 세운 자들에게 사도들은 기도하고 안수했다고(행 6:6) 그는 말한다. 오늘날 교회가 이런 집사들을 가지기를, 또 이런 예식 즉 안수로써 그들을 임명하기를 원한다. 이 점에 관해서 우리는 충분하리 만큼 말했다. 바울도 집사직에 대해 말하면서 바라기를, 집사들은 단정하고 일구이언하지 않고 술에 인박이지 않고 더러운 이익을 탐하지 않고 믿음이 견고하며(딤전 3:8-9) 한 아내의 남편이 되어 자녀와 자기 집을 잘 다스리는 자들(딤전 3:12)이어야 한다고 했다. 이 사람들이 고안해 낸 부제(집사: deacon)들과 이 집사직은 비슷한 데가 있는가?

나는 지금 사람들 자체에 관해서 말하고 있는 것이 아니라(내가 사람들의 결점만 보고 그들의 교리를 불공평하게 판단한다고 그들이 불평할까봐), 우리의 논적들이 그들의 교리에 있다고 내보이는 바로 이 사람들에 대한 증거를, 사도 시대의 교회가 집사로 임명한 사람들에게서 찾는 것은 비열한 짓이라고 주장하려는 것이다. 그들이 말하는 부제의 직책이란 "사제들을 도우며, 성례 때에 필요한 모든 일 즉 세례와 성유와 성반과 성배의 일을 집행하며, 예물을 가져다가 성단에 놓으며, 성찬상을 준비해서 덮으며, 십자가를 들고 신자들에게 복음서와 서신들을 읽어 들려 주는 일을 하는 것"이라고 한다. 여기에 집사의 참된 사역에 대한 말은 한 마디라도 있는가?

이제 그들을 임명하는 절차를 알아보면, "부제를 임명할 때는 주교만이 그에게 안수한다. 즉 주교는 영대(領帶), 즉 피임명자의 왼쪽 어깨에 법의를 얹어서 그가 주의 가벼운 멍에를 받았다는(마 11:30) 사실을 깨닫도록 한다. 이렇게 함으로써, 그는 자기의 왼쪽 편에 속한 것들을 하나님을 경외하는 일에 바치게 된다. 주교는 복음서를 그에게 주어, 그가 복음의 선포자임을 자각하도록 한다." 이 모든 것이 집사직과 무슨 상관이 있는가?

가톨릭 교회는 사람들을 뽑아 놓고는 결국 향을 피우고 성상의 먼지를 털며, 교회를 청소하고 쥐를 잡고 개를 쫓는 일만 시키면서 마치 이들을 사도들로 임명한 것처럼 행동한다. 누가 이런 사람들을 사도라고 부르며, 그리스도의 사도들과 감히 비교하는 것을 용납할 수 있겠는가? 그러므로 이후로 그들은 실속 없이 허례로 임명했을 뿐인 이 사람들을 집사들이라고 속이지 말아야 한다. 그들은 심지어 이 사람들을 레위족이라 부르며, 레위의 아들들을 이들의 근원과 시조로 삼는다. 그들이 레위족의 의식과 모세 율법의 그림자에 복귀하고 있다고 확언한다면(사실이다), 나는 바로 이것이 그리스도를 부인하는 것이라고 생각한다.

67. 이제 신품성사에 대해 어떻게 생각해야 하는가의 문제를 한 번 정립해 보자. 위에서 이미 설명했으므로, 더 길게 되풀이할 필요는 없다. 온건하고 배우기를 잘하는(내가 가르친 그대로) 사람들에게는 이것으로 충분할 것이

다. 즉 의식이 말씀과 결부되어 있지 않는 곳에는, 아니 오히려 말씀이 의식에서 발견되지 않는 곳에는 하나님의 성례도 없다. 이런 의식에서는 명확한 약속은 한 구절도 찾아볼 수 없으므로, 말씀을 확인하기 위해서 의식을 조사해 보는 것은 무익하다. 다시 말해서, 하나님께서 지정하신 의식에 대해서는 찾을 수 없는 것이다. 그러므로 어떤 성례도 있을 수 없다.

E. 혼인성사

68. 마지막 성사는 혼인성사이다. 모든 사람이 결혼은 하나님께서 제정하셨다고(창 2:21-24; 마 19:4 이하) 인정하지만, 그레고리우스 시대까지는 이 것을 성례로서 집행하는 것을 본 사람은 없었다. 또 건전한 사람이라면 누가 이렇게 생각했겠는가? 결혼은 하나님께서 정하신 선하고 거룩한 의식이며, 농사와 건축과 구두 수선과 이발도 하나님께서 정하신 합법적인 것이지만, 이 모두가 성례는 아니다. 왜냐하면 성례는 하나님의 사역이어야 하는 동시에, 약속을 보증하기 위해서 하나님께서 지정하신 외형적 의식이 구비되어야 하기 때문이다. 결혼에는 이런 것이 없다는 사실을 아이들까지도 다 알고 있을 것이다.

69. 그러나 그들은 이것이 "신성한 것, 즉 그리스도와 교회의 영적인 연합의 표징"이라고 말한다. 만약 그들이 우리의 믿음을 확립하기 위해서 하나님께서 우리 앞에 세워 두신 상징을 "표징"이라고 해석한다면, 그들은 아주 오해하고 있는 것이다. 또 만약 그들이 "표징"을 비교하기 위해 인용한 것이라고 이해한다면, 나는 그들이 얼마나 지나치게 추론하는가를 보여주겠다. 즉 바울은 "별과 별의 영광이 다르도다. 죽은 자의 부활도 이와 같으니"(고전 15:41-42)라고 말한다. 여기서 성사가 하나 생긴다. 그리스도께서는 "천국은 겨자씨 한 알 같으니"(마 13:31)라고 말씀하신다. 여기서도 성사가 하나 생긴다. 또 "천국은 누룩과 같으니라"(마 13:33)고 말씀하신다. 셋째 성사이다. 이사야는 "보라 주 여호와께서 … 목자 같이 양 떼를 먹이시며"(사 40:10-11)라고 말한다. 넷째 성사이다. 다른 곳에서 이사야는 "여호와께서

용사 같이 나가시며"(사 42:13)라고 한다. 이것은 다섯째 성사이다. 도대체 어디서 끝날 것이며 어디서 마칠 것인가? 이런 식으로 설명한다면, 성례가 아닌 것이 없을 것이다. 성경에 있는 비유와 직유의 수만큼이나 많은 성례가 있게 될 것이다. "주의 날이 도둑 같이 임하리니"(살전 5:2)라고 하였으므로, 심지어 도둑질도 성례가 될 것이다. 이 궤변가들이 이렇게 무식하게 지껄이는 것을 누가 참고 있겠는가?

우리가 포도나무를 볼 때마다, "나는 포도나무요 너희는 가지라"(요 15:5), "내 아버지는 농부라"(요 15:1)고 하신 그리스도의 말씀을 연상하는 것은 썩 좋은 일이다. 양 떼를 거느린 목자와 마주칠 때마다 "나는 선한 목자라"(요 10:14), "내 양은 내 음성을 들으며"(요 10:27)라는 말씀을 생각하는 것 또한 좋다. 그러나 이런 비유들을 성례에 포함시키는 사람은 정신병원으로 보내야 한다.

70. 그러나 그들은 바울의 말로써 우리를 공격한다. 바울이 결혼에 "성례"(=비밀)라는 말을 적용시켰다는 것이다. "자기 아내를 사랑하는 자는 자기를 사랑하는 것이라 누구든지 언제나 자기 육체를 미워하지 않고 오직 양육하여 보호하기를 그리스도께서 교회에게 함과 같이 하나니, 우리는 그 몸의 지체임이라 그러므로 사람이 부모를 떠나 그의 아내와 합하여 그 둘이 한 육체가 될지니 이 비밀(sacrament)이 크도다. 나는 그리스도와 교회에 대하여 말하노라"(엡 5:28-32).

그러나 성경을 그렇게 다루는 것을 땅과 하늘을 섞는 것과 같다. 바울은 결혼한 남자들이 자기 아내를 깊이 사랑하도록 권고하기 위하여 그리스도를 모범으로 제시하는 것이다. 바울은 그리스도께서 신부로 택하신 교회에 거룩한 연민을 쏟으시는 것과 같이, 모든 사람이 자기 아내를 사랑하기를 바라고 있기 때문이다. 그래서 "자기 아내를 사랑하는 자는 자기를 사랑하는 것이라 … 그리스도께서 교회에게 함과 같이 하나니"(엡 5:28-29)라는 말씀이 곧 이어지는 것이다.

또 그리스도께서 어떻게 교회를 자기 몸 같이 사랑하셨는가, 아니 어떻게 신부인 교회와 자신을 하나되게 하셨는가를 가르쳐 주기 위하여, 아담이 바로 자기 자신에 대해 말했다고 모세가 언급한 바 있는 것을 여기서는 바울이 그리스도에게 적용하고 있다. (자기의 갈빗대로 만들어진) 하와가 자기 눈앞에 나타났을 때, 아담은 "이는 내 뼈 중의 뼈요 살 중의 살이라"(창 2:23)고 말했기 때문이다.

바울은 우리가 그리스도의 몸과 살과 뼈의 지체이며 그와 한 살이 되었다고 함으로써, 이 모든 것이 그리스도 안에서와 우리 안에서 영적으로 실현되었다고 천명한다. 마지막으로, 그는 압축하여 "이 비밀이 크도다"라고 덧붙인다. 그리고 아무도 오해하여 속지 않도록 하기 위하여, 그는 자기가 남녀의 육체적 결합에 대해서 말하는 것이 아니라, 그리스도와 교회의 영적 혼인에 대해서 말하는 것이라고 설명한다.

그리스도께서 자신의 갈빗대를 떼어서 우리를 만들게 하셨다는 것은 참으로 큰 비밀이다. 즉 그가 강하셨을 때에, 그의 힘으로 우리를 강하게 하기 위하여 그는 기꺼이 약해지셨다. 그리하여 이제 우리 자신이 사는 것이 아니라, 그가 우리 안에서 사시는 것이다(갈 2:20).

그들은 "sacrament"라는 용어 때문에 속았다. 그러나 그들의 무지에 대한 벌을 온 교회가 받았던 것이 옳았는가? 바울은 "mystery"(비밀)라고 말했다. 번역자는 이 말이 라틴인들이 듣기에는 생소하지 않은 것이므로, 그대로 두든지 아니면 "secret"라고 번역할 수 있었을 것이다. 그는 "sacrament"란 말을 채용했으나(엡 5:32), 바울이 사용한 헬라어 "mystery"란 말과 같은 뜻으로 사용했다.

이제 그들로 하여금 가서 부족한 어학실력에 대해 시끄럽게 불평하도록 하라. 그들은 어학에 대해 무지했기 때문에, 누구나 알 수 있는 쉽고 분명한 문제를 그렇게 오랫동안 창피스럽게도 속아 온 것이다. 그러나 그들은 왜 이 한 군데에서는 "sacrament"란 말을 그렇게 끈덕지게 고집하면서, 다른 경우에는 무시하는가? 디모데전서와(딤전 3:9) 에베소서에서도(엡 1:9; 3:3, 9) 라틴역 성경의 번역가는 일괄적으로 sacrament를 "mystery"로 사용했다.

71. 그러나 그들의 이 실수를 용서해 주라. 거짓말쟁이들은 적어도 기억력이라도 좋아야 한다.

그러나 그들은 혼인에 성례라는 칭호를 붙여 장식해 놓고, 나중에는 이것을 불결과 타락과 육적인 부정이라고 부르는 것은 도대체 무슨 경거망동인가? 사제들을 이 성례에서 제외하는 것은 어처구니없는 일이다! 만약 그들이 사제들을 이 성례에서 제외시키는 것이 아니라, 성적 결합의 색욕을 막는 것이라고 말한다면, 그들은 실수로 하는 말이 아니다. 왜냐하면 성적 결합 자체가 성례의 한 부분이며, 그것만이 우리와 그리스도의 연합에 대한 자연에 합치하는 비유라고 그들이 가르치기 때문이다. 남자와 여자는 육체적 결합에 의해서만 한 몸이 되기 때문이라고 한다.

그러나 그들 중에서 어떤 사람들은 여기서 두 가지 성례를 발견했다. 하나는 신랑과 신부의 관계에서 발견한 하나님과 영혼의 성례이고, 다른 하나는 남편과 아내의 관계에서 발견한 그리스도와 교회의 성례이다. 그래도 성교는 여전히 성례라고 하면서, 어떤 그리스도인에게 이것을 금하는 것은 부당하다. 그렇지 않다면, 아마 그리스도인의 성례는 서로 맞지 않아서, 그들도 일치할 수 없게 되었을 것이다.

그들의 대단한 교리에는 또 다른 불합리한 것도 있다. 그들은 성례에서 성령을 받는다고 주장하며, 성적 결합을 하나의 성례라고 가르친다. 그런데도 성적 결합에는 성령이 임재하지 않는다고 한다. 그들은 한 가지만으로 교회를 희롱하지 않고, 이 오류에 얼마나 많은 오류와 거짓말과 사기와 비행을 첨가했는가?

그래서 그들이 혼인을 성례로 만들었던 것은, 말하자면 결국 추악의 소굴을 얻으려고 했던 것에 불과했다. 그들은 일단 혼인을 성례로 만들고 나서, 혼인에 관계되는 문제들을 떠맡아서 다루었다. 혼인은 영적 문제이므로 세속 법관이 관여할 수 없다는 것이었다. 그 다음에 그들은 법을 만들어서 그 법으로 그들의 횡포를 강화하였는데, 어떤 법은 노골적으로 하나님께 대해 불경건한 것이었고, 어떤 법은 사람에 대해서 몹시 불공정한 것이었다.

대강 이런 것들이다. 부모의 승낙 없이 미성년자들이 혼인한 것은 그대로 인정되어야 한다는 것이다. 또 친척끼리의 혼인은 7촌까지라도 불법이고, 결혼했다면 취소해야 된다고 한다. 그들은 모든 민족의 법과 모세의 법과 모세의 규례에도(레 18:6 이하) 반대되는 촌수를 지어낸다. 간음한 아내를 버린 사람은 재혼할 수 없으며, 대부 · 대모는 서로 혼인할 수 없고, 칠순절부터 부활절 후 8일까지, 요한의 탄생일 전의 3주간, 그리고 강림절부터 예수 공현 축일까지는 혼인할 수 없으며, 이 밖에도 이루 다 헤아릴 수 없을 만큼 많은 규정들이 있다.

　내가 생각했던 것보다 더 오래 그들의 진창에 빠져 있었으므로, 이제는 빠져나가야겠다. 그러나 나는 이 나귀들에게서 사자의 가죽을 벗기는데 조금은 성공했다고 믿는다.

제 6 장

기독교인의 자유, 교회의 권세, 그리고 정치 조직

A. 기독교인의 자유

1. 이제 우리는 기독교인의 자유에 관하여 논의해야겠다. 복음을 요약하여 가르칠 때도, 이 문제에 대한 설명을 생략해서는 안 된다. 이것은 꼭 필요한 문제이며, 이에 대한 지식이 없으면 양심은 거의 매사에 망설이게 된다. 자주 주춤거리고 지체하거나, 항상 동요하고 걱정하게 된다. 그러나 여기서는 (앞에서 가볍게 언급했지만) 이에 대해 충분히 논의할 수 없다. 왜냐하면, 기독교인의 자유에 관하여 운을 떼기 시작하면 곧 격분이 들끓거나 북새통이 벌어지거나, 그렇지 않으면 이 변덕스런(혹은 최상의 것들을 최악의 것으로 변질시키는) 이들이 즉시로 대항하기 때문이다.

어떤 사람들은 이 자유를 핑계삼아 하나님께 대한 순종을 모조리 팽개쳐 버리고 걷잡을 수 없는 방종으로 뛰어든다. 또 어떤 사람들은 이런 자유가 절제와 질서와 사물의 분별 모두를 말살시킨다고 생각하면서 이를 무시한다. 이와 같은 난관에 가로막혀 있는 우리가 여기서 무엇을 할 수 있겠는가? 기독교인의 자유와는 작별함으로써 이런 위험에 빠질 소지를 없앨 것인가?

그러나 이미 말했듯이, 이 자유에 대해서 알지 못하면, 그리스도도 복음 진리도 올바르게 알 수 없다. 오히려 우리는 필요불가결한 교리의 일부분이 삭제당하지 않도록 주의해야 함과 동시에 보통 이로부터 발생하는 저 황당한 이의들을 경계해야 한다.

2. 내 생각으로는 기독교인의 자유는 세 부분으로 구성되어 있다고 본다.

첫째, 신자의 양심은 하나님 앞에서 자신의 칭의에 대한 확신을 찾는데 있어서 일체의 율법적 의를 잊어버리고, 율법을 넘어서야 하며 그 범위를 능가해야 한다. 왜냐하면 우리가 다른 데서 설명했듯이, 율법은 어느 누구도 의롭게 하지 못하므로, 우리가 모든 칭의에의 희망으로부터 끊어지든가 아니면 그로부터 자유로워져야 하기 때문이다. 그리고 실로 이런 방식으로 행위에 대한 고려를 전혀 할 수 없다. 왜냐하면, 의롭다 함을 얻기 위해서는 웬만큼의 행위를 수반해야 한다고 생각하는 사람은 그 행위의 척도나 한계를 정하지 못하고 오히려 스스로를 율법 전체에 대해 빚진 자로 만들어 버리기 때문이다.

그러므로 우리가 칭의를 논의할 때는, 율법에 대한 언급은 배제하고 행위에 대한 고려도 모두 버려두고 하나님의 자비만을 붙잡고, 자기 자신들로부터 눈을 돌려 그리스도만 바라보아야 한다. 문제는 우리가 어떻게 의롭게 될 수 있는가에 있지 않고, 불의하고 무가치한 우리가 어떻게 의롭다고 여겨질 수 있는가에 있기 때문이다.

만약 양심이 이 문제에서 어떤 확신을 얻기를 바란다면, 율법에 대해서는 아무런 여지를 주어서는 안 된다. 이로부터 어떤 사람도 정당하게 율법은 신자들에게 불필요한 것이라고 결론지을 수 없다. 왜냐하면, 하나님의 심판대 앞에서는 율법이 신자들의 양심에서 아무 몫도 차지하지 않는다 해도, 그것은 부단히 그들을 가르치고 권면하여 선을 행하도록 촉구하기 때문이다.

이 두 가지는 완전히 다른 것이므로, 우리는 올바르고 양심적으로 이 둘을 구별지어야 한다. 그리스도인들의 전 삶은 경건의 연습과 같은 것이 되어야 하는데, 이는 우리가 성결을 위하여 부름받았기 때문이다(살전 4:7; 참조. 엡 1:4; 살전 4:3). 율법의 기능은 사람들에게 자신의 본분에 대해 상기시켜서, 경건과 순결을 추구하도록 일깨우는 바로 이것이다. 그러나 양심이 하나님의 심판대 앞에 호출 받았을 때, 어떻게 하나님을 기쁘시게 할까, 무엇이라고 응답할까, 그리고 어떤 확신으로 설 것인가를 고민할 때, 거기에서 우리는 율법이 요구하는 바를 고려하지 말고 율법의 완성을 초월하신 그리스도만을 의로써 내보여야 한다.

갈라디아서의 거의 전 요지가 이 점에 귀착된다. 여기서 바울은 의식(儀式)으로부터의 자유에 관해서만 논한다고 가르치는 자들은 어리석은 해석자들이라는 것을 그가 논하는 구절들로서도 증명할 수 있다. 이 구절들은 다음과 같다. "그리스도께서 우리를 위하여 저주를 받은 바 되사 율법의 저주에서 우리를 속량하셨느니라"(갈 3:13).

또 "그리스도께서 우리를 자유롭게 하려고 자유를 주셨으니 그러므로 굳건하게 서서 다시는 종의 멍에를 메지 말라. 보라 나 바울은 너희에게 말하노니 너희가 만일 할례를 받으면, 그리스도께서 너희에게 아무 유익이 없으리라 내가 할례를 받은 각 사람에게 다시 증언하노니 그는 율법 전체를 행할 의무를 가진 자라. 율법 안에서 의롭다 함을 얻으려 하는 너희는 그리스도에게서 끊어지고 은혜에서 떨어진 자로다"(갈 5:1-4) 이 구절들은 확실히 의식의 자유보다 더욱 고상한 무엇을 포함하고 있다.

3. 첫 번째 부분에 의존하고 있는 둘째 부분은, 양심이 율법을 준수한다는 것이다. 이는 마치 율법의 필요 때문에 부득이 하게 하는 그런 것이 아니라, 율법의 멍에로부터 해방되어 하나님의 뜻에 자발적으로 순종하는 것이다. 양심이 율법의 지배를 받는 동안에는 끊임없이 공포를 느끼므로, 이미 이런 자유를 받지 않았다면, 양심은 결코 하나님께 선뜻 그리고 쉽게 순종할 수 없을 것이기 때문이다.

예를 들어보면, 우리는 그 뜻을 더욱 간단명료하게 알게 될 것이다. 율법의 계명은 "우리는 마음을 다하고 뜻을 다하고 힘을 다하여 우리 하나님을 사랑해야 한다"(신 6:5)는 것이다. 이를 이행하기 위해서는, 우리의 영혼이 우선 다른 모든 감정과 생각을 배워야 하고, 우리의 마음은 모든 욕망을 씻어내야 하고, 또 우리의 힘은 이 한 가지 점에 모아져 집중되어야 한다.

주의 도에 있어서 다른 사람들보다 훨씬 앞서 온 사람들도 아직 그 목표와는 멀리 떨어져 있는 것이다. 왜냐하면, 그들이 절절한 마음으로 깊이 하나님을 사랑한다고 해도, 아직까지 그들의 마음과 영혼의 대부분은 육욕에 사로잡혀 있기 때문이다. 이 욕망 때문에 하나님께 전 속력으로 나아가지 못하고 지체하는 것이다. 참으로 그들은 용맹스럽게 투쟁하지만 한편으로는 육욕이 그들의 힘을 약화시키기도 하고, 또 한편으로는 그 자체를 위해 그 힘을 몽땅 쓰기도 한다.

그들이 율법을 지키는 것보다 더 불가능한 것은 없다고 느낄 때, 여기서 그들은 무엇을 할 수 있겠는가? 그들은 결심하고 열망하고 노력하지만, 응분의 완성은 전혀 이루어지지 않는다. 만약 율법을 유심히 본다면, 그들이 시도하고 작정하는 일은 무엇이든지 저주받고 있음을 알 것이다. 그리고 어떤 사람도 자신의 행위가 불완전하기 때문에 전적으로 악한 것은 아니라고 하거나, 불완전함에도 불구하고 하나님께서는 그 안에서 받아 주실 만한 것을 찾아내신다고 결론지음으로써 스스로를 기만할 근거는 없다. 완전한 사람을 요구하고 있는 율법은 모든 불완전을 정죄하기 때문이다.

그러므로, 그에게 자기 행위를 숙고해 보도록 하라. 그 행위로 그는 어느 정도 선하다고 인정받기를 원했고, 또 불완전하다는 그 이유 때문에 그 행위가 율법을 위반하였다는 사실을 바로 그 행위를 통하여 알게 될 것이다.

만약 우리의 모든 행위들이 율법의 기준에 따라 측정된다면, 이것들이 어떻게 율법의 저주 아래 있는가를 보라! 그러면 오직 저주를 받을 뿐이라고 예상하고 있는데서, 어떻게 비참한 영혼들이 일하려고 열심히 준비하겠는가? 그러나 만약 그들이 이 엄중한 율법의 요구로부터, 아니 오히려 율법 전체의 가혹함으로부터 해방되어 아버지 같은 자애로움으로 우리를 부르시는 하나님의 음성을 듣는다면, 그들은 기운차고 열렬하게 그의 부르심에 응답할 것이며, 그의 인도를 따를 것이다.

요컨대, 율법의 멍에에 얽매인 자들은 주인에게서 매일매일의 일거리를 할당받는 종과 같다. 이 종들은 자기들이 아무것도 이루지 못했다고 생각하며, 주어진 만큼의 일을 정확하게 완수하지 않으면 주인 앞에 나타나지 않으려고 한다. 그러나 자기 아버지에게서 더욱 관대하고 스스럼없이 대우받는 아들들은 불완전하고 모자라고 심지어 결함이 있는 일이라도, 내보이기를 주저하지 않는다. 이는 비록 아버지가 바란 만큼 이루지는 못했더라도, 그들의 순종과 자원하는 심정을 받아 주실 것이라고 믿기 때문이다. 우리는 우리의 봉사가 아무리 사소하고 조잡하고 불완전해도 지극히 자비로운 성부께서 받으실 것임을 굳게 믿고 있는 그런 자녀들이 되어야 한다.

그리고 우리는 상당한 정도로 이 확신을 필요로 하는데, 그 이유는 확신이 없이 우리가 시도하는 모든 것은 헛될 것이기 때문이다. 하나님께서는 우리가 진정으로 그를 경외하는 마음으로 행하지 않으면, 우리가 하는 어떤 일도 그를 높일 수 없다고 보시기 때문이다. 그러나 우리의 행위가 하나님을 노엽게 하는지 영광스럽게 하는지 의심하고 있는 이 모든 공포 가운데서 어떻게 하나님을 섬길 수 있을 것인가?

그리고 이것은 히브리서 저자가 (우리가 읽듯이) 오직 거룩한 선진들의 모든 선한 행위들만을 믿음과 관련짓고 믿음이라고 평가하는(히 11:2 ff.; 11:17 등) 이유이다. 로마서에는 이 자유에 관한 유명한 구절이 있다. 거기서 바울은 우리가 율법 아래 있지 않고 은혜 아래 있기(롬 6:14) 때문에, 죄가 우리를 지배하지 못한다고(롬 6:12과 6:14 융합) 논증한다.

그가 신자들에게 "죄가 너희 죽을 몸을 지배"하지 못하게 하며(롬 6:12), 또 그들의 "지체를 불의의 무기로 죄에게 내주지" 말고, 죽은 자 가운데서 다시 산 자 같이 하나님께 그들의 몸을 "드리며", "너희 지체를 의의 무기로 하나님께 드리라"(롬 6:13)고 권면하였다. 그러나 그들이 아직 그들의 육욕과 탐욕의 짐에 눌렸고 죄가 그들 속에서 머물고 있다는 사실에 반대할 수 있었으므로, 바울은 율법으로부터의 자유에서 연유한 이 위안을 마치 이렇게 말하듯 덧붙인다.

"죄가 파멸되었다거나 의가 그들 속에 거하고 있다는 사실을 그들이 아직 충분히 느끼지 못한다 하더라도, 하나님께서 죄의 잔재 때문에 계속해서 노하시는 것처럼 마음으로 두려워하거나 낙심할 이유는 전혀 없다. 은혜로 말미암아 율법에서 해방되었으므로 그들의 행위가 율법의 기준에 따라 측정될 수 없다는 사실을 알면 된다."

우리가 율법 아래 있지 않으므로 죄를 범해도 된다고 추론하는 자들은 이 자유가 그들과는 아무 상관 없다는 것을 알아야 한다. 율법의 목적은 우리를 선(善)에 이르도록 격려하는 것이기 때문이다.

4. 기독교인의 자유의 세 번째 부분은, 우리가 그 자체로는 "별로 중요하지 않은" 외형적인 것들을 하나님 앞에서 종교적 의무로서 해야 하는 것이 아니라, 때로는 그것들을 사용해도 좋고 때로는 무관심하게 내버려두어도 좋다는 것이다. 그리고 이 자유에 대한 지식은 우리에게 필수불가결한 것이다. 만약 이것이 결여되면, 우리의 양심은 결코 평안을 얻지 못할 것이고, 미신은 끝이 없을 것이기 때문이다.

오늘날 우리가 마음대로 고기먹기 및 축일과 제의(祭衣)의 사용, 그리고 비슷한 하찮은 것들에(그들이 보기에는) 대한 논쟁을 불러일으키기 때문에 많은 사람들에게는 우리가 실없이 보이는 것 같다. 그러나 이 문제들은 흔히 생각하고 있는 것보다 더 중요하다. 왜냐하면, 양심은 일단 함정에 빠지면, 길게 뒤얽힌 미로에 갇혀서 빠져 나오기가 어렵게 된다.

만약 어떤 사람이 아마천을 침구 커버나 셔츠나 손수건이나 냅킨으로 사용해도 좋은가를 의심하기 시작한다면, 그는 나중에 대마를 사용해도 미심쩍어할 것이고, 마침내는 삼부스러기를 사용하는 것까지 의심하게 될 것이다. 만약 사람이 더 맛있는 음식을 먹는 것이 부당하다고 여긴다면, 결국 검은 빵이나 보통 음식을 먹을 때도 하나님 앞에서 평안하지 못할 것이다. 반면에 보잘것없는 음식으로도 자기 몸을 지탱할 수 있었다고 그는 생각한다. 만약 그가 맛좋은 포도주를 꺼려한다면, 그는 맛없는 포도주조차도 깨끗한 양심으로 마시지 못할 것이고, 결국에는 다른 물보다 더 맛있거나 깨끗한 물은 손도 대지 않으려 할 것이다.

요컨대, 그는 흔히 말하듯이 길에 있는 짚 한 오라기를 뽑아도 잘못이라고 생각하는 데까지 갈 것이다. 여기서 적잖은 논쟁이 시작되는데, 이는 현재의 쟁점이 우리의 모든 계획과 행동보다 자신의 뜻을 앞세우시는 하나님께서 우리가 이런저런 것들을 사용하기를 바라시는가 아닌가의 문제이기 때문이다.

결과적으로, 낙담한 어떤 사람들은 필경 혼돈에 빠지게 되고, 한편 하나님을 경홀히 여기거나 경외하지 않는 사람들은 아무런 대책도 없이 파멸의 길로 가고 마는 것이다. 그런 의심에 사로잡힌 자들은 누구나 어디를 가든지 가는 곳마다 양심이 실족한다는 것을 알기 때문이다. 바울은 "내가 아는 것

은 스스로 속된 것이('속된'이란 '세속적'이라는 의미이다) 없으되, 다만 속
되게 여기는 그 사람에게는 속되다"(롬 14:14)고 말했다.

　이 말로써 바울은, 이런 자유의 근거가 하나님 앞에서 확립되어 있다고 우
리의 정신이 확신한다면, 모든 외형적인 일들은 우리의 자유에 속한 것임을
뜻했다. 그러나 만약 우리가 어떤 미신적인 견해에 걸려든다면, 본성상 순결
했던 것들이 우리들 속에서 더럽혀진다. 이런 이유 때문에, 바울은 덧붙여
말한다. "자기가 옳다하는 바로 자기를 정죄하지 아니하는 자는 복이 있도
다. 의심하고 먹는 자는 정죄되었나니 이는 믿음을 따라 하지 아니하였기 때
문이라 믿음을 따라 하지 아니하는 것은 다 죄니라"(롬 14:22-23).

　5. 이런 혼동 가운데서는, 모든 것에 의기양양하게 맞서서 자신의 용기를
과시하고 있는 자들은 그 만큼 하나님을 외면하고 있지 않겠는가? 그러나 하
나님께 대한 경외심으로 깊이 감복된 자들은 그들의 양심에 이반하는 많은
일들을 하도록 강요받을 때는, 경악에 떨거나 놀라 자빠지고 만다. 이런 사
람들은 하나님의 선물 중 어느 것도 감사함으로 받지 못하나, 바울은 모든
것들이 우리가 사용할 수 있도록 성별되었으므로 오직 감사함으로 받는다고
천명했다(딤전 4:4-5).

　지금 내가 감사라고 일컫는 말은, 하나님의 선물들이 하나님의 인자와 자
비로 말미암았다고 깨달아 마음에서 우러나오는 그런 것을 뜻한다. 이들 중
많은 사람들은 진실로 자기들이 사용하는 것이 하나님께 속한 선한 것이라
고 생각하며, 이렇게 사역하시는 하나님을 찬양하기 때문이다. 그러나 이 선
한 것들이 자기에게 주어졌다는 사실을 납득하지 못하는 자들은 어떻게 하
나님이 그것들을 주신 분이라고 여겨 감사할 수 있겠는가? 요컨대, 우리는
이 자유가 취하고 있는 방향을 발견한다. 즉 우리는 조금도 가책을 느끼거나
고민할 것 없이 하나님의 선물들을 우리에게 주신 용도에 따라 사용해야 한
다는 것이다. 이런 확신을 가지면 우리의 영혼은 하나님과 화목하게 지낼 것
이며, 우리를 향한 하나님의 관대하심을 깨달을 것이다. 그러나 우리는 기독
교인의 자유는 그 모든 부분에 있어서 영적인 것이라는 사실을 신중하게 주
목해야 한다.

자유의 온 힘은 하나님 앞에서 놀라서 떨고 있는 양심을 진정시키는 데에 있다. 즉 이 양심은 죄의 용서에 관해 불안해하고 염려하거나, 혹은 우리 육신의 죄악으로 더럽혀진 불완전한 행위가 하나님을 기쁘시게 할 것인가에 대해 걱정하고, 혹은 대수롭지 않은 것들을 사용하는 것에 관해 고민하는 것이다. 따라서, 하나님의 선한 선물들을 자기의 탐욕을 위해 오용할 수 있다고 주장하면서 자신의 욕망을 변명하는 자들이나, 혹은 자유란 사람들 앞에서 활용되고 있지 않으면 존재하지 않는다고 생각하면서, 결과적으로는 더 약한 형제들을 위해서는 아무 배려도 하지 않고 자유를 사용하는 자들은 이 자유를 곡해하고 있는 것이다.

6. 오늘날 사람은 첫째 부분의 죄를 더 많이 범한다. 자기 재산으로 사치를 누리는 사람치고 먹는 일에나 몸치장에나 또 집 건축에 아낌없이 쓰며 즐기지 않는 자, 모든 종류의 사치에 있어서 자기 이웃보다 뛰어나기를 바라지 않는 자, 그리고 이상할 정도로 자기의 부요함을 자랑하지 않는 자는 없다. 그리고 이 모든 것들이 기독교인의 자유라는 미명 아래 옹호되고 있다. 그들은 이런 것들이 아무래도 좋은 것이라고 말한다. 나는 그것들이 대수롭지 않은 것처럼 사용된다면, 이 말을 받아들이겠다. 그러나 이것들이 몹시 탐욕스럽게 갈망하는 대상이 되고, 뽐내며 자랑하는 것이 되고, 거침없이 낭비될 때는, 이런 병폐들 때문에 더럽혀지고 만다.

바울은 아무래도 좋은 것들을 아주 잘 구분해서 말해 준다. "깨끗한 자들에게는 모든 것이 깨끗하나 더럽고 믿지 아니하는 자들에게는 아무것도 깨끗한 것이 없고 오직 그들의 마음과 양심이 더러운지라"(딛 1:15). 도대체 어째서 부자와 이미 위로를 받은 자와 배부른 자와 웃고 있는 자와(눅 6:24-25), 상아상에서 자는 자와(암 6:4), 전토에 전토를 더하는 자와(사 5:8), 연회에서 수금과 비파와 소고와 포도주를 쓰는 자가(사 5:12) 저주를 받는가?

분명히 상아나 금이나 재물은 하나님이 창조하신 선한 것이며, 인간의 유익을 위하여 하나님의 섭리에 의해서 허용되고 지정받기까지 한 것이다. 그리고 우리는 웃거나 배부르거나, 옛 조상의 재산에 새 것을 더하거나, 혹은 아름다운 가락을 즐기거나 포도주를 마시는 것들을 결코 금지당한 적이 없다. 정녕 그렇다. 그러나 풍요가 있는 곳에는 쾌락에 탐닉하고 스스로 그 속에 말려들어 정신과 마음이 현세의 쾌락에 도취되어 항상 새로운 쾌락을 열망하는데, 이런 것들은 하나님의 선물들을 합법적으로 사용하는 것과는 동떨어진 것이다.

그러면 사람들이 깨끗한 양심으로 하나님의 선물들을 깨끗하게 사용하기 위해서는, 무절제한 욕망과 과도한 낭비와 허영과 교만을 떨쳐 버려야 한다.

7. 마음이 이런 근실함에 이르면, 그들은 그런 축복들을 올바르게 사용하는 규칙을 갖게 될 것이다. 그러나 이 절제가 결여된다면, 속되고 천한 쾌락까지도 난무하게 된다. 허름하고 투박한 복장 안에는 흔히 제왕의 마음이 깃들어 있고, 한편 윤기있고 화려한 의상 안에 간혹 소박한 겸양이 숨겨져 있다는 속담은 참된 것이다. 그러므로 사람들로 하여금 제각기 분수에 맞게 소박하게 혹은 적당하게 혹은 풍성하게 생활하게 하여서, 하나님께서 우리에게 살 수 있도록 공급해 주셨지 사치하라고 준 것은 아니라는 것을 모두가 명심하도록 하라

그들로 하여금 바울이 가르친 것, 즉 "어떤 형편에든지" 자족하며, 비천에 처할 줄도 알고 풍부에 처할 줄도 알며, 모든 일에 "배부름과 배고픔과 풍부와 궁핍에도" 일체의 비결을 배웠노라는(빌 4:11-12) 이것을 기독교인의 자유의 법칙으로 여기게 하라.

8. 이 점에 있어서도 많은 사람들이 오류를 범한다. 그들은 마치 자유를 목격한 사람이 없으면 자유가 불건전하고 불완전한 것처럼, 그들의 자유를 무분별하고 경솔하게 사용하는 것이다. 이런 부주의한 사용 때문에, 그들은 종종 약한 형제들을 실족시킨다.

당신은 오늘날 어떤 사람들이 금요일에 고기를 먹을 자유가 없으면 자기에게는 자유가 없다고 간주하는 것을 볼 것이다. 나는 그들이 고기를 먹는다고 해서 탓하는 것은 아니지만, 이 잘못된 개념을 그들의 정신에서 몰아내지 않으면 안 되겠다. 왜냐하면, 그들은 사람들이 보는 데서는 자유로부터 새로운 것은 아무것도 얻을 수 없고, 하나님 앞에서만 얻을 수 있다는 사실과 자

유는 사용하는 것 못지않게 절제하는 것이기도 하다는 생각을 했어야 했기 때문이다.

만약 그들이 고기를 먹든지 알을 먹든지 또 붉은 옷을 입든지 검은 옷을 입든지 하나님 보시기에는 아무 차이도 없다는 것을 이해한다면, 그것으로 충분하고 족하다. 이런 자유의 혜택을 돌려받은 양심은 이미 자유롭게 되었다. 결론적으로, 사람들이 이후로는 평생토록 고기를 먹지 않고, 또 한 가지 색깔의 옷만 입는다 하더라도, 자유가 감해지는 것이 아니다.

정말이지 그들은 자유로운 양심에서 절제하기 때문에 자유로운 것이다. 그러나 형제들의 연약함을 고려하지 않는 점에 있어서 그들은 대단히 잘못하고 있다. 왜냐하면, 우리는 자유롭다고 해서 부주의하게 형제에게 아주 경미한 해라도 입혀서는 안 된다는 것을 명심해야 하기 때문이다. 그러나 때로는 우리의 자유를 사람들 앞에서 표명하는 것 역시 중요하다. 나는 이 말에 수긍한다. 그렇지만 우리는 주께서 그렇게 강경하게 우리에게 명하신 약한 자들에 대한 배려를 포기하지 않도록 이 한계를 극히 신중하게 고수해야 한다.

9. 그러면 여기서 나는 실족에 관해서 어떤 것은 피하고 어떤 것은 간과해야 하는가를 구별하는 법에 대해 좀 말하고자 한다. 이에 따라 나중에 우리는 사람들 사이에서 우리의 자유가 어느 위치에 있어야 하는가를 결정할 수 있을 것이다. 이제 나는 성경에 명백한 근거가 있고 그 뜻하는 바를 적절히 표현해 주고 있다면, 보통 '**주어진 실족**' 과 '**받은 실족**' 이라고 구분하는 것에 찬성한다.

만약 당신이 적절한 순서나 장소를 이탈해서 보기 흉한 경박함이나 방종 또는 무모함으로 경거망동해서 무지한 자들이나 연약한 자들을 실족케 했다면, 이런 실족은 당신의 과실 때문에 발생했으므로, 이것은 당신에 의해서 '**주어진 실족**' 이라고 부를 수 있을 것이다. 그리고 그 과실이 그 당사자로부터 발생할 경우의 문제에서는 분명히 실족이 주어졌다라고 말한다. '**받은 실족**' 이라고 말하는 것은 원래 악하거나 부당하게 저질러진 것이 아닌 것이 다른 사람들의 악의나 흉악한 저의 때문에 실족시킨 결과가 된 경우이다.

여기에서 **"주어진"** 실족은 없으나, 그 사악한 해석자들은 까닭도 없이 그렇게 해석한다. 오직 연약한 사람들만이 첫 번째 종류의 실족 때문에 넘어지지만, 두 번째 것은 더 신랄한 기질과 바리새인적인 엄격성을 지닌 자들에게 해를 입힌다. 따라서 우리는 전자를 약한 자의 실족이라 하고, 후자를 바리새인들의 실족이라 부른다. 그래서 우리는 자유의 사용을 아주 절제해서 연약한 형제들의 무지에 대해서는 양보할 것이지만, 바리새인들의 가혹함에 대해서는 절대로 양보하지 않을 것이다! 왜냐하면, 바울이 여러 군데에서 약한 자들에게 양보해야 한다고 우리에게 가르쳤기 때문이다. "믿음이 연약한 자를 너희가 받으라"(롬 14:1)고 그는 말한다. 또 "우리가 다시는 서로 비판하지 말고 도리어 부딪칠 것이나 거칠 것을 형제 앞에 두지 아니하도록 주의하라"(롬 14:13)고 했고, 같은 의미를 지닌 여러 구절들은 여기보다 적당한 데서 언급하는 것이 더 좋다.

대의는 이것이다. "믿음이 강한 우리는 마땅히 믿음이 약한 자의 약점을 담당하고 자기를 기쁘게 하지 아니할 것이라 우리 각 사람이 이웃을 기쁘게 하되 선을 이루고 덕을 세우도록 할지니라"(롬 15:1-2). 또 다른 데서는 "그런즉 너희의 자유가 믿음이 약한 자들에게 걸려 넘어지게 하는 것이 되지 않도록 조심하라"(고전 8:9)고 했다. 또 "무릇 시장에서 파는 것은 양심을 위하여 묻지 말고 먹으라"(고전 10:25). "내가 말한 양심은 너희의 것이 아니요 남의 것이니 … 그런즉 유대인에게나 헬라인에게나 하나님의 교회에나 거치는 자가 되지 말라"(고전 10:29, 32). 또 다른 구절에서는 "형제들아 너희가 자유를 위하여 부르심을 입었으나 그러나 그 자유로 육체의 기회를 삼지 말고 오직 사랑으로 서로 종 노릇 하라"(갈 5:13)고 했다.

정말 그렇다. 우리의 자유는 연약한 이웃들에게 대적하도록 주어진 것이 아닌데, 이는 우리가 모든 것에서 사랑으로 그들의 종이 되어야 하기 때문이다. 자유는 오히려 우리의 마음속에 하나님과의 화평을 가지며, 우리가 사람들 사이에서도 역시 화평하게 살도록 하기 위하여 주어진 것이다. 우리는 주님의 말씀을 통하여 바리새인들의 실족에 대해 얼마나 많이 고려해야 하는가를 배운다.

그는 그들이 소경이 되어 소경을 인도하기 때문에(마 15:14) 그냥 두라고 우리에게 명하신다. 제자들은 바리새인들이 주님의 말씀을 듣고 실족하였다고 고했다(마 15:12). 주님은 대답하시기를, 그들을 무시하고 그들의 실족을 마음에 두지 말라고 하셨다. 하지만 우리가 누가 약한 자이고 누가 바리새인인가를 파악하지 못했다면 문제는 여전히 의문시될 것이다. 이 구별을 제거한다면, 나는 실족함과 관련해서 자유를 쓸 가능성이 정말로 남아 있는지 모르겠다. 왜냐하면 그것은 항상 막대한 위험에 처해 있을 것이기 때문이다.

10. 그러나 내가 보기에는 바울은 손상의 대가를 치르고 우리의 자유가 어느 정도로 조절되어야 하는가, 혹은 맞바꾸어야 하는가를 교훈으로써, 또 모범을 보여서 아주 명쾌하게 규정해 놓은 것 같다. 바울이 디모데를 데리고 가려했을 때, 그에게 할례를 행했다(행 16:3). 그러나 그는 디도에게는 할례받게 하지 않았다(갈 2:3).

여기서 목적이나 정신은 그대로 고수하면서도 행동을 달리 할 수 있음을 볼 수 있다. 즉 디모데에게 할례를 행함에 있어서, 그가 비록 "모든 사람에게서 자유"하였으나, 스스로 "모든 사람에게 종" 되었으며, 유대인들을 얻기 위하여 "유대인들에게는 유대인 같이 되었으며," 율법 아래 있는 자들에게 그가 "율법 아래 있는 자 같이 된 것은 율법 아래 있는 자들을 얻고자 함"이었다(고전 9:19-20).

"율법 없는 자에게는" "율법 없는 자와 같이" 된 것은 "율법 없는 자들을 얻고자 함이요", "약한 자들에게" "약한 자와 같이 된 것은" "약한 자들을 얻고자 함이요"(고전 9:21), "몇 사람들을 구원하기 위하여" 그는 "여러 사람에게 여러 모양이 되었다고"(고전 9:22) 다른 데서 기록하고 있는 바와 같다.

자유를 제한하는 것이 유익할 때 그렇게 해도 우리에게 아무 상관이 없다면, 우리는 자유를 알맞게 조절할 수 있다. 바울이 굳이 디도에게 할례를 행하지 않으려 했을 때, 염두에 두었던 것을 이렇게 쓰면서 증거하고 있다. "그러나 나와 함께 있는 헬라인 디도까지도 억지로 할례를 받게 하지 아니하였으니 이는 가만히 들어온 거짓 형제 때문이라 그들이 가만히 들어온 것은 그리스도 예수 안에서 우리가 가진 자유를 엿보고 우리를 종으로 삼고자 함이로되, 그들에게 우리가 한시도 복종하지 아니하였으니 이는 복음의 진리가 항상 너희 가운데 있게 하려 함이라"(갈 2:3-5).

만약 거짓 사도들의 부당한 요구로 말미암아 우리의 자유가 연약한 양심을 위험에 빠뜨린다면, 우리는 또한 우리의 자유를 주장할 필요가 있다. 우리는 항상 사랑을 좇아서 노력해야 하며, 우리의 이웃을 바로 세우고자 힘써야 한다. 바울은 또 다른 데서 이렇게 말한다. "모든 것이 가하나 모든 것이 유익한 것은 아니요 모든 것이 가하나 모든 것이 덕을 세우는 것은 아니니 누구든지 자기의 유익을 구하지 말고 남의 유익을 구하라"(고전 10:23-24).

이제 이보다 더 유명한 법칙은 없다. 즉 우리의 자유가 이웃을 올바르게 세워 준다면 이를 행사해야 하지만, 이웃에게 도움이 되지 않는다면 그때는 이를 보류해야 한다는 이것이다. 자유를 삼가는 데 있어서 바울과 같은 신중성을 가장하는 사람들은 있지만, 반면에 그들은 그 자유를 사랑의 의무에 만큼은 적용하지 않는다.

이따금씩 자기들의 이익을 위하여 자유를 제한해야 할 경우 못지않게 이웃의 유익과 계발을 위해 우리 이웃의 자유를 활용해야 할 때, 그들은 자신의 평안을 지키기 위하여 자유에 대한 일체의 언급을 묻어두기를 바란다. 내가 실족을 피하는 것에 관하여 가르친 모든 것은 어중간한, 즉 아무래도 좋은 것들에 관한 것이었다. 반드시 해야 할 것들을 실족할까 두려워해서 생략해서는 안 되기 때문이다. 확실히 여기에서도 제단에 이르러서까지(참조. 마 5:23-24) 사랑을 고려함이 타당하다. 즉 우리 이웃 때문에 하나님께 해를 입히지는 않아야 하는 것이다.

11. 나는 꼭 소동을 일으켜야만 뭔가를 하는 사람들과, 문제를 찬찬히 풀지 못하고 모든 것을 찢어 놓기를 더 잘하는 사람들의 과도함에는 찬성하지 않는다. 그러나 나는 무수한 종류의 악을 행하는데 앞장선 사람들이 그들의 이웃에게 해를 입히지 않기 위하여 그렇게 행동해야 한다고 주장하는 것에도 귀 기울이지 않는다(고전 8:9). 특히 그들이 같은 진흙탕 속에 깊이 빠져서 헤어나올 가망이 없었을 적에, 그러는 동안에도 마치 이웃의 양심을 악하게 만들고 있지 않기라도 한 것처럼!

그리고 그들의 이웃을 교리로나 생활의 모범으로써 교훈해야 함에도 불구하고, 그들이 이웃을 추악무도한 관점으로 물들이고 있는 동안에도 젖으로 그를 양육해야 한다고 말하는 그들은 순진한 무리들이다. 바울은 고린도 교인들을 젖으로 키웠다고 상기한다(고전 3:2). 그러나 만약 그 당시에 그들 가운데서 미사가 행해졌다면, 바울은 그들에게 우유를 공급하려고 희생 제사를 드렸겠는가? 아니다. 우유는 독약이 아니기 때문이다.

그러므로 그들은 감언이설로 위장한 채 잔인하게 죽이고 있는 자들을 양육하고 있다고 주장하면서 거짓말하고 있다. 이런 위장이 일시적으로는 용납된다 할지라도, 그들은 자기 자녀들에게는 얼마나 오랫동안 젖을 먹일 수 있을 것인가? 만약 이들이 적어도 가벼운 음식이라도 먹을 수 있을 만큼 자라지 않는다면, 이들은 젖으로 양육 받지 않았음이 분명하다.

12. 그러면 이제 우리가 앞에서 설명했듯이, 그리스도의 선물인 자유의 특권을 받은 신자들의 양심은, 그리스도께서 그들이 자유롭기를 바라셨던 문제들에서 어떤 의식의 함정에 빠지지 말아야 한다는 이것에 도달했기 때문에, 그들은 모든 사람들의 지배에서 해방되었다고 우리는 결론짓게 된다. 왜냐하면, 우리가 그의 크나큰 관용에 대해 그리스도께 감사하지 않거나 양심에 아무 유익이 없다는 것은 있을 수 없는 일이기 때문이다.

그리고 우리는 그리스도께서 그렇게 값비싼 대가를 치르신 것에 대해 가볍게 평가해서는 안 된다. 그는 그것을 금이나 은으로가 아니라 자신의 피로써 값을 치르셨기 때문에(벧전 1:18-19), 바울은 만약 우리가 우리 영혼을 사람의 지배 아래 둔다면 그리스도께서 헛되이 죽으신 것이라고(참조. 갈 2:21) 서슴없이 말한다.

갈라디아서의 어떤 부분에서, 바울은 오직 우리의 양심이 그 자유 가운데 굳게 서 있지 않으면, 그리스도는 어떻게 우리에게 희미해지는가 또는 소멸되는가를 가르쳐 주려고 하기 때문이다. 양심이 인간들의 마음대로 율법과 조직의 멍에에 얽매인다면, 양심은 틀림없이 자유로부터 끊어졌을 것이다(참조. 갈 5:1, 4).

그러나 이것이야말로 알아야 할 가치가 있는 것인 만큼 더 길고 분명한 설명을 요하는 것이다. 왜냐하면, 인간이 제정한 것을 폐기한다고 말하면 인간의 복종이 한꺼번에 다 사라지고 소멸되기라도 하는 것처럼, 유혹자들 편에서 또 중상가들 편에서 즉시로 굉장한 분쟁을 일으키기 때문이다.

13. 그러므로 우리들 중 아무도 이 돌에 걸려 넘어지지 않도록 하기 위하여, 인간에게는 두 가지 통치가 있다고 생각하자. 하나는 영적 통치로서, 이를 통하여 양심은 경건과 하나님에의 경외를 배우는 것이고, 다른 하나는 정치적 통치로서 이를 통하여 사람은 사람들 사이에서 준수되어야 하는 도리와 사회 생활의 의무들을 교육받는 것이다.

이 두 가지를 보통 "영적인" 지배권과 "현세적인" 통치권이라고(부적당한 용어가 아니다) 부른다. 전자의 것과 같은 통치는 영혼의 생활에 관한 것이고, 후자는 현세의 생활, 즉 음식과 의복 문제뿐만이 아니라, 다른 사람들과 살면서도 지조있고 적절한 생활을 영위할 수 있도록 규범을 제정하는 것과 관련된 것을 말한다. 전자는 내적 정신 가운데 있지만, 후자는 외적 행동만을 규제한다. 전자를 영적 왕국이라 하고 후자를 정치적 왕국이라 해도 좋을 것이다. 이제 이 둘을 우리가 구분한 것처럼 따로따로 검토해야 하고, 우리가 한편을 다루는 동안에는 다른 한편에 관한 생각을 하지 말고 제쳐두어야 한다. 말하자면, 인간에게는 각기 별개의 왕과 별개의 법의 지배를 받는 두 세계가 있는 것이다.

B. 교회의 권세

14. 그러므로 우리가 이 영적 왕국에 포함된 기독교인의 자유에 관하여 무슨 말을 하든지 간에, 현재의 논의에서는 법률의 정치적 질서나 입법자에 반대하는 주장을 하지 않으려 한다. 오히려 우리가 논쟁하는 것은, 실제로는 가장 잔인한 도살자이면서 교회의 목자로 보여지기를 원하는 자들이 강탈하고 있는 권세에 대한 것이다. 그들은 자기들이 제정한 법률이 영혼에 관한 "영적"인 것이라고 하며, 영생을 위하여 필요한 것이라고 단언한다.

그러나 이렇게 해서 그리스도의 왕국은 침해당하고, 그가 주신 신자들의 양심의 자유는 완전히 짓눌려져 내던져지는 것이다. 나는 지금 그들이 자기들의 법률의 관례를 정하는 그 엄청난 불경건에 대하여 논의하고 있는 것이 아니다. 그들이 사람들에게 이 관례에서 죄 사함과 의로움을 찾으라고 가르치며, 종교의 모든 것과 경건의 대요를 그 안에 틀어넣음에도 불구하고 말이다.

내가 주장하는 단 한 가지는, 그리스도께서 이미 자유롭게 하신 문제들에 있어서는 양심에 대해 의무감을 부여해서는 안 되며, (우리가 앞에서 가르쳤 듯이) 만약 자유롭지 않다면 양심은 하나님께 대해 평안할 수 없다는 것이다. 만일 양심이 그리스도께서 영단번에 획득하신 은혜를 계속 보존하고자 한다면, 그리스도를 유일한 왕 또는 자신들의 구원자로 인정하고, 유일한 자유의 법 즉 거룩한 복음의 말씀의 통치를 받아야 한다. 양심은 어떤 예속 상태에 처해서도 안 되고, 어떤 속박에 얽매여서도 안 된다.

이러한 솔론(그리스의 입법자)들은 자기들의 법령들이 자유의 법이며, 다루기 쉬운 멍에이며, 가벼운 짐이라고(마 11:30) 공상하기까지 한다. 그러나 이것은 순전히 사기라는 것을 누구인들 모르겠는가? 그들은 하나님께 대한 두려움은 제쳐 놓고서, 생각도 없이 적극적으로 자기들의 법과 하나님의 법 모두를 무시할 때도, 그들의 법이 가혹하다는 것을 알아채지 못한다.

그러나 자기 구원 문제에 깊은 관심을 가진 사람들은 이 올무에 걸려 있는 한, 스스로가 자유롭다고는 꿈에도 생각하지 못한다. 우리는 바울이 얼마나 조심스럽게 이 문제를 다루었는가를, 즉 단 한 가지 일에서도 사람들에게 걸림돌을 놓아서는 안 된다고(고전 7:35) 하는 것을 본다. 참으로 분별 있는 행위이다.

만약 주께서 자유롭게 해주신 문제들에서 필연성을 강요한다면, 양심이 얼마나 큰 상처를 받을 것인가를 그는 분명히 통찰했던 것이다. 반면에 이 사람들이 아주 가혹하게 영원한 죽음이라는 위협 하에서 포고하였고, 또 구원에서 필수적인 것이라고 하면서 극히 엄중하게 요구하는 법령들은 거의 셀 수 없을 정도이다.

이것들 가운데 많은 것은 지키기에 무척 어려운 것이며, 그 모든 것을 모은다면 산더미 같이 쌓여서 지키기란 불가능하게 된다. 그러기에 이처럼 곤혹스런 짐을 지고 있는 그들이 어떻게 극심한 불안과 공포로 당황하고 괴로워하지 않겠는가? 그러므로 요는 내가 이미 가르친 문제들로부터 이 사실을 확정해야 하는데, 그것은 내면적으로 사람들의 영혼을 하나님 앞에서 얽어매기 위하여, 그리고 마치 구원에 필요한 것들을 명령하는 것처럼 양심을 망설이게 하기 위해 만들어진 어떠한 법령들 때문에도, 우리의 양심이 하나님 앞에서 속박받지 않는다는 것이다.

더욱이 이런 것들은 하나님께 대한 참되고 필수적인 경배라고 하면서 인간들에게 떠맡긴 "교회의 헌법들"이다. 그리고 이것들은 셀 수 없을 정도로 많을 뿐 아니라, 무한정으로 사람들의 영혼을 잡아채어 함정에 빠뜨리는 덫이다.

15. 그러면 무엇인가? 교회의 권세란 없단 말인가? 이 추론은 우리가 무엇보다 위하여 쓰고 있는 많은 단순한 사람들을 걱정에 사로잡히게 하는 것이다. 우리는 분명히 이것은 그렇다고 대답하는 바이다. 그러나 바울이 입증하듯이, 이 권세는 세우기 위해 주어진 것이지 헐기 위한 것은 아니다(고후 10:8; 13:10).

이 권세를 올바르게 행사하는 자들은 자기가 그리스도의 일꾼들이며 하나님의 비밀을 맡은 자라고(고전 4:1, 9) 생각한다. 이 권세를 하나님의 말씀의 사역이라고 생각하는 사람은 그것을 제대로 정의한 셈이다. 그리스도께서 제자들에게 모든 족속에게로 가서 자신이 분부한 모든 것을 가르치라고 명하셨을 때도 그 권세에 이 한계들을 두셨다(마 28:28).

한때, 하나님의 교회를 담당했거나 지금 맡고 있는 사람들은, 이 계명이 자신들을 위해 제정되었다는 사실을 회고해 보았을 것이다. 그러므로, 진실한 목자들은 자신들의 위엄을 월등한 그대로 보존할 것이고, 그들은 폭군의 포악보다 더한 것으로 하나님의 백성들을 괴롭히는 거짓 권세를 자랑하지 않을 것이다. 우리가 다른 데서 지나치면서 지적했던 것을 여기서 환기해 볼 수 있기 때문이다.

성경에서 선지자들이나 제사장들, 사도들, 혹은 사도들의 후계자들에게 수여하는 권위와 위엄이 어떠한 것이든 간에, 그것은 결코 그 사람들에게 주어지는 것이 아니라, 그들이 위임받은 사역에, 혹은 (좀 더 알기 쉽게 말해서)

그들에게 이 사역을 맡긴 말씀에 주어진 것이다. 왜냐하면, 만약 우리가 사도들과 제자들뿐만 아니라 제사장들과 선지자들 모두를 차례대로 고찰해 보면, 그들은 주님의 이름과 말씀으로 하는 것 이외에는, 명령하거나 가르치거나 답변할 수 있는 어떤 권위도 부여 받지 못했음을 발견할 것이기 때문이다.

여호와께서는 모세의 말이 모든 선지자들의 말 중에서도 으뜸으로 여겨지도록 하셨다. 그러나 그가 여호와께로부터 말미암은 것 말고 명령하거나 발표한 것이 대체 있었던가? 하나님께로부터 말미암은 것이 아니고는 그는 아무것도 할 수 없다. 예로부터 "그는 그의 선지자들을 열방 만국 위에 세우셔서, 뽑으며 파괴하며 파멸하며 넘어뜨리며 건설하며 심게 하셨다"(렘 1:10). 그러나 이와 동시에 하나님께서 자신의 말씀을 그들의 입에 두셨기 때문이라는(렘 1:9) 이유가 첨부되어 있다.

선지자들 가운데 어느 누구도 하나님께서 먼저 말씀하시지 않고는 자기 입을 여는 일이 없었기 때문이다. 그러므로 그들은 "여호와의 말씀", "여호와의 짐", "여호와의 입이 이렇게 말씀하셨다", "여호와께로부터 온 환상", "만군의 주께서 말씀하신다"는 등 이런 표현들을 빈번히 반복해서 썼다. 당연한 일이다!

이사야는 자기 입술이 부정하다고(사 6:5) 외쳤으며, 예레미야도 자기는 아이라서 어떻게 말할 줄을 알지 못한다고(렘 1:6) 시인했기 때문이다. 만약 그들이 자기 생각대로 말했다면, 이사야의 부정한 입이나 예레미야의 무지한 입에서 나온 말은 모두 불결하고 어리석은 것이 아니고 무엇이었겠는가? 그러나 그들이 성령의 도구로 쓰이기 시작했을 때는 거룩한 정결한 입술을 갖게 되었다.

에스겔서에서는 선지자들의 일반적인 임무에 대해 멋지게 묘사되어 있다. "인자야 내가 너를 이스라엘 족속의 파수꾼으로 세웠으니, 너는 내 입의 말을 듣고 나를 대신하여 그들을 깨우치라"(겔 3:17). 하나님의 입에서 나오는 말씀을 들으라는 명령을 받은 사람은 자기 자신의 말은 어떤 것도 생각해 내어서는 안 되지 않는가? 말하자면 그 사람은 자기가 전달하는 말이 자기 말이 아니라, 여호와의 말씀이라는 것을 담대하게 자랑할 수 있었던 것이다.

예레미야는 바로 이런 사상을 달리 표현하고 있다. " 여호와의 말씀이니라 꿈을 꾼 선지자는 꿈을 말할 것이요 내 말을 받은 자는 성실함으로 내 말을 말할 것이라 겨가 어찌 알곡과 같겠느냐"(렘 23:28). 또 주 여호와께서는 제사장들에 대해서도 명하시기를 "그들의(제사장들의) 입으로부터 법률의 말씀을 찾아야 한다"(참조. 신 17:10 f.)고 하셨고, 이와 동시에 그 이유를 첨부하시기를 "그들은 만군의 여호와의 사자가 됨이라"(말 2:7)고 하셨다.

이제 사도들도 관찰해 보자. 그들은 정말이지 여러 가지 고명한 칭호들에 휩싸여 있다. 그들은 "세상의 빛"이요 "세상의 소금"이며(마 5:13-14), 그들의 말을 듣는 것은 그리스도의 말을 듣는 것이요(눅 10:16), 그들이 "땅에서 매거나 푸는 것은 무엇이든지 하늘에서도 매이거나 풀릴 것이다"(마 16:19; 18:18; 참조. 요 20:23). 그러나 그들에게 허용된 직무가 어느 정도인가 하는 것은 그들의 칭호를 통해 알 수 있다.

그들은 "사도들"로서, 무엇이든지 그들 마음대로 지껄여서는 안 되고, 그들을 보내신 그분의 분부들을 충성스럽게 전달해야 하는 사람들이었다. 그리스도께서 그들에게 말씀하시기를, " 아버지께서 나를 보내신 것같이 나도 너희를 보내노라"(요 20:21)고 하셨다. 그러나 그가 어떻게 아버지께로부터 보냄 받았는가에 대해서는 다른 데서 증거하셨다. "내 교훈은 내 것이 아니요 나를 보내신 아버지의 것이니라"(요 7:16).

그리스도께서도 친히 자신에게 부과하셨고 또 사도들에게와 사도들의 계승자들에게 부과하신 이 법을 거부하는 것은 악한 일이다. 그렇지만 (부과의) 방법은 아주 다르다. 성부 하나님의 유일하고 영원한 모사로서(참조. 사 40:13; 롬 11:34), 항상 아버지 품 속에 계셨던 그는 아버지께 흡족하게 받아들여졌고, 그 안에는 지혜와 지식의 모든 보화가 감추어져 있다(골 2:3).

모든 선지자들은 바로 이 샘물에서 그들이 전달한 모든 하늘의 신탁을 길어 올렸던 것이다. 마찬가지로 아담 · 노아 · 아브라함 · 이삭 · 야곱 등등, 황송하옵게도 하나님께서 처음부터 자신에 대해 알게 해주셨던 사람은 누구든지 그들이 가르친 신령한 교훈은 모두 이 샘에서 얻었다.

만약 세례 요한이 "본래 하나님을 본 사람이 없으되 아버지 품 속에 있는 독생하신 하나님이 나타내셨느니라"(요 1:18)고 한 말과, 그리스도께서 자신에 대해서 "아들과 또 아들의 소원대로 계시를 받는 자 외에는 아버지를 아는 자가 없느니라"(마 11:27)고 하신 말씀이 진리라면(진실로 그러했지만), 유일하게 아버지의 은밀한 것을 밝히 아시는 아들의 가르침이 아니고서는, 어떻게 그들이 하나님의 비밀들을 마음으로 이해하며 입 밖에 낼 수 있었겠는가?

그러므로 거룩한 사람들은 거울로 보는 것같이 그의 아들 안에 계신 하나님을 봄으로써만 하나님을 알았던 것이다(고후 3:18). 선지자들은 바로 그 아들의 영으로 말미암지 않고는 하나님에 대하여 예언하지 않았다. 그러나 이렇게 표현하는 것이 더 좋다고 한다면, 하나님께서는 자신의 유일한 지혜요 빛이요 진리인 그 아들이 아닌 다른 통로로는 결코 자신을 사람들에게 나타내지 않으셨다.

그러나 이 지혜는 전에는 여러 가지 방식을 통하여 스스로를 증명하셨다 하더라도, 그때까지만 해도 완전하게 밝혀지지는 않고 있었다. 그러나 이 지혜가 드디어 육신의 모양으로 드러났을 때, 그것은 하나님에 관한 것은 무엇이든지 인간의 마음으로 이해할 수 있고 또 숙고해도 된다고 우리에게 웅변적으로 뚜렷이 선포했다.

사도가 "옛적에 선지자들을 통하여 여러 부분과 여러 모양으로 우리 조상들에게 말씀하신 하나님이 이 모든 날 마지막에는 아들을 통하여 우리에게 말씀하셨으니"(히 1:1-2)라고 썼을 때는, 분명히 평범한 사실을 공표하려고 한 것이 아니었다. 왜냐하면 바울은, 하나님께서 이후로는 이전처럼 간헐적으로 이 사람 저 사람을 통하여 말씀하시지 않을 것이며, 또 예언에 예언을, 계시에 계시를 더하는 일을 하시지 않을 것임을 암시하기, 아니 명백히 선포하기 때문이다.

오히려 하나님께서는 가르치는 모든 일을 그 아들에게 다 맡기셨으므로, 우리는 이 지혜를 하나님께로부터 온 최종적이고 영원한 증거로 간주해야 한다. 이런 이유로 전 신약 시대는, 그리스도께서 자신의 복음을 전파하시면서 우리에게 나타나신 순간부터 심판의 그날까지, (우리가 다른 데서 잠깐 주목했듯이) "마지막 때"(요일 2:18), "말세"(딤전 4:1; 벧전 1:20; 행 2:17; 딤후 3:1; 벧후 3:3)라고 지칭되는 것이다.

이것은 우리가 그리스도의 가르치심이 완전하다고 만족하므로, 이 이외의 어떤 새로운 것을 창안해내지 않도록, 혹은 다른 사람들이 고안한 어떤 것을 받아들이지 않도록 배우기 위함인 것이다. 그러므로 아버지께서 아들을 보내셔서, 그에게 특권을 주시어 우리의 교사로 정하시고, 어떤 인간의 말이 아니라 그의 말만 듣도록 우리에게 명하신 것은 그만한 까닭이 있었다. 정말로 하나님께서 "너희는 그의 말을 들으라"(마 17:5)고 단 몇 마디로 말씀하심으로써, 우리에게 그리스도의 지도권을 위탁하신 것이었다.

그러나 이 말씀은 보통 생각하는 것 이상의 무게와 힘을 포함하고 있다. 왜냐하면, 하나님께서 우리를 모든 인간들의 교설로부터 이끌어 내셔서 오직 그 아들에게로만 인도하셨듯이, 오직 그에게만 구원에 관한 모든 가르침을 찾고, 그에게만 의뢰하고 매달리라고, 요컨대 (말씀 자체가 알려주듯이) 그의 음성에만 귀를 기울이라고 우리에게 분부하시기 때문이다.

16. 또한 참으로, 바로 이 생명의 말씀이 우리 육신 가운데 우리와 친밀하게 거하시는데도, 우리는 사람에게서 도대체 무엇을 기대하며 희망해야 하겠는가? 우연이 아니라면, 인간이 하나님의 지혜를 능가할 수 있다는 희망은 있었다. 그러나 하늘에 계신 아버지께서 지혜와 지식의 모든 보화를 그 안에 감추어 놓으셨다고(골 2:3) 그가 말씀하시고 난 이후로 모든 인간의 입은 닫혀져야 했다.

그리고 실로 그는 하나님의 지혜와(여러 모로 부족함이 없는 — 참조. 요 19:23) 메시야(그로 인해 모든 것을 알 수 있으리라고 기대되는 — 요 4:25)와 일치한다고 말씀하셨다. 즉 그는 다른 사람들이 말할 것이라고는 아무것도 남겨두지 않으셨다. 모든 사람이 침묵하고 무시하며 경멸하더라도, 그리스도의 음성만은 들어야 한다는 말이 나는 옳다고 본다. 왜냐하면, 그가 가르치시는 것이 권세 있는 자와 같기(마 7:29) 때문이다. 그리고 그가 제자들에게 하신 말씀보다 더 분명한 것은 없다. "그러나 너희는 랍비라 칭함을 받지 말라 너희 선생은 하나요 … 곧 그리스도니라"(마 23:8,10).

그리고나서 이 말씀을 그들의 마음속에 더욱 깊이 새겨 주시기 위하여, 그는 이것을 같은 데서 두 번 반복하여 말씀하셨다(마 23:9-10). 그러므로 이 한 가지가 사도들에게 남겨졌고, 지금은 또한 그들의 계승자들에게 남겨져 있는데, 그것은 그리스도께서 제자들에게 모든 족속에게로 가라고 명하시면서 그들이 자체 내에서 지각 없이 꾸며낸 것 말고, 자신이 그들에게 분부한 모든 것을 가르치라고 하셨을 때(마 28:19-20), 그가 그들의 사명에 대해 한도를 정해 주신 그 계율을 힘써서 지키라는 이것이다.

사도 베드로는 그에게 허용된 것이 어느 정도인가에 대해 주님께로부터 충분히 배웠으므로, 그것 이외에 다른 어떤 것도 자신을 위해서나 다른 사람들을 위해서 유보해 두지 않았다. 그는 "만일 누가 말하려면 하나님의 말씀을 하는 것 같이 하라"(벧전 4:11)고 말했던 것이다.

이것은 인간 정신이 창안해 낸 모든 것을 거부하고(그것이 어떤 두뇌에서 고안된 것이든지 간에), 신자들의 교회에서는 하나님의 순수한 말씀만을 가르치고 배워야 한다는 것이 아니고 무엇이겠는가? 그것은 하나님의 결정들만을 강력히 보존하기 위하여, 모든 인간의(그 지위가 어떠하든지) 법령들을 제거한다는 것이 아니면 달리 무엇이겠는가?

17. 이 결정들은 저 영적인 "무기들", 즉 "오직 하나님 앞에서 견고한 진을 파하는 강력"이다. 이 무기들로써 하나님의 충성스런 군사들은 "모든 이론을 무너뜨리며 하나님 아는 것을 대적하여 높아진 것을 다 무너뜨리고 모든 생각을 사로잡아 그리스도에게 복종하게" 하며(고후 10:4-5), "모든 복종치 않는 것을 벌하려고 예비하는 중에 있다"(6절).

그러면 여기에는 교회의 사역자들이 그들이 어떤 이름으로 불려지든지 간에 갖추어야 하는 권한이 어떤 것인가에 대해 간단명료하게 정의되어 있다. 즉 그들은 하나님의 말씀의 사역자요 말씀을 맡은 자로 임명받았으므로, 하나님의 말씀에 의하여 담대하게 모든 일을 감행하며, 세상의 모든 권력과 영광과 위대함을 물리쳐서 하나님의 위엄 앞에 굴복시키고 복종케 하며, 그를 위하여 가장 높은 자로부터 가장 낮은 자에 이르는 모든 사람들에게 명령하며, 그리스도의 집을 세우되 사탄의 집은 분쇄하며, 양 무리는 기르되 이리들은 쳐서 멸하며, 잘 배우는 자들을 권면하여 가르치며, 반역적이고 완고한 자들을 나무라고 질책하여 복종시키며, 매거나 풀며, 그리고 마지막으로 천

둥과 번개를 일으킬 수 있다. 그러나 이 모든 일은 하나님의 말씀 안에서만 행할 수 있다.

그러나 우리가 언급해 온 이 권세와, 자칭 주교들이며 영혼의 관리자라고 하는 이 영적 폭군들이 지금까지 하나님의 백성들 가운데서 군림해 온 권세를 비교한다면, 이 둘 사이의 조화는 그리스도와 벨리알의 조화 정도와(고후 6:15) 같을 것이다. 우선 그들(주교)은 자기들의 뜻대로 우리의 믿음을 일으키기도 하고 넘어뜨리기도 한다. 따라서 그들이 어느 한 쪽에서 결정한 것이 무엇이든지 우리 마음속에 굳게 확립되도록 하며, 그들이 승인한 것은 의문의 여지도 없이 우리도 승인해야 하고, 혹은 그들이 비난한 것은 역시 비난받을 만한 것으로 간주되는 것이다.

그리하여 그들 사이에는 이런 원칙이 있다. 즉 교회는 신조를 작성할 권한을 가지고 있으며, 교회의 권위는 성경의 권위와 같고, 어떤 사람이 긍정적이든 부정적이든, 맹신적이든 잘 이해하고 믿는지 간에 그들의 모든 교리에 확실히 동의하지 않으면, 그는 그리스도인이 아니라는 것이다. 그리고 똑같은 유형에 속하지만 좀 다른 사람들이 있다. 그들은 우리의 양심이 그들의 권위에 복종하기를 바란다. 그래서 그들이 제정하는 규범이 어떤 것이든지 우리는 이에 따라야 하는 것이다.

한편으로는 그들은 하나님의 말씀을 경멸하는 그들 마음대로 교리를 짜고, 나중에는 이를 신조로 규정하기를 요구한다. 그리고 그들은 규범을 기술하고는 이를 꼭 준수해야 한다고 주장한다. 게다가 그들은 부당하게도 직접 새로운 교리를 제시하고 신조를 만들 수 있게 허락해 달라고 하고, 조금 전에 보았듯이 심지어 사도들도 갖지 못했던 권리까지 요구한다.

그러나 그들이 아직 만족하지 않는다 하더라도, 바울은 자신이 주님에 의하여 고린도 교인들의 사도로 임명받기는 했지만, 그들의 믿음을 주관하는 것은 아니라고 확언했다(고후 1:24). 만약 바울이 가르칠 수 있는 이런 자유를 인정했다면, 그는 결코 고린도 교회에게 "예언하는 자는 둘이나 셋이나 말하고 다른 이들은 분별할 것이요 만일 곁에 앉아 있는 다른 이에게 계시가 있으면 먼저 하던 자는 잠잠할지니라"(고전 14:29-30) 하는 이 지침을 시달하지 않았을 것이다. 그러므로 자신의 권위를 하나님의 말씀의 심판에 종속시키지 않아도 될 사람은 아무도 없다.

그러나 바울은 다른 데서 이렇게 말함으로써 훨씬 더 분명하게 우리의 자유를 모든 인간적인 관습들과 가설로부터 자유롭게 해 준다. "믿음은 들음에서 나며, 들음은 그리스도의 말씀으로 말미암았느니라"(롬 10:17). 자, 그러면 믿음이 오직 하나님의 말씀에 달려 있으며, 그 말씀만을 지향하며, 또 그 안에서만 안주하는 것이라면 인간들의 말을 위해서는 도대체 어떤 자리가 남아 있겠는가?

규범을 제정할 권한은 사도들에게도 없었고, 누누이 하나님의 말씀에 의해서 교회의 사역자들에게도 허락되지 않았기 때문에, 사도들의 실례에 반대되거니와, 하나님의 분명한 금지령에도 대적하는 자가 감히 이 권한을 강탈한 사실이 심히도 놀랍다. 야고보가 기록한 것은 그 뜻이 명확하다. "형제를 판단하는 자는 곧 율법을 비방하고 율법을 판단하는 것이라 … 입법자와 재판관은 오직 한 분이시니 … 능히 구원하기도 하시며 멸하기도 하시느니라"(약 4:11-12).

그리고 하나님께서는 약간 덜 명확하지만 이사야를 통해 이전에 이렇게 말씀하셨다. "대저 여호와는 우리의 재판장이시요, 여호와는 우리에게 율법을 세우신 이요 여호와는 우리의 왕이시니 그가 우리를 구원하실 것임이니라"(사 33:22). 우리는 야고보가, 죽이거나 살리는 권능은 영혼에 대한 재판권을 갖고 계시는 하나님의 것이라고 선포하는 음성을 듣는다.

그러나 사람은 이 권능을 자기에게로 이끌 수 없으므로, 우리는 하나님께서 유일한 영혼들의 지배자로서 그분께만 구원하시거나 파하시는 권능이 있으며, 또 (이사야의 그 말이 선포하듯이) 그는 동시에 왕이시요 재판장이시요 입법자이시요 구원자이시라는(사 33:22) 사실을 인정해야 한다. 베드로 역시 지도자들에게 그들의 직분에 대해 훈계할 때, "성직" 위에 권세 부리듯 함이 없이 양무리를 치라고(벧전 5:2-3) 그들에게 권면한다.

"제사장"이라는 용어로써, 그는 하나님의 기업 즉 믿는 무리를 의미했다. 정녕 그들을 위하여 주장된 권세는 하나님의 말씀 밖에서 활동하기를 바라는 자들에 의해 절단되고 뿌리째 뽑혀졌다. 왜냐하면, 그것은 자신들의 교훈이나 규정을 지탱시키라고 사도들에게 주어진 무엇이 아니라, 오직 하나님의 규정과 교훈을 고쳐시키라고 주신 것이기 때문이다.

18. 나는 그들이 나름대로 제시하는 답변을, 즉 그들의 관례는 자기들에게 서 비롯된 것이 아니고 하나님께로부터 비롯된 것이라고 하는 말을 듣고 있다. 그 답변은, 그들이 만든 허구를 지껄이는 것이 아니라 그들이 성령께로 부터 받은 것, 즉 하나님의 섭리에 의해서 지도하도록 지명 받았다는 것은 그리스도인들에게 마치 손으로 전달한 것과 같다는 것이다. 그들은 이 답변에 일치하는 이유들을 또한 첨가한다.

거기에는, 그리스도께서 자신의 영이 영원하도록 교회와 함께 있으리라고 약속하신(참조. 요 14:16) 그 빛나는 약속들이 있다는 것이다. 거기에는 영광 스런 찬미가 있어서, 교회는 이로 말미암아 하나님의 음성에 의해서 구분된다. 즉 교회는 거룩하고 흠이 없고 티나 주름잡힌 것이 없는 것이며(엡 5:27), 그 밖에 성경에서 같은 의미로 해석될 수 있는 그런 것들이다. 그러므로 누군가가 교회의 권위에 대해 의심스러워한다면, 그는 교회에 대해서 뿐만 아니라, 그리스도의 영에 대해서도 불경하고 반항적인 것이다. 이런 이유 때문에, 그리스도께서는 교회의 말을 듣지 않는 자를 이방인과 세리로 여기라고 (마 18:17) 하셨다. 그러므로 모든 사람들은 그들의 견해에 대하여 부동의 일치를 이루어야 하는데, 그것은 교회는 구원을 위하여 꼭 필요한 문제들에서는 오류를 범하지 않는다는 것이다.

그러나 이제 교회에 대해 말하는 모든 것은 자신들에게 속해 있다고 그들은 말한다. 전 교회가 넘어지거나 견고히 일어서는가 하는 것은 그들의 어깨에 달려 있다. 교회 공의회 또한 교회 안에 있는 진리를 마찬가지로 확실하게 소유하며, 성령의 다스림을 직접 받으므로, 진정으로 교회를 대표하며 오류를 범할 수 없다. 이러한 관점이 확립되면, 즉시 그들의 관례도 성령에 의한 계시이며, 또 하나님께 대한 불경한 경멸의 태도가 아니고서는 무시할 수 없는 것이 된다.

그리고 확실한 근거가 없이는 아무것도 시도하지 않았음을 알리기 위하여, 그들은 그들의 규칙의 대부분은 사도들로부터 전수받은 것이라는 사실을 우리가 믿기를 바란다. 이런 것들 중에는 죽은 자를 위한 기도와 거의 하

나인 그들의 예전(禮典) 전체의 규율이 있다. 그들은 그리스도의 승천 이후
아주 많은 것들이 사도들에게 제시되었으나, 그것들이 기록상에 포함되지
않았다는 사실은 논쟁의 여지가 없다고 한다.

예를 들면, 주께서 그들에게 이렇게 말씀하셨을 때이다. "내가 아직도 너
희에게 이를 것이 많으나 지금은 너희가 감당하지 못하리라", 그러나 너희가
나중에는 알리라(요 16:12). 한 가지 예를 보면, 사도들은 상황이 다를 때 무
엇을 했는가를 충분히 알 수 있다고 주장한다. 즉 의논하러 모였을 때(행
15:6), 그들은 공의회의 판결로써, 모든 이방인에게 우상의 더러운 것과 목매
어 죽인 것과 피를 멀리하라고 명했던 것이다.

19. 그러나 나는 이 각각의 관점들이 얼마나 보잘것없고 우스꽝스러운 것
인가를 알아보기 위하여, 나와 함께 이 관점들을 얼마든지 어렵잖게 상고할
수 있을 것이다. 정말이지 만약 내가 그렇게 가르쳐서 그들에게 유익을 줄
수 있다고 확신한다면, 그들을 강권하여 이것에 진지하게 주의를 기울여 보
라고 하겠다. 그러나 그들의 유일한 목적은 진리를 존중하려는 것이 아니라,
어떤 식으로든 자기들의 대의명분을 변호하려는 것이기 때문에, 내가 그들
과 상관할 것은 없다고 생각한다. 나는 다만 우리가 처음에 지도하려고 떠맡
은 저들 선량하고 진리 추구에 열심인 자들이 그들의 계략으로부터 벗어날
수 있도록 하는 몇 가지 것들을 말하고자 한다.

20. 그러므로 나는 이 사람들에게 교회의 거짓 핑계에 동요되지 말라고 주
의시켜야겠다. 위협적이고 치명적인 교회의 대적들보다 더한 이들은 턱도
없이 이런 핑계를 대고 득의만만하기 때문이다. 그들은 일찍이 여호와의 선
지자들이 이스라엘 사람들을 무분별하고 불경하고 우상 숭배한다고 책망했
을 때, 이들(이스라엘 사람들)이 그럴듯하게 주장했던 것과 진배 없이 떠벌
리고 있다. 왜냐하면, 이들은 성전과 의식들과 제사장의 직능들의 영광스러
움을 지나치게 자랑했고, 이런 것들을 참된 교회의 표지로 생각했다. 그래서
이제는, 교회와는 썩 거리가 멀고 교회의 진수를 결여한 어떤 외형적 허울들
이 교회의 자리를 대신 차지하고 있는 것을 우리가 보는 것이다.

따라서 우리는 예레미야가 유대인들의 어리석은 자신감을 논박한 것과 똑같이 그들의 잘못을 지적할 수 있다. 즉 "너희는 이것이 여호와의 성전이라, 여호와의 성전이라, 여호와의 성전이라 하는 거짓말을 믿지 말라"(렘 7:4)고 했다. 왜냐하면 여호와께서는 자기의 말씀이 들려지며 철저하게 준수되는 것이 아니면 어느 곳에서든지 아무것도 자기의 것으로 인정하시지 않기 때문이다. 이것은 우리 주께서 자신의 친 백성을 결정하시는 영속적인 표지이기 때문이다.

주께서는 "진리에 속한 자는 내 목소리를 듣느니라"(요 18:37)고 말씀하셨던 것이다. 또, "나는 선한 목자라 내가 내 양을 알고 양도 나를 아느니라"(요 10:14). "내 양은 내 음성을 들으며 나는 그들을 알며 그들은 나를 따르느니라"(요 10:27)라고 말씀하셨다. 그러나 이보다 조금 앞서서 그는 이렇게 말씀하셨다. "양들이 그의 음성을 아는고로 따라오되, 타인의 음성은 알지 못하는고로 타인을 따르지 아니하고 도리어 도망하느니라"(요 10:4-5).

그리스도께서 더할 나위 없는 명백한 증표로써 구분지으셔서, 이 표가 보이는 곳이면 어디서나 거기 교회가 있다고 확신할 수 있으며, 이것이 없는 곳에는 참된 교회가 없는 것이라고 할 수 있을 만큼 해주셨는데도, 어째서 우리는 교회를 찾아내는데 꼭 정신나간 사람 같이 행동하는가? 아니, 그리스도께서 구별하신 바로 그 차이 때문에, 예루살렘은 바벨론과 구별되어야 하고, 그리스도의 교회는 사탄의 도당과 구별되어야 한다. 그는 "하나님께 속한 자는 하나님의 말씀을 듣나니 너희가 듣지 아니함은 하나님께 속하지 아니하였음이로다"(요 8:47)라고 말씀하신 것이다.

요컨대, 교회는 그리스도의 왕국이며, 그리스도께서 오직 자신의 말씀으로 다스리시므로, 그들은 그리스도의 왕국이 그의 홀(즉 거룩한 그의 말씀)과 동떨어져 존재하는 것인 것처럼 말하면서 속이고 있다는 사실을(참조. 렘 7:4) 어느 누가 모르겠는가? 그러나 만약 우리가 모든 가면과 변장을 찢어버리고, 무엇이 우리의 우선적인 관심사가 되어야 하며, 무엇이 우리에게 가장 중요한 것인가를, 즉 그리스도께서 자기를 위하여, 그리고 우리 자신을 그 표준에 맞추고 적응하도록 하기 위하여 지정하신 교회가 어떤 것인가를 진실하게 생각한다면, 그러면 우리는 그것이 하나님의 말씀의 범위를 이탈하여 새로운 법을 제정하고 종교적 외관을 가진 새로운 것들을 착상하는데 재미를 붙이는 그런 교회는 아니라는 것을 단번에 알 수 있을 것이다.

법이 일단 교회에서 말해진 것이라면, 영구히 충실하게 보유하지 않겠는가? "내가 너희에게 명령하는 이 모든 말을 너희는 지켜 행하고 그것에 가감하지 말지니라"(신 12:32). 또 다른 구절에서는, 여호와의 말씀에서 감하거나 "더하지 말라 그가 너를 책망하시겠고 너는 거짓말하는 자가 될까 두려우니라"(잠 30:6)고 되어 있다. 그들은 이 말씀이 교회에게 주어진 것임을 부인할 수 없다.

그렇다면, 그들은 말씀에 대한 반항 이외에 달리 무엇을 주장하겠는가? 왜냐하면, 그들은 이런 금지령이 내려진 이후에도 그들이 만든 무엇을 하나님의 말씀에 더하거나 섞어야 하는 경우가 있었다고 하면서 뽐내기 때문이다. 교회에게 그렇게도 많은 모욕을 안겨다 준 그들의 거짓말들에 대해 우리는 동의하지 않을 것이다! 그러나 누군가가 이런 어이없는 인간의 경망함 — 하나님의 말씀의 지배권 안에는 포함될 수 없어서, 미친 듯이 기뻐 날뛰며 자기가 만들어 낸 것들을 쫓아다니는 것 — 에 대해 고려할 때는 언제나, "교회"라는 이름이 그릇되게 사칭된다는 사실을 기억하자.

하나님의 명예와 종교문제가 관련되어 있는 경우에, 일반 교회로 하여금 하나님의 말씀에서 무엇을 더하거나 감하지 못하도록 하는 이 말씀들에는 아무 복잡한 것도, 이상할 것도, 애매할 것도 없다. 인간이 생각해서 고안한 예식들로써 경배받는 것만큼 하나님을 노엽게 하는 것도 없다고 벌써 오래 전에 단언하신 하나님께서는 참으로 신실하셨다. 여기에 우리 귓전에서 계속 울려야 하는 선지자들의 저 찬란한 말들의 원천이 있는 것이다.

"사실은 내가 너희 조상들을 애굽 땅에서 인도하여 낸 날에 번제나 희생에 대하여 말하지 아니하며 명령하지 아니하고, 오직 내가 이것을 그들에게 명령하여 이르기를 '너희는 내 목소리를 들으라 그리하면 나는 너희 하나님이 되겠고 너희는 내 백성이 되리라 너희는 내가 명령한 모든 길로 걸어가라 그리하면 복을 받으리라' 하였느니라"(렘 7:22-23). 다시금 "내가 너희 조상들에게 간절히 경계하기를 … '내 목소리를 순종하라'"(렘 11:7).

같은 뜻을 지닌 구절들이 여럿 있지만 다음의 말씀이 모든 것 중에서 으뜸이요 탁월하다. "여호와께서 번제와 다른 제사를 그의 목소리를 청종하는 것을 좋아하심 같이 좋아하시겠나이까 순종이 제사보다 낫고 듣는 것이 숫양의 기름보다 나으니 이는 거역하는 것은 점치는 죄와 같고 완고한 것은 사신 우상에게 절하는 죄와 같음이라"(삼상 15:22-23).

그러므로 이 영역에서는 모든 인위적인 고안품들을 교회의 권위에 의해 존속되고 있는 불신앙의 대가라고 변명할 수 없기 때문에, 그것들은 그릇되게 교회의 탓으로 돌려졌다는 사실을 쉽사리 증명할 수 있다. 이런 까닭으로, 우리는 교회라는 이름 아래서 당당하게 우리에게 강요되고 있는 이 인간적 전통의 횡포에 대해 통렬히 비난하는 바이다.

우리는 (우리의 논적들이 우리에게 앙갚음하기 위해 부당하고 그릇되게 비난하는 것처럼) 교회를 비웃지 않으며, 다만 교회에게 순종에 대한 최고의 찬미를 표명한다. 오히려 교회가 하나님의 말씀이 허용하는 한도를 넘었다고 생각할 때, 하나님께 끈덕지게 반항하는 자들에 의해 교회는 막대한 손상을 입고 있다. 교회의 권능에 관하여 계속 몇 번이고 되풀이해서 말하는 것, 그와 동시에 여호와께서 교회에게 명하신 바와 교회가 계명에 대해 마땅히 드려야 하는 순종의 부분을 감추는 것이 사악한 것은 물론이고, 얼마나 파렴치한가 하는 것에 대해서는 내가 언급하지 않겠다.

그러나 만약 우리가 응당 그런 대로 교회와 일치하기를 꺼린다면, 우리가 이의 없이 순종하기 위해서, 하나님께서 우리에게와 전 교회에게 명하신 것을 깨닫고 기억하는 것이 더욱 적절하다. 왜냐하면, 우리가 모든 일에서 하나님께 복종한다는 것을 보인다면, 틀림없이 교회와 매우 잘 일치할 것이기 때문이다. 그러나 교회는 그 신랑이신 그리스도에게서 결코 버림받지 않고, 그의 영에 의해 모든 진리 가운데로 인도함을 받는다고(참조. 16:13) 하는 가장 훌륭한 약속을 가지고 있다.

무엇보다도, 그들이 상습적으로 인용하는 각각의 약속들은 신자들 전체에 대한 것과 마찬가지로 신자들 개개인에게도 주어진 것이다. 왜냐하면, 주께서 말씀하시고 계시는 대상이 열두 사도들임에도 불구하고, 이렇게 말씀하셨기 때문이다. "볼지어다 내가 세상 끝날까지 너희와 항상 함께 있으리라"(마 28:20). 또, "내가 아버지께 구하겠으니 그가 또 다른 보혜사를 너희에게 주사 영원토록 너희와 함께 있게 하리니 그는 진리의 영이라 세상은 능히 그를 받지 못하나니 이는 그를 보지도 못하고 알지도 못함이라 그러나 너희는 그를 아나니 그는 너희와 함께 거하심이요 또 너희 속에 계시겠음이라"(요 14:16-17).

그렇지만 그는 이것을 열둘이라는 무리에게 약속하신 것뿐만 아니라, 그들 각자에게도, 또 나아가서는 그가 이미 받으셨거나 나중에 자신의 왕국으로 영접하실 다른 제자들에게도 약속하신 것이었다. 그러나 만약 그들처럼, 경이로운 위안으로 가득 찬 이 약속들이 그리스도인 각자에게 주어진 것이 아니라 교회 전체에게 주어진 것인 양 해석한다면, 그들은 모든 그리스도인들이 이 원천으로부터 얻을 수 있어야 하는 위안을 이들에게서 앗아가는 것이 아니고 무엇이겠는가?

나는 여기서 인자와 자비가 풍성하신 하나님께서 다양하게 모든 자들에게 그러나 따로따로 더욱 풍성하고 충만하게 베풀어 주신다는(그 밖의 사람들을 가르치는 교사로 임명받은 자들에게는 더 능력있는 은사들을 부여할 필요가 있기 때문에) 사실을 부인하는 것이 아니다. 다만 그는 다양하고 많은 바로 이 은사들을 또 다방면으로 나누어 주신다는(고전 12장) 사실을 말하려는 것이다.

요컨대, 이런 다양한 은사를 받은 믿음이 돈독한 사람들이 모여 있다고 해서, 개별적으로 각자가 받는 것보다 더 충만하고 풍성하고 보배로운 하늘의 지혜를 받지 말라는 법은 없을 것이다. 그러나 그들이 원래의 의미와는 다르게 하나님의 말씀을 곡해하도록 해서는 안 된다.

21. 그러므로 나는 단지 사실 그대로를, 즉 하나님께서는 언제나 자기 백성들과 함께 계시며 자기의 영으로써 그들을 다스리신다는 사실을 받아들인다. 이 영은 오류·무지·기만 혹은 암흑의 영이 아니라, 계시와 진리와 지혜와 빛의 영이며, 이로 인하여 그들은 속지 않고 하나님께서 그들에게 주신 것을 배운다(고전 2:12). 즉 "그의 부르심의 소망이 무엇이며 성도 안에서 그 기업의 영광의 풍성이 무엇이며, 그의 힘의 위력으로 역사하심을 따라 믿는 우리에게 베푸신 능력의 지극히 크심이 어떠한 것을"(엡 1:18, 19) 배우는 것

이다.

더욱이 주님은 교회를 세우기 위해 특별한 은사들을 각자에게 주셔서 여러 은사들을 교회 안에 두셨다. "그가 어떤 사람은 사도로, 어떤 사람은 선지자로, 어떤 사람은 복음 전하는 자로, 어떤 사람은 목사와 교사로 삼으셨으니 이는 성도를 온전하게 하여 봉사의 일을 하게 하며 그리스도의 몸을 세우려 하심이라. 우리가 다 하나님의 아들을 믿는 것과 아는 일에 하나가 되어 온전한 사람을 이루어 그리스도의 장성한 분량이 충만한 데까지 이르리니"(엡 4:11-13).

그러나 신자들은 그 외의 사람들보다 더욱 월등한 은사를 받은 자들이긴 하지만, 이 육신에 거하는 동안에는 성령의 처음 익은 열매를 받아(롬 8:23) 조금 맛본 정도에 불과하므로, 자신의 연약함을 깨달아서 하나님의 말씀의 한계 안에 힘써 머물러 있는 것이 그들에게는 최선책이다. 만약 그들이 내키는 대로 두루 헤맨다면, 정도(正道)에서 벗어나 탈선하게 되는 것이다.

그리고 분명히 만약 그들이 조금이라도 하나님의 말씀에서 이탈한다면, 그들은 유일하게 하나님의 신비를 인지할 수 있도록 가르쳐 주시는 성령을 알지 못하는 것은 물론이고, 많은 일에서 실패하게 된다는 것 또한 틀림없는 사실이다. 이런 까닭에, 바울은 이렇게 쓰고 있다. 그리스도께서는 교회를 "물로 씻어 말씀으로 깨끗하게 하사 거룩하게 하시고 자기 앞에 영광스러운 교회로 세우사 티나 주름 잡힌 것이나 이런 것들이 없이 거룩하고 흠이 없게 하려 하심이니라"(엡 5:26-27).

바울은 오히려 그리스도께서 이미 성취하신 것에 대해서라기보다는, 매일 이루시고 계시는 것에 대해 가르쳐 준다. 왜냐하면 만약 그리스도께서 날마다 그 백성들을 거룩하게 하시고 깨끗하게 하시고 다듬으신다면, 분명히 그 백성들은 아직 결점과 흠집투성이인 채로 있으며, 그들의 성화에는 뭔가 부족한 점이 있기 때문이다. 그러나 교회의 지체 모두가 오점이 있고 다소 불결한 데도, 교회를 이미 거룩하고 흠 없다고 여기는 것은 얼마나 불합리하고 우스꽝스런 일이겠는가?

그러므로 그리스도께서는 교회를 생명의 말씀으로 씻어 깨끗하게 하셨고, 죄 사함으로 교회를 씻으시는 데 세례의 상징을 사용하셨고, 자신에 대하여 교회를 깨끗하게 하기 위하여 이를 행하셨다는 것이 올바르다. 하지만 여기서는 교회의 정화의 시초만 볼 수 있을 뿐이고, 최종적이고 완전한 완성은 모든 거룩한 것 중에서도 으뜸이신 그리스도께서(참조. 히 3, 10장) 자신의 거룩함으로써 교회를 참되고 완벽하게 채우실 때에야 비로소 나타나는 것이다.

그러므로 이런 위대하고 충만한 약속들을 믿고 의지하고 있는 신자들의 교회는 성령 안에서 올바른 길을 갈 수 있는 가장 확실한 최상의 안내자를 소유하고 있다는 사실을 절대로 의심하지 않을 만큼, 그 믿음을 확고히 떠받쳐주는 수단을 가지고 있다. 교회는 공허한 확신에 의존하지 않는다. 왜냐하면, 하나님께서는 자기 백성을 헛되이 키우거나 한 번 주어진 믿음을 증발시켜 버리는 그런 분이 아니시기 때문이다.

교회가 자신의 무지와 훈련 부족에 대해 깊이 자각하고 깨닫도록 가르침을 받는다면, 이로써 교회는 순결한 신부와 근실한 생도가 될 수 있고, 그러면 교회는 자신의 교사요 신랑인 말씀에 대해 시종일관 세심하게 주의를 기울일 것이다. 교회는 자기 식으로 현명해서는 안 되며, 직접 뭔가를 고안해 내서도 안 되고, 다만 그리스도께서 말씀을 마치신 그 지점에 자신의 지혜도 한계를 두어야 한다. 이렇게 되면 교회 역시 자신의 이성의 산물인 모든 발명품들을 불신하게 될 것이다. 그렇지만 하나님의 말씀에 의거해서 하는 그런 일들에서 교회는 불신이나 의혹으로 동요하지 않을 것이며, 확신에 찬 가운데 건실하게 지조를 지킬 것이다.

22. 그러므로 그리스도께서 하나님께로부터 받은 특이한 말씀으로써 우리들에게 그 교회의 권위를 위탁하셨다면, 교회의 말을 듣지 않는 자는 누구든지 이방인과 세리로 여기라고(마 18:17) 우리에게 명하신 데서 이상할 것은 조금도 없다. 그는 또한 두세 사람이 내 이름으로 모인 곳에는 나도 그들 중에 있느니라고(마 18:20) 하는 결코 평범치 않은 약속을 첨언하셨다.

그러나 이 불한당들이 감히 이런 지점까지 사납게 몰아갈 정도로 뻔뻔스럽다는 것은 실로 놀랍다. 그들의 최종 결론은, 오직 하나님의 말씀의 진리에 근거해 있는 교회의 일치된 견해를 업신여기지 말아야 한다는 것이 되어

야 하지 않겠는가. 사람은 교회의 말에 귀를 기울여야 한다고 그들은 말한
다. 누가 이를 부인하겠는가? 이는 교회는 하나님의 말씀에 의거하지 않으면
아무런 의견도 제안할 수 없는 까닭이다.

만약 그들이 더 나은 무엇을 요구한다면, 이 그리스도의 말씀들은 그들의
견해를 전혀 뒷받침해 주지 않는다는 사실을 그들에게 알려 주라. 그리스도
의 이름으로 함께 모인 자들에게 약속이 주어지는 경우에 이런 회합은 "교
회"라 일컬어지지만, 그리스도의 이름으로 모인 것이 아니면 우리는 이를 교
회라고 인정하지 않기 때문이다. 그러나 자기의 말씀을 가감하지 말라고(신
4:2; 참조. 신 12:32; 잠 30:6; 계 22:18-19) 하시는 하나님의 계율은 버려두고
자기들 마음대로 뭔가를 제정하는 이런 것이 "그리스도의 이름으로 모인 것"
인가?

23. 교회는 구원에 필수적인 문제에 있어서는 오류를 범할 수 없다라고 하
는 그들의 최종 결론을 우리는 절대로 인정하지 않는다. 그러나 여기서 우리
는 이것을 전혀 다른 의미로 받아들인다. 우리는 이 "오류를 범할 수 없다"라
는 구절을, 교회가 자신의 지혜는 모두 버리고, 하나님의 말씀을 통하여 성
령께서 가르치시는 대로 따른다는 뜻으로 이해하는 것이다.

24. 그들의 논쟁의 요점은 이러하다. 즉 교회는 하나님의 영에 의해 다스림
받기 때문에, 말씀이 없어도 안전하게 전진할 수 있으며, 교회가 어느 방향
으로 가든지 오직 참된 것을 생각하거나 말할 수 있다는 것이다. 자, 만약 우
리가 교회에 관해서 말하는 그들의 요점을 매번 인정해 주어도, 이것마저 그
들의 관습을 앞지르지 못할 것이다. 왜냐하면, 그들은 목회자들 사이에서 일
치가 이루어지지 않으면 교회 안에 진리가 없다고 생각하며, 따라서 총공의
회에서 일치가 이루어져야만 교회 자체가 존재한다고 생각하기 때문이다.

그렇지만, 선지자들이 그 당대에 관한 참된 증거들을 남겨 놓아서 우리가
볼 수 있는 경우에는 언제나 이 말이 옳지 않았다는 것을 알 수 있다. 이사야
는 이렇게 말했다. "그 파수꾼들은 맹인이요 다 무지하며 벙어리 개들이라
짖지 못하며 다 꿈꾸는 자들이요 누워 있는 자들이요 잠자기를 좋아하는 자

들이니 … 그들은 몰지각한 목자들이라 다 제 길로 돌아가며"(사 56:10-11).

예레미야는 이렇게까지 말했다. "선지자로부터 제사장까지 다 거짓을 행함이라"(렘 6:13). 또, "선지자들이 내 이름으로 거짓 예언을 하도다 나는 그들을 보내지 아니하였고 그들에게 명령하거나 이르지 아니하였거늘"이라고 (렘 14:14) 말했다. 에스겔도 이렇게 말한다. "그 가운데에서 선지자들의 반역함이 우는 사자가 음식물을 움킴 같았도다. 그들이 사람의 영혼을 삼켰으며 재산과 보물을 탈취하며 과부를 그 가운데에 많게 하였으며, 그 제사장들은 내 율법을 범하였으며 나의 성물을 더럽혔으며 거룩함과 속된 것을 구별하지 아니하였느니라"(겔 22:25-26). "그 선지자들이 그들을 위하여 회를 칠하고 스스로 허탄한 이상을 보며 거짓 복술을 행하며 여호와가 말하지 아니하였어도 '주 여호와께서 이같이 말씀하셨느니라' 하였다"(겔 22:28).

스바냐서에도 꼭 같게 되어 있다. "그의 선지자들은 경솔하고 간사한 사람들이요 그의 제사장들은 성소를 더럽히고 율법을 범하였도다"(습 3:4). 더욱이 그리스도와 그 제자들을 목회자들이 교회에 가장 심각한 위험을 가져다 줄 것이라고 얼마나 자주 예언하였던가?(마 24:11, 24; 행 20:29-30; 살후 2:3 ff.; 딤전 4:1; 딤후 3:1 ff.; 4:3 f.; 벧후 2:1 f.)

실례를 열거하는데 많은 지면을 할애하지 않아도, 우리는 그들의 시대뿐만 아니라 거의 모든 시대에 있었던 실례들을 통하여 경고받은 바, 즉 그것은 진리는 언제나 목회자들의 품 안에서 양육되는 것은 아니며, 교회의 완전은 그들의 상태에 따라 좌우되는 것이 아니라는 사실이다. 분명히 그들은 교회를 보존시키기 위해 임명받았기에, 교회의 평안과 안전을 위한 보호자와 파수꾼이어야 한다. 그러나, 마땅히 해야 할 일을 하는 것과, 할 수 없는 일을 짊어지는 것은 서로 별개의 일이다.

그러나 우리가 말하는 것들은 마치 내가 전반적으로 지각없고 무분별하게 목회자들의 권위를 실추시키려 하는 것처럼 이해해서는 안 된다. 나는 다만 우리가 그렇게 부른다고 해서 무조건 목회자로 존중하는 일이 없도록, 이 목회자 사이에서 구별이 지어지기를 바랄 뿐이다. 그들의 온 직무는 하나님의 말씀을 사역하는 일에 한정되어 있고, 그들의 온 지혜는 하나님을 아는 것에, 또 그들의 모든 웅변은 이 말씀을 선포하는 일에 한정되어 있다는 사실을 정녕코 옳다고 생각해야 한다.

만약 그들이 자신들의 직무에서 이탈한다면, 그들이 선지자들이든 주교들이든 교사들이든 아니면 더 직위가 높은 사람이든 우리는 그들을 무식하고 나태하며, 말더듬이들이며, 모든 점에서 불성실하며, 직무를 유기한 자들로 간주해야 한다. 나는 개인들에 대해 말하고 있는 것이 아니라, 목회자들 전체를 합쳐서 말하는 것이다. 즉 하나님의 말씀을 버려두고 자기들 마음 내키는 대로 움직인다면, 그들은 단지 멍청이들이 될 뿐이다. 그럼에도 불구하고 그들이 자포자기한 듯 방종하는 것은 그들이 하나님의 말씀에 대한 복종을 뿌리쳐버리고 배격한 목회자들이라는 것 이외에 다른 이유가 없다. 마치 여호수아는 목회자가 아니었던 것처럼 보여도, 그는 율법을 다 지켜 행하고 좌로나 우로나 치우치지 말라고 하는(수 1:7) 말씀을 받았던 것이다.

반면에 그들이 애써서 우리를 설득시키려는 것은, 그들은 진리의 빛을 잃을 수 없으며, 하나님의 영이 계속 그들 안에 거하시며, 교회는 그들 때문에 생존하고 또 그들과 더불어 소멸한다는 것이다. 마치 선지자들이 그 당시에 사람들을 공공연히 비난했던 것과 똑같은 사건들을 오늘날에는 금지시키기 위한 하나님의 심판들이 없기라도 하는 것처럼! 이런 것들이 그러하다. "제사장들은 놀랄 것이며 선지자들은 깜짝 놀라리라"(렘 4:9). 또 "제사장에게는 율법이 없어질 것이요 장로에게는 책략이 없어질 것이라"(겔 7:26).

마치 그리스도와 사도들이 거짓 예언들을 했기라도 한 것처럼 말이다. 이런 종류는 다음과 같다. "많은 거짓 선지자들이 내 이름으로 오리라"(마 24:5, 24 융합). 마찬가지로 "내가 떠난 후에 사나운 이리가 여러분에게 들어와서 그 양 떼를 아끼지 아니하며(바울은 여기서 에베소 교회의 감독들을 언급하고 있다). 또한 여러분 중에서도 제자들을 끌어 자기를 따르게 하려고 어그러진 말을 하는 사람들이 일어날 줄을 내가 아노니"(행 20:29-30). 또 "그러나 백성 가운데 또한 거짓 선지자들이 일어났었나니 이와 같이 너희 중에도 거짓 선생들이 있으리라 그들은 멸망하게 할 이단을 가만히 끌어들여"(벧후 2:1) 등등과 이런 유의 말씀들은 아주 많다.

이 심히도 어리석은 사람들은, 옛날 하나님의 말씀에 대항하여 싸운 자들도, 현재 의존하고 있는 것에 대해 자신감 있게 말할 때 부르는 것과 똑같은 노래를 부르고 있다는 사실을 깨닫지 못하는 것이다. "오라 우리가 꾀를 내어 예레미야를 치자 제사장에게서 율법이, 지혜로운 자에게서 책략이, 선지자에게서 말씀이 끊어지지 아니할 것이니, 오라! 우리가 혀로 그를 치고 그의 어떤 말에도 주의하지 말자"(렘 18:18).

25. 결과적으로, 주교 회의를 천 개 이상 들먹인다 해도 그들에게 별 유익이 되지 못할 것이다. 또한 그들이 이 회의들을 그리스도의 이름으로 열었다는 것을 우리에게 납득시키기 전에는, 그들이 주장하는 것 ― 공의회들이 성령의 지배를 받았다고 하는 것 ― 을 우리에게 설득하여 믿게 할 수 없을 것이다. 믿음이 깊고 성실한 주교들이 그리스도의 이름으로 모이는 경우 못지 않게, 신앙심 없고 사악한 주교들이 그리스도에 대적하여 증오하는 경우가 있을 수 있다.

우리는 이런 회의들에서 나온 무수한 법령들로써 이 사실을 넉넉히 증명할 수 있다. 내가 지금 간략히 쓰고자(이 소 논문에 적당하도록) 하는 이것만 아니면, 명백한 증거로써 그들의 사악한 불신앙을 폭로하기란 쉬울 것이다. 그럼에도 불구하고, 그 항목 하나를 판단해 보도록 허락받는다면, 나머지는 어떤 것이겠는가에 대해서는 쉽게 판단할 수 있다. 혼인을 금하고 어떤 음식물을 금하는 것은 바울이 알려 준 바 있는 귀신의 가르침이다(딤전 4:1-3).

마니교도들과 타티아누스주의자들이 이렇게 말했다고 책임을 돌린다 해서, 명석하고 분방한 우리의 논적들이 결혼과 고기를 철저하게 비난한다는 것, 즉 특정한 사람들에게는 결혼을 금하고, 특정한 날들에 고기를 못먹게 한다는 책임을 면하지는 못한다. 왜냐하면 하나님께서 창조하신 것들을 감사함으로 받아야 함에도 불구하고, 그들은 법령들로써 혼인을 금하고 음식을 제한시켰던 것을 변명할 수 없기 때문이다. 진리를 인정하는 자들과 선지자들에게는 하나님의 창조물 전체가 선하고 거룩한 것이기 때문이다.

그러나 공의회가 이런 사탄의 말들을 공표했으므로, 각 사람은 사탄의 도구들로부터 무엇을 더 기대할 수 있겠는지 직접 숙고해 보기를 바란다. 그러면 내가 공의회들 사이에 어떤 불화가 있었는지 또한 공의회에서 결정된 것이 다른 공의회에서 폐기되고 하는 것을 일일이 설명할 필요가 있겠는가? 도덕적인 문제들을 결정할 때 그들은 효용 때문에 흔히 이런 다양함이 발생한다고 하며, 이런 경우에, 시대의 다양성에 따라 주어지는 다양한 법들을 금지시킨 것은 아무것도 없다고 말한다.

정말이지 교리 문제에 있어서는, 관습이 때로는 얼간이 같이 등장하기도 했다. 레오 황제가 소집한 콘스탄티노플 공의회와 이레네 황후가 (그를 시기하여) 얼마 후에 소집한 니케아 공의회를 예로 들어보자. 이 둘 중 전자는 성상들을 철거하고 파괴한다고 결정했고, 후자는 다시 복구시킨다고 결정했다. 그리고 동·서방(그들의 용법대로 하자면) 교회 사이에서 일치가 이루어진 일은 실로 거의 없었다. 이제 그들은 그 버릇대로 성령께서 자기들의 공의회에 긴밀히 결부되어 있다고 가서 자랑하도록 해 보라.

그리고 정말이지, 나는 여기서, 모든 공의회들이 비난받아야 한다거나 또는 모든 결의 사항들이 철회되어야 하고 (보통 말하듯이) 일거에 말살되어야 한다고 논쟁하고 있는 것이 아니다. 왜냐하면, 어떤 공의회 특히 고대의 저 공의회들에서 나는 경건에의 진실된 열심이 빛나고 있는 것과, 그리고 통찰력과 교리와 신중성의 뚜렷한 증거들을 볼 수 있다. 나는 또한 다른 시대의 공의회들에서도 좀 더 좋은 주교들이 있었다는 것을 의심치 않는다.

그러나 옛날 로마의 원로원 의원들이 원로원의 결정들이 잘못 고안되었다고 스스로 불평한 바로 그 일이 이 후세대의 공의회들에서도 있었다. 의견들을 숙고함 없이 그저 생각하기만 하면, 좀 더 좋은 부분이 종종 좀 더 중요한 부분에 눌려야 했기 때문이다. 더욱이 고대의 훨씬 순수한 공의회에서도 뭔가 결여된 점은 있었다. 이는 그때 출석한 사람들은 다른 점에서는 학식이 뛰어나고 지혜가 있었으나, 당면한 문제로 분주하여 그 밖의 많은 일들은 고려하지 못했기 때문인가, 혹은 더 중대하고 진지한 문제들에 사로잡혀 있어서 덜 중요한 것들을 간과하였기 때문인가, 혹은 요령 부족으로 단순하게 속았을 수도 있었고, 또 때로는 너무 감정에 치우쳐 곤두박질하였기 때문이다.

이 마지막 이유(이는 누가 보아도 가장 불쾌한 것인데)에 대한 뚜렷한 예증은, 모든 사람이 일치하여 최고의 존경심으로 그 고귀성을 인정하는 니케아 공의회 가운데 있다. 우리 신앙의 가장 주요한 대목이 위태롭게 되었을 때,

원수인 아리우스는 싸울 태세가 되어 있었고, 그들은 그와 더불어 싸워야 했다. 참으로 아리우스의 과오에 대하여 싸울 준비를 하고 모인 사람들에게 가장 중요한 것은 상호 간의 일치였다.

그럼에도 불구하고 그들은 이처럼 심각한 위험들을 조심성 없이 심지어 엄숙함과 신중함과 최선의 정중함을 망각하고, 마치 아리우스의 편의를 도모하기 위하여 일부러 거기 온 사람들인 것처럼, 당면한 투쟁을 등한히 했던 것이다. 그들은 내부의 분열을 일으켜 서로 욕설을 퍼붓기 시작했으며, 아리우스에게 대항하여 사용했어야 할 펜을 서로를 공격하는 데 썼다. 더러운 중상의 말이 오고갔다. 비방의 문서가 난무하였다. 만약 콘스탄티누스 대제가 조정하지 않았더라면, 그들은 서로를 찔러 죽이거나 상처를 입힐 때까지는 끝맺지 않았을 것이다. 콘스탄티누스 대제는 그들의 상태에 대해 조사하는 것은 자신의 관할 밖의 문제라고 언명하면서, 이런 무절제를 비난이 아닌 격려의 말로 타일렀다.

잇따라 계속된 다른 공의회들 역시 얼마나 많은 점에서 실패했겠는가? 아마 어떤 사람들은 이런 오류들을 보여주기 위해 수고하는 내가 어리석다고 생각할 것이다. 왜냐하면, 우리의 논적들도 구원에 꼭 필요한 것이 아닌 문제에서는 공의회가 실수할 수 있다고 인정하기 때문이다. 그러나 이것은 결코 쓸데없는 수고가 아니다. 왜냐하면, 그들이 어쩔 수 없이 말로는 그것을 자인한다고 하더라도, 여전히 공의회의 결정은 모두 어떤 문제에 관한 것이든 가리지 않고 성령의 신탁이라고 하여 우리에게 떠맡겨서, 원래 말한 그 이상의 것을 요구하기 때문이다.

이렇게 행동함으로써 그들이 주장하는 것은, 공의회는 오류를 범할 수 없다는 것과 혹은 비록 공의회가 잘못을 범한다고 하더라도 우리가 진리를 분별하거나 우리가 그들의 오류에 동의하지 않는 것은 부당하다고 하는 것이 아니고 무엇인가? 따라서 공의회, 목회자, 주교, 교회라는 어떠한 명목도(이것은 올바르게 사용할 수도 있고 또 거짓으로 가장할 수도 있다), 우리가 모든 사람의 영이 과연 하나님께로부터 온 것인지 아닌지를 결정하기 위하여 하나님의 말씀의 기준으로써 시험할 수 있도록 이런 증거를 통하여 배우는 것을 막지 못한다.

26. 그러나 (지금까지 교회를 억압해 온) 이러한 관습의 기원을 사도들에게 돌리는 것은 순전히 기만이다. 왜냐하면, 사도들의 모든 교리가 의도하는 바는 새로운 규정들로써 양심을 괴롭히지 않거나, 혹은 우리 인간이 고안한 것들로써 하나님의 예배를 더럽히지 않는 데 있기 때문이다. 그리고 만약 역사나 오래된 기록들이 신빙성이 있다고 한다면, 사도들은 가톨릭교도들이 사도의 행위로 돌리는 것에 대해 모를 뿐 아니라, 들어본 일도 없었음을 알 수 있다.

또한 그들은 사도들의 법령들의 대부분이 기록되지 않고 관습과 관례로 받아들여졌다고 지껄여서는 안 된다. 사도들이 그리스도께서 살아 계시는 동안에는 이해할 수 없었으나, 그가 승천하신 후에 성령의 계시로 말미암아 배웠던(요 16:12-13) 그런 것들에 관련시키는 것이다. 얼마나 뻔뻔스러운가!

나는 제자들이 주께로부터 이 말씀을 들었을 때 그들은 아직 무식하였고 거의 배우지 못한 상태였다고 인정한다. 그러나 그들이 교리를 기록했을 그 때도, 그들은 무지로 인한 과실 때문에 기록하지 못하고 빠뜨린 것을 살아 있는 음성으로 공급받아야 했을 만큼 무뎠던가? 이제 그들이 자신들의 기록을 발표했을 때, 이미 진리의 영에 의해 모든 진리 가운데로 인도함을 받았다면(참조. 요 16:13), 누가 그들에게 복음 교리에 관한 완전한 지식을 그들의 기록에 포함시켜서 서명하고 봉인하여 남겨 두지 못하게 하는가?

더욱이 그들이 사도들에게까지 알려지지 않은 위대한 신비들이 일부는 유대인이나 이방인의 의식이라고(어떤 것은 유대인들 사이에서, 또 어떤 것은 이방인들 사이에서 오래 전에 보급되었다고) 하거나, 또 일부는 우둔한 젊은 사제들이(이들은 읽고 쓸 줄도 모른다) 훌륭히 수행할 만큼 어리석은 몸짓과 내용 없는 소소한 의식이라고 묘사할 때, 스스로를 우스꽝스럽게 만든다. 사실상 이 작은 의식들에는 아이들과 어릿광대들이 꼭 알맞아서, 이들이야말로 이런 신성한 예식을 위한 가장 적합한 사제들이라고 할 만하다.

27. 훨씬 나은 수완도 없으면서, 그들은 사도들을 본보기로 들어 주장하고 자기들의 횡포를 변호하는 것이다. 그들은 이렇게 말한다: 사도들과 초대교회의 장로들은 그리스도의 명령과 관계 없는 결정을 작성하고, 이것으로 말

미암아 모든 이방인에게 우상의 제물과 목매어 죽인 것과 피를 피하도록 명령했다는 것이다(행 15:20, 29).

만약 이런 일이 사도들에게 허락되었다면, 왜 그들의 후계자들은 상황이 필요할 때마다 똑같이 실행하도록 허락받지 못했던가? 후계자들이 다른 관례들이나 이런 관례에서 항상 사도들을 본받았더라면 좋았을 텐데! 왜냐하면 나는 사도들이 어떤 새로운 것을 제정했다든가 포고했다는 사실을 인정하지 않으며, 또 이를 강력한 논거로써 쉽게 증명할 수 있기 때문이다.

정말이지 베드로가 그 회의에서, 제자들의 목에 멍에를 두는 것은 하나님을 시험하는 일이라고 말하는데(행 15:10), 만일 그 후에 그들에게 멍에를 부과하는데 동의한다면, 그는 자신의 의견을 뒤엎는 것이 된다. 그러나 만약 사도들이 자신들의 권위에 근거하여 판결을 내려서 이방인에게는 우상의 제물과 피와 목매어 죽인 것에 접촉함을 금하였다면(행 15:20, 29), 그것은 멍에에 관한 것이다. 하여간 이들이 이런 것들을 금지시켰던 것이 아닌가 하는 의심은 남아있다.

그러나 이 결정 자체의 실제적인 의미에 주의해 보면, 이 의심은 쉽게 해소될 것이다. 이 결정의 으뜸가는 가장 중요한 요점은 이방인을 자유롭게 하고, 율법의 준수라는 번거로움을 겪지 않도록 하는데 있었기 때문이다(행 15:19, 24, 28). 여기까지는 우리의 견해와 잘 부합된다. 그러나 곧 예외가 나온다(행 15:20, 29). 이것은 사도들이 제정한 새로운 규범이 아니며, 사랑을 보존하기 위해서 하나님께서 주신 영원한 계명이다. 그것은 이방인의 자유를 조금이나마 앗아가는 것이 아니라, 이방인들이 자신들의 자유를 남용하여 형제들에게 해를 입히지 않도록 형제들과 적응하는 방법을 타일러 주는 것이다.

그러므로, 두 번째 요점은, 이방인들이 거리낌 없이 자유를 행사하되, 형제들을 실족케 해서는 안 된다는 것이다. 그럼에도 불구하고 사도들은 역시 특수사항을 규정한다. 즉 사도들은 그런 일이 일어나지 않도록 하기 위해, 사정이 허락되는 한, 어떤 일이 형제들을 실족케 하는가를 가르치고 지적하는 것이다. 그러나 사도들은 형제를 실족케 하지 못하도록 하는 하나님의 영원한 율법에 그들이 뭔가 새로운 것을 만들어 첨가하는 것은 아니다.

그것은 마치 아직 잘 확립되어 있지 않은 교회를 맡고 있는 충실한 목회자들이 신자 모두에게, 함께 사는 연약한 자들이 더 굳건하게 자라기까지는 금요일에 공공연하게 고기를 먹지 않도록, 혹은 축일에는 드러내 놓고 일하지 않도록, 또는 이런 비슷한 일을 하지 않도록 명하는 것과 같다. 이런 이들은 미신만 아니라면 그 일들 자체가 문제되지 않는다고 하더라도, 형제들에게 손상을 입히는 경우에는 죄가 없다고 용서받을 수 없다.

그러나 현재는 신자들이 약한 형제들의 양심에 심히 상처입히지 않고는 그 형제들에게 보이게끔 나타날 수 없는 그런 상황이다. 그들은 주께서 아주 명확하게 금하신 걸림돌을 미리 방지하고 있을 뿐임이 분명한 데도, 그들이 새로운 규범을 만든다고 말하는 사람은 중상자가 아니면 누구이겠는가? 그리고 사도들에 대해서는 더 이상 말할 수 없다. 그들은 실족할 근거를 제기함으로써, 실족을 피하게 하는 하나님의 법을 강조하려는 의도 외에는 아무것도 없었기 때문이다.

마치 그들은 이렇게 말한 것과 같다 : "주님의 계명은 너희가 연약한 형제에게 상처를 입혀서는 안 된다는 것이다. 우상의 제물과 목매어 죽인 것과 피는 약한 형제들을 실족케 하지 않고는 먹을 수 없기 때문이다. 그러므로 우리는 너희에게 하나님의 말씀으로 명하노니 실족케 하면서 먹지는 말라."

바울은 사도들이 똑같이 생각했다는 것을 가장 잘 보여준다 : "우상의 제물에 대하여는 우리가 다 지식이 있는 줄을 아나 … '우상은 세상에 아무 것도 아니며 … 그러나 어떤 이들은 지금까지 우상에 대한 습관이 있어 우상의 제물로 알고 먹는 고로 그들의 양심이 약하여지고 더러워지느니라 … 그런즉 너희의 자유가 믿음이 약한 자들에게 걸려 넘어지게 하는 것이 되지 않도록 조심하라"(고전 8:1, 4, 7, 9).

이 문제들을 깊이 숙고하는 사람이라면, 나중에 마치 사도들이 그들의 결정대로 교회의 자유를 잠식하기 시작했기라도 한 것처럼, 사도들을 빙자하여 전제(專制)를 행사하려는 자들의 기만(위장)에는 속지 않을 것이다.

28. 비록 우리가 여기서 제시할 수 있는 모든 것을 다 언급하지 못했더라도, 또 우리가 말한 것 역시 몇 마디에 불과했다고 하더라도, 우리가 교황청

의 모든 측근자와 더불어 교황이 의기양양해하는 근거인 영적 권세는 하나
님의 말씀에 대적하고, 또 하나님의 백성에 대해 부당한, 사특한 전제(專制)
라는 것을 어느 누구도 의심하지 못할 만큼 완벽하게 해 놓았다고 나는 믿는
다.

정말이지 나는 **"영적 권세"**라는 용어 안에, 하나님의 말씀의 본래의 순수
성에서 완전히 벗어나 비참해진 백성들을 자기들이 돌이켜 보겠다고 새로운
교리들을 공표하는 배짱을 포함시킨다. 그리고 나는 그들이 새 규범들을 공
식화해서 잔혹하게 고통받는 불행한 양심을 만드는 것, 요컨대, 부주교들과
사제들을 동원하여 그들이 행사한 (소위) 교회의 전 사법권에 대해서는 말
않겠다. 왜냐하면, 만약 우리가 그리스도께서 우리를 지배하시도록 한다면,
이 모든 종류의 지배력은 쉽게 전복되고 무너지기 때문이다.

29. 더욱이 우리는 현재 재산이나 사유지에 한정된 그런 통제권을 논의하
는데 관심 갖고 있는 것이 아니다. 이것은 양심에 대해 작용하는 것이 아니
기 때문이다. 그러나 이와 관련하여 주목해 볼 만한 것은, 그들이 항상 바라
는 것, 즉 그들이 불려지기를 바라는 "교회의 목자들"과 그들은 썩 다르다는
사실이다. 나는 사람들의 개별적인 결정들을 비난하는 것이 아니고, 계급 전
체의 편만한 죄악과 속속들이 병들어 있는 것을 책하는 것이다. 그것은 풍성
하고 당당한 칭호들로 지칭되지 않으면 불완전하다고 생각되기 때문이다.

사법적 절차 및 도시와 지방의 행정에 개입하고, 자신들의 일과는 동떨어
진 활동을 떠맡는 것이 주교들의 임무인가? 그들 자신의 직무에서도 그들이
전적으로 지속적으로 이에 헌신하고자 한다면, 그들에게는 상당량의 일과
업무가 있기 때문이다. 그들이 수많은 하인들과 화려한 집들을 소유하고 마
음껏 먹고 입는 군주들의 품위와 경쟁하는 것이 그럴듯한 일인가?

그들의 생활은 비범한 검약과 절제와 금욕과 겸양의 전형이 되어야 하는
것이다. 그들이 마을과 성읍들을 강탈할 뿐 아니라 심지어 시민의 권위까지
횡령하는 것은, 부정한 이득을 구하지 말며 탐욕을 부리지 말며 또 간소한
비용으로 만족하라고(딤전 3:3) 하나님의 영원불변한 계율이 일러주는 그들
의 올바른 직분과는 얼마나 큰 차이가 있는가?

그러나 그들은 너무나 뻔뻔스러워서, 교회의 위엄은 이런 장엄함에 의해 부적당하게 되는 것은 아니며, 한편으로 그들은 자신의 소명에서 많이 떨어져 나온 것이 아니라고 구실을 찾아내서 으스대기까지 할 만큼 대담하다.

첫 번째 요점에 관한 한, 만약 그들이 매우 높은 군주들에 대한 두려움을 불어넣기 위해 이런 극점에까지 올랐던 것이 그들의 계급에 적합한 장식이라고 한다면, 그들은 이런 식으로 그들의 명예를 심각하게 손상시키신 그리스도께 충고할 수 있는 이유를 가지게 된다. 그들의 의견으로는 다음과 같은 말씀들보다 더 괘씸한 말은 없지 않겠는가? "이방인의 집권자들이 그들을 임의로 주관하고 … 그러나 너희 중에는 그렇지 않아야 하나니 너희 중에 누구든지 크고자 하는 자는 너희를 섬기는 자가 되고 너희 중에 누구든지 으뜸이 되고자 하는 자는 너희의 종이 되어야 하리라"(마 20:25-26; 막 10:42-44; 눅 22:25-26).

그들에게는 분명히 그들의 사역이 이 세상의 모든 영광이나 높음과는 가장 현격한 차이로 분리되어 있는 것이다. 그렇지 않으면, 바라건대 그들이 큰 소리로 그것을 말할 수 있는 것만큼 쉽게 경험으로 이를 입증할 수 있기를! 재정 출납을 돌보기 위해 하나님의 말씀 전파를 제쳐 놓은 것이 사도들에게는 좋지 않게 보였던 것이다(행 6:2). 그들은 이러한 가르침 받기를 원하지 않았기 때문에, 그들은 어쩔 수 없이 좋은 주교이면서 동시에 좋은 군주가 되는 것은, 한 사람으로서는 할 수 없는 과업이라는 사실을 받아들였다.

만약 사도들까지도(그들은 주께로부터 받은 은사의 크기에 따라서 그들 이후로 출생한 어떤 사람들보다 훨씬 더 훌륭하고 진중한 책임을 수습할 수 있었던 사람들이었다) 임무에 전념하지 않고는, 말씀 사역과 재정 출납일을 한꺼번에 떠맡을 수 없다고 실토했다면, 하물며 사도들과는 전혀 비교도 안 되는 이 소인배들이 어떻게 100배도 넘는 사도들의 부지런함을 능가할 수 있었겠는가? 이것을 시도하는 것조차도 파렴치하고 뻔뻔스럽기 이를 데 없는 자신감이었다!

그럼에도 우리는 그것이 이루어 놓은 것을 보는데, 어떤 뚜렷한 결과가 있는가! 그들이 자신들의 의무들을 포기하고 다른 진영으로 이동해 가는 것 말고는 다른 성과가 있을 수 없었기 때문이다. 군주들이 재산 중 상당량을 바쳐서 주교들을 부유케 했던 때는, 군주들의 관대함이 경건에의 열심을 어느 정도 품었을 때였다. 그러나 주교들은 이런 어리석은 아량으로 말미암은 것들을 교회의 복리를 위하여 최선으로 제공하지 않았기 때문에, 올바르고 오래된 교회의 기강을 흐트러 놓았다. 정말이지 사실을 말하자면, 그들이 완전히 그것을 폐지시켰던 것이다!

자신의 이득 때문에 군주들이 헌납한 이 다량의 보조금을 오용했다는 이 한 가지 예만 보더라도, 저들 주교들은 전혀 주교들이 아니라는 것을 충분하고도 넉넉히 입증해 주었다. 요컨대, 자신들의 능력에 따라서, 그들은 항시 이 소유물들을 차지하려고 그렇게 용감하게 투쟁한다는 것과, 그리고 그들이 찾는 것 중에는 애매모호한 것이라고는 없다고 하는 이 두 가지에 관하여 단번에 모두 말해 주는 것이다.

그들이 그리스도께 모든 것을 양도한다는 조건으로 영적 지배를 포기한다면, 하나님의 영광과 건전한 교리나 교회의 안전에 아무런 위험도 닥치지 않을 것이다. 그들이 이 세속 권력을 단념한다 하더라도, 어떤 식으로든 교회의 복리에 해를 입힐 위험은 없을 것이다. 그러나 그들은 지배하려는 한 가지 탐욕으로 인하여 넋을 잃었고, 무모하고 저돌적으로 되었다. 왜냐하면, 그들은 (선지자들이 말했듯이) 강포로 지배하지 않으면(겔 34:4), 안심할 것이 하나도 없다고 생각하기 때문이다. 그렇지만 교회의 재산에 관해서는 이 몇 마디만 하고 지나쳐야겠다.

30. 이제 나는 이 항목의 원 주제인 영적 지배로 돌아가야겠다. 그러나 우리의 논적들은 자기들의 대의명분을 변호하는 거기서, 모든 이유의 토대가 자기들을 저버렸다는 사실을 발견하고, 이 최후의 비참한 핑계에 도움을 청한다. 즉 이 사람들이 비록 정신적 분별력이 모자라고 심성과 의지가 완전히 악하다 하더라도, 또 그들이 악하고 지나치게 가혹한 규범들을 산출하였음에 틀림없다 하더라도, 하나님의 말씀은 여전히 살아계셔서 자신의 지배자들에게 복종하라고(히 13:17) 사람들에게 명하신다는 것이다.

그럼에도 불구하고 주께서는, 서기관들과 바리새인들이 하는 말은 무엇이든지 행하라고 우리에게 명하신다. 비록 그들이 무거운 짐을 묶어 우리의 어깨에 지우면서 자기들은 이것에 한 손가락도 움직이려 하지 않는 자들일지라도(마 23:3- 4) 그것이 사실인가? 그러나 우리가 아무 의심 없이 모든 목자들이 가르치는 것은 무엇이든지 받아들여야 한다면, 주께서 우리에게 자주 훈계하시는 요점, 거짓 선지자들이나 거짓 목자들의 강화에 주의하라는 것은 무엇인가?

만군의 여호와께서 이같이 말씀하신다. "너희에게 예언하는 선지자들의 말을 듣지 말라 그들은 너희에게 헛된 것을 가르치나니 그들이 말한 묵시는 자기 마음으로 말미암은 것이요 여호와의 입에서 나온 것이 아니니라"(렘 23:16). 또 "거짓 선지자들을 삼가라 양의 옷을 입고 너희에게 나아오나 속에는 노략질하는 이리라"(마 7:15).

요한 역시 공연히 "영들이 하나님께 속하였나 분별하라"(요일 4:1)고 우리에게 권면한다. 천사라도 이 판단을 면치 못하는데(갈 1:8), 하물며 거짓말하는 사탄은 오죽하랴! 그러나 이 말씀은 무슨 뜻인가? "만일 맹인이 맹인을 인도하면 둘이 다 구덩이에 빠지리라"(마 15:14). 이 말씀은, 어떤 목자의 음성을 들어야 하는가, 그리고 모든 음성을 가리지 않고 다 들어서는 안 된다는 것이 매우 중요하다는 사실을 웅변하고 있지 않는가?

결과적으로 그들이 우리를 끌어들여서 그들의 무분별을 닮도록 하기 위하여 그런 칭호들로써 우리를 놀라게 할 이유는 없는 것이다. 오히려 반대로 주께서는 우리를 놀라게 할까봐 특별히 배려하셨고, 그래서 우리는 어떤 유의 이름으로 가장하였든지 다른 사람들의 오류에 이끌려서는 안 된다는 것을 우리가 알기 때문이다. 하나님의 말씀이 진리라면, 그들이 대제사장들이건 고위 성직자들이나 교황들이건, 맹인 안내자는 역시 자신들과 그 동료들을 벼랑 끝에 세우는 일 외에는 아무것도 할 수 없기 때문이다.

31. 규범의 다른 부분이 남아 있다. 그러나 이런 규범들이 백번 우리에게 부당하고 해롭다 하더라도, 그들은 여전히 빠짐없이 이것들을 준수해야 한다고 주장한다. 왜냐하면 여기서는 오류들에 대해 우리가 동의해야 하는 문제가 아니고, 우리는 신하들로서 지도자들의 가혹한 명령을 견뎌야 하고 또 거부할 권리가 없기 때문이라는 것이다. 그러나 여기서도 역시 주께서는 최

선으로 자신의 진리의 말씀으로써 우리를 구원하시면서 말씀하시기를, 그는
우리를 자신의 신성한 피로 값주고 사셨으므로 이런 속박에서 벗어나 자유
하라고 하신다(고전 7:23). 왜냐하면 여기서 의도하는 바는 우리 몸이 어느
정도 심각한 억압을 견뎌낸다는 것뿐 아니라, 자유를(즉, 그리스도의 피의
공로를) 빼앗긴 우리의 양심이 노예처럼 고통을 겪어야 한다는 것이다. 그러
므로 이것 역시 별로 적절하지 않은 듯이 넘어가자. 그러나 주께서 그렇게
단호하게 환기시키신 자신의 왕국을 빼앗겼다는 이 사실을 우리가 얼마 만
큼 중요하게 생각하는가?

그러나 주께서 자기를 위한 예배의 유일한 입법자로 여겨지기를 바라시므
로, 인간이 고안한 규칙들에 의해 예배 받을 때마다 그 왕국은 잠식된다. 그
러기에 어느 누구도 이것을 무시해도 좋은 것으로 생각해서는 안 된다. 주께
서 얼마나 그것을 고귀하게 여기시는가를 들어보자. 주께서 가라사대 "이 백
성이 … 나를 경외함은 사람의 계명으로 가르침을 받았을 뿐이라 그러므로
내가 이 백성 중에 기이한 일 곧 기이하고 가장 기이한 일을 다시 행하리니
그들 중에서 지혜자의 지혜가 없어지고 명철자의 총명이 가려지리라"(사
29:13-14). 다른 구절도 있다. "사람의 계명으로 교훈을 삼아 가르치니 나를
헛되이 예배할 뿐이니라"(마 15:9).

하나님께서 인간의 규범으로 자신에게 예배하는 사람들에게 왜 그렇게 날
카롭게 위협하셔서 놀라게 하시는지(사 29:13-14), 그리고 왜 그렇게 날카롭
게 사람의 계명으로 그를 헛되이 예배할 뿐이라고 선포하시는지에 대해 많
은 사람들이 이상히 여긴다. 그러나 만약 그들이 종교 문제에 있어서만은 하
나님의 명령에 의존해야 한다는(즉, 하늘의 지혜 때문에) 것을 숙고할 수 있
다면, 그들은 이와 동시에 주께서는, 인간 본성에 따라 조성된 그런 그릇된
예식을 자신을 위해 수행하는 것을 혐오하실 만한 강력한 이유들을 갖고 계
신다는 사실을 발견할 것이다.

하나님을 예배하는 것과 관련된 규범들을 준수하는 자들은 이러한 복종에
서 겸양의 빛을 띤다 할지라도, 하나님 보시기에 그들은 전혀 겸손하지 않
다. 이는 그들이 준수하는 바로 그 규범들을 하나님께 강요하는 것이기 때문
이다. 이것이야말로 바울이 인간의 유전(골 2:4 ff.), 혹은 하나님의 말씀과는

무관하게 인간들이 고안한(골 2:22, 23) "자의적 예배(ἐθελοθρησκεια)"에 속지 말라고 우리에게 그렇게 간곡하게 경고하는 이유인 것이다.

절대적으로 올바른 것은, 우리 자신의 지혜와 모든 사람의 지혜는 어리석은 것일 수밖에 없으며, 우리는 오직 하나님의 지혜만을 인정해야 한다는 것이다. 자기들의 뜻대로 고안한 보잘것없는 의식들이 하나님의 인정을 받기를 기대하는 사람들이라면, 절대로 그런 진로를 택하지 않는다.

과거 수세기 동안에 그리고 우리가 기억하는 범위 내에서 그렇게 행해져 왔고, 또 오늘날 피조물의 권위가 창조주의 권위보다 더욱 높은 그런 곳에서는(참조. 롬 1:25) 마찬가지로 행해지고 있다. 여기서 종교는(아직 종교라고 부를 자격이 있다면) 어떤 이교도가 그랬던 것보다 훨씬 더 많은 무분별한 미신적 행위들로 더럽혀지는 것이다. 인간의 정신이 산출할 수 있었던 것이란 참으로 이 창시자들을 닮은 육욕적이고 얼빠진 것들이 아니고 무엇이었겠는가?

더욱이 이 완전히 악한 것이 첨부되어서, 종교가 일단 이런 공허한 허구들로 한정되기 시작하면, 이런 사특함은 항상 또 다른 증오스런 저주를 동반한다. 이 악함 때문에, 그리스도께서 바리새인들을 나무라신 것이다. 그들은 인간의 유전을 위하여 하나님의 계명을 범하는 것이다(마 15:3). 나는 내 말로써 지금 우리가 맞닥뜨리고 있는 입법자들에 대항하여 싸우려는 것이 아니다.

만약 그들이 그리스도의 질책을 자신들에게는 적용할 수 없는 것으로 해명할 수 있기만 하다면, 필경 그들이 이길 것이다. 그러나 그들이 어떻게 변명할 수 있었겠는가? 왜냐하면 그들에게는, 일년 내내 완전히 사악한 생활을 영위했던 것보다는 해가 바뀔 때 하는 고해를 건너 뛰었던 쪽이 훨씬 더 나쁘기 때문이다.

또 날마다 우상숭배로 온 몸을 더럽힌 것보다는 금요일에 고기를 살짝 맛봄으로써 입을 더럽힌 쪽이, 신체의 모든 부분을 사용해서 종교적으로 가장 흉악한 죄악을 범한 것보다는 축일에 정당한 일을 하는데 손을 움직인 쪽이, 제사장이 일천 번의 간음에 빠진 것보다는 한 번의 합법적 결혼을 하는 쪽이, 모든 약속에 대한 신뢰를 깨뜨린 것보다는 서원한 순례를 이행하지 않는 쪽이, 극심한 결핍에 처해 있는 빈자들을 외면한 것보다는 쓸데없고 무익한 교회들의 장식을 외면하는 쪽이, 인류의 온 종족을 모욕적으로 다룬 것보다는 성상(형상)을 공경하지 않는 쪽이, 마음속에서 진실된 기도를 결코 생각하지 않는 것보다는 일정한 시간에 무의미한 말 한 마디를 속삭이지 않는 쪽이 훨씬 더 나쁘다고 한다.

이런 것이 자기들의 유전을 위하여 하나님의 계명을 무시하는 것이(마 15:3) 아니면 달리 무엇인가? 하나님의 계명을 그저 냉랭하고 기계적으로 지키라고 명령하면서도, 그들은 마치 경건의 모든 힘이 자기들 안에 있는 것처럼 자기들의 계명을 정확히 지키라고 안달복달한다. 그들은 하나님의 법을 어긴 데 대해서는 가벼운 수정만을 요구하면서, 자기들의 계율은 한치라도 위반하기만 하면 감금이나 화형이나 무력행사에 버금가는 형벌을 가한다.

그들은 하나님을 경멸한 자들에 대해서는 그렇게 준엄하고 가혹하지 않으면서, 자기들을 경멸한 자들에게는 무자비한 증오로써 철저하게 박해한다. 그들은 교회의 계명들이(그들이 그렇게 부른다) 일획이라도 위반되는 것보다는 하나님의 온 율법이 폐지되는 것을 훨씬 더 냉정하게 받아들이는 그런 우둔함을 모든 사람들에게 가르친다. 무엇보다, 한 사람이 (하나님 보시기에) 사소하고 쓸데없는 문제들 때문에 다른 사람을 멸시하고 정죄하고 욕하는 것은 중대한 범죄이다.

그러나 보라, 이것이 사소한 악에 불과하다 하더라도, 이 세상의 천한 요소들이(바울이 갈라디아 교인들에게 쓰면서 그렇게 칭하고 있다. 갈 4:9) 하나님의 거룩한 말씀보다 더욱 높게 평가되고 있는 것이다. 그리고 간음에 빠져 있는 자에게는 음식으로 재판하고, 매춘부를 취할 수 있는 자에게는 아내 취하기를 금한다. 그러면 여기서 인간들에게 마음이 쏠리는 그만큼 하나님을 외면하는 것이 이런 거짓 복종의 소산이다.

그러면 그리스도께서는 서기관들과 바리새인들이 사람에게 지우는(마 23:2-3) 저 무거운 짐들을 지기를 바라셨을까? 아니 오히려 왜 그리스도께서 다른 데서는 사람들에게 바리새인들의 누룩을 주의하라고(마 16:6) 하셨을까? 마태복음의 저자가 설명했듯이, "누룩"이란 인간들이 만든 교훈은 어떤 것이든지 그것을 하나님의 순수한 말씀과 혼합하는 것을 의미한다(마

16:12).

우리가 더욱 확실히 하고자 하는 것은, 우리가 그들의 교훈 전체를 피하고 경계하라는 명령을 받았다는 것 이외에 무엇이겠는가? 이로 말미암아 다른 구절에서도 역시 주께서는 바리새인들 특유의 관습 때문에 자기 백성들의 양심이 고통받지 않기를 바라셨다는 것이 우리에게 아주 분명해진다.

그리고 말씀들이 곡해되지 않는다면, 말씀 자체는 이런 것을 암시하지 않는다. 왜냐하면, 여기서 주께서는 바리새인들의 행위를 통렬히 비판하려 하셨고, 처음부터 자기의 청중들에게 단순하게 가르치고 계셨던 것이다. 그래서 그들이 추종해야 하는 바리새인들의 생활에서 아무것도 발견하지 못했더라도, 여전히 그들은 바리새인들이 모세의 자리에 앉아서, 즉 율법의 해석자들이 되어 말로만 가르쳤던(마 23:2) 그런 일들을 행하는 것을 중지해서는 안 된다.

32. 그러나 많고 많은 무지한 대중들이, 신자들의 양심은 인간적인 유전에 불경건하게 속박되어 있으며, 하나님께서 헛되이 경배받고 있다는 말을 들을 때, 그들은 교회의 질서를 구성하는 모든 규범들도 역시 폐기하려 한다. 그들의 오류들 역시 여기서 다루는 것이 안성맞춤이다. 이 시점에서는 아주 속기 쉽다. 왜냐하면, 언뜻 보기에는 전자 쪽의 법규와 후자 쪽의 법규 사이에 얼마나 큰 차이가 있는지 뚜렷하지 않기 때문이다. 그러나 우리가 문제 전체를 아주 간단명료하게 설명하면 어느 누구도 그 유사점 때문에 속지 않을 것이다.

첫째로, 이것을 알아야 한다. 우리는 모든 인간 사회에서는 공공의 평화를 촉진시키고 조화를 유지하기 위해서는 상당한 조직적 형태를 필요로 한다는 것을 알고 있다. 나아가서 우리는 인간적 계약에서는 공적인 예의범절이나 바로 인간성 그 자체에 준하는 일종의 절차가 있다는 것도 알고 있다. 이것은 특별히 교회에서 지켜져야 하는 것이다. 교회는 모든 일들이 질서정연하게 조정될 때 최선을 유지하기 때문이며, 일치가 이루어지지 않고는 교회는 결코 있을 수 없기 때문이다.

그러므로 만약 우리가 교회의 안전을 위해 최선을 다하기를 바란다면, 우

리는 "모든 것을 품위 있게 하고 질서 있게 하라"(고전 14:40)고 하는 바울의
지시에 세심하게 주의해야 한다. 그럼에도 불구하고 이런 상이점은 사람들
의 관습상 존재하며, 이런 다양성은 사람들의 마음속에 있으며, 이런 갈등은
사람들의 판단과 기질상 존재하므로, 어떤 조직도 확고한 법률로 제도화 되
지 않으면 충분히 강력할 수 없으며, 어떤 절차도 다소의 확정된 형식이 없
이는 보존될 수 없다.

그러므로 우리는 교회들이 이 법을 빼앗겨서 바로 그 원동력이 분해되었
을 때는, 아주 흉하게 되고 흩어진다는 사실을 주장하기 위해서 이렇게 만드
는 법들을 비난하는 것은 전혀 아니다. "모든 것을 품위 있게 하고 질서 있게
하라"는 바울의 요청도 질서 자체와 품위, 말하자면 연합의 결속을 조성하는
의식들을 첨가함으로써 확정되지 않으면 충족될 수 없다.

그러나 이 의식들에서 한 가지는 항상 주의해야 한다. 즉 그것들은 구원을
위해 필수적인 것이 아니므로 양심을 거리끼게 하지 않으며, 또 하나님께 대
한 예배와 관련된 것이 아니므로 경건 문제는 양심에 위임된다는 것이다. 우
리가 조금 전에 지적한 것은 저 불신앙적인 법령들과(우리가 말했듯이 이것
들은 참된 종교의 빛을 빼앗고 양심을 멸망시킨다) 합법적인 교회법 사이에
는 확실한 특징이 있어 서로 구별된다는 것이다.

이 교회법은, 신자들의 모임에서는 모든 것들이 알맞은 질서에 따라 행해
져야 한다는 것만을 적절하다고 하는 것 혹은 모종의 인간애적 결속이라는
한계 내에서 인간의 공동체를 보존하는 예의와는 항상 다른 목적을 갖는 것
이다. 그렇지만 법은 공적인 품위를 유지하기 위하여 제정되었다는 사실이
일단 이해되기만 하면, 인간의 고안물들로써 하나님께 대한 예배를 평가하
는 자들이 빠지는 미신에서 구출받는 것이다.

또한 그 법은 단지 공공의 유익을 목표로 한다는 사실이 인식되기만 하면,
인간의 유전이 구원에 꼭 필요한 것으로 믿게 하여 양심에 심한 공포를 던져
주곤 했던 의무와 필연에 대한 거짓 견해는 타도되는 것이다. 왜냐하면 여기
서 요구되는 것은, 상호 노력하여 우리 가운데서 사랑을 촉진시키는 것뿐이
기 때문이다.

33. 첫 번째 유형의 실례들은 바울의 글에 있다. 즉 부인들은 교회에서 가르치지 말아야 한다는 것(고전 14:34), 여자는 머리에 무엇을 쓰고 나가야 한다는 것(고전 11:5 ff.) 등이 있다. 그리고 일상의 생활 습관 가운데서도 예들을 찾아볼 수 있다. 가령 우리가 무릎을 굽히고 머리에 아무것도 쓰지 않고 기도하는 것, 벌거벗은 시체를 그대로 매장해서는 안 된다는 것, 주의 성례전을 불경스럽거나 소홀하게 집행해서는 안 된다는 것, 그리고 그 밖에 이와 같은 유형에 속하는 관례들이다.

무엇이라고? 종교가 여자의 쇼울과 관계 있는가? 그래서 쓰지 않은 채로 나가면 불법인가? 침묵에 관한 바울의 명령은 심한 해를 끼치지 않는 한 어길 수 없을 정도로 거룩한가? 무릎을 꿇고 기도하는 일과 시체를 매장하는데 있어서, 심한 해를 끼치지 않는 한 간과해서는 안 되는 어떤 거룩한 예식이 있는가? 결코 그렇지 않다. 왜냐하면, 만약 어떤 여자가 황급하게 이웃을 도와야 하겠기에, 수건을 쓸 겨를도 없이 머리를 드러낸 채 뛰어나갔다고 한다면, 그녀는 죄를 범한 것이 아니기 때문이다.

그리고 여자가 침묵해야 하는 자리가 있는 만큼, 말하는 것이 더 적합한 경우도 있는 것이다. 또한 병 때문에 무릎을 꿇을 수 없는 사람이 선 채로 기도해도 무방한 것이다. 마지막으로, 시체를 덮는 수의가 없는 경우에는, 시체를 매장도 못한 채 부패할 때까지 내버려 두기보다는 적당한 때에 매장하는 것이 좋다. 그럼에도 불구하고, 이런 문제들에 있어서는 확립된 관습, 요컨대, 인간성 자체와 절제의 규범에 따라 지키기도 하고 피하기도 해야 한다.

만약 어떤 사람이 부주의하거나 잊어버려서 그것들로부터 이탈한 경우라면, 그가 죄를 범한 것은 아니다. 그러나 만약 경멸했기 때문에 행치 않았다면 이 교만은 비난받아야 한다. 그러나 만약 누군가가 심히 불평하며, 자기에게 합당한 정도 이상으로 현명해지기를 바란다면, 그는 하나님 앞에서 무슨 근거를 들어서 자신의 방종을 변호할 수 있을지는 생각해야 할 것이다. 다음과 같은 바울의 말로 우리는 만족해야 한다. 즉 "논쟁하려는 생각을 가진 자가 있을지라도 우리에게나 하나님의 모든 교회에는 이런 관례가 없다"(고전 11:16).

34. 두 번째 유형의 실례들은 공식기도와 설교, 그리고 세례를 위하여 시간을 지정하는 일이다. 설교 중에는 정숙함과 조용함, 장소를 정함, 함께 찬송 부름, 성찬 받는 날을 따로 구분함, 권징, 그리고 그 밖의 다른 것들이 있다. 지정된 날 자체나, 시간, 예배 드리는 장소의 구조, 어떤 날에는 어떤 찬송을 불러야 하는가 등은 중요한 문제가 아니다. 그러나 평온을 유지하는 데 어느 정도 관심이 있다면, 모두가 받아들일 수 있을 만한 장소와 일정한 날과 정기적인 시간을 마련하는 것이 적당하다.

왜냐하면 이런 사소한 일들에서 일어나는 혼돈은 마치 공중 질서에 영향을 미치는 문제들을 각자가 좋아하는 대로 변경할 수 있게 되는 것처럼, 심각한 언쟁의 발단이 될 것이기 때문이다! 왜냐하면, 아무래도 좋다고 하는 문제들을 각자 선택하도록 맡길 경우, 한 가지만이라도 모두가 같이 만족하는 일은 결코 없을 것이다. 그러므로 우리는 이 순수한 관습을 슬그머니 부패시키려 하거나 혼탁하게 하려는 오류를 막기 위하여 최대한 노력해야 한다. 이 목적은 의식들이 어떤 것일지라도, 모두가 분명히 유용하다는 것이 판명된다면, 그리고 그 중 매우 극소수만 허용된다면 —그러나 특히 충실한 목자가 덧붙여 가르침으로써 사악한 견해들을 저지한다면 — 달성될 것이다.

그러나 이 인식이 있으면 첫째로 다음의 사실이 확실해질 것이다. 즉 우리들 각자는 이 모든 일들에서 자신의 자유를 확보할 것이지만, 우리가 말한 이 적당함이나 사랑에의 고려가 요청한다면, 자발적으로 자신의 자유를 다소 제어할 것이라는 사실이다. 둘째로, 이런 인식으로써 우리는 미신에 빠짐 없이 이런 것들을 준수하면서, 다른 사람들에게도 이를 지키게 하고자 지나치게 까다롭게 요구하지 않게 된다. 또 하나님께 드리는 예배가 의식이 많다고 해서 나아졌다고 생각하지 않게 되고, 외형적 규율상의 차이 때문에, 한 교회가 다른 교회를 무시하지도 않게 된다.

마지막으로, 이 인식은 우리가 여기서 자신들을 위한 항구적인 법을 확정하려고 하지 않는다면, 의식들의 유익과 목적 전체를 교회의 건덕(健德)과 관련짓게 한다. 만약 교회가 이를 요청한다면, 우리는 어떤 해도 입히지 말고, 뭔가 변경되는 것을 용납해야 할 뿐더러 전에는 우리들 가운데서 지켜지던 어떤 의식들이 폐기되는 것도 허용해야 한다.

한편 다른 시대에는 불경스럽지 않거나 부적절하지 않았던 의식들이라도 현 시대에 맞추기 위해 폐지함이 적합하다는 것을 이 시대가 입증해 준다. 왜냐하면(과거에는 그만큼 맹목적이었고 무지했다) 교회들은 지금까지 잘못된 견해와 집요한 의도를 가지고 의식들에 달라붙어 있었다. 결과적으로 이전에는 그럴 만한 이유가 있어서 제정되었으리라고 생각되는, 또 그것들 자체가 불경스럽거나 악하게 보이지 않았던 많은 의식들을 제거하지 않으면, 교회들을 이 놀라운 미신으로부터 완전히 정화할 수 없는 것이다. 즉 고집스럽게 이런 것을 변호하고자 하는 것은 아주 유해한 추구일 것이다.

왜냐하면 이것들 중에서 어느 하나를 판별하는 것은, 우리가 이미 인정했듯이, 나쁠 것은 없다. 그러나 만약 의식들을 그 시대에 따라 고려한다면, 의식들을 오용함으로써 인간의 마음속에 자리잡고 있는 그 죄가 드러날 것이다. 따라서 자꾸 오류를 범하도록 새로운 재료를 공급하는 이런 외형들이 시야로부터 철거되지 않으면, 그 죄는 쉽사리 교정될 수 없다.

그러므로 히스기야는 여호와의 명령에 따라 모세가 만들었던 놋뱀을 부수었기 때문에(왕하 18:4), 성령의 증거에 의해 칭찬 받았던 것이다. 그런데 그 놋뱀은 백성들의 우상 숭배를 부추기지만 않았더라면 악한 물건이 아니었으며, 하나님의 은혜를 상기시키는 것으로서 보존되었을 것이다. 그렇지만, 가장 선한 왕이 불신앙을 교정할 다른 수단이 없었기 때문에, 모세가 그것을 설치했을 때와 똑같은 건전한 동기에서 그것을 부수었다. 왜냐하면 인간의 사악한 심사는 꼭 구역질나거나 메스꺼운 위처럼 보살펴야 하기 때문이다. 이런 위에는, 건강한 사람들에게는 하등 해 될 것도 없는 약간 소화하기 어려운 음식이라도 조심해야 하는 것이다.

C. 세상 정치

35. 우리는 위에서 인간이 이중의 지배 아래 있다고 확정했으며, 사람의 영혼이나 내부에 있어서 영원한 생명에 관계되는 문제에 대해서는 이미 충분하게 논의했기 때문에, 이제 여기서는 나머지 문제, 즉 단지 세속적 정의와

외면적 도덕의 확립에만 관계되는 것에 관해서도 좀 언급하고자 한다. 먼저, 그 문제 자체에 들어가기 전에, 서로 전혀 성질이 다른 이 두 가지를 어리석게도 혼동하지(흔히 그렇지만) 않기 위하여, 우리가 이미 설정해 두었던 그 구별을 유념해야 한다.

왜냐하면 어떤 사람들은 복음이 인간 가운데서는 어떤 왕이나 어떤 관헌도 인정하지 않고, 다만 그리스도만을 우러러 보는 자유를 약속하셨다는 말을 들을 때, 그들은 자기를 위해 어떤 권력이 서 있는 것을 보는 한, 자기들의 자유의 이익을 얻을 수 없다고 생각하기 때문이다. 따라서, 그들은 온 세계가 전혀 새로운 모습으로 재형성되지 않으면, 아무것도 무사하지 않을 것이라고 생각하는데, 새 세계란 법정도 없고 관헌도 없고, 또한 그들의 자유를 제한한다고 여겨지는 것이라고는 없는 곳을 말한다.

그러나, 영혼과 육신을 구별할 줄 알고, 현세의 무상한 생명과 장차 올 영원한 생명을 구별할 줄 아는 사람이라면, 그리스도의 영적 왕국과 세속적 지배권은 서로 완전히 다른 것이라는 사실을 어렵지 않게 이해할 것이다. 그런즉 그리스도의 왕국을 이 세상의 요소 안에서 찾거나 그 안에 포함시키는 것은 유대인의 허영이므로, 우리는 오히려 그리스도의 은혜로부터 받는 열매는 영적인 것이라고 성경이 밝히 가르치는 바를 숙고해야 하며, 그분 안에서 우리에게 약속되고 주어지는 그 모든 자유를 그 한계 안에서 보존하는 데 주의해야 한다.

굳세게 서서 "종의 멍에"를 다시 메지 말라고(갈 5:1) 우리에게 명한 바로 그 사도가, 다른 데서는 노예들에게 자신의 지위에 대해 염려하지 말라고(고전 7:21) 명하는 것은, 영적 자유와 세속적 예속 상태가 아주 잘 공존할 수 있기 때문이지 않겠는가? 다음의 말씀도 이와 같은 의미로 받아들여야 한다. 즉 하나님의 나라에서는 "유대인이나 헬라인이나 남자나 여자나, 종이나 자유인도 없다"(갈 3:28) 또, "헬라인이나 유대인이나 무할례파나 할례파나 야만인이나 스구디아인이나 종이나 자유인이 차별이 있을 수 없나니 오직 그리스도는 만유시요 만유 안에 계시니라"(골 3:11).

그가 이 말씀들로써 의미하는 바는, 우리가 사람들 가운데서 어떤 상태로 있든지 어떤 국가의 법률하에서 살든지 아무 상관이 없다는 것이다. 그리스도의 왕국은 결코 이러한 것들에 있지 않기 때문이다.

36. 그러나, 이렇게 구별한다고 해서 우리는 정치적 성격을 띤 모든 것은 그리스도인들과는 아무 관계도 없는 더러운 것이라고 간주하지는 않는다. 정말이지 일부 광신자들이 뽐내며 자랑하기를, 우리는 그리스도로 말미암아 세상의 초등 학문에서 죽었고(골 2:20), 이제는 하나님 나라로 옮겨져서 하늘의 존재들 사이에 자리잡고 있다고 한다. 그래서, 우리가 그리스도인과는 무관한 이 세속적이고 타락한 제도에 대해 애쓰는 것은 합당치 않은 일이며, 우리의 우수성을 썩 깎아내리는 일이라고 한다.

재판과 법정 없는 법률은 무슨 목적이 있는가? 하고 그들은 묻는다. 그러나, 그리스도인과 재판 자체들과는 무슨 상관이 있는가? 참으로, 살인하는 것이 불법이라면, 우리에게는 무엇 때문에 법률과 재판이 있는가? 그러나, 우리가 방금 지적했듯이, 이런 종류의 통치는 영적이고 내면적인 그리스도의 왕국과는 별개의 것이므로, 이들 가운데는 아무런 모순이 없다는 사실을 알아야 한다.

실로 이 영적 통치는 이미 땅 위에 있는 우리 가운데서 하늘 왕국의 일을 개시하고 있으며, 죽을 수밖에 없고, 덧없는 이상 가운데서 불멸하고 썩지 않는 축복을 어느 정도 보여주고 있는 것이다. 그러나, 이 세상의 통치는 자체의 일정한 목적을 갖고 있는데, 이는 우리가 사람 가운데서 불멸하고 썩지 않는 축복을 어느 정도 보여주는 것이다. 그러나, 이 세상의 통치는 자체의 일정한 목적을 갖고 있는데, 이는 우리가 사람 가운데 살아 있는 한 우리의 생활을 사회에 맞게 조정하고, 다른 사람과 서로 화해하여, 공공의 안녕과 평화를 보호 육성한다는 것이다. 만일 지금 우리 가운데 있는 것과 같은 하나님의 나라가 현세의 삶을 쓸어버린다면, 나는 이 모든 것들이 부질없음을 알고 있다. 그러나, 만약 우리가 본향을 열망하면서 세상을 나그네로 사는 것이 하나님의 뜻이라면, 그리고 나그네 생활이 이런 도움을 필요로 한다면, 이 도움을 사람에게서 빼앗는 자들은 바로 그 사람의 인간성을 박탈하는 것과 마찬가지이다.

37. 우리의 논적들이 주장하는 바는, 하나님의 교회에서는 법률을 대신하기에 충분할 만큼 그 통치가 완전해야 한다는 것이다. 그러나, 그들은 인간 사회에서는 결코 발견할 수 없는 그런 완전함을 어리석게도 공상하고 있다. 왜냐하면, 사악한 자들의 오만은 지나칠 정도이고 그들의 악의도 심히 완강하여, 극히 엄격한 법률로도 거의 저지시킬 수 없을 정도이기 때문에, 만일 그들이 제멋대로 하는 데도 벌 받지 않고, 또 어떤 힘도 자기들의 악행을 막지 못하는 것을 본다면, 우리는 그들이 무엇을 하리라고 기대하겠는가?

그러나, 세상 정치의 역할에 대해서는 좀 더 적절한 데서 말할 것이다. 지금 우리가 꼭 이해하기를 바라는 것은 이 세상 정치가 없어도 된다고 생각하는 것은 터무니없는 야만성이라는 사실이다. 인간 가운데 있는 정치의 기능은 빵과 물과 태양과 공기의 그것에 버금가는 것이며, 실로 정치가 갖는 명예는 그것들보다 훨씬 더 우월하다. 왜냐하면, 정치는 사람들이 호흡하고 먹고 마시고 따뜻하게 하는(이 모든 것들이 기능하듯이) 그것만을 목표하지 않기 때문이다(비록 이것이 사람들을 함께 생활하도록 할 때, 분명히 이 모든 행위들을 포함하기는 하지만).

내가 반복해서 말하건대, 정치는 그것을 수행할 뿐 아니라, 또한 정치는 우상 숭배와 하나님의 이름에 대한 모독과 하나님의 진리에 대한 모독과, 그 밖에 사람들 사이에서 일어나 퍼지는 종교에 대한 공공연한 침해를 방지하며, 공공의 평화가 교란되지 않게 하며, 각 사람이 자기의 소유를 안전하게 고스란히 보존할 수 있게 하며, 사람들이 서로 악의 없는 교제를 나누도록 한다. 요컨대, 이것은 종교의 공적인 형태가 그리스도인 가운데 존속되게 하고, 인간애가 사람들 가운데 유지되도록 한다.

내가 위에서는 종교를 올바르게 제도화하는 일을 인간이 결정할 수 없는 것 같이 말하다가, 지금은 이 임무를 세상 정치에 맡긴다고 해서 어느 누구도 당황해서는 안 된다. 왜냐하면, 나는 하나님의 율법 가운데 포함되어 있는 참 종교가 명백하고 공공연한 모독에 의해 침범당하고 쉽사리 더럽혀지는 일이 없도록 하는 세속 행정을 좋다고 인정하기는 하지만, 전과 같이 여기서도 종교와 하나님께 드리는 예배에 관한 법을 마음대로 결정하는 일은 인간에게 허용하지 않는다.

38. 그러나, 우리가 이것의 부분들을 조목조목 논의한다면, 독자들은 배열의 명쾌함에 도움을 받아서 세상 정치의 전반에 걸쳐 생각되는 것이 무엇인지를 더욱 잘 이해할 것이다. 이는 세 요소로 되어 있는데, 법을 보호하고 수호하는 관원과, 관원이 다스리는 근거인 법률, 그리고 법률에 의해 통치받고 관원에게 복종하는 백성이 있다. 그러므로, 우리는 첫째로 관원의 직무 즉 그것이 하나님의 승인을 받은 합법적인 소명인가, 그 의무는 무엇이며, 그 권한의 범위는 어디까지인가를 살펴보자. 둘째로 기독교적 정치는 어떤 법률에 근거해서 통치해야 하는가를, 그리고 마지막으로는, 어떻게 법률이 백성에게 유익을 주며, 백성은 관원에게 어떻게 복종해야 하는가를 살펴보자.

39. 하나님께서는 친히 관원직을 재가하셨으며, 만족해하심을 나타내셨을 뿐 아니라, 가장 명예로운 명칭들로써 그 가치를 높이시고 놀랍도록 이것을 우리에게 추천하신다. 몇 가지를 들어본다면, 관원으로 불려진 자들은 모두 "신"이라고 불려지므로(출 22:8; 시 82:1,6), 어느 누구도 그렇게 칭함 받는 것을 하찮게 여겨서는 안 된다. 왜냐하면, 이 칭호로써 그들은 하나님께로부터 받은 명령을 가지고 있고, 즉 하나님의 권위를 수여 받았고 전적으로 하나님의 대표자이며, 어떤 의미로는 하나님의 대리인으로 행동하고 있음을 나타내기 때문이다. 이것은 나의 궤변이 아니고, 그리스도의 해석이다.

그는 말씀하셨다. "성경은 폐하지 못하나니 하나님의 말씀을 받은 사람들을 신이라 하셨거든 … "(요 10:35). 이것은 그들이 주어진 직무를 통하여 하나님을 섬기도록 하나님께로부터 위탁받았다는 것이 아니고 무엇인가? 또 (모세와 여호수아가 유대의 거리마다 세운 재판장에게 말한 것처럼) 인간을 위해서가 아니라 하나님을 위해서 재판한다는(신 1:16-17; 대하 19:6) 것이 아니고 무엇인가? 하나님의 지혜가 솔로몬의 입을 통하여 확증하시는 것도 똑같은 것이다. "왕들이 치리하며 방백들이 공의를 세우며 재상과 존귀한 자 곧 모든 의로운 재판관들이 다스리는 것은" 하나님의 지혜의 힘이다(잠 8:15-16).

이것은 이렇게 말하는 것과 같다. 즉, 이 세상의 모든 일에 대한 결정권이 왕들과 그 밖의 지배자의 수중에 있는 것은 인간의 뒤틀린 성미에서 비롯된 것이 아니라, 하나님의 섭리와 거룩한 법에서 연유한 것이다. 하나님께서는 인간의 문제들을 지도하시기 위하여 기쁨으로 그렇게 하셨기 때문이다.

바울 역시 이것을 명료하게 가르치고 있다. 그는 여러 가지 은혜를 따라 여러 가지로 나누어 주시는 하나님의 은사 가운데 "다스리는 일"을 꼽으면서(롬 12:8), 이것을 그리스도의 종들이 교회의 덕 세움을 위하여 사용해야 한다고 말한다. 그러나, 바울이 이 문제에 대하여 본격적으로 논의할 때는 훨씬 더 분명하게 말한다. 그는 권세는 하나님의 명령이며(롬 13:2), 하나님께로부터 나지 않은 권세는 없다는(롬 13:1) 것을 동시에 언급한다. 나아가서, 그는 관원들은 하나님의 사자가 되어, 선행하는 자들에게 칭찬하고, 악행하는 자들에게는 노여움으로 갚는다고(롬 13:3-4) 말한다.

여기에 거룩한 사람들의 실례를 첨언할 수 있을 것이다. 그들 가운데 어떤 사람들은 다윗 · 요시야 · 히스기야와 같은 왕들이었고, 어떤 사람들은 요셉과 다니엘처럼 대신이었으며, 또 어떤 사람들은 모세와 여호수아와 사사들처럼 자유로운 백성의 위치에서 공민을 위해 통치했다. 하나님께서는 그들의 직무를 재가하셨다고 선포하셨다. 따라서, 세속적 권위가 하나님의 소명이며, 단지 하나님 앞에서 거룩하고 정당할 뿐 아니라, 죽기 마련인 온 인생들의 모든 소명 중에서 가장 신성하며 지극히 존귀한 것이라는 사실을 아무도 의심할 수 없다.

40. 관원들은 부단히 이런 것을 고려해야 한다. 이것은 그들을 크게 격려하여 그들의 임무를 행하도록 하여, 비길 데 없는 위로를 그들에게 가져다 주어서 그들의 일(분명히 가짓 수도 많고 고된 것이므로)의 어려움을 경감시켜 줄 수 있기 때문이다. 자기가 하나님의 의의 사자로 임명 받았음을 알게 된 자들은 공정함과 신중과 온화와 자제, 그리고 순결을 향한 노력을 얼마 만큼 스스로에게 요구해야 할까? 그들이 살아계신 하나님의 보좌라고 배운 그 재판석에서 어떻게 뻔뻔스럽게도 불의를 용납하겠는가?

그들이 알다시피, 하나님의 진리의 도구로 지정된 자기들의 입으로 어떻게 감히 불의한 선고를 내리겠는가? 그들이 알다시피, 하나님의 법령을 기록하기 위해 지정받은 자기들의 손으로 양심상 어떻게 사악한 판결에 서명하겠는가?

요컨대, 그들이 하나님의 대리인임을 기억한다면, 아주 신중하고 열심히 노력을 다하여, 그들을 볼 때 하나님의 섭리와 가호와 자애와 은혜와 정의의 이미지를 사람들이 뚜렷이 떠올릴 만큼 애써야 한다. 그리고, 그들은 "여호와의 일을 게을리 하는 자는 저주를 받을 것이요"(렘 48:10)라는 말씀을 항상 상기해야 한다.

그러므로 모세도 여호사밧도 그 재판관들에게 의무 수행을 촉구하고자 했을 때, 우리가 앞에서 인용한 말(신 1:16) 이상으로 그들을 분발시키는 말을 발견하지 못했다. 즉, "너희가 재판하는 것이 사람을 위하여 할 것인지 여호와를 위하여 할 것인지를 잘 살피라 너희가 재판할 때에 여호와께서 너희와 함께 하심이라. 그런즉 너희는 여호와를 두려워하는 마음으로 삼가 행하라 우리의 하나님 여호와께서는 불의함이 없으시니라"(대하 19:6-7).

또 다른 데서는 "하나님은 신들의 모임 가운데에 서시며 하나님은 그들 가운데에서 재판하시느니라"(시 82:1)라고 한다. 이것은 자기들이 하나님의 사신들이라는 사실을 깨닫고 있는 관원들에게 그들의 의무에 대해 들려 줄 때 하는 말씀이다. 그들이 맡은 임무의 결산 보고를 해야 할 대상은 하나님이기 때문이다.

그리고, 이 훈계는 그들에게 아주 중요한 것이다. 왜냐하면, 만약 그들이 어떤 잘못을 범한다면, 그들은 단지 그들이 잘못하여 고통을 준 사람들에 대한 가해자일 뿐 아니라, 하나님께 간접적으로 모욕을 주어서 그의 신성 불가침의 심판을 더럽히기 때문이다(참조. 사 3:14-15).

한편으로, 그들은 자기들이 종사하고 있는 직무가 비속하거나 하나님의 종과는 무관한 것이 아니라, 하나님의 사자로서 봉사하고 있으므로 가장 신성한 직무라는 사실을 깊이 생각할 때마다, 대단한 위로를 받을 것이다.

41. 그렇게 많은 성경의 증언들에도 마음이 움직이지 않고, 이 거룩한 사역이 기독교나 기독교적 경건과는 서로 적대적인 것처럼 이것을 조롱하는 자들은 하나님을 대놓고 욕하는 것이 아니고 무엇인가? 하나님의 명예를 손상시킴 없이 하나님의 사역만을 비난하는 일은 없는 것이다. 그리고 이런 사람

들은 관원들을 거부할 뿐만 아니라, 하나님께서 자기들을 다스리지 못하도록 하기 위하여 하나님까지 배척한다.

이스라엘 백성이 사무엘의 통치를 기피했기 때문에 하나님께서 그들에게 참으로 이렇게 말씀하셨다면(삼상 8:7), 왜 오늘날 하나님께서 세우신 모든 지배권에 반항하여 떠들어대는 저들에게 말하는 것이 더 참되지 않을 것인가?

주께서 제자들에게 말씀하시기를, 이방인의 왕들은 이방인들을 주관하지만, 제자들은 그렇지 않을 것인데, 우두머리는 섬기는 자가 되어야 하기 때문이라고(눅 22:25-26) 하셨다. 그들은 이 말씀을 가지고서, 모든 그리스도인은 왕권과 통치권을 행사하지 못하도록 되어 있다고 우리에게 말한다. 참으로 노련한 해석자들이다!

제자들 가운데서 누가 나머지보다 뛰어난가에 대해 다툼이 일어난 적이 있었다. 주께서는 이런 허욕을 가라앉히기 위하여, 그들의 사역은 많은 사람들 가운데서 혼자만이 빼어난 그런 왕권과 같은 것이 아니라는 사실을 제자들에게 가르치셨다. 이 비교가 왕의 위엄에 얼마만큼 불명예를 안겨주는가를 생각해 보기 바란다. 정말이지, 왕의 직무 같은 것은 사도의 사역이 아니라는 것 외에 도대체 무엇을 증명하겠는가?

42. 더욱이 관원들 가운데에는 여러 가지 형태가 있기는 해도, 우리는 그들 모두를 하나님께서 세우신 자들로서 존중해야 한다는 이 점에서는 아무런 구별이 없다. 바울도 이 모두를 총괄하여, 하나님으로부터 나지 않는 권세는 없다고(롬 13:1) 말한다. 그리고 모든 것 중에서 가장 나쁜 것은 특히 여타의 사람들보다 위에 위임받는 것으로, 즉 한 사람이 권력을 장악하는 것이다.

이것은 (자신의 뜻대로 모든 것들을 복종시키는 그 한 사람 외에는) 모든 사람을 공통적인 예속 상태로 가져오는 것이기 때문에, 고대에서도 영웅적이고 고상한 정신의 소유자들에게 인정을 받지 못했다. 그러나 그들의 그릇된 판단을 예방하기 위하여, 성경은 왕들이 통치하는 것은(참조. 잠 8:15) 하나님의 지혜의 섭리라고 분명히 확언하며, 또 각별히 왕을 공경하라고 우리에게 명한다(잠 24:21; 벧전 2:17).

틀림없이, 공적 활동을 하지 않는 사람들이 최선의 정치 형태가 무엇인가를 논하는 것은 무익한 유희에 불과한데, 이들은 공공의 조직에 대해 숙고할 자격이 없는 것이다. 또한 이 문제는 논의의 성격상 유달리 상황에 관련되어 있기 때문에 단순하게 결정할 것도 아니고 심사숙고해야 하는 것이다. 그리고 만약 각각의 통치 체제를 현상황과 분리시켜 서로 비교한다면, 그것들 중에 어느 것이 훨씬 유용한가를 판별하기란 쉽지 않다. 그만큼 체제들이 비슷한 조건으로 겨루고 있는 것이다.

왕정에서 전제 정치로 타락하기란 쉽다. 그러나 최고의 사람들에 의한 통치가 소수의 파당으로 전락하기란 더더욱 어렵지 않다. 그렇지만 이 중에서도 인민의 지배에서 선동으로 악화되기가 가장 쉽다. 그러나 만약 우리가 한 도시에만 눈을 고정시키지 말고 세계를 전체적으로 둘러보고 훑어보거나 혹은 적어도 더욱 넓은 영역으로 시야를 넓히면, 하나님의 섭리로 말미암아 많은 나라들이 각각 다른 종류의 통치에 의해 관리되도록 안배되었음을 확실히 발견할 것이다. 즉 불균등한 비율로 결합되어 있듯이 각 나라들도 그 자체의 특유성에 따라 최상으로 유지되는 것이다.

그러나 이 모든 것들은 하나님의 뜻이면 충분하다고 생각하는 사람들에게는 말할 필요도 없는 것들이다. 왜냐하면, 하나님께서 왕국에는 왕을, 자유 도시에는 원로원 의원이나 도시 관원을 세우는 일을 합당히 여기신다면, 우리가 사는 곳에 어떤 사람이 세움 받든지 그들에게 순종과 복종을 나타내는 것이 우리의 의무이기 때문이다.

43. 지금 여기서 우리는 관원들의 직임, 즉 그것이 하나님의 말씀에는 어떻게 설명되어 있으며, 어떤 곳에 존재하는가에 관하여 설명해야겠다. 예레미야는 왕들에게 경고하여 이르기를 "공의와 정의를 행하여 탈취당한 자를 압박하는 자의 손에서 건지고 이방인과 고아와 과부를 압제하거나 학대하지 말며, 이 곳에서 무죄한 피를 흘리지 말라"(렘 22:3)고 하였다.

그러나 모세는 자기 대신 세운 재판장들에게 명하기를, "너희의 형제 중에서 송사를 들을 때에 쌍방간에 공정히 판결할 것이며, 그들 중에 있는 타국인에게도 그리할 것이라 재판은 하나님께 속한 것인즉 너희는 재판에 외모를 보지 말고 귀천을 차별 없이 듣고 사람의 낯을 두려워하지 말 것이라"(신 1:16-17)고 했다.

하지만 나는 다음과 같은 말은 그냥 두겠다: 왕된 자들은 자기를 위하여 병마를 많이 두지 말 것이요 허욕에 그 마음이 미혹되게 말 것이며, 그 형제 위에 교만하지 아니하고, 평생에 여호와의 율법서를 자기 옆에 두고 읽을 것이라(참조. 신 17:16-19). 재판을 굽게 하지 말며 뇌물을 받지 말라(신 16:19) 등등 성경에도 이와 같은 구절들이 여기저기에 있다.

여기서 관원의 직임에 대해 설명하는 데 있어서, 나의 목적은 관원들을 직접 교육하려는 것이 아니라, 관원은 어떤 사람이며 하나님께서 어떤 목적으로 그들을 세우셨는가를 다른 사람에게 가르치려는 것이다. 그러므로 우리는 관원들이 공공의 순결과 절도와 품위와 평화의 수호자들로서 또 보호자들로서 임명받았으며, 그들이 오로지 노력해야 하는 것은 공중의 안녕과 평화를 도모하는 것이다.

그러나 그들이 악인의 침해로부터 선량한 사람들을 지키고 억압받는 자들을 돕고 보호해야만 이 직임을 수행하는 것이 되므로, 그들은 명백한 악인과 범죄자들을(이들의 악행이 공공의 평화를 교란시키고 자극하기 때문에) 엄중히 처벌할 수 있는 권력으로 무장한 것이다(참조. 롬 13:3). 즉 공민 전체는 상벌에 의해 보전되며 이것을 제거하면 도시의 모든 규율은 붕괴되어 버린다. 왜냐하면, 만약 덕에 대해 합당한 영예가 주어지지 않으면, 공평과 정의에 대한 배려는 많은 사람들의 마음속에서 식어 버리기 때문이며, 또 가혹한 형벌을 주지 않고는 악인의 탐욕을 제지할 수 없기 때문이다.

그리고 선지자가 왕들과 그 밖의 관원들에게 공평과 정의를 행하라고(렘 22:3) 명했을 때, 그는 이 두 가지 직무를 포함하였다. 참으로 정의는 무고한 백성을 안전하게 하며 포용하며 보호하며 변호하며 자유롭게 해주는 것이다. 그러나 공평은 불경한 자의 무모함을 막아내고, 그들의 폭력을 억제하고, 그들의 죄를 벌하는 것이다.

44. 그러나 여기서 일견 대단히 어려운 문제가 생기는 것 같다. 즉 하나님의 율법이 모든 그리스도인에게 죽이는 것을 금하고(출 20:13; 신 5:17; 마

5:21), 선지자도 하나님의 거룩한 산(교회)에서는 해함도 상함도 없을 것이라고(사 11:9; 65:25) 예언하고 있다면, 어떻게 관원들이 경건한 자이면서 또 동시에 피흘리는 자일 수 있는가가 문제이다.

그러나 만약 관원이 사형을 집행할 때, 자신이 하는 것이 아니라 하나님의 심판 자체를 수행하는 것으로 우리가 이해한다면, 우리는 이런 거리낌으로 인하여 애먹지 않을 것이다. 하나님의 율법은 살인을 금지한다. 그러나 하나님께서는 살인자가 벌을 받지 않는 일이 없도록 하시기 위하여, 자신의 일꾼들의 손에 칼을 주셔서 모든 살인자들에 대하여 이를 사용하게 하시는 것이다.

상해를 입히는 것은 경건한 자들에게 속한 것이 아니지만, 하나님의 명을 받들어서 경건한 사람들의 고통을 갚아주는 것은 해치는 것도 상하게 하는 것도 아니다.

우리가 언제나 명심하기를 바라는 것은, 여기서는 어느 것도 인간의 경솔함에 따라 된 것은 없고, 모든 일이 이를 명하시는 하나님의 권위에 의해서 이루어졌으며, 또 하나님의 권위가 우리를 인도하시면 우리는 결코 옳은 길에서 벗어나지 않는다는 사실이다. 범죄를 벌하지 않도록 하는 제재를 하나님의 정의에 가하려 한다면 이야기는 달라진다.

그러나 만약 하나님께 어떤 법이든지 부과하는 것이 옳지 못하다면, 어째서 우리는 하나님의 일꾼들을 중상하겠는가? 바울은 그들이 공연히 검을 차고 있는 것이 아니라고 말하면서, 이는 그들이 하나님의 사자가 되어 악행하는 자에게 진노하심을 위하여 보응하기 때문이라고 한다(롬 13:4). 그러므로 왕들과 기타 지배자들이 자신들의 순종보다 더 하나님을 기쁘시게 하는 것이 없다는 이 사실을 깨닫는다면, 또 자신들의 경건과 의와 정직함이 하나님의 인정을 받도록 힘쓴다면, 이 직분에 전심해야 한다(참조. 딤후 2:15).

모세 자신이 여호와의 능력에 의하여 자기 민족의 해방자로 정해졌음을 깨닫고 애굽인에게 손을 댔을 때는(출 2:12; 행 7:24), 분명히 이 욕구에 못 이겼던 것이다. 그가 하루에 삼천 명을 죽여서 그 백성의 모독죄를 벌했던 경우에도 이와 같았다(출 32:27-28).

다윗이 그의 말년에 아들 솔로몬에게 명하여 요압과 시므이를 죽이라고 했을 때도(왕상 2:5-6, 8-9) 마찬가지였다. 모세의 온화하고 조용한 성품이 어찌하여 형제들을 살육하여 피가 뚝뚝 흐르는 칼을 들고 또 새로운 학살을 행하려고 진중을 달렸을 만큼 그런 잔인성으로 화하여 불타올랐던가?

전 생애에 걸쳐서 무척 온유하였던 사람인 다윗이 어찌하여 마지막 숨을 거두기 전에 요압과 시므이의 백발 머리가 평안히 무덤에 내려가지 못하도록 하라는(왕상 2:5-6, 8-9) 잔혹한 유언을 아들에게 할 수 있었을까?

그러나 두 사람 모두 그들을 용서하였더라면 자기 손을 더럽혔을 것이지만, 하나님께로부터 위임받아 보복하는 것이기 때문에 오히려 잔혹함으로써 자신의 손을 성별했던 것이다. 솔로몬은 "악을 행하는 것은 왕들이 미워할 바니 이는 그 보좌가 공의로 말미암아 굳게 섬이니라"(잠 16:12)고 말한다. 또 "심판 자리에 앉은 왕은 그의 눈으로 모든 악을 흩어지게 하느니라"(잠 20:8). 또 "지혜로운 왕은 악인들을 키질하며 타작하는 바퀴를 그들 위에 굴리느니라"(잠 20:26). 또 "은에서 찌꺼기를 제하라 그리하면 … 그의 왕위가 의로 말미암아 견고히 서리라"(잠 25:4-5)고 말한다.

그런데 만약 그들의 참된 의로움이 죄 있는 자와 불경건한 자를 빼어 추궁하는데 있을진대, 악인들이 살인하고 학살하고 사악하게 날뛸 때도, 그들을 내버려두고 검을 거두어 자기의 손을 피묻지 않게 보전해 둔다면, 그들은 가장 불경건한 죄책을 짊어질 것이며, 그런 일로 자비롭고 의롭다는 칭찬은 결코 얻지 못할 것이다!

이제 그런 성급하고 야만적인 가혹함과, 그리고 소위 "죄인들의 암초"라고 하는 저 법정은 없어져라! 왜냐하면 나는 부당한 잔혹을 좋아하지도 않으며, 공정한 판결이 관용 없이는 선고될 수 없는 것이라고 생각지도 않기 때문이다.

솔로몬이 말한 대로 항상 왕에게 최선의 조언자이며 왕좌의 가장 확실한 보호자인(잠 20:28) 이 관용은 군주의 가장 중요한 은사라고 고대의 어떤 작가가 잘 말했다. 그러나 관원은 이 두 가지 사실에 주의해야 한다. 즉 지나치게 엄격함으로 고치기보다 해를 더 입히는 일은 없어야 하며, 또 다수의 사람이 (약하고 무책임한 관용 때문에) 파멸에 빠지는 경우처럼, 관용이라는 것에 미신적인 애착을 보이다가 가장 잔혹한 온화함으로 전락하는 일이 없어야 한다는 것이다.

네르바 황제의 치세 동안에 "아무것도 허용하지 않는 군주 밑에서 사는 것은 참으로 불행한 일이다. 그러나 무엇이든지 다 허락하는 군주 밑에서 사는 것은 훨씬 더 불행하다"라고 누군가 말한 것은 근거 없는 것이 아니었다.

45. 그러나 왕들과 백성들은 이따금씩 이런 공적인 형벌을 집행하기 위하여 무기를 취해야 한다. 우리는 이러한 근거에서 일어나는 전쟁을 합법적이라고 판단할 수 있다. 만약 그들 왕국의 평화를 보전하고, 불온한 사람들의 반란 충동을 억제하며, 폭력으로 탄압받는 사람들을 도우며, 악행을 처벌하기 위하여 권력이 그들에게 주어졌다면, 개개인의 평안과 공공의 평화를 향해 교란시키고, 선동적 소란을 피우며, 폭력적 억압과 천박한 악행을 일삼은 포악한 자를 저지하는 것 이상으로 그들이 그 무기를 더욱 적절하게 사용할 수 있을까?

만약 그들이 분명히 법의 수호자요 보호자라면, 그들은 또한 죄를 지어서 법의 기강을 문란하게 하는 자들의 시도를 모두 타도해야 한다. 정말이지, 그들이 만약 단지 소수의 사람에게만 피해를 끼치는 그런 악행을 저지르는 도둑들을 정당하게 벌한다면, 나라 전체를 약탈로 괴롭히고 어지럽히는 도둑들을 그냥 내버려 두겠는가?

왜냐하면 아무 권리도 없는 남의 나라에 침입하여 적군인 양 이를 약탈하는 사람은 왕이거나 최하층의 대중이거나 간에 아무 차이가 없기 때문이다. 이런 사람은 모두 똑같이 도둑으로 간주되고 또 이에 따라 징벌 받아야 하는 것이다. 그러나 여기서 모든 관원은 조금이라도 자신의 욕망에 굴복하는 일이 없도록 유난히 주의해야 할 의무가 있다. 징벌을 가해야만 하는 경우라 해도, 정면으로 화를 내거나 증오에 사로잡히거나 앙심 깊은 엄격함에 치우치는 일이 없도록 해야 한다.

또한 (아우구스티누스가 말한 대로) 관원들은 자신의 죄과로 인해 벌 받고 있는 그 사람 속에 있는 인간 공동의 속성에 동정심을 가져야 한다. 혹은 원수 즉 무장한 도둑에 대항하여 무기를 취해야만 할 때도, 도저히 어쩔 수 없어서 사용해야 할 경우가 아닌 한, 기회가 주어지더라도 거기에 편승해서는 안 된다. 즉 만약 우리가, 전쟁은 평화를 구하기 위한 경우에만 허용된다고 말한 저 이교도 철학자가 요구하는 것보다도 훨씬 더 낮게 수행해야 한다면, 무력에 호소하기 전에 분명히 온갖 수단을 시도해 보아야 한다.

결국, 두 가지 경우에서 관원들은 개인적인 감정에 사로잡히는 일이 없이 오직 공적인 관심에 따라 인도되어야 한다. 그렇지 않으면, 그들은 자기 자신의 편익을 위해서가 아니고 다른 사람들에 대한 봉사와 유익을 위하여 받은 권력을 최악의 방법으로 남용하게 된다.

더욱이 전쟁을 일으킬 수 있는 바로 이 정당성은 수비대, 동맹 및 그 밖의 방위 시설을 위한 근거를 제공한다. 지금 내가 "수비대"라고 하는 것은 영토를 보호하기 위해 도시들 사이에 배치하는 군대를 말한다. "동맹"이라는 것은 서로 이웃에 있는 군주들끼리 어떤 불상사가 그들의 국토에서 발생하는 경우에 서로 도와서 인류 공동의 적들을 무찌르기 위해 힘을 합칠 목적으로 세운 계약을 말한다. "방위 시설"이란 전술에 사용되는 모든 것을 말한다.

46. 마지막으로, 나는 또한 이것을 덧붙여 말해두고 싶다. 즉 공물과 세금은 군주들의 정당한 수입이며, 그들은 이것들을 주로 자기들의 직무를 위한 공적 비용을 충당하기 위해 사용할 수 있다. 또한 말하자면 그들이 행사하는 권위의 위엄과 결부되어 있는 그들 왕가의 품위를 유지하기 위해 이를 사용할 수도 있다.

우리가 보듯이 다윗, 히스기야, 요시야, 여호사밧, 그리고 그 밖의 경건한 왕들, 또 요셉과 다니엘은 (그들의 직무의 위신에 따라서) 경건에 위배됨이 없이 공공의 비용으로 호화롭게 생활하였으며, 또 왕들에게는 광대한 토지가 할당되었음을(겔 48:21) 우리는 에스겔서에서 읽어 볼 수 있다. 그럼에도 불구하고 군주들 자신은 자신의 재정이 자기 개인의 자금이 아니고, 바울이 그렇게 증거하듯이(롬 13:6) 전 백성의 공공 재산이며, 이를 낭비하는 것은 명백한 부정이라는 것을 명심해야 한다. 혹은 오히려 이 세금들은 거의 백성의 고혈의 고혈 자체인고로, 이를 아끼지 않는 것은 가장 무정한 비인도적 처사일 것이다. 또한 그들은 과세와 그 외의 공물류가 공공의 필요에 대한 원조금일 뿐이며, 까닭없이 빈궁한 민중들에게 조세를 부과하는 것은 폭군

적 강탈임을 생각해야 한다. 이상과 같이 생각함으로써 군주들은 낭비나 과
도한 지출을 절제해야만 한다.(이미 지나치게 불타오른 그들의 욕망에 기름
을 끼얹을 필요는 결코 없다). 그러나 반드시 무슨 일을 감행하더라도, 하나
님 앞에서 순수한 양심으로 감행해야 하며, 또 불경건한 자신감으로 하다가
하나님을 노하시게 하는 일이 없도록 자신에게는 어느 정도가 합당한지를 배워
야 한다. 그리고 이 원리가 개개인들에게 필요한 이유는, 군주들의 비용이 시민
들을 위한 공공경비보다 많다고 하더라도, 시민들이 직접 성급하고 추잡하게
이를 깎아내리지 않도록 하기 위함이다.

47. 시민 국가에 있어서 관원 다음의 문제는 법률이다. 이것은 공화국의 강
력한 힘줄이며, 혹은 키케로 식으로 하면 공화국의 혼이다. 이것 없이는 관
원도 존재할 수 없고, 마찬가지로 관원 없이는 법률도 힘을 발휘할 수가 없
다. 따라서 법률은 말 없는 관원이며, 관원은 살아있는 법률이라는 말은 가
장 올바른 표현이다.

그런데 나는 기독교 국가가 어떤 법률로써 다스려져야 하는가를 밝히고자
하였기 때문에 아무도 최상의 법에 관해 상세하게 논하기를 기대할 까닭이
없다. 이를 설명하면 끝이 없을 것이요 현재의 목적과도 상관없는 것이다.
나는 단지 지나는 길에 조금 어떤 법률이 하나님 앞에서 경건하게 운용되며
또 사람 가운데서 옳게 시행되는가를 지적하고자 한다. 이 점에서 많은 사람
들이 위험한 과오를 범하고 있음을 알지 못했다면, 나는 이 문제를 전혀 언
급하지 않았을 것이다.

48. 모세의 정치 체제를 무시할 뿐 아니라, 한 국가는 여러 종족의 공동적
인 법으로써 정당하게 형성된다는 것까지 부인하는 자들이 있기 때문에 위
험한 것이다. 이러한 사상이 얼마나 위험하며 선동적인가에 대해서는 다른
사람들에게 고려해 보도록 하고, 나로서는 그것의 거짓됨과 어리석음을 증
명하는 것으로 충분할 것이다.

우리가 명심해야 하는 것은, 모세에 의해 공포된 하나님의 율법 전체를 도
덕법, 의식법, 재판법으로 나누는 일반적인 분류법이다. 그리고 우리가 이들

의 각 부분을 검토해야 하고, 그러면 어느 것이 우리와 관계되며 어느 것이 무관한지를 이해할 수 있다. 동시에 누구도 재판법과 의식법이 도덕법에 포함된다고 하는 사소한 문제에 얽매여서는 안 된다.

이런 분류법을 가르친 옛사람들도 이 후자의 두 부분이 도덕법에 관계됨을 알지 못한 것은 아니었으나, 이 둘이 변경되고 폐지되는 데도 도덕법은 조금도 변하지 않았기 때문에 이 둘을 도덕법이라고는 부르지 않았던 것이다. 그들은 특히 첫째 부분을 '도덕적'이라는 이 이름으로 불렀으니, 이것이 없이는 도덕의 참 성결도 없기 때문이다.

도덕법은 (이것부터 시작한다면) 두 가지 주요한 항목으로 되어 있는데, 그 중 하나는 순수한 신앙과 경건으로 하나님을 경배하라고 우리에게 단적으로 명하는 것이고, 다른 하나는 사람들을 진실한 사랑으로 받아들이라는 것이다. 그러므로 이것은 자신의 생활을 하나님의 뜻에 일치시키기를 원하는 모든 족속과 모든 시대의 사람들을 위하여 규정된 참되고도 영원한 의의 법칙이다. 우리 모두가 하나님께 진실로 경배하고, 우리가 서로 사랑하는 것은 하나님의 영원 불변한 뜻이기 때문이다.

의식법은 유대인의 초보교육인데, 하나님께서 자기 지혜를 세상에 충분히 나타내시고, 그때는 상징으로 희미하게 나타났던 것들의 진리를 가르쳐 보이시기 위하여, 때가 찰 때까지(갈 4:3-4) 이 백성을, 말하자면 그들의 어린 시절에 이 법으로써 훈련시키는 것을 기뻐하셨던 것이다.

재판법은 공민의 통치를 위해 그들에게 주어졌는데, 이는 그들이 흠 없고 평온하게 살도록 하는 확실한 공평과 정의의 규범을 알려 준다. 저 예배식들은(유대인의 교회를 하나님께 대한 예배와 경외에 머물러 있게 하는 한에서) 원래 경건의 교리에 속한 것이었으나, 경건 자체와는 구별될 수 있었다. 이와 같이 재판법의 형식도(비록 이것에는 하나님의 영원한 율법이 규정하고 있는 그 사랑을 가장 잘 보전하려는 것 이외에 다른 목적은 없다 하더라도) 사랑의 계명 자체와는 뭔가 다른 점이 있다.

49. 그러므로 경건을 안전하게 그대로 유지하면서도 의식법을 폐지할 수 있었던 것처럼, 이러한 재판 규정이 없어져도 사랑의 의무와 계명은 변함없

이 남을 수 있다. 그러나 이것이 사실이라면, 분명히 각 민족에게는 자기에게 이익이 된다고 생각되는 법률을 제정할 자유가 있다. 그렇지만 이 법률들은 항구적인 사랑의 법칙에 부합해야 하므로, 형식은 달라도 취지는 같아야 한다. 왜냐하면 나는 (도둑을 명예롭게 하거나, 남녀의 난혼과 그 밖의 더욱 추하고 부조리한 것을 허락하는) 저 야만적이고 미개한 법률을 결코 법률로 간주해서는 안 된다고 생각하기 때문이다. 이 법들은 모든 정의는 물론이고 모든 인간애와 온건함에도 상반되기 때문이다. 내가 말한 것은, 우리가 모든 법률 가운데서 다음의 두 가지를 (합당한 방법으로) 검토한다면 분명해질 것이다. 즉 법률의 제정과 바로 그 제정의 준거인 공평 두 가지이다.

공평은 자연스러운 것이기 때문에 만인에게 동일하지 않을 수 없다. 따라서 모든 법률은 어떤 문제를 취급하든지 이 동일한 목표를 지향해야 한다. 제정은 부분적으로 부대 상황에 의존한다. 그러므로 모든 것이 공평이라는 동일 목표를 똑같이 추구한다면, 차이가 있다 해도 문제될 것은 없다. 우리가 도덕법이라고 부르는 하나님의 율법은 자연법의 증거이며, 하나님께서 인간의 마음에 새기신 양심의 증거일 뿐이라는 사실이 명백해질 것이다. 결국 지금 우리가 말하고 있는 이 공평의 전 체계는 이 안에 기록되어 있다. 그러므로 이 공평만이 모든 법률의 목적이요 법칙이요 한계가 되어야 한다.

어떤 법률이든지 이 법칙의 틀에 맞추고 이 목적을 지향하고 이 한계를 지킨다면, 이 법률이 유대인의 율법과 다르거나 서로 어긋나더라도 우리가 그것을 부인할 이유는 없다. 하나님의 율법은 도둑질을 금한다. 유대국가에서 도둑에게 가하는 형벌에 대해서는 출애굽기에서 볼 수 있다(출 22:1-4). 당시 다른 고대 민족의 법률은 도둑에게 두 가지 형벌을 주었고, 이 법률을 계승한 법에서는 명백한 도둑질과 명백하지 않은 도둑질을 구분하였다.

어떤 법률은 더 나아가서 추방시키고, 어떤 법률은 체벌을 가하고, 또 어떤 법률은 마침내 극형에 처하고 만다. 거짓 증인은 유대인들 가운데서는 상대방에게 가해한 그 만큼 보응받도록 벌주었다(신 19:18-21). 어떤 나라에서는 다만 큰 불명예를 입혔고, 어떤 나라에서는 교수형이며, 또 어떤 나라에서는 십자가형이었다. 모든 법률이 똑같이 살인에는 피로써 보응하지만, 사형의 방식은 여러 가지이다.

간음자들에 대해서는 어떤 나라는 더 엄격하고 또 어떤 나라는 더 가벼운 형벌을 가한다. 그러나 이와 같이 규정은 서로 달라도 모든 법률은 동일한 목적을 지향하고 있음을 우리는 알 수 있다. 왜냐하면 이 모든 나라의 법률들은 이구동성으로 하나님의 영원한 율법이 정죄하는 그 범죄들 즉 살인, 도둑질, 간음, 거짓 증거에 대하여 형벌을 선고하고 있기 때문이다. 그러나 형집행의 방법은 서로 일치하지 않는다. 또 이런 일치는 필요하지도 합당하지도 않다.

만약 무시무시한 본보기를 보여주어서 살인을 가혹하게 처리하지 않는다면, 순식간에 학살과 약탈에 의해 멸망할 수밖에 없는 나라도 있다. 형벌의 엄격함을 더하지 않으면 안 되었던 시대도 있다. 아주 매섭게 억압하지 않으면, 한 나라가 특정 악으로 치닫는 경우도 있다. 이같이 하나님의 율법을 준수하기 위해 적절하게 채택된 다양성에 화내는 사람은 얼마나 악의에 차고, 또 공공의 복리를 얼마나 증오하는 자인가? 왜냐하면, 모세를 통해 주어진 하나님의 율법이 폐지되고 새로운 법률이 채택될 때 하나님의 율법이 모욕을 받는다고 하는 일부 사람들의 허풍은 전적으로 허망한 것이기 때문이다.

또 다른 법률들이 하나님의 법률보다 더 적절하다고 채택된 것은 단순히 비교해서가 아니라, 시대와 장소와 민족의 상태에 따라 된 것이며, 혹은 우리에게는 그 율법이 시행된 적이 없으므로 폐기되었다. 왜냐하면 하나님께서는 모세의 손을 통하여 모든 나라 가운데 율법이 두루 공포되어지도록 하지 않으셨다. 하나님은 유대 백성을 그의 보호와 양육 안에 받아들이시고, 친히 특별하게 그들의 입법자가 되고자 하셨다. 그리고 법률 제정의 문제에 있어서, 하나님께서는 이 백성을 특별히 고려하셔서 친히 현명한 입법자가 되셨다.

50. 이제 우리는 마지막으로 남아 있는 문제를 검토해 보아야 한다. 그것은 법률과 재판과 관원이 그리스도인들의 공동체에 어떤 유익을 끼치며, 각 개인이 관원에게 어느 정도로 경의를 표하며 복종해야 하는가의 문제이다. 많은 사람들은 관원의 직무가 그리스도인들 가운데서 불필요하다고 보고 있는데, 그 이유는 그리스도인들에게는 복수와, 법정에 고소와 소송이 금지되어

있으므로 관원의 도움을 청하면 경건할 수 없다는 것이다. 그러나 바울은 그와 반대로 밝히 증거하기를, 관원은 우리의 유익을 위한 하나님의 사자라고 한다(롬 13:4). 이 증거로서 우리는 악인들의 악행과 비행을 자신의 손으로 막으셔서 우리가 평온하고 안전한 생활을(딤전 2:2) 할 수 있게 하는 것이 하나님의 뜻이라는 사실을 깨닫게 된다.

51. 그러나 우리가 그런 혜택을 누리도록 허락받지 않는다면, 우리를 보호하기 위해 하나님께서 그를 세우신 것은 무의미하기 때문에, 우리가 관원에게 도움을 구하고 요청해도 경건에 위배되지 않는 것은 확실하다. 그러나 여기서 나는 두 종류의 사람들을 문제 삼지 않을 수 없다. 다른 사람들과 다투지 않고는 침착할 수 없을 만큼 맹렬하게 소송열에 불타는 사람이 아주 많다. 그리고 그들은 살기등등한 적의를 품고 복수하고 상해하려는 격한 욕망으로 소송을 제기하며, 상대방이 파멸할 때까지 굽힐 줄 모르는 완고함으로 상대방을 닦달하는 것이다.

한편으로 그들은 뭔가 나쁜 일을 하고 있다는 인상을 주지 않으려고, 법적 절차를 밟는다는 구실을 대어 이런 사악함을 변호한다. 그러나 비록 형제와 재판하게 되는 경우에도, 곧 형제를 미워하거나 해를 입히려는 무모한 욕망에 사로잡히거나 가차없이 괴롭혀서는 안 된다. 그러므로 이런 사람들은 소송은 올바르게 사용할 때 허용할 수 있는 것이라는 사실을 알아야 한다. 올바른 사용법은 고소하는 원고나 변호하는 피고 양자 모두에게 있다.

피고측에서는 지정된 날에 출두하며, 과격하지 않게 가능한 한 자신의 것을 정당하게 지키려는 의도만을 가지고 이의제기하여 자신의 입장을 옹호하는 것이다. 한편으로 원고는 자신의 신체나 재산상 당치 않는 압력을 받았을 때 관원의 보호에 의탁하여 고소하며, 공정하고 공평한 것을 요구한다. 그러나 그는 해를 입히거나 복수하려는 격분도, 무정함이나 증오도, 투쟁하려는 적개심도 품지 말아야 한다. 오히려 그는 상대방에 대한 적의를 품기보다는 자신의 것을 양보하며 뭔가 참을 준비를 해야 한다. 그 반대로 당사자들의 마음이 악으로 가득 차고 시기심으로 더럽혀졌고 분노로 불타오르고 복수심에 씨근거리며 마침내 투쟁열에 불타서, 사랑이 약간이라도 손상된다면 법정의 모든 행위는 불경건해지지 않을 수 없다. 왜냐하면 다음의 규정은 모든 그리스도인에게 공리(公理)이어야 하기 때문이다. 즉 소송은 아무리 정당한 것이더라도, 마치 현재 분쟁이 되고 있는 사건이 이미 우호적으로 화해되고 조정된 것처럼, 같은 사랑과 호의로써 상대방을 대하지 않으면, 어떤 사람이 하든지 결코 올바르게 행해질 수 없다는 것이다.

아마도 이 말을 가로막고서, 이러한 절제는 어느 소송에서도 있어 본 일이 없고, 혹 있었다 해도 기적이었을 것이라고 말하는 사람도 있을 것이다. 분명히 나도 이 시대의 관습이 그러하듯, 올바른 소송을 하는 모범적인 사람이 드물다는 것을 인정한다. 그러나 내용 자체가 악에 물들어 더럽혀지지 않는다면, 선하고 순수함에는 변함 없다. 또한 우리는 관원의 도움이 하나님의 거룩한 선물이라는 사실을 들으므로, 이를 우리의 잘못으로 더럽히는 일이 없도록 한층 세심한 주의를 기울여야 한다. 그런데 법적 소송 일체를 엄히 비난하는 자들은 그로써 하나님의 거룩한 의식을 배척하는 것이며, 또 깨끗한 사람에게는 깨끗한 것일 수 있는(딛 1:15) 은사를 물리치고 있다는 사실을 시인하지 않으면 안 된다.

만약 그들이 바울의 이러한 행위를 보고 파렴치하다고 비난하려 한다면 이야기는 달라진다. 즉 바울은 비난하는 자들이 음모와 악의를 동시에 폭로하면서 그들의 중상을 물리쳤으며(행 24:12 ff.), 법정에서는 자기가 로마시민의 특권을 가졌다고 주장했으며(행 16:37; 22:1, 25), 그리고 필요에 따라서는 불공평한 총독에게 하지 않고 가이사의 법정에 상소했기 때문이다(행 25:10-11). 이것은 모든 그리스도인에게는 복수심이 금지되었다는 사실과 모순되지 않으며, 우리는 이 복수심을 그리스도인의 법정에서 멀리 추방시키는 것이다(레 19:18; 마 5:39; 신 32:35; 롬 12:19).

왜냐하면 민사 사건의 경우에는, 그저 단순한 마음으로 공공의 보호자인 재판관에게 자신의 소송을 의탁해야만, 옳은 진리를 취할 수 있고, 또 그야말로 복수에의 집착인 악을 악으로 갚는 것에 대해서는(롬 12:17) 생각지도 말아야 하기 때문이다. 그러나 어떤 치명적 범죄나 심각한 범죄에 관하여 소송이 제기되었을 때는, 우리는 고소인이 개인적인 손해에 대한 복수심이나 원한에 사로잡힘 없이 다만 파괴적인 사람이 사회에 해를 끼치지 않도록 하려는 의도만을 품고 법정에 나가기를 요구하는 것이다.

만약 바로 당신이 복수심을 버리면, 그리스도인들에게 복수를 금하는 그 계명은(참조. 롬 12:10) 파기되지 않는다. 그러나 이렇게 반론을 제기하는 사람들도 있을 것이다. 즉 그리스도인들에게는 복수욕이 금지되어 있을 뿐 아니라, 또한 학대 받는 자와 고통당하는 자의 원수를 갚기 위해 오시리라고 약속하신(롬 12:19) 주님의 손을 기다리라는 명을 받았다. 그러니 자신을 위해서건, 다른 사람들을 위해서건 관원의 도움을 청하는 자들은 주님이 하실 보복을 앞지르는 것이라고 한다. 결코 그렇지 않다. 왜냐하면 관원에 의한 보복은 인간의 것이 아니라 하나님의 것이며, 이는 바울이 말했듯이(롬 13:4) 우리의 유익을 위하여 하나님께서 인간의 사역을 통하여 주신 것이라고 생각해야 하기 때문이다.

우리는 악한 자에게 저항하지 말며, 왼뺨을 때리는 자에게는 오른뺨도 돌려대며, 겉옷을 취하려는 자에게는 속옷까지 주라고 명하시는 그리스도의 말씀을(마 5:39-40) 더 이상 거역하지 않는다. 참으로 그리스도께서는 자기 백성의 마음이 앙갚음하려는 욕구를 완전히 없애서, 손해를 되돌려 주려 하기보다는 오히려 두 배의 손해를 입는 쪽을 택하기를 바라신다. 그리고 우리는 이러한 인내로부터 그리스도인들을 이끌어 내고 있는 것이 아니다.

왜냐하면, 진실로 그리스도인들은 모욕과 손해를 입기 위하여 세상에 태어나서 가장 악질적인 사람들의 적개심과 기만과 조롱을 받으면서 살아가는 인종이기 때문이다. 그것만이 아니라 그들은 이 모든 악들을 인내하며 참아야 한다. 즉 그들은 하나님의 재난을 당한 후 곧 다음 재난을 받을 각오를 하며, 평생토록 부단히 십자가를 질 뿐이라는 그런 완전한 영적 침착성을 지녀야 한다. 동시에 그들은 자신에게 가해하는 자들에게 선한 일을 빌고, 자신을 저주하는 자에게 축복하며(눅 6:28; 참조. 마 5:44), 선으로 악을 이기도록 (이것이 그들의 유일한 승리이다) 힘써야 한다(롬 12:21).

그들은 이러한 마음을 가지기 때문에, (바리새인들이 그 제자들에게 복수하라고 가르친 것처럼) 눈에는 눈을, 이에는 이를 요구하지 않는다. 다만 그리스도께서 가르치신 것처럼, 자기의 육체가 상하고 자기의 재산이 사악하게 약탈당하더라도, 그 불법이 자신에게 가해지자마자 곧 용서하고 또 자진

하여 용서할 만큼 참을 것이다(마 5:38 ff.). 그러나 이와 같이 공평하고 절도 있는 마음으로 그들은 원수들에 대해서는 우애를 견지하면서도, 자신의 소유를 지키기 위해 관원의 도움을 구할 것이며, 혹은 공공의 복리를 위하는 열의 때문에 죽음으로써만 고칠 수 있다고 여겨지는 죄 많고 위험한 사람에 대한 형벌을 요구할 것이다.

그런데 바울이 소송을 정죄했다고(고전 6:5-8) 하는 통속적인 반론은 역시 잘못된 것이다. 바울의 말을 보면, 고린도 교회에서는 무절제하게 소송이 크게 유행되었던 것을 쉽사리 알 수 있다. 이렇게 하여 고린도 교인들은 그리스도의 복음과 자신들의 종교 전체를 불경건한 자들의 조소와 욕설의 대상이 되게끔 하는 데까지 이르렀다.

바울이 고린도 교인들을 비판하는 첫 번째 이유는, 그들이 자기들끼리 험악하게 싸움으로써 복음을 불신자들의 모욕에 내어 맡겼다는 것이다. 둘째로는, 그들이 형제 상호 간에 싸우는 것과 같이 서로 싸우고 있었으므로 비난했던 것이다. 그들은 다른 사람의 잘못을 참기는 고사하고 서로 다른 사람의 소유를 탐욕스럽게 갈망하였고, 까닭없이 서로 맹렬히 공격하고 손해를 끼쳤기 때문이다. 그러므로 바울은 단순하게 일체의 논쟁에 대해 비난하는 것이 아니라, 광기어린 소송열을 심하게 꾸짖는 것이다. 그러나 그는 그들이 투쟁하면서까지 자기의 재산을 지키려 하기만 하고, 재산의 손해를 감수하지 않는 그것이 범죄라고 선고한다.

참으로 그리스도인들은 법정에 가느니 차라리 자신의 권리를 양보하는 쪽을 항상 택하도록 처신해야 한다. 법정에 가면 형제에 대한 증오심에 불타고 마음이 흥분되지 않고는 안 되기 때문이다. 그러나 잃어버리면 자기에게 막대한 손해가 될 재산이 사랑을 손상함 없이 지킬 수 있다고 여겨진다면, 고소를 하더라도 바울의 이 선언에 위반되지 않는다.

요컨대, (우리가 처음에 말했듯이), 사람이 각자에게 최선의 조언을 해줄 것이다. 사랑 없이 시도하는 일은 무엇이든지, 그리고 사랑을 넘어서 진행되는 모든 논쟁은 틀림없이 불의하고 불경건하다고 우리는 생각한다.

52. 관원들에 대한 백성의 첫째 의무는 그들의 직분을 최대한 존경하는 것

이다. 그들은 실로 하나님께서 수여하신 지배권으로서 인정받아야 하며, 이런 까닭에 하나님의 사자요 대리자들로서 그들을 우러르고 존중하는 것이다. 왜냐하면, 관원들에 대해 매우 공손하게 복종하며, 또 공공의 복리를 위해 관원의 존재가 합당하다는 것을 알고 있으므로 그들에게 마지못해 복종하는 것은 아니지만, 그럼에도 불구하고, 관원 자체를 필요악의 일종으로만 생각하는 사람들도 보이기 때문이다.

그러나 베드로가 왕을 존대하라고(벧전 2:17) 명하고, 솔로몬이 하나님과 왕을 경외하라고(잠 24:21) 가르칠 때, 이들은 우리에게 그 이상의 무엇을 요구하고 있다. 베드로는 "존대하라"는 말 속에 진지하고 솔직한 의미를 포함시키기 때문이다. 솔로몬도 왕을 하나님과 결부시킴으로써, 왕에게는 깊은 존엄과 위엄이 가득 차 있음을 나타낸다.

바울의 저 유명한 말도 마찬가지이다. 우리는 "복종하지 아니할 수 없으니 진노 때문에 할 것이 아니라 양심을 따라 할 것이라"(롬 13:5). 그는 이 말로써 다음과 같은 의미를 나타낸다. 즉 백성은 다만 두려움 때문에 왕과 지배자를 따르며(마치 저항하면 즉시 보복을 받을 줄 알고 무장한 적에게는 보통 굴복하듯이) 그들에게 얽매여 복종하는 것이 아니라, 지배자의 권세는 하나님께로부터 온 것이므로 하나님을 섬기듯이 그들에게 복종해야 하는 것이다.

여기에서 또 다른 것이 뒤따라온다. 백성은 지배자들을 존경하는 마음으로 그들에 대한 자신의 복종을 증명해야 하는데, 그것은 그들의 포고에 따른다든가, 세금을 낸다든가, 공공 방위에 관한 공적 직책과 부담을 담당한다든가 혹은 그 밖의 다른 명령을 수행한다든가 하는 것이다. "각 사람은 위에 있는 권세들에게 굴복하라 … 권세를 거스르는 자는 하나님의 명을 거스름이니"(롬 13:1-2)라고 바울은 말한다. 그는 디도에게 "그들로 하여금 통치자들과 권세 잡은 자들에게 복종하며 순종하며 모든 선한 일 행하기를 준비하게 하라"(딛 3:1)고 쓰고 있다.

그리고 베드로는 말한다. "인간의 모든 제도를 주를 위하여 순종하되 혹은 위에 있는 왕이나 혹은 그가 악행하는 자를 징벌하고 선행하는 자를 포상하기 위하여 보낸 총독에게 하라"(벧전 2:13-14). 이제 바울은 백성이 눈가림으로 하는 것이 아니라, 진지하고도 진심으로 복종하고 있음을 증명하도록 하기 위하여, 그들이 살고 있는 땅의 지배자들의 안전과 번영을 하나님께 의탁해야 한다고 덧붙여 말한다. 즉 "내가 첫째로 권하노니 모든 사람을 위하여 간구와 기도와 도고와 감사를 하되, 임금들과 높은 지위에 있는 모든 사람을 위하여 하라 이는 우리가 모든 경건과 단정함으로 고요하고 평안한 생활을 하려 함이니라"(딤전 2:1-2).

여기서 누구도 자신을 속여서는 안 된다. 왜냐하면, 동시에 하나님께 반항하지 않고서는 관원에게 반항할 수 없기 때문이다. 비록 비무장한 관원을 경멸해도 벌받지 않을 수 있는 것 같아도, 하나님께서는 바로 자신을 향하여 하는 이런 경멸을 강력하게 보응하신다.

53. 더욱이 나는 평시민이 공공 업무상 자신에게 과해야 하는 절제도 이 복종 안에 포함시킨다. 이는 그들이 공공 업무에 일부러 끼어들거나 관원의 직무에 무의미하게 간섭하거나 혹은 순전히 정치적인 일에 관여하지 않도록 하기 위한 것이다. 만약 공공질서 가운데 수정해야 할 것이 있다 하더라도, 그들이 소란을 일으키거나 이 일에 손을 대거나 해서는 안 되고 — 그들 모두는 이 점에 관해서는 자신의 손을 묶어 두어야 한다 — 관원의 판단에 이 문제를 맡겨야 한다. 이 문제에서는 관원의 손만이 자유로운 것이다.

내가 말하고자 하는 바는, 평시민들은 명령받는 일이 아니면 어떤 일도 감히 해서는 안 된다는 것이다. 지배자가 명령할 때, 평시민은 공적 권위를 받아들이기 때문이다. 고문관들을 보통 왕의 귀와 눈이라고 부르듯이, 왕의 명령을 받아 일하도록 지명받은 자들을 왕의 손이라고 말해도 무방할 것이다.

54. 그러나 우리는 지금까지 그렇게 부르기에 참으로 합당한 관원에 대해 말해 왔다. 즉 그는 조국의 아버지이며, 또 시민이 표현한 대로 백성의 목자요 평화의 수호자요 정의의 보호자요 무고한 백성을 위한 복수자이다. 따라서 이와 같은 통치권을 인정하지 않는 자는 제정신이 아니라고 판단해야 마땅하다. 그러나 거의 어느 시대에도 주의를 기울여야 하는 일을 일체 등한히 하고, 태만하며, 빈둥거리며 환락에 탐닉하는 군주들은 있었다. 어떤 군주들

은 자신의 이익에 열중하여 법률과 특권과 재판과 공문서를 매매한다. 또 어떤 군주들은 평민들로부터 금전을 갈취한 후, 미친 듯이 금품을 낭비한다. 심지어 어떤 군주들은 가옥을 약탈하여 처녀와 유부녀를 범하고 죄 없는 자를 학살하는 순 강도짓을 자행한다.

결국 많은 사람들에게 이들을 군주로서 인정해야 하며 가능한 한 이들의 권위에 복종해야 한다고 납득시킬 수 없게 되었다. 왜냐하면 이러한 심각한 불명예 가운데서, 그리고 관원으로서 뿐만 아니라 인간으로서의 의무에도 어긋나는 이런 죄악 가운데서, 사람들은 관원 속에서 빛나야 할 하나님의 형상의 모습은 조금도 찾아볼 수 없기 때문이다. 또한 선인을 칭찬하며 악인을 벌하시기 위해 세움 받은(참조. 벧전 2:14) 하나님의 사자로서의 기미를 전혀 찾아볼 수 없기 때문이다.

그리하여 사람들 또한 성경이 그 위엄과 권위를 우리에게 추천한 그를 지배자로서 인정하지 않는다. 분명히, 합당한 왕들은 사랑하고 존경하는 것 못지않게 폭군들을 증오하고 저주하는 것은 언제나 모든 사람들의 마음속에 있는 타고난 감정인 것이다. 그러나 우리가 하나님의 말씀에 주목하면, 그것은 우리를 더욱 앞으로 인도해 줄 것이다. 마땅히 그래야 하는 대로 정당하고 성실하게 자신의 직무를 수행하는 군주들의 권위에 우리는 복종할 뿐 아니라, 또한 그들이 조금도 군주의 직무를 수행하지 않더라도, 어떤 기관이든지 업무를 관할하는 자들의 권위에도 복종해야 한다.

왜냐하면, 관원의 직무가 사람들의 안전을 지키기 위해 하나님께서 주신 최고의 선물이라고 친히 증거하심에도 불구하고, 또 관원들에게 그 한계를 정해 주심에도 불구하고, 하나님께서는 동시에 그들이 어떠한 자일지라도 그들은 자신으로부터 말미암은 권위만을 가진다고 선언하시기 때문이다. 진실로 하나님께서 말씀하시는 바는, 공공의 유익을 위하여 지배하는 자들은 하나님의 은혜에 대한 참된 본보기이며 증거이며, 불공정하고 무능하게 지배하는 자들도 백성의 부정을 벌하기 위하여 하나님께서 세우셨으며, 이 모두가 똑같이 합법적인 권력을 받고 거룩한 위엄을 부여받았다는 것이다.

나는 지금 말한 것에 대한 확실한 증거를 첨가하지 않는 한 더 진행하지 않을 것이다. 그러나 사악한 왕은 세상에 대한 하나님의 진노라는 사실을(욥

34:30; 호 13:11; 사 3:4; 10:5) 증명하기 위해 우리가 수고할 필요는 없다. 이를 반박할 사람은 아무도 없으리라고 나는 생각하기 때문이다. 또 왕에 대하여 그와 같이 말했으나, 이는 우리의 재산을 노략하는 약탈자와(신 28:29), 우리의 혼인 침상을 더럽히는 간음자와(신 28:30), 혹은 우리를 죽이려는 암살자에 대하여 말하는 경우와 다를 바가 없다. 성경은 이런 모든 재난들을 하나님의 저주로 간주하기 때문이다.

그러나 우리는 오히려 인간의 마음 가운데는 그리 쉽게 떠오르지 않는 이 사실을 여기서 증명해 보자. 존경할 일말의 가치도 없는 악랄한 사람이라도 공적 권력을 장악하기만 하면, 하나님께서 그 말씀으로 자신의 정의와 심판의 사자에게 주신 그 찬란하고도 거룩한 권세가 그에게 돌아간다. 그리고 공적인 복종에 관한 한, 백성은 가장 훌륭한 왕에게 바치는 것과 똑같은 존경을 바쳐야 한다.

첫째로, 나는 성경이 충분한 근거를 가지고 여러 곳에서 우리에게 권고하고 있는 하나님의 섭리와 또 하나님께서 여러 왕국을 정돈하시며 그 기뻐하시는 자를 왕으로 세우시는 특별한 섭리의 운행에 독자들이 주목하고 주의 깊게 고찰하기를 바란다. 다니엘서에 의하면, 하나님께서는 때와 계절을 바꾸시며 왕들을 폐하시고 왕들을 세우신다(단 2:21, 37). 마찬가지로, "지극히 높으신 이가 사람의 나라를 다스리시며 자기의 뜻대로 그것을 누구에게든지 주신다"(단 4:17, 4:14). 이런 구절은 성경의 도처에 있으나, 이 예언서에서는 특히 많이 언급되어 있다.

예루살렘을 정복한 느부갓네살이 어떤 왕이었는지 잘 알려져 있다. 그는 다른 나라에 대한 강력한 침략자요 파괴자였다. 그럼에도 불구하고 하나님께서는 느부갓네살이 하나님을 위하여 애굽을 황폐하게 한 수고의 보수로 애굽 땅을 그에게 주셨다고 에스겔에게 선언하신다(겔 29:19, 20). 그리고 다니엘은 그에게 이렇게 말했다. "왕이여 왕은 여러 왕들 중의 왕이시라 하늘의 하나님이 나라와 권세와 능력과 영광을 왕에게 주셨고 사람들과 들짐승과 공중의 새들, 어느 곳에 있는 것을 막론하고 그것들을 왕의 손에 넘기사 다 다스리게 하셨나이다"(단 2:37-38).

다시금 다니엘은 느부갓네살의 아들인 벨사살에게 이렇게 말하고 있다.

"왕이여 지극히 높으신 하나님이 왕의 부친 느부갓네살에게 나라와 큰 권세와 영광과 위엄을 주셨고 그에게 큰 권세를 주셨으므로 백성과 나라들과 언어가 다른 모든 사람들이 그의 앞에서 떨며 두려워하였나이다"(단 5:18-19). 우리는 왕이 하나님에 의하여 세워졌다는 말을 들을 때, 왕을 두려워하고 공경하라는 하늘의 칙령을 즉시 상기하자. 그러면 우리는 가장 악독한 폭군도 하나님께서 그를 그 자리에 두신 것임을 의심하지 못할 것이다.

사무엘은 이스라엘 백성이 그들의 왕으로부터 어떤 식으로 고통을 겪을 것인가를 경고하면서 이렇게 말한다. "너희를 다스릴 왕의 제도가 이러하니라 그가 너희 아들들을 데려다가 그의 병거와 말을 어거하게 하리니 … 자기 밭을 갈게 하고 자기 추수를 하게 할 것이며 … 그가 또 너희의 딸들을 데려다가 향료 만드는 자와 요리하는 자와 떡 굽는 자로 삼을 것이며 그가 또 너희 밭과 포도원과 감람원에서 제일 좋을 것을 가져다가 자기 신하들에게 줄 것이며 그가 또 너희의 곡식과 포도원 소산의 십일조를 거두어 자기 관리와 신하에게 줄 것이며 그가 또 너희의 노비와 가장 아름다운 소년과 나귀들을 끌어다가 자기 일을 시킬 것이며, 너희의 양 떼의 십분의 일을 거두어 가리니 너희가 그의 종이 될 것이라"(삼상 8:11-17).

분명히 율법이 지정하는 권리를 방패로 이런 일을 하지 않을 것이다. 그러나 그것은 백성과의 관계에 있어서는 권리라고 일컬어진다. 백성은 그것에 복종해야 하며, 반항할 수 없기 때문이다. 사무엘은 마치 이렇게 말한 것과 같다: 왕들의 방종함이 과도하게 될 것이지만, 그것을 제지하는 것은 너희들의 할 일이 아니다. 너희들에게 남아 있는 한 가지는 왕들의 명령에 복종하고 그들의 말을 경청하는 이것일 것이다 라고.

그러나 특히 잊어서는 안 될 구절이 예레미야서에 있는데(조금 길더라도), 이것은 이 모든 문제를 아주 명쾌하게 밝혀 주므로 내가 이를 인용함이 좋을 것이다. "나는 내 큰 능력과 나의 쳐든 팔로 땅과 지상에 있는 사람과 짐승들을 만들고 내가 보기에 옳은 사람에게 그것을 주었노라 이제 내가 이 모든 땅을 내 종 바벨론의 왕 느부갓네살의 손에 주고 … 그 땅의 기한이 이르기까지 섬기리라 또한 많은 나라들과 큰 왕들이 그 자신을 섬기리라 … 바벨론의 왕 느브갓네살을 섬기지 아니하며 그 목으로 바벨론 왕의 멍에를 메지 아니하는 백성과 나라는 내가 그들이 멸망하기까지 칼과 기근과 전염병으로 그 민족을 벌하리라 … 바벨론 왕을 섬기라 그리하면 살리라"(렘 27:5-8, 17).

하나님께서는 저 지독히 잔인한 폭군이 왕권을 소유했다는 그 이유만으로 그에게 대단한 복종을 바치도록 하셨음을 우리는 알 수 있다. 그러나 그가 왕좌에 오르고 왕의 위엄을 받은 것은 하나님의 섭리에 의하여 된 것으로, 이것을 거역하는 것은 불법이 된다. 만약 아무리 무익한 왕이라도 모든 왕들의 권위를 확립시키는 바로 그 섭리에 의해 정해진다는 사실을 우리가 끊임없이 마음에 새기고 주시한다면, 왕은 그 공적에 따라서 대우받아야 하며, 또 우리에게 왕다움을 보여주지 않는 왕에게 우리 편에서 복종하는 것은 마땅찮고 하는 저 선동적인 사고방식은 우리 마음에 얼씬도 못할 것이다.

선지자 예레미야에게 하나님께서 내리신 명령이 또 하나 있는데, 그것은 하나님의 백성이 포로로 붙잡혀 가는 곳인 바벨론의 평화를 구하고 이를 위해 하나님께 기도하라고(렘 29:7) 하나님께서 그 백성에게 명하신 것이다. 보라, 이스라엘 사람들은 모든 재산을 빼앗기고 고향을 떠나 추방당하여 비참한 노예 상태에 처하였으면서도, 그들의 정복자의 번영을 위하여 기도하라는 명령을 받은 것이다. 이것은 우리가 다른 데서 받은, 핍박하는 자를 위하여 기도하라는(참조. 마 5:44) 명령과는 다르지만, 정복자의 왕국이 안전하고 평화롭도록 하여 그 밑에 있는 하나님의 백성도 번영하도록 하기 위함이었다.

이미 하나님께로부터 왕으로 지정받았으며 거룩한 기름 부음을 받은 다윗 역시 부당하게 사울에게서 핍박받았을 때에도, 그 공격자의 머리를 신성불가침으로 여겼다. 하나님께서 왕권의 명예로서 그 머리를 성별하셨기 때문이다. "내가 손을 들어 여호와의 기름 부음을 받은 내 주를 치는 것은 여호와께서 금하시는 것이니 그는 여호와의 기름 부음을 받은 자가 됨이니라"(삼상 24:6)고 다윗은 말했다. 또 "내가 왕을 아껴 말하기를 '나는 내 손을 들어 내 주를 해하지 아니하리니 그는 여호와의 기름 부음을 받은 자이기 때문이라' 하였나이다"(삼상 24:10)라고 하였다. 또한 "누구든지 손을 들어 여호와의 기름 부음을 받은 자를 치면 죄가 없겠느냐 … 여호와께서 살아 계심을 두고 맹세하노니 여호와께서 그를 치시리니 혹 죽을 날이 이르거나 혹 전장에 나

가서 망하리라. 내가 손을 들어 여호와의 기름 부음 받은 자를 치는 것을 여
호와께서 금하시나니"(삼상 26:9-11)라고 말했다.

55. 우리는, 비록 그들이 어떤 인물일지라도 최고의 위치에 있는 모든 지배
자에 대하여 이러한 존경과 경건의 태도를 보여야 한다. 따라서 내가 재삼재
사 되풀이 말하는 것은 이것이다. 즉 우리는 인물들 자체를 검토하지 말고,
그들이 하나님의 뜻에 의하여 침범할 수 없는 위엄을 인침받고 새겨 받았다
는 특징을 지니고 있다는 사실에 만족해야 한다. 그러나 지배자들의 편에서
도 백성에 대하여 그에 대응하는 의무를 지고 있다(고 당신은 말할 것이다).
이것은 내가 이미 인정한 바이다.

그러나 만약 이를 근거로 하여 올바른 통치자에게만 복종해야 한다고 결
론짓는다면, 당신은 어리석은 추론을 하고 있는 것이다. 남편은 아내에게,
부모는 자녀들에게 서로 상호적인 의무로 묶여 있기 때문이다. 부모들과 남
편들이 자신들의 의무를 저버린다고 하자. 부모는 자녀들을 노엽게 해서는
안 된다고(엡 6:4) 하였음에도 불구하고 자녀들을 가혹하고 거칠게 취급하
고, 자녀들이 지칠 만큼 냉혹하게 했다고 하자. 또 남편은 아내를 사랑하며
(엡 5:25) 자기보다는 약한 그릇처럼 사랑하라는(벧전 3:7) 명령을 받고 있음
에도 불구하고 그 아내를 아주 괴롭혔다고 하자.

이런 경우에 자녀들을 부모에게, 아내는 남편에게 복종을 잘 하지 않을 것
인가? 악하고 의무를 다하지 않는 부모나 남편에게도 복종해야 할 것이다.
정말이지 모든 사람은 "다른 사람의 등 뒤에 있는 보따리를 보려고" 하지 말
고, 즉 상대편의 책임을 추궁하지 말고, 각자 자신의 의무에만 전념해야 한
다. 이것은 특히 다른 사람들의 권력 아래 놓였을 때 지켜져야 한다.

그러므로 우리가 야만적인 군주에 의해 탐욕스럽게 약탈당한다면, 또 나
태한 군주에 의해 무시당한다면, 또 마침내 불경건하고 신성을 모독하는 군
주에 의하여 경건 때문에 박해를 당한다면, 우리는 자기 자신의 죄과를 상기
해야 한다. 의심할 바 없이 주의 채찍은 이 죄과를 징계하시기 때문이다(참
조. 단 9:7, 11 ff.)

그리고나서 우리는 이 사실들을 또한 기억하자. 이런 악을 치료하는 것은

우리의 할 바가 아니며, 왕들의 마음과 왕국들의 변화를 지배하시는(잠 21:1) 하나님의 도우심을 간구하는 이것만이 남아 있다는 것을. "하나님은 신들의 모임 가운데 서시며 하나님은 그들 가운데에서 재판하시느니라"(시 82:1). 그의 기름 부음 받은 자에게 입 맞추지 않는(시 2:10 -11) 땅 위의 군왕들과 재판관들, 그리고 불의한 법령을 기록하여 빈핍한 자를 불공평하게 판결하며 가련한 자의 권리를 박탈하며 과부에게 토색하고 고아의 것을 약탈하는 자들은(사 10:1-2) 모두 하나님 앞에서 쓰러뜨려지고 분쇄될 것이다.

여기서 하나님의 놀라운 자비와 권능과 섭리가 드러난다. 왜냐하면, 하나님께서는 이따금씩 그의 종들 가운데서 복수자들을 일으켜 세우셔서, 사악한 통치에 대해 형벌을 내리고 또 부당하게 억압받는 자기 백성을 비참한 재난에서 구하라는 명령으로써 그들을 무장시키시기 때문이다. 또 때로는 의도하는 것과 행동하는 것이 서로 다르게 나타나는 자들의 광포를 이 목적에 사용하신다.

그래서 하나님께서는 모세를 시켜서 이스라엘 백성을 바로의 압제에서 구출하셨고(출 3:7-10), 또 옷니엘을 시켜서 수리아의 왕 구산의 폭정으로부터 구출하셨으며(삿 3:9), 그리고 그 밖에 다른 왕들과 심판자들을 통하여 다른 예속으로부터 백성을 구출하셨다.

그리고 하나님께서는 애굽인을 통하여 두로의 교만을 꺾으셨고, 앗수르인을 통하여 애굽인의 오만을 파하시고 괴롭히셨으며, 또 메대인과 바사인을 통하여 바벨론의 폭정을, 바벨론인을 통하여 유대와 이스라엘 왕들의 배은망덕을 파하셨다. 그렇지만 이 모든 행위들은 동일한 방식으로 집행되지 않았다.

그 이유는, 첫 번째 부류의 사람들이 하나님의 정당한 소명을 받고 왕을 향하여 무기를 치켜드는 그런 행동을 수행하도록 보냄받았을 때도, 그들은 하나님의 임명에 의해 왕들에게 불어넣어진 위엄을 조금도 손상시키지 않았다. 마치 왕이 자신의 부하를 벌하는 것이 합법적이듯이, 그들은 좀 더 작은 힘을 좀 더 큰 힘 앞에 굴복시켰던 것이다.

그러나 두 번째 부류의 사람들은 비록 그들이 하나님의 손에 이끌려 그 기뻐하시는 데로 보내어져서 부지중에 하나님의 일을 행했다 하더라도, 그들은 마음속으로 오직 악행만을 하려고 계획했던 것이다. 그러나 이 사람들이 아무리 자신들의 행위를 스스로 판단한다 하더라도, 하나님께서 교만한 왕들의 피에 젖은 홀을 부수시며 그냥 둘 수 없는 통치를 타도하실 때와 같이 그들을 통하여 자신의 일을 이루셨다.

군주들은 들으라. 듣고 두려워하라. 그러나 한편으로 우리도 하나님께서 가장 엄중한 명령으로써 확립하셨기에 존경할 만한 위엄에 찬 관원들의 권위를 멸시하거나 침해하지 않도록 아주 조심해야 한다. 비록 그 권위가 가장 합당치 못한 사람들에게 있고, 이들이 최악으로 그것을 더럽힌다 할지라도 말이다. 난폭한 전제 정치에 대한 교정은 하나님께서 내리시는 보복이라 해서, 결단코 우리에게 그 일이 맡겨졌다고 생각해서는 안 된다. 우리에게는 다만 복종하고 인내하라는 명령만이 주어져 있기 때문이다. 나는 시종 개개인들에게 말하고 있는 것이다.

만약 오늘날 왕들의 방종을 제지하기 위해 임명된 백성을 위한 관원들이 있다면(옛날에 스파르타 왕을 견제하고자 감독관(ephors)이 있었고, 로마 집정관에 대해서는 호민관이, 아테네의 원로원에 대해서는 시장(demarch)이 있었던 것과 같이, 아마 오늘날로 말하면, 각 나라에 삼부회가 대의회를 열어서 행하는 권능과 같이), 나는 이 관원들이 그 직무상 왕들의 광포한 방종을 막아내는 것을 결코 금하지 않는다. 만약 왕들이 폭력적으로 비천한 백성들을 괴롭히는 데도 관원들이 못본 체한다면, 그들의 위장은 극악한 배신 행위라고 나는 단정한다. 왜냐하면, 그들은 하나님의 임명에 의하여 보호자들로 세워졌음을 알면서도, 이렇게 하여 백성의 자유를 악랄하게 배반하기 때문이다.

56. 그러나 지배자들의 권위에 바쳐져야 한다고 우리가 가르친 그 복종에도, 우리는 항상 이 예외를 두어야 한다. 아니 오히려 우선적으로 지켜야 하는 것인데, 그것은 우리가 지배자에게 복종한다고 해서 하나님께 대한 복종으로부터 이탈해서는 안 된다는 것이다. 모든 왕들의 욕망은 하나님의 뜻 아래 굴복되어야 하고, 그들의 명령은 하나님의 명령에 양보하여 따라야 하고, 그들의 주권은 하나님의 위엄에 복종해야 하기 때문이다. 그리고 사람들을

만족시키려고 그들에게 복종함으로써 하나님의 진노를 초래한다면 얼마나 어리석은 일인가!

그러므로 하나님만이 왕의 왕이 되신다. 그가 거룩한 입을 여실 때는, 다른 모든 것보다도 먼저 그 말씀에 귀를 기울여야만 한다. 그의 말씀을 들은 다음에 우리는 지배하는 그 사람들에게 하나님 안에서만 복종해야 한다. 만약 그들이 하나님을 거스르고 뭔가를 명령한다면, 우리는 그것을 존중하지 말아야 한다. 그리고 이때 우리는 관원들이 가지고 있는 그 위엄에 조금도 얽매여서는 안 된다. 이 위엄이 참으로 유일하고 지고한 하나님의 권능 앞에서 겸손해진다면, 아무런 해를 입지 않을 것이다.

나도 이상 말한 것을 관철할 때 어떤 심각하고 즉각적인 위험이 다가오는가를 알고 있다. "왕의 진노는 죽음의 사자들과 같다"(잠 16:14)고 솔로몬이 말할 만큼, 왕들이 대단히 화를 내며 싫어하기 때문이다. 그러나 하늘의 전령인 베드로에 의해 "사람보다 하나님께 순종하는 것이 마땅하다"(행 5:29)는 칙령이 선포되었으므로, 우리는 이와 같은 생각으로 스스로 위로해야 한다. 즉, 우리는 경건에서 떠나는 일 없이 오히려 고통을 참을 때, 하나님께서 요구하시는 그 복종을 이루고 있다는 생각이다.

그리고 우리의 용기가 꺾이지 않도록 하기 위하여, 바울은 또 하나의 자극을 주어 우리를 격려한다. 즉, 그리스도께서 친히 큰 값을 치르시고 우리를 구속하셨으니 우리는 사람들의 악한 욕망에, 더욱이 그들의 불경건에 얽매여서는 안 된다(고전 7:23; 참조. 6:20).

"크리스천의 영적 성장을 돕는 고전"
세계기독교고전 목록

1	데이비드 브레이너드 생애와 일기 조나단 에드워즈 편집	33	기독교 교양	성 아우구스티누스
2	그리스도를 본받아	토마스 아 켐피스	34	삼위일체론	성 아우구스티누스
3	존 웨슬리의 일기	존 웨슬리	35	루터 선집	마르틴 루터
4	존 뉴턴 서한집 - 영적 도움을 위하여	존 뉴턴	36	성령, 위로부터 오는 능력	앨버트 심프슨
5	성 프란체스코의 작은 꽃들	37	성도의 영원한 안식	리처드 백스터
6	경건한 삶을 위한 부르심	윌리엄 로	38	웨스트민스터 소요리문답 해설	토머스 왓슨
7	기도의 삶	성 테레사	39	신학총론(최종판)	필립 멜란히톤
8	고백록	성 아우구스티누스	40	믿음의 확신	헤르만 바빙크
9	하나님의 사랑	성 버나드	41	루터의 로마서 주석	마르틴 루터
10	회개하지 않은 자에게 보내는 경고 조셉 얼라인	42	놀라운 회심의 이야기	조나단 에드워즈
11	하이델베르크 요리문답 해설	우르시누스	43	새뮤얼 러더퍼드의 편지	새뮤얼 러더퍼드
12	죄인의 괴수에게 넘치는 은혜	존 번연	44-46	기독교 강요(최종판) 상·중·하	존 칼빈
13	하나님께 가까이	아브라함 카이퍼	47	인간의 영혼 안에 있는 하나님의 생명 헨리 스쿠걸
14	기독교 강요(초판)	존 칼빈	48	완전의 계단	월터 힐턴
15	천로역정	존 번연	49	루터의 탁상담화	마르틴 루터
16	거룩한 전쟁	존 번연	50-51	그리스도인의 전신갑주 I, II	윌리엄 거널
17	하나님의 임재 연습	로렌스 형제	52	섭리의 신비	존 플라벨
18	악인 씨의 삶과 죽음	존 번연	53	회심으로의 초대	리처드 백스터
19	참된 목자(참 목자상)	리처드 백스터	54	무릎으로 사는 그리스도인	무명의 그리스도인
20	예수님이라면 어떻게 하실까	찰스 쉘던	55	할레스비의 기도	오 할레스비
21	거룩한 죽음	제레미 테일러	56	스펄전의 전도	찰스 H. 스펄전
22	웨이크필드의 목사	올리버 골드스미스	57	개혁교의학 개요 (하나님의 큰 일) 헤르만 바빙크
23	그리스도인의 완전	프랑소아 페넬롱	58	순종의 학교	앤드류 머레이
24	경건한 열망	필립 슈페너	59	완전한 순종	앤드류 머레이
25	그리스도인의 행복한 삶의 비결	한나 스미스	60	그리스도의 기도학교	앤드류 머레이
26	하나님의 도성(신국론)	성 아우구스티누스	61	기도의 능력	E. M. 바운즈
27	겸손	앤드류 머레이	62	스펄전 구약설교노트	찰스 스펄전
28	예수님처럼	앤드류 머레이	63	스펄전 신약설교노트	찰스 스펄전
29	예수의 보혈의 능력	앤드류 머레이	64	죄 죽이기	존 오웬
30	그리스도의 영	앤드류 머레이		
31	신학의 정수	윌리엄 에임스		
32	실낙원	존 밀턴		